中华人民共和国多边条约集

第十集

中华人民共和国外交部条约法律司　编

世界知识出版社

图书在版编目(CIP)数据

中华人民共和国多边条约集. 第十集 / 中华人民共和国
外交部条约法律司编.—北京：世界知识出版社，2017.6
ISBN 978-7-5012-5523-8

Ⅰ.①中… Ⅱ.①中… Ⅲ.①中外关系—多边条约—汇编
Ⅳ.①D826

中国版本图书馆CIP数据核字（2017）第156205号

责任编辑	吴 捷
责任出版	王勇刚
责任校对	张 琨

书　名	中华人民共和国多边条约集　第十集 Zhonghua Renmin Gongheguo Duobian Tiaoyueji　Di Shi Ji
编　著	中华人民共和国外交部条约法律司
出版发行	世界知识出版社
地址邮编	北京市东城区干面胡同51号（100010）
网　址	www.ishizhi.cn
电　话	010-65265923（发行）　010-85119023（邮购）
经　销	新华书店
印　刷	北京京华虎彩印刷有限公司
开本印张	880×1230毫米　1/32　29½印张　4插页
字　数	845千字
版次印次	2017年7月第一版　2017年7月第一次印刷
标准书号	ISBN 978-7-5012-5523-8
定　价	300.00元

ISBN 978-7-5012-5523-8

9 787501 255238 >

编者说明

《中华人民共和国多边条约集》已出版九集。本书为第十集。

本集收入了中国2007年至2015年期间参加（含批准、核准、加入和接受）的49项多边条约，按条约签订时间先后顺序编排。对于在上述时间内中国参加的一些海事交通方面的条约（主要是修正案），考虑到此类条约技术性较强，修订频率较高以及篇幅太长的原因，故本集虑及篇幅，未再收入。

每项多边条约的脚注部分包括生效日期，中国签署、批准、核准、接受或加入日期及适用香港和澳门特别行政区的情况等信息。

为方便于读者查阅，我们将之前出版的九集多边条约的目录索引及英译文附后。

本集遗漏和编排上的不科学之处，欢迎读者批评并提出建议，以便今后的续编工作得以完善。

编者
二〇一五年十二月于北京

目　录

Contents

禁止细菌（生物）及毒素武器的发展、生产及储存以及销毁这类武器的公约①

（1972年4月10日在伦敦、莫斯科和华盛顿开放供签署）②

保存国政府：苏维埃社会主义共和国联盟、大不列颠及北爱尔兰联合王国和美利坚合众国

本公约各缔约国，

决心采取行动以便在全面彻底裁军方面——包括禁止并消除一切种类大规模毁灭性武器在内——取得切实进展，并深信通过有效措施禁止化学和细菌（生物）武器的发展、生产和储存以及销毁这类武器将能促进在严格和有效国际监督下全面彻底裁军的实现。

承认1925年6月17日在日内瓦签订的禁止在战争中使用窒息性、毒性或其他气体和细菌作战方法的议定书的重要意义，并且也意识到该议定书在减轻战争恐怖方面已经作出并将继续作出贡献，

重申它们坚持该议定书的原则和目标，并要求所有国家严格遵守这些原则和目标，

回顾联合国大会一再谴责违反1925年6月17日日内瓦议定书的原则和目标的一切行动，

愿意对加强各国人民之间的信任和全面改善国际气氛作出贡献，

也愿意对实现联合国宪章的宗旨和原则作出贡献，

---

① 该公约于1975年3月26日生效。

② 中国于1984年11月15日分别向英、美、俄交存加入书，同日对中国生效。同时声明：台湾当局的签署和批准是无效的。

深信通过有效措施从各国武库中消除诸如使用化学剂或细菌（生物）剂的大规模毁灭性危险武器的重要性和迫切性，

确认一项关于禁止细菌（生物）和毒素武器的协议，是朝向同样就禁止发展、生产和储存化学武器的有效措施达成协议所迈出的第一个可行步骤，并决心为此目的继续进行谈判，

决心为了全人类，彻底排除使用细菌（生物）剂和毒素作为武器的可能性，

深信这种使用为人类良心所不容，并应竭尽全力使这种危险减到最低限度，

议定条款如下：

第一条

本公约各缔约国承诺在任何情况下决不发展、生产、储存或以其他方法取得或保有：

一、凡类型和数量不属于预防、保护或其他和平用途所正当需要的微生物剂或其他生物剂或毒素，不论其来源或生产方法如何；

二、凡为了将这类物剂或毒素使用于敌对目的或武装冲突而设计的武器、设备或运载工具。

第二条

本公约各缔约国承诺尽快但至迟应于本公约生效后9个月内，将其所拥有的或在其管辖或控制下的凡属本公约第一条所规定的一切物剂、毒素、武器、设备和运载工具销毁或转用于和平目的。在实施本条规定时，应遵守一切必要的安全预防措施以保护居民和环境。

第三条

本公约各缔约国承诺不将本公约第一条所规定的任何物剂、毒

素、武器、设备或运载工具直接或间接转让给任何接受者，并不以任何方式协助、鼓励或引导任何国家、国家集团或国际组织制造或以其他方法取得上述任何物剂、毒素、武器、设备或运载工具。

第四条

本公约各缔约国应按照其宪法程序采取任何必要措施以便在该国领土境内，在属其管辖或受其控制的任何地方，禁止并防止发展、生产、储存、取得或保有本公约第一条所规定的物剂、毒素、武器、设备和运载工具。

第五条

本公约各缔约国承诺，在解决有关本公约的目标所引起的或在本公约各项条款的应用中所产生的任何问题时，彼此协商和合作。本条所规定的协商和合作也可在联合国范围内根据联合国宪章通过适当国际程序进行。

第六条

一、本公约任何缔约国如发现任何其他缔约国的行为违反由本公约各项条款所产生的义务时，得向联合国安全理事会提出控诉。这种控诉应包括能证实控诉成立的一切可能证据和提请安全理事会予以审议的要求。

二、本公约各缔约国承诺，在安全理事会按照联合国宪章条款根据其所收到的控诉而发起进行的任何调查中，给予合作。安全理事会应将调查结果通知本公约各缔约国。

第七条

本公约各缔约国承诺，如果安全理事会断定由于本公约遭受违反而使本公约任何缔约国面临危险，即按照联合国宪章向请求援助的该缔约国提供援助或支持这种援助。

第八条

本公约中的任何规定均不得解释为在任何意义上限制或减损任何国家根据1925年6月17日在日内瓦签订的禁止在战争中使用窒息性、毒性或其他气体和细菌作战方法的议定书所承担的义务。

第九条

本公约各缔约国确认有效禁止化学武器的公认目标，并为此目的承诺继续真诚地谈判，以便早日就禁止发展、生产、储存这类武器和销毁这类武器的有效措施，以及就有关为武器目的生产或使用化学剂所特别设计的设备和运载工具的适当措施，达成协议。

第十条

一、本公约各缔约国承诺促进——并有权参与——尽可能充分地交换关于细菌（生物）剂和毒素使用于和平目的方面的设备、材料和科技情报。有条件这样做的各缔约国也应该进行合作，个别地或同其他国家或国际组织一起，在为预防疾病或为其他和平目的而进一步发展和应用细菌学（生物学）领域内的科学发现方面，作出贡献。

二、在实施本公约时，应设法避免妨碍本公约各缔约国的经济或技术发展，或有关细菌（生物）的和平活动领域内的国际合作，包括关于按照本公约条款使用于和平目的的细菌（生物）剂和毒素以及加工、使用或生产细菌（生物）剂和毒素的设备方面的国际交换在内。

第十一条

任何缔约国得对本公约提出修正案。修正案应自其为本公约多数缔约国所接受之时起，对接受修正案的各缔约国生效，此后，对其余各缔约国则应自其接受之日起生效。

第十二条

本公约生效满5年后，或在这以前经本公约多数缔约国向保存国政府提出建议，应在瑞士日内瓦举行本公约缔约国会议，审查本公约的实施情况，以保证本公约序言的宗旨和各项条款——包括关于就化学武器进行谈判的条款——正在得到实现。此项审查应考虑到任何与本公约有关的科学和技术的新发展。

第十三条

一、本公约应无限期有效。

二、本公约各缔约国如断定与本公约主题有关的非常事件已经危及其国家的最高利益，为行使其国家主权，应有权退出本公约。该国应在3个月前将其退约一事通知本公约所有其他缔约国和联合国安全理事会。这项通知应包括关于它认为已危及其最高利益的非常事件的说明。

第十四条

一、本公约应开放供所有国家签署。未在本公约按照本条第三款生效前签署本公约的任何国家，得随时加入本公约。

二、本公约须经各签署国批准。批准书和加入书应交美利坚合众国、大不列颠及北爱尔兰联合王国和苏维埃社会主义共和国联盟三国政府保存，该三国政府经指定为保存国政府。

三、本公约应在包括经指定为本公约保存国政府在内的22国政府交存批准书后生效。

四、对于在本公约生效后交存批准书或加入书的国家，本公约应自其批准书或加入书交存之日起生效。

五、保存国政府应将每一签字的日期、每份批准书或加入书交存的日期和本公约生效日期，以及收到其他通知事项，迅速告知所有签署国和加入国。

六、本公约应由保存国政府遵照联合国宪章第一百零二条办理登记。

第十五条

本公约的英文、俄文、法文、西班牙文和中文五种文本具有同等效力，应保存在保存国政府的档案库内。本公约经正式核证的副本应由保存国政府分送各签署国和加入国政府。

多边税收征管互助公约①②
（经2010年议定书修订）

经《〈税收征管互助公约〉修订议定书》（2011年6月1日生效）修订后的文本

序　言

欧洲委员会成员国、经济合作与发展组织（经合组织）成员国及本公约缔约方，

考虑到人员、资本、货物和服务跨国流动的发展，本身虽益处颇多，但也增加了避税与逃税的可能性，因此税务机关之间需加强合作；

对近年来在双边或多边等国际层面为打击避税和逃税所作的各种努力表示欢迎；

考虑到为促进各类涉税问题中各种形式的征管协助，同时确保纳税人的权利得到充分保障，各国有必要协同努力；

认为在合理确定纳税义务，帮助纳税人保障其权利方面，国际合作可以发挥重要促进作用；

认为个人权利和义务由适当法律程序确定的基本原则，在各国税收工作中同样适用；并认为各国应努力保护纳税人合法权益，包括

---

① 公约于2011年6月1日生效。

② 中国于2013年8月27日签署，2015年7月1日批准公约，并声明：对有关条款作了保留，暂不适用香港及澳门特区。

合理防止出现歧视或双重征税；

因此确信，各国在对情报进行必要保密，并参考保护个人隐私及个人信息传递的相关国际公约的情况下，应采取相关措施或提供情报；

认为一个新的国际合作环境业已形成，各国希望制定一个多边法律文书，使尽可能多的国家从这种合作的新环境中受益，与此同时在税收领域开展符合国际最高标准的合作；

愿缔结一项在税收事务方面进行征管互助的公约；

达成协议如下：

第一章　公约范围

第一条　公约适用对象及人的范围

一、各缔约方应按照第四章规定，在涉税事宜中为彼此提供征管协助。在适当情况下，此协助可涉及由司法机关采取的措施。

二、此类征管协助应包括：

（一）情报交换，包括同期税务检查及参与境外税务检查；

（二）追索协助，包括保全措施，以及

（三）文书送达。

三、无论涉及人是公约某缔约方还是任何其他国家的居民或国民，公约缔约方均应提供征管协助。

第二条　税种范围

一、本公约适用于

（一）以缔约方名义征收的以下税种：

1. 对所得或利润征收的各税种；

2. 除对所得或利润所征税种之外，对资本利得单独征收的各税种；

3. 对财产净值征收的各税种，以及

（二）以下税种：

1. 以缔约方国家层面以下的政治机构或地方机构名义征收的有关所得、利润、资本利得或财产净值的各税种；

2. 应支付给中央政府或依照公共法律设立的社会保险机构的强制性社会保险费用；

3. 除关税外，以缔约方名义征收的其他各类税种，即：

（1）遗产税、继承税或赠与税；

（2）对不动产征收的各税种；

（3）一般消费税，如增值税、销售税；

（4）对货物或劳务征收的特别税种，如消费税；

（5）对使用或拥有机动车辆而征收的各税种；

（6）对使用或拥有除机动车辆以外其他动产所征收的各税种；

（7）任何其他税收。

4. 以缔约一方征管部门或地方当局名义征收的，属上述第3目规定类别的各税种。

二、本公约适用的现行税种，应按照本条第一款所提类别，分类列于本公约附件一中。

三、对本条第二款所提列表进行修改而导致附件一任何变动的，缔约各方应通知欧洲委员会秘书长或经合组织秘书长（以下简称为"公约保存人"）。此变动从公约保存人收到上述通知之日起三个月后的次月第一天起生效。

四、自公约对缔约方生效之日起，缔约方新开征的，对附件一所列税种进行补充或替代的税种，如与附件一所列税种等同或本质类似应同样适用。遇有此情况，有关缔约方应将有关税种征收情况通知任一公约保存人。

第二章　一般定义

第三条　定　义

一、除上下文另有要求外，在本公约中：

（一）本公约中"请求国"与"被请求国"分别指申请税收征管协助的任一缔约方和被请求提供此类协助的任一缔约方；

（二）"税收"一词指依照第二条规定，本公约应适用的任何税种或社会保险费；

（三）"税收主张"一词指应缴且尚未支付的任何税款本金及利息，以及相关的征管罚款和为追偿税款而发生的费用；

（四）"主管当局"一词指本公约附件二中所列的人员及机关；

（五）对缔约方而言，"国民"一词指：

1. 任何拥有该缔约方国籍的个人，及

2. 任何依该缔约方现行法律取得相应资格的法人、合伙制企业、协会和其他实体；

对于已就上述术语定义做出声明的缔约方，上述用语应依照附件三中的定义理解。

二、对缔约方应用公约时，任何公约中未定义的术语，除上下文另有要求外，将具有该缔约方法律中所规定的涉及公约涵盖税种的涵义。

三、缔约各方对附件二和附件三所做出的任何变动均应通知任一公约保存人。此类变动应自有关公约保存人收到上述通知之日起三个月后的次月第一天起生效。

第三章　协助的形式

第一节　情报交换

第四条　一般规定

一、在公约涵盖的税种范围内，凡是与缔约方运用或实施相关国内法有可预见相关性的情报，各缔约方均应进行交换。

二、（删除）

三、任何缔约方均可通过向公约保存人提出声明的方式，表明在依照第五条和第七条规定提供有关其居民或国民的情报前，依据国内法，其主管当局可通知该居民或国民。

第五条　专项情报交换

一、应请求国请求，被请求国应向请求国提供符合第四条规定的、涉及任何具体人员或交易的情报。

二、如被请求国现有税收情况资料中的情报不够充分，从而不能满足情报交换请求，该国应采取一切必要措施，提供请求国要求提供的情报。

第六条　自动情报交换

两个或两个以上的缔约方应根据相互协商所确定的程序自动交换涉及不同类别案件且符合第四条规定的情报。

第七条　自发情报交换

一、尽管没有收到事先请求，在下列情况下，缔约一方如知晓相关情报，应向缔约另一方提供：

（一）缔约一方有根据认为缔约另一方可能遭受税收损失的；

（二）某纳税义务人在缔约一方取得了减税或免税，因此可能会增加其在缔约另一方税收或纳税义务的；

（三）缔约一方的纳税义务人与缔约另一方的纳税义务人在一个或多个国家进行商业交易，交易方式可能导致缔约一方或另一方税收减少或双方的税收均减少的；

（四）缔约一方有理由怀疑因在企业集团内部人为转移利润而可能造成少缴税款的；

（五）缔约一方提供给缔约另一方的情报，可能使缔约另一方获得与评估纳税义务有关的情报。

二、各缔约方应采行必要的措施和程序，确保获得本条第一款所述情报，向缔约另一方传送。

第八条　同期税务检查

一、应缔约一方请求，两个或两个以上的缔约方应共同协商、确定同期税务检查的案件和程序。相关各方应决定其是否希望参与某项具体的同期税务检查。

二、在本公约中，同期税务检查指由两个或两个以上的缔约方安排，同时在各自境内，对某人或存在某种共同或关联利益的多人进行的纳税事项检查，以交换各自由此所获的相关情报为目的。

第九条　境外税务检查

一、应请求国主管当局请求，被请求国主管当局可在其境内某项税务检查活动中的某一适当环节，允许请求国主管当局代表在场。

二、如接受上述请求，被请求国主管当局应尽快通知请求国主管当局该项税务检查的时间和地点、指定进行该税务检查的机关或官员，及被请求国对进行该检查所要求的程序和条件。有关进行该税务检查活动的所有决定均应由被请求国做出。

三、缔约一方可通知任一公约保存人其一般不接受本条第一款所述请求的意向。上述声明可在任何时间做出或撤销。

第十条　内容矛盾的情报

如缔约一方从缔约另一方获取的有关某人的税收情报与其掌握的情报内容相矛盾，应将该情况通知提供情报的缔约另一方。

第二节　税收追索协助

第十一条　税收主张的追索

一、应请求国的请求，在遵守第十四条和第十五条规定的条件下，被请求国应以对待自身税收主张一样，采取必要措施追索请求国的税收主张。

二、第一款规定仅适用于请求国某法律文书允许执行的税收主张，且除非有关缔约方间另有协议，该税收主张须不存在争议。然而，如该税收主张针对的并非某请求国居民，则除非有关缔约方间另有协议，本条第一款仅适用于对该税收主张不再有争议的情况。

三、涉及已死亡人员或其财产的，根据从财产还是从受益人处追索税收主张，协助义务分别限于财产的价值或每位财产受益人获得的财产价值。

第十二条　保全措施

应请求国请求，即使有关税收主张存在争议或尚未构成某文书允许执行的内容，被请求国仍应为追偿一定税额采取保全措施。

第十三条　请求随附文件

一、根据本节规定提出的征管协助请求应随附：

（一）一份声明，声明该税收主张涉及公约涵盖税种，在涉及追索的情况下，据第十一条第二款规定，声明此税收主张不存在争议或不会产生争议；

（二）允许在请求国执行主张的文书官方副本；以及

（三）追索或采取保全措施所需的任何其他文件。

二、收到协助请求后，应尽快按照被请求国的现行规定，视具体情况，用被请求国允许主张执行的文书接受、认可、补充或替代在请求国允许主张执行的文书。

第十四条　时　效

一、税收主张可执行期限的问题应由请求国法律决定。协助请求函中应提供上述期限的具体规定。

二、被请求国根据协助请求采取的追索措施，如按照本国法律，造成对第一款规定期限的暂停或中断的，那么此类措施也应在请求国产生同样法律效力。被请求国应将此类措施通知请求国。

三、在任何情况下，对于距原始文书允许执行日相隔15年后提出的协助请求，被请求国没有义务履行。

第十五条　优先权

即使使用了被请求国追索自身税收主张所用的程序，追索协助涉及的税收主张也不得享有该国自身税收主张所特别享有的优先权。

第十六条　延期缴纳

如果在类似情况下，被请求国的法律或征管惯例允许延期缴纳或分期缴纳，被请求国可允许延期支付或分期缴纳，但应首先通知请求国。

第三节　文书送达

第十七条　文书送达

一、应请求国请求，被请求国应向收件人送达请求国发出的涉及公约涵盖税种的相关文书，包括与司法判决有关的文书。

二、被请求国应采用下述方式完成送达：

（一）按照其国内法规定的，采用送达实质类似的文书所采用的方式；

（二）在可能的情况下，采用请求国要求的特定方式，或采用被请求国法律中与请求国要求方式最接近的方式。

三、缔约一方可直接通过邮寄方式向位于缔约另一方境内的某人送达文书。

四、本公约的任何规定均不应理解为使某缔约方依据其法律进行的文书送达无效。

五、据本条规定进行文书送达时，无需随附文书译本。但如果收件人不懂该文书语言，被请求国应安排将文书翻译为该国官方语言或官方语言中的一种，或附上用上述语言起草的文书内容概要。被请求国也可要求请求国将文书翻译为被请求国、欧洲委员会或经合组织的官方语言之一，或附上用上述语言起草的文书内容概要。

第四章　关于各种协助形式的规定

第十八条　请求国应提供的信息

一、根据具体情况，协助请求函中应指出：

（一）发出请求的主管当局机关或机构；

（二）请求涉及人的姓名、地址和任何其他有助于认定其身份的细节；

（三）对要求提供情报的，为满足需要，请求国所希望的情报提供形式；

（四）对请求税款追索或保全措施协助的，税收主张的性质、构成内容及可从中实现追索主张的资产；

（五）对请求文书送达协助的，送达文书的性质及内容；

（六）是否符合请求国的法律和征管惯例。根据第二十一条第二款第（七）项的规定，该请求是否合理。

二、一旦了解有关请求协助的任何其他情报，请求国应将其尽快发送给被请求国。

第十九条（删除）

第二十条　对协助请求的答复

一、如果接受了一项协助请求，被请求国应尽快通知请求国其采取的行动及协助结果。

二、如果拒绝了一项协助请求，被请求国应尽快通知请求国该决定及决定的理由。

三、如果对于情报请求，请求国已明确希望提供的情报形式，且被请求国也能做到，则被请求国应按照请求国要求的形式提供该情报。

第二十一条　对人的保护和提供协助义务的限制

一、本公约的任何规定都不影响被请求方法律或行政惯例赋予人的权利及保护措施。

二、除第十四条规定的情形外，不能将本公约规定理解为对被请求国施加以下义务：

（一）采取有违本国或请求国法律或行政惯例的措施；

（二）采取有违公共秩序（公法）的措施；

（三）提供那些依照本国或请求国法律或行政惯例无法获得的情报；

（四）提供可能泄露贸易、经营、工业、商业、专业秘密或交易过程的情报，或一旦泄露可能违反公共秩序（公法）的情报；

（五）在认为请求方的征税行为已经违反普遍认可的税收原则，或违反避免双重征税协定的规定，或任何被请求国与请求国之间其他协定的规定的情况下，提供征管协助；

（六）为行使或实施请求方税法中对被请求方居民构成歧视的相关规定或相关要求，提供征管协助；

（七）在请求国尚未采取所有按照本国法律和行政惯例可采取的合理措施（采取此类措施会带来太多困难除外）的情况下，提供征管协助；

（八）在被请求国实施税收追索的执行成本明显超过请求国可能获得的收益的情况下，提供协助。

三、如果请求国依据本公约要求提供情报，即使从被请求国自身税收目的出发并不需要该情报，被请求国也应使用其情报收集手段取得被请求的情报。前句所确定的义务受本公约中相应限制约束，但是无论何种情况下，这些限制，尤其是第一款和第二款的限制，均不应理解为允许被请求国可仅因该情报对其无国内利益而拒绝提供情报。

四、任何情况下，本公约的规定，尤其是本条第一款和第二款的规定，均不应理解为允许被请求国仅因情报由银行、其他金融机构、代名人、代理人或受托人所持有，或涉及某人的所有者权益而拒绝提供情报。

第二十二条　保　密

一、缔约一方根据本公约所获得的任何情报，均应视同通过其国内法获得的情报予以保密，并采取同样的保密措施，同时要执行有关保障措施，确保对个人信息的必要保护。具体措施可由情报提供国根据其国内法提出。

二、在任何情况下，此类情报均只能告知给那些涉及相关方税收义务确定、征收、追索、执行、起诉、起诉裁决及对上述活动进行监督的有关人员或机构（包括法院和行政、监督部门）。仅上述人员或机构可使用此类情报，且仅限于上述目的使用此类情报。虽有本条第一款规定，这些人员或机构仍可在公开法庭的诉讼或有关此类税收的司法判决中披露有关情报。

三、如果缔约一方对公约第三十条第一款第（一）项规定的内容做出保留，从该国获得情报的任何其他缔约方均不得将此类情报用于属于保留范围内的税种。同样地，做出该保留的缔约方也不能将根据本公约获得的情报用于属于保留范围内的税种。

四、虽有本条上述第一、二和三款规定，在情报提供方的法律规定允许，同时情报提供方主管当局也授权的情况下，取得情报的缔约方可将所获情报用于其他目的。经情报提供方主管当局事先授权，情报获得方可将获得的情报传送给第三方。

第二十三条　诉　讼

一、由于被请求国采取本公约所规定的措施引起的诉讼，仅应向被请求国的相应机关提出。

二、由于请求国采取本公约所规定的措施引起的诉讼，尤其是在税收追索方面，当涉及税收主张是否存在或主张金额的多少，或授权追索执行的具体文书时，仅应向请求国的相应机关提出。如此类诉讼被提出，请求国应通知被请求国，被请求国将暂停有关程序，等候相应机关的裁决。

但是，如请求国要求，被请求国仍应采取保全措施，确保税款的追索。被请求国也可从任何利益相关方得知此类诉讼事宜。一旦收到此类信息，如有必要，被请求国应就此事与请求国进行协商。

三、一旦诉讼的最终裁决已做出，视具体情况，由被请求国或请求国将此裁决及其对协助请求造成的影响通知对方国。

第五章　特别规定

第二十四条　公约的实施

一、缔约各方应通过各自的主管当局进行相互沟通联络，实施本公约。为此目的，主管当局可直接沟通，并授权下级机构代表其采取行动。缔约双方或多方主管当局可就公约实施方式在彼此间达成共识。

二、被请求国如认为本公约对某一具体案件的适用可能产生严重的不良后果，则被请求国与请求国的主管当局应相互磋商并努力通过达成协议解决问题。

三、在经合组织的协助下，由缔约各方主管当局代表组成的协调机构应负责监督本公约的实施和改进。为此目的，该协调机构应提出促进本公约基本宗旨得以实施的建议。特别是该协调机构应作为一个论坛，研究增进税收领域国际合作的新方法和新程序，在适当的情况下，还可建议对公约进行修改或修订。已签署但尚未批准、接受或核准本公约的国家有资格作为观察员出席该协调机构的会议。

四、缔约方可要求该协调机构就本公约条款的解释提出意见。

五、如果两个或两个以上的缔约方之间就有关本公约的实施或解释遇到困难或产生疑义，相关缔约方主管当局应努力通过相互协商解决问题。达成的协议应通报给协调机构。

六、经合组织秘书长应将协调机构根据本条第四款提出的意见，以及根据上述第五款规定达成的协议通知各缔约方及已经签署但尚未批准、接受或核准本公约的签字国。

第二十五条 语　言

提出请求和对请求的答复应使用经合组织和欧洲委员会官方语言之一起草，或使用有关缔约方之间双边协议规定的任何其他语言起草。

第二十六条 费　用

除非有关缔约方之间另有双边协议，

（一）提供协助发生的常规费用由被请求国负担；

（二）提供协助发生的非常规费用由请求国承担。

第六章　最终条款

第二十七条　其他国际协定或安排

一、本公约规定的各种可能提供的协助并不限制，也不受限于，有关缔约方之间现有或未来的国际协议、其他安排或与税收合作有关的其他文书。

二、虽有本条第一款规定，只要本公约规定的协助能比欧盟相应规定提供的协助促成更广泛的合作，欧盟成员国各缔约方彼此之间即可适用本公约规定的协助。

第二十八条　公约的签署和生效

一、本公约应向欧洲委员会成员国和经合组织成员国开放签字，并需进行批准、接受或核准。批准书、接受书或核准书应由任一公约保存人保存。

二、自五个国家依照本条第一款规定，表示同意接受公约的约束之日起，经三个月后的次月第一天作为公约开始生效日。

三、对此后表示同意接受公约约束的任何欧洲委员会成员国或经合组织成员国，本公约应于批准书、接受书或核准书交存之日起三个月后的次月第一天起生效。

四、修订本公约的议定书（以下称"2010年议定书"）于2010年5月27日开放签字。对于在该议定书生效后成为本公约缔约方的任何欧洲委员会或经合组织成员国，除非以书面沟通方式向公约保存人之一表示不同意见，将自动成为经议定书修订后公约的缔约方。

五、在2010年议定书生效后，任何非欧洲委员会成员国或非经合组织成员国，可申请应邀签署和批准经2010年议定书修订的本公约。此类申请均应向公约保存人之一提出，由公约保存人将申请转交给各缔约方。该公约保存人也应通知欧洲委员会的部长委员会和经合组织理事会。对提出公约缔约申请的国家发出邀请的决定应由本公约全体缔约方通过协调机构一致同意后做出。对任何依照本款规定批准本公约（经2010年议定书修订）的国家，本公约均自该批准书交存于任一公约保存人之日起三个月后的次月第一天起生效。

六、本公约（经2010年议定书修订）对缔约方生效当年后的次年1月1日当日开始的纳税期限或该日后开始的纳税期限为本公约（经2010年议定书修订）条款规定的征管协助适用的纳税期限。如没有纳税期限，征管协助则适用于本公约（经2010年议定书修订）对缔约一方生效当年后的次年1月1日当日或该日后产生的征税行为。两个或多个缔约方可相互协商将本公约（经2010年议定书修订）征管协助适用于更早的纳税期限或征税行为。

七、虽有第六款规定，对于根据请求国刑事法律应被起诉的，涉及故意行为的涉税事项，本公约（经2010年议定书修订）规定也将适用于本公约对缔约方生效之日前更早的纳税期限或征税行为。

第二十九条　公约适用的领土范围

一、各国可在签署公约时，或交存批准书、接受书或核准书时，明确本公约适用的领土范围。

二、此后的任何时间，任何国家均可通过向公约保存人之一作出声明的方式，将本公约适用范围扩大至声明规定的任何其他领土范围。对这些领土范围，本公约将自公约保存人收到上述声明之日起三个月后的次月第一天起生效。

三、根据上述两款作出的，任何涉及具体领土范围的声明，均可通过向公约保存人之一发出通知的方式撤销。该撤销将自该公约保存人收到上述撤销通知之日起三个月后的次月第一天起生效。

第三十条　保留内容

一、任何国家在签署本公约，或交存批准书、接受书或核准书时，或此后任何时间，均可声明保留以下权利：

（一）如在本公约附件一某类税种中未列入本国相应税种，则对在第二条第一款（二）项所列其他缔约方该类税种的相关税收不提供任何形式的协助；

（二）对第二条第一款所列所有税种、一类或多类税种，不提供税收主张追索与征管罚款追索的协助；

（三）对于在本公约对某国生效之日已存在的任何税收主张，或对于某些税种，在涉及这些税种的有关保留[根据上述第（一）项或第（二）项作出]被撤销之日前，对涉及这些税种的税收主张，均不提供协助；

（四）对第二条第一款所列的所有税种、一类或多类税种，不提供文书送达方面的协助；

（五）按照第十七条第三款规定，不允许通过邮寄方式送达文书。

（六）第二十八条第七款仅适用于涉及特定纳税期限的征管协助，这些特定纳税期限为本公约（经2010年议定书修订）对某缔约方生效当年起（不含当年）往前数的第三个年份的1月1日当天开始或该日后开始的纳税期限。对于没有纳税期限的情形，第二十八条第七款仅适用于涉及特定期限征税行为的征管协助，这些特定期限征税行为指本公约（经2010年议定书修订）对某缔约方生效当年起（不含当年）往前数的第三个年份的1月1日当天产生或此日后产生的征税行为。

二、缔约方不得对其他内容作出保留。

三、本公约对某缔约方生效后，对于在批准、接受或核准公约时未作出保留的，第一款所列某项或多项保留内容，该缔约方仍可提出保留。该保留将自该公约保存人收到所提保留之日起三个月后的次月第一天起生效。

四、任何已根据第一款和第三款作出保留的缔约方，均可通过向任一公约保存人发出通知的方式，部分或全部撤销该保留。撤销将自有关公约保存人收到撤销通知之日起生效。

五、已就本公约某条款作出保留的缔约方不得要求任何其他缔约方适用该条款规定。但如该缔约方仅作出部分保留，可要求相关条款按照其所接受的程度对等适用于对方。

第三十一条　退　出

一、任何缔约方均可通过向任一公约保存人发出通知的方式，在任何时间退出本公约。

二、自公约保存人收到该通知之日起三个月后的次月第一天起，退出开始生效。

三、退出公约的缔约方如仍持有通过本公约获得的文书或情报，则仍受第二十二条规定约束。

第三十二条　公约保存人及其职能

一、在参与完成下列行为、通知或往来沟通之后，公约保存人应通知欧洲委员会成员国，经合组织成员国及本公约缔约方：

（一）任何缔约行为；

（二）任何批准书、接受书或核准书的交存；

（三）依照第二十八条和第二十九条规定本公约生效的日期；

（四）依照第四条第三款规定或第九条第三款规定作出的任何声明及这些声明的撤销；

（五）依照第三十条规定作出的任何保留和依照第三十条第四款规定的对任何已提保留的撤销；

（六）依照第二条第三款或第四款、第三条第三款、第二十九条或第三十一条第一款规定收到的任何通知；

（七）与本公约有关的任何行为、通知或往来沟通。

二、公约保存人之一依照上述第一款规定收到信函或发出通知后应立即通知另一公约保存人相关事宜。

下列签字人，经各自政府正式授权，在本公约上签字。

本公约于一九八八年一月二十五日在斯特拉斯堡签订，一式两份，每份均用英文和法文写成，两种文本同等作准。一份文本在欧洲委员会存档，另一份在经合组织存档。欧洲委员会秘书长及经合组织秘书长应将经核证后的副本送达欧洲委员会各成员国及经合组织各成员国。

附件一
公约适用的税种
（公约第二条第二款）

附件二
主管当局
[公约第三条第一款第（四）项]

附件三
公约中"国民"一词的定义
[公约第三条第一款第（五）项]

《关于消耗臭氧层物质的蒙特利尔议定书》
蒙特利尔修正案 ①②③

（中文本）

1997年9月17日缔约方第九次会议通过的对《蒙特利尔议定书》的修正

第一条 修 正

一、第4条第1之四款

在议定书第4条第1之三款后应增加下面一款：

1之四． 自本款生效之日起一年之内，每一缔约方应禁止从任何非本议定书缔约方的国家进口附件E中的受控物质。

二、第4条第2之四款

在议定书第4条第2之三款后应增加下面一款：

2之四． 自本款生效之日起一年之后，每一缔约方应禁止向任何非本议定书缔约方的国家出口附件E中的受控物质。

---

① 修正案于1999年11月10日生效。

② 中国于2010年1月30日接受该修正案。2010年8月17日对中国生效。

③ 修正案适用于香港特区及澳门特区，重申议定书第5条不适用香港特区及澳门特区。

三、第4条第5款、第6款和第7款

议定书第4条第5款、第6款和第7款中的下列文字：

及附件C第二类

应改为：

、附件C第二类和附件E

四、第4条第8款

议定书第4条第8款中的下列文字：

第2G条

应改为：

第2G和第2H条

五、第4A条　与缔约方贸易的控制

在议定书中应增加下面一条作为第4A条：

1. 如一缔约方尽管已为履行议定书为其规定的各项义务采取了所有切实的步骤，但在适用于该缔约方的某一受控物质淘汰日期之后，仍未能停止为其国内消费目的而生产未经各缔约方商定属于必要用途的该物质，则该缔约方应禁止出口已经使用、已经再循环和已经回收的此类物质，但用于销毁目的的情况除外。

2. 本条第1款的适用不得损害公约第11条和议定书第8条所规定的不遵守程序的实施。

六、第4B条　许可证制度

在议定书中应增加下面一条作为第4B条：

1. 每一缔约方应于2000年1月1日之前或在本条对其正式生效后三个月之内，以其中较迟者为准，建立并实施对新的、已经使用、已经再循环和已经回收的附件A、附件B、附件C和附件E中的受控物质的进出口许可证制度。

2. 尽管有本条第1款的规定，但任何按照第5条第1款行事的缔

约方如认定其不能建立并实施对附件C和附件E中的受控物质的进出口许可证制度，则该缔约方可以分别于2005年1月1日和2002年1月1日之前暂缓采取此种行动。

3. 每一缔约方应于实施这一许可证制度后三个月之内，向秘书处报告有关建立和实施这一制度的情况。

4. 秘书处应定期编制并向所有缔约方分发已向秘书处报告了有关许可证制度情况的缔约方的名单，并将此资料转交履行委员会，供其审议并向各缔约方提出适当的建议。

第二条　与1992年修正案的关系

任何国家或区域经济一体化组织不得对本修正案交存批准、接受、核准或加入文书，除非该国或该组织此前已经或同时对缔约方第四次会议于1992年11月25日在哥本哈根通过的修正案交存了此种文书。

第三条　生　效

一、本修正案应于1999年1月1日生效，但届时必须已有成为《关于消耗臭氧层物质的蒙特利尔议定书》的缔约方的国家或区域经济一体化组织交存至少二十份批准、接受或核准本修正案的文书。如届时这一条件尚未满足，本修正案应于这一条件满足后的第九十天开始生效。

二、为第一款的目的，区域经济一体化组织交存的任何此种文书不得在该组织成员国交存的文书之外额外计算。

三、本修正案在按照第一款规定生效后，应于本议定书任何其他缔约方交存其批准、接受或核准文书之日后第九十天对其生效。

《关于消耗臭氧层物质的蒙特利尔议定书》
北京修正案①②③

1999年12月3日缔约方第十一次会议通过的对《蒙特利尔议定书》的修正

第一条　修　正

一、第2条第5款

议定书第2条第5款中的下列文字：

第2A条至第2E条

应改为：

第2A条至第2F条

二、第2条第8款（a）项和第11款

议定书第2条第8款（a）项和第11款中的下列文字：

第2A条至第2H条

应改为：

第2A条至第2I条

---

① 修正案于2002年2月25日生效。
② 中国于2010年1月30日接受该修正案。2010年8月17日对中国生效。
③ 修正案适用于香港及澳门特区，重申议定书第5条不适用香港及澳门特区。

三、第2F条第8款

在议定书第2F条第7款后应增加下面一款：

生产一种或一种以上此类物质的每一缔约方应确保，在2004年1月1日起的十二个月内，及此后每十二个月内，其附件C中的第一类受控物质的生产计算数量每年不超过以下两个总数的平均数：

（1）1989年附件C中的第一类受控物质的消费计算数量与1989年附件A中的第一类受控物质消费计算数量的百分之二点八的总和；以及

（2）1989年附件C中的第一类受控物质的生产计算数量与1989年附件A中的第一类受控物质生产计算数量的百分之二点八的总和。

然而，为了满足按第5条第1款行事的缔约方的国内基本需求，其生产计算数量可超过这一限额，超出部分至多为上文规定的附件C中的第一类受控物质生产计算数量的百分之十五。

四、第2I条

在议定书第2H条后应增加下面一条：

第2I条：溴氯甲烷

每一缔约方应确保，在2002年1月1日起的十二个月内，及此后每十二个月内，其附件C中的第三类受控物质的生产和消费计算数量不超过零。除非缔约方决定为满足其同意的必要用途而允许必需的生产或消费数量，本款应予适用。

五、第3条

议定书第3条中的下列文字：

第2条、第2A至第2H条

应改为：

第2条、第2A至第2I条

六、第4条第1之五款和第1之六款

在议定书第4条第1之四款后应增加下面两款：

1之五. 自2004年1月1日起，每一缔约方应禁止从非本议定书缔约方的任何国家进口附件C中的第一类受控物质。

1之六. 自本款生效之日起一年内，每一缔约方应开始禁止从非本议定书缔约方的任何国家进口附件C中的第三类受控物质。

七、第4条第2之五款和第2之六款

在议定书第4条第2之四款后应增加下面两款：

2之五. 自2004年1月1日起，每一缔约方应禁止向非本议定书缔约方的任何国家出口附件C中的第一类受控物质。

2之六. 自本款生效之日起一年内，每一缔约方应开始禁止向非本议定书缔约方的任何国家出口附件C中的第三类受控物质。

八、第4条第5款至第7款

议定书第4条第5款至第7款中的下列文字：

附件A和B、附件C第二类和附件E

应改为：

附件A、附件B、附件C和附件E

九、第4条第8款

议定书第4条第8款中的下列文字：

第2A至第2E、第2G和2H条

应改为：

第2A条至第2I条

十、第5条第4款

议定书第5条第4款中的下列文字：

第2A至第2H条

应改为：

第2A至第2I条

十一、第5条第5款和第6款

议定书第5条第5款和第6款中的下列文字：

第2A至第2E条

应改为：

第2A条至第2E条及第2I条

十二、第5条第8之三款（a）项

在第5条第8之三款（a）项末尾处应增加下面句子：

自2016年1月1日起，按本条第1款行事的每一缔约方均应遵守第2F条第8款规定的控制措施，并应使用2015年生产与消费计算数量的平均数作为遵守此类控制措施的基础；

十三、第6条

议定书第6条中的下列文字：

第2A至第2H条

应改为：

第2A至第2I条

十四、第7条第2款

议定书第7条第2款中的下列文字：

附件B和C

应改为：

附件B及附件C中的第一类和第二类

十五、第7条第3款

在议定书第7条第3款第一句后应增加下面句子：

每一缔约方应向秘书处提供有关用于检疫和装运前用途的附件E中的受控物质数量的年度统计数据。

十六、第10条

议定书第10条第1款中的下列文字：

第2A至2E条

应改为：

第2A条至第2E条及第2I条

十七、第17条

议定书第17条中的下列文字：

第2A至2H条

应改为：

第2A条至第2I条

十八、附件C

在议定书附件C中应增列以下一类物质：

类别	物质	导构体数目	消耗臭氧潜能值
第三类			
CH_2BrCl	溴氯甲烷	1	0.12

第二条 与1997年修正案的关系

任何国家或区域经济一体化组织不得对本修正案交存批准、接受、核准或加入文书，除非该国或该组织此前已经或同时对缔约方第九次会议于1997年9月17日在蒙特利尔通过的修正案交存了此种文书。

第三条　生　效

一、本项修正案应于2001年1月1日生效，但届时必须已有成为《关于消耗臭氧层物质的蒙特利尔议定书》的缔约方的国家或区域经济一体化组织交存至少有二十份批准、接受或核准本修正案的文书。如届时这一条件尚未满足，本修正案应于这一条件满足后的第九十天开始生效。

二、为第一款的目的，区域经济一体化组织交存的任何此种文书不得在该组织成员国交存的文书之外额外计算。

三、本修正案在按照第一款规定生效之后，应于本议定书任何其他缔约方交存其批准、接受或核准文书之日后第九十天对其生效。

2000年有毒有害物质污染事故防备、反应与合作议定书①②③

本议定书当事国，

作为一九九〇年十一月三十日在伦敦签订的《国际油污防备、反应与合作公约》的当事国，

考虑到1990年油污防备和反应国际合作会议通过的关于扩大《1990年国际油污防备、反应与合作公约》的范围以包括有毒有害物质的第10号决议，

还考虑到根据1990年油污防备和反应国际合作会议的第10号决议，国际海事组织与所有有关国际组织合作，加强了其在有毒有害物质污染事故防备、反应与合作的所有问题上的工作，

考虑到"污染者付费"原则是国际环境法的普遍原则，

注意到将风险预防原则引入国际海事组织各项政策的战略的发展，

还注意到，一旦发生有毒有害物质污染事故，必须采取迅速和有效的行动将此种事故可能造成的损害减至最低程度，

兹协议如下：

---

① 议定书于2007年6月14日生效。
② 中国于2009年11月19日交存加入书，2010年2月19日该议定书对中国生效。
③ 该议定书暂不适用于香港特区。

第一条　总　则

一、各当事国承诺，按照本议定书及其附件的规定，独自或联合采取一切适当措施对有毒有害物质污染事故做出防备和反应。

二、本议定书的附件为本议定书的组成部分，凡提及本议定书，同时构成提及其附件。

三、本议定书不适用于任何军舰、军用辅助船或由国家拥有或使用并在当时仅用于政府非商业服务的其他船舶。但各当事国应采取不影响其拥有或使用的这类船舶的作业或作业能力的适当措施，确保此类船舶的活动尽可能合理和可行地符合本议定书。

第二条　定　义

就本议定书而言：

一、"有毒有害物质污染事故"（以下称"污染事故"）系指任何一起或同一起源（包括火灾和爆炸）的一系列造成或可能造成有毒有害物质排放、泄漏或释放，对海洋环境或对一个或多个国家的海岸线或有关利益构成或可能构成威胁，需要采取紧急行动或立即反应的事故。

二、"有毒有害物质"系指除油类以外的、如果进入海洋环境便可能对人类健康造成危害、对生物资源和海洋生物造成损害、对宜人环境造成破坏或对海洋的其他合法使用造成干扰的任何物质。

三、海港和有毒有害物质装卸设施系指船舶在其中装入或卸下此种物质的港口或设施。

四、本组织系指国际海事组织。

五、秘书长系指本组织的秘书长。

六、《油污防备公约》系指《1990年国际油污防备、反应与合作公约》。

第三条　应急计划和报告

一、各当事国应要求有权悬挂其国旗的船舶在船上备有一份污染事故应急计划，并应要求船长或负责此种船舶的其他人员按要求遵守报告程序。计划要求和报告程序均应符合在本组织内制订的已对该当事国生效的各公约的适用要求。包括浮动生产、贮存和卸载设施及浮动贮存装置在内的近海装置的污染事故应急计划，应根据国家规定和（或）公司的环境管理制度予以处理，不在适用本条之列。

二、各当事国应视情要求负责由其管辖的海港和有毒有害物质装卸设施的当局或经营人备有污染事故应急计划或其认为适当的对有毒有害物质的类似安排。此种计划或安排应与按第四条设立的国家系统相协调并按国家主管当局规定的程序批准。

三、在一当事国的有关当局得悉一污染事故时，应通知那些利益可能受到此种事故影响的其他国家。

第四条　国家和区域的防备和反应系统

一、各当事国应建立对污染事故采取迅速和有效反应行动的国家系统。此系统至少应包括：

（一）指定：

1. 负责污染事故防备和反应工作的国家主管当局；

2. 国家行动联络点；和

3. 有权代表该国请求援助或决定按请求提供援助的当局；

（二）国家防备和反应应急计划。该计划包括所涉及的各公共或私人机构间的组织关系，同时考虑到本组织制订的指南。

二、此外，各当事国应在其力所能及的范围内，独自或通过双边或多边合作，并在适当时与航运界和处理有毒有害物质的行业、港口当局及其他有关实体合作，建立：

（一）与有关风险相称的最低水平的预先就位污染事故反应设备及其使用方案；

（二）污染事故反应机构的演习和相关人员培训的方案；

（三）污染事故反应的详细计划和通信能力。此种能力应持续具备；和

（四）对污染事故反应工作进行协调的机制或安排，如果适当，应具备调动必要资源的能力。

三、各当事国应确保直接或通过相关区域性组织或安排，向本组织提供下列最新信息：

（一）第一款第（一）项中所述的当局和实体的地点、电信资料及其职责范围（如适用）；

（二）关于在接到请求时可向他国提供的污染反应设备及污染事故反应和海上救助方面的专业技能的信息；和

（三）其国家应急计划。

第五条　污染反应国际合作

一、当事国同意，如果事故严重，若受到或可能会受到污染事故影响的任何当事国提出请求，他们将根据其能力和具备的相关资源，为污染事故反应开展合作并提供咨询服务、技术支持和设备。此种援助费用的资金问题应根据本议定书附件所列规定处理。

二、请求援助的当事国可要求本组织协助寻找第一款中所述费用的临时资金来源。

三、按照适用的国际协定，各当事国应采取必要的法律或行政措施，为下列事项提供便利：

（一）从事污染事故反应或运输处理此种事故所需的人员、货物、器材和设备的船舶、飞机和其他运输工具抵离其领土和在其领土内的使用；和

（二）第（一）项中所述人员、货物、器材和设备迅速进入、通过和离开其领土。

第六条　研究和开发

一、当事国同意，直接或适当时通过本组织或相关的区域性组织或安排，在推广和交流关于提高污染事故防备和反应的最新技术的研究和开发项目的成果方面进行合作，其中包括监视、围控、回收、驱散、清除和其他减少或减轻污染事故影响的技术以及恢复技术。

二、为此，当事国承诺，直接或适当时通过本组织或相关的区域性组织或安排，在各当事国的研究机构间建立必要的联系。

三、当事国同意，直接或通过本组织或有关区域性组织或安排进行合作，以促进视情定期举行包括污染事故反应技术和设备的技术发展在内的相关主题的国际研讨会。

四、当事国同意，鼓励通过本组织或其他主管国际组织，制订可兼容的有毒有害物质污染抗御技术和设备的标准。

第七条　技术合作

一、当事国承诺，直接或通过本组织和其他国际机构，在污染事故防备和反应方面，视情向那些请求技术援助的当事国提供下述支援：

（一）培训人员；

（二）确保具备有关的技术、设备和设施；

（三）促进污染事故防备和反应的其他措施和安排；和

（四）开展联合研究和开发项目。

二、当事国承诺，按照其国内法律、规则和政策，在转让污染事故防备和反应技术方面积极合作。

第八条　促进防备和反应的双边和多边合作

当事国应努力缔结双边或多边污染事故防备和反应协定。此种协定的副本应送交本组织，本组织在接到请求时应当向当事国提供这些副本。

第九条　与其他公约和协定的关系

本议定书的任何规定均不得被解释为改变了任何当事国在任何其他公约或国际协定下的权利和义务。

第十条　机构安排

一、在本组织同意并具备开展活动所需的充足资源的前提下，各当事国指定本组织履行下述职责和开展下述活动：

（一）信息服务：

1. 接收、整理和应要求散发当事国提供的信息和其他来源提供的有关信息；和

2. 在寻找费用的临时资金来源方面提供帮助；

（二）教育和培训：

1. 推动污染事故防备和反应领域的培训工作；和

2. 推动促进召开国际研讨会；

（三）技术服务：

1. 促进研究和开发方面的合作；

2. 向建立国家或区域反应能力的国家提供咨询；和

3. 分析当事国提供的信息和其他来源提供的有关信息，并向各国提供咨询建议或信息；

（四）技术援助：

1. 促进向建立国家或区域反应能力的国家提供技术援助；和

2. 应面临重大污染事故国家的请求，促进提供技术援助和咨询。

二、在开展本条所述的活动时，本组织应借鉴国家、区域性协定和行业安排的经验，努力加强各国独自或通过区域性安排防备和抗御污染事故的能力，并对发展中国家的需要给予特别关注。

三、本条的规定应按本组织制订并不断审议的方案来执行。

第十一条　对议定书的评估

当事国应根据本议定书的宗旨，特别是关于合作和援助的原则，在本组织内对本议定书的有效性作出评估。

第十二条　修正案

一、本议定书可以根据下列各款规定的某一程序予以修正。

二、在本组织审议后的修正：

（一）本议定书当事国提出的任何修正案，均应提交本组织，并由秘书长在审议前至少6个月将其散发给本组织的所有成员和所有当事国。

（二）按上述方式提出和散发的任何修正案，均应提交本组织海上环境保护委员会审议。

（三）本议定书当事国，无论是否为本组织成员，均应有权参加海上环境保护委员会的会议。

（四）修正案应由出席会议并参加表决的本议定书当事国三分之二多数通过。

（五）修正案如按第（四）项获得通过，则秘书长应将其通知本议定书的所有当事国，供其接受。

（六）1. 本议定书正文条款或附件的修正案，在三分之二的当事国向秘书长作出接受通知之日即应视为已被接受。

2. 附录的修正案，在海洋环境保护委员会于通过它时按第（四）

项确定的一个不少于 10 个月的时限期满时即应视为已被接受，除非在此时限内，有不少于三分之一的当事国通知秘书长表示反对。

（七）1. 按第（六）项第 1 目被接受的本议定书正文条款或附件的修正案，对于已通知秘书长接受该修正案的当事国，应在其视为已被接受之日后 6 个月生效。

2. 按第（六）项第 2 目被接受的附录修正案，除在接受之日前已表示反对该修正案的当事国外，对于所有其他当事国，应在其视为已被接受之日后 6 个月生效。当事国可通过向秘书长提交一份通知，随时撤销原先通知的反对。

三、会议作出的修正：

（一）应某一个当事国要求并得到至少三分之一的当事国同意，秘书长应召开本议定书当事国会议，审议本议定书的修正案。

（二）经此种会议由出席并参加表决的当事国的三分之二多数通过的修正案，应由秘书长通知所有当事国，供其接受。

（三）除非会议另行决定，否则该修正案应按第二款第（六）和（七）项中规定的程序视为已被接受并生效。

四、构成附件或附录增补的修正案，应按适用于附件修正案的程序通过和生效。

五、任何当事国：

（一）如未按第二款第（六）项第 1 目的规定接受正文条款或附件的修正案；或

（二）未按第四款的规定接受构成附件或附录增补的修正案；或

（三）已按第二款第（六）项第 2 目的规定通知了反对附录修正案，

则应仅就适用该修正案而言被视为非当事国。在其按第二款第（六）项第 1 目的规定提交了接受通知或按第二款第（七）项第 2 目的规定提交了撤销反对的通知后，这种对待即应终止。

六、秘书长应将根据本条生效的任何修正案连同其生效日期通知所有当事国。

七、依据本条规定对某一项修正案作出的任何接受、反对或撤销反对的通知，均应以书面形式通知秘书长；秘书长应将此种通知及其收到日期通知各当事国。

八、本议定书的附录应只载有技术性规定。

第十三条　签署、批准、接受、核准和加入

一、本议定书自2000年3月15日起至2001年3月14日止在本组织总部开放供签署，此后继续开放供加入。任何《油污防备公约》当事国均可按下列方式成为本议定书的当事国：

（一）签署而不需批准、接受或核准；或

（二）签署但有待批准、接受或核准，随后予以批准、接受或核准；或

（三）加入。

二、批准、接受、核准或加入，应向秘书长交存一份相应文件方为有效。

第十四条　具有一种以上法律制度的国家

一、如果《油污防备公约》的某一当事国有两个或更多的领土单元对本议定书处理的事项适用不同法律制度，则它可在签署、批准、接受、核准或加入时声明本议定书应适用于其所有领土单元，或仅适用于《油污防备公约》所适用的其中一个或多个单元，并可随时通过提交另一声明对该声明作出修改。

二、任何此种声明均应以书面通知保存人并应明确陈述本议定书适用的一个或多个领土单元。在作出修改时，该声明应明确陈述本议定书的适用范围应进一步扩展至的一个或多个领土单元以及此种扩展的生效日期。

第十五条　生　效

一、本议定书应在不少于15个国家已签署本议定书而不需批准、接受或核准或已按第十三条交存必需的批准、接受、核准或加入文件之日后12个月生效。

二、对于在本议定书达到生效条件之后但在生效之日以前交存了批准、接受、核准或加入文件的国家，此种批准、接受、核准或加入应在本议定书生效之日生效，或在该文件交存之日后3个月生效，以日期迟者为准。

三、对于在本议定书生效之日后交存批准、接受、核准或加入文件的国家，本议定书应在文件交存之日后3个月对该国生效。

四、在本议定书的修正案按第十二条的规定视为已被接受之日后，任何交存的批准、接受、核准或加入文件应适用于经修正的本议定书。

第十六条　退　出

一、任何当事国，在本议定书对其生效之日起满5年后，可随时退出本议定书。

二、退出应向秘书长提交书面通知方为有效。

三、退出应在秘书长收到退出通知后12个月或在该通知中所指明的任何更长时限期满后生效。

四、退出《油污防备公约》的当事国也自动退出本议定书。

第十七条　保存人

一、本议定书应由秘书长保存。

二、秘书长应：

（一）将下列事项通知签署或加入了本议定书的所有国家：

1. 每一新的签署或批准、接受、核准或加入文件的交存及其日期；

2. 按照第十四条规定所作出的任何声明；

3. 本议定书的生效日期；和

4. 任何退出本议定书的文件的交存及其收到日期和退出的生效日期。

（二）将本议定书核证无误的副本送交已签署或加入了本议定书的所有国家政府。

三、本议定书一经生效，保存人便应按《联合国宪章》第一百零二条将其核证无误的副本送交联合国秘书长登记和公布。

第十八条　语　言

本议定书正本一份，用阿拉伯文、中文、英文、法文、俄文和西班牙文写成，每种文本具有同等效力。

下列具名者经各自政府正式授权，特签署本议定书，以昭信守。

二〇〇〇年三月十五日订于伦敦。

附 件

援助费用的偿还

一、（一）除非在污染事故前已经在双边或多边的基础上缔结了关于当事国处理污染事故行动财务安排的协定，各当事国应按第1或2目承担各自处理污染行动的费用。

1. 如果一当事国的行动系应另一当事国的明确请求而采取，则提出请求的当事国应偿还提供援助的当事国采取行动的费用。提出请求的当事国可随时撤销其请求，但在此种情况下，它应承担提供援助的当事国已经发生或投入的费用；

2. 如果该行动系由一当事国主动采取，该当事国应承担其行动的费用；

（二）除非有关当事国在个别情况下另有协议，应适用第（一）项中规定的原则。

二、除非另有协议，否则一当事国应另一当事国的请求而采取行动的费用，应按提供援助的当事国有关偿还此种费用的法律和现行做法公平地计算。

三、在适当时，请求援助的当事国和提供援助的当事国应在索赔诉讼结案方面进行合作。为此，他们应充分考虑到现行法律制度。如果以此种方式取得的结果不允许全额赔偿援助活动所发生的费用，则请求援助的当事国可请求提供援助的当事国放弃对超出赔偿额费用的偿还或减少按上述第二款计算的费用。请求援助的当事国也可请求推迟偿还这些费用。在考虑此种请求时，提供援助的当事国应充分考虑到发展中国家的需要。

四、本议定书的规定不得被解释为在任何方面损害当事国根据国内和国际法的其他适用规定要求第三方偿还处理污染或污染威胁的行动所产生费用的权利。

联合国打击跨国有组织犯罪公约关于预防、禁止和惩治贩运人口特别是妇女和儿童行为的补充议定书①②③④

联合国大会二〇〇〇年十一月十五日第55/25号决议通过并开放给各国签字、批准和加入

序　言

本议定书缔约国，

宣布采取有效行动预防和打击国际贩运人口特别是妇女和儿童，必须在原住地国、过境国和目的地国采取综合性国际做法，包括预防这种贩运、惩治贩运者和保护这种贩运活动被害人的措施，包括通过保护被害人国际公认的人权对他们进行保护，

考虑到虽有各项载有打击剥削人特别是剥削妇女和儿童行为的规则和实际措施的国际文书，但尚无一项处理人口贩运问题所有方面的国际文书，

关注如果没有这样一项文书，易遭受贩运的人将不可能得到充分的保护，

回顾大会1998年12月9日第53/111号决议，其中大会决定设立

---

① 补充议定书于2003年9月29日生效。

② 中国于2009年12月26日批准补充议定书。

③ 中国声明不受该补充议定书第15条第2款的约束。

④ 该补充议定书暂不适用于香港特区。

一个开放的政府间特设委员会，负责拟订一项打击跨国有组织犯罪的综合性国际公约，并就拟订一项处理贩运妇女儿童问题的国际文书等进行讨论，

深信以一项预防、禁止和惩治贩运人口特别是妇女和儿童行为的国际文书补充联合国打击跨国有组织犯罪公约，将有助于预防和打击这种犯罪，

兹商定如下：

一、总　则

第1条　与联合国打击跨国有组织犯罪公约的关系

1. 本议定书是对联合国打击跨国有组织犯罪公约的补充。本议定书应连同公约一并予以解释。

2. 除非本议定书中另有规定，公约的规定应经适当变通后适用于本议定书。

3. 根据本议定书第5条确立的犯罪应视为根据公约确立的犯罪。

第2条　宗　旨

本议定书的宗旨是：

（a）预防和打击贩运人口，特别是贩运妇女和儿童；

（b）在充分尊重其人权的情况下保护和帮助此种贩运活动的被害人；

（c）为实现上述目标而促进缔约国之间的合作。

第3条　术语的使用

在本议定书中：

（a）"人口贩运"系指为剥削目的而通过暴力威胁或使用暴力手段，或通过其他形式的胁迫，通过诱拐、欺诈、欺骗、滥用权力或滥用脆弱境况，或通过授受酬金或利益取得对另一人有控制权的某人的同意等手段招募、运送、转移、窝藏或接收人员。剥削应至少包括利用他人卖淫进行剥削或其他形式的性剥削、强迫劳动或服务、奴役或类似奴役的做法、劳役或切除器官；

（b）如果已使用本条（a）项所述任何手段，则人口贩运活动被害人对（a）项所述的预谋进行的剥削所表示的同意并不相干；

（c）为剥削目的而招募、运送、转移、窝藏或接收儿童，即使并不涉及本条（a）项所述任何手段，也应视为"人口贩运"；

（d）"儿童"系指任何18岁以下者。

第4条　适用范围

本议定书除非另有规定，应适用于预防、侦查和起诉根据本议定书第5条所确立的、具有跨国性且涉及有组织犯罪集团的犯罪，并应适用于对此种犯罪的被害人的保护。

第5条　刑事定罪

1. 各缔约国均应采取必要的立法和其他措施，将本议定书第3条所列故意行为规定为刑事犯罪。

2. 各缔约国还均应采取必要的立法和其他措施，

（a）在符合本国法律制度基本概念的情况下，把实施根据本条第1款所确立的犯罪未遂定为刑事犯罪；

（b）把作为共犯参与根据本条第1款所确立的犯罪定为刑事犯罪；以及

（c）把组织或指挥他人实施根据本条第1款所确立的犯罪定为刑事犯罪。

二、对人口贩运活动被害人的保护

第6条　对人口贩运活动被害人的帮助和保护

1. 各缔约国均应在适当情况下并根据本国法律尽量保护人口贩运活动被害人的隐私和身份，尤其包括对审理这类贩运活动案件的法律程序予以保密。

2. 各缔约国均应确保本国法律或行政制度中包括各种必要措施，以便在适当情况下向人口贩运活动被害人提供：

（a）有关法院程序和行政程序的信息；

（b）帮助被害人，从而使其意见和关切在对犯罪的人提起的刑事诉讼的适当阶段以不损害被告方权利的方式得到表达和考虑。

3. 各缔约国均应考虑采取措施，为人口贩运活动被害人的身心康复和重返社会提供条件，包括在适当情况下同非政府组织、其他有关组织和民间社会其他方面开展合作，特别是：

（a）提供适当的住房；

（b）以人口贩运活动被害人懂得的语文提供咨询和信息，特别是有关其法律权利的咨询和信息；

（c）提供医疗、心理和物质帮助；

（d）提供就业、教育和培训机会。

4. 各缔约国在执行本条规定时，均应考虑到人口贩运活动被害人的年龄、性别和特殊需要，特别是儿童的特殊需要，其中包括适当的住房、教育和照料。

5. 各缔约国均应努力保护在本国境内的人口贩运活动被害人的人身安全。

6. 各缔约国均应确保本国的法律制度包括各项必要措施，使人口贩运活动被害人可以就所受损害获得赔偿。

第7条 人口贩运活动被害人在接收国的地位

1. 除根据本议定书第6条采取措施外，各缔约国还均应考虑采取立法或其他适当措施，允许人口贩运活动被害人在适当情况下在本国境内临时或永久居留。

2. 各缔约国在执行本条第1款所载规定时，均应适当考虑到人道主义和照顾性因素。

第8条 人口贩运活动被害人的遣返

1. 人口贩运活动被害人为本国国民或其在进入接收缔约国领土时尚拥有本国永久居留权的缔约国，应在适当顾及其安全的情况下，便利和接受其返还而不应有不适当或不合理的迟延。

2. 当一缔约国将身为另一缔约国国民或在进入接收缔约国领土时尚拥有该另一缔约国永久居留权的人口贩运活动被害人送还该缔约国时，这种送还应适当顾及被害人的安全和与其身为贩运活动被害人有关的任何法律程序的状况，并应最好出于自愿。

3. 根据接收缔约国提出的请求，被请求缔约国应核查人口贩运活动被害人是否为本国国民或其在进入接收缔约国领土时是否拥有本国境内的永久居留权而不应有不适当或不合理的迟延。

4. 为便于无适当证件的人口贩运活动被害人的返还，缔约国应根据接收缔约国提出的请求，同意向身为本国国民或在进入接收缔约国领土时拥有本国永久居留权的该人签发必要的旅行证件或其他许可文件，以使其得以前往并重新入境。

5. 本条概不影响接收缔约国本国任何法律赋予人口贩运活动被害人的任何权利。

6. 本条概不影响任何可适用的全部或部分管辖人口贩运活动被

害人返还问题的双边或多边协定或安排。

三、预防、合作和其他措施

第9条 预防贩运人口

1. 缔约国应制定综合政策、方案和其他措施，以便：

（a）预防和打击人口贩运；并

（b）保护人口贩运活动被害人特别是妇女和儿童免于再度受害。

2. 缔约国应努力采取诸如研究、宣传和新闻媒体运动等措施并实行种种社会和经济举措，以预防和打击人口贩运。

3. 根据本条制定的政策、方案和其他措施，应酌情包括与非政府组织、其他有关组织和民间社会其他方面的合作。

4. 缔约国应采取或加强措施，包括通过双边或多边合作，以减缓使人特别是使妇女和儿童易遭贩运之害的各种因素，例如贫困、不发达和缺乏平等机会等。

5. 缔约国应采取或加强立法或其他措施，例如教育、社会或文化措施，包括通过双边或多边合作，以抑制那种助长对人特别是对妇女和儿童的剥削从而导致贩运的需求。

第10条 信息交换和培训

1. 缔约国执法、移民或其他有关当局应酌情根据本国法律相互合作，交换信息，以便能够确定：

（a）持有他人旅行证件或无旅行证件跨越或企图跨越国际边界者是人口贩运活动的实施者还是被害人；

（b）为人口贩运目的跨越国际边界者所使用或企图使用的证件种类；

（c）有组织犯罪集团为贩运人口目的而使用的手段和方法，包括对被害人的招募和运送、从事这类贩运活动的个人和集团之间的路线和联系，以及为侦破这些活动而可能采取的措施。

2. 缔约国应向执法人员、移民官员和其他有关官员提供或加强预防贩运人口的培训。培训的重点应是用于预防这种贩运、起诉贩运者和保护被害人权利，包括保护被害人免遭贩运者迫害的方法。培训还应顾及对人权和儿童及性别敏感问题予以考虑的必要，并应鼓励与非政府组织、其他有关组织和民间社会其他方面的合作。

3. 收到信息的缔约国应遵守发送信息的缔约国提出的关于信息使用限制的任何要求。

第11条 边界措施

1. 在不影响关于人员自由流动的国际承诺情况下，缔约国应尽量加强可能必要的边界管制，以预防和侦查人口贩运活动。

2. 各缔约国均应采取立法或其他适当措施，尽量防止商业承运人经营的运输工具被用于实施根据本议定书第5条确立的犯罪。

3. 在适当且不影响适用的国际公约的情况下，这类措施应包括规定商业承运人，包括任何运输公司或任何运输工具的拥有人或经营人有义务查明所有旅客都持有进入接收国所需的旅行证件。

4. 各缔约国均应根据本国法律采取必要的措施，对违反本条第3款所规定义务的情形予以制裁。

5. 各缔约国均应考虑采取措施，以便根据本国法律法拒绝与根据本议定书所确立的犯罪行为有牵连的人员入境或吊销其签证。

6. 在不影响公约第27条的情况下，缔约国应考虑通过建立和保持直接联系渠道等办法加强边境管制机构间的合作。

第12条 证件安全与管制

各缔约国均应在力所能及的范围内采取必要的措施，以便：

（a）确保由其签发的旅行或身份证件具有不易滥用和不便伪造或非法变造、复制或签发的特点；

（b）确保由其或其代表机构签发的旅行或身份证件的完整和安全，并防止证件的非法印制、签发和使用。

第13条 证件的合法性和有效性

缔约国应根据另一缔约国提出的请求，根据本国法律，在合理的时间内对以或似以本国名义签发的、涉嫌为人口贩运活动而使用的旅行或身份证件的合法性和有效性进行核查。

四、最后条款

第14条 保留条款

1. 本议定书任何规定概不影响各国和个人根据国际法，包括国际人道主义法和国际人权法，以及特别是在适用的情况下，根据关于难民地位的1951年公约和1967年议定书以及其中所载不驱回原则而享有的权利和承担的义务和责任。

2. 本议定书规定的各项措施在解释和适用上不应以该人系人口贩运活动被害人为由而对其加以歧视。对这些措施的解释和适用应符合国际公认的不歧视原则。

第15条 争端的解决

1. 缔约国应努力通过谈判解决与本议定书的解释或适用有关的争端。

2. 两个或两个以上缔约国对于本议定书的解释或适用发生的任何争端，在合理时间内不能通过谈判解决的，应按其中一方的请求交付仲裁。如果自请求交付仲裁之日起六个月后这些缔约国不能就仲裁安排达成协议，则其中任何一方均可根据《国际法院规约》请求将争端提交国际法院。

3. 各缔约国在签署、批准、接受、核准或加入本议定书时，可声明不受本条第2款的约束。对于作出此种保留的任何缔约国而言，其他缔约国应不受本条第2款的约束。

4. 根据本条第3款作出保留的任何缔约国，均可随时通知联合国秘书长撤销该项保留。

第16条　签署、批准、接受、核准和加入

1. 本议定书自2000年12月12日至15日在意大利巴勒莫开放供各国签署，随后直至2002年12月12日在纽约联合国总部开放供各国签署。

2. 本议定书还应开放供区域经济一体化组织签署，条件是该组织至少有一个成员国已按照本条第1款规定签署本议定书。

3. 本议定书须经批准、接受或核准。批准书、接受书或核准书应交存联合国秘书长。如果某一区域经济一体化组织至少有一个成员国已交存批准书、接受书或核准书，该组织也可照样办理。该组织应在该批准书、接受书或核准书中宣布其在本议定书管辖事项方面的权限范围。该组织还应将其权限范围的任何有关变动情况通知保存人。

4. 任何国家或任何至少已有一个成员国加入本议定书的区域经济一体化组织均可加入本议定书。加入书应交存联合国秘书长。区域经济一体化组织加入本议定书时应宣布其在本议定书管辖事项方面的权限范围。该组织还应将其权限范围的任何有关变动情况通知保存人。

第17条　生　效

1. 本议定书应自第四十份批准书、接受书、核准书或加入书交存联合国秘书长之日后第九十天起生效，但不得在公约生效前生效。为本款的目的，区域经济一体化组织交存的任何文书均不得在该组

织成员国所交存文书以外另行计算。

2. 对于在第四十份批准书、接受书、核准书或加入书交存后批准、接受、核准或加入本议定书的国家或区域经济一体化组织，本议定书应自该国或该组织交存该有关文书之日后第三十天起生效，或自本议定书根据本条第1款生效之日起生效，以时间较后者为准。

第18条 修 正

1. 本议定书缔约国可在本议定书生效已满五年后提出修正案并将其送交联合国秘书长，秘书长应立即将所提修正案转发缔约国和公约缔约方会议，以进行审议并作出决定。参加缔约方会议的本议定书缔约国应尽力就每项修正案达成协商一致。如果已为达成协商一致作出一切努力而仍未达成一致意见，作为最后手段，该修正案须有出席缔约方会议并参加表决的本议定书缔约国的三分之二多数票方可通过。

2. 区域经济一体化组织对属于其权限的事项依本条行使表决权时，其票数相当于其作为本议定书缔约国的成员国数目。如果这些组织的成员国行使表决权，则这些组织便不得行使表决权，反之亦然。

3. 根据本条第1款通过的修正案，须经缔约国批准、接受或核准。

4. 根据本条第1款通过的修正案，应自缔约国向联合国秘书长交存一份批准、接受或核准该修正案的文书之日起九十天之后对该缔约国生效。

5. 修正案一经生效，即对已表示同意受其约束的缔约国具有约束力。其他缔约国则仍受本议定书原条款和其以前批准、接受或核准的任何修正案的约束。

第19条 退 约

1. 缔约国可书面通知联合国秘书长退出本议定书。此项退约应自秘书长收到上述通知之日起一年后生效。

2. 区域经济一体化组织在其所有成员国均已退出本议定书时即不再为本议定书缔约方。

第20条 保存人和语文

1. 联合国秘书长应为本议定书指定保存人。

2. 本议定书原件应交存联合国秘书长，议定书的阿拉伯文、中文、英文、法文、俄文和西班牙文文本同为作准文本。

兹由经各自政府正式授权的下列署名全权代表签署本议定书，以昭信守。

2001年国际燃油污染损害民事责任公约 ①②③

第一条 定 义

就本公约而言：

（一）"船舶"系指无论何种类型的任何海船和海上航行器。

（二）"人"系指任何个人或合伙或任何公共或私人机构，无论是否系法人，包括国家或其任何构成部分。

（三）"船舶所有人"系指船舶的所有人，包括船舶的登记所有人、光船承租人、管理人和经营人在内。

（四）"登记所有人"系指登记为船舶的所有人的一个或多个人，或在没有登记时，拥有船舶的一个或多个人。然而，当船舶为国家所有并由在该国登记为该船经营人的公司营运时，"登记所有人"应系指此种公司。

（五）"燃油"系指用于或拟用于船舶运行或推进的包括润滑油在内的任何烃类矿物油，以及此类油的任何残余物。

（六）"《民事责任公约》"系指经修正的《1992年国际油污损害民事责任公约》。

（七）"预防措施"系指事故发生后任何人采取的防止或尽量减少污染损害的任何合理措施。

（八）"事故"系指具有同一起源的、造成污染损害或造成引起此

---

① 公约于2008年11月21日生效。

② 中国于2008年12月9日交存加入书，2009年3月9日对中国生效。

③ 该公约适用于澳门特区。

种损害的严重和紧迫威胁的一起事件或一系列事件。

（九）"污染损害"系指：

1. 由任何地点发生的船舶燃油逸出或排放引起的污染在该船之外造成的损失或损害，但是对环境损害的赔偿（不包括此种损害的利润损失在内），应限于实际采取或将要采取的合理恢复措施的费用；和

2. 预防措施的费用和由预防措施造成的进一步损失或损害。

（十）"船舶登记国"对登记船舶，系指该船的登记国家；对未登记船舶，系指该船有权悬挂其国旗的国家。

（十一）"总吨位"系指按照《1969年国际船舶吨位丈量公约》附件1中所载吨位丈量规则计算的总吨位。

（十二）"本组织"系指国际海事组织。

（十三）"秘书长"系指本组织秘书长。

第二条　适用范围

本公约应仅适用于：

（一）下列区域内造成的污染损害：

1. 当事国的领土，包括领海，和

2. 当事国按照国际法确定的专属经济区，或者，如当事国未确定此种区域，由该国按照国际法确立的在该国领海外并与之毗邻的、从其领海宽度基线测量向外延伸不超过200海里的区域；

（二）无论何处采取的防止或尽量减少此种损害的预防措施。

第三条　船舶所有人的责任

一、除第三和四款规定外，事故发生时的船舶所有人应对由船上或源自船舶的任何燃油造成的污染损害负责，但如某一事故系由具有同一起源的系列事件构成，则该责任应由从此系列事件的首次事件发生时的船舶所有人承担责任。

二、如按第一款由多人负责，则他们应承担连带责任。

三、如船舶所有人作出如下证明，则该船舶所有人不应承担污染损害责任：

（一）损害系由战争、敌对、内战、暴乱行为或异常、不可避免和不可抗拒性质的自然现象所引起；或

（二）损害完全系由第三方故意造成损害的行为或不作为所引起；或

（三）损害完全系由负责维护灯标或其他助航设施的任何政府或其他当局在履行该职责时的疏忽或其他错误行为所引起。

四、如船舶所有人证明，污染损害全部或部分系由蒙受损害的人故意造成损害的行为或不作为或该人的疏忽所引起，则船舶所有人可全部或部分地免除该人所负的责任。

五、除非按照本公约，否则不得向船舶所有人提出任何污染损害赔偿。

六、本公约中的任何规定均不应损害独立于本公约的船舶所有人的任何追偿权。

第四条　除外规定

一、本公约不应适用于《民事责任公约》中规定的污染损害，无论根据该公约是否应对其作出赔偿。

二、除第三款规定外，本公约的规定不应适用于军舰、海军辅助船或由国家拥有或经营并在当时仅用于政府非商业服务的其他船舶。

三、当事国可决定将本公约应用于第二款中所述的军舰或其他船舶；在此种情况下，其应将此事通知秘书长，说明此种适用的条件。

四、对于当事国拥有并用于商业目的的船舶，每一国家均应接受第九条规定的管辖内的诉讼，并应放弃其基于主权国家地位的所有抗辩。

第五条　涉及两艘或更多船舶的事故

当发生涉及两艘或更多船舶的事故并引起污染损害时，所有有关船舶的船舶所有人，除根据第三条免责外，应对不能合理分开的所有此种损害负连带责任。

第六条　责任限制

本公约中的任何规定均不应影响船舶所有人或提供保险或其他经济担保的一个或多个人，根据诸如经修正的《1976年海事索赔责任限制公约》等任何适用的国家或国际机制，限制责任的权利。

第七条　强制保险或经济担保

一、当事国登记的总吨位大于1000吨的船舶的登记所有人，须进行保险或诸如银行或类似金融机构的担保等其他经济担保，以承担登记所有人的污染损害责任，其金额等于适用的国家或国际限制机制规定的责任限制，但在所有情况下均不应超过按照经修正的《1976年海事索赔责任限制公约》所计算的数额。

二、船舶登记国的有关主管当局在确定第一款要求得以符合后，须向每艘船舶签发证书，证明按本公约规定维持的保险或其他经济担保有效。对于在缔约国登记的船舶，此类证书须由该船舶登记国的有关主管机关签发或认证；对于没有在缔约国登记的船舶，此类证书可由任一缔约国的有关主管机关签发或认证。该强制保险证书须使用本公约附件所载范本的格式，并须包含下列细节：

（一）船名、识别号或字母以及船籍港；

（二）登记所有人的名称及其主要营业地；

（三）国际海事组织船舶识别号；

（四）担保的类型和期限；

（五）保险人或提供担保的其他人的名称及其主要营业地以及（如适用）订立保险或担保的营业地点；

（六）证书的有效期，该有效期不得长于保险或其他担保的有效期；

三、（一）缔约国可以授权其认可的一个机构或组织签发第二款提及的证书。此类机构或组织须将每一证书的签发通知该国。在任何情况下，该缔约国须充分保证所签发证书的全面和准确性，并须确保为履行此项义务作出必要的安排。

（二）缔约国须通知本组织秘书长：

1. 授予其认可机构或组织权力的具体职责和授权条件；

2. 此类权力的撤销；以及

3. 授予或撤销此类权力的生效日期。

授权不得在将此授权通知秘书长之日起3个月届满之前生效。

（三）根据本款被授权签发证书的机构或组织须至少被授权在证书签发条件不能维持时撤销这些证书。在任何情况下，机构或组织须将证书的撤销报告给其代为签发证书的国家。

四、证书须以签发国的一种或数种官方语言签发。如果所用文字不是英文、法文或西班牙文，则文本须包含这三种语言中任意一种的译文。如缔约国决定，则可省略该国官方语言。

五、证书须随船携带，并须将副本留存于保存船舶登记记录的当局，或者如果船舶没在缔约国登记，则留存于签发或认证该证书的主管机关。

六、保险或其他经济担保，如果在向第五款所指的当局送交终止通知书之日起3个月届满之前，并非由于第二款所述证书上规定的该保险或担保的有效期届满的原因而予以终止，则不能满足本条的要求，除非该证书已送交上述有关当局，或在此期间已签发新的证书。上述规定须同样适用于令保险或担保不再满足本条各项要求而作的任何修改。

七、船舶登记国须按本条各项规定决定证书的签发条件和有效性。

八、本公约的任何内容不得解释为阻止缔约国依赖从其他国家或本组织或其他国际组织获取的、关于本公约目的之保险或经济担保提供者的财务状况的信息。在这种情况下，依赖该信息的缔约国并不能解除其作为第二款所要求的证书签发国的责任。

九、根据一个缔约国授权签发或认证的证书，就本公约而言，其他缔约国须予以接受，并须视为与其签发或认证的证书具有同等效力，即使该证书是对没在一缔约国登记的船舶所签发或认证的。如一缔约国认为，证书上所列的保险人或保证人在财务上不能承担本公约所规定的义务，则可随时要求与签发国或认证国进行协商。

十、对根据本公约产生的费用的任何索赔，可向登记所有人责任的保险人或提供经济担保的其他人直接提出。在这种情况下，被告可以援引登记所有人有权援引的抗辩（登记所有人破产或倒闭除外），包括第六条规定的责任限制。况且，即使登记所有人根据第六条无权限制责任，被告可按照第一款要求维持的保险或其他经济担保的相等数额限制责任。此外，被告可以提出污染损害是由于所有人故意不当行为所造成的抗辩，但是被告不得援引在船舶所有人向被告提起的诉讼中可能有权援引的任何其他抗辩。在任何情况下，被告有权要求船舶所有人参加诉讼。

十一、除非已根据第二款或第十四款签发证书，否则缔约国不得允许本条适用的悬挂其国旗的任何船舶在任何时候从事营运。

十二、在本条规定之下，各缔约国须根据其国内法确保1000总吨及以上的船舶，无论在何处登记，在进入、驶离其领土内的某一港口或抵达、驶离其领海内的某一近海设施时，具有有效的第一款规定的保险或其他担保。

十三、尽管有第五款的规定，缔约国可以通知秘书长，就第十二款而言，船舶在进入或驶离其领土内的某一港口或抵达或驶离其领海内的某一近海设施时，不需要随船携带或出示第二款要求的证书，但条件是签发第二款要求的证书的缔约国已经通知秘书长，其以电子格式保存着可供各缔约国获取的记录，证明证书的存在，并使缔约国能履行第十二款规定的义务。

十四、如果缔约国所有的船舶没有维持保险或其他经济担保，本条与此有关的各项规定不适用于该船，但该船须携带一份由船舶登记国有关当局签发的证书，说明该船为该国所有，并在第一款规定的限制内承担船舶责任。上述证书须尽可能符合第二款所规定的范本。

十五、当事国可在批准、接受、核准或加入本公约时，或在此后的任何时间声明：本条不适用于仅在第二条第一款第（一）项所述的该国的区域内营运的船舶。

第八条　时　限

除非在损害发生之日起3年内提起诉讼，否则本公约规定的求偿费用权利将被消灭。但是，无论如何不得在造成损害的事故发生之日起6年之后提出诉讼。如该事故包含一系列事件，6年的期限须自第一起事件发生之日起算。

第九条　管辖权

一、如事故在一个或多个当事国的领土（包括领海）或第二条第一款第二项中所述区域造成污染损害，或在此种领土（包括领海）或在此种区域内采取了预防措施来防止或尽量减少污染损害，则对船舶所有人、保险人或提供船舶所有人责任担保的其他人员的赔偿诉讼，可仅在任何此种当事国的法院中提起。

二、应向每一被告发出根据第一款提起诉讼的合理通知。

三、每一当事国应确保其法院具有受理本公约所规定的索赔诉讼的管辖权。

第十条　承认和执行

一、具有第六条规定的管辖权的法院作出的任何判决，如在原判决地国具有执行力而无需再作一般形式的检查，应在任何当事国中得到承认，除非：

（一）判决系以欺诈获得；或

（二）被告未得到合理通知和陈述其案件的公正机会。

二、根据第一款得到承认的判决，在该国要求的手续一经履行，即应在每一当事国执行。这些手续不应允许对案情作重新审理。

第十一条　取代条款

本公约应取代在本公约开放供签署之日的任何现行或开放供签署、批准或加入的公约，但仅限于此种公约与其相冲突的范围内，然而，本条中的任何规定均不应影响此种公约规定的当事国对于非本公约当事国的国家的义务。

第十二条　签署、批准、接受、核准和加入

一、本公约须于2001年10月1日至2002年9月30日在本组织总部开放供签署，并在此后继续开放供加入。

二、各国可以通过下列方式表示其同意受公约约束：

（一）签署，并对批准、接受或核准无保留；

（二）签署，但有待批准、接受或核准，随后予以批准、接受或核准；或

（三）加入。

三、批准、接受、核准或加入须向秘书长交存相应的文件方为有效。

四、在本公约某一修正案对所有现有当事国生效后或在完成了

该修正案对这些当事国生效所需的所有措施后交存的批准、接受、核准或加入的任何文件，应被视为适用于经该修正案修订的本公约。

第十三条　有多个法律制度的国家

一、如果对本公约处理的事项一国具有适用不同法律制度的两个或更多领土单元，则它可在签署、批准、授受或加入时声明，本公约应适用于其所有领土单元，或仅适用于其中一个或多个单元，并可随时提交另一个声明对该声明加以修改。

二、任何此种声明均应通知秘书长，并应说明本公约适用的领土单元。

三、对于作出此种声明的当事国：

（一）在第一条第四款"登记所有人"的定义中，对国家的提及应解释为对此种领土单元的提及；

（二）对船舶登记国的提及，和就强制性保险证书而言，对发证或认证国的提及，应解释为分别系指船舶登记的领土单元及发证和认证的领土单元；

（三）在本公约中对国家法律要求的提及，应解释为对有关领土单元的法律要求的提及；和

（四）在第九条和第十条中对法院和对必须在各个当事国中得到承认的判决的提及，应解释为分别系指有关领土单元的法院和必须在有关领土单元中得到承认的判决。

第十四条　生　效

一、本公约应在包括各累计总吨位不少于100万的5个国家在内的18个国家签署了公约并对批准、接受或核准无保留之日或向秘书长交存了批准、接受、核准或加入文件之日后一年生效。

二、对于在达到第一款中的生效条件后批准、接受、核准或加入的任何国家，本公约应在此种国家交存相应文件之日后3个月生效。

第十五条　退　出

一、任何当事国可在本公约对该国生效之日后随时退出本公约。

二、退出应以向秘书长交存文件的方式作出。

三、退出应在向秘书长交存退出文件后一年或退出文件可能规定的更长期限生效。

第十六条　修订或修正

一、本组织可召开修订或修正本公约的会议。

二、本组织应在不少于三分之一的当事国提出要求后，召开修订或修正本公约的当事国会议。

第十七条　保存人

一、本公约应交由秘书长保存。

二、秘书长应：

（一）将下列事项通知签署或加入本公约的所有国家：

1. 每一新的签署或文件交存及其日期；

2. 本公约的生效日期；

3. 退出本公约的任何文件的交存及交存日期和退出生效日期；和

4. 根据本公约作出的其他声明和通知。

（二）将本公约的核证无误副本发送所有签署国和加入本公约的所有国家。

第十八条　发送联合国

本公约一经生效，秘书长即应按《联合国宪章》第102条将其文本发送联合国秘书处，以供登记和公布。

第十九条　语　言

本公约正本一份，用阿拉伯文、中文、英文、法文、俄文和西班牙文写成，每一文本具有同等效力。

二〇〇一年三月二十三日订于伦敦。

下列具名者，均经各自政府授权，特签署本公约，以昭信守。

附件

燃油污染损害民事责任的保险或其他经济担保证书
按《2001年国际燃油污染损害民事责任公约》第七条
规定颁发

船名	识别号或字符	海事组织船舶识别号	登记港	登记所有人的姓名和主要营业地的完整地址

　　兹证明上述具名的船舶具有符合《2001年国际燃油污染损害民事责任公约》第七条要求的有效保险单或其他经济担保。

　　担保类型 ....

　　担保期限 ....

　　保险人和/或担保人名和地址

　　姓名 ....

　　地址 ....

　　本证书有效至 ....

　　由 ....

　　（国家全称）...

　　政府颁发或认证 ....

或　者

当事国使用第七条第三款时，应使用下列条文

　　本证书系经 ....（国家全称）政府授权，由 ....（机构或组织名称）颁发

　　颁发地点 ....

　　（地点）

颁发日期 ....

（日期）

....（发证或认证官员的签字和职务）

说明：

1. 如需要，国家名称可包括对发证地国主管公共当局的提及。

2. 如担保总额系多个来源提供，则应指明每一来源的金额。

3. 如担保系由几种形式提供，则应对其一一列举。

4. "担保期限"栏必须注明此种担保的生效日期。

保险人和/或担保人"地址"栏必须指明保险人和/或担保人的主要营业地。如适当，应指明作出保险或其他担保的营业地。

控制船舶有害防污底系统国际公约 ①②③

本公约各当事国，

注意到各国政府和主管国际组织进行的科学研究和调查业已表明，船舶使用的某些防污底系统对生态上和经济上重要的海洋生物造成重大毒性危害和其他长期影响，并且人体健康亦可能会因消费受影响的海产食品而受到损害，

特别注意到对使用有机锡混合物作为生物杀灭物的防污底系统的严重关注，并且确信必须逐步杜绝将此类有机锡引入环境中，

忆及 1992 年联合国环境和发展会议通过的《21 世纪议程》第 17 章呼吁各国采取措施，以减少防污底系统中使用的有机锡混合物造成的污染，

还忆及国际海事组织大会于 1999 年 11 月 25 日通过的第 A.895（21）号决议敦促本组织海洋环境保护委员会（MEPC），作为紧急事项促成加速制定一项全球性法律约束文件，以处理防污底系统的有害影响，

留意到关于环境和发展的《里约宣言》第 15 条原则中所述的预防办法，并参考了 MEPC 于 1995 年 9 月 15 日通过的第 MEPC.67（37）号决议，

认识到保护海洋环境和人体健康不受防污底系统不利影响的重要性，

---

① 公约于 2008 年 9 月 17 日生效。

② 中国于 2011 年 3 月 3 日递交加入书，同年 6 月 7 日对中国生效。

③ 公约适用于澳门特区，暂不适用香港特区。

还认识到使用防污底系统防止船舶表面生物积聚对有效的贸易、航运和阻止有害水生物和病原体扩散的极端重要性，

进一步认识到继续研制有效和对环境安全的防污底系统以及促进以较少有害系统或最好是无害系统代替有害系统的必要性，

兹协议如下：

第一条　一般义务

一、本公约每一当事国承诺充分和全面实施其规定，以便减少或消除防污底系统对海洋环境和人体健康造成的不利影响。

二、附件为本公约的组成部分。除另有明文规定外，凡提及本公约，同时即构成提及其附件。

三、本公约的任何规定均不得解释为阻止某一国家单独地或联合地采取与国际法一致的减少或消除防污底系统对环境的不利影响的更严格措施。

四、当事国应尽力为旨在有效实施、遵守和执行本公约进行合作。

五、当事国承诺鼓励持续研制有效和对环境安全的防污底系统。

第二条　定　义

除另有明文规定外，就本公约而言：

（一）"主管机关"系指船舶在其授权下运作的国家的政府。对于有权悬挂某一国家国旗的船舶，主管机关系指该国政府。对在毗连于沿海国为其自然资源勘探和开发的目的行使主权的沿海从事海床及其底土勘探和开发的固定或浮动平台，主管机关系指有关的沿海国政府。

（二）"防污底系统"系指用于船舶控制或防止有害生物附着的涂层、油漆、表层处理、表面或装置。

（三）"委员会"系指本组织海洋环境保护委员会。

（四）"总吨位"系指按《1969 年国际船舶吨位丈量公约》附件 1 所载的吨位丈量规则或任何后续公约计算的总吨位。

（五）"国际航行"系指有权悬挂某一国家国旗的船舶往返于另一国家管辖下的港口、船厂或近海码头的航行。

（六）"长度"系指经《1988 年议定书修改的 1966 年国际载重线公约》或任何后续公约所定义的长度。

（七）"组织"系指国际海事组织。

（八）"秘书长"系指本组织秘书长。

（九）"船舶"系指在海洋环境中运作的无论何种类型的船舶，并包括水翼艇、气垫船、可潜船、浮动艇筏、固定或浮动平台、浮动储藏装置（FSUs）和浮动生产储藏及卸载装置（FPSOs）。

（十）"技术小组"系指由当事国、本组织会员国、联合国及其专门机构、与本组织有协议的政府间组织、具有本组织授予的咨询地位的非政府组织的代表组成的机构，它最好应包括从事防污底系统分析的公共机构和实验室的代表。这些代表应具有环境结局和影响、毒素影响、海洋生物学、人体健康、经济分析、风险管理、国际航运、防污底系统涂层技术方面的专门知识，或客观地审查综合提案的技术性优缺点所需的其他方面的专门知识。

第三条 适用范围

一、除非本公约中另有规定，本公约应适用于：

（一）有权悬挂当事国国旗的船舶；

（二）无权悬挂当事国国旗，但经当事国授权运作的船舶；和

（三）进入当事国港口、船厂或近海码头，但不属于第（一）或（二）项范围内的船舶。

二、本公约应不适用于任何军舰、海军辅助船或当事国拥有或营运并暂时仅用于政府非商业服务的其他船舶。但是，每一当事国应以采用不损害其拥有或营运的此类船舶的作业或作业能力的适当措施，确保此类船舶尽量合理和可行地采取与本公约一致的方式

行动。

三、对于非本公约当事国的船舶，当事国应视必要实施本公约的要求，以确保不给此类船舶更为优惠的待遇。

第四条　防污底系统的控制措施

一、按照附件1规定的要求，每一当事国应禁止和（或）限制：

（一）对第三条第一款第（一）或（二）项所述船舶施用、再施用、安装或使用有害防污底系统；和

（二）当第三条第一款第（三）项所述船舶在当事国港口、船厂或近海码头时，对其施用、再施用、安装或使用此类系统；

并应采取有效措施，确保此类船舶符合上述要求。

二、在本公约生效后施用受附件1的修正案控制的防污底系统的船舶，除非委员会确定存在特殊情况需提早实施控制，否则，可将该系统保留至其下一个预定更换期，但是，无论如何不得超过施用后60个月的期限。

第五条　附件1废料的控制

当事国应在计及国际规则、标准和要求的情况下在其领土内采取适当措施，要求以安全和无害环境的方式收集、对待、处理和销毁因施用或清除附件1控制的防污底系统所产生的废弃物，以保护人体健康和环境。

第六条　对防污底系统控制措施提出修正案的程序

一、任何当事国均可按照本条对附件1提出修正。

二、初始提案应包含附件2所要求的信息，并应提交给本组织。本组织收到提案时，应使当事国、本组织会员国、联合国及其专门机构、与本组织有协议的政府间组织和具有本组织授予的咨询地位

的非政府组织注意到该提案，并应能提供给其使用。

三、委员会应决定是否有理由根据初始提案对有关防污底系统进行更深入的审查。如果委员会认定有理由进行进一步审查，则其应要求提案当事国向委员会提交包含附件3所要求信息的综合提案，除非初始提案已包括有附件3所要求的所有信息。如果委员会认为具有严重或不可逆损害的征兆，则不得以缺乏充分科学把握为由，阻止做出对提案进行评估的决定。委员会应按第七条设立技术小组。

四、技术小组应对综合提案以及任何有关实体提交的任何补充资料进行审查，并应进行评估和向委员会报告，提案是否证明对非目标生物和人体健康的负面影响的潜在不合理风险达到有理由对附件1进行修正的程度。关于此事：

（一）技术小组的审查应包括：

1. 对在环境中或在人体健康（包括但不限于受影响的海产食品的消费）方面或通过根据附件3所规定的资料或所出现的其他任何相关资料进行的控制性研究所观察到的相关防污底系统和有关负面影响之间的联系进行评估；

2. 对由于建议的控制措施和技术小组可能考虑的任何其他控制措施而使潜在风险减少进行评估；

3. 对涉及提案控制措施的技术可行性和成本效果的既有信息进行审议；

4. 对因采用与下列各项有关的此类控制措施而产生的其他影响的既有信息进行审议：

—环境（包括但不限于无行动成本和对空气质量的影响）；

—船厂卫生和安全事项（例如对船厂工人的影响）；

—对国际航运和其他相关部门引起的开支；和

5. 对适当替代措施的有效性进行审议，包括对替代措施的潜在风险进行审议。

（二）技术小组的报告应为书面形式，并应计及第（一）项中所述的每一评估和审议，除非技术小组在评估了第（一）项第1目后决定无须对提案进行进一步审议，因而可能决定继续进行第（一）项第

1至5目所述的评估和审议。

（三）技术小组的报告应特别包括是否有理由对有关的防污底系统、综合提案中所建议的具体控制措施或其认为更为适当的其他控制措施进行与本公约一致的国际控制的建议案。

五、技术小组的报告应在委员会对其进行审议前分发给当事国、本组织会员国、联合国及其专门机构、与本组织有协议的政府间组织、具有本组织授予的咨询地位的非政府组织。委员会应在考虑到技术小组报告的情况下决定是否认可修正附件1的任何提案，以及如适当时，对其进行的任何修改。如果报告发现有严重或不可逆损害的征兆，则不得以缺乏充分科学把握本身为由，阻止做出将某个防污底系统列入附件1的决定。如经委员会认可，则附件1的建议修正案应按第十六条第二款第（一）项进行分发。不认可提案的决定不应妨碍如未来新情况出现时提交有关某个特定防污底系统的新提案。

六、只有当事国方可参与第三和五款中所述的委员会决策。

第七条　技术小组

一、当收到综合提案时，委员会应设立符合第六条的技术小组。如同时或相继收到几个提案时，委员会可视需要设立一个或多个技术小组。

二、任何当事国均可参与技术小组的审议工作，并应利用该当事国所具有的专门知识。

三、委员会应决定技术小组的职责、组织和运作范围。此类范围应对保护可能提交的任何机密信息作出规定。技术小组可视需要召开会议，但应尽量通过书面或电子通讯或其他适当方式进行其工作。

四、只有当事国的代表方可参与根据第六条制定给委员会的任何建议案的工作。技术小组应尽力在当事国代表间达成一致。如果不能够达成一致，技术小组应传递此类代表的任何少数派意见。

第八条　科学技术研究和监测

一、当事国应采取适当措施促进和便利对防污底系统的影响进行科学技术研究以及对此类影响进行监测。特别是，此类研究应包括对防污底系统的影响进行观测、测量、取样、评估和分析。

二、为促进达到本公约的目标，每一当事国均应促使要求下列信息的其他当事国获得有关信息：

（一）按照本公约进行的科学技术活动；

（二）海洋科学技术方案及其目标；和

（三）从有关防污底系统的任何监测和评定方案观察到的结果。

第九条　信息交流和交换

一、每一当事国承诺向本组织传送：

（一）受权代表该当事国按照本公约管理涉及控制防污底系统事项的指定的验船师或认可的组织的名单，以发送各当事国供其官员参考。因此，主管机关应通知本组织授予指定的验船师或认可的组织的具体责任和授权条件；和

（二）以年度为基础，根据其国内法认可、限制或禁止的任何防污底系统的有关信息。

二、本组织应通过任何适当途径使根据第一款传送给它的信息可供使用。

三、对于由某一当事国认可、登记或发照的防污底系统，该当事国应要么由其本身，要么要求此类防污底系统制造厂，对向其要求的当事国提供其作为决策根据的有关信息，包括附件3中规定的信息，或适合于对防污底系统作出适当评估的其他信息。受法律保护

的信息不得提供。

第十条　检验和发证

当事国应确保有权悬挂其国旗或经其授权运作的船舶按照附件4中的规定进行了检验和发证。

第十一条　船舶检查和违规侦查

一、当事国授权的官员为确定船舶是否符合本公约，可对本公约适用的在该当事国任何港口、船厂或近海码头的船舶进行检查。除非有明确根据认为船舶违反本公约，否则，任何此种检查应限于：

（一）如需要时，核实船上携有有效的国际防污底系统证书或防污底系统声明书；和（或）

（二）计及本组织制定的指南，对船舶防污底系统进行不影响防污底系统完整性、结构或工作的简单取样。但是，为获得此种样品的结果所需的时间不得用作妨碍船舶运行和离开的根据。

二、如果有明确根据认为船舶违反本公约，则可计及本组织制定的指南[①]，进行彻底检查。

三、如果侦查到船舶违反本公约，进行检查的当事国可采取步骤警告、扣留、遣走或驱逐该船出港。因船舶不符合本公约而对该船采取此种行动的当事国应立即通知有关船舶的主管机关。

四、当事国应在违规侦查和公约执行中进行合作。如果某一当事国收到任何当事国的调查要求和某一船舶正在或已经违反本公约进行运作的充分证据，亦可在该船进入其管辖下的港口、船厂或近海码头时对其进行检查。此种调查的报告应送交要求调查的当事国和有关船舶的主管机关的主管当局，以便可根据本公约采取适当的行动。

[①]　该指南有待制定。

第十二条　违　反

一、禁止任何对本公约的违反；因此，无论在何处发生违反，均应根据有关船舶的主管机关的法律确定处罚。如果主管机关得知此种违反，应对此事进行调查，并可要求报告的当事国提供被指控的违反的补充证据。如果主管机关确信可获得充分证据对被指控的违反进行诉讼，它应按照其法律促使尽快提起此种诉讼。主管机关应将所采取的任何行动迅速通知报告被指控的违反的当事国以及本组织。如果主管机关在收到信息后一年内仍未采取行动，则其应将此情况通知报告被指控的违反的当事国。

二、禁止在任何当事国的管辖范围内发生对本公约的违反；因此，应根据该当事国的法律确定处罚。无论何时发生此种违反，该当事国均应：

（一）按照其法律，促使提起诉讼；或

（二）向有关船舶的主管机关提供其可能掌握的业已发生的违反的信息和证据。

三、根据当事国的法律所确定的与本条一致的处罚的严厉性应足以阻止在任何地方发生对本公约的违反。

第十三条　不适当的延误或扣船

一、应作出一切可能的努力，避免船舶经受第十一或十二条的检查时受到不适当的扣留或延误。

二、当船舶经受第十一或十二条的检查时受到不适当的扣留或延误时，则其应有权对所蒙受的任何损失或损害要求索赔。

第十四条　争议解决

当事国应以谈判、调查、调解、和解、仲裁、司法解决、寻求地方机构或协议或其自身选择的其他和平手段解决它们之间涉及本公约的解释或应用的任何争议。

第十五条　与国际海洋法的关系

本公约中的任何规定均不应损害任何国家在《联合国海洋法公约》中所反映的国际惯例法规定下的权利和义务。

第十六条　修正案

一、本公约可以根据下列各款规定的任一程序进行修正。

二、本组织内审议后的修正案：

（一）任何当事国均可提出本公约的修正案。建议的修正案应提交给秘书长，然后秘书长应在审议前至少6个月将其分发给各当事国和本组织各会员国。如系修正附件1的提案，在根据本条对其审议前，应按第六条进行处理。

（二）如上提出和分发的修正案应提交给委员会供其审议。当事国，不论是否本组织会员国，均应有权参与委员会审议和通过修正案的进程。

（三）修正案应由委员会中出席并参加投票的当事国三分之二多数通过，但在投票时应至少有三分之一的当事国出席。

（四）按照第（三）项通过的修正案应由秘书长通知各当事国，以供接受。

（五）修正案应在下列情况下视为已被接受：

1. 本公约某一条款的修正案应在三分之二的当事国通知秘书长它们业已接受之日视为已被接受。

2. 附件的修正案应在通过之日后12个月届满时或委员会确定的此种其他日期视为已被接受。但是，如果到该日期时，有三分之一以上的当事国通知秘书长它们反对该修正案，则其应视为未被接受。

（六）修正案应在下列条件下生效：

1. 本公约条款的修正案应在其按照第（五）项第1目视为已被接受之日后6个月对宣布业已接受该修正案的当事国生效。

2. 附件1的修正案应在其视为已被接受之日后6个月对所有当事国生效，但作出下列表示的任何当事国除外：

（1）业已按第（五）项第2目对修正案表示反对并且未撤销此种反对；

（2）在此种修正案生效前业已通知秘书长，该修正案仅应在其后续的接受通知之后对其生效；或

（3）在其交存批准、接受、核准或加入本公约的文件时业已声明，附件1的修正案仅应在通知秘书长其接受此种修正案之后对其生效。

3. 除附件1之外的附件的修正案应在其视为已被接受之日后6个月对所有当事国生效，但业已按第（五）项第2目对修正案表示反对并且未撤销此种反对的当事国除外。

（七）1. 业已表示第（六）项第2目之（1）或第3目所述的反对的当事国可在后来通知秘书长其接受该修正案。此修正案应于该当事国通知其接受之日后6个月或该修正案生效之日后6个月对其生效，以晚者为准。

2. 如果分别作出第（六）项第2目之（2）或之（3）所述通知或声明的当事国通知秘书长其接受某一修正案，则此修正案应于该当事国通知其接受之日后6个月或该修正案生效之日后6个月对其生效，以晚者为准。

三、会议通过的修正案：

（一）某一当事国的要求获得至少三分之一的当事国赞成时，本组织应召开当事国会议审议本公约的修正案。

（二）由此种会议出席并参加投票的当事国的三分之二多数通过的修正案应由秘书长通知所有当事国，以供接受。

（三）除会议另有决定外，修正案应分别按本条第二款第（五）和第（六）项中规定的程序视为已被接受和应予生效。

四、任何拒绝接受某一附件的某一修正案的当事国仅应就该修正案的执行而言视为非当事国。

五、新增附件应按适用于本公约条款的修正程序提出、通过和生效。

六、本条规定的任何通知或声明应以书面形式向秘书长作出。

七、秘书长应通知各当事国和本组织会员国：

（一）生效的修正案及其总的生效日期和对每一当事国的生效日期；和

（二）根据本条作出的任何通知或声明。

第十七条　签署、批准、接受、核准和加入

一、本公约应从二〇〇二年二月一日至二〇〇二年十二月三十一日在本组织总部开放供任何国家签署，并应于此后继续开放供任何国家加入。

二、各国可以下列方式成为本公约当事国：

（一）签署并对批准、接受或核准无保留；或

（二）签署而有待批准、接受或核准，随后予以批准、接受或核准；或

（三）加入。

三、批准、接受、核准或加入应通过向秘书长交存有关文件作出。

四、如果一国对本公约中处理的事项具有适用不同法律制度的两个或更多领土单元，则它可在签署、批准、接受、核准或加入时声明，本公约应扩大适用于其所有领土单元，或仅适用于其中一个或多个单元，并可随时提交另一个声明对该声明加以修改。

五、任何此种声明均应通知秘书长，并应说明本公约适用的领土单元。

第十八条　生　效

一、本公约应于合计商船队不少于世界商船总吨位百分之二十五的不少于25个国家，按照第十七条签署公约并对批准、接受或核准无保留或交存批准、接受、核准或加入所需文件之日后12个月生效。

二、对于本公约生效条件得到满足后但在生效日期前交存批准、接受、核准或加入本公约文件的国家，批准、接受、核准或加入应于本公约生效之日或交存该文件之日后3个月生效，以晚者为准。

三、在本公约生效之日后交存的任何批准、接受、核准或加入文件，应于交存之日后3个月生效。

四、在本公约修正案根据第十六条视为已被接受之日后交存的任何批准、接受、核准或加入文件，应适用于经修正的本公约。

第十九条　退　出

一、任何当事国，在本公约对该当事国生效之日两年届满后，可随时退出本公约。

二、退出应以向秘书长交存书面通知作出，在收到通知后一年或通知中可能规定的更长期限生效。

第二十条　保存人

一、本公约应由秘书长保存，秘书长应将本公约的核证副本发送签署或加入本公约的所有国家。

二、除本公约其他地方规定的职责外，秘书长应：

（一）将下列事项通知签署或加入本公约的所有国家：

1. 每一新的签署或批准、接受、核准或加入文件的交存及其日期；

2. 本公约的生效日期；和

3. 本公约的任何退出文件的交存及其收到日期和退出生效日期；和

（二）本公约一经生效，即按《联合国宪章》第一百零二条将其文本发送联合国秘书处，以供登记和公布。

第二十一条　语　言

本公约正本一份，用阿拉伯文、中文、英文、法文、俄文和西班牙文写成，每一文本具有同等效力。

下列具名者，均经各自政府正式授权，特签署本公约，以昭信守。

二〇〇一年十月五日订于伦敦。

附件1

防污底系统的控制措施

防污底系统	控制措施	适用范围	生效日期
防污底系统中起生物杀灭剂作用的有机锡混合物	船舶不得施用或再施用此类混合物	所有船舶	2003年1月1日
防污底系统中起生物杀灭剂作用的有机锡混合物	船舶或者：（1）不得在船体或外露部件上或表面施有此类混合物；或者（2）应施有对此类混合物形成障碍作用的涂层，从底下滤去不符合要求的防污底系统	所有船舶（2003年1月1日以前建造和2003年1月1日或以后未进干坞的固定和浮动平台、FSUs和FPSOs除外）	2008年1月1日

附件2

初始提案要求的要素

一、初始提案应包括至少载有下列各项的适当文件：

（一）提案中所涉及的防污底系统的识别：防污底系统的名称；活性组分的名称和化学提取物服务登记号（CAS号），如适用，或该系统中被怀疑造成所关注的不利影响的成份；

（二）在环境中可能被发现的显示防污底系统或其转化物可能集中对人体健康带来危险或对非目标生物产生不利影响的信息的特性（例如对代表性物种或生物累积资料进行毒性研究的结果）；

（三）在环境中集中出现的可能对非目标生物、人体健康或水质产生不利影响的防污底系统或其转化物中毒性成份的可能性的辅助材料（例如关于在水柱、沉积物和生物群中存留的资料；研究中或处于实际使用状况的经处理表面的有毒成份的释放率；或如可获得时，监测资料）；

（四）观测或预计到的防污底系统、有关的不利影响和环境浓度之间的联系的分析；和

（五）对在减少与防污底系统相关的危险中可能有效的限制的类型的初步建议。

二、初始提案应按本组织的议事规则提交。

附件3

综合提案要求的要素

一、综合提案应包括至少载有下列各项的适当文件：

（一）初始提案中列举的资料的发展；

（二）从第三款第（一）、（二）和（三）项（视情而定）所述资料类别中得出的结果，依提案的议题和编制资料所依据的方法的鉴别或说明确定；

（三）对防污底系统的不利影响进行的研究结果概要；

（四）如果进行了监测，该监测结果概要，包括监测区域的船舶交通和一般说明的信息；

（五）通过应用数学模式，使用所有可利用的环境结局参数，特别是以实验性方法确定的参数，以及模式方法的鉴别或说明，所编制的可利用环境或生态暴露资料概要和任何环境浓度评价；

（六）观测或预计到的相关防污底系统、有关的不利影响和环境浓度之间的联系的评估；

（七）第（六）项中所述的评估中不确定程度的定性说明；

（八）减少与防污底系统相关危险的具体控制措施的建议；和

（九）对涉及空气质量、船厂条件、国际航运和其他相关领域的建议的控制措施的潜在影响的任何可利用研究结果的概要，以及适当替代方案的有效性。

二、综合提案还应包括受关注的成份的下列物理和化学性质（如适用时）：

—熔点；

—沸点；

—密度（相对密度）；

—蒸汽压力；

—水溶性/pH/电解常数（pKa）；

—氧化作用/还原电势；

—分子质量；

—分子结构；和

—初始提案中确定的其他物理和化学性质。

三、就上述第一款第（二）项而言，资料类别为：

（一）环境结局和影响资料：

—降级/消散方式（例如水解/光降解/生物降解）；

—在有关介质中的存留（例如水柱/沉积物/生物群）；

—沉积物/水隔离物；

—生物杀灭剂或活性组分的过滤率；

—质量平衡；

—生物累积、分配系数、辛醇/水系数；和

—释放或已知相互作用方面的任何新奇反应。

（二）水生植物、无脊椎动物、鱼类、海鸟、海洋哺乳动物、濒危物种、其他生物群、水质、海床或非目标生物包括敏感和代表性生物的生境的任何非预期影响的资料：

—急性毒性；

—慢性毒性；

—发育性和再生性毒性；

—内分泌破坏；

—沉积物毒性；

—生物利用率/生物放大率/生物浓度；

—食物网/种群量影响；

—渔场/鱼群死亡/搁浅/（细胞）组织分析方面不利影响的观测；和

—海产食品中的残余物。

这些资料应涉及一种或多种非目标生物，例如水生植物、无脊椎动物、鱼类、鸟类、哺乳动物和濒危物种。

（三）有关人体健康影响的潜在资料（包括但不限于对受影响海产食品的消费）。

四、综合提案除为质量保证采取的任何有关措施和研究中进行的任何同等审查外，还应包括所使用方法的说明。

附件 4

防污底系统检验和发证要求

第一条 检 验

一、公约第三条第一款第（一）项所述的从事国际航行的 400 总吨及以上的船舶，不包括固定或浮动式平台、FSUs 和 FPSOs，应接受如下规定的检验：

（一）船舶投入使用前或首次颁发本附件第二或三条要求的国际防污底系统证书（证书）前的初次检验；和

（二）更改或更换防污底系统的检验。此类检验应在根据本附件第二或三条颁发的证书上签注。

二、检验应能确保船舶防污底系统完全符合本公约。

三、主管机关应为不受本条第一款的规定约束的船舶制定适当措施，以便确保本公约得到遵守。

四、（一）关于本公约的执行，船舶的检验应在计及本组织制定的检验指南[①]的情况下，由主管机关正式授权的官员或按本附件第三条第一款的规定进行。或者，主管机关亦可委托为此目的指定的验船师或经其认可的组织进行本公约要求的检验。

（二）指定验船师或认可组织[②]进行检验的主管机关应最低限度地授权任何指定的验船师或认可的组织：

1. 要求其检验的船舶符合附件 1 的规定；和

---

① 指南有待制定。

② 参阅本组织以第 A.739（18）号决议通过可能经本组织修正的指南和本组织以第 A.789（19）号决议通过的可能经本组织修正的规范。

2. 如系本公约当事国的港口国有关当局要求时，进行检验。

（三）当主管机关、指定的验船师或认可的组织确定船舶的防污底系统不符合本附件第二或三条要求的证书的细节或本公约的要求时，该主管机关、验船师或组织应立即确保采取使该船符合的纠正行动。验船师或组织还应在适当时通知主管机关任何此种决定。如未采取要求的纠正行动，则应立即通知主管机关，而主管机关应确保视情不发或撤销证书。

（四）在第（三）项所述的情况下，如船舶处于另一当事国的港口，则应立即通知港口国的有关当局。当主管机关、指定的验船师或认可的组织通知了港口国的有关当局时，有关的港口国政府应给予该主管机关、验船师或组织履行本条规定的其义务的任何必要援助，包括公约第十一或十二条所述的任何行动。

第二条　国际防污底系统证书的颁发或签注

一、主管机关应要求在对公约第一条适用的船舶成功完成本附件第一条规定的检验后，颁发证书。其他当事国应接受某一当事国授权颁发的证书，并视为与其本身为本公约所涉及的所有目的而颁发的证书具有相同的效力。

二、证书应由主管机关或其正式授权的人员或组织颁发或签注。在每一情况下，主管机关均对证书承担全部责任。

三、对于施有在防污底系统的控制措施生效之日前施用的由附件1控制的防污底系统的船舶，主管机关应在该控制措施生效后不晚于两年时按照本条第二和三款颁发证书。本款不得影响船舶符合附件1的任何要求。

四、证书应以与本附件的附录1中所给示范相一致的格式予以编制，并应至少以英文、法文或西班牙文书写。如同时使用颁发国的一种官方语言，则在发生争议或不一致的情况下，应以此为准。

第三条　另一当事国颁发或签注国际防污底系统证书

一、应主管机关要求，另一当事国可促使船舶接受检验，并且如确信符合本公约，则其应按本公约向该船颁发或授权颁发证书，以及如适当时，为该船签注或授权签注该证书。

二、证书副本和检验报告副本应尽快送交提出要求的主管机关。

三、如此颁发的证书应载有一个说明，表示该证书是应第一款中所述的主管机关的要求颁发的，并且该证书应与该主管机关颁发的证书具有相同效力和获得同样承认。

四、不得向悬挂非当事国国旗的船舶颁发证书。

第四条　国际防污底系统证书的效力

一、根据本附件第二或三条颁发的证书应在下列任一情况下失效：

（一）如防污底系统被更改或更换，并且证书未按本公约签注；和

（二）船舶被转让给另一船旗国时。只有在颁发新证书的当事国完全确信船舶符合本公约时，方能发给新证书。如属在当事国之间转让，并且系在进行转让后三个月内提出要求，则船舶原先有权悬挂的国旗所属的当事国应尽快向主管机关转交该船在转让前携带的证书的副本，并且如可得到时，转交相关检验报告的副本。

二、当事国向从另一当事国转让的船舶颁发新的证书，可根据新的检验或船舶有权悬挂其国旗的原先当事国颁发的有效证书来决定。

第五条　防污底系统声明书

一、主管机关应要求从事国际航行并适用于公约第三条第一款

第（一）项的长度为24米或以上但小于400总吨的船舶（不包括固定或浮动平台、FSUs和FPSOs），携带船舶所有人或所有人授权的代理签发的声明书。此种声明书应附有适当的文件（例如油漆收据或合同人凭证）或载有适当的签注。

二、声明书应以与本附件的附录2中所给示范一致的格式予以编制，并应至少以英文、法文或西班牙文书写。如同时使用船舶有权悬挂其国旗的国家的一种官方语言，则在发生争议和不一致的情况下，应以此为准。

附件4的附录1

国际防污底系统证书示范格式

国际防污底系统证书

（本证书应附有防污底系统记录）

（国籍）

本证书由 .... 政府授权

（国家名称）

....

（被授权人员或组织）

根据《国际控制船舶有害防污底系统公约》颁发

原先发有证书时，此证书代替日期为 .... 的证书

船舶资料 [①]

船名 ....

船舶编号或呼号 ....

船籍港 ....

总吨位 ....

海事组织编号 [②]

该船在建造期间或之后未曾施用受附件1控制的防污底系统 ......

....

该船原先曾施用受附件1控制的防污底系统，但已使用..........（填入设施名称）于 .... （日期）清除

该船原先曾施用受附件1控制的防污底系统，但已使用..........（填入设施名称）于 .... （日期）施以保护层覆盖 ....

---

① 船舶资料亦可以表格横向排列。

② 按照本组织以第A.600（15）号大会决议通过的《海事组织船舶编号体系》。

该船在............（日期）①之前曾施用受附件1控制的防污底系统，但必须于.........（日期）②之前予以清除或施以保护层覆盖.....

兹证明：

1. 该船业已按照公约附件4第一条进行检验；和

2. 检验表明船舶防污底系统符合公约附件1的有关要求。

.............................颁发于..

（发证日期）　　　　　　　　（发证地点）

....

（经授权发证官员签名）

发证检验的完成日期...

防污底系统记录示范格式
防污底系统记录
本记录应永久附于《国际防污底系统证书》

船舶资料

船名：...

船舶编号或呼号：....................................

海事组织编号：.......................................

施用的防污底系统细节

施用的一种或多种防污底系统的类型............................

施用一种或多种防污底系统的日期.............................

如已施用，一个或多个公司和设施名称/位置.................

防污底系统的一个或多个制造厂名称...........................

一种或多种防污底系统名称和颜色.............................

一种或多种活性组分及其化学提取物服务登记号（CAS号）.....

如适用，保护层的一种或多种类型.............................

---

① 控制措施的生效日期。

② 第四条第二款或附件1中规定的任何实施期限的失效日期。

如适用，施用的保护层的一种或多种名称和颜色 ....
保护层的施用日期 ....
兹证明本记录在各个方面均正确。
.... 颁发于 ....
（记录签发日期）　　　　　（记录签发地点）

....
（经授权签发记录的官员签名）

记录的签注 [①]

兹证明按公约附件4第一条第一款第（二）项要求的检验表明该船符合公约

施用的一种或多种防污底系统的细节
施用的一种或多种防污底系统的类型 ....
施用一种或多种防污底系统的日期 ....
如已施用，一个或多个公司和设施名称/位置 ....
防污底系统的一个或多个制造厂名称 ....
一种或多种防污底系统名称和颜色 ....
一种或多种活性组分及其化学提取物服务登记号（CAS号）.....
如适用，保护层的一种或多种类型 ....
如适用，施用的保护层的一种或多种名称和颜色 ....
保护层的施用日期 ....

签名：...
（经授权签发记录的官员签名）
地点：...
日期 [②]：...
（发给记录当局的钢印或盖章）

---

① 主管机关认为必要时，记录的这一页应复制并附于记录后。
② 进行本签注的检验的完成日期。

附件4的附录2

防污底系统声明示范格式
防污底系统声明书
根据《国际控制船舶有害防污底系统公约》
编制

船名 ....

船舶编号或呼号 ....

船籍港 ....

船长 ....

总吨位 ....

海事组织编号（如适用）...

我声明本船施用的防污底系统符合公约附件1。

....　　..............................

　（日期）　　　　　（所有人或所有人授权的代理签名）

施用的防污底系统的签注

施用的一种或多种防污底系统的类型和施用日期 ....

....　　..............................

　（日期）　　　　　（所有人或所有人授权的代理签名）

施用的一种或多种防污底系统的类型和施用日期..................

....　　..............................

　（日期）　　　　　（所有人或所有人授权的代理签名）

施用的一种或多种防污底系统的类型和施用日期..................

....　　..............................

　（日期）　　　　　（所有人或所有人授权的代理签名）

移动设备国际利益公约 ①②③④

本公约缔约各国：

知悉获得和使用高价值或具有特别经济意义的移动设备的需要和促进有效率地获得和使用此种设备的融资需要，

认识到为此目的进行资产担保融资和租赁的益处，并希望建立明确的规范以推动此类交易，

铭记确保此种设备上的利益得到普遍承认和保护的需要，

希望给利益各方带来广泛和相互的经济效益，

认为此种规范必须反映资产担保融资和租赁的原则，并须促进此类交易中当事各方所必需的意思自治，

意识到为此种设备的国际利益建立法律框架的需要和为此目的建立国际登记制度加以保护的需要，

考虑到有关此种设备的各现行公约所载的目标和原则，

兹协议如下：

---

① 公约于2006年3月1日生效。

② 中国于2008年10月28日批准，2009年2月3日提交批准书。

③ 声明对公约第39条1款A、B项，40、50、53条，54条1.2款及55条提出保留。

④ 暂不适用香港、澳门特区。

第一章　适用范围和总则

第一条　定　义

除非文中另有规定，本公约所用术语含义如下：

（a）"协议"，是指担保协议、所有权保留协议或租赁协议；

（b）"转让"，是指通过担保或其他方式将相关权利让渡给受让人的合同，而有关国际利益可随之转移，也可不转移；

（c）"相关权利"，是指根据由标的物担保或与该标的物有关的协议，应由债务人支付或做出其他履行的全部权利；

（d）"破产程序的开始"，是指依据破产准据法，破产程序被视为启动之时；

（e）"附条件的买方"，是指所有权保留协议中的买方：

（f）"附条件的卖方"，是指所有权保留协议中的卖方：

（g）"销售合同"，是指卖方将标的物销售给买方的合同，但并非上述（a）项定义所指的协议；

（h）"法院"，是指缔约国设立的法院、行政裁判庭或仲裁庭；

（i）"债权人"，是指担保协议的担保权人、所有权保留协议的附条件卖方或租赁协议的出租人；

（j）"债务人"，是指担保协议的担保人、所有权保留协议的附条件买方、租赁协议的承租人或其在标的物上的利益是受某项可登记的非约定权利或利益制约的人；

（k）"破产管理人"，是指经授权，包括临时授权实施重组或清算的人，如果破产准据法准许，也包括占有资产的债务人；

（l）"破产程序"，是指为重组或清算之目的，将债务人的资产和事务置于法院控制或监督之下的破产、清算或其他追偿性质的司法或行政程序，包括临时程序；

（m）"利害关系人"，是指：

（i）债务人；

（ⅱ）为确保债权人利益之相对义务得到履行而出具或签发担保书、即付保证、备付信用证或任何其他形式的信用保证的任何人；

（ⅲ）对标的物享有权利的任何其他人；

（n）"国内交易"，是指属于第二条第2款（a）至（c）项中所列类型的交易，在订立合同时，其所涉各方的主要利益中心和（依据议定书确定的）相关标的物的所在地均位于同一个缔约国内，该交易所产生的利益已在该缔约国的国家登记处登记，且该缔约国已根据第五十条第1款做出声明；

（o）"国际利益"，是指适用第二条的债权人拥有的利益；

（p）"国际登记处"，是指为本公约或议定书之目的而设立的国际登记机构；

（q）"租赁协议"，是指某人（出租人）将标的物的占有权或控制权（附带或不附带购买选择权）授予另一人（承租人）以换取租金或其他支付的协议；

（r）"国内利益"，是指由根据第五十条所做声明中涵盖的国内交易产生的债权人对标的物拥有的利益；

（s）"非约定权利或利益"，是指为确保义务，包括对国家、国家实体或政府间组织或私人组织的义务得以履行而由根据第三十九条做出声明的缔约国的法律赋予的权利或利益；

（t）"国内利益通知"，是指已在国际登记处登记或将要登记的关于已经设立某项国家利益的通知；

（u）"标的物"，是指适用第二条的类别的标的物；

（v）"先期存在的权利或利益"，是指在本公约根据第六十条第2款（a）项的规定生效之前，已经产生或发生的对标的物享有的任何种类的权利或利益；

（w）"收益"，是指因标的物全部或部分损毁、灭失或者全部或部分充公、征用或者调拨而取得的货币或非货币收益；

（x）"预期转让"，是指基于特定事件的发生，不论该事件的发生是否确定，而意欲在将来进行的转让；

（y）"预期国际利益"，是指基于特定事件（包括债务人取得标的物上的利益）的发生，不论该事件的发生是否确定，而意欲将来在标的物上设立或者设定为国际利益的利益；

（z）"预期销售"，是指基于特定事件的发生，不论该事件的发生是否确定，而意欲在将来进行的销售；

（aa）"议定书"，就本公约适用的任何类别的标的物及其相关权利而言，是指关于该类别的标的物及其相关权利的议定书；

（bb）"已登记"，是指已经按照第五章在国际登记处登记；

（cc）"已登记利益"，是指已经按照第五章登记的国际利益、可登记的非约定权利或利益、或者在国内利益通知中指明的国内利益；

（dd）"可登记的非约定权利或利益"，是指根据第四十条交存的声明，可以登记的非约定权利或利益；

（ee）"登记官"，就议定书而言，是指由议定书指定或者根据第十七条第2款（b）项任命的个人或机构：

（ff）"规章"，是指监管机关根据议定书制定或批准的规章；

（gg）"销售"，是指根据销售合同进行的标的物所有权的转移；

（hh）"担保债务"，是指担保利益所担保的债务；

（ii）"担保协议"，是指担保人为确保本人或者第三人履行既有债务或预期债务而赋予或者承诺赋予担保权人标的物上利益（包括所有权利益）的协议；

（jj）"担保利益"，是指担保协议设定的利益；

（kk）"监管机关"，就议定书而言，是指第十七条第1款所指的监管机关；

（ll）"所有权保留协议"，是指在协议规定的一项或多项条件实现之后所有权才发生转移的标的物销售协议；

（mm）"未登记利益"，是指没有登记的约定利益或者非约定权利或利益（适用第三十九条的利益除外），不论其依照本公约是否可以登记；

（nn）"书面"，是指以有形形态或其他形态存在并能够在今后以有形形态复制而且以合理方式表明经某人核准的信息（包括以电子形式传输的信息）纪录。

第二条　国际利益

1. 本公约规定某些种类的移动设备上的国际利益和相关权利的构成及其效力。

2. 为本公约之目的，移动设备上的国际利益是指根据第七条构成、属于本条第3款所列并由议定书指明种类的某个可识别标的物上的利益，包括：

（a）担保协议的担保人赋予的利益；

（b）所有权保留协议的附条件卖方享有的利益；或者

（c）租赁协议的出租人享有的利益；

凡属于（a）项的利益不能同时又属于（b）或（c）项。

3. 前款所述的种类是：

（a）航空器机身、航空器发动机和直升机；

（b）铁路车辆；和

（c）空间资产。

4. 适用第2款的利益是否属于该款的（a）、（b）或（c）项，由准据法判定。

5. 标的物上的国际利益延及该标的物的收益。

第三条　适用范围

1. 在设定或规定国际利益的协议订立之时，债务人位于缔约国的，适用本公约。

2. 债权人位于非缔约国的，不影响本公约的适用。

第四条　债务人所在地

1. 为第三条第1款之目的，债务人位于缔约国是指债务人：

（a）依照该国法律组成或设立；

（b）在该国有注册办公机构或法定住所；

（c）在该国有管理中心；或者

（d）在该国有营业场所。

2. 债务人有一个以上营业场所的，前款（d）项所指债务人营业场所是指其主要营业场所；没有营业场所的，则指其惯常住所。

第五条　解释与准据法

1. 在解释本公约时，应当虑及公约序言中阐明的宗旨、公约的国际性质以及促进公约在适用上的统一性和可预见性的需要。

2. 属于本公约规范但公约未予明确规定的事项，应当按照作为本公约基础的一般原则处理；没有此类原则的，按照准据法处理。

3. 准据法是指根据法院地国国际私法规则应予适用的国内法律规则。

4. 由若干领土单位组成的国家，各领土单位对应予决定的事项有各自的法律规则，且没有指明相关的领土单位的，由该国的法律决定适用哪一个领土单位的规则。没有这样的法律的，适用与案件有最密切联系的领土单位的法律。

第六条　公约与议定书的关系

1. 本公约和议定书应被视为并解释为一个单一文件。

2. 在本公约和议定书不一致的，以议定书为准。

第二章　国际利益的构成

第七条　形式要件

如果设定或规定一项利益的协议符合下列条件，该利益即构成本公约所指的国际利益：

（a）以书面形式订立；

（b）涉及的标的物是担保人、附条件的卖方或出租人有权处置的；

（c）使该标的物按照议定书的规定能够识别；和

（d）属于担保协议的，使被担保的义务能够确定，但无需说明所担保的金额或最高金额。

第三章　不履行的救济

第八条　担保权人的救济

1. 发生第十一条规定的不履行的，在不违反缔约国根据第五十四条可能做出声明的情况下，担保权人可以在担保人过去任何时候已经同意的限度内实施下述任一种或多种救济：

（a）占有或者控制作为担保物的任何标的物；

（b）出售或者出租任何此类标的物；

（c）收取或者领受因管理或使用任何此类标的物而产生的收入或盈利。

2. 担保权人可选择申请法院令状授权或者指令实施前款所述的任一行为。

3. 第1款（a）、（b）或（c）项或第十三条规定的任何救济均须以商业上合理的方式实施。依据担保协议的条款实施救济应被视为是以商业上合理的方式实施救济，除非该条款明显不合理。

4. 拟议按照第1款的规定出售或者出租标的物的担保权人，必须将拟议的出售或出租以书面形式合理地预先通知：

（a）第一条（m）项（i）、（ii）目规定的利害关系人；和

（b）第一条（m）项（iii）目规定的、且已在出售或出租前的合理期间内将其权利通知了担保权人的利害关系人。

5. 担保权人因实施第1款或第2款规定的救济而收取或者领受

的款项必须用于抵偿被担保债务的金额。

6. 担保权人因实施第 1 款或第 2 款规定的救济而收取或者领受的款项超过该项担保利益所担保的金额以及在实施救济中产生的合理费用的，除非法院另有指令，担保权人必须按先后顺序将超过部分分配给优先受偿地位紧随其后的已登记利益的各持有人或已向担保权人通知其利益的各持有人，然后将任何剩余部分付给担保人。

第九条　以标的物清偿；赎回

1. 在发生第十一条规定的不履行情况之后的任何时候，担保权人和所有利害关系人可以约定将担保利益项下的任何标的物的所有权（或者担保人对该标的物享有的任何其他权利）让渡给担保权人，以清偿担保的债务。

2. 法院可以根据担保权人的申请发出令状，将担保利益项下任何标的物的所有权（或者担保人对该标的物享有的任何其他权利）转移给担保权人，以清偿担保的债务。

3. 法院必须在考虑应由担保权人向利害关系人支付的金额之后，认为通过此种转移得以清偿的担保债务金额与标的物价值相当时，始得依照前款规定准许担保权人的申请。

4. 在发生第十一条规定的不履行之后和用于担保的标的物被出售或者依据第 2 款的规定发出令状之前的任何时候，担保人或者任何利害关系人可以通过全额支付被担保的金额来解除担保利益，但不得对抗担保权人根据第八条第 1 款（b）项签订的或根据第八条第 2 款的令状订立的租赁协议。发生此种不履行后，如果全额支付被担保金额的是债务人以外的利害关系人，则该利害关系人即行代位取得担保权人的各项权利。

5. 担保人的所有权或任何其他利益根据第八条第 1 款（b）项或者根据本条第 1 款或第 2 款规定的销售发生转移之后，不受第二十九条规定的担保权人的担保利益较之优先的任何其他利益的限制。

第十条　附条件的卖方或出租人的救济

所有权保留协议或租赁协议下发生第十一条规定的不履行的，附条件的卖方或者出租人可以：

（a）在不违反缔约国根据第五十四条可能做出声明的情况下，终止协议并占有或控制与该协议相关的任何标的物；

（b）申请法院令状授权或指令实施上述任一行为。

第十一条　不履行的含义

1. 债务人和债权人可以于任何时候以书面形式约定构成不履行或者导致产生第八条至第十条和第十三条规定的权利和救济的事件。

2. 如果债务人和债权人没有如此约定，为第八条至第十条和第十三条之目的，"不履行"是指实质上剥夺了债权人根据协议有权享有的期望的不履行。

第十二条　附加救济

任何为准据法所准许的附加救济，包括当事各方约定的任何救济，可以在不违背本章第十五条的强制性规定的限度内行使。

第十三条　最终裁决前的救济

1. 在不违反缔约国根据第五十五条可能做出声明的情况下，缔约国应当保证，已举出证据证明债务人不履行债务的债权人，在其权利主张获得最终裁决之前按债务人此前任何时候的同意，可以通过向法院申请下列一种或几种令状的形式获得快速救济：

（a）保全有关的标的物及其价值；

（b）占有、控制或者监管该标的物；

（c）冻结该标的物；和

（d）出租或者管理该标的物和由此产生的收益，但（a）至（c）项涵盖的情况除外。

2. 债权人有下列情况的，法院在依照前款做出任何令状时可以施加其认为必要的条件以保护利害关系人：

（a）在执行授予此种救济的任何令状时，未能履行本公约或议定书规定的对债务人的任何义务；或者

（b）其全部或部分请求在最终裁决时未能成立。

3. 法院在依照第1款做出任何令状之前，可以要求将有关请求通知任何利害关系人。

4. 本条规定不影响第八条第3款的适用，亦不限制第1款规定以外的其他临时救济的实施。

第十四条　程序要求

在不违背第五十四条第2款的情况下，本章规定的任何救济均须依照救济实施地的法定程序进行。

第十五条　减　损

本章所述的当事双方或各方在其相互关系中可以在任何时候通过书面协议减损或者变更本章前述条款的效力，但第八条第3至6款、第九条第3和4款、第十三条第2款和第十四条除外。

第四章　国际登记制度

第十六条　国际登记处

1. 应当设立国际登记处，登记下列事项：

（a）国际利益、预期国际利益和可登记的非约定权利和利益；

（b）国际利益的转让和预期转让；

（c）依照准据法，通过法定或约定方式代位取得国际利益；

（d）国内利益通知；和

（e）前述各项利益的从属利益。

2. 针对不同种类的标的物及相关权利可以设立不同的国际登记处。

3. 为本章和第五章之目的，视其情况，"登记"一词包括变更、展期或者注销登记。

第十七条　监管机关和登记官

1. 根据议定书，应当设立监管机关。

2. 监管机关应当履行下列职责：

（a）设立国际登记处或者规定国际登记处的设立；

（b）除非议定书另有规定，任命和罢免登记官；

（c）确保在登记官人选发生变化时将国际登记处持续有效运作所必需的各项权利授予或者转让给新登记官；

（d）经与缔约国协商后，依照议定书制定或者批准并且保证颁布有关国际登记处运作的规章；

（e）建立管理程序，使对有关国际登记处运作的投诉能通过此种程序送达监管机关；

（f）监督登记官和国际登记处的运作；

（g）根据登记官的请求，向登记官提供监管机关认为适当的指导；

（h）制定并定期复审国际登记处提供服务和便利的收费结构；

（i）做出一切必要的安排，确保建立一个高效率的、以通知为基础的电子登记系统，以实现本公约和议定书的各项目标；和

（j）定期向缔约国报告其履行本公约和议定书项下义务的情况。

3. 监管机关可以订立履行其职责所必需的任何协议，包括第二十七条第3款所指的任何协议。

4. 监管机关拥有国际登记处的数据库和档案的全部财产权利。

5. 登记官应当保证国际登记处有效运作，履行本公约、议定书和规章所赋予的各项职责。

第五章　有关登记的其他事项

第十八条　登记要求

1. 议定书和规章应对下列事项，包括标的物的识别标准，作出规定：

（a）登记的生效（应包括对事先以电子形式传输第二十条所要求的任何人的任何同意的规定）；

（b）查询和出具查询凭证及相关事宜；

（c）保证国际登记处的信息和文书的保密性，但并非关于某项登记的信息和文书的保密性。

2. 登记官没有义务查询第二十条所指的同意是否已经作出或是否有效。

3. 已登记的预期国际利益成为国际利益，且其登记资料可以满足国际利益登记要求的，无需另行登记。

4. 登记官应作出安排，将登记情况输入国际登记处数据库，并使其可按收到的时间顺序查询，档案应纪录收到的日期和时间。

5. 议定书可以规定：缔约国可以指定其境内的某个或多个实体作为接入点，通过该接入点将登记所需的资料报送或选送给国际登记处。做出此种指定的缔约国可以规定在向国际登记处发送此种资料前需满足的任何要求。

第十九条　登记的有效性和时间

1. 登记必须依照第二十条的规定办理方为有效。

2. 规定的资料已经输入国际登记处数据库并可供查询时，一次有效的登记方为完成。

3. 为前款之目的，一项登记满足下列条件后即为可供查询：

（a）国际登记处已经为该项登记分配了档案序号；和

（b）登记信息连同档案顺序号已作永久性存储并可在国际登记处检索查询。

4. 已登记的预期国际利益成为国际利益，该登记在根据第七条的规定构成国际利益之前仍然有效的，该国际利益按登记预期国际利益时即已登记论处。

5. 前款经必要调整后适用于国际利益预期转让的登记。

6. 登记应当按照议定书规定的标准在国际登记处资料库备查。

第二十条　同意办理登记

1. 一方当事人经另一方当事人书面同意，可以对国际利益、预期国际利益或者国际利益的转让或预期转让进行登记，并可在任何此类登记期满前对其进行变更或展期。

2. 一项国际利益从属于另一项国际利益的，可以由其利益被从属的人在任何时候办理登记或经其书面同意后予以登记。

3. 登记可以由受益方撤销或经其书面同意后予以撤销。

4. 依照法律或者合同代位取得国际利益，可以由代位权人登记。

5. 可登记的非约定权利或者利益可以由持有人登记。

6. 国内利益通知可以由该项利益的持有人登记。

第二十一条　登记的时效

国际利益的登记在被撤销或登记规定的期限届满前，始终有效。

第二十二条　查　询

1. 任何人均可按照议定书和规章规定的方式，通过电子手段向国际登记处查询或要求查询在此登记的利益或预期国际利益。

2. 登记官收到查询要求后应当按照议定书和规章规定的方式，通过电子手段就任何标的物出具登记处查询凭证：

（a）说明与之有关的全部登记信息，并附加说明此种信息登记的日期和时间；或者

（b）说明国际登记处查无有关信息。

3. 依照前款出具的查询凭证应说明登记信息中列明的债权人已获得或意欲获得标的物的国际利益，但不应说明所登记的是国际利益或是预期国际利益，即使从有关登记信息中可以确定。

第二十三条　声明和已声明的非约定权利或利益清单

登记官应当保有一份关于声明、声明的撤回、经公约保存机关通知登记官缔约国依据第三十九条和第四十条已经做出声明的非约定权利或利益的类别，以及每项此种声明或撤回声明的日期之清单。此项清单应当按照声明国的名称记录在案并提供查询，并须按议定书和规章的规定提供给要求查询的任何人。

第二十四条　查询凭证的证据价值

国际登记处出具的、作为证明之用且符合规章规定格式的文件，构成对下列事项的初步证据：

（a）已经按此出具该文件；和

（b）其所述事实，包括登记的日期和时间。

第二十五条 登记的注销

1. 已登记担保利益所担保的债务或者产生已登记非约定权利或利益的债务已经解除，或者已登记所有权保留协议中的所有权转移条件已经成就的，该项利益的持有人应当在债务人的书面要求按登记时指明的地址送达或收到后，无不适当延误地办理注销登记。

2. 预期国际利益或国际利益的预期转让已经办理登记，预期债权人或者预期受让人没有支付价金或者承诺支付价金的，应当在预期债务人或预期转让人的书面请求按登记中指明的地址送达或收到后，无不适当延误地办理注销登记。

3. 已登记的国内利益通知中规定的国内利益所担保的债务已经解除的，该项利益的持有人应当在债务人的书面要求按登记中指明的地址送达或收到后，无不适当延误地办理注销登记。

4. 不应办理登记或登记有误的，所办理登记的受益人应在债务人的书面要求按登记中指明的地址送达或收到后，无不适当延误地办理注销登记或变更。

第二十六条 国际登记设施的准入

除未能遵守本章规定的程序者外，不得以任何理由拒绝任何人使用国际登记处的登记和查询设施。

第六章 监管机关和登记官的特权与豁免

第二十七条 法人资格；豁免

1. 监管机关尚不具有国际法人资格的，应具有国际法人资格。

2. 监管机关及其官员和雇员享有议定书中规定的法律或行政程序的豁免。

3.（a）监管机关依据与东道国的协议享受税务豁免及此类其他特权。

（b）为本款之目的，"东道国"是指监管机关的所在地国。

4. 国际登记处的资产、文件、数据库和档案不可侵犯，并且免于没收或其他法律或行政程序。

5. 为根据第二十八条第1款或第四十四条的规定对登记官提起索赔之目的，索赔人应有权获取使其能够提起索赔所必要的资料和文件。

6. 监管机关可以放弃第4款授予的不可侵犯权和豁免。

第七章　登记官的赔偿责任

第二十八条　赔偿责任和财务保险

1. 由于登记官及其官员和雇员的过失或不作为或者由于国际登记系统发生故障而直接造成他人损失的，登记官应当承担损害赔偿责任，除非故障是由于不可避免和不可克服的事件引起，即使使用电子登记设计和操作领域的现行最佳做法，包括有关备份、系统安全和网络连接在内的做法，也无法防止。

2. 登记官收到的登记信息的事实性不准确，或登记官以收到该信息的原始形式发送的登记信息的事实性不准确的，登记官不应承担前款的责任，对于国际登记处收到登记信息之前产生的、且不在登记官及其官员和雇员责任范围内的行为或情况，登记官亦不承担责任。

3. 第1款规定的赔偿可以依照蒙受损失的人造成或促成此种损失的程度予以降低。

4. 登记官应办理保险或财务保证，以在监管机关按照议定书所确定的范围内承担本条所述的赔偿责任。

第八章　国际利益对抗第三人的效力

第二十九条　对抗利益间的优先权

1. 已登记的利益优先于在其后登记的任何其他利益和未登记的利益。

2. 前款最先提及的利益的优先权在下列情况下亦得适用：

（a）即使最先提及的利益是在实际知道存在其他利益的情况下取得或登记的；和

（b）即使是涉及最先提及利益的知情持有人所给付的价金的。

3. 标的物的买方取得的对标的物的利益：

（a）不能对抗取得该利益时已登记的利益；和

（b）不受未登记利益的影响，即使实际知道存在此种利益。

4. 附条件买方或承租人取得的对标的物的利益或权利：

（a）不能对抗在附条件卖方或出租人持有的国际利益登记之前已登记的利益；和

（b）不受当时未登记利益的影响，即使实际知道存在该项利益。

5. 本条规定的对抗利益或权利间的优先次序，可以通过此种利益持有人之间的协议加以变更。但是，从属利益的受让人不受将该利益置于从属地位的协议约束，除非在转让时与该项协议有关的该从属利益已被登记。

6. 本条给予标的物上利益的优先权延及其收益。

7. 本公约：

（a）不影响他人对标的物之外的某一物件的权利，只要此人在该物件安装到标的物上之前已拥有这些权利，而且根据准据法这些权利在安装完毕之后继续存在；和

（b）不妨碍对标的物之外的某一物件的权利的设置，只要该物件此前已被安装到根据准据法设置那些权利的标的物上。

第三十条　破产的效力

1. 在针对债务人的破产程序中，一项国际利益在破产程序开始之前已遵照本公约办理登记的，该项国际利益有效。

2. 如果一项国际利益根据其准据法是有效的，本条规定不减损其在破产程序中的有效性。

3. 本条不影响：

（a）破产程序适用的法律中关于防止债权人欺诈的优先权交易或转让交易的任何规则；或

（b）关于破产管理人控制或监督下的财产权利的执行的任何程序规则。

第九章　相关权利和国际利益的转让；代位权

第三十一条　转让的效力

1. 除非当事方另有约定，根据第三十二条做出的相关权利的转让亦将下列权益转移给受让人：

（a）有关国际利益；和

（b）转让人依据本公约享有的全部利益和优先权。

2. 本公约不妨碍转让人相关权利的部分转让。在此种部分转让的情况下，转让人和受让人可以约定依照前款转让的有关国际利益中其各自的权利，但不应在未取得债务人同意的情况下对债务人产生不利影响。

3. 债务人对抗受让人的抗辩权和反诉权由准据法确定，但不影响第4款的适用。

4. 债务人可以于任何时候以书面形式同意放弃前款所述的全部或任何抗辩权和反诉权，但由于受让人的欺诈行为而产生的抗辩权除外。

5. 为担保而进行的转让，转让所担保的债务已经解除，并且所转让的权利依然存在的，转让的相关权利重新归于转让人。

第三十二条　转让的形式要件

1. 相关权利的转让须符合下列条件方能转移有关国际利益：

（a）以书面形式订立；

（b）能够使相关权利依照产生此种权利的合同得到识别；和

（c）为担保进行转让的，能够依据议定书确定该项转让所担保的债务，但无需说明担保的金额或最高金额。

2. 由担保协议设定或规定的国际利益的转让无效，除非某些或一切相关权利也予以转让。

3. 相关权利的转让对转移有关国际利益无效的，不适用本公约。

第三十三条　债务人对受让人的义务

1. 相关权利和有关国际利益已根据第三十一条和第三十二条做出转移的，与这些权利和该项利益有关的债务人受该项转让的约束，并且有义务向受让人做出给付或者其他履行，但条件必须是：

（a）该债务人已经收到转让人或经其授权者关于该项转让的书面通知；并且

（b）该通知指明了相关权利。

2. 不论债务人以何种其他理由通过给付或履行解除其债务，为此目的的给付或履行只要是根据前款做出，即为有效。

3. 本条规定不影响对抗性转让间的优先次序。

第三十四条　担保性转让不履行的救济

为担保转让相关权利和有关国际利益，转让人不履行义务的，转让人与受让人之间的关系适用第八条、第九条和第十一至十四条的规定（对于相关权利，则在那些规定可以适用于无形财产的范围内予以适用），在适用时：

（a）担保债务和担保利益是指相关权利和有关国际利益转让所担保的债务和转让所产生的担保利益；

（b）担保权人或债权人和担保人或债务人是指受让人和转让人；

（c）所指国际利益的持有人是指受让人；

（d）标的物是指被转让的相关权利和有关国际利益。

第三十五条　对抗性转让的优先权

1. 发生相关权利的对抗性转让，且其中至少有一项转让包括有关国际利益并已经登记的，适用第二十九条之规定。此时已登记利益是指相关权利和有关的已登记利益的转让，已登记或未登记利益是指已登记或未登记的转让。

2. 相关权利的转让适用第三十条之规定，此时国际利益是指相关权利和有关国际利益的转让。

第三十六条　受让人在相关权利上的优先权

1. 相关权利和有关国际利益的受让人，其转让已经登记的，与另一相关权利的受让人相比，仅在下列情况下享有第三十五条第1款规定的优先权：

（a）在产生相关权利的合同中说明这些权利由标的物担保或与标的物有关；和

（b）在相关权利与标的物有关的限度以内。

2. 为前款（b）项之目的，相关权利仅在以下各项有关的给付或做出其他履行的权利的限度内才与标的物有关：

（a）为购买标的物支付并加以利用的预付款；

（b）转让人将另一国际利益转让给受让人，转让已经登记，且转让人对该标的物拥有国际利益的，为购买该标的物支付并加以利用的预付款；

（c）标的物的应付价金；

（d）标的物上的应付租金；或

（e）前述任何一项交易所产生的其他义务。

3. 在其他情况下，相关权利的对抗性转让的优先权由准据法确定。

第三十七条　转让人破产的效力

针对转让人的破产程序适用第三十条的规定，此处债务人是指转让人。

第三十八条　代位权

1. 本公约不妨碍依照准据法通过法定或约定方式代位取得相关权利和有关国际利益，但不影响第 2 款的适用。

2. 属于前款范围的任何利益与一项对抗性利益之间的优先顺序可以由各相关利益的持有人以书面协议予以变更。但是，从属利益的受让人不受将该利益置于从属地位的协议约束，除非在转让时与该协议有关的该从属利益已被登记。

第十章　缔约国可做出声明的权利或利益

第三十九条　无须登记即具有优先权的权利

1. 缔约国可以于任何时候，在向议定书保存机关交存的声明中一般地或具体地声明：

（a）非约定权利或利益的类别（适用第四十条者除外）。依其本国法律，这些权利或利益优先于标的物上与已登记的国际利益持有人的利益等同的利益而且优先于已登记的国际利益，而不论其是否处于破产程序中；

（b）本公约不影响国家或国家实体、政府间组织或其他公共服务的私人提供者依照该国法律扣留或扣押标的物，以向此种实体、组织或提供者支付与使用该标的物或另一标的物的服务直接有关的欠款的权利。

2. 依据前款所做的声明可以明示包括该项声明交存之后产生的类别。

3. 只有在非约定权利或利益属于国际利益登记之前交存的声明中所包括的类别时，该权利或利益才优先于国际利益。

4. 尽管有前款的规定，缔约国在批准、接受、核准或加入议定书时，可以声明根据第1款（a）项所做出的声明中所含种类的权利或利益，应优先于此种批准、接受、核准或加入日期之前已登记的国际利益。

第四十条　可登记的非约定权利或利益

缔约国可以随时向议定书保存机关交存声明，列明根据本公约有关标的物类别的规定可予登记的非约定权利或利益的类别。该项权利或利益可视为国际利益须相应加以规范。此种声明可随时变更。

第十一章　本公约对销售的适用

第四十一条　销售和预期销售

根据议定书及其任何修订，本公约适用于标的物的销售和预期销售。

第十二章 管辖权

第四十二条 法院的选择

1. 在不影响第四十三条和第四十四条适用的情况下，交易当事方选定的缔约国法院对根据本公约提起的任何主张拥有管辖权，而不论所选定的法院与当事方或者与所涉交易有无关联。除非当事方另有协议，此种管辖权应为专属管辖权。

2. 任何此种协议应以书面形式或按照所选定的法院根据法律要求的形式订立。

第四十三条 第十三条的管辖权

1. 当事方选定的缔约国法院和标的物所在地缔约国法院，对获得第十三条第1款（a）、（b）、（c）项和第十三条第4款规定的涉及标的物的救济拥有管辖权。

2. 以下任一法院可以行使管辖权，授予第十三条第1款（d）项规定的救济或第十三条第4款规定的其他临时救济：

（a）当事方选定的法院；或

（b）债务人所在地缔约国法院。但根据授予救济的令状，救济只能在该缔约国领土内执行。

3. 即使第十三条第1款所指的权利主张的最终裁决将由或可能由另一个缔约国的法院做出或通过仲裁做出，有关法院仍可根据前述各款拥有管辖权。

第四十四条 针对登记官发出令状的管辖权

1. 登记官的管理中心所在地法院拥有对登记官做出损害赔偿裁决或发出令状的专属管辖权。

2. 根据第二十五条提出要求后当事人未能做出反应，且该人已经不复存在或者下落不明，因而无法对其发出令状令其注销登记的，前款所指的法院拥有专属管辖权，根据债务人或预期债务人的申请向登记官发出令状令其注销登记。

3. 根据本公约拥有管辖权的法院发出令状后，或者，若属国内利益案件，有管辖权的法院颁发要求当事人变更或注销登记的令状后，当事人未遵守的，第1款所指的法院可以指示登记官采取步骤执行令状。

4. 除前述各款的规定外，任何法院均不得针对登记官或者以约束登记官为目的发出令状、做出判决或裁定。

第四十五条　破产程序的管辖权

本章不适用于破产程序。

第十三章　与其他公约的关系

第四十五条分条　与《联合国国际贸易中的应收款转让公约》的关系

凡属涉及航空器标的物、铁路车辆和空间资产的国际利益相关权利的应收款转让的，本公约应优先于2001年12月12日在纽约开放签字的《联合国国际贸易中的应收款转让公约》。

第四十六条　与《国际统一私法协会国际融资租赁公约》的关系

本公约与1988年5月28日在渥太华签署的《国际统一私法协会国际融资租赁公约》的关系由议定书确定。

第十四章　最后条款

第四十七条　签署、批准、接受、核准或加入

1. 本公约于2001年11月16日在开普敦向参加于2001年10月29日至11月16日在开普敦举行的关于通过移动设备公约和航空器议定书的外交会议的国家开放签字。2001年11月16日之后，公约应在国际统一私法协会（UNIDROIT）总部所在地罗马向所有国家开放签字，直至公约依照第四十九条生效。

2. 本公约须由已经签署的国家批准、接受或核准。

3. 未签署本公约的任何国家可随时加入。

4. 在向保存机关交存有关正式文书后，批准、接受、核准或加入即行生效。

第四十八条　地区经济一体化组织

1. 由主权国家组成的地区经济一体化组织，对本公约所规范的某些事项具有权能的，可同样签署、接受、核准或加入本公约。在此情况下，该地区经济一体化组织在其对本公约所规范的事项具有权能的限度内，有缔约国的权力和义务。本公约涉及缔约国数目之处，在已计算地区经济一体化组织中属于缔约国的成员国数目之外，该组织不应计为一缔约国。

2. 地区经济一体化组织在签署、接受、核准或加入本公约时，应向保存机关做出声明，说明对本公约所规范的哪些事项的权能已由成员国转移给该组织。地区经济一体化组织应及时通知保存机关依据本款做出的声明中所说明的权能分配的任何变更，包括新的权能转移。

3. 在有此需要的情况下，本公约中凡提及"缔约国"或"各缔约国"或"缔约方"或"各缔约方"之处，均同样适用于地区经济一

体化组织。

第四十九条　生　效

1. 本公约自第三份批准书、接受书、核准书或者加入书交存之日后三个月届满后的第一个月的第一天生效，但仅对适用某项议定书的种类的标的物生效，而且：

（a）自该议定书生效之日起生效；

（b）其适用以该议定书的条款为准；和

（c）仅在本公约和该议定书的缔约国之间生效。

2. 对于其他国家，本公约自其批准书、接受书、核准书或者加入书交存之日后三个月届满后的第一个月第一天生效，但仅对适用某项议定书的种类的标的物生效，而且就与该议定书的关系而言，适用前款（a）、（b）和（c）项的要求。

第五十条　国内交易

1. 缔约国可以在批准、接受、核准或者加入议定书时声明本公约不适用于与该国有关的所有或某类标的物的国内交易。

2. 尽管有前款的规定，本公约第八条第4款、第九条第1款、第16条、第五章、第二十九条，及以任何与已登记利益有关的规定均应适用于国内交易。

3. 已在国际登记处登记国内利益通知的，即使该利益已根据准据法以转让或代位的形式归属于另一人，亦不影响第二十九条规定的该利益持有人的优先权。

第五十一条　未来的议定书

1. 保存机关可以设立工作小组，与其认为适当的有关非政府组织合作，研究以制定一个或多个议定书的方式，将本公约的适用扩大到除第二条第3款所述种类以外的任何其他种类的高价值移动设备标的物及其相关权利的可行性。构成此种种类的每一标的物的特征应当明晰可辨。

2. 保存机关应将工作小组编写的某一种类标的物的议定书初步草案发送给本公约的全体缔约国、保存机关的全体成员国、不属于保存机关成员国的联合国成员国以及有关政府间组织，并邀请这些国家和组织参加政府间谈判，以在此种议定书初步草案的基础上拟订出议定书草案。

3. 保存机关还应将工作小组编写的议定书初步草案发送给保存机关认为适当的有关非政府组织，请其及时向保存机关提交对该初步草案的意见，并作为观察员参加议定书草案的编写。

4. 当保存机关的主管机构认为议定书草案已酝酿成熟可供通过时，保存机关应召集通过该议定书的外交会议。

5. 一旦议定书获得通过，在不违反第6款的情况下，本公约应适用于该议定书所涵盖的标的物种类。

6.本公约第四十五条分条仅在议定书作出明确规定的情况下适用于该议定书。

第五十二条　领土单位

1. 有领土单位的缔约国，在涉及本公约处理的事项时适用不同法律制度的，该缔约国可以在批准、接受、核准或者加入本公约时声明本公约适用于其所有领土单位，或者仅适用于其一个或几个领土单位，并可随时提交另一声明作出变更。

2. 任何此种声明应明确说明本公约适用的领土单位。

3. 缔约国未按第1款做出声明的，本公约适用于该缔约国的所有领土单位。

4. 缔约国将本公约适用于其一个或几个领土单位的，可依照本公约就每个领土单位做出声明，而且就某个领土单位做出的声明可以不同于就另一领土单位做出的声明。

5. 根据第 1 款的声明，本公约和议定书适用于缔约国一个或几个领土单位的：

（a）债务人仅在以下情况下才被视为位于缔约国内：债务人根据可适用本公约的领土单位现行有效的法律组成或设立，或其注册办公机构或法定住所、管理中心、营业场所或惯常住所位于可适用本公约的领土单位内；

（b）标的物位于缔约国是指标的物位于适用本公约的领土单位；和

（c）缔约国的管理机关，应解释为是指在适用本公约的领土单位内具有管辖权的管理机关。

第五十三条　法院的确定

为本公约第一条和第十二章之目的，缔约国可以在批准、接受、核准或者加入议定书时声明相关的一个或多个"法院"。

第五十四条　关于救济的声明

1. 缔约国可以在批准、接受、核准或者加入议定书时声明，其上设定担保的标的物位于或者受控于该国境内的，担保权人不得在该国境内出租该标的物。

2. 缔约国应当在批准、接受、核准或者加入议定书时声明，债权人是否必须经过法院同意方可实施依据本公约可以获得但其中并未明示要求必须向法院申请的任何救济。

第五十五条　关于最终裁决前的救济的声明

缔约国可以在批准、接受、核准或者加入议定书时声明，全部或部分不适用第十三条或第四十三条或者该两条的规定。在部分适用时声明应明确有关条款的适用条件。否则，声明应明确适用何种其他形式的临时救济。

第五十六条　保留和声明

1. 除可依照第三十九、四十、五十、五十二、五十三、五十四、五十五、五十七、五十八和六十条的规定做出声明外，不可对本公约做出保留。

2. 依照本公约做出的声明、后续声明或声明的撤销，应书面通知保存机关。

第五十七条　后续声明

1. 缔约国可以在本公约对其生效后，通过向保存机关提交通知的方式，做出第六十条准许的声明以外的后续声明。

2. 此种后续声明应于保存机关收到通知之日后六个月届满后的第一个月的第一天生效。通知中对声明规定较长生效期限的，于保存机关收到通知之日后较长的期限届满后生效。

3. 尽管有前述各款的规定，在此种后续声明生效前，视同没有做出此种声明，本公约继续适用于此前产生的所有权利和利益。

第五十八条　声明的撤销

1. 除依照本公约第六十条做出的声明外，缔约国可于任何时候通知保存机关撤销其在本公约下做出的声明。此种撤销于保存机关收到通知之日后六个月届满后的第一个月的第一天生效。

2. 尽管有前款的规定，在此种撤销声明生效之前，视同没有做出此种声明，公约继续适用于此前产生的所有权利和利益。

第五十九条　退　出

1. 缔约国可书面通知保存机关退出本公约。

2. 此种退出于保存机关收到通知之日后十二个月届满后的第一个月的第一天生效。

3. 尽管有前述各款的规定，在此种退出生效之前，视同没有做出退出声明，本公约继续适用于此前产生的所有权利和利益。

第六十条　过渡条款

1. 除非缔约国另做声明，本公约不适用于先期存在的权利或利益，该项权利或利益仍享有本公约生效日期之前准据法所规定的优先权。

2. 为第一条（v）项以及确定本公约所规定的优先权之目的：

（a）就债务人而言，"本公约生效日期"，是指本公约生效的时间或债务人所在国成为缔约国的时间，以较晚者为准；和

（b）债务人所在国是指其管理中心所在地国；无管理中心的，是指其营业场所所在地国；有一处以上营业场所的，是指其主要营业场所所在地国；无营业场所的，是指其惯常住所所在地国。

3. 缔约国可在其依照第1款做出的声明中，指明生效三年以后的某一日期，从此日期起，为确定优先权的目的，包括为保护任何现行优先权的目的，本公约和议定书适用于根据债务人在前款（b）项所述的所在国时订立的协议而产生的先期存在的权利或利益，但仅以其声明中指明的范围和方式为限。

第六十一条　复审大会、修正案及有关事项

1. 保存机关应每年或在视情所需的其他时间为缔约国编制报告，介绍有关本公约设立的国际制度的实际运作方式。在编制此种

报告时，保存机关应考虑监管机关编制的关于国际登记系统运行情况的报告。

2. 应不少于百分之二十五的缔约国的要求，保存机关应与监管机关磋商后，随时召开缔约国复审大会，以审议：

（a）本公约的实际运作及其在促进其条款中所涵盖的标的物资产抵押融资和租赁方面的成效；

（b）对本公约和规章的条款所做的司法解释以及条款的适用情况；

（c）国际登记系统的运行情况、登记官的表现，以及监管机关对登记官的监督。在审议时应考虑监管机关的报告；和

（d）是否应修订本公约或者变更有关国际登记处的安排。

3. 对本公约的任何修订，须经出席前款所述大会的至少三分之二的多数缔约国核准，并在根据第四十九条有关生效的规定经三个国家批准、接受或核准后，对已经批准、接受或核准该修订的国家生效。本款不影响第4款的适用。

4. 公约的拟议修正案旨在适用于多种设备的，此种修正案也应经出席第2款所述大会的每项议定书的至少三分之二多数缔约国核准。

第六十二条　保存机关及其职能

1. 批准书、接受书、核准书或加入书应交存于国际统一私法协会（UNIDROIT）。该协会被指定为保存机关。

2. 保存机关应：

（a）向全体缔约国通报下列情况：

（i）每项新的签署或者批准书、接受书、核准书或加入书的交存及其日期；

（ii）本公约生效的日期；

（iii）依照本公约所做的每项声明及其日期；

（iv）声明的撤销或变更及其日期；和

（v）退出本公约的通知及其日期和退出的生效日期；

（b）将核证无误的公约副本分送全体缔约国；

（c）向监管机关和登记官提供每份批准书、接受书、核准书或加入书的副本及其交存日期；每项声明、撤销声明或变更声明的副本；每份退出通知的副本及其日期，以使其易于完全获得其中所载资料；和

（d）履行保存机关例行的其他职责。

下列全权代表经正式授权，在本公约上签字，以昭信守。

本公约于二〇〇一年十一月十六日在开普敦签订，正本一份，以中文、阿拉伯文、英文、法文、俄文和西班牙文写成。各种文本同等作准。经大会主席授权，由大会联合秘书处在此后九十天内对各文本相互间的一致性予以验证后，此种作准即行生效。

移动设备国际利益公约关于航空器设备特定问题的议定书①②③④

本议定书各缔约国，

考虑到需要按照《移动设备国际利益公约》（以下称为"公约"）序言中阐明的宗旨，实施公约中与航空器设备有关的规定，

认识到有必要使公约适应航空器融资的特殊要求并将公约的适用范围涵盖航空器设备的销售合同，

铭记1944年12月7日在芝加哥签署的《国际民用航空公约》的原则和宗旨，

兹就航空器设备达成协议如下：

第一章　适用范围和总则

第一条　定　义

1. 除非文中另有规定，本议定书所用术语含义依从公约规定。

2. 本议定书所用术语含义如下：

（a）"航空器"，是指为《芝加哥公约》之目的所定义的航空器，即已安装航空器发动机的航空器机身或直升机；

---

① 议定书于2006年3月1日生效。

② 中国于2008年10月28日批准，2009年2月3日提交批准书。

③ 声明对议定书第19条、29条（1）款和30条（1）款提出保留。

④ 暂不适用于香港、澳门特区。

（b）"航空器发动机"，是指靠喷气推力、涡轮或活塞技术提供动力的航空器发动机（用于军事、海关或警察部门的除外），并且：

    （i）如属喷气推动的航空器发动机，至少应有1750磅或等值推力；和

    （ii）如属涡轮或活塞推动的航空器发动机，至少应有550额定的起飞轴马力或等值马力，

    并连同所有的组件和安装、配备或附加的其他附件、零部件和设备，以及所有相关的数据、手册和记录；

（c）"航空器标的物"，是指航空器机身、航空器发动机和直升机；

（d）"航空器登记簿"，是指为《芝加哥公约》之目的，由一国或共同标志登记机关保管的登记簿；

（e）"航空器机身"，是指在安装合适的航空器发动机后，经航空主管机关型号合格审定的机身（用于军事、海关或警察部门的除外），可以运载：

    （i）包括机组成员在内至少八（8）人；或

    （ii）2750公斤以上货物，

    并连同所有的组件和安装、配备或附加的其他附件、零部件和设备（航空器发动机除外），以及所有相关的数据、手册和记录；

（f）"被许可人"，是指第十三条第3款所指的当事人；

（g）"芝加哥公约"，是指1944年12月7日在芝加哥签署的《国际民用航空公约》及其各项修订和附件；

（h）"共同标志登记机关"，是指根据《芝加哥公约》第七十七条的规定和国际民用航空组织理事会为执行该条规定于1967年12月14日就国际经营机构经营的航空器的国籍和登记通过的决议而保管登记簿的机关；

（i）"航空器登记的注销"，是指根据《芝加哥公约》的规定从航空器登记簿上删除或取消航空器的登记；

（j）"保证合同"，是指一方作为保证人订立的合同；

（k）"保证人"，是指为确保经担保协议或其他协议担保的债权人利益之相对义务得到履行，而出具或签发担保书、即付保证、备付信用证或任何其他形式的信用保险之人；

（l）"直升机"，是指主要通过空气对基本垂直轴上的一个或几个动力驱动旋翼的反作用而在飞行中得到支持的、重于空气的飞行器（用于军事、海关或警察部门的除外），经航空主管机关型号合格审定可以运载：

（i）包括机组成员在内至少五（5）人；或

（ii）450公斤以上货物，

并连同所有安装、配备或附加的附件、零部件和设备（包括旋翼），以及所有相关的数据、手册和记录；

（m）"与破产有关的事件"，是指：

（i）破产程序的开始；或

（ii）债权人向债务人提起破产程序或实施公约项下的救济的权利受到法律或国家行为阻止或中止时，债务人声明中止支付的意图或实际中止支付；

（n）"主要破产管辖地"，是指债务人主要利益中心所在地的缔约国，为此目的该国应被视为是债务人的法定住所地；没有法定住所地的，应被视为是债务人的注册地或设立地，但另有证明者除外；

（o）"登记机关"，是指根据《芝加哥公约》在某缔约国保存航空器登记簿并负责办理航空器登记和注销登记的国家机关或共同标志登记机关；

（p）"登记国"，就航空器而言，是指航空器在其国家登记簿上登记的国家，或保存航空器登记簿的共同标志登记机关所在地国。

第二条　公约对航空器标的物的适用

1. 公约应当按照本议定书规定的条款适用于航空器标的物。
2. 公约和本议定书应被视为适用于航空器标的物的移动设备国际利益公约。

第三条　公约对销售的适用

适用公约下列条款时，设定或规定国际利益的协议是指销售合同，国际利益、预期国际利益、债务人和债权人分别是指销售、预期销售、卖方和买方：

第三条和第四条；

第十六条第1款（a）项；

第十九条第4款；

第二十条第1款（关于销售合同或预期销售的登记）；

第二十五条第2款（关于预期销售）；和

第三十条。

此外，公约第一条、第五条、第四至第七章、第二十九条（被议定书第十四条第1款和第2款代替的第二十九条第3款除外）、第十章、第十二章（第四十三条除外）、第十三章和第十四章（第六十条除外）的一般规定适用于销售和预期销售合同。

第四条　适用范围

1. 在不妨碍公约第三条第1款的情况下，公约亦适用于在作为登记国的缔约国的航空器登记簿上登记的直升机或航空器机身。登记是根据航空器的登记协议办理的，应被视为在订立协议时生效。

2. 为适用公约第一条"国内交易"定义之目的，设立或规定有关利益的协议订立时：

（a）作为航空器一部分的机身位于该航空器的登记国；

（b）安装在航空器上的航空器发动机位于该航空器的登记国，或者如果没有安装在航空器上，则位于其实际所在地；和

（c）直升机位于其登记国。

3. 当事各方可以通过书面协议排除第十一条的适用，减损或者变更除第九条第2款至第4款外的本议定书其他条款在他们之间的

效力。

第五条　销售合同的形式、效力和登记

1. 为本议定书之目的，销售合同：

（a）须以书面形式订立；

（b）涉及卖方有权处置的航空器标的物；和

（c）使航空器标的物能够按照本议定书加以识别。

2. 销售合同按其条件将航空器标的物卖方的利益转移给买方。

3. 销售合同的登记长期有效。除非被撤销或登记中规定了期限且该期限届满，预期销售的登记有效。

第六条　代表身份

一个人可以以代理、信托或其他代表身份订立协议或达成销售，或者对航空器标的物上的国际利益或航空器标的物的销售办理登记。在此情况下，该人有权主张公约项下的各项权利和利益。

第七条　航空器标的物的描述

航空器标的物的描述含有制造商序号、制造商名称和航空器型别，是为公约第七条（c）项和本议定书第五条第1款（c）项之目的识别航空器标的物的必要且充分的条件。

第八条　法律选择

1. 本条仅在缔约国根据第三十条第1款做出声明的情况下适用。

2. 协议、销售合同、有关的担保合同或附属协议的当事方可以约定用以规范其在公约项下全部或部分合同权利与义务的法律。

3. 除非另有协议，前款所指当事方选择的法律是指所选定国家

的国内法律规则：如果该国由若干领土单位组成，则是指所选定领土单位的法律。

第二章　不履行的救济，优先权和转让

第九条　不履行救济条款的修订

1. 除公约第三章规定的救济外，在债务人已经同意的限度内并且在该章规定的情形下，债权人可以：

（a）办理航空器的注销登记；和

（b）办理航空器标的物从其所在地的出口和实体转移。

2. 未经享有优先权的已登记利益持有人预先书面同意，债权人不得行使前款规定的救济。

3. 公约第八条第3款不适用于航空器标的物。公约规定的与航空器标的物有关的救济均须以商业上合理的方式实施。除非协议有关条款明显不合理，根据该条款实施的救济应视为以商业上合理的方式实施。

4. 担保权人将拟议的出售或租赁提前十个或十个以上工作日书面通知利害关系人，则视为满足了公约第八条第4款关于"合理的预先通知"的要求。前述规定并不妨碍担保权人与担保人或保证人约定更长的预先通知时间。

5. 缔约国的登记机关应当根据适用的航空安全法律和规章，准许注销登记和出口请求，如果：

（a）该请求由被许可人合理提交且其根据是有记录的不可撤销的注销登记和出口请求许可书；和

（b）应登记机关的要求，被许可人向该机关证明，优先于作为许可受益人的债权人的已登记利益的所有已登记利益已得清偿，或者该利益持有人已同意该注销和出口。

6. 拟按照第1款的规定而非法院令状办理航空器注销登记和出口的担保权人，必须将拟议的注销登记和出口以书面形式合理地预

先通知：

（a）公约第1条（m）项（i）、（ii）目规定的利害关系人；和

（b）公约中第1条（m）项（iii）目规定的，且已在注销登记和出口前的合理期间内将其权利通知了担保权人的利害关系人。

第十条　最终裁决前的救济条款的修订

1. 本条仅在缔约国依照第三十条第2款所做声明的效力和范围内适用。

2. 为公约第十三条第1款之目的，就获得救济而言，"快速"是指从呈报救济申请之日起算，在申请提出地缔约国所作的声明中予以规定的若干个工作日内。

3. 公约第十三条第1款在（d）项之后增加下述条款后适用：

"（e）如果债务人和债权人在任何时间专门同意，销售和使用销售收益"，公约第四十三条第2款在"第十三条第1款（d）"后加上"和（e）"后适用。

4. 根据前款的销售转移的债务人的所有权或其他利益，不受依照公约第二十九条规定债权人的国际利益优先于其他利益的制约。

5. 债权人和债务人或其他利害关系人可以书面约定排除公约第十三条第2款的适用；

6. 关于第九条第1款规定的救济：

（a）债权人通知缔约国登记机关和其他管理机关第九条第1款规定的救济已经授予，或者如救济由外国法院授予而该缔约国法院承认，以及其有权依照公约获得此类救济之后，上述机关，依其所属，应在不迟于五个工作日内提供此类救济；和

（b）相应主管机关应当根据适用的航空安全法律和规章迅速配合并协助债权人实施此类救济。

7. 第2款和第6款不影响任何航空安全法律和规章的适用。

第十一条　破产时的救济

1. 作为主要破产管辖地的缔约国依照第三十条第3款做出声明的，适用本条。

方案A

2. 一旦发生与破产有关的事件，在不影响第7款适用的情况下，破产管理人或者债务人，依其所属，应至迟于下述日期中较早的日期将航空器标的物交由债权人占有：

（a）等待期终止之日；和

（b）若未适用本条，债权人有权占有航空器标的物的日期。

3. 就本条而言，"等待期"为主要破产管辖地缔约国在声明中指明的期间。

4. 本条提及的"破产管理人"，是指此人的职务而非个人身份。

5. 除非并直到债权人依据第2款被给予取得占有的机会：

（a）破产管理人或债务人，依其所属，应根据协议保全、维护航空器标的物并保持其价值；和

（b）债权人有权申请根据准据法可获得的任何其他形式的临时救济。

6. 前款（a）项不排除为保全、维护航空器标的物并保持其价值而安排使用该航空器标的物。

7. 破产管理人或者债务人，依其所属，在第2款规定的时间之前消除了除因破产程序开始而产生的不履行之外的所有的不履行情况，并同意按照协议履行全部未来义务的，可以保留对航空器标的物的占有。在履行此种未来义务时发生了不履行的，第二个等待期不得适用。

8. 关于第九条第1款规定的救济：

（a）此类救济须由缔约国登记机关和管理机关，依其所属，在债权人通知该机关其根据公约有权获得此类救济的日期之后，不迟于五个工作日内提供；和

（b）相应主管机关应当根据适用的航空安全法律和规章迅速配合并协助债权人实施此类救济。

9. 在第2款规定的日期之后，公约或本议定书准许的各项救济一律不得被阻止或拖延实施。

10. 未经债权人同意，协议项下债务人的义务一律不得变更。

11. 前款规定不得被推定为影响破产管理人根据准据法可能拥有的终止协议的权力。

12. 除根据第三十九条第1款所做声明中包含的某类非约定权利或利益之外，其他权利或利益在破产程序中一律不得优先于已登记的利益。

13. 经本议定书第九条修订的公约适用于本条项下任何救济的实施。

方案B

2. 一旦发生与破产有关的事件，应债权人的要求，破产管理人或者债务人，依其所属，应在缔约国根据第三十条第3款所做声明中指明的期间内通知债权人，其是否准备：

（a）按照协议及相关交易文件消除除因破产程序开始而产生的不履行以外的所有的不履行情况，并且同意履行所有未来义务；或

（b）根据准据法给予债权人占有航空器标的物的机会。

3. 前款（b）项提及的准据法可以准许法院要求采取任何附加措施或者提供任何附加保证。

4. 债权人必须为其主张提供证据并证明其国际利益已经登记。

5. 如果破产管理人或者债务人，依其所属，没有根据第2款发出通知，或者破产管理人或债务人已经宣布要给予债权人占有航空器标的物的机会，但未实行，法院可以准许债权人按照法院酌情指定的条件取得对航空器标的物的占有，并可以要求采取任何附加措施或者提供任何附加保证。

6. 在法院对有关请求和国际利益做出判决之前，不得出售航空器标的物。

第十二条　破产协助

1. 本条仅在缔约国根据第三十条第 1 款做出声明的情况下适用。

2. 航空器标的物所在地缔约国的法院，应根据该缔约国的法律尽最大可能与外国法院和外国破产管理人合作，以执行第十一条的规定。

第十三条　注销登记和出口请求许可书

1. 本条仅在缔约国根据第三十条第 1 款做出声明的情况下适用。

2. 债务人已经实质上按照本议定书附件所附的格式出具不可撤销的注销登记和出口请求许可书并且已将该项许可提交登记机关备案，该项许可应予备案。

3. 已对其发出许可的受益人（"被许可人"）或者经证明的其指定的人是唯一有权行使第九条第 1 款规定的救济的人，行使救济的方式必须符合该项许可和适用的航空安全法律及规章。未经被许可人书面同意，债务人不得撤销此种许可。应被许可人要求，登记机关应当删除有关许可。

4. 缔约国的登记机关和其他管理机关应当迅速配合并协助被许可人实施第九条规定的各项救济。

第十四条　优先权条款的修订

1. 已登记销售的航空器标的物的买方取得该标的物之利益，不受在其后登记的利益和未登记利益的约束，即使买方事实上知道存在未登记的利益。

2. 航空器标的物的买方所取得的该标的物之利益受购买时已登记利益的制约。

3. 航空器发动机的所有权或另一权利和利益，不因其在航空器上的安装或拆除而受影响。

4. 公约第二十九条第7款的规定适用于安装在航空器机身、发动机或直升机上的某一物件而非标的物本身。

第十五条 转让条款的修订

公约第三十三条第1款（b）项之后增加以下内容后适用：

"（c）该债务人书面同意转让，不论此种同意是否在转让前做出或是否指明受让人。"

第十六条 债务人条款

1. 如果不存在公约第十一条意义上的不履行，债务人有权根据协议不受干扰地占有和使用标的物以对抗：

（a）根据公约第二十九条第4款或者以买方的身份本议定书第十四条第1款债务人不受其利益制约的债权人和任何利益的持有人，但债务人另作同意并在此同意限度内的除外；和

（b）根据公约第二十九条第4款或者以买方的身份本议定书第十四条第2款，债务人的权利或利益受其制约的任何利益的持有人，但仅在该持有人同意的限度内。

2. 只要所涉及的协议与航空器标的物有关，公约和本议定书不影响准据法下债权人的违约责任。

第三章 航空器标的物国际利益登记处条款

第十七条 监管机关和登记官

1. 监管机关是由通过移动设备公约和航空器议定书的外交会议通过的决议所指定的国际实体。

2. 如果前款所指的国际实体不能和不愿作为监管机关，签字国

和缔约国应召开大会指定另一监管机关。

3. 作为国际实体或以其他身份，监管机关以及其官员和雇员应享有对他们适用的规则所规定的法律和行政程序的豁免。

4. 监管机关可建立由签字国和缔约国提名的专家委员会。专家应具备必要的资格和经历。监管机关可委托专家委员会协助该机关履行职责。

5. 首任登记官自本议定书生效之日起负责国际登记处的运作，任期五年。此后，登记官由监管机关每隔五年任命或再任命。

第十八条　首部规章

监管机关应当制定首部规章，以便与本议定书同时生效。

第十九条　指定接入点

1. 在不影响第2款适用的情况下，缔约国可在任何时间指定其境内的一个或多个实体作为接入点并通过其将登记所需资料报送给国际登记处。这种登记不是根据另一国家的法律产生的国家利益的登记或第四十条规定的权利和利益的登记。

2. 根据前款作出的指定，可以允许，但不得强迫，使用指定接入点将航空器发动机所需的登记资料报送给国际登记处。

第二十条　登记处条款的补充修订

1. 为公约第十九条第6款之目的，航空器标的物的查询标准应当是经过必要补充以确保其特性的制造商名称、制造商序号和航空器型别。规章应就此种补充信息作出规定。

2. 为公约第二十五条第2款之目的并在其规定的情形下，已登记预期国际利益或已登记国际利益预期转让的受让人或已为其登记了预期销售的人，应当在收到该款所指的要求之后五个工作日内，在其权力范围内采取措施注销登记。

3. 公约第十七条第2款（h）项所提及的收费标准的确定，应当能够收回建立、运营和管理国际登记处的合理费用，以及监管机关依照本公约第十七条第2款履行相关的职能、行使相关权力和执行相关职责所产生的合理费用。

4. 国际登记处的核心职能由登记官每天24小时进行运作和管理。各接入点应至少在其各自境内的工作时间内保持运作。

5. 公约第二十八条第4款所指的保险和财务保证的数额，应不少于由监管机关所判定的航空器标的物的最大价值。

6. 公约和本议定书中的任何条款都不能妨碍登记官为公约第二十八条中规定的登记官不承担责任的事件提供保险和财务保证。

第四章　　管辖权

第二十一条　　管辖权条款的修订

为公约第四十三条之目的，且在不影响第四十二条适用的情况下，标的物是直升机或航空器机身的，作为直升机或航空器机身所属航空器的登记国的缔约国法院亦拥有管辖权。

第二十二条　　主权豁免的放弃

1. 在不违背第2款的情况下，对本公约第四十二条或第四十三条规定的法院管辖权放弃主权豁免，或者对涉及公约项下航空器标的物上权利和利益的执行放弃主权豁免的，此种放弃具有约束力；满足了此种管辖权或此种执行所需的其他条件的，此种放弃即行生效，视情形分别授予管辖权或者准予执行。

2. 根据前款放弃的豁免必须以书面形式做出，并包括对航空器标的物的描述。

第五章　与其他公约的关系

第二十三条　与《国际承认航空器权利公约》的关系

对属于1948年6月19日在日内瓦签属的《国际承认航空器权利公约》缔约方的缔约国而言，凡涉及本议定书所定义的航空器以及航空器标的物的，公约应取代日内瓦公约。但是，凡涉及公约没有包括在内或者不受公约影响的权利或利益的，则不取代日内瓦公约。

第二十四条　与《关于统一预防性扣押航空器的某些规则的公约》的关系

1. 对属于1933年5月29日在罗马签属的《关于统一预防性扣押航空器的某些规则的公约》缔约方的缔约国而言，按照本议定书的规定，由于罗马公约与航空器有关，因此应被公约取代。

2. 罗马公约的缔约国可以在批准、接受、核准或者加入本议定书时声明不适用本条。

第二十五条　与《国际统一私法协会国际融资租赁公约》的关系

由于1988年5月28日在渥太华签署的《国际统一私法协会国际融资租赁公约》与航空器标的物有关，本公约将取代之。

第六章　最后条款

第二十六条　签字、批准、接受、核准或加入

1. 本议定书于2001年11月16日在开普敦向参加于2001年10月29日至11月16日在开普敦举行的关于通过移动设备公约和航空器议

定书的外交会议的国家开放签字。2001年11月16日之后，本议定书应在国际统一私法协会（UNIDROIT）总部所在地罗马向所有国家开放签字，直至议定书依照第二十八条生效。

2. 本议定书须由已经签署的国家批准、接受或核准。

3. 未签署本议定书的任何国家可随时加入。

4. 在向保存机关交存有关正式文书后，批准、接受、核准或加入即行生效。

5. 只有公约的缔约方才能成为本议定书的缔约方。

第二十七条　地区经济一体化组织

1. 由主权国家组成的地区经济一体化组织，对本议定书所规范的某些事项具有权能的，可同样签署、接受、核准或加入本议定书。在此情况下，该地区经济一体化组织在其对本议定书所规范的事项具有权能的限度内，享有缔约国的权力和义务。本议定书涉及缔约国数目之处，在已计算地区经济一体化组织中属于缔约国的成员国数目之外，该组织不应计为一缔约国。

2. 地区经济一体化组织在签署、接受、核准或加入本议定书时，应向保存机关做出声明，说明对本议定书所规范的哪些事项的权能已由成员国转移给该组织。地区经济一体化组织应及时通知保存机关依据本款做出的声明中所说明的权能分配的任何变更，包括新的权能转移。

3. 在有此需要的情况下，凡本议定书中提及"缔约国"或"各缔约国"或"缔约方"或"各缔约方"之处，均同样适用于地区经济一体化组织。

第二十八条　生　效

1. 本议定书自第八份批准书、接受书、核准书或者加入书交存之日后三个月届满后的第一个月的第一天在交存了此等文书的缔约国之间生效。

2. 对于其他国家，本议定书自其批准书、接受书、核准书或者加入书交存之日后三个月届满后的第一个月的第一天生效。

第二十九条 领土单位

1. 有领土单位的缔约国，在涉及本议定书处理的事项时适用不同法律制度的，该缔约国可以在批准、接受、核准或者加入本议定书时声明本议定书适用于其所有的领土单位，或者其一个或几个领土单位，并可随时提交另一声明以修改其声明。

2. 任何此种声明应明确说明本议定书适用的领土单位。

3. 缔约国未按第1款做出声明的，本议定书适用于该缔约国的所有领土单位。

4. 缔约国将本议定书适用于其一个或几个领土单位的，可依照本议定书就每个领土单位做出声明，而且就某个领土单位做出的声明可以不同于就另一领土单位做出的声明。

5. 根据第1款的声明，本议定书适用于缔约国一个或几个领土单位的：

（a）债务人仅在以下情况下才被视为位于缔约国内：债务人根据可适用公约和本议定书的领土单位现行有效的法律组成或设立，或其注册办公机构或法定住所、管理中心、营业场所或惯常住所位于可适用公约和本议定书的领土单位内；

（b）标的物位于缔约国，是指标的物位于适用公约和本议定书的领土单位内；和

（c）在缔约国的管理机关，应解释为是指在适用公约和本议定书的领土单位内具有管辖权的管理机关，在缔约国的国家登记或登记处或机关，应解释为是指在适用公约和本议定书的一个或几个领土单位内的有权的航空器登记处或具有管辖权的登记机关。

第三十条　关于某些条款的声明

1. 缔约国可以在批准、接受、核准或者加入本议定书时声明，适用本议定书第八条、第十二条和第十三条中的任何一条或者几条。

2. 缔约国可以在批准、接受、核准或者加入本议定书时声明，全部或部分适用本议定书第十条。对第十条第2款做此种声明的，必须指明该款所要求的期间。

3. 缔约国可以在批准、接受、核准或者加入本议定书时声明，全部适用第十一条方案A，或者全部适用方案B。做出此种声明的，须说明适用方案A或方案B时所要采用的破产程序的类型。根据本款做出声明的缔约国必须指明第十一条所要求的期间。

4. 缔约国各法院必须按照主要破产管辖地缔约国所做的声明适用第十一条。

5. 缔约国可以在批准、接受、核准或者加入本议定书时声明，该国将全部或部分不适用第二十一条的规定。声明部分适用的，应说明有关条款在何种条件下适用，或将适用何种其他形式的临时救济。

第三十一条　公约下的声明

除非另有说明，在公约下包括根据公约第三十九、四十、五十、五十三、五十四、五十五、五十七、五十八和六十条所做的声明，亦被视为是在本议定书下所做的声明。

第三十二条　保留和声明

1. 除可依照第二十四、二十九、三十、三十一、三十三和三十四条的规定做出声明外，不可对本议定书做出保留。

2. 依照本议定书做出的声明、后续声明或声明的撤销，应书面通知保存机关。

第三十三条　后续声明

1. 缔约国可以在本议定书对其生效后，在第三十一条规定的公约第六十条下的声明之外，通过向保存机关提交通知的方式，做出后续声明。

2. 此种后续声明于保存机关收到通知之日后六个月届满后的第一个月的第一天生效。通知中对声明规定较长生效期限的，于保存机关收到通知之日后较长的期限届满后生效。

3. 尽管有前述各款的规定，在此种后续声明生效之前，视同没有做出此种声明，本议定书继续适用于此前产生的所有权利和利益。

第三十四条　声明的撤销

1. 除第三十一条规定的公约第六十条下的声明外，在议定书下做出声明的缔约国可于任何时候通知保存机关撤销其声明。此种撤销于保存机关收到通知之日后六个月届满后的第一个月的第一天生效。

2. 尽管有前款的规定，在此种撤销声明生效之前，视同没有做出此种声明，本议定书继续适用于此前产生的所有权利和利益。

第三十五条　退　出

1. 缔约国可书面通知保存机关退出本议定书。

2. 此种退出应于保存机关收到通知之日后十二个月届满后的第一个月的第一天生效。

3. 尽管有前述各款的规定，在此种退出生效前，视同没有做出退出声明，本议定书继续适用于此前产生的所有权利和利益。

第三十六条　复审大会、修正案及有关事项

1. 保存机关应与监管机关磋商，每年或在视情况所需的其他时间为缔约国编制报告，介绍有关公约设立并经本议定书修订的国际制度的实际运作方式。在编制此种报告时，保存机关应考虑监管机关编制的关于国际登记系统运行情况的报告。

2. 应不少于百分之二十五的缔约国的要求，保存机关应与监管机关磋商后，随时召开缔约国复审大会，以审议：

a）经本议定书修订的公约的实际运作及其在促进其条款中所涵盖的标的物资产抵押融资和租赁方面的成效；

b）对本议定书和规章的条款所做的司法解释以及条款的适用情况；

c）国际登记系统的运行情况、登记官的表现，以及监管机关对登记官的监督。在审议时应考虑监管机关的报告；和

d）是否应修订本议定书或者变更有关国际登记处的安排。

3. 对本议定书的修订，须经出席前款所述大会的至少三分之二的多数缔约国核准，并在根据第二十八条中有关生效的规定经八个国家批准、接受、核准后，对已批准、接受、核准该修订的国家生效。

第三十七条　保存机关及其职能

1. 批准书、接受书、核准书或加入书应交存于国际统一私法协会（UNIDROIT）。该协会被指定为保存机关。

2. 保存机关应：

（a）向全体缔约国通报下列情况：

（i）每项新的签署或者批准书、接受书、核准书或加入书的交存及其日期；

（ii）本议定书生效的日期；

（iii）依照本议定书所做的每项声明及其日期；

（iv）声明的撤销或变更及其日期；和

（v）退出本议定书的通知及其日期和退出的生效日期；

（b）将核证无误的议定书副本分送全体缔约国；

（c）向监管机关和登记官提供每份批准书、接受书、核准书或加入书的副本及其交存日期；每项声明、撤销声明或变更声明的副本；每份退出通知的副本及其日期，以使其易于完全获得其中所载资料；和

（d）履行保存机关例行的其他职责。

下列全权代表经正式授权，在本议定书上签字，以昭信守。

本议定书于二○○一年十一月十六日在开普敦签订，正本一份，以中文、阿拉伯文、英文、法文、俄文和西班牙文写成。各种文本同等作准。经大会主席授权，由大会联合秘书处在此后九十天内对各种文本相互间的一致性予以验证后，此种作准即行生效。

附件

不可撤销的注销登记和出口请求许可书的格式
第十三条中提到的附件

[填入日期]

呈报：[填入登记机关的名称]

事由：不可撤销的注销登记和出口请求许可书

下方签字人是[填入机身/直升机制造商名称和型号]，制造商序号为[填入制造商序号]，登记[号码][标志]为[填入登记号码/标志]（"航空器"，连同安装、配备或附加的所有附件、部件和设备）的经登记的[经营人][所有人][①]。

本文书是下方签字人根据《移动设备国际利益公约关于航空器设备特定问题的议定书》第十三条的规定，为[填入债权人名称]（"被许可人"）之利益而签发的不可撤销的注销登记和出口请求许可书。根据该条规定，下方签字人特此请求：

（i）承认被许可人或其正式指定之人是唯一可以采取下列行动的人：

（a）为1944年12月7日在芝加哥签署的《国际民用航空公约》第三章之目的，在由[填入登记机关的名称]管理的[填入航空器登记系统的名称]办理航空器注销登记；和

（b）办理航空器从（填入国家名称）出口及实体转移；和

（ii）确认被许可人或其正式指定之人可以依据书面要求不经下方签字人同意自行采取上述第（i）条规定的行动。而且，根据此种要求，[填入国家名称]的机关应当与被许可人合作，以便迅速完成

---

① 根据相应的国籍登记标准的定义进行选择。

此种行动。

　　未经被许可人同意，下方签字人不可撤销本文件为被许可人设立的权利。

　　请在下面空栏处以适当签批表示同意此项请求及其条件，并将本文书提交[填入登记机关的名称]备案。

　　[填入经营人/所有人名称]

　　———————————————

　　同意并予存档　　　　　　　经办人：[填入签批人姓名]

　　[填入日期]　　　　　　　　职务：[填入签批人职务]

　　———————————————

　　[填入签批的有关细节]

　　———————————————

关于修改二〇〇三年五月二十九日签署的
《上海合作组织预算编制和执行协定》的议定书 ①②

上海合作组织成员国哈萨克斯坦共和国、中华人民共和国、吉尔吉斯共和国、俄罗斯联邦、塔吉克斯坦共和国和乌兹别克斯坦共和国，以下简称"各方"，

根据二〇〇三年五月二十九日签署的《上海合作组织预算编制和执行协定》（以下简称"协定"）第三条、第十一条的规定，

商定如下：

第一条

协定附件应表述为：

上海合作组织成员国每年的会费比例为

哈萨克斯坦共和国21%

中华人民共和国24%

吉尔吉斯共和国10%

俄罗斯联邦24%

塔吉克斯坦共和国6%

乌兹别克斯坦共和国15%

---

① 议定书于2004年4月30日生效。

② 中国于2005年7月9日核准该议定书。

第二条

本议定书自签字之日起临时适用，并自保存国收到各方已完成使本议定书生效所需的国内程序的第四份通知书之日起生效。

对于此后完成国内程序的议定书签署国，本议定书自其将完成国内程序通知文件保存国之日起生效。

第三条

本议定书的保存国为中华人民共和国。

本协定于二〇〇三年十一月二十四日在塔什干市签订，一式一份，用中文和俄文写成，两种文本同等作准。

哈萨克斯坦共和国代表	托卡耶夫（签字）
中华人民共和国代表	李肇星（签字）
吉尔吉斯共和国代表	阿伊特马托夫（签字）
俄罗斯联邦代表	拉夫罗夫（签字）
塔吉克斯坦共和国代表	纳扎罗夫（签字）
乌兹别克斯坦共和国代表	萨法耶夫（签字）

战争遗留爆炸物议定书[①][②][③]

各缔约方，

承认战争遗留爆炸物造成的严重的冲突后人道主义问题，

意识到需要缔结一项关于冲突后补救措施的一般性议定书，以便将战争遗留爆炸物的危害和影响减至最小，

并愿意通过关于改进弹药可靠性的技术附件所载列的自愿性最佳做法解决一般性预防措施，从而将产生战争遗留爆炸物的可能性减至最小，

兹议定如下：

第1条　一般规定和适用范围

1. 各缔约方按照《联合国宪章》和对它们适用的关于武装冲突的国际法规则，同意以个别的和与其他缔约方合作的两种方式遵守本议定书规定的义务，在冲突后形势中将战争遗留爆炸物的危害和影响减至最小。

2. 本议定书应适用于各缔约方包括内水在内的领土上的战争遗留爆炸物。

3. 本议定书应适用于经2001年12月21日修正后的《公约》第1条第1至第6款中所指的情况。

---

① 议定书于2003年11月28日通过。

② 议定书于2006年11月12日生效。

③ 中国于2010年4月29日批准该议定书。

4. 本议定书第3、第4、第5和第8条适用于本议定书第2条第5款所界定的现有的战争遗留爆炸物以外的战争遗留爆炸物。

第2条　定　义

为本议定书的目的，

1. "爆炸性弹药"是指含有炸药的常规弹药，但《公约》经1996年5月3日修正后的第二号议定书中界定的地雷、诱杀装置和其他装置除外。

2. "未爆炸弹药"是指已装设起爆炸药、装设引信、进入待发状态或以其他方式准备或实际在武装冲突中使用的爆炸性弹药。此种弹药可能已经发射、投放、投掷或射出，但应爆炸而未爆炸。

3. "被弃置的爆炸性弹药"是指在武装冲突中没有被使用但被一武装冲突当事方留下来或倾弃而且已不再受将之留下来或倾弃的当事方控制的爆炸性弹药。被弃置的弹药有可能已装设起爆炸药、装设引信、进入待发状态或以其他方式准备使用，也有可能未装设起爆炸药、装设引信、进入待发状态或以其他方式准备使用。

4. "战争遗留爆炸物"是指未爆炸弹药和被弃置的爆炸性弹药。

5. "现有的战争遗留爆炸物"是指在本议定书对缔约方生效之前已经在其领土上存在的未爆炸弹药和被弃置的爆炸性弹药。

第3条　战争遗留爆炸物的清除、排除或销毁

1. 每一缔约方和武装冲突当事方对于在其控制之下的区域内的所有战争遗留爆炸物负有本条所规定的责任。对于不在成为战争遗留爆炸物的爆炸性弹药的使用者控制之下的区域，使用者应在现行敌对行动停止后并在可行的情况下，以双边方式或通过双方商定的第三方，包括通过联合国系统或其他有关组织，提供技术、资金、物资或人力等方面的援助，以便利标示、清除、排除或销毁这些战争遗留爆炸物。

2. 每一缔约方和武装冲突当事方应在现行敌对行动停止之后并在可行的情况下尽快标示、清除、排除或销毁其控制之下的受影响区域的战争遗留爆炸物。对于按照本条第3款被评估为造成严重人道主义危险的受战争遗留爆炸物影响的区域，应优先予以清除、排除或销毁。

3. 在敌对行动停止之后，每一缔约方和武装冲突当事方应在可行的情况下尽快在其控制的受影响区域内采取下列步骤，以减小战争遗留爆炸物所造成的危险：

（a）调查和评估战争遗留爆炸物所造成的威胁；

（b）评估在标示、清除、排除或销毁方面的需要和可行性并确定优先顺序；

（c）标示、清除、排除或销毁战争遗留爆炸物；

（d）采取步骤，为开展这些活动筹集资源；

4. 在开展上述活动时，各缔约方和武装冲突当事方应考虑到各项国际标准，包括国际排雷行动标准。

5. 各缔约方应酌情在相互之间以及与其他国家、有关区域组织及国际组织和非政府组织就提供技术、资金、物资和人力等方面的援助进行合作，包括适当时就满足本条的要求所必须采取的联合行动进行合作。

第4条 资料的记录、保存和提供

1. 各缔约方和武装冲突当事方应在实际可行的情况下最大限度地记录和保存关于战争遗留爆炸物的资料，以便利迅速标示、清除、排除或销毁战争遗留爆炸物、开展危险性教育以及向控制有关区域的当事方和向该区域的平民群体提供有关资料。

2. 在现行敌对行动停止之后，使用了或弃置了成为战争遗留爆炸物的爆炸性弹药的各缔约方和武装冲突当事方应在实际可行而且不损害其正当安全利益的情况下，以双边方式或通过双方商定的第三方，包括通过联合国等组织，立即将此种资料提供给控制受影响区域的当事方，或者根据请求，提供给提供方确信正在或将要在受影响区域从事危险性教育和战争遗留爆炸物的标示、清除、排除或销毁的其他有关组织。

3. 在记录、保存和提供此种资料时，各缔约方应考虑到本议定书的技术附件第一部分。

第5条　保护平民群体、个别平民和民用物体以免
其受战争遗留爆炸物危害和影响的其他预防措施

1. 各缔约方和武装冲突当事方应在其控制下的受战争遗留爆炸物影响的区域内采取一切可行的预防措施，使平民群体、个别平民和民用物体不受战争遗留爆炸物的危害和影响。可行的预防措施是指考虑到当时所有情况包括考虑到人道主义因素和军事因素而实际可行或实际上可能的预防措施。此种预防措施可包括按技术附件第二部分的规定向平民群体示警、开展危险性教育、竖立标志和栅栏及监视受战争遗留爆炸物影响的区域。

第6条　保护人道主义特派团和组织以免
其受战争遗留爆炸物影响的规定

1. 每一缔约方和武装冲突当事方应：

（a）在可行的情况下保护经该缔约方或武装冲突当事方准许而正在或将要在其所控制的区域内开展活动的人道主义特派团或组织以免其受战争遗留爆炸物的影响；

（b）在此一人道主义特派团或组织提出请求时，尽可能提供其所掌握的关于该提出请求的人道主义特派团或组织将开展活动或正在开展活动的区域内所有战争遗留爆炸物位置的资料。

2. 本条的规定不妨害提供更高程度保护的现有的国际人道主义法或其他适用的国际文书或联合国安全理事会的决定。

第7条　在处理现有的战争遗留爆炸物方面提供援助

1. 每一缔约方有权酌情请求其他缔约方、非缔约国以及有关国际组织和机构提供并从其得到援助，以处理现有战争遗留爆炸物造成的问题。

2. 有能力这样做的每一缔约方应提供为处理现有战争遗留爆炸物造成的问题所必要且可行的援助。在这样做时，各缔约方还应考虑到本议定书的人道主义目标以及包括国际排雷行动标准在内的各项国际标准。

第8条　合作与援助

1. 有能力这样做的每一缔约方应除其他外通过联合国系统、其他有关国际、区域或国家组织或机构、红十字国际委员会、国家红十字会和红新月会及其国际联合会、非政府组织或在双边基础上为标示、清除、排除或销毁战争遗留爆炸物，对平民群体开展危险性教育及有关活动提供援助。

2. 有能力这样做的每一缔约方应为战争遗留爆炸物受害者提供照顾和康复以及重新融入社会经济生活方面的援助。除其他外，可通过联合国系统、有关国际、区域或国家组织或机构、红十字国际委员会、国家红十字会和红新月会及其国际联合会、非政府组织或在双边基础上提供此种援助。

3. 有能力这样做的每一缔约方应向联合国系统内建立的各个信托基金及其他有关信托基金提供捐款，以便利根据本议定书提供援助。

4. 每一缔约方应有权参加为本议定书的执行所必要的设备、物资以及科学和技术资料的尽可能充分的交换，但与武器有关的技术除外。各缔约方承诺促进此种交换，不应对出于人道主义目的提供清除设备和有关技术资料施加不应有的限制。

5. 每一缔约方承诺向联合国系统内建立的有关排雷行动数据库提供资料，特别是关于清除战争遗留爆炸物的各种手段和技术的资料，以及与清除战争遗留爆炸物有关的专家、专家机构或本国联络点的名单，并在自愿的基础上提供相关类型的爆炸性弹药的技术资料。

6. 缔约方可向联合国、其他适当机构或其他国家提交辅以充分有关的资料的援助请求。此种请求书可提交联合国秘书长，而联合国秘书长应将其转交所有缔约方及有关国际组织和非政府组织。

7. 如果向联合国提出请求，联合国秘书长可在其现有资源的范围内采取适当步骤，对情况作出评估，并与提出请求的缔约方和以上第3条所指负有责任的其他缔约方合作，建议宜提供何种援助。联合国秘书长也可向各缔约方报告任何此种评估的结果以及所需援助的类型和范围，包括联合国系统内建立的各信托基金可能提供的资助。

第9条 一般性预防措施

1. 考虑到不同的情况及能力，鼓励每一缔约方采取一般性预防措施，以尽可能减小产生战争遗留爆炸物的可能性，其中包括但不仅仅限于技术附件第三部分中提到的各项措施。

2. 每一缔约方可在自愿的基础上交换与促进和确立本条第1款所涉及的最佳做法的努力有关的资料。

第10条 缔约方的磋商

1. 各缔约方承诺在有关本议定书实施的一切问题上彼此进行协商与合作。为此目的，如果有过半数而且不少于18个缔约方如此议定，则应召开缔约方会议。

2. 缔约方会议的工作应包括：

（a）审查本议定书的现况和实施情况；

（b）审议与本议定书的国家执行措施有关的事项，包括每年提交或订正国家报告的问题；

（c）筹备审查会议。

3. 缔约方会议的费用应由各缔约方和参加会议工作的非缔约国按经过适当调整的联合国会费分摊比额表分摊。

第11条　遵　守

1. 每一缔约方应要求其武装部队和有关机构或部门发布适当指令和作业程序，并要求其人员接受与本议定书的有关规定相符的培训。

2. 各缔约方承诺通过双边方式、联合国秘书长或其他适当国际程序彼此进行协商与合作，以解决在本议定书条款的解释和适用上可能产生的任何问题。

技术附件

本技术附件载有实现本议定书第4、第5和第9条目标的最佳做法建议。本技术附件供各缔约方在自愿的基础上执行。

1. 记录、存储及发布关于未爆炸弹药和被弃置弹药的资料

（a）资料的记录：对于可能成为未爆炸弹药的爆炸性弹药，一国应努力将下列情况尽可能准确地记录下来：

（一）使用了爆炸性弹药的目标区域的位置；

（二）在（一）所指的区域内使用的爆炸性弹药的大致数量；

（三）在（一）所指的区域内使用的爆炸性弹药的类型和性质；

（四）已知的和可能存在的未爆炸弹药的大致位置。

如果一国在活动过程中不得不弃置爆炸性弹药，它应努力将被弃置的弹药以安全稳当的方式留下，并记录该弹药的下列情况：

（五）被弃置弹药的位置；

（六）每一具体地点的被弃置弹药大致数量；

（七）每一具体地点的被弃置弹药类型。

（b）资料的存储：如果一国按（a）款作了记录，资料的存储方

式应使资料能够按（c）款的规定检索并随后发布。

（c）资料的发布：一国按（a）和（b）款所记录并存储的资料，应考虑到该资料提供国的安全利益和其他义务，按下列规定予以发布：

（一）内容：

关于未爆炸弹药，发布的资料应包含下列详细情况：

（1）已知的和可能存在的未爆炸弹药的大致位置；

（2）在目标区域内使用的爆炸性弹药类型和大致数量；

（3）爆炸性弹药的鉴别方法，包括颜色、大小和形状及其他相关标志；

（4）爆炸性弹药的安全处置方法。

关于被弃置弹药，发布的资料应包含下列详细情况：

（5）被弃置弹药的位置；

（6）每一具体地点的被弃置弹药大致数量；

（7）每一具体地点的被弃置弹药类型；

（8）被弃置弹药的鉴别方法，包括颜色、大小和形状；

（9）被弃置弹药的包装类型和方法；

（10）是否处于待爆炸状态；

（11）被弃置弹药所在区域内已知存在的任何诱杀装置的位置和性质。

（二）接受者：资料应提供给控制受影响区域的缔约方，并提供给资料提供国确信与在受影响区域内清除未爆炸弹药或被弃置弹药或对平民群体进行未爆炸弹药或被弃置弹药的危险性教育相关或将与此相关的个人或机构。

（三）机制：一国应在可行的情况下利用国际上或当地为发布资料而建立的而且被资料提供国认为适当的机制，例如通过联合国排雷行动处、排雷行动信息管理系统和其他专家机构。

（四）时间：应尽快发布资料，但应考虑到在受影响区域内正在进行的任何军事活动和人道主义活动、资料是否能够获得和是否可靠以及有关的安全问题等。

2. 示警、开展危险性教育、竖立标志和栅栏及进行监视

基本用语

（a）示警就是向平民群体及时发出警告，以求尽可能减小战争遗留爆炸物所造成的危险。

（b）对平民群体开展危险性教育应包括实施危险性教育方案，以促进受影响社区、政府当局和人道主义组织之间的信息交流，使受影响社区知道战争遗留爆炸物所造成的威胁。危险性教育方案通常是长期性活动。

示警和危险性教育最佳做法的要点

（c）所有示警方案和危险性教育方案都应尽可能考虑到现行的国家标准和国际标准，包括国际排雷行动标准。

（d）接受示警和危险性教育的受影响平民群体应包括居住在有战争遗留爆炸物的区域内或周围的平民以及会经过此种区域的平民。

（e）应依情况和能够获得的资料而定，尽快发出警告。应尽快以危险性教育方案替代示警方案。应尽早对受影响社区发出警告和开展危险性教育。

（f）冲突当事方若不具备开展有效的危险性教育所需要的资源和技术，应求助于第三方，诸如国际组织和非政府组织。

（g）冲突当事方若有可能，应为示警和危险性教育提供进一步的支助。此种支助可包括：后勤支助、危险性教育材料编制、财务支助和一般地图信息。

竖立标志和栅栏及对受战争遗留爆炸物影响的区域进行监视

（h）如果有可能，在冲突过程中和冲突结束后，任何时候只要有战争遗留爆炸物存在，冲突当事方即应按照以下的规定，尽早和尽其所能确保在有战争遗留爆炸物的区域竖立标志和栅栏及对此种区域进行监视，务必将平民有效排除在外。

（i）应使用以受影响社区可识别的标志方法制作的警告标志来标示可能有危险的区域。标志及其他危险区域的界标应尽可能可看见、可判读、耐久和耐受环境作用的影响，并应清楚标明界标的哪一边被认为位于受战争遗留爆炸物影响的区域内以及哪一边被认为属于

安全区域。

（j）应建立一个适当的结构来负责监视和维护长期性和暂时性的标志系统，并与全国和当地的危险性教育方案结合实施。

3. 一般性预防措施

生产或购买爆炸性弹药的国家应尽可能酌情努力确保在爆炸性弹药使用寿命期间实行和遵守下列措施。

（a）弹药制造管理

（一）生产工序的设计应使弹药具有最大的可靠性。

（二）应对生产工序实行经过核证的质量控制措施。

（三）在生产爆炸性弹药的过程中，应实施国际公认的经过核证的质量保证标准。

（四）应通过各种条件下的实射试验或通过其他经过验证的程序进行验收试验。

（五）在爆炸性弹药的交易和转让过程中应订有高度可靠性标准。

（b）弹药管理

为了确保爆炸性弹药具有尽可能高的长期可靠性，鼓励各国按照以下的规定，对爆炸性弹药的储存、运送、战地储存和处理实施最佳做法准则和作业程序。

（一）应视必要将爆炸性弹药储存在安全的设施中或适当的容器内，使爆炸性弹药及其部件在可受控制的环境中得到保护。

（二）一国在生产设施、储存设施和战地之间运送爆炸性弹药时，应尽可能防止弹药受损。

（三）一国在储存和运送爆炸性弹药时，应视必要使用适当的容器和可受控制的环境。

（四）应采用适当的储存安排，以尽量减小在储存期间发生爆炸的可能性。

（五）各国应实施适当的爆炸性弹药记录、追踪和试验程序，所记录的资料应包括每枚、每组或每批爆炸性弹药的制造日期以及爆炸性弹药的先前储存地点、储存条件和环境因素。

（六）应酌情对所储存的爆炸性弹药定期进行实射试验，以确保弹药能起预期的作用。

（七）应酌情对所储存的爆炸性弹药的组件进行实验室试验，以确保弹药能起预期的作用。

（八）根据记录、追踪和试验程序所产生的资料，必要时应采取适当的行动，包括调整弹药的预期储存期限，以保持所储存的爆炸性弹药的可靠性。

（c）培训

与处理、运送和使用爆炸性弹药有关的所有人员均接受适当的培训，是力求确保作业如预期的那样可靠的重要一环。因此，各国应制定和实行适当的培训方案，以确保这些人员在其所须处理的弹药方面接受适当的培训。

（d）转让

一国若计划将爆炸性弹药转让给另一国而该另一国先前不曾拥有过该类型的爆炸性弹药，则应努力确保接受国具有恰当储存、保养和使用该类型爆炸性弹药的能力。

（e）未来的生产

一国应探讨如何提高其所打算生产或购买的爆炸性弹药的可靠性，以求达到最大限度的可靠。

万国邮政联盟组织法第七附加议定书 [1][2][3]

（中译本）

根据 1964 年 7 月 10 日在维也纳签订的《万国邮政联盟组织法》第三十条第（二）款规定，万国邮政联盟各成员国政府全权代表在布加勒斯特大会上通过了对本组织法的下列修改，待批准后生效。

第一条

（修改后的序言）

为通过邮政业务的有效运作来发展各国人民之间的联系，并为促进在文化、社会和经济领域内实现国际合作之崇高目的，各缔约国政府的全权代表通过了本组织法，待批准后生效。

邮联的使命是通过以下途径，促进优质、高效、方便的邮政普遍服务可持续发展，以便利全球所有公民的通信：

（一）在由相互连接的网络组成的一个邮政领域内，保证邮件的自由流通；

（二）鼓励采用公平一致的标准及使用技术；

（三）保证相关各方的合作和互动；

（四）促进有效的技术合作；

---

① 附加议定书于 2006 年 1 月 1 日生效。

② 中国于 2008 年 8 月 29 日批准。

③ 议定书适用于香港和澳门特区。

（五）保证满足客户不断变化的需求。

第二条

（增加的第 1bis 条）

定义

在万国邮政联盟法规中，下列词汇定义为：

（一）邮政业务：指所有的邮政服务，其范围由邮联各机构规定。这些服务的主要义务是通过对邮件的收寄、分拣、运输和投递来实现成员国某些社会和经济目标。

（二）成员国：满足组织法第二条所述条件的国家。

（三）一个邮政领域（单一和同一个邮政领域）：万国邮联法规的缔约国有义务根据对等原则，保证函件互换遵循转运自由原则，并像对待本国邮件那样一视同仁地处理来自其他国土的并由本国经转的邮件。

（四）转运自由：经转邮政应遵循的原则，即以处理国内邮件同样的方式运输其他邮政交由其经转的邮件。

（五）函件：公约中所规定的函件。

（六）国际邮政业务：法规所规定的邮政作业或服务；这些邮政作业或服务的总体。

第三条

（修改后的第二十二条）

邮联的法规

（一）邮联组织法是邮联的基本法规。它列有邮联的组织条例，不得对其提出保留。

（二）总规则列有确保实施组织法和进行邮联工作的各项规定。

它对各成员国均有约束力，不得对其提出保留。

（三）《万国邮政公约》、《函件细则》和《邮政包裹细则》列有适用于国际邮政业务的共同规则以及关于函件业务和邮政包裹业务的各项规定。这些法规对各成员国均有约束力。

（四）邮联的各项协定及其细则，对参加这些协定的各成员国之间办理的除函件和邮政包裹以外的其他各项业务做出了规定。这些规定仅对参加国有约束力。

（五）细则包括为执行公约和各项协定所采取的必要措施，由经营理事会根据大会所作的决定来制定。

（六）第三款至第五款所列各项邮联法规后附的最后议定书，列有对这些法规的保留。

第四条

（修改后的第三十条）
组织法的修改
（一）向大会提出的有关本组织法的提案，必须经由至少三分之二有表决权的邮联成员国同意，才能通过。

（二）由大会通过的各项修改构成一项附加议定书，除大会有相反的决定外，这些修改应与同届大会重订的各项法规同时生效。这些修改应由各成员国尽快批准，其批准书按第二十六条规定办理。

第五条

（修改后的第三十一条）
总规则、公约、各项协定的修改
（一）总规则、公约和各项协定规定各自有关提案的获准条件。

（二）公约和各项协定应同时生效并具有相同有效期。上届大会的各项有关法规，应从本届大会所规定的各项法规实施之日起废止。

第六条

参加附加议定书和邮联其他法规

（一）未签署本附加议定书的邮联成员国，可以随时参加本附加议定书。

（二）原为邮联法规缔约国、但未签署经本届大会重订的这些法规的各成员国，应尽快参加这些法规。

（三）在第一、二两款所指情况下参加各项法规的证书，应送交国际局总局长，由其正式通知各成员国政府。

第七条

《万国邮政联盟组织法第七附加议定书》的生效日期和有效期限

本附加议定书自2006年1月1日起生效，无限期有效。

各成员国政府全权代表制订了本附加议定书，其各项条款与列入组织法的正文具有同等效力和合法性，本附加议定书一份正本经各成员国政府全权代表签署，并交由国际局总局长存档，以资信守。副本由万国邮政联盟国际局送交各缔约国一份。

2004年10月5日在布加勒斯特签订

修正《国际海道测量组织公约》议定书 ①

（中译本）

第一条

1. 公约序言的开头修改如下：
"本公约的缔约国"。

2. 新增下列数段，作为序言的第二段、第三段和第四段：

"考虑到国际海道测量组织是《联合国海洋法公约》中提及的，主管在世界范围内协调制定制作海道测量数据和提供海道测量服务的统一标准，及促进各国海道测量服务能力建设的国际组织；

"考虑到国际海道测量组织的愿景是成为一个全球的权威海道测量组织，积极促进所有沿岸国以及相关国家加强海上安全和效率并促进海洋环境的保护和可持续利用；

"考虑到国际海道测量组织的使命是在全球创造一种环境，使得各国能够提供充分及时的海道测量数据、产品和服务并确保其得到最广泛的利用；"

---

① 中国于2013年12月5日接受议定书，同时声明：

1. 中国不受议定书第16条约束。

2. 议定书适用于香港和澳门特区。香港和澳门特区亦不受议定书第16条约束。

第二条

公约第二条修改如下：

"本组织应具有咨询和技术性质，并实现以下目标：

"（a）促进海道测量在保障航行安全及其他海运方面的应用，以提高全球对海道测量重要性的认识；

"（b）促进对海道测量数据、信息、产品和服务的全球覆盖、可用性和质量，以方便各国获得上述数据、信息、产品和服务；

"（c）提高全球海道测量业的人员能力、行业水平、培训和科技水平；

"（d）建立并促进制定海道测量数据、信息、产品、服务和科技方面的国际标准，并尽可能实现这些标准的统一应用；

"（e）在海道测量方面向国家和国际组织提供权威和及时的指导；

"（f）便利各成员国间的海道测量合作；

"（g）促进各国在区域范围内的海道测量合作。"

第三条

公约第三条修改如下：

"本组织成员国是本公约的缔约国。"

第四条

公约第四条修改如下：

"本组织包括以下机构：

"（a）大会；

"（b）理事会；

"（c）财政委员会；

"（d）秘书处；以及

"（e）其他组成部门。"

第五条

公约第五条修改如下：

"（a）大会是最高权力机关，享有本组织的一切权力，公约另有规定或大会将权力委托给其他机构行使的除外。

"（b）大会由全体成员国组成。

"（c）大会每三年召开一届例行会议。应理事会成员国或秘书长要求，并经多数成员国同意，可召开特别会议。

"（d）成员国的简单多数即构成大会法定成员数。

"（e）大会职权如下：

"（i）选举大会主席和副主席；

"（ii）决定大会、理事会、财政委员会和其他组成部门的议事规则；

"（iii）根据总则选举秘书长和理事，并决定其任期和工作条件；

"（iv）设立组成部门；

"（v）决定本组织的整体政策、战略和工作计划；

"（vi）审议理事会提交的报告；

"（vii）审议成员国、理事会或秘书长提交的意见和建议；

"（viii）就成员国、理事会或秘书长提交的提案作出决定；

"（ix）审查本组织的经费，核准财政支出，决定财政安排；

"（x）核准本组织三年一度的预算；

"（xi）决定行动计划；

"（xii）决定本组织范围内的任何其他事项；

"（xiii）适当和必要时，委托理事会行使大会的权力。"

第六条

公约第六条修改如下：

"（a）理事会应由占总数四分之一且不少于30个的成员国组成，理事会三分之二的席位应根据地域分配，其他三分之一应根据海道测量业利益分配。具体分配方式由总则作出规定。

"（b）理事会组成原则应由总则作出规定。

"（c）理事会成员国的任期到下一届例行会议结束为止。

"（d）三分之二理事会成员国应构成法定成员数。

"（e）理事会每年至少举行一次会议。

"（f）非理事会成员的成员国可以参加理事会会议，但没有表决权。

"（g）理事会职权如下：

"（i）选举理事会主席和副主席，其任期到下一届大会例行会议结束为止；

"（ii）行使大会委托的权力；

"（iii）在两届大会之间，在大会决定的战略、工作计划和财务安排框架内，协调本组织的行动；

"（iv）在例行会议上向大会报告本组织的工作；

"（v）在秘书长的协助下，就整体战略和工作计划提出建议，供大会审议；

"（vi）审议秘书长准备的财务报告和预算估算，对预算估算的项目分配提出意见和建议，一并提交大会核准；

"（vii）审查组成部门提交的建议，并：

"• 将需要大会决定的事项提请大会决定；

"• 如认为必要，退回组成部门办理；

"• 通过信函转交成员国供其采纳；

"（viii）向大会提议设立组成部门；

"（ix）审议本组织和其他组织之间的协议草案，并提交大会核准。"

第七条

公约第七条修改如下：

"（a）财政委员会向全体成员国开放，每个成员国均有投票权。

"（b）财政委员会例会应与大会例会一同召开，也可视情另行召开会议。

"（c）财政委员会的职权是审议秘书长准备的财务报告、预算估算和行政事务报告，并向大会提出与之相关的建议和意见。

"（d）财政委员会应选举委员会主席和副主席。"

第八条

公约第八条修改如下

"（a）秘书处由秘书长、副秘书长和本组织需要的其他人员组成。

"（b）秘书长应保存本组织有效履行职责所需的记录，并准备、收集和分发需要的文件。

"（c）秘书长是本组织的最高行政长官。

"（d）秘书长应当：

"（i）准备并向财政委员会和理事会提交年度财务报告和三年预算估算，其中应将每年的估算单独列明；并且

"（ii）向成员国通知本组织的活动。

"（e）秘书长应承担公约、大会或理事会指定的其他工作。

"（f）秘书长、副秘书长和秘书处其他人员履行职务期间，不得寻求或接受任何成员国或本组织以外其他机构的指示。上述人员不得从事任何与其国际职员身份不符的活动。各成员国承诺尊重秘书长、副秘书长和秘书处其他人员职责所专有的国际性质，不影响他们履行各自职能。"

第九条

公约第九条修改如下：

"如果无法以协商一致的方式作出决定，按以下规定办理：

"（a）除公约另有规定外，每个成员国均有投票权。

"（b）选举秘书长和各副秘书长时，各成员国享有根据其船队总吨位数确定的比例投票权。

"（c）除非公约另有规定，决定应由出席会议并投票的成员国的简单多数作出，票数相同时由主席决定。

"（d）关于本组织的政策或财务问题，包括修改总则和财务章程等事项的决定，应由出席会议并表决的成员国三分之二多数作出。

"（e）对本条第三款、第四款和第二十一条第二款而言，'出席会议并表决的成员国'是指出席会议并投了赞成或反对票的成员国。弃权的成员国应视为没有投票。

"（f）对按照第六条第七款第七项的规定提交成员国的事项的决定，应由参加投票成员国的多数作出，其中赞成票数量至少应占所有成员国数量的三分之一。"

第十条

公约第十条修改如下：

"本组织可就职权范围内的事项与利益和行动与本组织宗旨相关的国际组织开展合作。"

第十一条

公约第十一条修改如下：

"总则和财务章程应对本组织的职权作出具体规定，这两份文件作为本公约的附件，但不构成本公约的一部分。如遇公约和上述两份文件规定不一致的情况，应以公约为准。"

第十二条

公约第十三条修改如下：

"本组织具有法律人格。根据其与各成员国达成的协议，本组织在各成员国的领土内应享受出于履行职责和实现其宗旨所需要的特权和豁免。"

第十三条

1. 公约第十四条第一款中的"成员国政府"替换为"成员国"。
2. 公约第十四条第二款中的"财政委员会"替换为"大会"。

第十四条

公约第十五条修改如下：

"成员国如拖欠两年的会费，则不得行使表决权并不得享受公约和相关规则赋予成员国的待遇，直至补交拖欠会费为止。"

第十五条

公约第十六条修改如下：

"（a）摩纳哥公国政府应作为保存机关。

"（b）公约正本应存放于保存机关，该机关应当将核正无误的公约副本分发给已签署或加入本公约的成员国。

"（c）保存机关应当：

"（i）将其收到的第二十条第二款规定的国家申请加入公约的情况通知本组织秘书长和所有成员国；

"（ii）将下列情况通知本组织秘书长和所有已签署或加入本公约

的国家：

"· 新签署或交存批准书、接受书、核准书或加入书及其日期；

"· 本公约和随后的修正案生效的日期；

"· 交存退出公约文件、收到该文件的日期和退出生效的日期。

"公约的修正案一经生效，即应由保存机关公开出版并根据《联合国宪章》第一百零二条的规定向联合国秘书处登记。"

第十六条

公约第十七条中的"指导委员会"替换为"本组织秘书长"。

第十七条

公约第二十条修改如下：

"（a）本公约向联合国各成员国开放供加入。本公约自一国向保存机关交存加入书之日起对该国生效。保存机关应就此通知本组织秘书长和所有成员国。

"（b）非联合国成员国仅可通过向保存机关提交加入申请，并经三分之二成员国同意的情况下方可加入本公约。本公约自该国向保存机关交存加入书之日起对该国生效。保存机关应就此通知本组织秘书长和所有成员国。"

第十八条

公约第二十一条修改如下：

"（a）任何成员国可对本公约提出修正案，修正本公约的提案应至少在下届大会召开6个月之前提交给秘书长。

"（b）修正本公约的提案应由大会审议并由出席会议并表决的成员国三分之二多数作出决定。如修正本公约的提案已经大会核准，本组织秘书长应敦请保存机关将其提交各成员国。

"（c）修正案自本公约保存机关收到三分之二的成员国同意受修正案拘束的通知3个月后，对所有成员国生效。"

第十九条

公约第二十二条修改如下：

"本公约生效5年后，任何缔约方可提前至少1年照会本公约保存机关，要求退出本公约。该国将于该通知期满后下一年的1月1日退出本公约。该国同时放弃作为本组织成员的所有权利和利益。"

第二十条

第十三届和第十五届大会采纳的各修正案，根据本公约第二十一条第三款尚未生效的，以后不再生效。

根据《国际海道测量组织公约》第二十一条第三款的规定，上述第一条至第二十条对公约所作的修正应自本公约保存机关收到三分之二成员国同意本修正案的通知3个月后，对所有成员国生效。

《核材料实物保护公约》修正案 ①②③

1. 1979年10月26日通过的《核材料实物保护公约》（以下称"公约"）的标题由以下标题代替：

核材料和核设施实物保护公约

2. "公约"的序言段由以下案文代替：

本公约缔约国

承认所有国家享有为和平目的发展和利用核能的权利及其从和平利用核能获得潜在益处的合法利益，

确信需要促进和平利用核能的国际合作和核技术转让，

铭记实物保护对于保护公众健康、安全、环境和国家及国际安全至关重要，

铭记《联合国宪章》有关维护国际和平与安全及促进各国间睦邻和友好关系与合作的宗旨和原则，

考虑到依照《联合国宪章》第二条第四款的规定，"各会员国在其国际关系上不得使用威胁或武力，或以与联合国宗旨不符之任何其他方法，侵害任何会员国或国家之领土完整或政治独立"，

忆及1994年12月9日联合国大会第49/60号决议所附《消除国际恐怖主义措施宣言》，

希望防止由非法贩卖、非法获取和使用核材料以及破坏核材料

---

① 修正案于2005年7月8日由国际原子能组织大会通过。

② 中国于2008年10月28日批准该修正案。

③ 修正案适用于香港和澳门特区。

和核设施所造成的潜在危险，并注意到为针对此类行为而进行实物保护已经成为各国和国际上日益关切的问题，

深为关切世界各地一切形式和表现的恐怖主义行为的不断升级以及国际恐怖主义和有组织犯罪所构成的威胁，

相信实物保护在支持防止核扩散和反对恐怖主义的目标方面发挥着重要作用，

希望通过本公约促进在世界各地加强对用于和平目的的核材料和核设施的实物保护，

确信涉及核材料和核设施的犯罪是引起严重关切的问题，因此迫切需要采取适当和有效的措施或加强现有措施，以确保防止、侦查和惩处这类犯罪，

希望进一步加强国际合作，依照每一缔约国的国内法和本公约的规定制定核材料和核设施实物保护的有效措施，

确信本公约将补充和完善核材料的安全使用、贮存和运输以及核设施的安全运行，

承认国际上已制定经常得到更新的实物保护建议，这些建议能够为利用现代方法实现有效级别的实物保护提供指导，还承认对用于军事目的的核材料和核设施实施有效的实物保护是拥有这类核材料和核设施国家的责任，并认识到这类材料和设施正在并将继续受到严格的实物保护，

达成协议如下：

3. 在"公约"第一条第三款之后新增以下两款：

四、"核设施"系指生产、加工、使用、处理、贮存或处置核材料的设施，包括相关建筑物和设备，这种设施若遭破坏或干扰可能导致显著量辐射或放射性物质的释放；

五、"蓄意破坏"系指针对核设施或使用、贮存或运输中的核材料采取的任何有预谋的行为，这种行为可通过辐射照射或放射性物质释放直接或间接危及工作人员和公众的健康与安全或危及环境。

4. 在"公约"第一条之后新增以下第一（一）条：

第一（一）条

本公约的目的是在世界各地实现和维护对用于和平目的的核材料和核设施的有效实物保护，在世界各地预防和打击涉及这类材料和设施的犯罪以及为缔约国实现上述目的开展的合作提供便利。

5.“公约”第二条由以下案文代替：

一、本公约应适用于使用、贮存和运输中用于和平目的的核材料和用于和平目的的核设施，但本公约第三条和第四条以及第五条第四款应仅适用于国际核运输中的此种核材料。

二、一缔约国建立、实施和维护实物保护制度的责任完全在于该国。

三、除缔约国依照本公约所明确作出的承诺外，本公约的任何条款均不得被解释为影响一国的主权权利。

四、（一）本公约的任何条款均不影响国际法规定的，特别是《联合国宪章》的宗旨和原则以及国际人道主义法规定的缔约国的其他权利、义务和责任。

（二）武装冲突中武装部队的活动（用语按照国际人道主义法理解）由国际人道主义法予以规定，不受本公约管辖；一国军事部队为执行公务而进行的活动由国际法其他规则予以规定，因此不受本公约管辖。

（三）本公约的任何条款均不得被解释为是对用于和平目的的核材料或核设施使用或威胁使用武力的合法授权。

（四）本公约的任何条款均不宽恕不合法行为或使不合法行为合法化，或禁止根据其他法律提出起诉。

五、本公约不适用于为军事目的的使用或保存的核材料或含有此种材料的核设施。

6. 在“公约”第二条之后新增以下第二（一）条：

第二（一）条

一、每一缔约国应建立、实施和维护适用于在其管辖下核材料和核设施的适当的实物保护制度，目的是：

（一）防止盗窃和其他非法获取在使用、贮存和运输中的核材料；

（二）确保采取迅速和综合的措施，以查找和在适当时追回失踪或被盗的核材料；当该材料在其领土之外时，该缔约国应依照第五条采取行动；

（三）保护核材料和核设施免遭破坏；

（四）减轻或尽量减少破坏所造成的放射性后果。

二、在实施第一款时，每一缔约国应：

（一）建立和维护管理实物保护的法律和监管框架；

（二）设立或指定一个或几个负责实施法律和监管框架的主管部门；

（三）采取对核材料和核设施实物保护必要的其他适当措施。

三、在履行第一款和第二款所规定的义务时，每一缔约国应在不妨碍本公约任何其他条款的情况下，在合理和切实可行的范围内适用以下"核材料和核设施实物保护的基本原则"。

基本原则一：国家责任

一国建立、实施和维护实物保护制度的责任完全在于该国。

基本原则二：国际运输中的责任

一国确保核材料受到充分保护的责任延伸到核材料的国际运输，直至酌情将该责任适当移交给另一国。

基本原则三：法律和监管框架

国家负责建立和维护管理实物保护的法律和监管框架。该框架应规定建立适用的实物保护要求，并应包括评估和许可证审批或其他授权程序的系统。该框架应包括对核设施和运输的视察系统，以核实适用要求和对许可证或其他授权文件的条件的遵守情况，并确立加强适用要求和条件的手段，包括有效的制裁措施。

基本原则四：主管部门

国家应设立或指定负责实施法律和监管框架的主管部门，并赋予充分的权力、权限和财政及人力资源，以履行其所担负的责任。国家应采取步骤确保国家主管部门与负责促进或利用核能的任何其他机构之间在职能方面的有效独立性。

基本原则五：许可证持有者的责任

应当明确规定在一国境内实施实物保护各组成部分的责任。国家应确保实施核材料或核设施实物保护的主要责任在于相关许可证持有者或其他授权文件的持有者（如营运者或承运者）。

基本原则六：安全保卫文化

所有参与实施实物保护的组织应对必要的安全保卫文化及其发展和保持给予适当优先地位，以确保在整个组织中有效地实施实物保护。

基本原则七：威胁

国家的实物保护应基于该国当前对威胁的评估。

基本原则八：分级方案

实物保护要求应以分级方案为基础，并考虑当前对威胁的评估、材料的相对吸引力和性质以及与擅自转移核材料和破坏核材料或核设施有关的潜在后果。

基本原则九：纵深防御

国家对实物保护的要求应反映结构上的或其他技术、人事和组织方面的多层保护和保护措施的概念，敌方要想实现其目的必须克服或绕过这些保护层和保护措施。

基本原则十：质量保证

应当制定和实施质量保证政策和质量保证大纲，以确信对实物保护有重要意义的所有活动的特定要求都得到满足。

基本原则十一：意外情况计划

所有许可证持有者和有关当局应制定并适当执行应对擅自转移核材料、蓄意破坏核设施或核材料或此类意图的意外情况（应急）计划。

基本原则十二：保密问题

国家应就那些若被擅自泄露则可能损害核材料和核设施实物保护的资料制定保密要求。

四、（一）本条的规定不适用于缔约国根据核材料的性质、数量和相对吸引力以及与任何针对核材料的未经许可行为有关的潜在放射性后果和其他后果以及目前根据对核材料威胁的评估而合理地确定无需接受依照第一款建立的实物保护制度约束的任何核材料。

（二）应当按照谨慎的管理实践保护根据第（一）项不受本条规定约束的核材料。

7.“公约”第五条由以下案文代替：

一、缔约国应彼此直接或经由国际原子能机构指明并公开其与本公约事项有关的联络点。

二、缔约国在核材料被偷窃、抢劫或通过任何其他非法方式获取或受到此种威胁时，应依照其国内法尽最大可能向任何提出请求的国家提供合作和协助，以追回和保护这种材料。特别是：

（一）缔约国应采取适当步骤，将核材料被偷窃、抢劫或通过其他非法方式获取或受到此种可信的威胁的任何情况尽快通知它认为有关的其他国家，并在适当时通知国际原子能机构和其他相关国际组织；

（二）在采取上述步骤时，有关缔约国应酌情相互并与国际原子能机构和其他相关国际组织交换信息，以便保护受到威胁的核材料，核查装运容器的完整性或追回被非法获取的核材料，并应：

1. 经由外交和其他商定途径协调其工作；

2. 在接到请求时给予协助；

3. 确保归还已追回的因上述事件被盗或丢失的核材料。

执行这种合作的方法应由有关缔约国决定。

三、在核材料或核设施受到可信的蓄意破坏威胁或遭到蓄意破坏时，缔约国应依照其国内法并根据国际法规定的相关义务尽最大可能提供以下合作：

（一）如果某一缔约国明知另一国的核材料或核设施受到可信的

蓄意破坏的威胁，它应决定需要采取的适当步骤，将这一威胁尽快通知有关国家，并在适当时通知国际原子能机构和其他相关国际组织，以防止蓄意破坏；

（二）当某一缔约国的核材料或核设施遭到蓄意破坏时，而且如果该缔约国认为其他国家很可能受到放射性影响，它应在不妨碍国际法规定的其他义务的情况下采取适当步骤，尽快通知可能受到放射性影响的国家，并在适当时通知国际原子能机构和其他相关国际组织，以尽量减少或减轻破坏造成的放射性后果；

（三）当某一缔约国在第（一）项和第（二）项范围内请求协助时，接到此种协助请求的每一缔约国应迅速决定，并直接或通过国际原子能机构通知提出请求的缔约国，它是否能够提供所请求的协助以及可能提供协助的范围和条件；

（四）根据第（一）项至第（三）项进行合作的协调应通过外交或其他商定途径进行。执行这种合作的方法应由有关缔约国在双边或多边的基础上决定。

四、缔约国应酌情彼此直接或经由国际原子能机构和其他相关国际组织进行合作和磋商，以期获得对国际运输中核材料实物保护系统的设计、维护和改进方面的指导。

五、缔约国可酌情与其他缔约国直接或经由国际原子能机构和其他相关国际组织进行磋商和合作，以期获得对国内使用、贮存和运输中的核材料和核设施的国家实物保护系统的设计、维护和改进方面的指导。

8. "公约"第六条由以下案文代替：

一、缔约国应采取符合其国内法的适当措施，以保护由于本公约的规定而从另一缔约国得到的，或通过参与为执行本公约而开展的活动而得到的任何保密信息的机密性。如果缔约国向国际组织或本公约非缔约国提供保密信息，则应采取步骤确保此种信息的机密性得到保护。从另一缔约国获得保密信息的缔约国只有得到前者同意后才能向第三方提供该信息。

二、本公约不应要求缔约国提供国内法规定不得传播的任何信息或可能危及本国安全或核材料或核设施的实物保护的任何信息。

9. "公约"第七条第一款由以下案文代替：

一、每一缔约国应在其国内法中将以下故意实施行为定为违法犯罪行为予以惩处：

（一）未经合法授权，收受、拥有、使用、转移、更改、处置或散布核材料，并造成或可能造成任何人员死亡、重伤或财产重大损失或环境重大损害；

（二）偷窃或抢劫核材料；

（三）盗取或以欺骗手段获取核材料；

（四）未经合法授权向某一国家或从某一国家携带、运送或转移核材料的行为；

（五）针对核设施的行为或干扰核设施运行的行为，在这种情况下违法犯罪嫌疑人通过辐射照射或放射性物质释放故意造成或其知道这种行为可能造成任何人员死亡、重伤或财产重大损失或环境重大损害，除非采取这种行为符合该核设施所在缔约国的国内法；

（六）构成以武力威胁、使用武力或任何其他恐吓手段勒索核材料的行为；

（七）威胁：

1. 使用核材料造成任何人员死亡、重伤或财产重大损失或环境重大损害或实施第（五）项所述违法犯罪行为，或

2. 实施第（二）项和第（五）项所述违法犯罪行为，目的是迫使某一自然人、法人、某一国际组织或某一国家实施或不实施某一行为；

（八）意图实施第（一）项至第（五）项所述任何违法犯罪行为；

（九）以共犯身份参加第（一）项至第（八）项所述任何违法犯罪行为；

（十）任何人组织或指使他人实施第（一）项至第（八）项所述违法犯罪行为；

（十一）协助以共同目的行动的群体实施第（一）项至第（八）项所述任何违法犯罪行为；这种行为应当是故意的，并且是：

1. 为了促进该群体的犯罪活动或犯罪目的，在这种情况下此类活动或目的涉及实施第（一）项至第（七）项所述违法犯罪行为，或

2. 明知该群体有意实施第（一）项至第（七）项所述违法犯罪行为。

10. 在"公约"第十一条之后新增以下两条，第十一（一）条和第十一（二）条：

第十一（一）条

为了引渡或相互司法协助的目的，第七条所述任何违法犯罪行为不得视为政治罪行、同政治罪行有关的罪行或由于政治动机引起的罪行。因此，就此种罪行提出的引渡或相互司法协助的请求，不可只以其涉及政治罪行、同政治罪行有关的罪行或由于政治动机引起的罪行为由而加以拒绝。

第十一（二）条

如果被请求的缔约国有实质理由认为，请求为第七条所述违法犯罪行为进行引渡或请求为此种违法犯罪行为提供相互司法协助的目的，是为了基于某人的种族、宗教、国籍、族裔或政治观点而对该人进行起诉或惩罚，或认为接受这一请求将使该人的情况因任何上述理由受到损害，则本公约的任何条款均不应被解释为规定该国有引渡或提供相互司法协助的义务。

11. 在"公约"第十三条之后新增以下第十三（一）条：

第十三（一）条

本公约的任何条款均不影响旨在加强核材料和核设施实物保护为和平目的进行的核技术转让。

12. "公约"第十四条第三款由以下案文代替：

三、如果违法犯罪行为涉及在国内使用、贮存或运输中的核材料，而且被指控的违法犯罪嫌疑人和所涉核材料均仍在违法犯罪行为实施地的缔约国境内，或违法犯罪行为涉及核设施而且被指控的违法犯罪嫌疑人仍在违法犯罪行为实施地的缔约国境内，则本公约的任何条款均不应被解释为要求该缔约国提供有关因此种违法犯罪行为而提起刑事诉讼的信息。

13. "公约"第十六条由以下案文代替：

一、在2005年7月8日通过的修订案生效五年后，保存人应召开缔约国会议审查本公约的执行情况，并根据当时的普遍情况审查公约的序言、整个执行部分和附件是否仍然适当。

二、此后每隔至少五年，如果过半数缔约国向保存人提出召开另一次同样目的会议的提案，应召开此种会议。

14. "公约"附件二脚注 b/ 由以下案文代替：

b/ 未在反应堆中辐照过的材料，或虽在反应堆中辐照过，但在无屏蔽1米距离处的辐射水平等于或小于1戈瑞/小时（100拉德/小时）的材料。

15. "公约"附件二脚注 e/ 由以下案文代替：

e/ 在辐照前根据其原始易裂变材料含量被列为一类和二类的其他燃料，虽在无屏蔽1米距离处的辐射水平超过1戈瑞/小时（100拉德/小时），但仍可降低一级。

上海合作组织成员国政府间救灾互助协定 ①②③

　　本协定参加方的上海合作组织成员国政府（以下称"各方"），意识到灾害的危险性；

　　认为在预防和消除灾害领域进行的合作将促进上海合作组织成员国的发展和安全；

　　基于上海合作组织成员国生态系统相互依存，需在预防和消除灾害、组织环境监测方面实施一致政策；

　　注意到可能发生靠任何一方力量和手段都不能消除的灾害，因而各方需为预防和消除灾害而协调行动；

　　愿在灾害发生时遵循地区合作原则提供帮助，共同努力以保障给予灾民有效和协调一致的援助；

　　支持联合国和其他国际组织在发生灾害时为提供国际援助所作的努力；

　　本着人道主义原则，

　　达成协议如下：

第一条　定　义

　　本协定使用的定义含义如下：

---

① 协定于2007年7月24日生效。

② 中国于2005年10月26日签署。2008年9月17日交存核准书。

③ 该协定暂不适用香港特区。

受援方——请求其他各方派遣救援小组、提供装备及救援物资的一方。

援助方——应受援方请求向其派遣救援小组、提供装备及救援物资的一方。

主管机关——由各方指定，负责领导、协调与落实与本协定有关工作的国家机关。

救援小组——援助方派出的由专业救援人员组成（必要时可携带搜救犬）、负责紧急救灾援助并配备必要装备的小组。经受援方同意，救援小组成员可包括军人。

灾害——因发生事故、危险自然现象、惨剧、自然及其他灾害，可能导致或已导致人员伤亡、民众健康和周围环境受到破坏，大量物质损失及对人类生存活动条件造成破坏的某一区域的形势。

紧急救灾——灾害发生时，为挽救民众生命和保护其健康、减少环境破坏及物质损失，防止灾害蔓延，消除灾区典型危险诱因而实施的救灾和其他紧急工作。

灾害的预防——提前进行的为最大限度减少灾害的发生，以及当其发生时为保障民众健康、减少对环境破坏及物质损失的综合措施。

受灾区——在受援方境内发生灾害的区域。

救灾工作——为救援灾区居民、财产和文物、保护环境、控制灾害并把灾害危险诱因降至最低限度而采取的行动。

装备——救援小组开展紧急救灾工作所需的物资、技术设备、运输工具、器材以及该小组成员的私人装备，武器和弹药除外。

救援物资——用于向灾民发放的物资。

过境国——经过其领土运送救援小组、装备及救援物资的本协定参加国，援助方和受援方除外。

第三国——上海合作组织所有成员国正式承认的非本协定的参加国。

第二条　合作原则和形式

一、各方根据本协定的规定、公认的国际法原则和准则，以及各方国内法进行合作，尽快提供紧急救灾援助。

二、任何一方境内发生或可能发生灾害时，该方可请求其他一方或各方提供援助。

三、各方在自愿的基础上尽其所能互相提供援助。提供援助的条件由各方商定。

四、受援方应保证公平、合理地向灾民分配救援物资，不得有任何种族、民族、宗教、语言或其他形式的歧视。受援方应向援助方通报救援物资的使用情况。

五、各方将通过制定在灾害发生时采取联合行动的方案、监测环境、交换信息和人员培训等方式开展在灾害预防领域内的互利合作。

六、在本协定框架内采取行动所获得的信息，除根据各方国内法律规定不宜公开的信息外，如各方主管机关无其他书面协议，应按惯例和各方规定予以公布和使用。

第三条　请求援助和交换信息

一、提出援助请求的机构为各方。

二、提供援助应基于书面请求，受援方在请求中应指明灾害的地点、时间、性质、规模、现状及援助的优先方向。

三、援助方应在最短的时间内审议受援方的请求，并通知受援方援助的形式、数量及条件，如不能提供援助，应立即告知受援方。

四、各方应采取一切必要措施防止紧急情况蔓延至其他方境内。当出现蔓延危险，且依靠本国力量无法制止时，灾害发生方应立即通报有关各方，必要时根据本协定提出援助请求。

五、本条第二款所指内容应不断更新，以迅速反映受灾区最新情况和变化。

第四条　援助的形式

紧急救灾援助采取派遣救援小组、提供救援物资及其他受援方提出的援助形式。

第五条　主管机关和联络处

一、各方指定主管机关，负责领导、协调和完成本协定的落实工作。

二、各方应以书面形式通过外交途径向本协定保存方通报其所指定的主管机关。保存方将这一信息转告其他各方。

三、为就落实本协定条款开展合作，各方主管机关建立直接联系。

四、一方主管机关发生变化时，应通过外交途径通知保存方，保存方将这一信息通知其他各方。

五、为及时交换信息，各方主管机关在本协定框架内确定联络处，并通过外交途径相互通知。

第六条　紧急救援工作的管理

一、受援方主管机关通过救援小组负责人实施对救援小组的领导。

二、受援方向救援小组负责人通报受灾区具体工作地段的情况，必要时向救援小组无偿提供翻译、通信工具、交通工具、安全保卫和医疗服务。

三、救援小组的装备应足以保障其在受灾区独立进行救灾及其他紧急工作不少于72小时。救援小组储备物资用完后，如各方无其他补充约定，受援方应为救援小组提供必要的能够维持其救援工作的物资保障。

四、救援任务结束后，救援小组负责人应向受援方主管机关提交救援工作情况及其结果的报告。

第七条　救援小组过境条件及其在过境国和受援方境内逗留规定

一、救援小组成员凭受援方和过境国认可的有效证件，经有关方商定的开放口岸进入受援方境内。必要时受援方和过境国应及时为救援小组成员办理入境签证。救援小组负责人应携带救援小组成员名单及援助方主管机关签发的证明其授权的文件。

二、搜救犬过境及其在过境国和受援方境内逗留的规则根据过境国、受援方现行的检疫法规执行。

三、救援小组成员在过境国和受援方境内逗留期间，应遵守这些国家的法律，同时受到援助方保险法和劳动法及其他相关法律的保护。

四、救援小组及其装备和救援物资的转移通过公路、铁路、水路和航空运输进行。

五、救援小组及其装备和救援物资的运输工具由援助方和受援方的主管机关商定。

第八条　过　境

一、各方应根据其国内法律协助前往受援方救灾的救援小组、装备和救援物资顺利通过本国国境。

二、前往第三国救灾的救援小组、装备及救援物资过境时，经有关方协商适用本条第一款，但应个案解决。

第九条　装备和救援物资的出入境和过境运输

一、运出援助方的装备和救援物资应符合援助方有关法律规定，运往受援方的装备和救援物资应符合受援方有关法律规定。上述装备和救援物资只能用于紧急救灾援助和保障救援小组开展工作的目的。

二、根据双方主管机关出具的列有救援小组成员名单、装备、救援物资出入境清单的通知书，上述装备和救援物资办理海关手续应予以简化和优先。

三、救援小组进入受援方或经过过境国领土时，只允许运输本条第二款所提及清单中列出的装备和救援物资。

四、如需向受援方境内的灾民提供紧急医疗援助，经商受援方并根据其国内法律，可运入必要数量的麻醉、精神类药品。在此种情况下，救援小组负责人应向援助方和受援方海关出具标有上述药品名称和数量的申报单。

五、只有援助方的专业医务人员有权使用麻醉、精神类药品。受援方有关官员有权监督上述麻醉、精神类药品的使用和保管。

六、未经使用的上述麻醉、精神类药品，应以证明其名称和数量的文件为准运出受援方。对于已使用的麻醉、精神类药品，应向受援方海关提供经救援小组负责人和医生签字、由受援方主管机关代表核准的文件，证明上述药品已使用。

七、救援工作结束后，运入受援方的装备（已经消耗或销毁的除外）应在双方主管机关商定一致的期限内运回援助方。

装备业已销毁或消耗，以及救援物资已分发给灾民的情况应以正式文件予以确认。

第十条 航空器的使用

一、援助方主管机关应提前通过外交途径将救援时使用航空器的决定向受援方和过境国提出申请，并注明每架航空器的国籍、承运人、类别、机型、机号、识别标志、呼号、属性，救援小组人数和救援小组负责人姓名职务，机组人员数量、姓名、职务，货物性质、起（备）降机场，飞行目的地、航线、备用机场、空域、高度、起降时间、地空通信频率、允许飞行的最低气象条件。

二、经受援方和过境国准许，救援航空器按批准的航线飞往受援方境内指定的地点。受援方和过境国应为救援航空器在本国境内的飞行和起降提供保障。

三、救援航空器根据国际民航组织的规定和各方有关规定进行飞行。

第十一条　救援费用

一、根据援助方的决定，援助可免费提供，否则受援方向援助方支付救援的相关费用。

二、受援方可随时取消提供援助的请求，但在此种情况下，援助方有权获得已支出的费用，除非双方另有协议。

三、如双方无另行约定，本条第一、二款所提及的费用，受援方可根据双方主管机关签署的关于救援费用支出的双边文件，在收到援助方要求10日内，以可自由兑换的货币支付。

四、援助方按本国法律为救援小组成员提供保险。

第十二条　损失赔偿

一、救援小组成员在执行与落实本协定有关的救灾任务时受伤或死亡，其医疗和运送费用由受援方承担。

二、救援小组成员在受援方境内执行与本协定有关的任务时，如对法人或自然人造成损害，其损失由受援方按照本国法律予以赔偿。

三、救援小组成员蓄意造成的损失，应由援助方按照受援方国家法律予以赔偿。

第十三条　与其他国际条约的关系

本协定不影响各方在其他国际条约下承担的有关权利和义务。

第十四条　争议解决

对本协定条款解释或适用所产生的分歧，应通过协商或谈判解决。

第十五条　修订和补充

经各方协商，可以单独议定书的形式对本协定进行修订和补充，上述议定书作为本协定不可分割的一部分，根据本协定第十六条规定程序生效。

第十六条　协定生效和有效期

一、本协定无限期有效。

二、本协定自保存方收到各方完成国内为使协定生效所必需的审批程序的第四份通知后第三十日生效。

三、对于签署本协定并己交存关于完成其生效所必需的国内程序通知的一方，在本条第二款所规定的日期期满后，本协定自该方递交完成其国内为使协定生效所必需的审批程序通知之日起对该方生效。

第十七条　保存方

本协定的保存方为上海合作组织秘书处。秘书处应在本协定签署十五日内将核对无误的副本送交其他各方。

第十八条 加 入

本协定对上海合作组织的任何成员国开放。

对于加入国，本协定自保存方收到其加入的有关文件第三十日生效，但不早于第十六条第二款所指日期。保存方就协定对加入国生效通报各方。

第十九条 退 出

一、任何一方退出本协定，应至少提前三个月书面通知保存方，保存方在收到该通知后三十日内通知其他各方。

二、如各方无其他商定，本协定的终止不影响根据本协定已经开始实施但在协定终止时尚未完成的活动。

本协定于二〇〇五年十月二十六日在莫斯科签订，一式一份，用中、俄文写成，两种文本同等作准。

哈萨克斯坦共和国政府代表　　　　　库尔马哈诺夫
中华人民共和国政府代表　　　　　　李学举
吉尔吉斯共和国政府代表　　　　　　鲁斯捷别科夫
俄罗斯联邦政府代表　　　　　　　　绍伊古
塔吉克斯坦共和国政府代表　　　　　阿斯洛夫
乌兹别克斯坦共和国政府代表　　　　苏巴诺夫

2006年国际热带木材协定 ①②③

序 言

本协定缔约各方,

(一)回顾《建立新的国际经济秩序宣言和行动纲领》、《商品综合方案》、《新的发展伙伴关系》、联合国贸易和发展会议第十一次大会通过的《圣保罗精神》和《圣保罗共识》;

(二)还回顾《1983年国际热带木材协定》和《1994年国际热带木材协定》,并确认国际热带木材组织自成立以来进行的工作和取得的成就,包括来源于可持续经营森林的热带木材国际贸易战略;

(三)进一步回顾2002年9月可持续发展问题世界首脑会议通过的《约翰内斯堡宣言》和《执行计划》、2000年10月成立的联合国森林论坛、国际热带木材组织参与的森林合作伙伴关系的相应创立、以及1992年6月联合国环境与发展会议通过的《关于环境与发展的里约宣言》、《关于所有类型森林的管理、养护和可持续开发的无法律约束力的全球协商一致意见的权威性原则声明》和《21世纪议程》的有关章节,以及《联合国气候变化框架公约》、《联合国生物多样性公约》和《联合国防治荒漠化公约》;

(四)认识到正如《关于所有类型森林的管理、养护和可持续开发的无法律约束力的全球协商一致意见的权威性原则声明》的原则1

---

① 协定于2011年12月7日生效。

② 中国于2009年12月14日交存核准书。

③ 该协定适用于澳门特区,暂不适用香港特区。

（a）所界定的一样，各国根据《联合国宪章》及国际法的原则，拥有按照自己的环境政策开发自身资源的主权，并负有责任确保在其管辖和控制之下的活动不对其国家管辖范围以外的其他国家或地区的环境造成损害；

（五）认识到木材及其相关的贸易对于木材生产国经济具有的重要性；

（六）还认识到森林所提供的多种经济、环境和社会效益，包括木材和非木材林产品，和森林的可持续经营方面的生态服务在地方、国家和全球森林可持续经营中提供多重经济、环境和社会效益的重要性，以及森林的可持续经营对可持续发展、扶贫和实现国际商定的发展目标、包括《千年宣言》所载目标作出的贡献；

（七）进一步认识到可持续经营森林的可比较标准和指标，作为所有成员国评估、监测和推行其森林可持续经营的重要工具；

（八）考虑到热带木材贸易和国际木材市场与广义的全球经济之间的联系及为了提高国际木材市场透明度而从全球角度看待问题的必要性；

（九）重申全力争取尽早实现出口热带木材和热带木材产品取自可持续经营来源的承诺（国际热带木材组织"2000年目标"），并且忆及巴厘伙伴关系基金的建立；

（十）忆及消费成员国在1994年1月作出的关于保持或争取实现对各自森林的可持续经营的承诺；

（十一）注意到良好的管理、明确的地权制度安排和跨部门协调对于实现森林的可持续经营和合法来源的木材出口所发挥的作用；

（十二）认识到成员国、国际组织、私营部门和民间团体，包括土著和当地社区和其他利益相关者之间合作在促进森林可持续经营的重要性；

（十三）还认识到这种合作对于改善森林法的实施和促进合法砍伐木材贸易的重要意义：

（十四）注意到提高依赖森林为生的土著和当地社区包括森林所有人和管理人的能力，有助于为实现本协定的目标作出贡献；

（十五）还注意到有必要改善森林部门的生活水平和工作条件，要考虑到涉及这些事项的有关国际公认原则，以及国际劳工组织的有关公约和文书；

（十六）注意到与竞争的产品相比，木材是高能效、可再生的和环境友好型的原材料；

（十七）认识到有必要增加对森林可持续经营的投资，包括利用从森林——包括从与木材有关的贸易——获得的收入进行再投资；

（十八）又认识到体现森林可持续经营的成本的市场价格带来的好处；

（十九）进一步认识到有必要从广泛的捐助集团获得更多和可预测的资金，以帮助实现本协定的目标。

（二十）注意到最不发达热带木材生产国的特殊需要；

兹协议如下：

第一章　目　标

第一条　目　标

2006年国际热带木材协定（以下称"本协定"）的目标是，促进扩大来自可持续经营森林的和合法砍伐的热带木材国际贸易并使之多样化，并且促进热带用材林的可持续经营，途径包括：

（一）为所有成员国提供一个就世界木材经济的所有有关方面开展磋商、国际合作和制订政策的有效框架；

（二）为促进就非歧视性木材贸易作法开展磋商提供一个论坛；

（三）为可持续发展和减贫作出贡献；

（四）增强各成员国的能力，以推行力争使热带木材和木材产品的出口取自可持续经营的战略能力；

（五）促进对国际市场结构状况的进一步了解，包括消费和生产的长期趋势，影响市场准入、消费者偏好和价格的因素，以及形成能够反映森林可持续经营的成本的各种条件；

（六）促进和支持研究与开发，争取改善森林管理和木材利用效率及木材产品相对于其他材料的竞争力，以及提高热带用材林的养护能力和增强其他森林价值的能力；

（七）制订和促进有关机制，以便从提高供资充足度和可预测性的角度出发提供所需新的和额外的资金及专门知识，从而加强生产成员国实现本协定目标的能力；

（八）改善市场情报工作，并鼓励共享国际木材市场信息，以求确保提高市场透明度和改进市场信息，包括收集、汇编和散发与贸易有关的数据，其中又包括与交易的物种有关的数据；

（九）促进生产成员国更多地对取自可持续来源的热带木材进行深加工，以求促进它们的工业化，从而增加就业机会和出口收入；

（十）鼓励成员国支持和发展热带木材的再造林以及退化林地的复原和恢复，充分考虑依赖森林资源的当地社区的利益；

（十一）改善取自可持续经营及合法砍伐来源、合法贸易的热带木材和木材产品出口的市场营销和分销，包括进一步开展对消费者的宣传；

（十二）加强各成员国的能力，以便收集、处理和散发其木材贸易的统计数据及其热带森林可持续经营的信息；

（十三）鼓励成员国制订国家政策，旨在联系热带木材贸易对用材林加以可持续利用和养护，并维持生态平衡；

（十四）加强各成员国的能力，以改善森林法的实施和治理，以及解决非法伐木和相关的热带木材贸易问题；

（十五）鼓励共享信息，以更好地了解认证等自愿机制，以促进热带森林的可持续经营并协助各成员国在这方面进行努力；

（十六）为落实本协定的目标促进获取和转让技术及开展技术合作，包括为此借助共同商定的减让和优惠条件；

（十七）促进更好地了解非木质林产品和环境服务对热带森林的可持续经营的贡献，以期增进各成员国的能力，使之能够在森林的可持续经营的框架内制订加强这种贡献的战略，并为此目的与有关机构和进程开展合作；

（十八）鼓励各成员国确认依赖森林为生的土著和当地社区对实现森林的可持续经营的作用，并制订战略，加强这些社区对热带用材林加以可持续经营的能力；以及

（十九）找出并解决有关新的和正在出现的问题。

第二章　定　义

第二条　定　义

在本协定中：

（一）"热带木材"指生长于或产在位于北回归线和南回归线之间的国家、供工业用途的热带木材。这一用语包括原木、锯材、单板和胶合板；

（二）"森林可持续经营"根据本组织相关的政策文件和技术指南加以理解；

（三）"成员国"指第五条所指的、已同意接受本协定约束（不论是暂时还是永久生效）的政府、欧洲共同体或任何政府间组织；

（四）"生产成员国"指位于北回归线和南回归线之间、拥有热带森材资源和（或）附件一所列在数量上是热带木材净出口国并已成为本协定缔约一方的任何成员国，或拥有热带森林资源和（或）在数量上是热带木材净出口国，虽未列入附件一但已成为本协定缔约一方、且理事会在取得该国同意后已宣布其为生产成员国的任何成员国；

（五）"消费成员国"指附件二所列已成为本协定缔约一方的进口热带木材的任何成员国，或未列入附件二但已成为本协定缔约一方的热带木材进口国、且理事会在取得该国同意后已宣布其为消费成员国的任何成员国；

（六）"本组织"指根据第三条设立的国际热带木材组织；

（七）"理事会"指根据第六条设立的国际热带木材理事会；

（八）"特别表决"指需要以出席并参加表决的生产成员国所投表决票数至少三分之二和出席并参加表决的消费成员国所投表决票数

至少60%经分别计算作出的表决，但投出这些票数者至少须占出席并参加表决的生产成员国的半数和出席并参加表决的消费成员国的半数；

（九）"简单分配多数表决"指需要以出席并参加表决的生产成员国所投表决票数的半数以上和出席并参加表决的消费成员国所投表决票数的半数以上、经分别计算作出的表决；

（十）"财务两年期"指一个年份的1月1日至下一年份12月31日的时期；

（十一）"可自由兑换货币"指欧元、日元、英镑、瑞士法郎、美元以及由主管国际货币组织不时指定、事实上广泛用于支付国际交易并在主要外汇市场上广泛交易的任何其他货币。

（十二）为根据第十条第二款第（二）项计算表决票分配的目的，"热带森林资源"指位于北回归线和南回归线之间的天然郁闭林和森林种植园。

第三章　组织和管理

第三条　国际热带木材组织的总部和结构

一、《1983年国际热带木材协定》设立的国际热带木材组织应继续存在，以施行本协定的条款和监督本协定的运作。

二、本组织应通过第六条之下所设立的理事会、第二十六条所指的委员会和其他附属机构、以及执行主任和工作人员行使其职能。

三、本组织的总部应始终设在一个成员国的境内。

四、除非理事会按照第十二条以特别表决另行作出决定，本组织的总部应设于横滨。

五、理事会若按照第十二条以特别表决作出决定，可设立本组织的区域办事处。

第四条　本组织的成员国

本组织的成员国分为两类，即：

（一）生产成员国；和

（二）消费成员国。

第五条　政府间组织成员

一、本协定所指"政府"应理解为包括欧洲共同体和在国际协定特别是在商品协定的谈判、缔结和适用等方面负有类似责任的其他政府间组织。因此，本协定凡是提到签署、批准、接受或核准、或暂时适用的通知、或加入，对这类组织而言，均应理解为包括这类组织的签署、批准、接受或核准，或暂时适用的通知，或加入。

二、在对其职权范围内的事项进行表决时，欧洲共同体和第1段所述其他政府间组织表决的票数应同根据第10条分配给其成员国中加入了本协定的国家的票数的总和相等。在这种情况下，这类组织的成员国不得行使其单独表决权。

第四章　国际热带木材理事会

第六条　国际热带木材理事会的组成

一、本组织的最高权力机构应为国际热带木材理事会，它应由本组织所有成员组成。

二、每一成员应在理事会有一名代表并可指派副代表和顾问数人出席理事会会议。

三、在代表缺席时或在特殊情况下，应授权一名副代表代行其职务和代为投票。

第七条　理事会的权力和职能

理事会应行使为执行本协定条款所需的一切权力，并履行所需的一切职能或对这种履行作出安排。理事会具体应：

（一）按照第12条以特别表决通过为执行本协定条款所需并与之相符的规则与条例，其中包括本身的议事规则，以及本组织的财务规则和工作人员条例。除其他外，应用这类财务规则管理第18条所设立的账户资金收支。理事会可在其议事规则中规定无需举行会议即可就特定问题作出决定的程序；

（二）视需要作出决定，确保本组织有效和高效率运营和运作；

（三）保存履行本协定中的职能所需要的记录。

第八条　理事会的主席和副主席

一、理事会应在每一日历年选举主席一人和副主席一人，不由本组织为其支付薪酬。

二、主席和副主席的选举，一人应从生产成员的代表中选出，另一人应从消费成员的代表中选出。

三、此二职位应在两类成员之间每年轮流担任，但此项规定不应妨碍理事会在特殊情况下连选其中一人或二人。

四、主席暂时缺席，应由副主席履行主席职能。主席和副主席同时暂时缺席、或一人或二人同时在任期的余下时期缺席，理事会可视需要自各生产成员代表和（或）各消费成员代表中另选新人，临时担任或承担原任者的余下任期。

第九条　理事会的会议

一、理事会通常至少每年举行一届常会。

二、理事会举行特别会议应根据其所作决定，或根据任何成员

或执行主任的请求，但需经理事会主席和副主席同意并且

（一）经过半数生产成员或过半数消费成员同意，或

（二）经过半数成员同意。

三、除理事会按照第12条以特别表决另作决定外，理事会会议应在本组织总部举行。在这方面，理事会应争取在总部以外，最好是在一个生产国，交替举行会议。

四、在考虑届会频度和地点时，理事会应设法确保具备充足资金。

五、执行主任至迟应在6星期前将开会通知和会议议程送达各成员，遇紧急情况时，此种通知至迟在7天前发出。

第十条　表决票数的分配

一、生产成员应总共拥有1,000张表决票，消费成员应总共拥有1,000张表决票。

二、生产成员的表决票应作如下分配：

（一）400张表决票应在非洲、亚洲及太平洋和拉丁美洲和加勒比3个生产区域进行平均分配。然后把分配给每个生产区域的表决票再在各该区域生产成员中平均分配；

（二）300张表决票应根据每个生产成员各自在热带森林资源总数中所占百分比在生产成员中进行分配；

（三）300张表决票应根据各生产成员在获有明确数字的最近3年内热带木材净出口额平均值的比例在它们中间进行分配。

三、虽有本条第2款的规定，但根据本条第2款计算分配给非洲区域生产成员的表决票总数应在非洲区域全部生产成员中进行平均分配。如果还有剩余的表决票，应将每张剩余表决票分配给非洲区域的生产成员：首先把表决票分配给根据本条第2款计算应获最多表决票数的生产成员，然后把表决票分配给应获次多表决票数的生产成员，依此类推直至把剩余表决票全部分配完。

四、以本条第5款的规定为条件，消费成员的表决票应作如下分

配：每个消费成员应有10张基本表决票；剩余的表决票应根据各消费成员在从分配表决票以前6个日历年度算起的5年期内热带木材净进口额的平均数的比例在它们之间进行分配。

五、每一两年期内分配给一消费成员的表决票超过上一两年期分配给该成员表决票的幅度，不得大于5%。剩余的表决票应根据各消费成员在从分配表决票以前6个日历年度算起的5年期内热带木材净进口额的平均数的比例在它们之间进行重新分配。

六、如果理事会认为必要，可根据第12条进行特别表决，调整对于消费成员特别表决所规定的最低百分比。

七、理事会应根据本条规定在每一财务两年期第一届会议开始时分配该两年期的表决票数。此项分配应在该两年期其余时间有效，但本条第8款规定者不在此限。

八、凡遇本组织的成员有所变动、或依本协定任一条款任何成员的表决权被中止或恢复时，理事会应按本条款规定重新分配受影响的成员类别的表决票数。在此情况下，理事会应决定重新分配在何时生效。

九、表决权不得分割。

第十一条　理事会的表决程序

一、每一成员有权投下它所拥有的表决票数，任何成员不得将其表决票分开。不过，一成员得以不同于这些表决票的方式投下它根据本条第2款得到授权可投的任何表决票。

二、经书面通知理事会主席后，任何生产成员可自行负责授权任何其他生产成员，任何消费成员可自行负责授权任何其他消费成员，在理事会任何会议上代表其利益并代其投票。

三、弃权的成员应被视为没有参加投票。

第十二条　理事会的决定和建议

一、理事会应力求以协商一致方式通过一切决定和建议。

二、如不能达成协商一致，除本协定规定进行特别表决外，理事会所有决定和建议均应以简单分配多数表决作出；

三、当一成员援用第11条第2款的规定在理事会会议上投票时，就本条第1款而言，该成员应被视为出席并参加表决。

第十三条　理事会的法定人数

一、理事会任何会议的法定人数为第四条所述的每一类成员国过半数的出席，但这些成员国拥有的表决票至少为各该类成员国表决票总数的三分之二。

二、如在规定召开会议之日和次日均未达到本条第一款规定的法定人数，会议随后日子的法定人数应为第四条所述每一类成员国过半数的出席，但这些成员国拥有的表决票应为各该类成员国表决票总数的过半数。

三、按照第十一条第二款授权他人代表者，应视为出席。

第十四条　执行主任和工作人员

一、理事会应按照第十二条以特别表决任命执行主任。

二、执行主任的任用条件由理事会决定。

三、执行主任为本组织的行政首长，按照理事会的决定对本协定的施行和运作向理事会负责。

四、执行主任应按照理事会制定的条例任命工作人员。工作人员应向执行主任负责。

五、执行主任和任何工作人员不得在木材工业或木材贸易或与之有关的商业活动方面拥有任何经济利益。

六、执行主任和工作人员在履行职能时，不得寻求或接受任何成员国或本组织以外任何当局的指示。他们应避免任何可能有损其作为最终对理事会负责的国际行政人员地位的行动。各成员国应尊重执行主任和工作人员纯属国际性质的职责，不得企图影响他们履行其职责。

第十五条　与其他组织的合作和协调

一、为实现本协定的目标，理事会应作出适当安排，同联合国及其机关和专门机构，包括联合国贸易和发展会议（贸发会议）以及其他有关国际和区域组织和机构，以及私营部门、非政府组织和公民社会进行磋商和合作。

二、本组织应尽最大可能利用现有的政府间组织、政府组织或非政府组织、公民社会和私营部门的设施、服务和专门知识，以避免在争取实现本协定目标的工作中发生重叠，并加强其活动的互补性和效率。

三、本组织应充分利用商品共同基金的设施。

第十六条　接纳观察员

理事会可邀请不属于本协定缔约方的任何联合国会员国或观察员国家或第十五条所指任何对本组织的活动感兴趣的组织以观察员身份列席理事会会议。

第五章　特权与豁免

第十七条　特权与豁免

一、本组织应具法人资格。它特别应具有订立契约、取得和处置动产和不动产以及提出法律诉讼的行为能力。

二、本组织及其执行主任、工作人员和专家以及各成员国代表在日本领土内的地位、特权和豁免，应继续受制于日本政府和国际热带木材组织于 1988 年 2 月 27 日在东京签订的总部协定，以及为本协定的有效运作可能需要的修正。

三、本组织可与一个或多个国家就本协定的有效运作所需要的行为能力、特权和豁免签订协定，交由理事会核准。

四、本组织总部如迁至另一个国家，该成员国应尽快同本组织签订总部协定，交由理事会核准。在签订总部协定之前，本组织应请求新的东道国政府在其国家法律范围内，对本组织付给所雇用人员的薪酬、本组织的资产、收入及其他财产免予征税。

五、总部协定不应受本协定约束。但在发生下述情况时应终止：

（一）按照东道国政府与本组织达成的协议；

（二）本组织总部迁离东道国政府的领土；或

（三）本组织停止存在。

第六章　财　务

第十八条　财务账户

一、应设立：

（一）行政账户，为分摊会费缴款账户；

（二）特别账户和巴厘伙伴关系基金，为自愿捐款账户；

（三）理事会认为适当和必要的其他账户。

二、理事会应根据第七条制定保证账户透明管理和实施的财务细则，其中包括关于本协定终止或期满时清算账目的细则。

三、执行主任负责并向理事会报告财务账户的管理。

第十九条　行政账户

一、实施本协定所需费用应记入行政账户，由各成员国根据各自宪法或体制程序及本条第四款、第五款和第六款评定的年度分摊额支付。

二、行政账户应包括：

（一）基本行政费用，诸如工资和福利费用、安置费用和公务差旅费用；

（二）核心业务费用，诸如与通信和宣传、理事会召集的专家会议，以及本协定第二十四条、第二十七条和第二十八条所指研究报告和评估报告的编写和出版有关的费用。

三、出席理事会、委员会和第二十六条所述理事会任何其他附属机构的各代表团的费用应由有关成员国负担。成员国如请求本组织提供特别服务，理事会应要求该成员国缴付服务费用。

四、每一财务两年期结束前，理事会应核定本组织下一两年期行政账户的预算，并评定每一成员国应对该预算缴付的分摊额。

五、每一财务两年期行政预算的分摊额，应按如下办法评定：

（一）本条第二款第（一）项所指费用应在生产成员国和消费成员国之间平均分摊，根据每个成员国在所属成员国集团合计表决票数中所拥有的票数按比例评定；

（二）本条第二款第（二）项所指费用应在成员国之间以生产成员国20%和消费成员国80%的比例分摊，根据每个成员国在所属成员国集团合计表决票数中所拥有的票数按比例评定；

（三）本条第二款第（二）项所述费用不得超过本条第二款第（一）项所指费用的三分之一。理事会可通过协商一致意见决定为某一特定财务两年期变更这一限额；

（四）理事会可结合第三十三条所指评估审查行政账户和自愿账户对本组织的高效率和有效运作的贡献如何；并且

（五）评定分摊额时，每一成员国表决票数的计算，应不考虑任何成员国表决权被中止或因此引起的票数重新分配的情况。

六、对于在本协定生效后加入本组织的任何成员国的首次分摊额，理事会应按该成员国将拥有的表决票数和该财务两年期所余时间加以评定，但不应变更其他成员国在该财务两年期的分摊额。

七、行政账户分摊额应于每一财务年度的第一日缴付。在某一财务年度参加本组织的成员国，其分摊额应自它们成为成员国的当日缴付。

八、如一成员国在本条第七款规定缴付分摊额之日起4个月内仍未缴清其行政账户分摊额，执行主任应要求该成员国尽快缴付。在此要求提出2个月后，如该成员国仍未缴付其分摊额，应要求该成员国陈述其不能缴付的理由。在应足额缴付分摊额之日起7个月后，如该成员国仍未缴付其分摊额，除理事会根据第十二条以特别表决另作决定外，该成员国的表决权应被中止，直至缴清时为止。如一成员国连续2年未足额缴付其分摊额，在考虑到第三十二条规定的前提下，该成员国丧失根据第二十五条第一款提交申请资助的项目或预备项目建议的资格。

九、如一成员国在本条第七款规定缴付分摊额之日起4个月内缴清了其行政预算分摊额，该成员国的分摊额将按理事会可在本组织财务细则中确定的方式得到折扣。

十、按本条第八款被中止表决权的成员国仍有责任缴付其分摊额。

第二十条　特别账户

一、应在特别账户之下设立两个分账户：

（一）专题方案分账户；

（二）项目分账户。

二、特别账户的可能资金来源是：

（一）商品共同基金；

（二）区域和国际金融机构；

（三）成员国的自愿捐款；

（四）其他来源。

三、理事会应为特别账户的透明运作制订标准和程序。这种程序应顾及需要在专题方案分账户和项目分账户的运作中保证包括捐助成员国在内的成员国之间均衡的代表性。

四、专题方案分账户的目的是便利将未指定用途的捐款用于资助符合理事会根据第二十四和第二十五条确定的政策和优先项目设立的专题方案且已获核准的预备项目、项目和活动。

五、捐助方可将捐款划入具体的专题方案，或请执行主任提出划拨捐款的建议。

六、执行主任应向理事会定期报告专题方案分账户内资金划拨和开支情况，以及预备项目、项目和活动的执行、监测和评估情况和为成功执行专题方案而需要的资金。

七、项目分账户的目的应是便利将指定用途的捐款用于资助按照第二十四条和第二十五条核准的预备项目和项目。

八、划入项目分账户的指定用途捐款应只用于所指定的预备项目、项目和活动，除非捐助方与执行主任磋商后另行决定。在一个预备项目、项目或活动完成或终止后，任何剩余资金的使用应由捐助方决定。

九、为了确保特别账户资金的必要可预测性，同时考虑到捐款的自愿性质，成员国应努力为该账户提供补充资金以达到足够的资源水平，从而充分开展获得理事会批准的预备项目、项目和活动。

十、在项目分账户或专题方案分账户之下所收到的与具体预备项目、项目和活动相关的款项应归入所涉分账户。这种预备项目、项目或活动上的开支，包括顾问和专家的报酬和旅费，应向各该分账户收取。

十一、任何成员国不因其为本组织的成员国而对任何其他成员国或实体在与预备项目、项目或活动有关的任何行动所引起的债务方面承担责任。

十二、执行主任应协助按照第二十四条和第二十五条制定预备项目、项目和活动建议，并按照理事会可能决定的条件力求为核准的预备项目、项目和活动筹集足够的可靠资金。

第二十一条 巴厘伙伴关系基金

一、兹为热带木材产材林的可持续经营设立一个基金，协助生产成员国为实现本协定第一条第（四）款目标进行必要投资。

二、该基金由下列资金组成：

（一）捐助成员国的捐款；

（二）与特别账户有关的活动生成的所有收入的50%；

（三）本组织可依财务细则接受的其他民间和公共来源的资源；

（四）理事会可能直接获得的，或通过联合国系统各组织和政府间组织、政府组织、或非政府组织获得的其他有关资料。

（五）各成员国提供的资料，说明它们就热带木材和非木材产品的非法砍伐和相关贸易进口设立管制和信息机制取得的进展情况。

四、理事会应促进成员国之间就下列各项交换意见：

（一）成员国可持续经营产材林的现状及有关事项；

（二）与本组织规定的目标、标准和方针有关的资源流动和需要。

五、理事会应根据请求努力加强成员国、尤其是发展中成员国的技术能力以获得充分交流资料所必需的数据，包括向成员国提供培训和设施所需的资源。

六、审查结果应列入相应的理事会会议报告。

第九章 其他事项

第二十九条 成员国的一般义务

一、成员国在本协定有效期内，应尽最大努力相互合作，促进本协定目标的实现，避免采取违反这些目标的任何行动。

二、各成员国承诺接受并执行理事会根据本协定的条款作出的决定，并应避免执行具有限制或违反这些决定的作用的措施。

第三十条　义务的解除

一、凡由于本协定未明文规定的特殊情况或紧急情况或不可抗力的情况而有必要时，如果理事会对一成员国关于无法履行本协定中某项义务所作的解释感到满意，可按照第十二条以特别表决免除此项义务。

二、理事会根据本条第一款解除一成员国的义务时，应明确说明解除该成员国此项义务的条件、解除期限和同意免除义务的理由。

第三十一条　申诉和争议

任何成员国均可向理事会提出关于某一成员国没有履行本协定所规定的义务的申诉，以及在解释和实施本协定中产生的任何争议。无论本协定有何其他任何规定，理事会需协商一致对这些问题作出裁决，裁决为最后决定并具有约束力。

第三十二条　差别措施、补救措施和特别措施

一、因按照本协定所采取的各项措施而蒙受损失的发展中国家消费成员国，可要求理事会采取适当的差别措施和补救措施。理事会应按照联合国贸易和发展会议第93（Ⅳ）号决议第三节第三段和第四段考虑采取适当措施。

二、凡属联合国规定的最不发达国家类别的成员国，可要求理事会按照上述第93（Ⅳ）号决议第三节第四段和《二十世纪九十年代支援最不发达国家的巴黎宣言和行动纲领》第五十六段和第五十七段采取特别措施。

第三十三条　审　查

理事会可于本协定生效5年后评估本协定的执行情况，包括评估其目标和资金机制的执行情况。

第三十四条　不歧视

本协定的任何规定均不构成授权采取措施限制或禁止木材及木材制品的国际贸易，特别是限制或禁止木材及木材制品的进口和利用。

第十章　最后条款

第三十五条　保存人

兹指定联合国秘书长为本协定的保存人。

第三十六条　签署、批准、接受和核准

一、本协定从2006年4月3日至协定生效后1个月，在联合国总部向应邀参加联合国谈判《1994年国际热带木材协定》后续协定会议的各国政府开放签署。

二、本条第一款所述政府可：

（一）在签署本协定时，宣布它以签署表示同意受本协定约束（确定签署）；或

（二）在签署本协定后，用向保存人交存批准、接受或核准文书的方式予以批准、接受或核准。

三、在签署、批准、接受或核准、或加入、或临时适用时，欧洲共同体或第五条第一款所述任何政府间组织应交存此类组织的相

应机关签发的一项声明，说明该组织对于本协定所涉事务具有的权限的性质和范围，并应将此类权限随后发生的任何实质变化通报给保存人。如此类组织声明对于本协定所涉全部事务具有排他的权限，则该组织成员国不得采取第三十六条第二款、第三十七条和第三十八条之下的行动，或应采取第四十一条之下的行动，或撤销按照第三十八条发出的临时适用通知。

第三十七条　加　入

一、本协定对所有各国政府开放，由其按照理事会规定的条件加入，其中应包括交存加入书的时限。理事会应将这些条件通报保存人。但对不能在加入条件所规定时限内加入的政府，理事会可延长期限。

二、加入应于加入书交存保存人时开始生效。

第三十八条　暂时适用的通知

有意批准、接受或核准本协定的签署国政府、或理事会已为其加入规定条件但尚未能交存文书的政府，可在任何时候通知保存人，表示它将根据本国的法律和规定在本协定根据第三十九条生效时，或如果本协定已经生效，在某一特定的日期，暂时适用本协定。

第三十九条　生　效

一、如届时已有拥有本协定附件一所列表决票总数至少60%的12个生产成员政府和本协定附件二所列以2005年为基期的在热带木材全球进口总量中占60%的10个消费成员政府，按照第三十六条第二款或第三十七条确定签署或者批准、接受或核准本协定，本协定确定生效的日期应为2008年2月1日或其后任何一日。

二、如果本协定在2008年2月1日未确定生效，但届时已有拥有本协定附件一所列表决票总数至少50%的10个生产成员政府和本协定附件二所列以2005年为基期的在热带木材全球进口总量中占50%的7个消费成员政府，按照第三十六条第二款确定签署或者批准、接受或核准本协定，或者根据第三十八条通知保存人它们将暂时适用本协定，则本协定应在该日期或其后6个月内任何一日暂时生效。

三、如果在2008年9月1日没有达到本条第一款或第二款规定的生效要求，联合国秘书长应邀请已按照第三十六条第二款确定签署或者批准、接受或核准本协定、或者已通知保存人它们将暂时适用本协定的各国政府，尽早召开会议决定是否使本协定全部或部分地在它们之间暂时生效或确定生效。决定使本协定在它们之间暂时生效的各国政府得不时召开会议审查进展情况和决定是否使本协定在它们之间确定生效。

四、对于没有根据第三十八条通知保存人它将暂时适用本协定但在本协定生效之后交存其批准、接受、核准或加入文书的任何国家政府，本协定自其交存文书之日起生效。

五、本组织执行主任应在本协定生效后尽快召开理事会。

第四十条　修　正

一、理事会可按照第十二条以特别表决向成员国建议对本协定的修正案。

二、理事会应确定一个日期，成员国应在该日期之前通知保存人它们接受修正案。

三、修正案应在保存人从代表至少三分之二生产成员国、占生产成员国表决票至少75%的成员国，以及从代表至少三分之二消费成员国、占消费成员国表决票至少75%的成员国收到接受通知后90日开始生效。

四、在保存人通知理事会修正案生效的条件已经满足后，尽管本条第二款含有关于理事会所确定日期的规定，一成员国仍可通知保存人它接受修正案，但该通知须在修正案生效之前提出。

五、任何在修正案生效日之前未提出接受修正案通知的成员国，自生效日起即停止为本协定的缔约方，除非该成员国向理事会证明，其无法及时提出接受通知是由于难以完成宪法程序或体制程序，并且理事会决定延长该成员国接受修正案的期限。该成员国在提出通知接受修正案之前不受修正案的约束。

六、如在本条第二款规定的理事会确定的日期内修正案生效的条件未得到满足，修正案应视为撤回。

第四十一条　退　出

一、任何成员国均可于本协定生效后的任何时候向保存人提出书面退出通知，退出本协定。该成员国应同时将其已采取的行动通知理事会。

二、退出应于保存人收到通知后90日生效。

三、成员国根据本协定对本组织已承担的财政义务不因其退出而终止。

第四十二条　除　名

如理事会认定任何成员国不履行本协定规定的义务，并认定此种违反行为严重损害本协定的运作，理事会可按照第十二条以特别表决将该成员国从本协定除名。理事会应立即将此决定通知保存人。理事会作出决定6个月后，该成员国即不再是本协定的缔约方。

第四十三条　与退出或除名成员国或不接受修正案成员国清算账目

一、理事会应决定如何同因下列原因不再是本协定缔约方的成员国清算账目：

（一）不接受根据第四十条对本协定所作的修正案；

（二）按照第四十一条退出本协定；或

（三）按照第四十二条规定由本协定除名。

二、理事会应保留不再是本协定缔约方的成员国向第十八条设立的财务账户缴付的任何分摊额或捐款。

三、不再是本协定缔约方的成员国，无权分享本组织清理后的收入或其他资产，也不需分担本协定终止时本组织的任何亏损。

第四十四条　有效期、延长和终止

一、本协定生效后在10年期内有效，除非理事会按照第十二条以特别表决根据本条规定延长、重新谈判或终止本协定。

二、理事会可按照第十二条以特别表决决定延长本协定，延长以2期为限，第一期5年，第二期3年。

三、如在本条第一款所述10年期届满前，或在本条第二款所述延长期届满前，替代本协定的新协定已经商定但尚未确定生效或暂时生效，理事会可按照第十二条以特别表决延长本协定，直至新协定暂时生效或确定生效为止。

四、如在本协定根据本条第二款或第三款延长的任何期间内，有一新协定商定并生效，经延长的本协定应在新协定生效时终止。

五、理事会可随时按照第十二条以特别表决决定终止本协定，终止日期由理事会确定。

六、即使本协定终止，理事会应继续存在，期限不超过18个月，以进行包括清算账目在内的本组织清理工作，并在不违反按照第十二条以特别表决作出的有关决定的前提下，在此期间具有从事清理工作所必需的权力和职能。

七、理事会应将按照本条所作的任何决定通知保存人。

第四十五条　保　留

对本协定的任何条款不得提出保留。

第四十六条　补充规定和过渡规定

一、本协定为《1994年国际热带木材协定》的后续协定。

二、本组织或其任何机关在《1983年国际热带木材协定》和（或）《1994年国际热带木材协定》之下的行为或在其名义之下的行为，凡在本协定生效时有效并且有关条件不规定其至该日失效者，其效力仍然保持，除非根据本协定的条款作出更改。

2006年1月27日订于日内瓦，本协定的阿拉伯文本、中文本、英文本、法文本、俄文本和西班牙文本同等作准。

附件一

派政府代表出席联合国谈判《1994年国际热带木材协定》后续协定会议的、第二条（定义）所界定的可能生产成员国名单和按照第十条（表决票数的分配）规定分配表决票的示意清单

成　　员	总票数
非洲	**249**
安哥拉	18
贝宁	17
喀麦隆*	18
中非共和国*	18
科特迪瓦*	18
刚果民主共和国*	18
加蓬*	18
加纳*	18
利比里亚*	18
马达加斯加	18
尼日利亚*	18
刚果共和国*	18
卢旺达	17
多哥*	17
亚洲—太平洋	**389**
柬埔寨*	15
斐济*	14
印度*	22

成　员	总票数
印度尼西亚 *	131
马来西亚 *	105
缅甸 *	33
巴布亚新几内亚 *	25
菲律宾 *	14
泰国 *	16
瓦努阿图 *	14
拉丁美洲和加勒比	**362**
巴巴多斯	7
玻利维亚 *	19
巴西 *	157
哥伦比亚 *	19
哥斯达黎加	7
多米尼加共和国	7
厄瓜多尔 *	11
危地马拉 *	8
圭亚那 *	12
海地	7
洪都拉斯 *	8
墨西哥 *	15
尼加拉瓜	8
巴拿马 *	8
巴拉圭	10
秘鲁 *	24
苏里南 *	10
特立尼达和多巴哥 *	7
委内瑞拉 *	18
总计：	1000

*《1994年国际热带木材协定》的成员

附件二

派政府代表出席联合国谈判 《1994年国际热带木材协定》 后续协定会议的、第二条（定义） 所界定的可能消费国成员名单

阿尔巴尼亚

阿尔及利亚

澳大利亚*

加拿大*

中国*

埃及*

欧洲共同体*

　奥地利*

　比利时*

　捷克共和国

　爱沙尼亚

　芬兰*

　法国*

　德国*

　希腊*

　爱尔兰*

　意大利*

　立陶宛

　卢森堡*

　荷兰*

波兰
葡萄牙*
斯洛伐克
西班牙*
瑞典*
大不列颠及北爱尔兰联合王国*
伊朗伊斯兰共和国
伊拉克
日本*
莱索托
阿拉伯利比亚民众国
摩洛哥
尼泊尔*
新西兰*
挪威*
大韩民国*
瑞士*
美利坚合众国*

*《1994年国际热带木材协定》的成员

2006年海事劳工公约①②

（中译本）

序　言

国际劳工组织大会，

经国际劳工局理事会召集，于2006年2月7日在日内瓦举行了其第94届会议，

并希望制订一项条理统一的单一文件，尽可能体现现有国际海事劳工公约和建议书中所有最新标准以及其他国际劳工公约中的基本原则，特别是：

《1930年强迫劳动公约》（第29号），

《1948年结社自由和保护组织权利公约》（第87号），

《1949年组织和集体谈判权利公约》（第98号），

《男女工人同工同酬公约》（第100号），

《1957年废除强迫劳动公约》（第105号），

《1958年消除就业和职业歧视公约》（第111号），

《准予就业最低年龄公约》（第138号），

---

①　国际劳工组织于2006年2月23日在日内瓦召开的第94届国际劳工大会上通过了《2006年海事劳工公约》。

②　中国于2015年8月29日批准了该公约。同时声明：A. 根据公约标准A4.5第10款规定，中国适用社会保险类别为：养老保险、医疗保险、工伤保险、失业保险和生育保险。B. 在中国另行通知前，公约暂不适用香港及澳门特区。

《禁止和立即行动消除最恶劣形式的童工劳动公约》（第182号），
并意识到本组织倡导体面劳动条件的核心使命，

并忆及1998年《国际劳工组织工作中的基本原则和权利宣言》，

还意识到海员也受国际劳工组织其他文件保护，且享有已确立的其他适用于所有人的基本权利和自由，

并认为由于航运业的全球性特点，海员需要特殊保护，还意识到经修订的《1974年国际海上人命安全公约》和经修订的《1972年国际海上避碰规则公约》中关于船舶安全、人身安保和船舶质量管理的国际标准，以及经修订的《1978年海员培训、发证和值班标准国际公约》中的海员培训和适任要求，

并忆及《联合国海洋法公约》规定了一个总体法律框架，海洋中的所有活动都必须在此框架下展开，它是海事部门进行国家、地区和全球性活动和合作的基础，具有战略性意义，其完整性需要得到维持，

并忆及《联合国海洋法公约》第九十四条特别确立了船旗国对悬挂其旗帜船舶的劳动条件、船员配备和社会事务的责任和义务，

并忆及《国际劳工组织章程》第十九条第八款规定，无论在何种情况下，大会通过任何公约或建议书或任何成员国批准任何公约都不能被视为影响到那些确保有关工人得到优于公约或建议书所规定条件的法律、裁定、惯例或协议，

并确定此新文件的制订应保证得到致力于体面劳动原则的各国政府、船东和工人尽可能最广泛的接受，且能够便于更新并使其能够有效地实施和执行，

并确定就本届会议议程的唯一项目通过某些建议，以完成这一文件，并确定这些建议应采取一项国际公约的形式；

于2006年2月23日通过以下公约，引用时可称之为《2006年海事劳工公约》。

第一条　一般义务

一、批准本公约的各成员国承诺按第六条规定的方式全面履行公约的规定，以确保海员体面就业的权利。

二、成员国应为确保有效实施和执行本公约之目的而相互合作。

第二条　定义和适用范围

一、除非具体条款另有规定，就本公约而言：

（一）"主管当局"一词系指有权就公约规定的事项颁布和实施具有法律效力的法规、命令或其他指令的部长、政府部门或其他当局；

（二）"海事劳工符合声明"一词系指规则5.1.3所述之声明；

（三）"总吨位"一词系指根据《1969年船舶吨位丈量国际公约》附则1或任何后续公约中的吨位丈量规定所计算出的总吨位；对于国际海事组织通过的临时吨位丈量表所包括的船舶，总吨位为填写在《国际吨位证书（1969）》的"备注"栏中的总吨位；

（四）"海事劳工证书"一词系指规则5.1.3中所述之证书；

（五）"本公约的要求"一词系指本公约的正文条款和规则及守则A部分中的要求；

（六）"海员"一词系指在本公约所适用的船舶上以任何职务受雇或从业或工作的任何人员；

（七）"海员就业协议"一词包括就业合同和协议条款；

（八）"海员招募和安置服务机构"一词系指公共或私营部门中从事代表船东招募海员或与船东安排海员上船的任何个人、公司、团体、部门或其他机构；

（九）"船舶"一词系指除专门在内河或在遮蔽水域之内或其紧邻水域或适用港口规定的区域航行的船舶以外的船舶；

（十）"船东"一词系指船舶所有人或从船舶所有人处承担了船舶经营责任并在承担这种责任时已同意接受船东根据本公约所承担的

职责和责任的任何其他组织或个人，如管理人、代理或光船承租人，无论是否有任何其他组织或个人代表船东履行了某些职责或责任。

二、除非另有明文规定，本公约适用于所有海员。

三、如就某类人员是否应被视为本公约所指的海员存在疑问，该问题应由各成员国的主管当局与此问题所涉及的船东组织和海员组织进行协商后作出决定。

四、除非另有明文规定，本公约适用于除从事捕鱼或类似捕捞的船舶和用传统方法制造的船舶，例如独桅三角帆船和舢板以外的通常从事商业活动的所有船舶，无论其为公有或私有。本公约不适用于军舰和军事辅助船。

五、如就本公约是否适用于某一船舶或特定类别船舶存在疑问，该问题应由各成员国的主管当局与有关船东组织和海员组织进行协商后作出决定。

六、如主管机关确定目前对悬挂该成员国旗帜的一艘船舶或特定类别船舶适用第六条第一款中所述守则的某些细节不合理或不可行，只要该事项由国家法律或法规或集体谈判协议或其他措施来处理，守则的有关规定将不适用。此决定只能在与有关船东组织和海员组织协商后作出，并只能针对不从事国际航行的200总吨以下船舶。

七、成员国根据本条第三款或第五款或第六款所作的任何决定均应通报国际劳工组织总干事，总干事应通知本组织成员国。

八、除非另有明文规定，提及本公约同时意味着提及规则和守则。

第三条 基本权利和原则

就本公约所涉事项，各成员国应自行确认其法律和法规的规定尊重以下基本权利：

（一）结社自由和有效承认集体谈判权利；

（二）消除所有形式的强迫和强制劳动；

（三）有效废除童工劳动；

（四）消除就业和职业方面的歧视。

第四条　海员的就业和社会权利

一、每一海员均有权获得符合安全标准的安全并受保护的工作场所。

二、每一海员均有权获得公平的就业条件。

三、每一海员均有权获得体面的船上工作和生活条件。

四、每一海员均有权享受健康保护、医疗、福利措施及其他形式的社会保护。

五、各成员国在其管辖范围内应确保本条上述各款所规定的海员就业和社会权利根据本公约的要求得以充分实施。除非本公约中另有专门规定，此种实施可通过国家法律或法规、通过适用的集体谈判协议或通过其他措施或实践来实现。

第五条　实施和执行责任

一、各成员国应对管辖下的船舶和海员实施和执行为承诺履行本公约所通过的法律、法规或其他措施。

二、各成员国应通过建立确保遵守本公约要求的制度，对悬挂其旗帜的船舶有效行使管辖和控制，包括定期检查、报告、监督和可适用法律下的法律程序。

三、各成员国应确保悬挂其旗帜的船舶持有本公约所要求的海事劳工证书和海事劳工符合声明。

四、本公约适用的船舶，当其位于船旗国以外的成员国的港口时，可根据国际法受到该成员国的检查以确定是否符合本公约的要求。

五、各成员国应对在其领土内设立的海员招募和安置服务机构有效行使管辖和控制。

六、各成员国应对违反本公约要求的行为予以禁止，并应按国际法，根据其法律规定，制裁或要求采取改正措施，以充分阻止此种违反行为。

七、各成员国应以确保悬挂未批准本公约的任何国家旗帜的船舶比悬挂已批准本公约的任何国家旗帜的船舶不能得到更优惠待遇的方式履行本公约赋予的责任。

第六条　规则以及守则A部分和B部分

一、规则和守则A部分的规定具有强制性。守则B部分为非强制性。

二、各成员国保证尊重规则中规定的权利和原则，并按守则A部分相关内容规定的方式实施每条规则。此外，各成员国还应充分考虑到按守则B部分列出的方式履行其责任。

三、除非本公约另有明文规定，不能按守则A部分规定的方式履行权利和原则的成员国，可以通过实质等效A部分规定的法律和法规或其他措施实施A部分。

四、仅就本条第三款而言，任何法律、法规、集体协议或其他履约措施只有在成员国确认符合以下情况时，才应被视为实质等效本公约的规定：

（一）它有助于充分达到守则A部分有关规定的总体目标和目的；

（二）它事实遵守了守则A部分的有关规定。

第七条　与船东组织和海员组织协商

如一成员国内不存在船东或海员的代表组织，公约中要求与船东组织和海员组织进行协商的任何对本公约的偏离、免除或其他灵活适用，只能由该成员国通过与第十三条所述的委员会协商决定。

第八条 生 效

一、对本公约的正式批准书应送请国际劳工组织总干事登记。

二、本公约只对其批准书已由国际劳工组织总干事登记的国际劳工组织成员国具有约束力。

三、本公约应在合计占世界船舶总吨位至少33%的至少30个成员国的批准书已经登记之日12个月后生效。

四、此后，对于任何成员国，本公约将于其批准书经登记之日12个月后对其生效。

第九条 退 出

一、已批准本公约的成员国可自公约初次生效之日起满十年后向国际劳工组织总干事通知退出并请其登记。此项退出应自登记之日起一年后发生效力。

二、在本条第一款所述十年期满后的一年内未行使本条所规定之退出权利的成员国，即须再遵守十年，此后每当新的十年期满，可依本条的规定退出本公约。

第十条 生效的影响

本公约修订以下公约：

《确定准许儿童在海上工作的最低年龄公约》（第7号）

《1920年（海难）失业赔偿公约》（第8号）

《1920年海员安置公约》（第9号）

《在海上工作的儿童及未成年人的强制体格检查公约》（第16号）

《海员协议条款公约》（第22号）

《海员遣返公约》（第23号）

《1936年高级船员适任证书公约》（第53号）

《1936年（海上）带薪假期公约》（第54号）

《1936年船东（对病、伤海员）责任公约》（第55号）

《1936年（海上）疾病保险公约》（第56号）

《1936年（海上）工时和配员公约》（第57号）

《1936年（海上）最低年龄公约（修订）》（第58号）

《1946年（船上船员）食品和膳食公约》（第68号）

《1946年船上厨师证书公约》（第69号）

《1946年（海员）社会保障公约》（第70号）

《1946年（海员）带薪休假公约》（第72号）

《1946年（海员）体检公约》（第73号）

《1946年一等水手证书公约》（第74号）

《1946年船员起居舱室公约》（第75号）

《1946年（海上）工资、工时和配员公约》（第76号）

《1949年（海员）带薪休假公约（修订）》（第91号）

《1949年船员起居舱室公约（修订）》（第92号）

《1949年（海上）工资、工时和配员公约（修订）》（第93号）

《1958年（海上）工资、工时和配员公约（修订）》（第109号）

《1970年船员起居舱室（补充规定）公约》（第133号）

《1970年防止事故（海员）公约》（第134号）

《1976年（海员）连续就业公约》（第145号）

《1976年海员带薪年休假公约》（第146号）

《1976年商船（最低标准）公约》（第147号）

《〈1976年商船（最低标准）公约〉的1996年议定书》

《1987年海员福利公约》（第163号）

《1987年（海员）健康保护和医疗公约》（第164号）

《1987年（海员）社会保障公约（修订）》（第165号）

《1987年海员遣返公约（修订）》（第166号）

《1996年（海员）劳动监察公约》（第178号）

《1996年海员招募和安置公约》（第179号）

《1996年海员工时和船舶配员公约》（第180号）。

第十一条 保存人职责

一、国际劳工组织总干事应将各成员国就本公约所交存的所有批准书、接受书和退出书的登记情况通报国际劳工组织全体成员国。

二、在第八条第三款规定条件得到满足后，总干事应提请本组织成员国注意本公约开始生效日期。

第十二条

国际劳工组织总干事应按照《联合国宪章》第一百零二条规定，将根据本公约登记的所有批准、接受和退出的详细情况送请联合国秘书长进行登记。

第十三条 三方专门委员会

一、国际劳工局理事会应通过其设立的一个在海事劳工标准领域有专长的委员会持续审议公约实施情况。

二、就根据本公约处理的事项，委员会应由已批准本公约的各成员国政府指派的两名代表和理事会经与联合海事委员会协商后指定的船东代表和海员代表组成。

三、未批准本公约的成员国政府代表可参加委员会，但对根据本公约处理的任何事项无表决权。理事会可邀请其他组织或机构以观察员身份列席委员会。

四、应对委员会中每个船东代表和海员代表的票数予以加权，以保证船东组和海员组各拥有出席有关会议并有表决权的政府总投票权的一半。

第十四条 本公约的修正案

一、对本公约条款的任何修正案均可由国际劳工组织大会在《国际劳工组织章程》第十九条和本组织通过公约的议事规则的框架下予以通过。对守则的修正案还可按第十五条的程序通过。

二、应将修正案文本送交在修正案通过前已登记公约批准书的成员国供批准。

三、应根据《国际劳工组织章程》第十九条将经修订的公约文本送交本组织其他成员国供批准。

四、修正案应在合计占世界船舶吨位至少33%的至少30个成员国对修正案或视情经修订公约的批准书已经登记后视为已被接受。

五、在《国际劳工组织章程》第十九条框架下通过的修正案应只对那些批准书已交国际劳工组织总干事登记的本组织成员国具有约束力。

六、对本条第二款所述的任何成员国，修正案应于本条第四款中所述的接受之日起12个月后生效，或于其对修正案的批准书登记之日起12个月后生效，以较晚日期为准。

七、取决于本条第九款的规定，对本条第三款所述的成员国，经修订的公约应于本条第四款中所述的接受之日起12个月后生效，或于其对公约的批准书登记之日起12个月后生效，以较晚日期为准。

八、对批准本公约的批准书在有关修正案通过之前登记但并未批准修正案的成员国，未作相关修订的公约应继续对其有效。

九、修正案通过以后但在本条第四款所述日期之前已登记本公约批准书的任何成员国，可在批准书后附一份声明，明确其批准书涉及的是未经相关修订的公约。对批准书附有这样一份声明的情况，本公约将在批准书登记之日12个月后对该成员国生效。如批准书未附有这样一份声明，或批准书于第四款所述日期或之后登记，本公约将在批准书登记之日12个月以后对该成员国生效，并在修正案根据本条第七款生效后，该修正案对该成员国有约束力，除非修正案另有规定。

第十五条　对守则的修正案

一、守则既可以按第十四条规定的程序修订，或除非另有明文规定，也可以根据本条规定程序修订。

二、本组织的任何成员国政府或被指定参加第十三条所述委员会的船东代表组或海员代表组可向国际劳工组织总干事提出对守则的修正案。由一国政府提出的修正案必须得到至少五个已批准本公约的成员国政府的共同提议或支持，或得到本款所述船东代表组或海员代表组的共同提议或支持。

三、修正案提议经核实满足本条第二款的要求后，总干事应立即将此提议连同任何适当的评论或建议通知本组织所有成员国，并请成员国在六个月内或理事会规定的其他时间期限（不应少于六个月但不超过九个月）内提出其对该提议的意见或建议。

四、在本条第三款所述的期限结束后，应将该提议连同成员国根据该款所提出的意见或建议的要点提交委员会召开会议审议。符合下列条件时，修正案应视为已获得委员会通过：

（一）至少半数以上已批准本公约的成员国政府出席审议该提议之会议；

（二）并且委员会成员中至少三分之二多数投票支持修正案；

（三）并且多数票中至少包含对提议表决时在会议注册的委员会成员中政府表决权的半数支持票、船东表决权的半数支持票和海员表决权的半数支持票。

五、根据本条第四款通过的修正案应提交下一届大会批准。批准要求出席大会代表三分之二多数投票支持。如没有获得这种多数，如委员会愿意，应将建议修正案送回委员会重新审议。

六、总干事应将经大会批准的修正案通知每一个在大会批准修正案前已登记其公约批准书的成员国（以下称这些成员国为批约成员国）。通知应援引本条，并应规定提出任何正式异议的期限。除非大会在批准时确定了不同但应至少为一年的期限，此期限应为自通知之日起两年。通知副本应送本组织其他成员国。

七、除非总干事在规定期限内收到超过40%的批约成员国的正式异议，并代表不少于批约成员国船舶总吨位的40%，大会通过的修正案应视为已被接受。

八、视为已被接受的修正案应于规定期限结束之日六个月后对所有批约成员国生效，根据本条第七款正式表示异议且未根据第十一款撤销该异议的批约成员国除外。但是：

（一）任何批约成员国可在规定期限结束前通知总干事，只有明确通知接受修正案后，才受其约束；

（二）任何批约成员国可在修正案生效之日前通知总干事，在一段确定的期间内不执行该修正案。

九、本条第八款第（一）项所述通知中所指修正案，应于成员国通知总干事接受修正案之日六个月后对其生效，或于修正案初次生效之日对其生效，以较晚日期为准。

十、本条第八款第（二）项所述期间自修正案生效之日起不应超过一年或超过大会批准修正案时确定的任何更长时间。

十一、对一修正案正式表示异议的成员国可随时撤销异议。如总干事在修正案生效后收到此种撤销通知，修正案应于该通知登记之日六个月后对该成员国生效。

十二、一修正案生效后，只能批准经修订的公约。

十三、只要海事劳工证书与已生效公约修正案所涉及的事项有关：

（一）接受了一项修正案的成员国没有义务在签发的海事劳工证书方面将公约益处扩展到悬挂下述另一成员国旗帜的船舶：

1. 根据本条第七款，正式表示对修正案的异议并未撤销者；

2. 根据本条第八款第（一）项，已通知其对修正案的接受取决于以后的明确通知并还未接受该修正案者；

（二）如一成员国根据本条第八款第（二）项作出了在本条第十款规定的期间内将不执行修正案的通知，接受该修正案的成员国在签发的海事劳工证书方面应将公约益处扩展到悬挂上述成员国旗帜的船舶。

第十六条　作准语言

本公约的英文本和法文本同等作准。

海事劳工公约的规则和守则的解注

一、本解注旨在作为海事劳工公约的一般性指导，不构成公约的组成部分。

二、本公约由三个不同但相关部分构成：条款、规则和守则。

三、条款和规则规定了核心权利和原则以及批准本公约成员国的基本义务。条款和规则只能由大会在《国际劳工组织章程》第十九条的框架下修改（见《公约》第十四条）。

四、守则包含规则的实施细节，由A部分（强制性标准）和B部分（非强制性导则）组成。守则可以通过公约第十五条规定的简化程序进行修订。由于守则涉及具体实施，对守则的修订必须保持在条款和规则的总体范畴内。

五、规则和守则按以下标题被划归为五个领域：

标题1：海员上船工作的最低要求

标题2：就业条件

标题3：起居舱室、娱乐设施、食品和膳食服务

标题4：健康保护、医疗、福利和社会保障保护

标题5：遵守与执行

六、每一标题包含关于一项具体权利或原则（或标题5中的执行措施）的几组规定，顺序编号。例如，标题1的第一组包括关于最低年龄的规则1.1、标准A1.1和导则B1.1。

七、本公约有三个根本目标：

（一）在正文和规则中规定一套坚定的权利和原则；

（二）通过守则允许成员国在履行这些权利和原则的方式上有相当程度的灵活性；

（三）通过标题5确保这些权利和原则得以准确遵守和执行。

八、实施中有两个方面的灵活性：一是成员国在必要时（见第六

条第三款）实质等效（根据第六条第四款定义）执行守则A部分具体要求的可能性。

九、实施中灵活性的第二个方面在于A部分许多规定的强制性要求用更加一般性的方式表述，这样为各成员国在国家层面采取确切的行动留出更大的自主权。在这种情况下，守则中非强制性B部分给出了实施指导。这样，批准本公约的成员国可以确定在A部分相应的一般性义务下应当采取的行动，以及可能非必要采取的行动。例如，标准A4.1要求在所有船舶上能够迅速取得用于船上医疗所必需的药品[第一款第（二）项]并"配备一个医药箱"[第四款第（一）项]。很明显，忠实履行后一项规定意味着不仅是简单地在每艘船上配备一个医药箱。相应的导则B4.1.1（第四款）对所涉问题给出了更明确的说明，以确保妥善存放、使用和维护医药箱内的物品。

十、批准本公约的成员国不受相关导则的约束，并且，正如标题5港口国监督的规定所指出，检查只针对本公约的有关要求（条款、规则和A部分的标准）。但是，第六条第二款要求成员国充分考虑按照B部分规定的方式履行A部分规定的责任。援用上述例子，在充分考虑到相关导则后，如成员国决定，按A部分标准要求，对妥善存放、使用和维护医药箱中的物品作出不同的安排，这也是可以接受的。另一方面，通过遵循B部分的指南，有关成员国以及国际劳工组织负责审议实施国际劳工公约的机构无需更多审议即能够肯定，成员国作出的安排充分履行导则所涉A部分中的责任。

规则与守则

标题1：海员上船工作的最低要求
规则1.1　最低年龄

目的：确保未成年人不得上船工作。

一、低于最低年龄的人不得在船上受雇、受聘或工作。

二、本公约初始生效时，最低年龄为16岁。

三、守则规定情形中的最低年龄应要求更高。

标准A1.1 最低年龄

一、禁止雇佣、使用任何16岁以下的人员上船工作。

二、禁止18岁以下海员夜间工作。就本标准而言，"夜间"应根据国家法律和实践予以定义，应该包括从不晚于午夜开始至不早于上午5点钟结束的一段至少9个小时的时段。

三、下列情况下，主管当局可对严格遵守关于夜间工作的限制作出例外规定：

（一）根据已经确定的项目和日程安排，有关海员的有效培训将被扰乱；或

（二）职责的具体性质或认可的培训项目要求例外情况所涵盖的海员履行夜间职责，且主管当局在与有关船东组织和海员组织协商后确定该工作不会对他们的健康或福利产生有害影响。

四、禁止雇佣或使用18岁以下海员从事可能损害其健康或安全的工作。这些工作的类型应由国家法律或法规确定，或由主管当局根据相关国际标准与有关船东组织和海员组织协商后确定。

导则B1.1 最低年龄

在对工作和生活条件进行规范时，成员国应特别关注18岁以下未成年人的需要。

规则1.2 体检证书

目的：确保所有海员的健康状况适合履行其海上职责。

一、除非海员的健康状况经证明适合履行其职责，否则不得上船工作。

二、只有在本守则规定的情况下才允许例外。

标准A1.2 体检证书

一、主管当局应要求，海员在上船工作之前持有有效的体检证书，证明其健康状况适合将在海上履行的职责。

二、为确保体检证书真实反映海员的健康状况，主管当局应根据其将要履行的职责，并充分考虑本守则B部分提及的适用国际性导则，与船东组织和海员组织协商后规定体格检查和证书的性质。

三、本标准并不损害经修订的《1978年海员培训、发证和值班标准国际公约》(《STCW公约》)。就规则1.2而言，主管当局应接受根据《STCW公约》要求签发的体检证书。对于《STCW公约》未包括的海员，实质性满足《STCW公约》要求的体检证书应同样予以接受。

四、体检证书应由有正规资格的医师签发，只涉及视力的证书也可由经主管当局认可的具备签发证书资格的人员签发。医师在履行体检程序时作出医学判断应完全享有职业独立性。

五、被拒绝发证的海员，或在工作能力，特别是时间、工作内容或航行区域方面被实施限制的海员，应得到由另一位独立的医师或独立的鉴定人做进一步检查的机会。

六、每份体检证书应特别载明：

（一）该海员的听力和视力，以及会受到不良色觉视力影响上岗资格的海员的色觉视力全部符合要求；

（二）该海员未患有任何海上工作可能导致加重或使其不适合从事此种工作或威胁船上其他人员健康的疾患。

七、除非相关海员将履行特殊职责或《STCW公约》规定要求更短的时间：

（一）体检证书有效期最长为两年，除非海员低于18岁，在这种情况下体检证书有效期最长应为一年；

（二）色觉视力证书有效期最长应为六年。

八、在紧急情况下，主管当局可允许没有有效体检证书的海员工作，直至该海员可从有资质的医师处取得一份体检证书的下一停靠港。条件是：

（一）所允许的期间不超过三个月；

（二）该海员持有最近过期的体检证书。

九、如在航行途中证书到期，该证书应继续有效至该海员能够从有资质的医师处取得体检证书的下一停靠港，条件是这段时间不超过三个月。

十、在通常从事国际航行船舶上工作的海员的体检证书至少必须用英文写成。

导则 B1.2 体检证书
导则 B1.2.1 国际导则

主管当局、医师、体检人员、船东、海员的代表和所有其他对求职海员和在职海员实施体格健康检查的相关人员应遵循《国际劳工组织和世界卫生组织海员上船工作前和定期体格健康检查实施指南》，包括修订版本以及国际劳工组织、国际海事组织或世界卫生组织出版的任何其他适用的国际导则。

规则 1.3 培训和资格

目的：确保海员经过培训并具备履行其船上职责的资格。

一、海员非经培训或经证明适任或具备履行其职责的资格，不得在船上工作。

二、海员未成功完成船上个人安全培训，不能获准在船上工作。

三、按国际海事组织通过的强制性文书进行的培训和发证应视为满足本规则第一款和第二款的要求。

四、任何在批准本公约时受《1946年一等水手证书公约》（第74号）约束的成员国，应继续履行该公约的义务，除非并且直到国际海事组织通过了覆盖该公约事项的强制性规定并已生效，或直到本公约根据第八条第三款生效五年后，两者以较早日期为准。

规则 1.4　招募和安置

目的：确保海员有机会利用高效和规范的海员招募和安置系统。

一、所有海员应能够利用不向海员收费的高效、充分和可靠的系统寻找船上就业机会。

二、在成员国领土内开办的海员招募和安置服务机构应符合本守则所规定的标准。

三、对于在悬挂其旗帜船舶上工作的海员，各成员国应要求：船东如利用在本公约不适用的国家或领土内设立的招募和安置服务机构，应确保这些服务机构符合本规则的要求。

标准 A1.4　招募和安置

一、开办公共海员招募和安置服务机构的各成员国应确保该服务机构以保护和促进本公约所规定的海员就业权利的方式有序运作。

二、如成员国有以招募和安置海员为主要目的或招募和安置相当数量海员的私营海员招募和安置服务机构在其领土内运营，这些服务机构运营必须遵守发放执照或证件的标准化体系或其他形式的规范制度。这种制度必须在与有关船东组织和海员组织协商后才能建立、修改或改变。对本公约是否适用于某一私营招募和安置服务机构存有疑问时，应由各成员国的主管当局与有关船东组织和海员组织协商决定。不应鼓励私营海员招募和安置服务机构过度扩散。

三、本标准第二款规定还应适用于在成员国领土内由海员组织运营的招募和安置服务机构向悬挂该成员国旗帜的船舶提供本国海员的情况，适用程度由主管当局与有关船东组织和海员组织协商确定。本款所包括的服务得满足以下条件：

（一）招募和安置服务根据该组织与船东之间的集体谈判协议运营；

（二）海员组织和船东均设立于成员国的领土之内；

（三）该成员国有国家法律或法规或程序对允许运营招募和安置服务机构的集体谈判协议进行授权或登记；

（四）招募和安置服务运营有序，并与本标准第五款所规定的保护和促进海员就业权利的措施相当。

四、本标准或规则1.4中的任何规定都不应被视为：

（一）阻止一成员国在满足海员和船东需要的政策框架内为海员保持一个免费的公共海员招募和安置服务机构，无论该服务机构是面向所有工人和雇主的公共就业服务机构的组成部分还是协调单位；

（二）向成员国施加在领土内建立私营海员招募或安置服务体系的义务。

五、采用本标准第二款所述制度的成员国，应至少在其法律和法规或其他措施中：

（一）禁止海员招募和安置服务机构利用各种方式、机制或

清单来阻止或妨碍海员获得有资格承担的工作；

（二）要求海员招募或安置费用、为海员提供就业的费用或其他收费不得直接或间接、全部或部分由海员承担，海员取得国家法定体检证书、国家海员服务簿、护照或其他类似个人旅行证件的费用除外，但不包括签证费，签证费应由船东负担；

（三）确保其领土内的海员招募和安置服务机构：

1. 保有一份其所招募或安置的所有海员的最新登记册，以备主管当局检查；

2. 保证海员在受聘前或受聘过程中被告知就业协议中的权利和职责，为海员在签署就业协议前后对协议进行核阅并为他们得到该协议副本作出适当安排；

3. 核实被招募和安置的海员合格和持有相关工作所必需的证书，并核实海员就业协议符合所适用的法律法规以及构成就业协议一部分的任何集体谈判协议；

4. 尽实际可能保证船东有保护海员免于流落外国港口的手段；

5. 对有关活动的任何投诉进行核查和作出反应，并将任何未解

决的投诉报告主管当局；

6. 建立一个保护机制，通过保险或适当的等效措施，赔偿由于招募和安置服务机构或有关船东未能按就业协议履行对海员的义务而可能给海员造成的资金损失。

六、主管当局应密切监督和控制在成员国领土内运营的所有海员招募和安置服务机构。只有经核验表明有关海员招募和安置服务符合国家法律法规要求后才为其核发或更换在该领土内的经营许可、证书或类似授权。

七、主管当局应确保具有适当的机制和程序，在必要时对有关海员招募和安置服务机构活动的投诉开展调查，并视情请船东代表和海员代表参与。

八、批准本公约的各成员国应尽实际可能，对将在悬挂未批准本公约国家旗帜的船舶上工作可能存在的问题告知本国国民，直至认为与本公约确定标准等效的标准在该船实施。已批准本公约的成员国为此而采取的措施不应与两个相关国家可能都已参加条约所规定的工人自由流动原则相矛盾。

九、已批准本公约的各成员国应要求悬挂其旗帜船舶的船东，如使用了在不适用本公约的国家或领土内设立的海员招募和安置服务机构，尽实际可能确保这些服务机构符合本标准的要求。

十、本标准的任何要求都不得被理解为减少了船东或成员国对悬挂本国旗帜的船舶的义务和责任。

导则 B1.4　招募和安置
导则 B1.4.1　组织和操作导则

一、在履行标准A1.4第一款下的义务时，主管当局应考虑：

（一）采取必要措施，促进海员招募和安置服务机构间的有效合作，无论其为公共或私营；

（二）国家和国际海运业在船东、海员和相关培训机构参与下为参与负责船舶安全航行和防污染操作的海员制订培训计划时的需要；

（三）如存在公共招募和安置服务机构，为有代表性的船东组织和海员组织在公共招募和安置服务机构组织和运作方面的合作作出适当安排；

（四）充分考虑到隐私权和保密需要，确定在何种条件下海员的个人资料可由海员招募和安置服务机构来处理，包括这些资料的收集、存储、合并以及向第三方传送；

（五）保持一种安排，收集和分析海事劳动力市场所有相关信息，包括根据年龄、性别、等级和资格以及航运业要求分类的海员目前和预期供应情况，有关年龄或性别数据的收集只能用于统计目的，或只能用于防止年龄或性别歧视的项目框架中；

（六）确保负责监督为承担船舶安全航行和防污染操作职责的船员服务的公共和私营海员招募和安置服务机构的人员受过适当培训，包括具备经认可的海上服务资历和海运业的相关知识，其中包括培训、发证和劳工标准的相关国际海事文书；

（七）为海员招募和安置服务机构规定经营标准并通过行为准则和道德规范；

（八）基于质量标准体系对许可或证书制度实施监督。

二、在建立标准A1.4第二款所述制度时，成员国应考虑要求在其领土内设立的海员招募和安置服务机构制定并维持可以核验的经营规范。私营海员招募和安置服务机构以及在适用的限度内公共海员招募和安置机构的这些经营规范应涉及以下事项：

（一）体格检查、海员身份证书以及海员为获得就业可能被要求的其他项目；

（二）充分考虑到隐私权和保密需要，保持其招募和安置系统涉及的关于海员的全面和完整记录，此类记录应包括但不限于下列内容：

1. 海员资格；
2. 就业记录；
3. 与就业有关的个人资料；
4. 与就业有关的健康资料；

（三）保持由该海员招募和安置服务机构提供海员船舶的最新名单，并确保具有可随时与该服务机构紧急联络的手段；

（四）具有程序确保海员在被聘用到某些特定船舶或被某些特定公司聘用时，不受海员招募和安置服务机构或其工作人员的剥削；

（五）具有程序防止出现通过预付费用上船或由海员招募和安置服务机构操纵的船东与海员之间任何其他财务转账而产生的剥削海员的机会；

（六）清晰公布招募过程中任何需要由海员承担的费用；

（七）确保海员被告知即将从事工作的任何特定条件以及与其就业相关的特定船东的政策；

（八）具有根据自然公正原则处理不称职或不守纪律情况的程序，此类程序符合国家法律和惯例，并符合适用的集体协议；

（九）具有程序尽实际可能确保申请就业所提交的所有强制性证书和文件都是最新的，不是通过欺骗获得，且就业情况经过核实；

（十）具有程序确保海员在海上期间家属获得海员的信息或建议的要求能够得到迅速和体谅的处理，并不收取费用；

（十一）核实安置海员船舶的劳动条件符合船东与海员代表组织签定的有效集体谈判协议，并作为一项政策，只向为海员提供的就业条款和条件符合适用的法律、法规或集体协议的船东提供海员。

三、应考虑鼓励成员国和相关组织之间的国际合作，例如：

（一）在双边、区域和多边基础上系统地交换关于海运业和海事劳动力市场的信息；

（二）交换关于海事劳动立法的信息；

（三）协调涉及海员招募和安置的政策、工作方法和立法；

（四）改善海员国际招募和安置的程序和条件；

（五）根据海员的供求情况和海运业的要求制订劳动力规划。

标题2：就业条件
规则2.1 海员就业协议

目的：确保海员取得公平的就业协议。

一、海员就业条款和条件应在一项明确的、具有法律强制性的书面协议中予以规定或提及，且应与守则中规定的标准一致。

二、海员就业协议应在确保海员有机会对协议中的条款和条件进行审阅和征求意见并在签字前自由接受的前提下，获得海员的同意。

三、在符合成员国国家法律和惯例的范围内，海员就业协议应被理解为包括了任何适用的集体谈判协议。

标准A2.1 海员就业协议

一、各成员国应通过法律或法规要求悬挂其旗帜的船舶符合下述要求：

（一）在悬挂其旗帜船舶上工作的海员应持有一份由海员和船东或船东的代表双方签署的海员就业协议（或，如非雇佣，契约性或类似协议的证明），为其提供本公约所要求的体面的船上工作和生活条件；

（二）签署海员就业协议的海员在签字前应有机会对协议进行审查和征询意见，还要为海员提供其他必要的便利，确保其在充分理解权利和义务后自由达成协议；

（三）有关船东和海员应各持有一份经签字的海员就业协议原件；

（四）应采取措施确保包括船长在内的海员在船上可以容易地获得关于其就业条件的明确信息，这些信息包括一份海员就业协议的副本，还应能够供主管当局的官员，包括船舶所挂靠港口的官员查验；

（五）应发给海员一份载有其船上就业记录的文件。

二、如集体谈判协议构成海员就业协议的全部或一部分，该协议的一份副本应保留在船上。如海员就业协议和任何适用的集体谈判协议的语言非英文，以下内容还应用英文提供（仅从事国内航行的船舶除外）：

（一）一份协议的标准格式；

（二）根据规则5.2，集体谈判协议中要受港口国检查的部分。

三、本标准第一款第（五）项中所述文件不得包括关于海员工作质量和工资的陈述。该文件的格式、将要记录的细节和细节被记录的方式由国家法律确定。

四、成员国应通过法律法规，具体规定受国家法律约束的所有海员就业协议需要包括的事项。在所有情况下海员就业协议均应包括以下细节：

（一）海员的全名、出生日期或年龄及出生地；

（二）船东的名称和地址；

（三）订立海员就业协议的地点及日期；

（四）海员将担任的职务；

（五）海员的工资数额，或如适用，用于计算工资的公式；

（六）带薪年休假的天数，或如适用，用于计算天数的公式；

（七）协议的终止及其终止条件，包括：

1. 如协议没有确定期限，各方有权终止协议的条件，以及所要求的预先通知期，船东的预先通知期不得短于海员的预先通知期；

2. 如协议有确定期限，其确定的到期日；

3. 如协议是为单次航程而订，其航行的目的港，以及到达目的港后海员应被解雇前所须经历的时间；

（八）将由船东提供给海员的健康津贴和社会保障保护津贴；

（九）海员获得遣返的权利；

（十）提及所适用的集体谈判协议；

（十一）国家法律所要求的其他细节。

五、各成员国应通过法律或法规确定海员和船东提前终止海员就业协议发出预先通知的最短期限。期限长度应在与有关船东组织和海员组织协商后确定，但不得短于七天。

六、在国家法律或法规或适用的集体谈判协议承认合理的更短预先通知时间或不经通知即终止就业协议的情形下，预先通知期可短于最短期限。在确定这些情形时，各成员国应保证考虑到海员出于值得同情的原因或其他紧急原因提前较短时间通知或不通知即终止就业协议的需要。

导则 B2.1 海员就业协议
导则 B2.1.1 就业记录

在确定标准 A2.1 第一款第（五）项所述就业记录簿将记录的细节时，各成员国应确保该文件包含足够的信息并有英文译文，以便另寻工作或满足升级或升职所需的海上资历要求。海员派遣书可满足该标准第一款第（五）项的要求。

规则 2.2 工 资

目的：确保海员得到工作报酬。

所有海员均应根据其就业协议定期获得全额工作报酬。

标准 A2.2 工 资

一、各成员国应要求按不超过一个月的间隔并根据任何适用的集体协议向在悬挂其旗帜船舶上工作的海员支付其应得报酬。

二、应给海员一个应得报酬和实付数额的月薪账目，包括工资、额外报酬，以及在其报酬采用的货币或兑换率不同于曾经达成一致的货币或兑换率时所用的兑换率。

三、各成员国应要求船东采取措施，例如本标准第四款中规定的措施，为海员提供一种将其收入的全部或部分转给其家人或受扶养人或法定受益人的方式。

四、确保海员能够将其收入转给其家人的措施包括：

（一）在海员订立协议时或在协议期间，经本人同意可允划拨其工资一定比例的机制，使其能通过银行转账或类似方式定期给家庭汇款；

（二）应按时将划拨款项直接汇给海员指定的人员。

五、本标准第三款和第四款下服务的收费数额须合理，除非另有规定，货币兑换率应根据国家法律或法规采用主要市场汇率或官方公布的汇率，并不得对海员不利。

六、各成员国在通过管理海员工资的国家法律或法规时，应充分考虑到守则B部分列出的指导。

导则B2.2　工　资
导则B2.2.1　具体定义

就本导则B2.2而言：

（一）"一等水手"一词系指被视为除监管或专业职责外，能够胜任甲板部工作的普通船员所有职责的任何海员，或根据国家法律、法规、惯例或集体协议被定义为一等水手的任何海员；

（二）"基本报酬或工资"一词系指正常工作时间的报酬，无论这一报酬如何构成；它不包括加班报酬、奖金、津贴、带薪休假或任何其他额外酬劳；

（三）"合并工资"一词系指包括基本工资和与工资有关的其他补贴在内的工资或薪资；合并工资可包括对所有加班工作给予的补偿和所有其他与工资相关的补贴，或者也可包括部分合并工资内的某些补贴；

（四）"工作时间"一词系指要求海员为船舶工作的时间；

（五）"加班"一词系指超出正常工作时间之外工作的时间。

导则 B2.2.2 计算和支付

一、对于报酬中含有另计加班补偿的海员：

（一）出于计算工资目的，在海上和港口的正常工作时间每天不应超过8小时；

（二）出于计算加班目的，对于由基本报酬或工资所涵盖的每周正常工作时间，如集体协议未予确定，应由国家法律或法规确定，但每周不得超过48小时；集体协议可规定不同但不低于此的待遇；

（三）加班补偿率不应低于基本工资或每小时工资的1.25倍，并应由国家法律、法规或由适用的集体协议予以规定；

（四）所有加班时间应由船长或船长指定人员进行记录，并至少按月间隔由海员签字。

二、对于工资系全部或部分合并的海员：

（一）凡适宜，海员就业协议应明确说明海员为这一报酬需工作的时间，并说明除合并工资外可能应支付的任何额外津贴以及在何种情况下支付；

（二）如超出合并工资所涵盖的工作时间按每小时加班支付，该小时报酬率不应低于本导则第一款所界定的与正常工作时间对应的基本工资的1.25倍；同样原则也适用于包括在合并工资内的加班时间；

（三）全部和部分合并工资中属于本导则第一款第（一）项所界定的正常工作时间的报酬部分不应低于适用的最低工资；

（四）对于其工资为部分合并的海员，应保持其所有加班记录，并应按本导则第一款第（四）项的规定在记录上签字认可。

三、国家法律、法规或集体协议可以规定，对加班或在每周休息日和公共节假日工作的补偿，至少应以相等休息时间和离船时间，或是以追加休假方式代替报酬或为此规定的任何其他补偿。

四、与船东代表组织和海员代表组织协商后通过的国家法律、法规或可适用的集体协议应考虑到以下原则：

（一）同工同酬应适用于同一船舶雇佣的所有海员，不得因种族、肤色、性别、宗教信仰、政治观点、民族血统或社会出身予以歧视；

（二）具体说明适用的工资或工资率的海员就业协议应随船携带；应通过海员理解的语言向其提供至少一份已签字的有关信息副本，或在全体海员能够出入的地点张贴一份协议副本，或其他适宜方式使每个海员能得到有关工资额或工资率的信息；

（三）工资应以法定方式支付；凡适宜时，可以通过银行转账、银行支票、邮政支票或汇款支付工资；

（四）在终止雇佣时，应支付所有应付报酬，不得无故延误；

（五）如船东无理拖延支付，或未能支付所有应付报酬，主管当局应给以适当惩罚或强制采取其他适当补救措施；

（六）工资应直接支付到海员指定的银行账户，除非海员以书面形式提出不同要求；

（七）除依照本款第（八）项规定者，船东不应限制海员自由支配其报酬；

（八）只有在下列情况下，才允许在报酬中进行扣减：

1. 国家法律、法规或适用的集体协议有明确规定，并已按主管当局认为最合适的方式告知海员此种扣减的条件；

2. 扣减总额不超过国家法律、法规或集体协议或法院裁决可能已为此种扣减规定的限额；

（九）不应为获得或保持就业而在海员的报酬中进行扣减；

（十）除国家法律、法规、集体协议或其他措施授权外，不得对海员罚款；

（十一）主管当局出于对海员利益的考虑，有权检查船上配备的小卖部和提供的服务，以保证其价格公平合理；

（十二）如根据《1993年船舶优先权和抵押权国际公约》的规定，无法保障海员工资和其他就业应付款项的债权，应根据《1992年（雇主破产）保护工人债权公约》（第173号）予以保护。

五、各成员国应在与船东组织和海员组织协商后，建立涉及本导则任何事项有关投诉的调查程序。

导则 B2.2.3 最低工资

一、在不损害自由集体谈判原则的前提下，各成员国应在与船东代表组织和海员代表组织协商后，建立确定海员最低工资的程序。船东代表组织和海员代表组织应参与此类程序的运作。

二、在建立此类程序和确定最低工资时，应充分考虑确定最低工资的有关国际劳工标准及以下原则：

（一）最低工资水平应考虑到海上就业的性质、船舶的配员水平和海员的正常工作时间；

（二）最低工资水平应根据海员生活费用和需求的变化予以调整。

三、主管当局应保证：

（一）通过监督和制裁制度，使所支付工资不低于所确定的工资率；

（二）已按低于最低工资的工资率领取工资的任何海员，能通过一种费用低廉且快捷的司法或其他程序，追偿欠付金额。

导则 B2.2.4 一等水手月最低基本报酬或工资数额

一、一等水手一个日历月工作的基本报酬或工资不应低于联合海事委员会或国际劳工局理事会授权的其他机构定期确定的数额。理事会一旦作出决定，总干事应将数额变更通告本组织成员国。

二、本导则任何条款都不应被视为有损船东或船东组织和海员组织之间就规范标准的最低条款和就业条件所达成的协议，条件是此种条款和条件得到主管当局的承认。

规则 2.3　工作时间或休息时间

目的：确保海员享有规范的工作时间或休息时间。

一、各成员国应确保对海员的工作时间或休息时间进行规范。

二、各成员国应根据守则规定一段特定时间内的最长工作时间或最短休息时间。

标准A2.3　工作时间或休息时间

一、就本标准而言：

（一）"工作时间"一词系指要求海员为船舶工作的时间；

（二）"休息时间"一词系指工作时间以外的时间，该词不包括短暂的休息。

二、各成员国须在本标准第五款至第八款规定范围内，确定一段特定时间内不得超过的最长工作小时数，或应提供的最短休息小时数。

三、各成员国承认，同其他工人一样，海员的正常工时标准应以每天8小时、每周休息1天和公共节假日休息为依据。但是，这不妨碍成员国通过程序授权或登记集体协议，在不低于此标准基础上确定海员的正常工时。

四、确定国家标准时，各成员国应考虑到海员疲劳造成的危险，特别是职责涉及到航行安全以及船舶安全和安保操作的海员。

五、工作或休息时间应作如下限制：

（一）最长工作时间：

1.在任何24小时时段内不得超过14小时；

2.在任何7天时间内不得超过72小时；或

（二）最短休息时间：

1. 在任何24小时时段内不得少于10小时；

2. 在任何7天时间内不得少于77小时。

六、休息时间最多可分为两段，其中一段至少有6小时，相连两段休息时间间隔不得超过14小时。

七、集合、消防和救生艇训练以及国家法律、法规和国际文书规定的训练应对休息时间的影响最小且不会造成疲劳。

八、在一海员处于随时待命情况下，例如机舱处于无人看管时，如海员因被招去工作而打扰了正常休息时间，则应给予充分的补休。

九、如没有集体协议或仲裁裁决，或如主管当局确定协议或裁决的条款中关于本标准第七款或第八款的规定不充分，主管当局应确定此类条款以确保有关海员得到充分的休息。

十、各成员国应要求在进出方便的地点张贴一份船上工作安排表，该表格应至少包括每一岗位的下列内容：

（一）在海上和在港口的工作时间表；

（二）国家法律、法规或适用的集体协议所要求的最长工作时间和最短休息时间。

十一、本标准第十款所述的表格应按标准化的格式以船上的一种或多种工作语言和英文制订。

十二、成员国应要求保持对海员的日工作时间或日休息时间进行记录，以便监督是否符合本标准第五款至第十一款的规定。记录应采用主管当局考虑到国际劳工组织的所有指导原则而确定的标准格式，或应采用本组织制定的任何标准格式。应使用本标准第十一款所要求的语言。海员应得到一份由船长或船长授权人员以及海员本人认可的其本人记录的副本。

十三、本标准第五款和第六款的规定不得妨碍成员国制订国家法律、法规或主管当局授权或登记集体协议的程序，但允许超出规定限制的例外情况。此类例外应尽可能遵循本标准的规定，但可考虑给予值班海员或在短途航行船舶上工作的海员更经常或更长时间的休假或准予补休。

十四、本标准的任何规定不得妨碍船长出于船舶、船上人员或货物的紧急安全需要，或出于帮助海上遇险的其他船舶或人员的目的而要求一名海员从事任何时间工作的权力。为此，船长可中止工作时间或休息时间安排，要求一名海员从事任何时间的必要工作，直至情况恢复正常。一旦情况恢复正常，船长应尽快地确保所有在计划安排的休息时间内从事工作的海员获得充足的休息时间。

导则 B2.3　工作时间或休息时间
导则 B2.3.1　未成年海员

一、在海上和港口，下述规定应适用于所有18岁以下的未成年海员：

（一）工作时间不能超过每日8小时、每周40小时，只有在出于安全原因无法避免的情况下才加班工作；

（二）各餐要留有充足的时间，并应保证在日间正餐有至少1个小时的休息时间；

（三）应允许每连续工作2小时后有15分钟的休息时间。

二、作为例外，以下情况不必适用本导则第一款的规定：

（一）如在甲板部、轮机部和膳食部的未成年海员被安排值班或按班组倒班制工作不可行；

（二）如未成年海员根据既定计划和安排的培训将会受影响。

三、上述例外应予记录并说明原因，且有船长签字。

四、本导则第一款对未成年海员不免除标准A2.3第十四款规定的关于所有海员在任何紧急情况时工作的一般义务。

规则 2.4　休假权利

目的：确保海员有充分的休假。

一、各成员国应要求悬挂其旗帜船舶所雇佣的海员在适当的条件下根据守则的规定享受带薪年休假。

二、应准许海员上岸休息以利海员的健康和福利并符合其职务的实际要求。

标准 A2.4　休假权利

一、各成员国应通过法律和法规，确定在悬挂其旗帜船舶上工作的海员的最低年休假标准，并充分考虑到海员对这类休假的特殊需要。

二、根据按海员特殊需要规定适当计算方法的任何集体协议或法律法规，带薪年休假的权利应以每服务一个月最低2.5个日历天为基础计算。服务期限的计算方法应由各国主管当局或通过适当的机制确定。合理的缺勤不应被视作年假。

三、除非属于主管当局规定的情况，否则禁止达成放弃享受本标准规定的最低带薪年休假的任何协议。

导则 B2.4　休假权利
导则 B2.4.1　假期权利的计算

一、根据各国由主管当局或通过适当机制确定的条件，合同之外的服务时间应计算为服务期的一部分。

二、根据由主管当局或适用的集体协议确定的条件，因参加获批的海事职业培训班或因患病、受伤或生育等原因造成的缺勤，应计算为服务期的一部分。

三、在年休假期间的报酬水平应为国家法律、法规或适用的海员就业协议中规定的海员正常报酬水平。对受雇期短于一年的海员，或在雇佣关系终止的情况下，休假权利应按比例计算。

四、下述情况不应计算为带薪年休假的一部分：

（一）船旗国认可的公共和传统假日，不论其是否发生在带薪年休假期间内；

（二）在由各国主管当局或通过适当的机制确定的条件下，因患病、受伤或生育而无法工作的期间；

（三）在履行就业协议期间准许海员的短期上岸休息；

（四）在由主管当局或通过各国适当的机制确定的条件下，任何类型的补休。

导则 B2.4.2 年休假的使用

一、除非由法规、集体协议、仲裁决定或其他符合国家惯例的方式确定，年休假的休假时间应由船东在与有关海员或其代表协商并尽可能达成一致后确定。

二、原则上海员应有权在与其具有实质性联系的地点休假，该地点通常与其有权获得遣返之地相同。除非海员就业协议或国家法律法规规定，未经海员同意，不得要求海员在另一地点休年休假。

三、如要求海员从本导则第二款所允许地点以外开始休年休假，他们应有权免费前往其受雇或被招募的地点，以离其家较近者为准；补助及其他直接相关费用应由船东承担；旅行所花费的时间不应从海员应享的带薪年休假中扣减。

四、只有在极端紧急情况下并征得海员同意后才能将休年休假的海员召回。

导则 B2.4.3 分段和累积休假

一、各国主管当局或通过适当的机制可批准将年休假分成几个部分，或将一年应享的此种年休假与后一段休假累积在一起。

二、除本导则第一款情形外，除非适用于船东和海员的协议另有规定，本导则所建议的带薪年休假应为一段连续的时间。

导则 B2.4.4 未成年海员

对于根据集体协议或海员就业协议在一艘前往国外的船上服务六个月或任何更短时间，并在该段时间内没有回到过其居住国，且在该航行之后三个月内也不会回去的18岁以下未成年海员，应考虑特别的措施。此种措施可以包括，将其免费送回到其居住国原来的受聘地，按其在航行期间获得的任何假期休假。

规则2.5 遣 返

目的：确保海员能够回家。

一、在守则所规定的情形和条件下，海员有权利得到遣返并无需承担费用。

二、各成员国应要求悬挂其旗帜的船舶提供财务保障以确保海员根据守则得以适时遣返。

标准A2.5 遣 返

一、各成员国应确保悬挂其旗帜船舶上的海员在以下情形有权得到遣返：

（一）如海员在国外时海员就业协议到期；

（二）如其海员就业协议：

1. 被船东终止；或

2. 被海员出于合理的理由终止；

（三）如果海员不再具备履行其就业协议中职责的能力或在具体情形下无法履行这些职责。

二、各成员国应确保在其法律、法规或其他措施中或在集体谈判协议中有适当的条款，规定：

（一）海员有权根据本标准第一款第（二）项和第（三）项得到遣返的情形；

（二）海员有权得到遣返前在船上服务的最长期间——这段时间应少于12个月；

（三）船东应同意给予的具体遣返权利，包括关于遣返的目的地、旅行方式、船东将负担的费用项目和其他安排。

三、成员国应禁止船东要求海员在开始受雇时预付遣返费用，禁止船东从海员工资或其他收益中扣除遣返费用，除非根据国家法律、法规或其他措施或适用的集体谈判协议，海员出现严重失职而被遣返。

四、国家法律和法规不得妨碍船东根据第三方合同安排收回遣返费用的任何权利。

五、如船东未能为有权得到遣返的海员安排遣返或负担其遣返费用：

（一）船舶悬挂其旗帜的成员国的主管当局应安排有关海员的遣返；如未能安排，海员遣返的起程国家或海员国籍国可安排遣返，并向船舶所悬旗帜成员国收回费用；

（二）船舶悬挂其旗帜的成员国应能够向船东收回遣返海员发生的费用；

（三）不论何种情况，均不得向海员收取遣返费用，本标准第三款规定的情况除外。

六、考虑到包括《1999年国际扣船公约》在内的适用国际文书，根据本守则支付遣返费用的成员国，可扣留或要求扣留有关船东的船舶，直至其按本标准第五款作出偿付。

七、各成员国应为停靠在其港口或通过其领水或内水的船舶上工作的海员的遣返和船上人员补聘提供便利。

八、特别是，成员国不得因船东财务状况或因船东不能或不愿替换海员而拒绝任何海员得到遣返的权利。

九、各成员国应要求悬挂其旗帜的船舶携带并向海员提供一份以适当语言书写的有关遣返的适用国家规定。

导则 B2.5　遣　返
导则 B2.5.1　应享权利

一、在以下情况，海员应享有得到遣返的权利：

（一）在标准 A2.5 第一款第（一）项所涵盖的情况下，当根据海员就业协议的规定作出的通知期结束时；

（二）在标准 A2.5 第一款第（二）项和第（三）项所涵盖的情况下：

1. 因患病、受伤或其他健康问题需要遣返且身体状况适于旅行；

2. 船舶失事；

3. 由于破产、变卖船舶、改变船舶登记或任何其他类似原因船东不能继续履行其作为海员雇佣者的法律或契约义务；

4. 船舶驶往国家法律、法规或海员就业协议所界定的战乱区域而海员不同意前往的情况；

5. 根据仲裁裁定或集体协议而终止或中断雇佣，或出于其他类似原因终止雇佣。

二、在根据本守则确定海员有权得到遣返须在船上服务的最长时间时，应考虑到影响海员工作环境的多种因素。凡可行时，各成员国应视技术的变化和发展减少这一时间，并可参考联合海事委员会就此事项提出的建议。

三、根据标准 A2.5，船东应承担的遣返费用至少包括以下项目：

（一）到达根据本导则第六款选定的遣返目的地的旅费；

（二）从海员离船时起至抵达遣返目的地时止的食宿费；

（三）如本国法律、法规或集体协议有规定，从海员离船时起至抵达遣返目的地时止的工资和津贴；

（四）将海员个人行李 30 公斤运至遣返目的地的运输费；

（五）必要时，提供医疗使海员身体状况适合前往遣返目的地的旅行。

四、等待遣返所用的时间和遣返旅行时间不应从海员积累的带薪年休假中扣减。

五、应要求船东继续承担遣返的费用，直到有关海员到达本守则所规定的目的地，或在前往这些目的地之一的船舶上为其提供了合适的就业。

六、成员国应要求船东负责通过适当和迅速的方式对遣返作出安排。通常的旅行方式应为乘坐飞机。成员国应规定海员可被遣返的目的地。目的地应包括可视为海员与之存在着实质性联系的国家，包括：

（一）海员同意接受雇佣时的地点；

（二）集体协议规定的地点；

（三）海员的居住国；或

（四）在聘用时双方可能同意的其他地点。

七、海员应有权从规定的目的地中选择其将被遣返的地点。

八、如有关海员在国家法律、法规或集体协议规定的合理时间内未提出遣返要求，其应享有的遣返权利可能失效。

导则B2.5.2 成员国实施

一、对被困于外国港口等候遣返海员应给予各种可能的实际援助。对于海员遣返受到延误的情况，外国港口的主管当局应立即视情通知船旗国和海员国籍国或居住国的领事或当地代表。

二、各成员国应关注是否作出妥善安排：

（一）在悬挂外国旗帜船舶上工作的海员，如因非个人原因在外国港口被置于岸上，应予送回到：

1. 海员受雇时的港口；或

2. 海员的国籍国或居住国（视情而定）的一个港口；或

3. 经主管当局批准或在其他适当保障措施下，海员和船长或船东之间同意的另一港口；

（二）医治和照料由于在船上服务期间非因其自身故意行为不当而患病、受伤，导致其在外国港口被置于岸上的受雇于悬挂外国旗帜船舶的海员。

三、首次出航国外的18岁以下未成年海员在船上服务至少四个月后，如显示出不适应海上生活，应给予其从设有船旗国或其国籍国或居住国领事馆的第一个合适的挂靠港口被免费遣返回国的机会。应向为该未成年海员签发准许其上船就业的有关当局报告任何此种遣返情况及其原因。

规则 2.6　船舶灭失或沉没时对海员的赔偿

目的：确保在船舶灭失或沉没时对海员进行赔偿。

海员有权因船舶灭失或沉没造成的伤害、损失或失业得到充分的赔偿。

标准 A2.6　船舶灭失或沉没时对海员的赔偿

一、各成员国应制订规章，确保在任何船舶灭失或沉没的各种情况下，船东应就这种灭失或沉没所造成的失业向船上每个海员支付赔偿。

二、本标准第一款所述的规则应不妨碍海员根据有关成员国船舶灭失或沉没造成损失或伤害的国家法律可能享有的其他权利。

导则 B2.6　船舶灭失或沉没时对海员的赔偿
导则 B2.6.1　失业赔偿的计算

一、对因船舶灭失或沉没造成失业所给予的赔偿，在海员事实失业期间，应以与就业协议中同样的工资率，按海员事实失业的天数予以支付，但向任何海员支付的赔偿总额可仅限于两个月的工资。

二、成员国应确保海员享有索取此种赔偿的法律救济，与其索取服务期间拖欠工资所享受的法律救济相同。

规则 2.7　配员水平

目的：为了船舶运营的安全、高效和安保，确保海员在人员充足的船上工作。

各成员国应要求悬挂其旗帜的所有船舶考虑到海员的疲劳以及航行的性质和条件，在船上配有充足人数的海员以确保船舶的安全、高效操作，并充分注意到在各种条件下的安保。

标准A2.7　配员水平

一、各成员国应要求悬挂其旗帜的所有船舶在船上配有充足的海员人数，确保船舶的安全和高效操作，并充分注意安保。各船舶均应根据主管当局签发的最低安全配员证书或等效文件，并满足本公约标准，从数量和资格角度配备充足的海员，在各种运行情况下确保船舶及人员的安全和安保。

二、在确定、批准或修改配员水平时，主管当局应考虑到需避免或最大限度减少过度超时工作，从而确保充分休息和限制疲劳，并考虑到适用的国际文书，特别是国际海事组织文书中关于配员的原则。

三、在确定配员水平时，主管当局应考虑到规则3.2和标准A3.2关于食品和膳食服务的所有要求。

导则B2.7　配员水平
导则B2.7.1　争议解决

一、各成员国应维持一种调查和解决任何有关船上配员水平申诉或争议的高效机制，或确认其得以维持。

二、无论有无其他人员或当局的参与，船东组织和海员组织的代表应参与此种机制的运作。

规则2.8　海员职业发展和技能开发及就业机会

目的：促进海员职业发展和技能开发及就业机会。

各成员国应制定促进海事部门就业的国家政策，鼓励在其领土内居住海员的职业发展和技能开发以及更多就业机会。

标准 A2.8　海员职业和技能开发及就业机会

一、为向海运业提供稳定和胜任的劳动力，各成员国应制定鼓励海员职业发展和技能开发及海员就业机会的国家政策。

二、本标准第一款所述政策目标应为帮助海员增强其能力、资格，并增加就业机会。

三、各成员国应在与有关的船东组织和海员组织协商后，为船上主要负责船舶安全操作和航行的海员确定职业指导、教育和培训的明确目标，包括继续培训。

导则 B2.8　海员职业发展和技能开发及就业机会
导则 B2.8.1　促进海员职业发展和技能开发及就业机会的措施

实现标准 A2.8 所列目标的措施可以包括：

（一）与船东或船东组织达成提供职业发展和技能培训的协议；或

（二）通过建立和维护合格海员分类登记册或名单的方式作出促进就业的安排；或

（三）增加海员在船上和岸上进一步培训和教育的机会，提供技能开发和发展海员自身能力，从而促进海员获得并保持体面工作，改善个人就业前景并适应海事行业技术和劳动市场状况的变化。

导则 B2.8.2　海员登记册

一、如采用登记册或名单来管理海员就业，这些登记册和名单应按国家法律或惯例或通过集体协议所确定的方式，包括海员的所有职业类别。

二、此种登记册或名单上的海员应优先受雇出海工作。

三、应要求此种登记册或名单上的海员随时准备按国家法律或惯例或通过集体协议确定的方式工作。

四、在国家法律或法规许可范围内，应定期审查海员登记册或名单上的海员人数，使之符合海事行业需要。

五、在此登记册或名单的总人数需要减少时，应考虑到相关国家的经济和社会状况，采取一切适当措施，防止或最大限度地减小对海员的不利影响。

标题3：起居舱室、娱乐设施、食品和膳食服务
规则3.1　起居舱室和娱乐设施

目的：确保海员在船上有体面的起居舱室和娱乐设施。

一、各成员国应确保悬挂其旗帜的船舶向工作和（或）生活在船上的海员提供并保持与促进海员的健康和福利一致的体面起居舱室和娱乐设施。

二、实施本规则的守则中与船舶建造和设备有关的要求仅适用于本公约对有关成员国生效之日或以后建造的船舶。对于该日之前建造的船舶，《1949年船员起居舱室公约（修订）》（第92号）和《1970年船员起居舱室（补充规定）公约》（第133号）中规定的关于船舶建造和设备的要求在该日之前应根据有关成员国的法律或实践继续在其适用的范围内适用。一艘船舶在其龙骨铺设之日或当其处于类似建造阶段应被视为已建造。

三、除非另有明文规定，守则修正案中与海员居住舱室和娱乐设施有关的任何要求应仅适用于修正案对有关成员国生效之日或以后建造的船舶。

标准A3.1　起居舱室和娱乐设施

一、各成员国应通过法律和法规要求悬挂其旗帜的船舶：

（一）满足最低标准，以确保在船上工作和（或）生活的海员的

任何居住舱室安全、体面并符合本标准的相关规定；

（二）经过检查，确保开始并持续符合这些标准。

二、在制订并适用法律和法规来实施本标准时，主管当局在与有关船东组织和海员组织协商后，应：

（一）根据船上生活和工作海员的具体需要，考虑规则 4.3 及相关守则中关于保护健康和安全及事故预防的规定；

（二）充分考虑本守则 B 部分所载指导。

三、在以下情形应进行规则 5.1.4 所要求的检查：

（一）在登记一艘船舶或重新登记一艘船舶时；或

（二）对船上海员起居舱室作了实质性改动时。

四、主管当局应特别注意确保实施本公约关于以下方面的要求：

（一）房间和其他起居舱室空间的尺寸；

（二）取暖和通风；

（三）噪音和振动及其他环境因素；

（四）卫生设施；

（五）照明；

（六）医务室。

五、各成员国主管当局应要求悬挂其旗帜的船舶满足本标准第六款至第十七款中规定的船上起居舱室和娱乐设施最低标准。

六、关于居住舱室的一般要求：

（一）海员所有起居舱室具有充足的净高；所有需要海员充分和自由移动的起居舱室的最低允许净高不得低于 203 厘米；主管当局可准许在任何起居舱室或舱室的一部分酌量降低上述高度，如果主管当局认为该降低：

1. 是合理的；

2. 不会给海员带来不适；

（二）起居舱室应予充分隔热；

（三）在经修订的《1974 年国际海上人命安全公约》(《SOLAS 公约》)第 2 (5) 和 (6) 条所定义客船以外的船舶上，卧室应位于船舶的中部或尾部的载重线以上，但在特殊情况下，因船舶大小、类型或其预期用途使卧室放在其他位置不可行，卧室可放在船舶首部，但无论如何不得放在防撞舱壁之前；

（四）在客船上以及在根据国际海事组织《1983年特殊用途船舶安全规则》及其后续版本而建造的特殊船舶（以下称特殊用途船舶）上，如对照明和通风状况作出满意安排，主管当局可准许将海员卧室放在载重线以下，但无论如何不得置于紧贴工作通道之下；

（五）卧室不得与货物和机器处所、厨房、仓库、烘干房或公共卫生区域直接相通；上述处所与卧室分开的舱壁部分和外部舱壁应使用钢材或其他经认可的材料有效地建造，并具备水密性和气密性；

（六）用于建造内部舱壁、天花板和衬板、地板和铺设的材料应适合于其自身功用并有益于保证健康环境；

（七）应提供适当的照明和充分的排水系统；

（八）起居舱室和娱乐设施及膳食服务设施应满足规则4.3以及守则的相关规定中关于保护健康和安全及事故预防的要求，充分考虑到防止海员暴露于达到有害水平的噪音、振动和其他环境因素以及船上化学品中的风险，并为海员提供一个可接受的职业和船上生活环境。

七、关于通风和供暖的要求：

（一）卧室和餐厅应通风良好；

（二）除常年在温带地区航行不需要空调的船舶以外，应为船舶的海员起居舱室、所有独立的无线电报务室和中央机器控制室配备空调设备；

（三）所有盥洗处所应有直接通向露天的通风装置，并独立于起居舱室的其他部分；

（四）除专门在热带气候中航行的船舶外，应通过适当的供暖系统提供充分的取暖。

八、就照明的要求而言，根据客船可能允许的特殊布置，卧室和餐厅应有合适的自然采光，并应配备足够的人工灯光。

九、如果要求船上有卧室，应适用以下关于卧室的要求：

（一）在除客船以外的船舶上，应为每一海员提供单独的卧室，对于低于3,000总吨的船舶或特殊用途船舶，主管当局在与有关船东组织和海员组织协商后可准予免除此要求；

（二）应为男海员和女海员提供分开的卧室；

（三）卧室应有足够的尺寸并配备适当的陈设，以保证合理的舒适度并便于保持整洁；

（四）在所有情况下都应为每个海员提供单独的床位；

（五）每个床位最小内部面积应至少为 198×80 厘米；

（六）在单床位的海员卧室，地板面积应不小于：

1. 在3,000总吨以下的船舶上，4.5平方米；

2. 在3,000总吨或以上但低于10,000总吨的船舶上，5.5平方米；

3. 在10,000总吨或以上的船舶上，7平方米；

（七）但是，为了在3,000总吨以下的船舶、客船和特殊用途船舶上提供单床位的卧室，主管当局可允许减少地板面积；

（八）对于客船和特殊用途船舶以外的3,000总吨以下的船舶，卧室最多可容许两名海员居住；此类卧室的地板面积应不小于7平方米；

（九）在客船和特殊用途船上，不担任高级船员职责的海员的卧室地板面积应不小于：

1. 双人间：7.5平方米；

2. 三人间：11.5平方米；

3. 四人间：14.5平方米；

（十）在特殊用途船舶上，卧室可容纳4人以上，此类卧室的地板面积不小于每人3.6平方米；

（十一）在客船和特殊用途船舶以外的船舶上，对于担任高级船员职责的海员的卧室，如果不提供专用起居室或休息室，地板面积每人应不小于：

1. 在3,000总吨以下的船舶上，7.5平方米；

2. 在3,000总吨或以上但低于10,000总吨的船舶上，8.5平方米；

3. 在10,000总吨或以上的船舶上，10平方米；

（十二）在客船和特殊用途船舶上，对担任高级船员职责的海员的卧室，如果不提供专用的起居室或休息室，每人所占的地板面积对于低级别的高级船员应不小于7.5平方米，对于高级别的高级船员应不小于8.5平方米；低级别的高级船员指操作级，高级别的高级船员指管理级；

（十三）除卧室外，船长、轮机长和大副还应有相连的起居室、休息室或等效的额外空间。主管当局经与有关船东组织和海员组织协商后，可对3,000总吨以下的船舶免除此要求；

（十四）对于每个居住者，家具应包括一个宽敞的衣柜（至少为475升）和空间不小于56升的抽屉或等效空间；如果抽屉设在衣柜里面，则衣柜的合计容积至少应为500升；柜内应设搁板，并能够由居住者上锁以确保隐私；

（十五）每间卧室应备有一张桌子或书桌，可以为固定式、折叠式或可滑动式，并按需要配备舒适的座位。

十、关于餐厅的要求：

（一）餐厅的位置应与卧室隔开，并应尽可能靠近厨房；主管当局在与有关的船东组织和海员组织协商后可对低于3,000总吨的船舶免除此要求；

（二）餐厅应足够大且舒适，并在考虑到任一时间可能用餐船员人数的基础上，配备适当的家具和设备（包括提供饮料全时便利设施）；在适当时应配备分开的或共用的餐厅设施。

十一、关于卫生设施的要求：

（一）船上的所有海员均应能够使用满足最低健康和卫生标准以及合理的舒适标准的卫生设施，为男海员和女海员应提供分开的卫生设施；

（二）在驾驶台和机器处所容易到达之处或靠近机舱控制中心处应设有卫生设施；主管当局在与有关的船东组织和海员组织协商后可对低于3,000总吨的船舶免除此要求；

（三）在所有船舶上，对于没有个人卫生设施的海员应在方便的位置为每6人或以下至少提供一个厕所、一个洗脸池和一个浴盆和（或）淋浴；

（四）除客船外，船上每个卧室均应配备带有流动冷热淡水的洗脸池，除非个人浴室配有洗脸池；

（五）对于航行时间通常在四小时以内的客船，主管当局可考虑作出特殊安排或减少所要求的卫生设施数目；

（六）所有盥洗场所均应有流动的冷热淡水。

十二、关于医务室的要求，航程时间超过三天、船上海员15人以上的船舶应设有独立的医务室，专供医疗使用。对从事沿岸航行的船舶，主管当局可放宽此项要求；在批准船上医务室时，主管当局应确保该设施在各种天气状况下都容易进出、为使用者提供舒服的居住条件并有助于其获得迅速和适当的照料。

十三、在合适位置安装配备齐全的洗衣设施。

十四、所有船舶应根据其大小和船上海员的人数，在露天甲板上安排一块或数块具有充足面积的场地，供不当班的海员休息。

十五、所有船舶应配备分开或共用的船舶办公室，供甲板部和轮机部使用；主管当局在与有关的船东组织和海员组织协商后可对低于3,000总吨的船舶免除此要求。

十六、如船舶经常停靠蚊虫猖獗的港口，应按主管当局的要求安装适当的设施。

十七、为了所有海员的利益，在船上应提供适合于满足必须在船上工作和生活海员特殊需求的海员娱乐设施、福利设施和服务，同时考虑到规则4.3和相关守则中关于保护健康和安全及事故预防的规定。

十八、主管当局应要求由船长或在船长授权下，在船上开展经常性的检查，以确保海员起居舱室干净、体面、适宜居住，并维护良好状态。每次此种检查结果均应记录并供审核。

十九、对于需要对拥有不同宗教信仰和社会习惯的海员的利益给予一视同仁考虑的船舶，主管当局经与有关船东组织和海员组织协商后，可以允许对本标准进行适当的变通，条件是这种变通不能导致总体设施劣于实施本标准的情况。

二十、各成员国考虑到船舶的尺度和船上人员的数量，经与有关船东组织和海员组织协商后，可以对200总吨以下的船舶免除本标准下述规定中的有关要求：

（一）第七款第（二）项、第十一款第（四）项和第十三款；

（二）第九款第（六）项和第（八）项至第（十二）项，仅涉及地板面积。

二十一、关于本标准要求作出的任何免除只有在标准明确准许，且只有在此种免除有充分明显理由的特定环境下，并应以保护海员的健康和安全为前提。

导则B3.1　起居舱室和娱乐设施
导则B3.1.1　设计和建造

一、卧室和餐厅的外部舱壁应适当隔热。如在毗邻起居舱室或过道处有可能产生发热影响，厨房和其他发热处所的所有机器外罩和所有界限舱壁应予充分隔热。还应采取措施防止蒸汽和（或）热水管道的发热影响。

二、卧室、餐厅、娱乐室和起居舱室内的通道应适当隔热，以防止蒸汽凝结或室温过高。

三、舱壁表面和舱室天花板的材料应为表面易于保持清洁的材料。不得使用容易隐藏害虫的构造方式。

四、卧室和餐厅的舱壁和天花板应易于保持清洁并应使用耐久、无毒的浅色涂料装饰。

五、所有海员起居舱室的甲板应为经认可的材料和构造，其表面应能防滑、防潮并易于保持清洁。

六、如地板用复合材料制成，其与侧面的搭接应该严密，避免留下缝隙。

导则B3.1.2　通　风

一、卧室和餐厅通风系统应受到控制，以使空气的状况令人满意，并确保空气在任何季节和任何天气和气候下都充分流通。

二、空调系统，无论其为中央空调还是单个空调，均应设计成：

（一）根据户外大气条件使室内空气保持适宜的温度和相对湿度，并保证在全部空调处所有充分的通风，并考虑海上作业的特点，避免产生过度的噪音或振动；

（二）便于清洁和灭菌，以防止或控制疾病的传播。

三、如海员在船上生活或工作且情况需要，本导则前述各款要求的空调和其他通风设施工作所需动力应随时可用。但是，此动力不必由应急电源提供。

导则 B3.1.3 供　暖

一、如海员在船上生活或工作且情况需要，海员起居舱室的供暖系统应始终开放。

二、在所有要求配备供暖系统的船上，可用热水、热气、电力、蒸汽或等效方式供暖。但是，在起居舱室区域，不应使用蒸汽作为传热媒介。在船舶航行中可能遇到的正常气候和天气状况时，供暖设备应能使海员起居舱室温度保持在适当水平；主管当局应对须达到的标准作出规定。

三、应设置取暖器和其他供暖装置。必要时，应安装保护罩以避免火灾或对居住者构成危险或带来不便。

导则 B3.1.4 照　明

一、应在所有船舶为海员起居舱室配备电灯。如没有两个独立的照明电源，应通过适当建造的灯具或照明装置提供应急使用的补充照明。

二、在卧室，应在每个铺位床头安装一个台灯。

三、自然和人工采光的适当标准应由主管当局确定。

导则B3.1.5　卧　室

一、船上应有充分的床位安排，使海员及可能与其同住者尽可能舒适。

二、在船舶的尺寸、其所从事的航行活动及其布置合理可行时，应为卧室规划并配备带有一个卫生间的单独浴室，为居住者提供合理的舒适性并便于保持整洁。

三、应尽可能在安排海员卧室时将值班人员分开，避免使日间工作的海员与值班人员同住一间。

四、对于担任见习高级船员职责的海员，每间卧室居住的人数不应超过二人。

五、凡可行时，应考虑将标准A3.1第九款第（十三）项中的设施待遇扩展到大管轮。

六、在丈量地板面积时，应包括床铺位和储物柜、抽屉柜和座位所占空间。不应包括那些不能有效增加自由移动的空间且不能用来放置家具的狭小的或形状不规则的空间。

七、不应使用超过两层的床铺；床位靠船侧摆放时，如床位上方有舷窗，只应设置单层床位。

八、如安置双层床，下床在地面上的高度不应小于30厘米；上床应大约位于下床床板与天花板甲板梁底部的中间位置。

九、床架及如有挡板应使用经认可的材料，质地坚硬而光滑，不易腐蚀或隐藏害虫。

十、如床架为管状材料，应将它们完全封闭，不留孔穴，以免害虫进入。

十一、每张床铺应配备带有缓冲底板的舒服床垫或包括弹簧底板或弹簧床绷在内的复合缓冲床垫。床垫和缓冲材料应采用经认可的材料。不得使用易隐藏害虫的充填材料。

十二、如使用双层床，上铺床垫下的弹簧床绷下方应垫上一层防灰尘的底板。

十三、家具应使用光滑、坚硬、不易变形和腐蚀的材料制作。

十四、卧室舷窗应装有窗帘或类似物。

十五、每间卧室应备有一面镜子、存放盥洗用具的小柜、一个书架和足够数量的衣服挂钩。

导则 B3.1.6 餐 厅

一、餐厅既可以共用也可以分开。关于此事项的决定应在与海员组织和船东组织协商并经主管当局批准后作出。应考虑到船舶的尺寸和海员不同的文化、宗教和社会需要等因素。

二、如向海员提供分开的餐厅设施，则分开餐厅应提供给：

（一）船长和高级船员；

（二）见习高级船员和其他海员。

三、在客船以外的船舶上，海员餐厅的地板面积应按计划容纳人数不小于每人1.5平方米。

四、所有船舶的餐厅应配备固定式或移动式的餐桌和适当的座位，足以满足在任一时间可能使用的最大数量的海员。

五、当海员在船上时，应随时提供：

（一）一台冰箱，位置方便，且容量足够在该餐厅就餐的人使用；

（二）制作热饮料的设备；

（三）冷水设备。

六、如可用的餐具室不与餐厅直接相通，应提供充足的餐具柜和洗涤餐具的适当设备。

七、桌面和椅面应为防潮材料。

导则 B3.1.7 卫生设施

一、洗脸池和浴缸应具备适当的尺寸，用表面光滑，不易开裂、剥落或腐蚀的经认可材料制成。

二、所有厕所均应为经认可的样式，有足够的冲水力或其他一些适合的冲洗方式，例如空气，随时可用且能够独立控制。

三、一人以上使用的卫生设施应符合以下要求：

（一）地板应为经认可的耐久材料，防潮，并应能够有效排水；

（二）隔板应选用钢材或其他经认可的材料，防水部分至少在甲板以上23厘米；

（三）室内应有充分的照明、供暖和通风；

（四）厕所应位于卧室和盥洗室方便到达之处，但又要与之隔开，厕所门不应正对卧室或卧室与厕所之间的唯一通道；但如果厕所位于总居住人数不到四人的两间卧室之间，则可不执行后一项规定；

（五）如同一舱室有一个以上厕所，应予充分遮挡，确保隐私。

四、供海员使用的洗衣设施应包括：

（一）洗衣机；

（二）烘干机或具有足够加热和通风的烘干室；

（三）熨斗和熨衣板或其等效物品。

导则B3.1.8 医务室

一、医务室的设计应便于会诊和进行医疗急救，并有助于防止传染性疾病传播。

二、入口、床位、照明、通风、取暖及供水设计安排，应以保证病人的舒适和便于治疗为目的。

三、所需病床的数量应由主管当局规定。

四、应为医务室使用者提供专用卫生间，既可作为医务室的一部分也可就近设置。此类卫生间至少应包括一个厕所、一个洗脸池和一个浴盆或淋浴。

导则B3.1.9 其他设施

如果为轮机部人员提供单独的更衣室，这些更衣室应：

（一）设在机器房之外但易于进入机器房的位置；

（二）配备个人衣柜以及有流动冷热淡水的浴盆和（或）淋浴和洗脸池。

导则 B3.1.10 床具、餐具和杂项规定

各成员国应考虑适用以下原则：

（一）船东应向在船上工作的全体海员提供洁净的床具和餐具供在船上服务期间使用；当海员完成在该船上的服务时，应有责任按照船长规定的时间归还上述用品；

（二）床具应质量好，盘子、杯子和其他餐具应用经许可的材料制成，便于清洗；

（三）船东应向全体海员提供毛巾、肥皂和卫生纸。

导则 B3.1.11 娱乐设施、邮件和上船探访安排

一、应经常评估娱乐设施和服务，保证其适应海运业技术、操作和其他方面发展对海员需求所带来的变化。

二、娱乐设施的配备应至少包括一个书架和供阅读、书写的设施，以及如实际可行时，游戏设施。

三、在涉及娱乐设施规划时，主管当局应考虑设立一个小卖部。

四、在实际可行时，还应考虑包括以下向海员免费的设施：

（一）一个吸烟室；

（二）观看电视和收听广播；

（三）放映电影，存片应足够航程期间使用，必要时，每隔适当时间予以更换；

（四）运动器械，包括锻炼器械、台式运动和甲板运动器械；

（五）如可能，提供游泳设施；

（六）藏有业务书籍和其他书籍的图书馆，其藏书量应够航程期间使用，并每隔适当时间予以更换；

（七）娱乐性手工制作设施；

（八）电子设备，如收音机、电视机、录像机、DVD/CD播放机、个人电脑和软件以及磁带录音机；

（九）凡适宜，只要不违反国家、宗教或社会习俗，在船上为海员提供酒吧；

（十）凡可能，提供合理的船对岸电话通信、电子邮件和互联网设施，如有这些设施，使用这些服务设施的收费额应合理。

五、应尽力保证尽可能稳妥迅速投递海员邮件。还应努力避免使海员在不得不转寄邮件时额外加付邮资。

六、在国家和国际法律或法规允许情况下，如可能且合理，应考虑采取措施保证船舶在港口停留期间，从速批准海员的伴侣、亲属和朋友登船探视。此种措施应符合任何有关安保审查的要求。

七、应考虑在合理可行的情况下，可以允许海员的伴侣偶尔陪伴其航海。此类伴侣应携有充分的事故和疾病保险；船东应为海员获得这种保险给予一切帮助。

导则B3.1.12 防止噪音和振动

一、居住和娱乐及膳食服务设施的位置应尽可能远离主机、舵机室、甲板绞盘、通风设备、取暖设备和空调设备以及其他有噪音的机器和装置。

二、发出声音处所内的舱壁、天花板和甲板应使用隔音材料和其他适当的吸音材料制造和装修，并应为机器处所安装隔音自动关闭门。

三、凡可行，应在机舱和其他机器处所为机舱人员设立隔音的中心控制室。工作场所，例如机修间，应尽实际可能隔离普通机舱的噪音，并应采取措施减少机器运转时产生的噪音。

四、工作和生活场所的噪音水平限制，应符合国际劳工组织关于暴露水平的国际导则，包括国际劳工组织2001年标题为《工作场所环境因素》的行为守则，及在适宜时，国际海事组织建议的具体保护，以及任何关于船上可接受噪音水平的修正和补充文件。适用文件的英文或船上工作语言的副本应随船携带并供海员随时使用。

五、居住舱室、娱乐及膳食服务设施均不得暴露于过度振动中。

规则 3.2　食品和膳食服务

目的：确保海员获得根据规范卫生条件提供的优质食品和饮用水。

一、各成员国应确保悬挂其旗帜的船舶随船携带和供应充分满足船舶需求并同时考虑到不同的文化和宗教背景要求的质量、营养价值和数量均合适的食品和饮用水。

二、应为船上受雇期间的海员免费提供食物。

三、作为负责食品准备的船上厨师受雇的海员必须经过拟任岗位培训并取得资格。

标准 A3.2　食品和膳食服务

一、各成员国应通过法律和法规或其他措施，为悬挂其旗帜的船舶供应给海员的食品和饮用水的数量和质量及适用于各餐的膳食标准规定最低标准，并应开展教育活动促进对该标准的认识和实施。

二、各成员国应确保悬挂其旗帜的船舶满足以下最低标准：

（一）考虑到船上海员人数、与食物相关的宗教要求和文化习惯，以及航行时间和性质，供应数量、营养价值、质量和品种方面均为适当的食品和饮用水；

（二）组织、装备膳食服务部门，以便在良好卫生条件下为海员准备和提供充足、多样和营养的餐食；

（三）膳食服务人员应接受过职责需要的适当培训和指导。

三、船东应确保以船上厨师身份受雇的海员必须按有关成员国法律和法规所规定的要求接受过培训、合格并胜任其职位。

四、本标准第三款中的要求应包括完成主管当局批准或认可的培训课程，包括实用厨艺、食品和个人卫生、食品储存、备料管理和环境保护以及膳食健康和安全。

五、在按照船舶营运规定配员少于十人的船上，因船员数目或航行特点，主管当局可不要求配备完全具备正式资格的厨师。厨房加工食品的任何人员应在食品和个人卫生以及船上处理和储存食品方面受过培训或指导。

六、在特别必要的情况下，主管当局可签发特免证明，允许不具备正式资格的厨师在规定的有限时间内，为某一特定船舶服务，直到下一个方便挂靠港或不超过一个月时间，条件是获发特免证明的人员在包括食品和个人卫生以及船上处理和储存食品方面受到过培训或指导。

七、根据标题5中的持续符合程序，主管当局应要求由船长或经船长授权，在船舶上对以下方面开展有记录的经常性检查：

（一）食品和饮用水供应；

（二）用于储存和处理食物、饮用水的所有场所和设备；

（三）用于准备和供应餐食的厨房或其他设备。

八、不得雇佣或聘用18岁以下海员担任船上厨师工作。

导则B3.2　食品和膳食服务
导则B3.2.1　检查、教育、研究和出版

一、主管当局应与其他相关机构和组织合作，收集有关食品营养和食品购买、储存、保存、烹调和服务方法方面的最新信息，并特别注意船上膳食服务的要求。此类信息应免费或以合理价格提供给供应船用食品或设备的专门生产厂家和经销商、船长、管事和厨师以及有关船东组织和海员组织。为此目的，应利用诸如手册、小册子、招贴画、图表或在专业期刊登载广告等适当宣传手段。

二、主管当局应发布建议，避免食物浪费，促进保持良好卫生标准，并确保工作安排中最大程度的实际方便。

三、主管当局应与有关组织和机构合作，开发有关保证适当食品供应和膳食服务方法的教材和船上信息。

四、主管当局应与涉及食品和健康问题的有关船东组织和海员组织以及有关国家和地方当局密切合作，并在必要时，可使用这些机构的服务。

导则 B3.2.2 船上厨师

一、海员应只有满足以下条件才有资格成为船上厨师：

（一）在海上服务的时间达到主管当局确定的最低期限，此期限可考虑现有相关资格和经验有所变化；

（二）通过主管当局规定的考试或通过经认可的厨师培训课程的同等考试。

二、可直接由主管当局或在其监督下由经认可的烹饪学校进行规定的考试并颁发证书。

三、主管当局应规定，在适宜时，承认由批准本公约或《1946年船上厨师证书公约》（第69号）的其他成员国或其他认可机构签发的船上厨师资格证书。

标题4：健康保护、医疗、福利和社会保障保护
规则4.1　船上和岸上医疗

目的：保护海员健康并确保其迅速得到船上和岸上医疗。

一、各成员国应确保悬挂其旗帜船舶上所有海员均被保护其健康的充分措施所覆盖，在船上工作期间能够得到迅速和适当的医疗。

二、本规则第一款规定的保护和医疗原则上不由海员支付费用。

三、各成员国应确保在其领土内船舶上需要紧急医疗的海员能够使用成员国岸上医疗设施。

四、守则中规定的船上健康保护和医疗要求包括旨在向海员提供尽可能相当于岸上工人能够得到的健康保护和医疗的措施标准。

标准A4.1 船上和岸上医疗

一、各成员国应确保采取措施向在悬挂其旗帜船舶上工作的海员提供健康保护和医疗，包括必需的牙科治疗，这些措施应：

（一）保证将任何与海员职责相关的关于职业健康保护和医疗的一般规定以及专门针对船上工作的特殊规定适用于海员；

（二）保证向海员提供尽可能相当于岸上工人一般能够得到的健康保护和医疗，包括迅速使用诊断和治疗所必需的药品、医疗设备和设施，以及获取医疗信息和利用医疗专业技能；

（三）凡可行，在停靠港不延误地给予海员看合格医生或牙医的权利；

（四）在与成员国国家法律和惯例一致限度内，保证向船上海员或在外国港口下船海员免费提供健康保护和医疗；

（五）并且不局限于患病或受伤海员的治疗，同时还应包括预防性措施，如促进健康和保健教育计划。

二、主管当局应制订一个标准海员医疗报告表格，供船长和相关岸上和船上医疗人员使用。填好后表格及其内容应予保密，且只应用于方便海员治疗。

三、各成员国应通过法律和法规对悬挂其旗帜的船舶规定船上医务室及医疗设施和设备以及培训的要求。

四、国家法律和法规应最低限度规定以下要求：

（一）所有船舶均应携带医药箱、医疗设备和医疗指南，具体内容由主管当局规定并受到主管当局定期检查；国家要求应考虑到船舶类型、船上人员数量及航行性质、目的地和航程以及相关国家和国际建议的医疗标准；

（二）载员100人或以上，通常从事三天以上国际航行的船舶应配备一名医生负责提供医疗；国家法律或法规还应考虑到诸如航行时间、性质和条件以及船上海员人数等因素，规定哪些其他船舶也应要求配备一名医生；

（三）未配备医生的船舶，应要求船上至少有一名海员的一部分正式职责是负责医疗和管理药品，或者船上至少有一名海员胜任提供医疗急救；非专职医生负责船上医疗人员应完成符合经修正的《1978年海员培训、发证和值班标准国际公约》（《STCW公约》）要求的合格培训；被指定提供医疗急救的海员应完成符合《STCW公约》要求的医疗急救合格培训；国家法律或法规应规定所要求的培训水平，并特别考虑到诸如航行时间、性质和条件以及船上海员人数等因素；

（四）主管当局应通过一个预先安排机制，保证海上船舶每天24小时能得到无线电台或卫星通信提供的医疗指导，包括专家指导；医疗指导，包括船舶与岸上提供医疗咨询机构通过无线电台或卫星通信进行的医疗信息沟通，应由所有船舶（无论悬挂何国旗帜）免费使用。

导则B4.1 船上和岸上医疗
导则B4.1.1 医疗提供

一、在确定不要求配备医生船舶上提供的医疗培训水平时，主管当局应要求：

（一）通常能够在8小时内获得合格医疗和医疗设施的船舶应至少有一名指定的海员接受过《STCW公约》所要求的经认可的医疗急救培训，使其能对船上可能发生事故或出现疾病立即采取有效行动和使用无线电台或卫星通信获得医疗建议；

（二）所有其他船舶应至少有一名指定的海员接受过《STCW公约》所要求的经认可的培训，包括实际训练以及诸如静脉治疗这类抢救技能的培训。这些培训能使相关人员有效参与海上船舶医疗救助协调计划，并能向可能继续留在船上的病员或伤员提供符合标准的医疗。

二、本导则第一款所述培训应以下文件最新版本内容为基础：《国际船舶医疗指南》、《用于涉及危险品事故的医疗急救指南》、《指导文件——国际海事培训指南》，以及《国际信号规则》的医疗部分及类似的国家指南。

三、本导则第一款所述人员和主管当局可能要求的其他海员，应每隔五年左右参加进修课程，以保持和提高其知识与技能，适应新的发展。

四、船上医药箱及其箱内药品以及医疗设备和医疗指南应由主管当局指定负责人员妥善维护，并每隔不超过12个月进行定期检查。这些人员应确保核对全部药品的标签、失效日期和存放条件及其用法用量，并确保所有设备功能合乎要求。在通过或审定国内使用的船舶医疗指南以及在确定医药箱内的药品和医疗设备时，主管当局应考虑此领域的国际建议，包括最新版本的《国际船舶医疗指南》和本导则第二款所述的其他指南。

五、如属未列入最新版本的《用于涉及危险品事故的医疗急救指南》的危险品货物，应向海员提供关于该物品的性质、存在的风险、必要的个人保护装置、相关的医疗程序和专用解毒剂方面的必要信息。凡船舶载运危险品时，船上应备有此类专用解毒剂和个人保护装置。此信息应纳入规则4.3和相关守则规定所述的船舶职业安全和健康的政策和计划中。

六、所有船舶均应携有一份能获得医疗指导的最新的完整的无线电台清单；并且，如装备了卫星通信系统，还应携有一份能获得医疗指导的岸上地面站的完整最新的清单。应指导负责船上医疗或医疗急救的海员使用船舶医疗指南以及最新版《国际信号规则》的医疗部分，使他们理解指导医生所需的信息类型及其所收到的指导建议。

导则 B4.1.2　医疗报告表格

本守则A部分要求的标准海员医疗报告表格应设计为便于海员生病或受伤时在船舶与岸上之间交换有关医疗及相关信息。

导则 B4.1.3 岸上医疗

一、用于海员治疗的岸上医疗设施应充分符合其目的。医生、牙医和其他医务人员应具备合适的资格。

二、应采取措施确保海员在港口时能够：

（一）在生病或受伤时得到门诊治疗；

（二）在必要时住院治疗；

（三）特别是在紧急情况下得到牙病治疗的便利。

三、应采取适当措施便利生病海员的治疗。特别是，应不论国籍和宗教信仰，毫无困难地立即接受海员进入岸上诊室和医院，并凡可能，应安排补充海员可用的医疗设施，保证必要的连续治疗。

导则 B4.1.4 对其他船舶的医疗援助和国际合作

一、各成员国应充分考虑参与健康保护和医疗领域援助、项目和研究的国际合作。此类合作可包括：

（一）按照经修订的《1979年国际海上搜寻救助公约》和《国际航空和海上搜寻救助手册》（IAMSAR），发展和协调搜寻和救助力量，并通过定期船位报告制度、救助协调中心和应急直升飞机服务等手段，迅速安排船上重病员或重伤员的海上治疗协助和撤离；

（二）充分利用载有医生的所有船舶，并向海上派驻能够提供医院和救助设施的船舶；

（三）汇编和保有一份世界范围内的医生和医疗设施国际名录，以向海员提供应急医疗；

（四）安排海员上岸进行紧急治疗；

（五）根据负责医生的医疗建议并考虑海员本人的愿望和需要，尽可能迅速地将在国外住院的海员遣返回国；

（六）根据负责医生的医疗建议并考虑海员本人的愿望和需要，在遣返期间为海员提供个人帮助；

（七）努力建立海员健康中心，以便：

1. 对海员的健康状况、医疗和预防性保健问题开展研究；

2. 培训从事海事医学的医疗和健康服务人员；

（八）搜集和评估有关海员职业事故、疾病和伤亡的统计数据，将其纳入国家现行涵盖其他各类工人职业事故和疾病的统计系统中并与之协调；

（九）组织技术信息、培训材料和人员的国际交流，以及组织国际培训课程、研讨会和工作组；

（十）在港口向所有海员提供专门的治疗和预防性健康和医疗服务，或使他们能够获得一般性的保健、医疗和康复服务；

（十一）根据已故海员最近亲属的意愿，视情况尽早安排将已故海员的遗体或骨灰运回。

二、海员健康保护和医疗领域的国际合作应以成员国间的双边或多边协议或协商为基础。

导则 B4.1.5　海员的受扶养人

如不存在适用范围总体上包括工人及其受扶养人的医疗服务，在建立此种服务之前，各成员国应采取措施保障海员在其领土内居住的受扶养人得到妥善和充分的医疗，并应将为此目的采取的措施通报国际劳工局。

规则 4.2　船东的责任

目的：确保在因就业而产生的疾病、伤害或死亡所造成的经济后果方面对海员予以保护。

一、对于海员根据就业协议或在此种协议下就业因疾病、伤害或死亡产生经济影响时，各成员国应根据守则确保悬挂其旗帜的船舶上采取措施，使在船上就业的海员有权从船东处获得物质援助和支持。

二、本规则不影响海员可能寻求的任何其他法律救济。

标准A4.2　船东的责任

一、各成员国应制定法律和法规，要求悬挂其旗帜船舶的船东根据以下最低标准，对船上工作的所有海员的健康保护和医疗负责：

（一）对于在其船上工作的海员，从其开始履职之日起到被视为妥善遣返之日期间所发生的，或因这一期间内就业而产生的疾病和伤害，应由船东负责承担费用；

（二）船东应提供财务担保，保证对海员因工伤、疾病或危害造成的死亡或长期残疾提供国家法律、海员就业协议或集体协议所确定的赔偿；

（三）船东应有责任支付医疗费用，包括治疗及提供必要的药品和治疗设备以及在外的膳宿，直到患病或受伤的海员康复，或被宣布为永久性疾病或机能丧失的；

（四）如受雇期间海员在船上或岸上死亡，船东应负责支付丧葬费用。

二、国家法律或法规可把船东支付医疗和膳宿费用的责任限制在自受伤或患病之日起不少于16周的期间内。

三、如疾病或伤害造成工作能力丧失，船东应负责：

（一）当患病或受伤海员仍留在船上，或在海员根据本公约被遣返以前，向其支付全额工资；

（二）自海员被遣返或到达岸上之时起至身体康复，或如早于康复则至有权根据成员国的法律获得现金津贴之时，按照国内法律或法规的规定或集体协议的约定，支付全部或部分工资。

四、国家法律或法规可将船东向一名离船海员支付全部或部分工资的责任限制在自患病或受伤之日起不少于16周的期间内。

五、国家法律或法规可在以下情况下排除船东的责任：

（一）在船舶服务之外发生的伤害；

（二）伤害或疾病是由患病、受伤或死亡海员的故意不当行为所致；

（三）在接受雇佣时故意隐瞒的疾病或病症。

六、国家法律或法规可免除船东支付船上医疗费用及膳宿和丧葬费用的责任，由公共当局承担此类责任。

七、船东或其代表应采取措施，保护患病、受伤或死亡海员留在船上的财物，并归还给海员或其最近亲属。

导则 B4.2　船东的责任

一、标准 A4.2 第三款第（一）项所要求的支付全额工资可不包括奖金。

二、国家法律或法规可规定：自患病或受伤海员能够根据强制疾病保险计划、强制事故保险计划或工人事故赔偿计划获取医疗津贴之日起，船东停止承担对其支付费用的责任。

三、如有关社会保险和工人赔偿的法律或法规规定可向死亡海员支付丧葬津贴，国家法律或法规可规定由保险机构偿付船东已支付的丧葬费用。

规则 4.3　健康和安全保护及事故预防

目的：确保海员的船上工作环境有利于职业安全和健康。

一、各成员国应确保悬挂其旗帜船舶上的海员得到职业健康保护，并在安全和卫生的环境下在船上生活、工作和培训。

二、经与船东和海员的代表性组织协商，并考虑到国际组织、国家管理机关和海事行业组织所建议的适用守则、导则和标准，各成员国应为悬挂其旗帜的船舶制订和颁布职业安全和健康管理的国家导则。

三、各成员国应考虑到相关的国际文书，制定国家法律和法规及其他措施处理守则中规定的事项，并为悬挂其旗帜的船舶规定职业安全和健康保护及事故预防的标准。

标准 A4.3　健康和安全保护及事故预防

一、根据规则 4.3 第三款制定的法律和法规或其他措施应包括以下主题：

（一）在悬挂其旗帜的船舶上制定、有效实施和促进职业安全和健康政策和计划，包括风险评估及培训和海员指导；

（二）合理的预防措施，防止船上的职业事故及伤害和疾病，包括减少和防止接触达到有害水平的环境因素和化学品的风险，以及由于使用船上设备和机械而可能引起伤害和疾病的风险；

（三）船上预防职业事故、伤害和疾病并确保不断改进职业安全和健康保护的计划，让海员代表和所有其他相关人员参与实施，并应考虑预防性的措施，包括工程和设计控制、对集合或独立的任务采取替代工序或程序以及使用个人保护设备；

（四）有关检查、报告和纠正不安全状况的要求，及有关调查和报告船上安全事故的要求。

二、本标准第一款所述规定应：

（一）考虑到涉及一般性和特殊性风险职业安全和健康保护的相关国际文书，并应涉及所有可能适用于海员工作，特别是海上就业所特有的职业事故、伤害和疾病预防事项；

（二）明确规定船东、海员和其他有关人员遵守适用的标准和船上职业安全和健康政策和计划的义务并特别注意 18 岁以下海员的安全和健康；

（三）规定船长或船长指定人员或二者共有的职责，以承担执行并遵守船舶职业安全和健康政策和计划的具体责任；

（四）规定船上被任命或被选举为安全代表的船上海员参与船舶安全委员会会议的权力。拥有五名或以上海员的船上应成立此类委员会。

三、规则 4.3 第三款中所述的法律和法规及其他措施，各成员国应与船东组织和海员组织的代表协商予以定期审查，并在必要时加以修订，以便考虑技术和研究的变化，从而促进职业安全和健康政策和计划的不断改善，并为悬挂其旗帜船舶上的海员提供安全的职业环境。

四、符合适用的国际文书中关于接触船上工作场所中可接受的危害水平及关于制订和实施船上职业安全和健康政策和计划的要求，应被视为符合本公约的要求。

五、主管当局应确保：

（一）考虑到国际劳工组织关于报告和记录职业事故和疾病的指导，充分报告职业事故、伤害和疾病；

（二）保留、分析和公布此类事故和疾病的全面统计数据，并在适宜时，对总体趋势和所确定的危害进行跟踪研究；

（三）对职业事故开展调查。

六、职业安全和健康事项的报告和调查安排应确保保护海员的个人资料，并应考虑国际劳工组织关于此事项提供的指南。

七、主管当局应与船东组织和海员组织合作，采取措施使所有海员注意有关船上特殊危险的信息，例如张贴包含相关指导的正式通知。

八、主管当局应要求船东利用来自其船舶的统计数据和主管当局提供的一般性统计数据开展职业安全和健康管理的风险评估。

导则B4.3 健康和安全保护及事故预防
导则B4.3.1 关于职业事故、伤害和疾病的规定

一、标准A4.3中的规定应考虑到国际劳工组织《1996年海上和港口防止船上事故》的行为守则及其后续版本，以及关于职业安全和健康保护国际劳工组织其他相关及其他国际标准、指南和行为守则，包括其中可能确定的任何接触水平。

二、主管当局应确保关于职业安全和健康管理的国家指南应特别涉及以下事项：

（一）一般和基本规定；

（二）船舶结构特征，包括出入方式和与石棉有关的风险；

（三）机器；

（四）海员可能会接触到的任何超高温或超低温表面的影响；

（五）工作场所和船上起居舱室中的噪音影响；

（六）工作场所和船上起居舱室中的振动影响；

（七）工作场所和船上起居舱室内除第（五）项和第（六）项中所述之外的环境因素的影响，包括吸烟的影响；

（八）甲板上面和下面的特别安全措施；

（九）装卸设备；

（十）防火和灭火；

（十一）锚、锚链和绳索；

（十二）危险货物和压载；

（十三）海员个人保护设备；

（十四）在封闭处所工作；

（十五）疲劳对身心的影响；

（十六）毒品和酒精依赖的影响；

（十七）防护和预防艾滋病毒/艾滋病；

（十八）应急和事故反应。

三、本导则第二款所述项目的风险评估和减少危险的措施应考虑到：身体方面的职业健康影响，包括人工装卸货物、噪音和振动；化学和生物方面的职业健康影响；心理方面的职业健康影响；疲劳对身心健康的影响以及职业事故。必要的措施应充分考虑预防性原则。根据这一原则，除其他事项外，从源头治理风险，使工作适合于个人，特别是关于工作场所的设计，应先于考虑海员的个人保护设备之前，优先考虑使用无危险或危险性小的设计取代危险的设计。

四、此外，主管当局应确保考虑到健康和安全的影响，特别是下列领域：

（一）应急和事故反应；

（二）毒品和酒精依赖的影响；

（三）防护和预防艾滋病毒/艾滋病。

导则 B4.3.2 接触噪音

一、主管当局应与相关国际机构及船东组织和海员组织的代表一起，不断评估船上的噪音问题，旨在实际可行地改进海员保护，使其免遭噪音的不利影响。

二、本导则第一款所述评估应考虑到接触过度噪音对海员听觉、健康和舒适感所产生的不利影响，以及为减少船上噪音、保护海员需规定或建议的措施。需要考虑的措施应包括以下内容：

（一）向海员讲解长时间接触高分贝噪音可能对听觉和健康造成的危害，以及噪音防护装置和器材的妥善使用；

（二）凡必要时向海员提供经认可的听力保护设备；

（三）进行风险分析，并减少所有居住舱室及娱乐和膳食设施以及机舱和其他机器处所的噪音水平。

导则 B4.3.3 接触振动

一、主管当局应与相关的国际机构及船东组织和海员组织的代表一起，并适当考虑到相关国际标准，不断评估船上的振动问题，旨在实际可行地改进海员保护，使其免受振动的不利影响。

二、本导则第一款所述的审议应包括接触过度振动对海员健康和舒适感的影响，以及为减少船上振动、保护海员需规定或建议的措施。需要考虑的措施应包括以下内容：

（一）向海员讲解长时间接触振动对其健康的危害；

（二）凡必要时，向海员提供经认可的个人保护设备；

（三）进行风险分析，并根据国际劳工组织2001年《工作场所环境因素》的行为守则及其任何后续修订本采取措施，减少所有居住舱室及娱乐和膳食设施内的振动，并考虑在此类场所接触振动与在工作场所接触振动之间的区别。

导则 B4.3.4 船东的责任

一、任何关于船东须提供防护设备或其他事故预防的保障措施的义务，一般都应有配套规定，要求海员使用此类设备和要求海员遵守有关事故预防和健康保护措施。

二、还应考虑《1963年机器防护公约》（第119号）第七条和第十一条以及《1963年机器防护建议书》（第118号）的相应规定。根据这些规定，雇主有责任确保遵守对所用机器进行适当防护、防止使用无保护装置机器的要求；而工人则有义务不使用未安保护装置的机器，也不得损坏这些保护装置。

导则 B4.3.5 报告和统计数据收集

一、一切职业事故以及职业伤害和疾病均应报告，以使能够开展调查以及保有、分析和公布完整的统计数据，并应考虑保护有关海员的个人数据。报告不应局限于伤亡或涉及到船舶的事故。

二、本导则第一款中所述的统计数据应包括职业事故及职业伤害和疾病的次数、性质、原因和影响，并如可行，应明确指出事故发生在船上的岗位、事故的类型以及发生在海上或港口。

三、各成员国应充分考虑到国际劳工组织可能业已确立的任何记录海员事故的国际制度或模式。

导则 B4.3.6 调 查

一、主管当局应对所有造成人命损失或严重个人伤害的职业事故及职业伤害和疾病的原因和情况，以及国家法律或法规可能规定的其他情形进行调查。

二、应考虑将以下内容列入调查项目：

（一）工作环境，如作业场地、机器布置、出入通道、照明和工作方法；

（二）不同年龄组发生职业事故及职业伤害和疾病的事件；

（三）船上环境产生的特殊生理或心理问题；

（四）船上的生理压力所产生的问题，特别是工作量增加引起的生理压力；

（五）技术进步带来的问题和后果及其对船员造成的影响；

（六）任何人为失误产生的问题。

导则 B4.3.7　国家保护和预防计划

一、为促进职业安全和健康保护，防止海上就业特有危害所引发的事故、伤害和疾病，采取各项措施打下坚实基础，应对统计结果揭示的总趋势以及各种危害进行研究。

二、在组织实施促进职业安全和健康保护的保护和预防计划时，应发挥主管当局、船东和海员或其代表及其他相关部门的积极作用，包括采用诸如信息通报会、关于潜在危害工作场所环境因素和其他危害最高接触水平的船上指南，或系统性风险评估结果等方式。特别是应成立由有关船东组织和海员组织代表参加的，全国性或地方性职业安全和健康保护及预防事故联合委员会或特设工作组和船上委员会。

三、如在公司层面上开展此类活动，应考虑在该船东船舶上的任何安全委员会中都有海员代表参加。

导则 B4.3.8　保护和预防计划的内容

一、导则 B4.3.7 第二款中所述委员会和其他机构职能中应考虑包括以下内容：

（一）制订职业安全和健康管理系统和预防事故发生规定、规章和手册的国家导则和政策；

（二）组织职业安全和健康保护及预防事故的培训和计划；

（三）通过电影、宣传画、通知和小册子等形式，组织对职业安全和健康保护及预防事故进行宣传；

（四）散发有关职业安全和健康保护及防止事故的材料和信息，以便船上工作海员获取。

二、负责起草有关职业安全和健康保护及预防事故措施或建议的人员，应考虑到国内有关当局或组织或国际组织所通过的有关规定或建议。

三、在制定关于职业安全和健康保护及预防事故的计划时，各成员国应充分考虑到国际劳工组织可能业已出版的关于海员安全和健康的任何实用守则。

导则 B4.3.9 职业安全和健康保护及预防职业事故的指导

一、应根据船舶及其设备类型和大小的发展，以及在配员实践、国籍、语言和船上工作组织等方面发生的变化，定期审议标准 A4.3 第一款第（一）项中所述的培训大纲，加以更新。

二、应持续不断地对有关职业安全和健康保护及预防事故进行宣传。宣传可采取如下形式：

（一）在海员职业培训中心或如可能时在船上放映诸如电影等教育性视听材料；

（二）在船上张贴宣传画；

（三）在海员阅读的期刊上登载关于海上就业中的危害以及关于职业安全和健康保护及预防事故措施的文章；

（四）组织专题宣传活动，利用各种宣传媒体教育海员，包括对安全工作实践的宣传推广。

三、本导则第二款所述宣传工作应考虑到船上海员的不同民族、语言和文化。

导则 B4.3.10 未成年海员的安全和健康教育

一、安全和健康法规应提及有关上岗前和工作期间须进行体格检查的一般规定，以及可能适用于海员工作特点的有关工作中预防事故和健康保护的规定。这些法规还应明确规定尽量减少未成年海员履行职责过程中职业危险的措施。

二、除非未成年海员经主管当局认可充分具备相关的技能资格，法规应规定一些限制，防止未成年海员在没有适当监督和教育的情况下从事某些存在特别事故风险或对其健康或发育有不利影响，或对成熟程度、工作经验和技能有特殊要求的工作。在确定法规中需加以限制的工作类型时，主管当局可特别考虑涉及以下方面的工作：

（一）搬举、挪动或运送重荷或重物；

（二）进入锅炉、液舱和隔离舱；

（三）置身于有害水平的噪音和振动中；

（四）操作起重机械或其他动力设备或器械，或向操作此类机械的人员发信号；

（五）操作系泊或拖缆或锚具；

（六）索具作业；

（七）恶劣天气中在高处或甲板上工作；

（八）夜间值班；

（九）电气设备维护；

（十）接触有潜在危害的物质，或诸如危险或有毒物质等有害的物理试剂，及受到电离辐射；

（十一）清洗厨房机械；

（十二）操作或负责小艇。

三、主管当局应采取或通过适当机制采取切实措施，使未成年海员注意关于船上预防事故和保护其健康的信息。措施可包括适当的课程讲授、针对未成年海员的官方预防事故宣传，以及对未成年海员的专业指导和监督。

四、在陆地和船上对未成年海员的教育和培训应包括关于酗酒和吸毒及其他潜在有害物质对其身心健康的危害作用以及与艾滋病毒/艾滋病有关风险和担忧及其他存在健康风险的活动的指导。

导则 B4.3.11 国际合作

一、在政府间和其他国际组织适当帮助下，各成员国应相互合作，在促进职业安全和健康保护及预防事故方面尽最大可能采取统一行动。

二、在根据标准 A4.3 制定促进职业安全和健康保护及预防事故的计划时，成员国应充分考虑到国际劳工组织出版的行为守则和国际组织的适当标准。

三、各成员国应注意到在不断促进与职业安全和健康保护及预防职业事故有关的活动方面进行国际合作的必要性。此类合作可采取以下形式：

（一）为统一有关职业安全和健康保护及预防事故的标准和保障而作出的双边或多边安排；

（二）交换关于影响海员的特殊风险和关于职业安全和健康保护及预防事故方法方面的信息；

（三）根据船旗国的国家法规，在设备测试以及检查方面提供帮助；

（四）在编制和传播职业安全和健康及预防事故规定、规则或手册的过程中开展合作；

（五）在培训材料的制作和使用方面开展合作；

（六）在对海员进行职业安全和健康保护及预防事故和安全工作实践方面的培训，共享设施或相互提供帮助。

规则 4.4 获得使用岸上福利设施

目的：确保在船上工作的海员能使用岸上设施和服务，以确保其健康和福利。

一、各成员国应确保，如果有岸上福利设施，应易于供海员使用。成员国还应促进在指定港口开发本守则中所列福利设施，为挂靠其港口的船舶上的海员提供充分的福利设施与服务。

二、在守则中规定各成员国关于岸上设施的责任，如福利、文化、娱乐和信息等设施和服务。

标准A4.4　获得使用岸上福利设施

一、各成员国应要求，如果在其领土内存在福利设施，应向所有海员开放，无论其国籍、种族、肤色、性别、宗教信仰、政治见解或社会出身，也无论他们受雇、受聘或工作船舶的船旗国。

二、成员国应促进其国内适当的港口发展港口福利设施，并应在与有关的船东组织和海员组织协商后，确定哪些港口应被视为适当港口。

三、成员国应鼓励设立福利委员会，该委员会应定期审查福利设施与服务，以保证其适应因航运业技术、运营和其他方面发展所带来的海员需求变化。

导则B4.4　获得使用岸上福利设施
导则B4.4.1　成员国的责任

一、各成员国应：

（一）采取措施确保在指定挂靠港口向海员提供充分的福利设施与服务，并对从事其职业的海员提供充分的保护；

（二）在实施这些措施时，应考虑海员安全、健康和业余活动方面的特殊需要，特别是在外国和进入战争地区时。

二、福利设施与服务的监督安排应包括有代表性的船东组织和海员组织的参与。

三、各成员国应采取措施，加速福利器材在船舶、中央供应机构和福利部门之间的自由周转，例如影片、图书、报纸和体育器材，供海员在其船舶和岸上福利中心使用。

四、成员国应相互合作，促进海员在海上和港口的福利。合作应包括以下内容：

（一）各主管当局之间为提供和改进海员港口和船上福利设施与服务进行协商；

（二）就集中资源及在主要港口联合提供福利设施达成协议，避免不必要的重复；

（三）组织国际体育竞赛，并鼓励海员参加体育活动；

（四）组织以海员在海上和港口的福利为主题的国际研讨会。

导则 B4.4.2 港口的福利设施与服务

一、各成员国应在其国内的适当港口提供或确保提供可能要求的福利设施和服务。

二、应根据国家条件和惯例，由下列一方或几方提供福利设施与服务：

（一）公共当局；

（二）有关的船东组织和海员组织按照集体合同或其他协议安排提供；

（三）志愿组织。

三、应在港口建立或发展必要的福利和娱乐设施，这些设施应包括：

（一）必要的会议室和娱乐室；

（二）运动设施和户外活动设施，包括比赛设施；

（三）教育设施；

（四）凡适当时，举行宗教仪式和个人咨询的设施。

四、提供设施时，可按海员需要向其提供设计更针对一般性使用的设施。

五、如在某特定港口有众多不同国籍海员需要旅馆、俱乐部和体育设施等设施，海员本国和船旗国各主管当局或机构以及有关国际协会应与港口所在国的各主管当局和机构协商与合作，并进行相互间的协商与合作，以集中资源并避免不必要的重复。

六、在需要的地方，应有适合于海员的旅馆或招待所。这些旅馆或招待所应提供与优等饭店中相当的设施，并在可能时，设于周边环境良好的区域。远离紧靠码头的区域。这些旅馆和招待所应受到适当的监督，收费应合理，并应在需要和可能时，为海员家庭提供食宿。

七、这些居住设施应向所有海员开放，无论其国籍、种族、肤色、性别、信仰、政治观点或社会出身，也不论他们受雇、受聘或工作的船舶的船旗国。在不以任何方式违背此原则前提下，可能有必要在某些港口提供一些不同类型、标准相当但适合于不同海员群体的习惯和需要的设施。

八、除任何志愿工作者外，还应采取必要措施，保证雇佣全职合格技术人员从事海员的福利设施与服务工作。

导则B4.4.3 福利委员会

一、如适宜，应在港口、地区和国家层次上成立福利委员会。其职能应包括：

（一）经常评估现有福利设施是否适当，监督有无需要提供更多设施或撤销利用不足的设施；

（二）帮助提供福利设施的主管人员，并向他们提出建议，保证他们之间的协调。

二、福利委员会的成员应包括船东组织和海员组织的代表、各主管当局的代表，以及在适当时，志愿组织和社会机构的代表。

三、如适宜时，应根据国家法律和法规，使海事国家的领事和外国福利组织的当地代表参与港口、地区和国家福利委员会的工作。

导则B4.4.4 福利设施的资金来源

一、根据国家条件和做法，应通过以下一种或几种途径为港口福利设施提供财政支持：

（一）公共基金拨款；

（二）航运征税或其他专项收费；

（三）船东、海员或其组织自愿捐款；

（四）其他渠道的自愿捐款。

二、如征收福利税、税费和专项费，这些款项应仅用于征收时确立的目的。

导则B4.4.5 信息传播和便利措施

一、应在海员中传播有关挂靠港内向普通公众开放的设施的信息，特别是交通、福利、娱乐和教育设施和礼拜场所，以及专门为海员提供设施的信息。

二、为使海员能从港口方便地点进入市区，应在任何合理时间内提供充足、价格适当的交通工具。

三、主管当局应采取所有适当措施，使进入港口的船东和海员了解那些若违反可能危及其自由的法律和习俗。

四、主管当局应在港口区域和进出港通道提供充分的照明和路标，并提供定期巡逻，以保护海员。

导则B4.4.6 在外国港口的海员

一、为保护在外国港口的海员，应采取措施以便于：

（一）接触其国籍国或居住国的领事；

（二）领事与地方或国家当局的有效合作。

二、应按照适当的法律程序迅速处理被扣留在外国港口的海员并给予充分的领事保护。

三、无论任何原因，如海员在一成员国领土上被扣留，若该海员提出要求，主管当局应立即通知船旗国和海员的国籍国。主管当局应立即通知海员有提出此种要求的权利。海员的国籍国应立即通知海员的最近亲属。如海员被拘禁，主管当局应允许这些国家的领事官员立即会见该海员，并在此后允许定期会见该海员。

四、当船舶位于一成员国的领海，特别是港口的引航道时，该成员国应在必要时采取措施保证海员安全，使他们不受侵袭和其他非法行为的侵害。

五、港口和船上负责人员应尽一切努力在船舶抵达港口后，方便海员尽速上岸休假。

规则4.5　社会保障

目的：确保采取措施向海员提供社会保障的保护。

一、各成员国应确保所有海员，以及按其国家法律规定的受扶养人，能够获得符合守则的社会保障的保护，但不得妨碍《国际劳工组织章程》第十九条第八款中所述的任何更优厚条件。

二、各成员国承诺根据本国情况采取措施，独自或通过国际合作，逐步为海员提供全面的社会保障的保护。

三、成员国应确保受到其社会保障法律管辖的海员，以及其国家法律规定范围内的受扶养人，有权享受不低于岸上工人所享受的社会保障的保护。

标准A4.5　社会保障

一、为逐步实现规则4.5中的全面社会保障保护，而需要考虑的分项是：医疗、疾病津贴、失业津贴、养老津贴、工伤津贴、家庭津贴、生育津贴、病残津贴和遗属津贴，以此来补充规则4.1规定的医疗、规则4.2规定的船东责任以及本公约其他标题所规定的保护。

二、批准本公约时，各成员国根据规则4.5第一款所提供的保护应至少包括本标准第一款所列九个分项中的三个。

三、各成员国应根据其本国情况采取措施，向通常在其领土内居住的海员提供本标准第一款所述的补充社会保障的保护。例如，此义务可通过适当的双边或多边协定或建立在缴费基础上的制度履行。所构成的保护应不低于居住在其领土上的岸上工人所享受的保护。

四、尽管有本标准第三款中的责任归属，成员国还可以通过双边和多边协定并通过区域经济一体化组织框架通过的规定，决定关于海员社会保障立法的其他规定。

五、各成员国对悬挂其旗帜船舶上海员的责任应包括规则4.1和规则4.2及守则相关条款所规定的内容，及其根据国际法一般义务中的固有内容。

六、各成员国应考虑本标准第一款所述分项未充分覆盖的情况下，根据国家法律和实践向海员提供类似津贴的不同方法。

七、规则4.5第一款中的保护可视情包含在法律或法规、私人计划或集体谈判协议中或其组合中。

八、在与国家法律和实践一致的范围内，成员国应通过双边或多边协定或其他安排进行合作，保证维持所有海员已经获得或正在获得的，通过缴费或非缴费的计划所提供的社会保障权利，无论其居住地在哪里。

九、各成员国应建立公平有效的争议解决程序。

十、各成员国批准公约时应明确指出其根据本标准第二款所提供的保护项目险种。提供本标准第一款中所述的一种或几种其他分项的社会保障保护时应随即通知国际劳工组织总干事。总干事应保持一份关于此信息的记录，并应备所有相关各方索取。

十一、按照《国际劳工组织章程》第二十二条向国际劳工局提交的报告还应包括关于根据规则4.5第二款采取步骤将保护扩展到其他分项的信息。

导则 B4.5 社会保障

一、在批准公约时根据标准A4.5第二款所提供的保护项目应至少包括医疗、疾病津贴和工伤津贴。

二、在标准A4.5第六款所述情况下，考虑到有关集体谈判协议的规定，可以通过保险、双边和多边协议或其他有效方式提供类似的津贴。如果采取了此种措施，应将各种社会保障保护分项的提供方式告知被此种措施覆盖的海员。

三、如果海员受到不止一个国家社会保障法律的管辖，有关成员国应开展合作，以便通过相互间协议，在考虑到各自法律中，哪一个能向有关海员提供更优越的保护种类和水平以及海员的个人选择等因素的同时确定适用哪一国法律。

四、根据标准A4.5第九款建立的程序应设计为能覆盖与相关海员的索赔请求有关的所有争议，无论保障覆盖以何种方式提供。

五、有本国海员和（或）非本国海员在悬挂其旗帜船舶上服务的各成员国，应提供公约中适用的社会保障保护，并应定期审查标准A4.5第一款中的社会保障保护项目，以确定适合相关海员的任何补充项目。

六、海员就业协议应明确由船东向海员提供各社会保障项目保护的方式和船东掌握的所有其他相关信息。例如，经授权指定机构要求根据相关国家社会保障项目，可能从海员工资中法定扣减及船东缴费的情况。

七、船旗所属成员国在对社会事务有效行使管辖时，应确认船东已履行社会保障保护义务，包括已向社会保障机构缴费。

标题5：遵守与执行

一、本标题下的规则确定各成员国有责任充分实施和执行本公约正文所规定的原则和权利，以及标题1、2、3和4所规定的具体义务。

二、公约第六条第三款和第四款允许通过实质等效规定实施守则A部分，但不适用于本标题下守则A部分。

三、根据公约第六条第二款，各成员国应按守则A部分相应标准规定的方式实施其在规则下的责任，并充分考虑到守则B部分的相关导则。

四、实施本标题中的规定时应切记，同其他任何人一样，海员和船东在法律面前平等，有权受到法律同等保护，不得在诉诸法院、仲裁庭或其他争议解决机制方面受到歧视。本标题中的规定并不决定法律管辖权和法院管辖权。

规则5.1 船旗国责任

目的：确保各成员国对悬挂其旗帜的船舶履行其在本公约下的责任。

规则5.1.1 一般原则

一、各成员国有责任确保在悬挂其旗帜的船舶上实施本公约为其规定的义务。

二、各成员国应根据规则5.1.3和5.1.4建立一套有效的海事劳工条件检查和发证系统，确保悬挂其旗帜船舶上的海员工作和生活条件符合并持续符合本公约标准。

三、在建立有效的海事劳工条件检查和发证系统时，凡适宜，成员国可授权经其认可具备能力和独立性的公共机构或其他组织（包括另一成员国的机构或组织，如后者同意）开展检查、发证工作或两者一并开展工作。在所有情况下，成员国仍应对悬挂其旗帜船舶的有关海员的工作和生活条件的检查或发证承担全部责任。

四、辅以一项海事劳工符合声明的海事劳工证书，应构成船舶业经船旗国正规检查，且在其所证明范围内已满足本公约关于海员工作和生活条件的要求的形式证明。

五、成员国根据《国际劳工组织章程》第二十二条提交给国际劳工局的报告中应包括关于本规则第二款所述系统的信息，包括用于评估其有效性方法的信息。

标准 A5.1.1　一般原则

一、各成员国应设定检查和发证系统管理的明确目标和标准，以及对达到这些目标和标准程度进行总体评估的足够的程序。

二、各成员国应要求悬挂其旗帜的所有船舶均携带一份本公约。

导则 B5.1.1　一般原则

一、主管当局应作出适当安排，以促进规则5.1.1和5.1.2中所述的关注船上海员工作和生活条件的公共机构和其他组织之间的有效合作。

二、为了更好地确保检查员与船东、海员及其各自组织之间的合作，并保持和改善海员工作和生活条件，主管当局应定期与上述组织的代表就达到这些目标的最佳方法进行协商。此种协商的方式应由主管当局在与船东组织和海员组织协商后确定。

规则 5.1.2　对认可组织的授权

一、规则5.1.1第三款所述的公共机构或其他组织（以下称认可组织）应经主管当局认可其满足本守则关于能力和独立性的要求。认可组织可被授权从事的检查和发证职能应在本守则明确规定由主管当局或认可组织从事的活动范围之内。

二、规则5.1.1第五款所述报告应包含关于任何认可组织的信息、所授权范围的信息和成员国为确保完整和有效实施所授权活动所作安排的信息。

标准 A5.1.2 对认可组织的授权

一、为实现根据规则 5.1.2 第一款的认可目的，主管当局应审查有关组织的能力和独立性，并确定在开展经授权活动所必要的限度内是否能够表明该组织：

（一）在本公约的相关方面具备必要的专业知识和船舶营运的适当知识，包括对海员上船工作的最低要求、就业条件、居住舱室、娱乐设施、食品和膳食服务、预防事故、健康保护、医疗、福利和社会保障保护方面的知识；

（二）具备维持和更新其人员专业水平的能力；

（三）具备公约要求以及适用国家法律和法规及相关国际文书方面的必要知识；

（四）规模、结构、经验和能力与其被授权的类型和级别相符。

二、所准予的任何检查授权，最低限度应授予该组织对发现海员工作和生活条件方面的缺陷有要求纠正的权力，以及在港口国要求下开展这方面的检查的权力。

三、各成员国应建立：

（一）一个确保认可组织所做工作恰当性的机制，包括所有适用的关于国家法律和法规及相关国际文书的信息；

（二）与此类组织进行通信和对其进行监督的程序。

四、各成员国应向国际劳工局提供一份关于目前授权代表其行事的认可组织清单，并保持更新清单。该清单应明确认可组织经授权履行的职能。国际劳工局应将该清单对公众开放。

导则 B5.1.2 对认可组织的授权

一、寻求认可的组织应表明其在技术、行政和管理方面的资质和能力，确保提供及时满意服务。

二、在评估某一机构能力时，主管当局应确定该组织是否：

（一）拥有充足的技术、管理和支持性工作人员；

（二）拥有充足的合格专业人员以提供所要求的服务，并且有充分的地理覆盖范围；

（三）具备经证实的提供及时优质服务的能力；

（四）运作独立可靠。

三、主管当局应与其授权认可的任何组织达成一份书面协议。该协议应包括以下要素：

（一）适用范围；

（二）目的；

（三）一般条件；

（四）经授权行使的职能；

（五）经授权职能的法律依据；

（六）向主管当局报告；

（七）主管当局向认可组织授权的具体内容；

（八）主管当局对认可组织代为行事活动的监督。

四、各成员国应要求认可组织制定一套关于被雇佣为检查员的人员资格体制，以确保及时更新他们的知识和专业技能。

五、各成员国应要求认可组织保有其所开展服务的记录，从而使其能够表明在服务所涉项目中达到所要求的标准。

六、在建立标准A5.1.2第三款第（二）项所述监督程序时，各成员国应考虑到在国际海事组织框架内通过的《向代表主管当局行事的组织授权导则》。

规则5.1.3 海事劳工证书和海事劳工符合声明

一、本规则适用于以下船舶：

（一）从事国际航行的500总吨及以上船舶；

（二）悬挂一成员国旗帜，并从另一成员国港口出发或在另一成员国港口之间航行的500总吨及以上船舶。

就本规则而言，"国际航行"系指从一国到该国以外的一个港口的航行。

二、如船东向相关成员国提出请求，本规则还适用于悬挂该成员国的旗帜但未被本规则第一款所覆盖的船舶。

三、各成员国应要求悬挂其旗帜的船舶携带和保有一份海事劳工证书，证明该船舶上海员的工作和生活条件，包括本规则第四款所述的海事劳工符合声明中所含的持续符合措施，业经检查并满足国家法律或法规或其他实施本公约措施的要求。

四、各成员国应要求悬挂其旗帜的船舶携带和保有一份海事劳工符合声明，陈述在海员的工作和生活条件方面实施本公约的国家要求，并列明船东为确保符合有关船舶要求所采取的措施。

五、海事劳工证书和海事劳工符合声明应与守则所规定的范本相符。

六、如果成员国主管当局或为此目的正式授权的认可组织通过检查确定悬挂成员国旗帜的一艘船舶符合并持续符合本公约的标准，应就此向其签发或更换海事劳工证书并保有一份对公众开放的证书记录。

七、有关海事劳工证书和海事劳工符合声明的详细要求，包括必须检查和批准事项的清单，规定在守则A部分中。

标准A5.1.3 海事劳工证书和海事劳工符合声明

一、海事劳工证书应由主管当局或主管当局为此目的正式授权的认可组织签发给船舶，有效期不得超过五年。签发海事劳工证书前必须检查船上海员工作和生活条件并证实符合国家法律和法规或其他实施本公约要求之措施的项目清单见附录A5–I。

二、海事劳工证书的有效性应取决于主管当局或主管当局为此目的而正式授权的认可组织所进行的中期检查，以确保持续符合实施本公约的国家要求。如仅开展一次中期检查且证书的有效期为五年，该检查应安排在证书第二个和第三个周年日之间。"周年日"系指每年对应于海事劳工证书到期目的月份和日期。中期检查范围和深度应与证书换证检查相同。中期检查通过后应对证书进行签注。

三、尽管有本标准第一款的规定，如在现有海事劳工证书到期之前三个月内完成了换证检查，新海事劳工证书应从完成换证检查之日起生效，有效期自现有证书到期之日起不超过五年。

四、如果在现有证书到期之前三个月前完成了换证检查，新海事劳工证书有效期从完成换证检查之日起不超过五年。

五、如有以下情形，可以临时签发海事劳工证书：

（一）刚交付的新船；

（二）船舶改换船旗时；

（三）船东承担了其以前未经营过的某一船舶的经营责任时。

六、临时海事劳工证书可由主管当局或主管当局为此目的而正式授权的认可组织签发，有效期不超过六个月。

七、只有在核实了以下情况后才可签发临时海事劳工证书：

（一）考虑到本款第（二）项、第（三）项和第（四）项中各个项目的核验，对船舶进行了附录A5–I所列事项的合理可行的检查；

（二）船东已向主管当局或认可组织表明，船舶具备适当程序符合本公约要求；

（三）船长熟悉本公约的要求和实施责任；

（四）有关信息已提交给主管当局或认可组织用于制作海事劳工符合声明。

八、临时证书到期前，应根据本标准第一款进行全面检查，以便签发正式的海事劳工证书。在本标准第六款所述的最初六个月后不得再续发临时证书。在临时证书有效期内不必签发海事劳工符合声明。

九、海事劳工证书、临时海事劳工证书和海事劳工符合声明的格式应与附录A5–II中所载范本相符。

十、海事劳工符合声明应附在海事劳工证书之后。声明应包括两个部分：

（一）第I部分应由主管当局编制。该部分应：1.明确根据本标准第一款应检查的事项清单；2.通过援引有关国内法律规定，以及在必要时提供关于国内要求主要内容的准确信息，明确反映公约有关规定的国内要求；3. 提及国内立法中针对具体船舶类型的要求；4. 记录任何根据公约第六条第三款所采用的实质等效规定；5. 明确指出根据标题3中规定主管当局准许的任何免除；

（二）第 II 部分应由船东编制，应明确为确保在两次检查之间持续符合国内要求所采取的措施和为确保不断改进而建议的措施。

主管机关或为此目的正式授权的认可组织应对第 II 部分予以认证并应签发海事劳工符合声明。

十一、对有关船舶所有后续检查或其他核实的结果以及在任何核实过程中发现的重大缺陷都应予以记录，并记录须纠正所发现缺陷的日期。如果该记录非英文，则连同英文译文一并根据国家法律或法规写入或附在海事劳工符合声明之后，或采用一些其他方式提供给海员、船旗国检查员、港口国的被授权官员及船东代表和海员代表。

十二、应随船携带一份当前有效的海事劳工证书和海事劳工符合声明，在非英文情况下应辅以英文译文，并将证书的一份副本张贴在船上海员能够到达的明显位置。如有要求，应根据国家法律和法规向海员、船旗国检查员、港口国授权官员以及船东和海员的代表提供一份副本。

十三、本标准第十一款和第十二款关于英文译文的要求不适用于不从事国际航行的船舶。

十四、根据本标准第一款或第五款签发的证书应在以下任何情况下停止生效：

（一）如在本标准第二款规定的期限内没有完成相关检查；

（二）如证书没有根据本标准第二款予以签注；

（三）船舶转挂另一国旗帜；

（四）如船东不再承担某一船舶的经营责任；

（五）如对标题3所包括的结构和设备作出了实质性改变。

十五、在本标准第十四款第（三）项、第（四）项或第（五）项所述情况下，只有在签发新证书的主管当局或认可组织对船舶符合本标准要求的情况完全满意时方可签发新证书。

十六、如有证据表明有关船舶不符合本公约的要求且没有采取所要求的任何纠正措施，海事劳工证书应由主管当局或船旗国为此目的正式授权的认可组织予以撤销。

十七、在考虑是否应根据本标准第十六款撤销海事劳工证书时，主管当局或认可组织应考虑到缺陷的严重性或发生频次。

导则B5.1.3 海事劳工证书和海事劳工符合声明

一、海事劳工符合声明第I部分中关于国家要求的陈述应包括或后附附录A5-I中所列各事项中与海员工作和生活条件有关的法律规定的援引。如国家立法严格遵循本公约所规定的要求，只需指出必要的参阅即可。如公约的某一条款是通过第六条第三款规定的实质等效实施，应明确该条款，并提供简明解释。如主管当局准许标题3中所规定的免除，应明确指出有关的具体规定。

二、船东编写的海事劳工符合声明第II部分中所述措施应特别指明对持续符合特定的国家要求进行核实的情形、负责核实的人员、应作出的记录以及发现不符合情况时须遵循的程序。第II部分可采用多种格式。它可以提及其他更全面的文件，涵盖与海运行业其他方面有关的政策和程序，例如《国际安全管理（ISM）规则》所要求的证书或《1974年国际海上人命安全公约》第XI—1章第5条关于船舶《连续概要记录》所要求的信息。

三、确保持续符合要求的措施应包括一般性国际要求，要求船东和船长自己，不断了解关于工作场所设计的科技成果的最新进展，并考虑到海员工作固有的危险，相应地告知海员代表，从而保证船上海员工作和生活条件达到更好的保护水平。

四、最重要的是，海事劳工符合声明的编写应用词明确，以帮助所有相关人员，如船旗国检查员、港口国的被授权官员和海员，核查各项要求正在得到妥善实施。

五、附录B5-I给出了一份海事劳工符合声明中可能包含信息种类的范例。

六、若船舶按标准A5.1.3第十四款第（三）项所述更换了船旗，且两个有关国家均批准了本公约，如果另一成员国主管当局在换旗发生后三个月内提出此项要求，船舶原有权悬挂旗帜的成员国应尽快将该船舶换旗前所携带的海事劳工证书和海事劳工符合声明的副本以及，如果可行，所有与之相关的检查报告的副本转交接受该船的另一成员国主管当局。

规则 5.1.4 检查和执行

一、各成员国应通过一个包括定期检查、监督和其他控制措施的有效、协调的系统，核实悬挂其旗帜的船舶所属国家实施法律和法规符合本公约要求。

二、本规则第一款所述检查和执行系统的详细要求规定在守则A部分中。

标准 A5.1.4 检查和执行

一、各成员国应维持一个对悬挂其旗帜船舶上的海员条件进行检查的系统，其中应包括在适用时核实海事劳工符合声明中所列的与工作和生活条件有关的措施正在得以遵守，且符合本公约要求。

二、主管当局应任命足够数量的合格检查员履行其在本标准第一款下的责任。如果认可组织经授权实施检查，成员国应要求实施检查的人员有资格承担这些职责，并应向其提供行使职责所必需的法定权力。

三、应充分制定规定，确保检查员具备必要或令人满意的培训、胜任能力、职责范围、权力、地位和独立性，从而使其能够开展核查并确保本标准第一款所述的符合情况。

四、凡适用，检查应按标准A5.1.3所要求的时间间隔进行。在任何情况下该间隔不得超过三年。

五、如成员国收到其认为非明显无根据的投诉，或获得了一艘悬挂其旗帜的船舶不符合本公约的要求的证据，或在实施海事劳工符合声明中所列的措施方面有严重缺陷，该成员国应采取必要步骤对该事项开展调查，确保采取行动纠正所发现的任何缺陷。

六、各成员国应制定适当的规章并有效执行，以保证检查员具有确保其独立于政府更迭和不当外部影响的地位和服务条件。

七、已明确了任务并持有适当的委任证书的检查员应被授权：

（一）登上悬挂成员国旗帜的船舶；

（二）开展其可能认为必要的任何检查、测试或质询，以确保标准正在得到严格执行；

（三）要求纠正任何缺陷，且如他们有理由相信某些缺陷构成对本公约要求（包括海员权利）的严重违反，或对海员的安全、健康或安保构成重大危害，则禁止船舶在采取必要措施前离港。

八、对根据本标准第七款第（三）项所采取的任何措施应有权向法院和行政当局上诉。

九、如没有对有关海员的安全、健康或安保构成危害和明显违反本公约要求的情况，并且没有类似违反的历史，检查员可决定提出咨询意见，不采用或建议不采用法律程序。

十、检查员对指出有关海员工作和生活条件的危险或缺陷或违反法律和法规的任何抱怨或投诉来源应予保密，并不向船东、船东代表或船舶经营人暗示某一项检查缘起于此类抱怨或投诉。

十一、不得委托检查员行使因其数量或性质可能干扰有效检查或以任何方式影响其对于船东、海员或其他利益方的权威或公正的职责。检查员特别应：

（一）禁止在其被要求检查的任何活动中有任何直接或间接的利益；

（二）受到相应的制裁或纪律惩戒，不泄露在其行使职责中可能了解到的任何商业秘密或秘密工作程序或具有个人性质的信息，即使在离开岗位以后亦如此。

十二、检查员应就每次检查向主管当局提交一份报告。一份英文或船上工作语言的报告副本应提供给船舶的船长，同时将另一份副本张贴在船舶的布告栏内供海员知晓，并应要求送达海员代表。

十三、各成员国的主管当局应保有悬挂其旗帜船舶上的海员条件检查记录。主管当局应在合理的时间内发布关于检查活动的年度报告，至迟不超过年终之后六个月。

十四、如系重大事故后的调查，应视可能尽快提交报告，至迟不晚于调查结束之后一个月。

十五、根据本标准进行检查或采取措施时，应尽一切合理努力，避免船舶被无理滞留或延误。

十六、对于因检查员错误行使权力而遭受的任何损失或破坏，应根据国家法律和法规予以赔偿。各种情况下的举证责任均由投诉者承担。

十七、对于违反本公约要求（包括海员权利）及妨碍检查员履行其职责的行为，各成员国应规定并有效执行充分的惩处和其他纠正措施。

导则B5.1.4 检查和执行

一、主管当局和与海员工作和生活条件检查全部或部分相关的任何其他部门或当局，应有履行其职能所必需的资源。特别是：

（一）各成员国应采取必要措施，在需要时要求完全合格的技术专家和专业人员协助检查员的工作；

（二）应为所有检查员配备位置便利的办公场所、设备和交通手段，使其高效履行职责。

二、主管当局应制定一项遵守与执行政策，以确保连贯性，并在其他方面指导与本公约有关的检查和执行活动。该政策的副本应提供给所有检查员和相关执法官员，并应使公众、船东和海员能够获得。

三、主管当局应建立简易程序，使其能够秘密接收海员直接或由其代表提出的关于可能违反本公约要求（包括海员权利）的匿名信息，并允许检查员迅速调查此类事项，包括：

（一）使船长、海员或海员代表在其认为必要时要求进行检查；

（二）就遵守本公约要求和不断改善海员船上条件的最有效方法，向船东和海员及有关组织提供技术信息和建议。

四、检查员应受到全面培训且人数充足，以确保其有效履行职责，并应充分考虑：

（一）检查员必须履行职责的重要性，特别是应受检查的船舶数量、性质和规模以及需要执行的法律条款的数量和复杂性；

（二）可供检查员使用的资源；

（三）有效开展检查所必备的实际条件。

五、根据国家法律和法规可能规定的任何公共服务机构招聘条件，检查员应具备行使其职责的资格并接受过充分培训，并在可能时，应受过海事教育或具有担任海员的经验。他们应充分了解海员的工作和生活条件并掌握英语。

六、应采取措施使检查员在受雇期间进一步接受适当的培训。

七、所有检查员应明确了解在何种情形下应开展检查，在所提及的不同情形下开展检查的范围以及检查的一般方法。

八、根据国家法律，持有适当委任证书的检查员应至少被授权：

（一）自由登船且无需事先通知，但在开始对船舶进行检查时，检查员应通知船长或负责人，并在适宜时通知海员或其代表；

（二）在当事人可能要求的任何证人在场情况下，就实施法律和法规要求的任何事项询问船长、海员或任何其他人员，包括船东或船东代表；

（三）要求提供任何记录、航海日志、登记簿、证书或其他与需要检查的事项直接相关的文件或信息，以便对遵守实施本公约的国家法律和法规的情况进行核实；

（四）根据旨在实施本公约的国家法律和法规的要求张贴通知；

（五）以进行分析为目的，提取或带走已使用过或处理过的产品、货物、饮用水、给养、材料和物质的样品；

（六）在检查后立即要求船东、船舶经营人或船长注意可能影响船上人员健康与安全的缺陷；

（七）向主管当局并在适用时向认可组织警示现行法律或法规中没有明确包括的任何缺陷或弊端，并提出改进法律或法规的建议；

（八）按照法律和法规可能规定的情形和方式，将影响海员的任何职业伤害或疾病通知主管当局。

九、如果提取或带走本导则第八款第（五）项中所述的样品，应通知船东或船东代表，并在适宜时通知海员，或在提取或带走样品时上述人员在现场。检查员对此类样品的数量应予妥善记录。

十、各成员国主管当局就悬挂其旗帜船舶情况发布的年度报告应包括：

（一）与海员工作和生活条件有关的有效法律和法规清单，以及在该年度中生效的任何修正；

（二）关于检查系统组织结构细节；

（三）有关应受检查和实受检查的船舶或其他场所的统计数据；

（四）受其国家法律和法规管辖的所有海员的统计资料；

（五）关于违法行为、实施的处罚及滞留船舶案例的统计数据和信息；

（六）关于报告中的海员的职业伤害和疾病的统计资料。

规则5.1.5 船上投诉程序

一、各成员国应要求悬挂其旗帜的船舶设立船上投诉程序，公平、有效和迅速地处理海员指控违反本公约要求（包括海员权利）的投诉。

二、各成员国应禁止和惩处以任何形式对提出投诉的海员进行迫害的行为。

三、本规则和守则相关部分的规定不得妨碍海员通过其认为适当的任何法律手段寻求解决的权利。

标准 A5.1.5 船上投诉程序

一、海员可以使用船上投诉程序对任何被指称构成违反本公约要求（包括海员权利）的事项提出投诉，但不妨碍国家法律或法规或集体协议对此可能作出更宽泛的规定。

二、各成员国应在其法律或法规中确保设立适当的船上投诉程序以满足规则5.1.5的要求。此类程序应寻求在尽可能最低的层面解决投诉。但是，在任何情况下，海员均有权直接向船长投诉，或在其认为必要时向适当的外部当局投诉。

三、船上投诉程序应包括海员在投诉程序期间由人陪同或由人代表的权利，并保证不出现海员因提出投诉而受迫害的可能性。"受迫害"一词包括任何人因海员提出非明显刁难或恶意投诉而对其采取的任何不利行动。

四、除海员就业协议副本外，还应向所有海员提供一份适用于该船的船上投诉程序副本。该副本应包括船旗国主管当局，及与船旗国不同时海员居住国主管当局的联络信息，以及能够在保密的基础上就投诉向海员提供公正建议并在其他方面帮助他们遵循船上可用投诉程序的船上人员姓名。

导则 B5.1.5 船上投诉程序

一、根据适用的集体协议中任何相关规定，主管当局应与船东组织和海员组织密切协商，为悬挂该成员国旗帜的所有船舶制定公平、迅速和妥善记录的船上投诉处理程序范本。在制定这些程序时，应考虑以下事项：

（一）许多投诉可能与船上接收投诉者，或甚至船长具体相关。在所有情况下，海员均应能够直接向船长或向外部投诉；

（二）为帮助避免就本公约事项提出投诉的海员受到迫害的问题，程序应鼓励指定一名船上人员，能够就海员可用程序向海员提出建议。如提出投诉的海员要求，该指定人员还应能够参加关于该投诉事项的任何会议或听证。

二、本导则第一款所述协商过程中所讨论的程序至少应包括以下内容：

（一）投诉应提交给投诉海员的部门负责人或上级高级船员；

（二）部门负责人或上级高级船员应努力在与所涉问题严重性相适应的规定时限内解决问题；

（三）如果部门负责人或上级高级船员解决投诉不能令海员满意，海员可向船长提出投诉，船长应亲自处理该事项；

（四）任何情况下，海员应有权由其在所涉船舶上选择的另一名海员陪同或代表；

（五）应记录所有投诉和对于投诉所作的结论并应向有关海员提供一份记录副本；

（六）如投诉不能在船上得到解决，该事项应提交岸上的船东，并规定船东解决该事项的时限；凡适宜时，应与有关海员或可能被指定为其代表的人协商；

（七）所有情况下，海员均应有权直接向船长和船东及主管当局提出投诉。

规则 5.1.6　海上事故

一、各成员国应对涉及悬挂其旗帜的船舶导致人员伤亡的任何严重海上事故开展官方调查。该调查的最终报告通常应予公布。

二、成员国应相互合作，以便利本规则第一款所述严重海上事故的调查。

标准 A5.1.6　海上事故

（无规定）

导则 B5.1.6 海上事故

（无规定）

规则 5.2 港口国责任

目的：使各成员国能够履行本公约关于在外国船舶上实施和执行公约标准进行国际合作的责任。

规则 5.2.1 在港口的检查

一、任何外国船舶在正常业务航行中或出于操作性原因挂靠成员国的港口时，可能受到根据公约第五条第四款所进行的检查，目的在于核查该船符合本公约有关海员工作和生活条件要求（包括海员权利）的情况。

二、成员国应接受规则 5.1.3 所要求的海事劳工证书和海事劳工符合声明作为符合本公约要求（包括海员权利）的形式证明。因此，除本守则中规定的情况外，其港口内的检查应仅限于审验证书和声明。

三、在成员国港口的检查应由被授权官员根据本守则和其他适用于该成员国的关于管理港口国监督检查的国际协议进行。任何此类检查应仅限于核实所检查的事项符合本公约条款和规则及本守则 A 部分所规定的相关要求。

四、根据本规则可能开展的检查应以有效的港口国检查和监督机制为基础，以帮助确保进入该成员国港口船舶的海员工作和生活条件满足本公约的要求（包括海员权利）。

五、关于本规则第四款所述机制的信息，包括用于评价其有效性的方法，应纳入成员国根据《国际劳工组织章程》第二十二条提交的报告中。

标准A5.2.1　在港口的检查

一、如一名被授权官员登船进行检查并在适用时要求出示海事劳工证书和海事劳工符合声明时发现：

（一）未出示或未持有所要求证书，或持有虚假证书，或所出示证书未包含本公约所要求的信息，或在其他方面无效；或

（二）有明确理由相信该船舶上的工作和生活条件不符合本公约的要求；或

（三）有合理的理由相信该船舶为逃避本公约要求而变更船旗；或

（四）有投诉指控船舶上的具体工作和生活条件不符合本公约的要求；

可以进行更详细的检查，以核实船上的工作和生活条件。如工作和生活条件的缺陷已确信或被指控将对海员的安全、健康和安保构成明显危害，或被授权官员有理由相信任何缺陷严重违反了对公约要求（包括海员权利），都需要进行此类检查。

二、在成员国港口，如被授权官员根据本标准第一款第（一）项、第（二）项或第（三）项规定的情形对外国船舶进行更详细的检查，该检查原则上应包括附录A5–III中所列的事项。

三、对根据本标准第一款第（四）项提出的投诉，尽管投诉或其调查可能为根据本标准第一款第（二）项进行更详细的检查提供明确理由，但检查一般应限于投诉范围内的事项。就本标准第一款第（四）项而言，"投诉"系指由海员、专业机构、协会、工会，或总体而言，由关心包括船上海员安全或健康危害等船舶安全的任何人提交的信息。

四、如在更详细检查后发现船上的工作和生活条件不符合本公约要求，被授权官员应立即要求该船船长注意这些缺陷，并为纠正缺陷规定截止日期。如被授权官员认为属重大缺陷，或这些缺陷涉及到根据本标准第三款提出的投诉，被授权官员应提请检查所在成

员国相关的海员组织和船东组织注意这些缺陷，并可以：

（一）通知船旗国的代表；

（二）向下一挂靠港口的主管当局提供有关信息。

五、进行检查的成员国应有权将检查员的报告副本转送国际劳工组织总干事，并必须附有所收到的船旗国主管当局在规定期限内所作回应，以便采取其可考虑的适当和权宜的行动，确保关于此信息的记录得以保存，并确保提醒可能有兴趣利用相关追索程序的各方注意。

六、如被授权官员在进行更详细检查后发现船舶不符合本公约要求，并且

（一）船上条件明显危害海员的安全、健康或安保；或

（二）不符合规定的情况构成严重或屡次违反本公约的要求（包括海员权利）；

被授权官员应采取措施，确保在本款第（一）项或第（二）项范围内的所有不符合情况得到纠正，或被授权官员接受用以纠正的行动计划并认为该计划将得到迅速实施后，船舶方可开航。如果船舶被禁止开航，被授权官员应立即将有关情况通知船旗国，并请船旗国的代表到场。若可能，应要求船旗国在规定的期限内答复。被授权官员还应立即通知进行检查的港口国的相关船东组织和海员组织。

七、各成员国应确保对其被授权官员根据本标准第六款中构成滞留船舶理由的情况，按本守则B部分所指出的情况进行指导。

八、各成员国履行其在本标准下的责任时，应尽一切可能努力避免船舶被不当滞留或延误。如发现船舶被不当滞留或延误，应对所遭受的任何损失或破坏给予赔偿。在任何情况下，举证责任由投诉方承担。

导则B5.2.1 在港口的检查

一、主管当局应为按规则5.2.1进行检查的被授权官员制定检查政策。政策目标应确保一致性并指导与本公约要求（包括海员权利）

有关的其他方面的检查和执行活动。该政策的副本应提供给所有被授权官员，并应使公众、船东和海员能够获取该政策的副本。

二、在制定关于标准A5.2.1第六款中构成滞留船舶正当理由情形的政策时，主管当局应考虑到，关于标准A5.2.1第六款第（二）项中所提及的违反情况，其严重性可以是缘自缺陷本身的性质。这一点特别关系到违反公约第三条和第四条中的基本权利和原则或海员的就业和社会权利的情况。例如，雇佣一名未成年人应被视为严重违反，即使船上只有一个未成年人。在其他情况下，应考虑到在一次特定检查中所发现的不同缺陷的数量。例如，在被视为构成严重违反之前，可能需要有多种并不威胁安全或健康的关于起居舱室或食品和膳食服务的缺陷情况。

三、成员国应最大限度地相互合作，通过国际一致的检查政策导则，特别是关于构成滞留船舶正当理由情形的导则。

规则5.2.2 海员投诉的岸上处理程序

各成员国应确保，在该成员国领土内港口挂靠船舶上的指控违反本公约要求（包括海员权利）情况的海员有权提出投诉以便采取迅速和实际的解决方式。

标准A5.2.2 海员投诉的岸上处理程序

一、海员指控违反本公约要求（包括海员权利）的投诉可向海员所在船舶挂靠港口的被授权官员报告。在此种情况下，被授权官员应开展初步调查。

二、凡适宜，基于投诉的性质，初步调查应包括考虑是否已探讨通过规则5.1.5所规定的船上投诉程序来解决。被授权官员还可以根据标准A5.2.1开展更详细的检查。

三、凡适宜，被授权官员应努力促成在船舶层面上解决投诉。

四、如根据本标准进行的调查或检查发现不符合情况属于标准

A5.2.1第六款的范畴，应适用该款的规定。

五、如不适用本标准第四款的规定，且该投诉未能在船舶层面上得到解决，被授权官员应立即通知船旗国在规定期限内征询建议及制定一份纠正行动计划。

六、如按本标准第五款采取行动后投诉问题未能得到解决，港口国应将一份被授权官员报告的副本送交总干事。该报告必须附有船旗国主管当局在规定限期内的答复。应以类似的方式通知港口国内的相关船东组织和海员组织。此外，港口国应定期将关于已解决投诉的统计数据和信息提交给总干事。上述两份资料是为了在认为这些行动恰当和权宜的基础上，保存一份信息记录，并使包括船东组织和海员组织在内的可能对适用有关追索程序感兴趣的各方注意。

七、应采取适当措施为提出投诉的海员保密。

导则 B5.2.2 海员投诉的岸上处理程序

一、如标准A5.2.2中所述的投诉由被授权官员处理，该官员应首先核查该投诉是涉及该船上的所有海员或某一类海员的普遍性问题，还是只与当事海员有关的个案。

二、如该投诉是普遍性问题，应考虑根据标准A5.2.1进行一次更详细的检查。

三、如投诉属个案，应检查有关投诉的船上投诉程序的所有解决结果。如尚未诉诸该程序，被授权官员应建议投诉人充分利用现有的此类程序。如考虑在诉诸任何船上投诉程序之前提出投诉，需要有充分的理由。这些理由包括内部程序不足或过分拖沓，或投诉人害怕因提出投诉而遭报复。

四、在对投诉的任何调查中，被授权官员应该给船长、船东和投诉所涉及的任何其他人员适当机会来陈述观点。

五、如船旗国在对港口国根据标准A5.2.2第五款所发通知的答复中已表明其将处理该投诉，具备处理投诉的有效程序并提交了一份可接受的行动计划，被授权官员可不再进一步参与处理该投诉。

规则 5.3 劳工提供责任

目的：确保各成员国履行其在本公约下关于海员招募和安置以及对其海员提供社会保护的责任。

一、在不妨碍各成员国对悬挂其旗帜船舶上海员工作和生活条件的责任原则前提下，只要本公约有相关责任规定，成员国还有责任确保实施本公约关于海员招募和安置的要求，以及对作为其国民或在其领土内定居或以其他方式居住于其领土的海员的社会保障保护的要求。

二、实施本规则第一款的详细要求见守则。

三、各成员国应建立一个有效的检查和监督机制以执行其在本公约下的劳工提供责任。

四、关于本规则第三款所述机制的信息，包括用于评估其有效性的方法，应包括在成员国根据《国际劳工组织章程》第二十二条提交的报告中。

标准 A5.3 劳工提供责任

各成员国应通过一个检查和监督体制并通过对违反标准 A1.4 规定的许可证和其他操作性要求的情况采取法律程序，执行本公约中适用于在其领土上设立的海员招募和安置服务机构运作和实践的要求。

导则 B5.3 劳工提供责任

无论成员国领土内设立并为船东提供海员服务的私营海员招募和安置服务机构设在何处，均应承担确保由船东妥善履行与海员订立就业协议条款的义务。

附录A5 - I

在根据标准A5.1.3第一款向船舶发证以前必须经过检查并经船旗国批准的海员的工作和生活条件：

最低年龄

体检证书

海员资格

海员就业协议

使用任何有许可证的或经发证或管理的私营招募和安置服务机构

工作时间或休息时间

船舶配员水平

起居舱室

船上娱乐设施

食品和膳食服务

健康和安全及事故预防

船上医疗

船上投诉程序

工资支付

附录A5 - II

海事劳工证书

（注：本证书后应附有海事劳工符合声明）

本证书系根据《2006年海事劳工公约》（以下简称"公约"）第五条和标题5的规定，

经 ....政府授权，

（船舶有权悬挂其旗帜国家的全称）

由 ....签发

（根据公约规定正式授权的主管当局或认可组织的全称和地址）

船舶细节

船名 ....

船舶编号和呼号 ....

船籍港 ....

登记日期 ....

总吨位 [①] ....

国际海事组织编号 ....

船舶类型 ....

---

① 对于国际海事组织通过的吨位丈量临时表格所包括的船舶，总吨位为包括在《国际吨位证书（1969）》"备注"栏中的总吨位。见公约第二条第一款第（三）项。

船东 ① 名称和地址 ....

兹证明：

1. 本船舶已经过检查和核验，符合公约要求和所附《海事劳工符合声明》的规定。

2. 检查结果表明公约附录A5–I中所规定的海员工作和生活条件符合上述国家实施公约的国家要求。这些国家要求被纳入《海事劳工符合声明》的第I部分中。

本证书有效期至 ....，但取决于根据公约的标准A5.1.3和A5.1.4进行的检查。

只有后面附有在 ....（地点）于 ....（时间）签发的《海事劳工符合声明》，本证书才有效。

本证书所依据的检查的完成日期为 ....。

签发地点 ....

签发日期 ....

经正式授权签发此证书的官员签字

（签发当局的钢印或盖章）

强制性中期检查以及任何附加检查（如要求）的签注

兹证明，本船舶已按公约标准A5.1.3和A5.1.4经过检查，检查结果表明公约附录A5–I所述的海员工作和生活条件符合前述国家实施公约的国家要求。

中期检查：　　　　　　　签字 ....

（应在第二个和第三个周年日之间完成）（经授权的官员签字）

　　　　　　　　　　　　地点 ....

　　　　　　　　　　　　日期 ....

---

① "船东"系指船舶所有人或从船舶所有人那里承担了船舶经营责任并在承担这种责任时已同意接受船东根据本公约所承担的职责和责任的另一组织或个人，如管理人、代理或光船承租人，无论是否有其他组织或个人代表船东履行了某些职责或责任。见公约第二条第一款第（十）项。

（当局的钢印或盖章）

附加签注（如要求）

兹证明，按公约标准A3.1第三款的要求（重新登记或起居舱室的实质性改动）或出于其他原因，本船舶需受到一次附加检查以核验该船继续符合实施公约的国家要求。

附加检查：　　　　　　　　　签字.......................................
（如要求）　　　　　　　　　　（经授权的官员签字）
　　　　　　　　　　　　　　　地点.......................................
　　　　　　　　　　　　　　　日期.......................................
　　　　　　　　　　　　　　　（当局的钢印或盖章）

附加检查：　　　　　　　　　签字.......................................
（如要求）　　　　　　　　　　（经授权的官员签字）
　　　　　　　　　　　　　　　地点.......................................
　　　　　　　　　　　　　　　日期.......................................
　　　　　　　　　　　　　　　（当局的钢印或盖章）

附加检查：　　　　　　　　　签字.......................................
（如要求）　　　　　　　　　　（经授权的官员签字）
　　　　　　　　　　　　　　　地点.......................................
　　　　　　　　　　　　　　　日期.......................................
　　　　　　　　　　　　　　　（当局的钢印或盖章）

2006年海事劳工公约

海事劳工符合声明　第1部分

（注：本声明必须附于船舶的海事劳工证书之后）

在 ....（填入公约第二条第一款第一项定义的主管当局的名称）的授权下签发

就《2006年海事劳工公约》的规定而言，下述船舶：

船名	国际海事组织编号	总吨位

与公约标准A5.1.3保持一致。

以下签字者谨代表上述主管当局声明：

（1）《2006年海事劳工公约》的规定已充分体现在下述国家要求之中。

（2）这些国家要求收录在下文所述的国家规定中。凡必要时提供了关于这些规定内容的解释。

（3）根据第六条第三款和第四款的任何实质上等效的细节已列明〈下文所列的相应国内要求下〉〈下文为此目的而设的一节中〉（划去不适用的陈述）。

（4）主管当局根据标题3所准予的任何免除情形在下文专门部分明确指出。

（5）在有关要求中还提及了国家立法中对任何船舶类型的具体要求。

1. 最低年龄（规则1.1）..
2. 体检证书（规则1.2）..

3. 海员的资格（规则1.3）..

4. 海员就业协议（规则2.1）..

5. 使用任何经许可或发证或管理的私营招募和安置服务机构（规则1.4）....................................

6. 工作时间或休息时间（规则2.3）................................

7. 船舶配员水平（规则2.7）..

8. 起居舱室（规则3.1）..

9. 船上娱乐设施（规则3.1）..

10. 食品和膳食服务（规则3.2）......................................

11. 健康和安全及事故预防（规则4.3）............................

12. 船上医疗（规则4.1）..

13. 船上投诉程序（规则5.1.5）....................................

14. 工资支付（规则2.2）..

姓名：..

职务：..

签字：..

地点：..

日期：..

（当局的钢印或盖章）

实质上等效

（注：划去不适用的陈述）

除上述内容外，按公约第六条第三款和第四款规定的实质上等效记录如下：（如适用，请填入描述）

....

....

未准许等效。

姓名：............................

职务：............................

签字：............................

地点：............................

日期：............................

（当局的钢印或盖章）

免　除

（注：划去不适用的陈述）

主管机关根据公约标题3的规定准许的免除如下：

....

....

未准许免除。

姓名：............................

职务：............................

签字：............................

地点：............................

日期：............................

（当局的钢印或盖章）

海事劳工符合声明　第Ⅱ部分
为确保检查之间持续符合所采取的措施

在后附本声明的《海事劳工证书》中具名的船东制定了以下措施来确保检查之间的持续符合要求：

（为确保符合第Ⅰ部分中的各项要求而制定的措施陈述如下）

1. 最低年龄（规则1.1） □

....

2. 体检证书（规则1.2） □

....

3. 海员的资格（规则 1.3） ☐

4. 海员就业协议（规则 2.1） ☐

5. 使用任何经许可或发证或管理的私营招募和安置服务机构（规则 1.4） ☐

6. 工作时间或休息时间（规则 2.3） ☐

7. 船舶配员水平（规则 2.7） ☐

8. 起居舱室（规则 3.1） ☐

9. 船上娱乐设施（规则 3.1） ☐

10. 食品和膳食服务（规则 3.2） ☐

11. 健康和安全及防止事故（规则 4.3） ☐

12. 船上医疗（规则 4.1） ☐

13. 船上投诉程序（规则 5.1.5） ☐

14. 工资支付（规则 2.2） ☐

我特此证明，为确保检查之间持续符合第 I 部分所列的要求而制订了上述措施。

船东^①姓名：.....................

公司地址：.........................

授权签字人姓名：.................

职务：.............................

授权签字人签字：.................

日期：.............................

（船东^②的钢印或盖章）

上述措施已经过…………（填入主管当局或正式认可组织的名称）审查，并且在对船舶进行检查后，确定已满足了标准A5.1.3第十款第（二）项关于确保最初和持续符合本声明第I部分所列要求的目标。

姓名：.............................

职务：.............................

地址：.............................

签字：.............................

地点：.............................

日期：.............................

（当局的钢印或盖章）

临时海事劳工证书

本证书系根据《2006年海事劳工公约》（以下简称"公约"）第五条和标题5的规定，

---

① "船东"系指船舶所有人或从船舶所有人处承担了船舶经营责任并在承担这种责任时已同意接受船东根据本公约所承担的职责和责任的另一组织或个人，如管理人、代理或光船承租人，无论是否有其他组织或个人代表船东履行了某些职责或责任。见公约第二条第一款第（十）项。

② 同上。

经 ....政府授权
　　（船舶有权悬挂其旗帜的国家的全称）
由 ....签发
（根据公约的规定正式授权的主管当局或认可组织的全称和
地址）

船舶细节

船名 ....
船舶编号或呼号..
船籍港 ....
登记日期 ....
总吨位① ....
国际海事组织编号 ....
船舶类型 ....
船东②名称和地址..

兹证明，就公约标准A5.1.3第七款而言：

（1）本船舶已对本公约附录A5–I所列事项进行过合理和实际可行的检查，并考虑到了下文（2）、（3）和（4）项的核验；

（2）船东已向主管当局或认可组织表明本船舶有遵守公约的适当程序；

（3）船长熟悉公约的要求以及实施公约的责任；

（4）制作《海事劳工符合声明》的相关信息已提交给主管当局或

---

① 对于国际海事组织通过的吨位丈量临时表格所包括的船舶，总吨位为包括在《国际吨位证书（1969）》"备注"栏中的总吨位，见公约第二条第一款第（三）项。

② "船东"系指船舶所有人或从船舶所有人处承担了船舶经营责任并在承担这种责任时已同意接受船东根据本公约所承担的职责和责任的另一组织或个人，如管理人、代理或光船承租人，无论是否有其他组织或个人代表船东履行了某些职责或责任。见公约第二条第一款第（十）项。

认可组织。

　　本证书有效期至.....................，但取决于根据标准5.1.3和5.1.4
进行的检查。

　　上面（1）中所述之检查的完成日期为.......................

　　签发地点...........................　　签发日期.......................

　　经正式授权签发临时证书的的官员签字.....................

　　（发证当局的钢印或盖章）

附录A5 - III

　　成员国港口的被授权官员在根据标准A5.2.1开展港口国检查时将进行详细检查的一般领域：

　　最低年龄

　　体检证书

　　海员资格

　　海员就业协议

　　使用任何有许可证的或经发证或管理的私营招募和安置服务机构

　　工作时间或休息时间

　　船舶配员水平

　　起居舱室

　　船上娱乐设施

　　食品和膳食服务

　　健康和安全及事故预防

　　船上医疗

　　船上投诉程序

　　工资支付

附录B5-I 国家声明样本

见2006年海事劳工公约导则B5.1.3第五款

海事劳工符合声明第I部分

（注：本声明必须附在船舶的海事劳工证书之后）

在×××××国海运部的授权下签发

就《2006年海事劳工公约》的规定而言，下述船舶：

船名	国际海事组织编号	总吨位
M.S.EXAMPLE	12345	1,000

与公约标准A5.1.3保持一致。

以下签字者谨代表上述主管当局声明：

（1）《2006年海事劳工公约》的规定已充分体现在下述国家要求之中。

（2）这些国家要求收录在下文所述的国家规定中；凡必要时提供了关于这些规定内容的解释。

（3）根据第六条第三款和第四款的任何实质上等效的细节已列明〈下文所列的相应国家要求下〉〈下文为此目的而设的一节中〉（划去不适用的陈述）提供。

（4）主管机关根据标题3所准予的任何免除情形在下文专门部分明确指出。

（5）在有关要求中还提及了国家立法对任何船舶类型的具体要求。

1. 最低年龄（规则1.1）

经修正的《航运法》1905年第123号（以下称"法律"）第十章；2006年航运法规（以下称"法规"）第1111—1222条。

最低年龄为公约中所述的最低年龄。

除非海运部（以下称"部"）批准了一个不同的时段，"夜间"系指晚9点至早6点。

关于仅限于18岁或以上的人员从事危害性工作的例子列于下表A。对于货船来说，任何18岁以下的人都不得在船舶平面图（将附在本声明之后）中标识为"危险区域"的区域内工作。

2. 体检证书（规则1.2）

法律第十一章；法规第1223—1233条。

凡适宜，体检证书应符合《1978年海员培训、发证和值班标准国际公约》（《STCW公约》）的要求，在其他情况下，经过相应必要调整后适用《1978年海员培训、发证和值班标准国际公约》（《STCW公约》）的要求。

经部批准的清单上的合格眼镜商可以签发视力证书。

按导则B1.2.1中所述的国际劳工组织和世界卫生组织（ILO/WHO）导则进行体检。

海事劳工符合声明第Ⅱ部分

为确保在检查之间持续符合所采取的措施

在后附本声明的海事劳工证书中具名的船东制定了以下措施以确保检查之间的持续符合要求。

（为确保符合第I部分中的各项要求而制定的措施陈述如下）

1. 最低年龄（规则1.1）

每一海员的出生日期应在船员清单中的姓名旁注明。

在每次航程开始时由船长或代表船长的高级船员（以下称"主管高级船员"）核查清单，并记录核查的日期。

在受聘时，每名18岁以下的海员收到一份禁止其从事夜间工作或从事被特别列为危险性工作（见上文第 I 部分第 1 节）或任何其他危险性工作的通知，并要求该海员在有疑问时与主管高级船员协商。经海员签署"收到并已阅"字样的该通知副本，连同签字日期，由主管高级船员保存。

2. 体检证书（规则 1.2）

体检证书应与主管高级船员负责准备的记述船上每一船员职务、当前体检证书的日期和有关证书上记录的海员健康状况的清单一并由主管高级船员在严格保密的条件下保管。

在对海员身体是否适合某一特定职责或某些职责可能存在疑问的情况下，主管高级船员咨询海员的医生或另一名合格的执业医生，并记录该执业医生的结论概要以及执业医生的姓名、电话号码和咨询日期。

关于在上海合作组织成员国境内组织和
举行联合反恐行动的程序协定 ①②③

上海合作组织成员国（以下简称"各方"），

认识到恐怖主义对上海合作组织成员国人民的和平生活构成严重威胁；

为保障在各方境内有效打击恐怖主义；

深信在当前条件下，迫切需要各方采取一致行动打击恐怖主义；

认为加强各方合作打击恐怖主义符合上海合作组织成员国人民的利益；

为在各方境内组织和举行联合反恐行动建立法律基础；

遵循二〇〇二年六月七日签署的《上海合作组织宪章》、二〇〇一年六月十五日签署的《上海合作组织打击恐怖主义、分裂主义和极端主义公约》和二〇〇二年六月七日签署的《上海合作组织关于地区反恐怖机构的协定》；

遵循国内法和公认的国际法原则和准则；

达成协议如下：

第一条

本协定使用的术语含义如下：

---

① 协定于2009年3月17日生效。

② 中国于2006年6月15日签署，2013年6月29日批准该协定。

③ 该协定暂不适用香港特区。

"联合反恐行动"系指各方主管机关根据反恐特种部队商定的构想和计划在请求方境内举行打击恐怖主义的行动；

"反恐特种部队"系指每方依据各自国内法为举行联合反恐行动组建的专家组；

"联合反恐行动参加者"系指反恐特种部队的人员、联合反恐行动指挥机关成员及协助举行联合反恐行动的其他人员；

"请求方"系指请求派遣反恐特种部队在其境内举行联合反恐行动的一方；

"被请求方"系指应请求方请求派遣反恐特种部队举行联合反恐行动的一方；

"协助请求"系指请求方主管机关向被请求方主管机关提出协助举行联合反恐行动请求；

"主管机关"系指根据国内法负责打击恐怖主义和举行联合反恐行动的各方国家机关；

"特别保障设备和物资"系指依据被请求方国内法允许从其境内运出的举行联合反恐行动时所用的武器和军事装备、枪支、弹药、设备、通讯器材、反恐特种部队的装备、技术器材、运输工具及其他专门设备和物资；

"上海合作组织地区反恐怖机构执委会"系指上海合作组织地区反恐机构执行委员会。

第二条

各方国内法和承担的国际义务、公认的国际法准则以及本协定构成举行联合反恐行动的法律基础。

第三条

联合反恐行动旨在制止恐怖主义活动，包括：

解救被恐怖分子劫持的人质；

夺回被抢占的高危险性技术、生态设施、核工业、交通、能源、化学生产设施及其他设施；

解除爆炸装置或其他结构复杂的杀伤性装置；

制止恐怖分子、恐怖主义团伙和（或）组织的活动。

第四条

被请求方参加联合反恐行动的反恐特种部队人员在请求方境内应尊重请求方的法律和习俗。

第五条

请求方及过境方应尊重被请求方参加联合反恐行动的反恐特种部队人员的法律地位。

第六条

反恐特种部队在请求方境内及过境另一方领土时，各方应遵循：

对于被请求方参加联合反恐行动的反恐特种部队人员，不适用请求方和过境方的法律。这些人员在任何情况下均受被请求方司法管辖。

如联合反恐行动参加者违法，则违法者根据其本国法律承担责任。

任何一方参加联合反恐行动的反恐特种部队人员在请求方境内犯罪，该方应根据本国法律对其人员进行刑事侦查。

在司法协助框架内提起诉讼时，各方应遵循各自国内法和承担的国际义务。

第七条

举行联合反恐行动的决定由请求方和被请求方以书面形式共同做出。

请求方通过上海合作组织反恐怖机构执委会将决定通知其他各方。

第八条

请求方主管机关根据举行联合反恐行动的决定，向被请求方主管机关提出协助请求，并将此通知上海合作组织反恐怖机构执委会。

协助请求应以书面形式提出，包括使用报文传输技术设备。

协助请求由请求方主管机关负责人或其副手签署，并（或）由该机关盖章确认。

如被请求方对协助请求的真实性或内容产生疑问，可要求请求方进一步确认。

发给被请求方主管机关的协助请求和所附文件及其他（业务）情报，用中文或俄文写成。

第九条

协助请求的内容应包括：

请求方主管机关的名称；

被请求方主管机关的名称；

对协助请求的实质、目的和理由的说明；

关于将被请求方反恐特种部队运至联合反恐行动地点及运回常住国的方式、条件，包括通过请求方国界的地点、时间和程序的信息；

切实执行协助请求所需的其他信息。

第十条

如被请求方认为，执行请求可能损害其主权、安全或其他重要利益，或违背其国内法，则可全部或部分拒绝执行请求。

如被请求方认为，立即执行请求将妨碍在其境内进行的侦查和刑侦工作，则可推迟执行请求或提出执行请求所必需的条件。

被请求方不能执行或拒绝执行协助请求时，应立即书面通知请求方，并告知妨碍执行请求的原因。

第十一条

上海合作组织地区反恐机构执委会在其权限范围内协助各方组织和举行联合反恐行动。

第十二条

请求方创造必要条件把被请求方参加联合反恐行动的反恐特种部队人员、特别保障设备和物资运至联合反恐行动举行地。

请求方负责安置参加联合反恐行动的反恐特种部队人员及其后勤和技术保障。

请求方应保障被请求方参加联合反恐行动的反恐特种部队人员同本方主管机关联系的自由。

第十三条

被请求方参加联合反恐行动的反恐特种部队人员、该部队个别专家、特别保障设备和物资通过各方国界时，各方应协助加快办理国内法规定的有关程序。

被请求方参加联合反恐行动的反恐特种部队人员、该部队个别专家，凭被请求方主管机关确认的该部队人员名单和身份证件，在规定的通行站通过各方国界。特别保障设备和物资凭被请求方主管机关确认的清单通过各方国界。上述人员名单和清单用中文和（或）俄文写成，如联合反恐行动不涉及中方，用俄文写成。

各方对特别保障物资和设备免征关税和其他收费，不应对其检查、收缴和没收。

第十四条

被请求方参加联合反恐行动的反恐特种部队人员、该部队个别专家、特别保障设备和物资在请求方境内的转移，应在请求方主管机关代表的监督下进行。

被请求方参加联合反恐行动的反恐特种部队人员、该部队个别专家、特别保障设备和物资经过境方领土转移时，应征得过境方主管机关同意并在其协助下进行。

第十五条

为筹备和举行联合反恐行动，请求方成立指挥机关（以下称"指挥机关"）。

指挥机关负责人由请求方任命，并受任命者领导。

联合反恐行动参加者受指挥机关负责人领导。

指挥机关的构成、联合反恐行动参加者的目标和任务由指挥机关负责人确定。

指挥机关成员包括参加联合反恐行动的反恐特种部队领导、各方主管机关和上海合作组织地区反恐怖机构执委会的代表。

指挥机关的文书用中文和俄文写成，如联合反恐行动不涉及中方，则用俄文写成。

指挥机关的主要任务是：

收集情报，总结、评估和分析收到的情报，并通知联合反恐行动参加者及请求方参与联合反恐行动的其他部门；

为指挥机关负责人决策提出建议；

制定和落实举行联合反恐行动的计划；

组织联合反恐行动参加者间的联络和相互协同；

领导联合反恐行动的筹备工作，采取措施预防可能的消极后果；

必要时，制定与联合反恐行动对象谈判的策略，并组织举行谈判；

与请求方的国家政权机关和管理机构相互协作；

保障在举行联合反恐行动地区进行侦查和调查活动；

对联合反恐行动进行总结。

第十六条

在联合反恐行动期间，指挥机关负责人：

任命指挥机关官员；

确定举行联合反恐行动的区域；

领导联合反恐行动的筹备和举行；

经与请求方和被请求方反恐特种部队领导协商一致，做出关于联合反恐行动参加者采取行动和使用特别保障设备和物资的决定；

批准联合反恐行动计划；

确定联合反恐行动参加者采取行动和使用特别保障设备和物资的开始和结束时间；

协调联合反恐演习参加者的行动；

向联合反恐行动参加者介绍请求方关于特别保障设备和物资使用的法律规定；

准许有关人员与联合反恐行动对象进行谈判；

向请求方国家政权机关领导人、上海合作组织地区反恐怖机构执委会和媒体通报联合反恐行动的进程和结果；

向请求方提出结束联合反恐行动的建议，并向各方主管机关和上海合作组织地区反恐怖机构执委会提交关于联合反恐行动的总结报告。

第十七条

除指挥机关负责人的任命者外，任何人不准干涉联合反恐行动的领导工作。

第十八条

在制定联合反恐行动计划期间，被请求方反恐特种部队领导人征得本方主管机关同意，有权拒绝其指挥的反恐特种部队参加个别行动。拒绝应以书面报告的形式做出，并说明拒绝的原因。

关于联合反恐行动参加者采取行动和使用特别保障设备和物资的决定以指挥机关负责人书面命令的形式做出。

使用特别保障设备和物资的特种反恐部队的行动开始后，反恐特种部队为执行指挥机关领导人的命令而采取的行动只由反恐特种部队领导人直接领导。同时，联合反恐行动参加者采取的这些行动被视为免于承担责任的行动。

经商被请求方反恐特种部队领导人同意后，指挥机关负责人可修改联合反恐行动实施计划中所规定的行动程序。

第十九条

举行联合反恐行动过程中，使用特别保障设备和物资应符合请求方法律。

第二十条

如对请求方相邻一方的安全出现威胁时，指挥机关应向这一方的主管机关通报可能出现的威胁的性质和规模，并采取措施把威胁限制在请求方境内。

第二十一条

向媒体通报联合反恐行动进程，应根据请求方国内法，按照指挥机关负责人或受其委托负责与媒体联系的人员确定的形式和内容进行。

第二十二条

在筹备和举行联合反恐行动期间，不允许其参加者公开下列信息：

有关特种反恐行动参加者的信息；

有关举行联合反恐行动使用的特别技术手段和战术的信息；

有关特别保障设备和物资性能的信息；

请求方国内法禁止公开的其他信息。

第二十三条

结束联合反恐行动并撤销指挥机关的决定，由请求方做出。

请求方向其他各方和上海合作组织地区反恐怖机构执委会通报联合反恐行动的结束和结果。

请求方主管机关负责将关于举办联合反恐行动的总结和分析材料发给各方主管机关和上海合作组织地区反恐怖机构执委会。

第二十四条

请求方保障属于被请求方参加联合反恐行动的反恐特种部队人员、特别保障设备和物资返回其境内。

被请求方参加联合反恐行动的反恐特种部队撤出请求方领土的

计划和期限，由请求方和被请求方主管机关协商后确定并批准。

第二十五条

属于被请求方的特别保障设备和物资是被请求方的财产，请求方和过境方不能扣留和（或）以任何形式收归己有。

属于被请求方的未使用的特别保障设备和物资应在联合反恐行动结束后由被请求方从请求方境内运出。

如因特殊情况，特别保障设备和物资无法运出，可经请求方和被请求方商定，在请求方境内按其国内法予以变卖或销毁。

第二十六条

请求方不向参与举行联合反恐行动的被请求方提出任何索赔要求，包括对被请求方在执行指挥机关负责人下达的任务时给请求方境内的自然人、法人和请求方本身造成的人身伤亡和财产损失不提出索赔。

被请求方参加联合反恐行动的反恐特种部队人员如在执行指挥机关负责人下达的任务时给任何个人、组织或请求方本身造成损失，则损失由请求方按其国内法进行补偿。

第二十七条

在本协定第二十六条规定之外，如被请求方参加联合反恐行动的反恐特种部队人员在请求方境内造成的损失，由有关各方协商赔偿。

第二十八条

被请求方的开支，包括因运入的特别保障设备和物资丢失、全部或部分销毁造成的开支，由有关各方协商制定补偿办法。

第二十九条

如举行联合反恐行动时，被请求方联合反恐行动参加者的生命和健康遭受损失，请求方按其国内法规定的本方联合反恐行动参加者在类似情况下遭受损失时适用的程序予以赔偿。

同时，被请求方参加联合反恐行动的反恐特种部队人员及其家属享有本国国内法所规定的全部优惠、保障和得到补偿的权利。只有在被请求方参加联合反恐行动的反恐特种部队人员的生命和健康在请求方境内驻留期间以及过境另一方时遭受损害，才适用上述赔偿办法。

第三十条

各方根据本国国内法确定负责落实本协定和举行联合反恐行动的主管机关，并将此通知协定保存方。与此同时，有关完成协定生效的国内程序、变更主管机关和（或）主管机关名称发生变化，也应通知保存方。

第三十一条

根据相互协议，各方在上海合作组织地区反恐怖机构的协助下，可以为参加联合反恐行动的反恐特种部队制定统一的培训计划，举行反恐特种部队联合演习和专家进修。

第三十二条

若对本协定条款的解释或应用产生争议，各方通过协商和谈判加以解决。

第三十三条

本协定不涉及各方根据其参加的其他国际条约所享有的权利和承担的义务。

第三十四条

在本协定框架内合作时，各方工作语言为中文和俄文。

第三十五条

经各方同意，可以议定书的形式对本协定进行修改，议定书生效程序按本协定第二十六条规定办理。

第三十六条

本协定无限期有效，自向保存方递交第四份签署国关于完成本协定生效的国内程序的书面通知之日起第三十天生效。

本协定的保存方为上海合作组织秘书处。本协定签署后十五日内由秘书处将已经签字的副本送交各方。

保存方自收到一方关于确定本协定第三十条所提的主管机关的通知后，十五日内将此通知其他各方。

本协定对二〇〇一年六月十五日签署的《打击恐怖主义、极端主义和分裂主义的上海公约》参加方开放。对于加入国，本协定自保存方收到其加入书之日起第三十天生效，

任何一方只要仍是二〇〇一年六月十五日签署的《打击恐怖主义、分裂主义和极端主义上海公约》的参加方，本协定即对之有效。

本协定于二〇〇六年六月十五日在上海市签订，正本一式一份，分别用中文和俄文写成，两种文本同等作准。

哈萨克斯坦共和国代表　　　　　　　　　　沙布达尔巴耶夫

中华人民共和国代表　　　　　　　　　　　　　　孟宏伟

吉尔吉斯共和国代表　　　　　　　　　　　塔巴尔吉耶夫

俄罗斯联邦代表　　　　　　　　　　　　　　斯米尔诺夫

塔吉克斯坦共和国代表　　　　　　　　　阿布杜拉希莫夫

乌兹别克斯坦共和国代表　　　　　　　　　　阿塔耶夫

关于合作查明和切断在上海合作组织成员国境内参与恐怖主义、分裂主义和极端主义活动人员渗透渠道的协定①②

上海合作组织成员国各国政府（以下简称"各方"），为保障在各国境内有效打击恐怖主义、分裂主义和极端主义，

认识到参与恐怖主义、分裂主义和极端主义活动的人员渗入各国境内对各国安全构成严重威胁，

遵循二〇〇二年六月七日签署的《上海合作组织宪章》、二〇〇一年六月十五日签署的《打击恐怖主义、分裂主义和极端主义上海公约》和二〇〇二年六月七日签署的《上海合作组织成员国关于地区反恐怖机的协定》的规定，

基于各方对采取有效措施打击恐怖主义、分裂主义和极端主义的共同意愿，

遵照各国法律和公认的国际法原则和准则，

达成协议如下：

第一条

本协定使用概念的定义如下：

"违犯者"系指因实施或涉嫌实施恐怖主义、分裂主义和极端主义活动而被上海合作组织成员国执法和安全部门宣布国际通缉的人

---

① 中国于2006年6月15日签署，2012年5月21日核准协定。
② 在另行通知之前，暂不适用香港特区。

员。这些活动在二〇〇一年六月十五日签署的《打击恐怖主义、分裂主义和极端主义上海公约》中已有明确规定。

"渗透渠道"系指违犯者渗入各国境内的合法和非法途径。

第二条

各方开展合作并协调本方活动，以制定查明和切断渗透渠道的联合措施，联合各方国家机关、社会团体和其他组织、各国公民以及利用大众传媒力量，以实现上述目的。

第三条

各方在完成为使本协定生效所必需的国内程序后三十天内将关于负责落实本协定的主管机关的资料书面通知保存方。

第四条

各国主管机关在下列主要方面合作查明和切断渗透渠道：

一、制定查明和切断渗透渠道的一致立场。

二、查明渗透渠道、对其实行监控并（或）予以切断。

三、查明违犯者用于渗入各方境内的方法。

四、采取统一措施，查明并拘捕违犯者。

五、各方主管机关相互协调配合，采取联合措施，查明、切断渗透渠道。

六、制定和落实有关查明和切断渗透渠道的共同计划。

七、统一各方有关查明和切断渗透渠道问题的国家法律。

八、对查明和切断渗透渠道领域的专家进行培训和再培训，提高其业务素质。

九、就查明和切断渗透渠道问题进行联合学术研究。

十、就查明和切断渗透渠道问题协调立场以参加国际论坛和国际组织。

第五条

各国主管机关在本协定第四条所列举主要方面的合作将以下列方式进行：

一、完成提供协助的请求（以下简称"请求"）：

1. 举行协商一致的行动侦查活动，查明和切断渗透渠道；

2. 侦查和拘捕违犯者；

3. 举行其他共同关心的活动。

二、交换情报，包括：

1. 关于利用渗透渠道在各国境内进行恐怖主义、分裂主义和极端主义活动的情报；

2. 关于涉嫌参与利用渗透渠道的人员和组织的情报；

3. 关于违犯者在各国境内利用渗透渠道的具体事实和事件的情报；

4. 关于利用渗透渠道的个人和犯罪团伙之间已建立或计划建立联系的情报；

5. 关于组织和个人利用渗透渠道的活动方式和方法的情报；

6. 关于违犯者所利用的渗透渠道情报；

7. 关于渗透渠道资金来源的情报；

8. 关于查明和切断渗透渠道的方式、方法的情报。

三、将有关查明和切断渗透渠道问题的情报输入上海合作组织地区反恐怖机构资料库。

四、交换允许出入各方国境的有效证件式样，提供有关变更可在各方境内出入和停留的证件格式和要求的信息。

五、交流工作经验，包括通过举行会议、学术会议和研讨会方式。

六、交换有关查明和切断渗透渠道的法律和其他规范的法律文件及材料。

七、各国主管机关可确定其他相互接受的合作方式。

第六条

一、基于提供协助的请求，或经一方国家主管机关主动提供信息，各国主管机关在本协定范围内，以双边和多边形式进行相互协作。

二、请求或情报以书面形式提出。在紧急情况下请求或情报可通过口头形式转达，但应在72小时内以书面形式重新确认，必要时，可使用技术手段传输文本。

如对请求或情报的真实性或内容产生疑问，可要求对其进一步确认或说明。

三、请求内容应包括：

（一）请求和被请求的主管机关的名称；

（二）对请求目的和理由的说明；

（三）对请求协助的内容的说明；

（四）有利于及时和适当执行请求的其他情报；

（五）如有必要，标明密级。

四、以书面形式转交的请求或情报，应由提出请求的主管机关负责人或其副职签字，并（或）由该主管机关盖章确认。

第七条

一、被请求的主管机关采取一切必要措施保障尽快和尽可能全面地执行请求，并于收到请求之日起三十天内向提出请求的主管机关通知其研究结果。

二、如存在妨碍或严重延迟执行请求的情况，应立即将此通知提出请求的主管机关。

三、如执行请求超出被请求的主管机关的职权范围，它应将请求转给本国其他负责执行此请求的主管机关，并立即将此通知提出请求的主管机关。

四、为执行请求，被请求的主管机关可要求提供其认为必要的补充信息。

五、执行请求时适用被请求方法律。在不违背被请求方法律或其国际义务的情况下，根据提出请求的主管机关要求，也可适用请求方法律。

六、被请求的主管机关在不违反本国法律的前提下，可允许提出请求的主管机关代表在本国境内参与执行请求。

七、如果被请求的国家主管机关认为执行请求可能有损其国家主权、安全、公共秩序或其他根本利益，或违背其法律或国际义务，则可推迟、全部或部分拒绝执行请求。

八、如根据本条第六款或第七款全部或部分拒绝执行请求或推迟其执行，应将此书面通知提出请求的主管机关。

第八条

各方保障所获得的非公开或递交方不希望公开的文件和情报的保密性。文件和情报的密级由递交方确定。

根据本协定获取的情报或请求执行结果，未经提供方书面同意，不得用于除提出请求和提供请求执行结果目的之外的其他目的。

一方根据本协定从另一方获取的文件和情报，未经提供方书面同意，不得转交第三方。

第九条

除非对个案另有规定，各方自行承担与在本国境内执行本协定有关的一切费用。

第十条

为分析和评估在本协定框架内的合作结果及制定其完善途径，各方可举行磋商和会议。

第十一条

本协定规定的解释或适用中可能出现的争议问题，各方将通过协商和谈判解决。

第十二条

本协定不涉及各方根据其参加的其他国际条约所享有的权利和承担的义务。

第十三条

在本协定框架内进行合作时，各方使用的工作语言为中文和俄文。

第十四条

经各方同意，可对本协定以议定书形式进行修改和补充，并按本协定第十五条规定的程序生效。

第十五条

本协定无限期有效，自保存方收到各方关于完成为使本协定生效所必需的国内程序的第四份书面通知之日起第三十天生效。

　　本协定的保存方是上海合作组织秘书处。秘书处在本协定签署后十五日内将核对无误的副本分送各方。

　　保存方在收到各方关于确定负责落实本协定的主管机关通知后的十五天内，将此事通知其他各方。

　　本协定对二〇〇一年六月十五日签署的《打击恐怖主义、分裂主义和极端主义上海公约》的参加方开放。对于加入国，本协定自保存方收到其加入书之日后第三十天生效。

　　对本协定各方而言，只要其仍为二〇〇一年六月十五日签署的《打击恐怖主义、分裂主义和极端主义上海公约》的参加方，本协定就对其有效。

　　本协定于二〇〇六年六月十五日在上海市签订，正本一式一份，分别用中文和俄文写成，两种文本同等作准。

哈萨克斯坦共和国政府代表　　　　沙布达尔巴耶夫（签字）

中华人民共和国政府代表　　　　　孟宏伟（签字）

吉尔吉斯共和国政府代表　　　　　塔巴尔吉耶夫（签字）

俄罗斯联邦政府代表　　　　　　　斯米尔诺夫（签字）

塔吉克斯坦共和国政府代表　　　　阿布杜拉希莫夫（签字）

乌兹别克斯坦共和国政府代表　　　阿塔耶夫（签字）

泛亚铁路网政府间协定 ①②

缔约各方，

意识到需要促进和发展亚洲及其与周边地区的国际铁路运输，

认识到在进行中的全球化进程中由于国际贸易不断增长而预期国际客运和货运将增加，

忆及联合国亚洲及太平洋经济社会委员会各成员在泛亚铁路网的制订和投入运营方面的合作，

考虑到为加强联合国亚洲及太平洋经济社会委员会各成员之间的关系并推动它们之间的国际贸易和旅游事业，必须根据国际运输和环境的要求发展泛亚铁路网，包括具有国际重要性的车站和集装箱终点站，

同时铭记铁路作为一个高效率的国际多式联运网重要组成部分的作用，尤其是在解决内陆和过境国家特殊需求方面，

达成协议如下：

第1条　具有国际重要性铁路线路的定义

为《泛亚铁路网政府间协定》(《协定》) 的目的，附件一所称"具有国际重要性的铁路线路"这一术语指：

a）目前用于日常国际运输的铁路线路；

---

① 中国于2006年11月10日签署，2009年1月26日核准该协定，2009年3月13日交存核准书。

② 协定适用于香港及澳门特区。

b）意在用于日常国际运输的现有、修建中或计划修建的铁路线路；

c）保证不同国家之间或一国境内终点站之间跨越海洋或湖泊持续运输的轮渡连接；

d）提供通关设施/服务的边境关卡、轨距变换站、轮渡码头和与铁路连接的集装箱终点站。

第2条　泛亚铁路网的通过

缔约各方（"各方"）谨此通过，本协定附件一所列具有国际重要性的铁路线路将作为各缔约方拟在其国家规划框架内发展具有国际重要性铁路线路的协调计划。

第3条　泛亚铁路网的发展

应使泛亚铁路网线路符合本协定附件二所载有关技术特性的指导原则。

第4条　签署和成为缔约方的程序

1. 本协定从二〇〇六年十一月十日至十一日在大韩民国釜山，嗣后从二〇〇六年十一月十六日至二〇〇八年十二月三十一日期间在纽约联合国总部供联合国亚洲及太平洋经济社会委员会成员国开放性签署。

2. 各国可通过以下方式成为本协定的缔约方：

a）须经批准、接受或核准的签字，随后加以批准、接受或核准；或

b）加入。

3. 批准、接受、核准或加入须向联合国秘书长交存正式文书方

可生效。

第5条 生 效

1. 本协定应在至少八（8）个国家的政府根据第四条第二款和第三款同意接受本协定的约束之日后第九十天生效。

2. 对在本协定生效条件满足之日以后交存批准、接受、核准或加入文书的国家，本协定将在该国交存上述文书之日九十（90）天后对其生效。

第6条 泛亚铁路网工作组

1. 联合国亚洲及太平洋经济社会委员会须设立一个泛亚铁路网工作组（"工作组"），以审议本协定的执行情况和任何修订建议。联合国亚洲及太平洋经济社会委员会的所有成员国均为工作组的成员。

2. 工作组每两年开一次会。任何缔约方也可通知秘书处，要求召开工作组特别会议。秘书处须将该要求通知工作组所有成员，若在秘书处通知之日起四（4）个月内有不少于三分之一的缔约方表示同意该要求，则须召集工作组特别会议。

第7条 修订正文的程序

1. 对本协定的正文可根据本条规定的程序进行修订。

2. 任何缔约方均可提出对本协定的修订建议。

3. 秘书处须在召开拟通过修正案的工作组会议至少四十五（45）天之前向工作组所有成员分送任何修订建议的案文。

4. 修正案须获得工作组出席并投票的缔约方的三分之二多数通过。秘书处须将业经通过的修正案转交联合国秘书长，并由后者分送所有缔约方接受。

5. 根据本条第四款获得通过的修正案，得在获得三分之二的缔约方的接受后十二（12）个月后生效。除在修正案生效之前就宣布不接受修正案的缔约方之外，修正案对其他所有缔约方生效。任何根据本款宣布不接受业已通过的修正案的缔约方可在此后任何时候向联合国秘书长交存对该修正案的接受书。该修正案得在上述接受书交存之日起十二（12）个月之后对该国生效。

第8条 修订附件一的程序

1. 对本协定附件一可根据本条所规定的程序进行修订。

2. 为第8条的目的，"直接有关缔约方"为提议的修订之主题在其境内的缔约方。

3. 有关改变边境车站的修订案只能由直接有关缔约方与分享该修正案主题相关的边境的邻国协商并获得其书面同意后提出。

4. 任何直接有关缔约方均可就不改变边境车站的问题提出修改。

5. 秘书处须在召开拟通过修正案的工作组会议至少四十五（45）天之前向工作组所有成员通报任何修订建议的案文。

6. 修正案须获得出席工作组会议并投票的缔约方的多数通过。秘书处须将业经通过的修正案转交联合国秘书长，并由后者分送所有缔约方。

7. 如在通知之日起六（6）个月内通知联合国秘书长其反对该项修正的不到缔约方的三分之一，根据本条第六款通过的任何修正案应被视为接受。

8. 根据本条第七款被接受的修正案得在本条第七款提及的六（6）个月期满后三（3）个月后对所有缔约方生效。

第9条 修订附件二的程序

1. 对本协定附件二可根据本条所规定的程序进行修订。

2. 任何缔约方均可提出修订建议。

3. 秘书处须在召开拟通过修正案的会议至少四十五（45）天之前将任何修订建议的案文分送工作组所有成员。

4. 修正案须获得工作组出席并投票的缔约方中的多数通过。秘书处须将业经通过的修正案转交联合国秘书长，并由后者分送所有缔约方。

5. 根据本条第四款通过的修正案，若在自通知之日起六（6）个月内向联合国秘书长通报反对该修正案的缔约方不到三分之一，该修正案则被视为接受。

6. 根据本条第五款被接受的修正案得在本条第五款提及的六（6）个月期满后三（3）个月后对所有缔约方生效。

第10条 保 留

除十三条第五款规定的情况外，对本协定的任何条款均不得提出保留。

第11条 退 出

任何缔约方均可向联合国秘书长发出书面通知，宣布退出本协定。退出决定将在秘书长收到该通知之日起一（1）年后生效。

第12条 停止生效

若缔约方的数目在任何连续十二（12）个月内少于八（8）个，本协定将停止生效。在这种情况下，秘书处应向各缔约方发出通知。若缔约方数目达到八（8）个，本协定应再次生效。

第13条 争端的解决

1. 若两个或两个以上的缔约方就本协定的解释或适用存在任何

争端，而争端各方无法通过谈判或协商解决，可在争端任何一方的要求下提交给争端各方相互同意选定的一位或多位调解人进行调解。在提出调解要求之后三（3）个月内，如争端各方未能就一位或多位调解人的人选达成一致意见，则其中任何一缔约方均可要求联合国秘书长指定单一独立的调解人，向其提交争端。

2. 根据本条第一款指定的一位调解人或多位调解人的建议虽然不具有约束性，但应成为争端各方重新审议的基础。

3. 经相互商定，争端各方可事先同意接受关于一位或多位调解人的建议具有约束力。

4. 本条第一、二、三款不得解释为排除争端各方相互同意的解决争端的其他措施。

5. 任何国家在交存其批准、接受、核准或加入文书时，可交存一份保留，声明其并不认为自己受本条关于调解的规定的约束。其他缔约方在与交存这一保留的任何缔约方相关的调解中不受本条规定的约束。

第14条 适用的限制

1. 本协定内任何规定不得被理解为阻止缔约方采取它认为对其内部或外部安全所必要的符合《联合国宪章》规定并限于紧急事态的行动。

2. 缔约方应尽一切努力发展符合本协定的泛亚铁路网。然而，本协定内任何规定不得被理解为任何缔约方接受允许货运和客运交通通过其领土的义务。

第15条 附 件

本协定的附件一和附件二构成本协定的组成部分。

第16条　秘书处

联合国亚洲及太平洋经济社会委员会被指定担任本协定秘书处。

第17条　保管人

联合国秘书长是本协定指定保管人。

下列签署人经正式授权签署本协定，以昭信守。

本协定于二〇〇六年十一月十日在大韩民国釜山开放签署，协定正本共一份，用中文、英文和俄文写成，三种文本同等作准。

附件一

泛亚铁路网

泛亚铁路网由以下具有国际重要性的各铁路线组成。

构成泛亚铁路网基础的各国线路的始发站和终点站以黑体表示，然后垂直列出。支线在枢纽站的右边列出。进一步的支线在该第一支线下缩入列出。所有线路在泛亚铁路网内都同等重要。

如线路在边界处开始或终止，在该线的首站或末站之前或之后用括号加上边境站名称和直接有关的邻国名称。

在线路上具有特定功能的各站名称之后用斜体和括号说明其功能。这类功能包括：

—（边界车站），

—（换轨距），

—（枢纽站），

—（接海运），以及

—（轮渡码头）。

空缺路段都放在[方括号]内。

至少20英尺或更长的具备国际标准化组织（ISO）的集装箱装卸设施的各站用下划线表示。

泛亚铁路网铁路一览表

亚美尼亚

艾鲁姆—Niuvedi

（萨达赫洛，格鲁吉亚）

艾鲁姆（边境车站）

Gvumri（枢纽站）→　阿胡良（边境车站、换轨距）—（Dogu Kapi，土耳其）

马西斯（枢纽站）→　埃里温—IJevan（边境车站）—（Barkhudarly，阿塞拜疆）

↳ Gagarin—Martuni—[Jermuk-Kapan-Meghri（边境车站）]—（Marand，伊朗伊斯兰共和国）

Yeraskh（边境车站）

（Belidag—奥尔杜巴德，阿塞拜疆）

Meghri

Niuvedi（边境车站）

Agbent（阿塞拜疆）

阿塞拜疆

Yalama—Beyouk Kesik

（萨穆尔，俄罗斯联邦）

Yalama（边境车站）

巴库（轮渡码头）→　（轮渡连接伊朗伊斯兰共和国、哈萨克斯坦、俄罗斯联邦和土库曼斯坦在里海的港口）

阿利亚特（枢纽站）→ Ali Bairamli（枢纽站）—阿斯塔拉（边境车站、换轨距）—阿斯塔拉，伊朗伊斯兰共和国）

→ Ali Bairamli（枢纽站）—Agbent（边境车站）—[Niuvedi-Meghri（边境车站），亚美尼亚]—Ordubad—Djulfa（边境车站、换轨站）—（Djulfa,伊朗伊斯兰共和国）

阿克斯塔法 → Barkhudarly（边境车站）—（Ijevan,亚美尼亚）

Beyouk Kesik（边境车站）
（加尔达巴尼，格鲁吉亚）

孟加拉国

达尔索纳—Gundum

（Gede，印度）

达尔索纳（边境车站）

伊舒尔迪（枢纽站）→ Abdulpur（枢纽站）—罗洪布尔（边境车站）—（Singhabad，印度）

⌐Abdulpur（枢纽站）—巴尔博蒂布尔—Birol（边境车站）—（Radhikapur,印度）

Tongi（枢纽站） → 达卡

阿考拉（枢纽站） → 古劳拉—萨赫巴兹布尔（边境车站）—（Mahisasan，印度）

吉大港（接海运）

多哈扎里

[Gundum（边境车站）缅甸]

柬埔寨
波贝—西哈努克城

（Klong Luk，泰国）

[波贝（边境车站）诗梳风]
Bat Deng（枢纽站）→ [磅湛（边境车站）—（禄宁省[①]，越南）]
金边（枢纽站）
西哈努克城（接海运）

中国
阿拉山口—连云港

（多斯图克，哈萨克斯坦）

阿拉山口（边境车站、转轨距）
乌鲁木齐
吐鲁番（枢纽站）→ 喀什[（边境车站、换轨距）—（Torugart，吉尔吉斯斯坦）]

兰州
宝鸡（枢纽站） → 昆明（枢纽站）—祥云（枢纽站）—大理（枢纽站）— [Kachang（边境车站、换轨距）—（密支那，缅甸）]
　　　祥云—景洪（边境车站、换轨距）—（Boten，老挝）
　　　大理（枢纽站）— [瑞丽（边境车站、换轨距）—（Muse，缅甸）
昆明（枢纽站）—河口（边境车站）—（老挝，越南）
昆明（枢纽站）—南宁（枢纽站）—

① 确切地点待定。

广州（枢纽站）

└ 南宁（枢纽站）—衡阳（接京—深线）

└ 广州（接京—深线）

西安

郑州（枢纽站）→ （接京—深线）

溪洲（枢纽站）→ （接津—沪线）

连云港（接海运）

二连浩特—丹东

（Zamyn Uud，蒙古国）

二连浩特（边境车站、换轨距）

北京（枢纽站） → （接京—深线）

天津（接海运）

沈阳（枢纽站） → （接满洲里—大连线）

丹东（边境车站、换轨距）

（新义州，朝鲜民主主义人民共和国）

满洲里—大连

（外贝加尔斯克，俄罗斯联邦）

满洲里（边境车站、换轨距）

哈尔滨（枢纽站）→ 绥芬河（边境车站、换轨距）—（格罗杰科沃，俄罗斯联邦）

长春（枢纽站） → 图们（边境车站）—（南阳，朝鲜民主主义人民共和国）

沈阳（枢纽站） → （接二连浩特—丹东线）

大连（接海运）

北京—深圳

北京

郑州（枢纽站） → （接阿拉山口—连云港线）

武汉

衡阳（枢纽站） → 南宁（枢纽站）—凭祥（边境车站、换轨距）—（同登，越南）（双轨距铁路进入越南至嘉林）

　　　　　　　　　┗ 南宁—昆明

广州（枢纽站） → 南宁—（枢纽站）—昆明

　　　　　　　　　┗ 凭祥（边境车站、换轨距）—（同登，越南）（双轨距铁路进入越南至嘉林）

深圳

天津—上海

天津（接海运）

济南（枢纽站） → 青岛（接海运）

溪洲（枢纽站） → （接阿拉山口—连云港线）

南京

上海（接海运）

朝鲜民主主义人民共和国
新义州—开城

（丹东，中国）

新义州（边境车站）

平壤

开城

Bongdong（南端车站）

（汶山，大韩民国）

豆满江一金刚山

（哈桑，俄罗斯联邦）

豆满江（枢纽站，边境车站）→　南阳（边境车站）—（图们，中国站、换轨距）

Rajin（接海运）　　　　→　Rajin（接海运）

清津（枢纽站）　　　　→　南阳（边境车站）—（图们，中国）

　　　　　　　　　　　　→　清津（接海运）

高原

元山

海金刚

温井里（南端车站）

（Jejin，大韩民国）

格鲁吉亚

甘蒂亚迪一加尔达巴尼

（韦肖洛耶，俄罗斯联邦）

甘蒂亚迪（边境车站）

Senaki（枢纽站）　　　→　波季（接海运）

萨姆特雷迪亚（枢纽站）　→　巴统（接海运）

第比利斯（枢纽站）　　　→　萨达赫洛（边境车站）—（艾鲁姆，亚美尼亚）

　　　　　　　　　　　　→　[阿中尔卡拉基（边境车站、换轨距）—（卡尔斯，土耳其）]

加尔达巴尼（边境车站）

（Beyouk Kesik，阿塞拜疆）

印度

Attari—Jiribam

（瓦格赫，巴基斯坦）

Attari（边境车站）

Dhandari Kalan

新德里（枢纽站） → 马图拉（枢纽站）—阿格拉—那格浦尔（枢纽站）—维杰亚瓦达（枢纽站）—Chennai（接海运）—Jolarpettai（枢纽站）—马杜赖（枢纽站）—杜蒂戈林（接海运）

　　↳ 马图拉（枢纽站）—孟买（接海运）

　　↳ 那格浦尔（枢纽站）—孟买（接海运）

　　↳ 那格浦尔（枢纽站）—加尔各答（接海运）

　　↳ 维杰亚瓦达（枢纽站）—Visakhapatnam（接海运）—加尔各答（接海运）

　　↳ Jolarpettai（枢纽站）—孟买（接海运）

　　↳ 马杜赖（枢纽站）—拉梅斯沃勒姆—（轮渡码头）—（搭莱曼纳尔，斯里兰卡）

坎普尔（枢纽站） → 拉克绍尔（边境车站）—（Brigunj, 尼泊尔）

莫卧儿瑟赖

锡达兰布尔（枢纽站） → 拉克绍尔（边境车站）—（Brigunj, 尼泊尔）

加尔各答（枢纽站、接海运） → 霍尔迪亚（接海运）

Gede（边境车站）

（达尔索纳，沙赫巴兹布尔，孟加拉国）

▼ Mahisasan（边境车站）

Badarpur

Jiribam（边境车站、换轨距）
[（德穆，缅甸）]

印度尼西亚
默拉克—外南梦（巴纽旺宣）

默拉克（轮渡码头）

雅加达（枢纽站、接海运）→　苏 加 武 眉 —Padalarang—
　　　　　　　　　　　　　Cikampek（枢纽站）

Cikampek（枢纽站）　　　→　井里汶（枢纽站）—三宝垄
　　　　　　　　　　　　　（枢纽站）—Surabavapasarturi
　　　　　　　　　　　　　（接海运）
　　　　　　　　　　　　　└ 普鲁普克（枢纽站）—普
　　　　　　　　　　　　　禾加多—克罗亚（枢纽站）

万隆

Gedebage

克罗亚（枢纽站）　　　　→　普禾加多—普鲁普克（枢纽站）—
　　　　　　　　　　　　　井里汶（枢纽站）

日惹（枢纽站）　　　　　→　[马格朗]

Solobalapan（枢纽站）　 →　甘地—三宝垄（枢纽站）

克托索诺（枢纽站）　　　→　Wonokromo—Surabayakota

玛琅

邦义尔

外南梦（轮渡码头）

[班达亚齐]—庞卡兰苏苏—兰陶普拉帕

[班达严齐]

庞卡兰苏苏

棉兰（枢纽站）　　　　　→　勿拉湾（接海运）

直名丁宜岛（枢纽站）　　→　先达

基萨兰　　　　　　　　　→　丹戎巴来

兰陶普拉帕　　　　　　　　→　　　[Payakumbuh]

直落巴由—Muaro

直落巴由（接海运）

Bukitputus（枢纽站）　　→　　Indarung

巴东

Lubuk Alung（枢纽站）　　→　　纳拉斯

巴当班让（枢纽站）　　　→　　武吉丁宜—帕雅孔布

Muarakalaban（枢纽站）　→　　沙哇伦多

▼ Muaro→[卢布林高]

卢布林高—潘姜

卢布林高

Muaraenim（枢纽站）　　→　　Tanjung Enim

普拉布穆利（枢纽站）　　→　　Kertapati

Tanjungkarang（枢纽站）　→　　Tarahan

▼ 潘姜（轮渡码头）

伊朗伊斯兰共和国

Razi—萨拉赫斯

（Kapikoy，土耳其）

Razi（边境车站）

Sufian（枢纽站）　　→　　焦勒法（边境车站、换轨距）—（Djulfa，阿塞拜疆）

大不里士

Miyaneh（枢纽站）

Qazvin（枢纽站）　　→　　[拉什特—班达尔-e-恩泽利港（轮渡码头）—阿斯塔拉（边境车站、换轨距）]—（阿斯塔拉，阿塞拜疆）（轮渡连接阿塞拜疆、哈萨克斯坦、俄罗斯联邦和土库

▼

曼斯坦在里海的港口）

德黑兰（枢纽站）→ 库姆（枢纽站）—Badrud（枢纽站）—
梅博德—巴夫格（枢纽站）—克尔曼—
[巴姆—法赫拉季]—扎黑丹（换轨距）—
米尔贾韦（边境车站）—（塔夫坦山，
巴基斯坦）

      └ 库姆（枢纽站）—Arak（枢纽站）
阿瓦士（枢纽站）—霍拉姆沙赫尔
（接海运）

      └ [Arak（枢纽站）—Kermanshah—
Khosravi（边境车站）（Khaneghein，
伊拉克）]

      └ 阿瓦士—伊玛目港（接海运）

      └ Badrud（枢纽站）—伊斯法军

      └ 巴夫格（接萨拉赫斯—阿巴斯港线）

Garmsar（枢纽站）→ Bandar-e-Amirabad（轮渡码头）（轮渡连
接阿塞拜疆、哈萨克斯坦、俄罗斯联邦
和土库曼斯坦在里海的港口）

Shahrood

卡什马尔（枢纽站）→ （接萨拉赫斯—阿巴斯港线）

法里曼（枢纽站）→ Mashhad

萨拉赫斯（边境车站、换轨距）

（萨拉赫斯，土库曼斯坦）

萨拉赫斯—阿巴斯港

（萨拉赫斯，土库曼斯坦）

萨拉赫斯（边境车站、换轨距）

法里曼（枢纽站）　　　→　Mashhad

卡什马尔（枢纽站）　　　→　（接Razi—萨拉赫斯线）

托尔巴特海达里耶　　　→　[桑甘（边境车站）—哈拉特（边

境车站）—（阿富汗）]

塔巴斯

Chadormalu（枢纽站）　　→　　阿尔达坎

巴夫格（枢纽站）→　（接库姆—米尔贾韦线）

阿巴斯港（接海运）

哈萨克斯坦

彼德罗巴浦洛夫斯基—多斯图克

（Uryak，俄罗斯联邦）

彼德罗巴浦洛夫斯基（边境车站）

Kokshetav

Astana（枢纽站）→　Ecil—托博尔（枢纽站、边境车站）—

（卡尔塔雷，俄罗斯联邦）

托博尔（枢纽站）-Aiteke–bi–

Nikeltau—Kandagach（枢纽站）

→（接 Semiglavii Mar-Aktogai 线）

Karaghandy

莫因特（枢纽站）→　楚（枢纽站）

阿克斗卡（枢纽站）→　塞米巴拉金斯克—阿乌（边境车站）—

（洛科季，俄罗斯联邦）

→（接 Semiglavii Mar-Aktogai 线）

多斯图克（边境车站，换轨距）

（阿拉山口，中国）

Semiglavii Mar—阿克斗卡

（奥津基，俄罗斯联邦）

Semiglavii Mar（边境车站）

Uralsk（边境车站）

Iletsk I（边境车站），俄罗斯联邦　→　（Orenburg，俄罗斯联邦）

阿克托别

Kandagach（枢纽站）→　Nikeltau（边境车站）—（Orsk,
俄罗斯联邦）

　　　　　　　　　　　↳ Nikeltau（ 边 境 车 站 ）—
　　　　　　　　　　　　Aiteke-bi—托博尔（联轨车
　　　　　　　　　　　　站）Astana（枢纽站）

　　　　　　　　→（接彼德罗巴浦洛夫斯基—多斯图
　　　　　　　　　克线）

　　　　　　　　→　马卡特（枢纽站）—加纽什斯诺—
　　　　　　　　　（Aksaraiskaya,俄罗斯联邦）

　　　　　　　　　　　↳ 马卡特（ 枢 纽 站 ）—别伊
　　　　　　　　　　　　湟乌（ 枢 纽 站 ）—Oazis—
　　　　　　　　　　　　（Karakalpakia, 乌 兹 别 克
　　　　　　　　　　　　斯坦）

　　　　　　　　　　　↳ 别伊湟乌（枢纽站）—阿克
　　　　　　　　　　　　套港（轮渡码头）—（轮渡连
　　　　　　　　　　　　接阿塞拜疆、伊朗伊斯兰共
　　　　　　　　　　　　和国、俄罗斯联邦和土库曼
　　　　　　　　　　　　斯坦在里海的港口）

秋拉塔姆

克孜勒奥尔达

Arys（枢纽站）　　→　Sary—Agash（边境车站）—（克列斯,
乌兹别克斯坦）

厅姆肯特

Diambul

卢戈瓦亚（枢纽站和边境车站）→　比什凯克,吉尔吉斯斯坦）

楚（枢纽站）　　　　　　→　莫因特（枢纽站）

阿拉木图—I

乌什托别

阿克斗卡（枢纽站）→（接彼德罗巴浦洛夫斯基—多斯图

克线）

吉尔吉斯斯坦
Bishkek—科奇科尔

> （卢戈瓦亚，哈萨克斯坦）
> 阿拉梅金
> 巴富克奇
> ▼ [科奇科尔]

[科奇科尔—Torugart]

> [科奇科尔]
> 卡拉—keche
> 阿尔帕（枢纽站）　　　　→　[空缺路段]—奥什（卡拉苏站）—Jalal—Abad（边境车站）—（安集延，乌兹别克斯坦）
>
> Torugart（边境车站，换轨距）
> ▼ （喀什，中国）

与乌兹别克斯坦交界—奥什

> （安集延，乌兹别克斯坦）
> ▼ 奥什（卡拉苏站）（边境车站）

老挝人民民主共和国
[塔纳琅—穆嘉]

> [（廊开，泰国）]
> 塔纳琅（边境车站）
> 万象→（枢纽站）　　→　[Boten（边境车站）—（景洪，中国）]
> 他曲（枢纽站、边境车站）→　[Nakhon Phanom, 泰国]
> ▼ 穆嘉（边境车站）
> （穆嘉，越南）

[Vangtao—Densavanh]
　　[Chong Mek, 泰国]
　　Vangtao（边境车站）
　　巴色
　　沙湾拿吉（枢纽站和边境车站）→　[（穆达汉，泰国）]
　　Densavanh（边境车站）
　　（寮保，越南）

马来西亚
巴丹勿刹—新山
　　（巴丹勿刹，泰国）
　　巴丹勿刹（边境车站）
　　大山脚（枢纽站）→　巴特沃思（接海运）
　　怡保
　　吉隆坡（枢纽站）→　Port Klang（接海运）
　　　　　　　　　　　　Setia Java
　　加影
　　金马士（枢纽站）→　Wakaf Bahru（枢纽站）—晏斗班让（边
　　　　　　　　　　　　境车站）—（Sungai Kolok，泰国）
　　　　　　　　　　　　⌐ Wakaf Bahru—道北（通帕）
　　昔加末
　　甘巴士 Bahru（枢纽站）　→　巴西 Gudang（接海运）
　　　　　　　　　　　　　　　→　Taniung Pelepas（接海运）
　　新山（边境车站）
　　（新加坡）

蒙古国
Sukhbaatar—Zamyn Uud
　　（纳乌什基，俄罗斯联邦）

Sukhbaatar（边境车站）

乌兰巴托

Zamyn Und（边境车站、换轨距）

（二连浩特，中国）

缅甸
曼德勒—仰光

曼德勒（枢纽站）　→　腊戌—[Muse（边境车站、换轨距）—（瑞丽，中国）]

　　　　　　　　→　Kalay—[德穆（边境车站、换轨距）—（Jiribam, 印度）]

巴戈（枢纽站）　→　Thanpyuzayat（枢纽站）—[三塔山口（边境车站）—（三塔山口，泰国）]

　　　　　　　　　Thanpyuzayat（枢纽站）—耶城

仰光（接海运）

尼泊尔
Birgunj—印度边界

Birgunj（边境车站）

（拉克绍，印度）

[Kakarvitta—Brahma Mandi]

（Panitanki, 印度）

[Kakarvitta（边境车站）

Brahma Mandi（边境车站）]

（Tanakpur, 印度）

Janakpur—印度边界

Janakpur（边境车站）

（Jaynagar, 印度）

巴基斯坦

塔夫坦山—瓦格赫

（米尔贾韦，伊朗伊斯兰共和国）

Koh-i-塔夫坦山（边境车站）

达尔本丁（枢纽站）→　　[瓜德尔（接海运）]

斯贝曾德（枢纽站）→　　奎达—博斯坦—杰曼（边境车站）—
　　　　　　　　　　　　（Spinbuldak，阿富汗）

罗赫里（枢纽站）　→　　海得拉克（枢纽站）—卡拉奇（接海
　　　　　　　　　　　　运）—加西姆（接海运）
　　　　　　　　　　　　　┗→ 海得拉巴（枢纽站）—米尔布尔
　　　　　　　　　　　　哈斯—科克罗巴尔（边境车站）

洛特兰（枢纽站）　→　　谢尔沙阿（枢纽站）—哈内瓦尔—费
　　　　　　　　　　　　萨拦巴德—沙赫德拉（枢纽站）（接拉
　　　　　　　　　　　　合尔—白沙瓦线）
　　　　　　　　　→　　谢尔沙阿—贡迪扬—阿塔克（枢纽
　　　　　　　　　　　　站）—白沙瓦（边境车站）—（阿富汗）

哈内瓦尔（枢纽站）→　　沙赫德拉（接拉合尔—白沙瓦线）

木尔坦

拉合尔（枢纽站）

▼瓦格赫（边境车站）

（Attari，印度）

白沙瓦—拉合尔

（阿富汗）

白沙瓦（边境车站）

阿塔克（枢纽站）　→　　谢尔沙阿—洛特兰（接塔夫坦山—瓦格
　　　　　　　　　　　　赫线）

伊斯兰堡

拉瓦尔品第

▼沙赫德拉（枢纽站）→　　哈内瓦尔—洛特兰（接塔夫坦山—瓦

格赫线）

拉合尔

大韩民国
汶山—釜山

（Bongdong，朝鲜民主主义人民共和国）

汶山（北端车站）

汉城

水原

大田（枢纽站）　　　→　益山（枢纽站）—木浦（接海运）

　　　　　　　　　　　　　　↳ 光阳（接海运）

大丘

釜山（接海运）

俄罗斯联邦
Buslovskaya—莫斯科

（瓦伊尼卡拉，芬兰）

Buslovskaya（边境车站）

圣彼得堡（枢纽站）　→　姆 加 —Volhovstroi—Koshta— 沃 洛
格 达 —科捷利尼奇（枢纽站）—
Ekaterinburg（枢纽站）

　　　　　　　　　　　　↳ 科捷利尼奇（枢纽站）（接
Krasnoe—纳霍德卡线）

莫斯科（枢纽站）　　→　（接Krasnoe—纳霍德卡线）

Suzemka—莫斯科

（Zernovo，乌克兰）

Suzemka（边境车站）

布良斯克

莫斯科（枢纽站）　　→　（接Krasnoe—纳霍德卡线）

Krasnoe—纳霍德卡

（奥西诺夫卡，白俄罗斯）

Krasnoe（边境车站）

斯摩棱斯克

莫斯科

下诺夫哥罗德

科捷利尼奇（枢纽站）→　圣彼得堡

Ekaterinburg（枢纽站）→　库尔干—Utvak（边境车站）—（Petropavlosk，哈萨克斯坦）

→　车里雅宾斯克—卡尔塔雷（枢纽站、边境车站）—（托博尔，哈萨克斯坦）

┗ 卡尔塔雷（枢纽站、边境车站）—奥尔斯克（枢纽站、边境车站）—（Nikeltau，哈萨克斯坦）

┗ 奥尔斯克（枢纽站、边境车站）—奥伦堡—（Iletsk，俄罗斯联邦）—（阿克纠宾斯克，哈萨克斯坦）

鞑靼（枢纽站）　　　→　洛科季（枢纽站和边境车站）—（阿尔马，哈萨克斯坦）

新西伯利亚（枢纽站）　→　洛科季（枢纽站和边境车站）—（阿尔马，哈萨克斯坦）

克拉斯诺亚尔斯克

伊尔库次克

乌兰乌德

Zaudinski（枢纽站）　→　约乌斯基（边境车站）—（Sukhbaatar，蒙古国）

Karimskaya（枢纽站）　→　外贝加尔斯克（边境车站、换轨距）—（满洲里，中国）

乌苏里斯克（枢纽站） → 格罗杰科沃（边境车站、换轨距）—（绥芬河，中国）

Baranovski（枢纽站） → 哈桑（边境车站、换轨距）—（图们江，朝鲜民主主义人民共和国）

乌格洛瓦亚（枢纽站） → Vladivostok（接海运）

纳霍德卡（枢纽站，接海运）→东方港（接海运）

莫斯科—Samur

莫斯科

梁赞

科切托夫卡（枢纽站） → 勒季谢沃—萨拉托夫—奥津基（边境车站）—（Semiglavii Mar, 哈萨克斯坦）

格里亚济（枢纽站） → 伏尔加格勒

Liski

Likhaya（枢纽站） → 罗斯托夫—克拉斯诺达（枢纽站）—Veseloe（边境车站）—（甘蒂亚迪，格鲁吉亚）

⌐克拉斯诺达（枢纽站）—Krimskaya（枢纽站）—新罗西斯克（接海运）

⌐Krimskaya（枢纽站）—高加索（接海运和轮渡）

伏尔加革勒（枢纽站） → 格里亚济

Aksaravskava（枢纽站和边境车站） → （加纽什斯诺，哈萨克斯坦）

阿斯特拉罕 → Port Olya（轮渡码头）—（轮渡连接阿塞拜疆、伊朗伊斯兰共和国、哈萨克斯坦和土库曼斯坦在

里海的港口）

Makhachkala（边境车站、轮渡码头）→ （轮渡连接阿塞拜疆、
哈萨克斯坦和土库曼
斯坦在里海的港口）

Samur（边境车站）
（Yalama，阿塞拜疆）

新加坡
兀兰—

（新山，马来西亚）
兀兰（边境车站）

斯里兰卡
卡特勒格默—卡图纳耶克

[卡特勒格默
汉班托特
马特勒]
科伦坡（接海运）
Sri Javewardenepura Kotte
卡图纳耶克

科伦坡—塔莱曼纳尔

科伦坡—（接海运）
库鲁内格勒（枢纽站）　　→　　[丹布勒]
马霍（枢纽站）　　　　　　→　　Trinomalee（接海运）
塔莱曼纳尔（轮渡码头）　　→　　（拉梅斯沃勒姆，印度）

塔吉克斯坦

Nau—卡吉巴达姆

（别卡巴德，乌兹别克斯坦）

Nau（边境车站）

Khudiand

卡尼巴达姆 → （枢纽站及边境车站） → 伊斯法拉车站）

（Suvanabad，乌兹别克斯坦）

帕赫塔阿巴德—扬吉巴扎尔

（Sariasiya, 乌兹别克斯坦）

帕赫塔阿巴德（边境车站）

雷加尔

杜尚别 II

杜尚别 I

扬吉巴扎尔

Khoshad—库利亚布

（Amuzang，乌兹别克斯坦）

Khoshad（边境车站）

Kurgen Tube（枢纽站） → 亚万

库利亚布

泰国

廊开—巴当勿刹

（塔纳琅，老挝人民民主共和国）

廊开（边境车站）

波艾（枢纽站） → [那空拍依（边境车站）—（他曲，老挝人民民主共和国）]

→ [穆达汗（边境车站）—（沙湾拿吉，老挝人民民主共和国）]

耿奎（枢纽站） → 呵叻—乌汶—[Chong Mek（边境车站）—（巴色，老挝人民民主共和国）]

Banphachi（枢纽站） → 那空沙旺（枢纽站）—登猜（枢纽站）—清迈
　　　　↳[那空沙旺—Mae Sod（边境车站）—（渺瓦底，缅甸）]
　　　　↳[登猜—清莱—湄赛（边境车站）—（大其力，缅甸）]

曼谷—Bang Sue（枢纽站）→ Ladkrabang—差春骚（枢纽站）—Si Racha（枢纽站）—Kao Chi Chan（枢纽站）—梭桃邑（接海运）

　　　　→ 差春骚（枢纽站）—亚兰—Klong Luk（边境车站）—[（波贝，柬埔寨）]

　　　　→ Si Racha-Laemchabang（接海运）

　　　　→ Kao Chi Chan-Map Ta Put（接海运）

Nong Pla Duk（枢纽站） → 南多—[三塔卡（边境车站）—（Thanpyuzayat，缅甸）]

合艾（枢纽站） → Sungai Kolok（边境车站）—（Rantau Panjang,马来西亚）

巴当勿刹（边境车站）
（巴当勿刹，马来西亚）

土耳其
Kapikule—Kapikoy
　（保加利亚，欧洲）
　Kapikule（边境车站）
　伊斯坦布尔

埃斯基谢希尔（枢纽站）　→　阿拉云特—巴勒克埃西尔—伊兹密尔（边境车站）

安卡拉

Kalin（枢纽站）　→　萨姆松（接海运）

锡瓦斯

切廷卡亚（枢纽站）　→　卡尔斯（枢纽站）—Dogukapi（边境车站、换轨距）—（阿胡良，亚美尼亚）

　→　[卡尔斯（枢纽站，边境车站、换轨距）—（阿哈尔卡拉基，格鲁吉亚）]

马拉蒂亚（枢纽站）　→　Topprakale（枢纽站）—Adana—Mersin（接海运）

　→　托普拉卡莱→伊斯肯德伦（接海运）

塔特万—凡城（轮渡）

Kapikoy（边境车站）

（Razi，伊朗伊斯兰共和国）

土库曼斯坦

Turkmenbashi—Turkmenabad

（巴库，阿塞拜疆）

Turkmenbashi（轮渡码头）　→　（轮渡连接阿塞拜疆、伊朗伊斯兰共和国、哈萨克斯坦和俄罗斯联邦在里海的港口）

Ashgabat

Tenzhen

Mari（枢纽站）　→　Parakhat—Sarakhs（边境车站、换轨距）—（Sarakhs，伊朗伊斯兰共和国）

Turkmenabad
（枢纽站和边境车站） → Gazodjak（边境车站）—（Pitnyak—
K.P.449.乌 兹 别 克 斯 坦 ） —
Dashhowuz—Takhyatash（边境车
站）—（乌兹别克斯坦）

（Khodchadavlet，乌兹别克斯坦）

乌兹别克斯坦
克列斯—Khodchadavlet
（Sari-Agash，哈萨克斯坦）
克列斯（边境车站）
Tukumachi（枢纽站） → Ozodlik—[安格连—Khalkobad]-
Pap（枢纽站）—浩罕

Sirdarinskaya
Khavast（枢纽站） → 别卡巴德（边境车站）—（Nau—
卡尼巴达姆，塔吉克斯坦）—
Survanabad（边境车站）—浩罕
（枢纽站）—马尔吉兰—安集延
（边境车站）—（Osh，吉尔吉斯
斯坦）
└浩罕（枢纽站）—Pap（枢
纽站）—纳曼干

撒马尔罕
Ulugbek
Navoi（枢纽站） → Tinchlik—Uchkuduk—努 库 斯 —
昆格勒—Karakalpakia（边境车
站）—（Oazis哈萨克斯坦）
布哈拉（枢纽站） → 卡尔希（枢纽站）—Tashguzar
（枢纽站）—[迭赫坎阿巴德—达
尔班德]—Boysun—库姆库尔干

（枢纽站）—Sariasiya（边境车
站）—（帕赫塔阿巴德，塔吉克
斯坦）

└→卡尔希（枢纽站）—RZD
154（边境车站）—（塔
里马尔占—Kerkichi（枢
纽站）—克利夫，土库曼
斯坦）—铁尔梅兹（枢纽
站）—Galaba（边境车站）—
（Khairaton，阿富汗）

└→铁尔梅兹（枢纽站—库姆
库尔干（枢纽站—Sariasiya
边境车站）—（帕赫塔阿巴
德，塔吉克斯坦）

Khodchadavlet（边境车站）
（Turkmenabad，土库曼斯坦）

越南
老街—胡志明市

（河口，中国）

老街（边境车站）

东英（枢纽站）　　　　　　→　刘舍—QuanTrieu

Yen Vien（枢纽站）　　　　→　（连接河内—同登线）

嘉林（枢纽站）　　　　　　→　海防（接海运）

河内

Tan Ap（枢纽站）　　　　　→　[穆嘉关（边境车站）—老挝人
民民主共和国]

　　　　　　　　　　　　　→　[Vung Ang（接海运）]

岘港

胡志明市（枢纽站）　　　　→　[Vung Tau（接海运）]

　　　　　　　　　→　[禄宁省^①（边境车站）—（Kratie，柬埔寨）]

河内—同登

河内

嘉林（枢纽站）

Yen Vien（枢纽站）　　→　（连接老街—胡志明市线）

Lim（枢纽站）　　　　→　Pha Lai（枢纽站）—下龙（接海运）

盖（枢纽站）　　　　　→　下龙—CaiLan（接海运）

　　　　　　　　　　　→　刘舍—Quan Trieu

同登（边境车站）

（凭祥，中国）

---

① 确切地点待定。

附件二

关于泛亚铁路网技术特性的指导原则

1. 总则

本协定附件一所规定的泛亚铁路网的发展须遵从以下技术指导原则。缔约各方在建设新铁路和将现有铁路改造升级和现代化时应尽一切努力遵守这些原则。

2. 线路通行能力

具有国际重要性的铁路线路必须拥有充足的通行能力，以便使铁路客货运输服务做到高效、可靠和经济。

3. 车辆负载轨距

鉴于泛亚铁路网将成为亚太经社会区域各国实现一体化国际多式联运网络的一个重要组成部分，网络的现有线路应根据需要加以改造，并修建新线路从而使长度至少20英尺的国际标准化组织（ISO）集装箱运输得以畅通无阻。

4. 运行互通性

技术规格应确保具有国际重要性的铁路沿线国际货物和集装箱运输畅通无阻。因此，铁路线和相关基础设施及设备应达到国际规格，包括达到为运输和转运尤其是载有石油产品、煤、矿砂、水泥和谷物等货物的重载列车的规格。

缔约方应考虑到邻国以及具有国际重要性的铁路线所穿越的其他国家的技术规格，并努力将其线路升级，以便消除技术限制并确保铁路之间的运行互通性。

在轨距标准一致或因建设跨界空缺路段而可能使轨距标准一致的地方，也会出现国际联运列车，包括制动系统和挂钩是否兼容等具体问题。为此，高效率跨界铁路运行要求使用可以进行空气制动的机车车辆和可兼容的挂钩系统。

以下为泛亚铁路网的轨距，供参考：

泛亚铁路成员国铁路轨距（毫米）				
1,000	1,067	1,435	1,520	1,676
1.孟加拉国[①]	印度 尼西亚	1.中国[②]	1.亚美尼亚	1.孟加拉国[①]
2.柬埔寨		2.朝鲜民主主义 人民共和国	2.阿塞拜疆	2.印度
3.老挝人民 民主共和国		3.大韩民国	3.格鲁吉亚	3.尼泊尔
4.马来西亚		4.伊朗伊斯兰 共和国	4.哈萨克斯坦	4.巴基斯基
5.缅甸		5.土耳其	5.吉尔吉斯斯坦	5.斯里兰卡
6.新加坡[③]			6.蒙古国	
7.泰国			7.俄罗斯联邦	
8.越南[④]			8.塔吉克斯坦	
			9.土库曼斯坦	
			10.乌兹别克斯坦	

泛亚铁路潜在成员：日本（1,067毫米轨距）和菲律宾（1,067毫米轨距）

① 该国铁路网的一部分。

② 还有一条1,000毫米轨距的铁路线（由/至越南）。

③ 由马来西亚铁路提供服务。

④ 还有轨距1,435毫米和1,000/1,435毫米双轨距铁路线。

5. 集装箱装卸站的标准

国际多式联运要求高效率的集装箱装卸站。泛亚铁路网沿线各国际集装箱装卸站必须：

——尽可能靠近主干线，以便进出装卸站不浪费时间；

——与其他调车场分开，以便其运行不受其他调车运行的阻碍；

——便于公路车辆进出，以便保证公路铁路连接的可靠性；

——在装卸区的轨道有足够长度，以减少调车的需要；

——具有各种设备，其中包括龙门吊车、跨运车、正面吊和（或）堆码机，能够运载长度至少20英尺的国际标准化集装箱；

——为可能扩能留有余地；

——为货物清关提供海关设施。

残疾人权利公约①②③

序　言

公约缔约国，

（一）回顾《联合国宪章》宣告的各项原则确认人类大家庭所有成员的固有尊严和价值以及平等和不可剥夺的权利，是世界自由、正义与和平的基础，

（二）确认联合国在《世界人权宣言》和国际人权公约中宣告并认定人人有权享有这些文书所载的一切权利和自由，不得有任何区别，

（三）重申一切人权和基本自由都是普遍、不可分割、相互依存和相互关联的，必须保障残疾人不受歧视地充分享有这些权利和自由，

（四）回顾《经济、社会、文化权利国际公约》、《公民及政治权利国际公约》、《消除一切形式种族歧视国际公约》、《消除对妇女一切形式歧视公约》、《禁止酷刑和其他残忍、不人道或有辱人格的待遇或处罚公约》、《儿童权利公约》和《保护所有移徙工人及其家庭成员权利国际公约》，

---

①　该公约于2006年12月23日由联合国大会通过。

②　该公约于2008年5月3日生效。

③　中国于2007年3月30日签署，2008年6月26日批准，8月1日交存批准书。8月31日对中国生效。

④　该公约适用于香港及澳门特区。

（五）确认残疾是一个演变中的概念，残疾是伤残者和阻碍他们在与其他人平等的基础上充分和切实地参与社会的各种态度和环境障碍相互作用所产生的结果，

（六）确认《关于残疾人的世界行动纠领》和《残疾人机会均等标准规则》所载原则和政策导则在影响国家、区域和国际各级推行、制定和评价进一步增加残疾人均等机会的政策、计划、方案和行动方面的重要性，

（七）强调必须使残疾问题成为相关可持续发展战略的重要组成部分，

（八）又确认因残疾而歧视任何人是对人的固有尊严和价值的侵犯，

（九）还确认残疾人的多样性，

（十）确认必须促进和保护所有残疾人的人权，包括需要加强支助的残疾人的人权，

（十一）关注尽管有上述各项文书和承诺，残疾人作为平等社会成员参与方面继续面临各种障碍，残疾人的人权在世界各地继续受到侵犯，

（十二）确认国际合作对改善各国残疾人，尤其是发展中国家残疾人的生活条件至关重要，

（十三）确认残疾人对其社区的全面福祉和多样性作出的和可能作出的宝贵贡献，并确认促进残疾人充分享有其人权和基本自由以及促进残疾人充分参与，将增强其归属感，大大推进整个社会的人的发展和社会经济发展以及除贫工作，

（十四）确认个人的自主和自立，包括自由作出自己的选择，对残疾人至关重要，

（十五）认为残疾人应有机会积极参与政策和方案的决策过程，包括与残疾人直接有关的政策和方案的决策过程，

（十六）关注因种族、肤色、性别、语言、宗教、政治或其他见解、民族本源、族裔、土著身份或社会出身、财产、出生、年龄或其他身份而受到多重或加重形式歧视的残疾人所面临的困难处境，

（十七）确认残疾妇女和残疾女孩在家庭内外往往面临更大的风险，更易遭受暴力、伤害或凌虐、忽视或疏忽、虐待或剥削，

（十八）确认残疾儿童应在与其他儿童平等的基础上充分享有一切人权和基本自由，并回顾《儿童权利公约》缔约国为此目的承担的义务，

（十九）强调必须将两性平等观点纳入促进残疾人充分享有人权和基本自由的一切努力之中，

（二十）着重指出大多数残疾人生活贫困，确认在这方面亟需消除贫穷对残疾人的不利影响，

（二十一）铭记在恪守《联合国宪章》宗旨和原则并遵守适用的人权文书的基础上实现和平与安全，是充分保护残疾人，特别是在武装冲突和外国占领期间充分保护残疾人的必要条件，

（二十二）确认无障碍的物质、社会、经济和文化环境、医疗卫生和教育以及信息和交流，对残疾人能够充分享有一切人权和基本自由至关重要，

（二十三）认识到个人对他人和对本人所属社区负有义务，有责任努力促进和遵守《国际人权宪章》确认的权利，

（二十四）深信家庭是自然和基本的社会组合单元，有权获得社会和国家的保护，残疾人及其家庭成员应获得必要的保护和援助，使家庭能够为残疾人充分和平等地享有其权利作出贡献，

（二十五）深信一项促进和保护残疾人权利和尊严的全面综合国际公约将大有助于在发展中国家和发达国家改变残疾人在社会上的严重不利处境，促使残疾人有平等机会参与公民、政治、经济、社会和文化生活，

议定如下：

第一条 宗 旨

本公约的宗旨是促进、保护和确保所有残疾人充分和平等地享有一切人权和基本自由，并促进对残疾人固有尊严的尊重。

残疾人包括肢体、精神、智力或感官有长期损伤的人，这些损伤与各种障碍相互作用，可能阻碍残疾人在与他人平等的基础上充分和切实地参与社会。

第二条 定 义

为本公约的目的：

"交流"包括语言、字幕、盲文、触觉交流、大字本、无障碍多媒体以及书面语言、听力语言、浅白语言、朗读员和辅助或替代性交流方式、手段和模式，包括无障碍信息和通信技术；

"语言"包括口语和手语及其他形式的非语音语言；

"基于残疾的歧视"是指基于残疾而作出的任何区别、排斥或限制，其目的或效果是在政治、经济、社会、文化、公民或任何其他领域，损害或取消在与其他人平等的基础上，对一切人权和基本自由的认可、享有或行使。基于残疾的歧视包括一切形式的歧视，包括拒绝提供合理便利；

"合理便利"是指根据具体需要，在不造成过度或不当负担的情况下，进行必要和适当的修改和调整，以确保残疾人在与其他人平等的基础上享有或行使一切人权和基本自由；

"通用设计"是指尽最大可能让所有人可以使用，无需作出调整或特别设计的产品、环境、方案和服务设计。"通用设计"不排除在必要时为某些残疾人群体提供辅助用具。

第三条 一般原则

本公约的原则是：

（一）尊重固有尊严和个人自主，包括自由作出自己的选择，以及个人的自立；

（二）不歧视；

（三）充分和切实地参与和融入社会；

（四）尊重差异，接受残疾人是人的多样性的一部分和人类的一份子；

（五）机会均等；

（六）无障碍；

（七）男女平等；

（八）尊重残疾儿童逐渐发展的能力并尊重残疾儿童保持其身份特性的权利。

第四条　一般义务

一、缔约国承诺确保并促进充分实现所有残疾人的一切人权和基本自由，使其不受任何基于残疾的歧视。为此目的，缔约国承诺：

（一）采取一切适当的立法、行政和其他措施实施本公约确认的权利；

（二）采取一切适当措施，包括立法，以修订或废止构成歧视残疾人的现行法律、法规、习惯和做法；

（三）在一切政策和方案中考虑保护和促进残疾人的人权；

（四）不实施任何与本公约不符的行为或做法，确保公共当局和机构遵循本公约的规定行事；

（五）采取一切适当措施，消除任何个人、组织或私营企业基于残疾的歧视；

（六）从事或促进研究和开发本公约第二条所界定的通用设计的货物、服务、设备和设施，以便仅需尽可能小的调整和最低的费用即可满足残疾人的具体需要，促进这些货物、服务、设备和设施的提供和使用，并在拟订标准和导则方面提倡通用设计；

（七）从事或促进研究和开发适合残疾人的新技术，并促进提供和使用这些新技术，包括信息和通信技术、助行器具、用品、辅助技术，优先考虑价格低廉的技术；

（八）向残疾人提供无障碍信息，介绍助行器具、用品和辅助技术，包括新技术，并介绍其他形式的协助、支助服务和设施；

（九）促进培训协助残疾人的专业人员和工作人员，使他们了解本公约确认的权利，以便更好地提供这些权利所保障的协助和服务。

二、关于经济、社会和文化权利，各缔约国承诺尽量利用现有资源并于必要时在国际合作框架内采取措施，以期逐步充分实现这些权利，但不妨碍本公约中依国际法立即适用的义务。

三、缔约国应当在为实施本公约而拟订和施行立法和政策时以及在涉及残疾人问题的其他决策过程中，通过代表残疾人的组织，与残疾人，包括残疾儿童，密切协商，使他们积极参与。

四、本公约的规定不影响任何缔约国法律或对该缔约国生效的国际法中任何更有利于实现残疾人权利的规定。对于根据法律、公约、法规或习惯而在本公约任何缔约国内获得承认或存在的任何人权和基本自由，不得以本公约未予承认或未予充分承认这些权利或自由为借口而加以限制或减损。

五、本公约的规定应当无任何限制或例外地适用于联邦制国家各组成部分。

第五条 平等和不歧视

一、缔约国确认，在法律面前，人人平等，有权不受任何歧视地享有法律给予的平等保护和平等权益。

二、缔约国应当禁止一切基于残疾的歧视，保证残疾人获得平等和有效的法律保护，使其不受基于任何原因的歧视。

三、为促进平等和消除歧视，缔约国应当采取一切适当步骤，确保提供合理便利。

四、为加速或实现残疾人事实上的平等而必须采取的具体措施，不得视为本公约所指的歧视。

第六条 残疾妇女

一、缔约国确认残疾妇女和残疾女孩受到多重歧视，在这方面，应当采取措施，确保她们充分和平等地享有一切人权和基本自由。

二、缔约国应当采取一切适当措施，确保妇女充分发展，地位得到提高，能力得到增强，目的是保证妇女能行使和享有本公约所规定的人权和基本自由。

第七条　残疾儿童

一、缔约国应当采取一切必要措施，确保残疾儿童在与其他儿童平等的基础上，充分享有一切人权和基本自由。

二、在一切关于残疾儿童的行动中，应当以儿童的最佳利益为一项首要考虑。

三、缔约国应当确保，残疾儿童有权在与其他儿童平等的基础上，就一切影响本人的事项自由表达意见，并获得适合其残疾状况和年龄的辅助手段以实现这项权利，残疾儿童的意见应当按其年龄和成熟程度适当予以考虑。

第八条　提高认识

一、缔约国承诺立即采取有效和适当的措施，以便：

（一）提高整个社会，包括家庭，对残疾人的认识，促进对残疾人权利和尊严的尊重；

（二）在生活的各个方面消除对残疾人的定见、偏见和有害做法，包括基于性别和年龄的定见、偏见和有害做法；

（三）提高对残疾人的能力和贡献的认识。

二、为此目的采取的措施包括：

（一）发起和持续进行有效的宣传运动，提高公众认识，以便：

1.培养接受残疾人权利的态度；

2.促进积极看待残疾人，提高社会对残疾人的了解；

3.促进承认残疾人的技能、才华和能力以及他们对工作场所和劳动力市场的贡献；

（二）在各级教育系统中培养尊重残疾人权利的态度，包括从小在所有儿童中培养这种态度；

（三）鼓励所有媒体机构以符合本公约宗旨的方式报道残疾人；

（四）推行了解残疾人和残疾人权利的培训方案。

第九条　无障碍

一、为了使残疾人能够独立生活和充分参与生活的各个方面，缔约国应当采取适当措施，确保残疾人在与其他人平等的基础上，无障碍地进出物质环境，使用交通工具，利用信息和通信，包括信息和通信技术和系统，以及享用在城市和农村地区向公众开放或提供的其他设施和服务。这些措施应当包括查明和消除阻碍实现无障碍环境的因素，并除其他外，应当适用于：

（一）建筑、道路、交通和其他室内外设施，包括学校、住房、医疗设施和工作场所；

（二）信息、通信和其他服务，包括电子服务和应急服务。

二、缔约国还应当采取适当措施，以便：

（一）拟订和公布无障碍使用向公众开放或提供的设施和服务的最低标准和导则，并监测其实施情况；

（二）确保向公众开放或为公众提供设施和服务的私营实体在各个方面考虑为残疾人创造无障碍环境；

（三）残疾人面临的无障碍问题向各有关方面提供培训；

（四）在向公众开放的建筑和其他设施中提供盲文标志及易读易懂的标志；

（五）提供各种形式的现场协助和中介，包括提供向导、朗读员和专业手语译员，以利向公众开放的建筑和其他设施的无障碍；

（六）促进向残疾人提供其他适当形式的协助和支助，以确保残疾人获得信息；

（七）促使残疾人有机会使用新的信息和通信技术和系统，包括因特网；

（八）促进在早期阶段设计、开发、生产、推行无障碍信息和通信技术和系统，以便能以最低成本使这些技术和系统无障碍。

第十条　生命权

缔约国重申人人享有固有的生命权，并应当采取一切必要措施，确保残疾人在与其他人平等的基础上切实享有这一权利。

第十一条　危难情况和人道主义紧急情况

缔约国应当依照国际法包括国际人道主义法和国际人权法规定的义务，采取一切必要措施，确保在危难情况下，包括在发生武装冲突、人道主义紧急情况和自然灾害时，残疾人获得保护和安全。

第十二条　在法律面前获得平等承认

一、缔约国重申残疾人享有在法律面前的人格在任何地方均获得承认的权利。

二、缔约国应当确认残疾人在生活的各方面在与其他人平等的基础上享有法律权利能力。

三、缔约国应当采取适当措施，便利残疾人获得他们在行使其法律权利能力时可能需要的协助。

四、缔约国应当确保，与行使法律权利能力有关的一切措施，均依照国际人权法提供适当和有效的防止滥用保障。这些保障应当确保与行使法律权利能力有关的措施尊重本人的权利、意愿和选择，无利益冲突和不当影响，适应本人情况，适用时间尽可能短，并定期由一个有资格、独立、公正的当局或司法机构复核。提供的保障应当与这些措施影响个人权益的程度相称。

五、在符合本条的规定的情况下，缔约国应当采取一切适当和有效的措施，确保残疾人享有平等权利拥有或继承财产，掌管自己的财务,有平等机会获得银行贷款、抵押贷款和其他形式的金融信贷,并应当确保残疾人的财产不被任意剥夺。

第十三条 获得司法保护

一、缔约国应当确保残疾人在与其他人平等的基础上有效获得司法保护,包括通过提供程序便利和适龄措施,以便利他们在所有法律诉讼程序中,包括在调查和其他初步阶段中,切实发挥其作为直接和间接参与方,包括其作为证人的作用。

二、为了协助确保残疾人有效获得司法保护,缔约国应当促进对司法领域工作人员,包括警察和监狱工作人员进行适当的培训。

第十四条 自由和人身安全

一、缔约国应当确保残疾人在与其他人平等的基础上:

(一)享有自由和人身安全的权利;

(二)不被非法或任意剥夺自由,任何对自由的剥夺均须符合法律规定,而且在任何情况下均不得以残疾作为剥夺自由的理由。

二、缔约国应当确保,在任何程序中被剥夺自由的残疾人,在与其他人平等的基础上,有权获得国际人权法规定的保障,并应当享有符合本公约宗旨和原则的待遇,包括提供合理便利的待遇。

第十五条 免于酷刑或残忍、不人道或有辱人格的待遇或处罚

一、不得对任何人实施酷刑或残忍、不人道或有辱人格的待遇或处罚。特别是不得在未经本人自由同意的情况下,对任何人进行医学或科学试验。

二、缔约国应当采取一切有效的立法、行政、司法或其他措施在与其他人平等的基础上,防止残疾人遭受酷刑或残忍、不人道或有辱人格的待遇或处罚。

第十六条　免于剥削、暴力和凌虐

一、缔约国应当采取一切适当的立法、行政、社会、教育和其他措施，保护残疾人在家庭内外免遭一切形式的剥削、暴力和凌虐，包括基于性别的剥削、暴力和凌虐。

二、缔约国还应当采取一切适当措施防止一切形式的剥削、暴力和凌虐，除其他外，确保向残疾人及其家属和照护人提供考虑到性别和年龄的适当协助和支助，包括提供信息和教育，说明如何避免、识别和报告剥削、暴力和凌虐事件。缔约国应当确保保护服务考虑到年龄、性别和残疾因素。

三、为了防止发生任何形式的剥削、暴力和凌虐，缔约国应当确保所有用于为残疾人服务的设施和方案受到独立当局的有效监测。

四、残疾人受到任何形式的剥削、暴力或凌虐时，缔约国应当采取一切适当措施，包括提供保护服务，促进被害人的身体、认知功能和心理的恢复、康复及回归社会。上述恢复措施和回归社会措施应当在有利于本人的健康、福祉、自尊、尊严和自主的环境中进行，并应当考虑到因性别和年龄而异的具体需要。

五、缔约国应当制定有效的立法和政策，包括以妇女和儿童为重点的立法和政策，确保查明、调查和酌情起诉对残疾人的剥削、暴力和凌虐事件。

第十七条　保护人身完整性

每个残疾人的身心完整性有权在与其他人平等的基础上获得尊重。

第十八条　迁徙自由和国籍

一、缔约国应当确认残疾人在与其他人平等的基础上有权自由迁徙、自由选择居所和享有国籍，包括确保残疾人：

（一）有权获得和变更国籍，国籍不被任意剥夺或因残疾而被剥夺；

（二）不因残疾而被剥夺获得、拥有和使用国籍证件或其他身份证件的能力，或利用相关程序，如移民程序的能力，这些能力可能是便利行使迁徙自由权所必要的；

（三）可以自由离开任何国家，包括本国在内；

（四）不被任意剥夺或因残疾而被剥夺进入本国的权利。

二、残疾儿童出生后应当立即予以登记，从出生起即应当享有姓名权利，享有获得国籍的权利，并尽可能享有知悉父母并得到父母照顾的权利。

第十九条 独立生活和融入社区

本公约缔约国确认所有残疾人享有在社区中生活的平等权利以及与其他人同等的选择，并应当采取有效和适当的措施，以便利残疾人充分享有这项权利以及充分融入和参与社区，包括确保：

一、残疾人有机会在与其他人平等的基础上选择居所，选择在何处、与何人一起生活，不被迫在特定的居住安排中生活；

二、残疾人获得各种居家、住所和其他社区支助服务，包括必要的个人援助，以便在社区生活和融入社区，避免同社区隔绝或隔离；

三、残疾人可以在平等基础上享用为公众提供的社区服务和设施，并确保这些服务和设施符合他们的需要。

第二十条 个人行动能力

缔约国应当采取有效措施，确保残疾人尽可能独立地享有个人行动能力，包括：

一、便利残疾人按自己选择的方式和时间，以低廉费用享有个人行动能力；

二、便利残疾人获得优质的助行器具、用品、辅助技术以及各种形式的现场协助和中介，包括以低廉费用提供这些服务；

三、向残疾人和专门协助残疾人的工作人员提供行动技能培训；

四、鼓励生产助行器具、用品和辅助技术的实体考虑残疾人行动能力的各个方面。

第二十一条　表达意见的自由和获得信息的机会

缔约国应当采取一切适当措施，包括下列措施，确保残疾人能够行使自由表达意见的权利，包括在与其他人平等的基础上，通过自行选择本公约第二条所界定的一切交流形式，寻求、接受、传递信息和思想的自由：

一、以无障碍模式和适合不同类别残疾的技术，及时向残疾人提供公共信息，不另收费；

二、在正式事务中允许和便利使用手语、盲文、辅助和替代性交流方式及残疾人选用的其他一切无障碍交流手段、方式和模式；

三、敦促向公众提供服务，包括通过因特网提供服务的私营实体，以无障碍和残疾人可以使用的模式提供信息和服务；

四、鼓励包括因特网信息提供商在内的大众媒体向残疾人提供无障碍服务；

五、承认和推动手语的使用。

第二十二条　尊重隐私

一、残疾人，不论其居所地或居住安排为何，其隐私、家庭、家居和通信以及其他形式的交流，不得受到任意或非法的干预，其荣誉和名誉也不得受到非法攻击。残疾人有权获得法律的保护，不受这种干预或攻击。

二、缔约国应当在与其他人平等的基础上保护残疾人的个人、健康和康复资料的隐私。

第二十三条 尊重家居和家庭

一、缔约国应当采取有效和适当的措施，在涉及婚姻、家庭、生育和个人关系的一切事项中，在与其他人平等的基础上，消除对残疾人的歧视，以确保：

（一）所有适婚年龄的残疾人根据未婚配偶双方自由表示的充分同意结婚和建立家庭的权利获得承认；

（二）残疾人自由、负责任地决定子女人数和生育间隔，获得适龄信息、生殖教育和计划生育教育的权利获得承认，并提供必要手段使残疾人能够行使这些权利；

（三）残疾人，包括残疾儿童，在与其他人平等的基础上，保留其生育力。

二、如果本国立法中有监护、监管、托管和领养儿童或类似的制度，缔约国应当确保残疾人在这些方面的权利和责任；在任何情况下均应当以儿童的最佳利益为重。缔约国应当适当协助残疾人履行其养育子女的责任。

三、缔约国应当确保残疾儿童在家庭生活方面享有平等权利。为了实现这些权利，并为了防止隐藏、遗弃、忽视和隔离残疾儿童，缔约国应当承诺及早向残疾儿童及其家属提供全面的信息、服务和支助。

四、缔约国应当确保不违背儿童父母的意愿使子女与父母分离，除非主管当局依照适用的法律和程序，经司法复核断定这种分离确有必要，符合儿童本人的最佳利益。在任何情况下均不得以子女残疾或父母一方或双方残疾为理由，使子女与父母分离。

五、缔约国应当在近亲属不能照顾残疾儿童的情况下，尽一切努力在大家庭范围内提供替代性照顾，并在无法提供这种照顾时，在社区内提供家庭式照顾。

第二十四条 教 育

一、缔约国确认残疾人享有受教育的权利。为了在不受歧视和机会均等的情况下实现这一权利，缔约国应当确保在各级教育实行包容性教育制度和终生学习，以便：

（一）充分开发人的潜力，培养自尊自重精神，加强对人权、基本自由和人的多样性的尊重；

（二）最充分地发展残疾人的个性、才华和创造力以及智能和体能；

（三）使所有残疾人能切实参与一个自由的社会。

二、为了实现这一权利，缔约国应当确保：

（一）残疾人不因残疾而被排拒于普通教育系统之外，残疾儿童不因残疾而被排拒于免费和义务初等教育或中等教育之外；

（二）残疾人可以在自己生活的社区内，在与其他人平等的基础上，获得包容性的优质免费初等教育和中等教育；

（三）提供合理便利以满足个人的需要；

（四）残疾人在普通教育系统中获得必要的支助，便利他们切实获得教育；

（五）按照有教无类的包容性目标，在最有利于发展学习和社交能力的环境中，提供适合个人情况的有效支助措施。

三、缔约国应当使残疾人能够学习生活和社交技能，便利他们充分和平等地参与教育和融入社区。为此目的，缔约国应当采取适当措施，包括：

（一）为学习盲文，替代文字，辅助和替代性交流方式、手段和模式，定向和行动技能提供便利，并为残疾人之间的相互支持和指导提供便利；

（二）为学习手语和宣传聋人的语言特性提供便利；

（三）确保以最适合个人情况的语文及交流方式和手段，在最有利于发展学习和社交能力的环境中，向盲、聋或聋盲人，特别是盲、聋或聋盲儿童提供教育。

四、为了帮助确保实现这项权利，缔约国应当采取适当措施，聘用有资格以手语和（或）盲文教学的教师，包括残疾教师，并对各级教育的专业人员和工作人员进行培训。这种培训应当包括对残疾的了解和学习使用适当的辅助和替代性交流方式、手段和模式、教育技巧和材料以协助残疾人。

五、缔约国应当确保，残疾人能够在不受歧视和与其他人平等的基础上，获得普通高等教育、职业培训、成人教育和终生学习。为此目的，缔约国应当确保向残疾人提供合理便利。

第二十五条 健　康

缔约国确认，残疾人有权享有可达到的最高健康标准，不受基于残疾的歧视。缔约国应当采取一切适当措施，确保残疾人获得考虑到性别因素的医疗卫生服务，包括与健康有关的康复服务。缔约国尤其应当：

一、向残疾人提供其他人享有的，在范围、质量和标准方面相同的免费或费用低廉的医疗保健服务和方案，包括在性健康和生殖健康及全民公共卫生方案方面；

二、向残疾人提供残疾特需医疗卫生服务，包括酌情提供早期诊断和干预，并提供旨在尽量减轻残疾和预防残疾恶化的服务，包括向儿童和老年人提供这些服务；

三、尽量就近在残疾人所在社区，包括在农村地区，提供这些医疗卫生服务；

四、要求医护人员，包括在征得残疾人自由表示的知情同意基础上，向残疾人提供在质量上与其他人所得相同的护理，特别是通过提供培训和颁布公共和私营医疗保健服务职业道德标准，提高对残疾人人权、尊严、自主和需要的认识；

五、在提供医疗保险和国家法律允许的人寿保险方面禁止歧视残疾人，这些保险应当以公平合理的方式提供；

六、防止基于残疾而歧视性地拒绝提供医疗保健或医疗卫生服务，或拒绝提供食物和液体。

第二十六条　适应训练和康复

一、缔约国应当采取有效和适当的措施，包括通过残疾人相互支持，使残疾人能够实现和保持最大程度的自立，充分发挥和维持体能、智能、社会和职业能力，充分融入和参与生活的各个方面。为此目的，缔约国应当组织、加强和推广综合性适应训练和康复服务和方案，尤其是在医疗卫生、就业、教育和社会服务方面，这些服务和方案应当：

（一）根据对个人需要和体能的综合评估尽早开始；

（二）有助于残疾人参与和融入社区和社会的各个方面，属自愿性质，并尽量在残疾人所在社区，包括农村地区就近安排。

二、缔约国应当促进为从事适应训练和康复服务的专业人员和工作人员制订基础培训和进修培训计划。

三、在适应训练和康复方面，缔约国应当促进提供为残疾人设计的辅助用具和技术以及对这些用具和技术的了解和使用。

第二十七条　工作和就业

一、缔约国确认残疾人在与其他人平等的基础上享有工作权，包括有机会在开放、具有包容性和对残疾人不构成障碍的劳动力市场和工作环境中，为谋生自由选择或接受工作的权利。为保障和促进工作权的实现，包括在就业期间致残者的工作权的实现，缔约国应当采取适当步骤，包括通过立法，除其他外：

（一）在一切形式就业的一切事项上，包括在征聘、雇用和就业条件、继续就业、职业提升以及安全和健康的工作条件方面，禁止基于残疾的歧视；

（二）保护残疾人在与其他人平等的基础上享有公平和良好的工

作条件，包括机会均等和同值工作同等报酬的权利，享有安全和健康的工作环境，包括不受骚扰的权利，并享有申诉的权利；

（三）确保残疾人能够在与其他人平等的基础上行使工会权；

（四）使残疾人能够切实参加一般技术和职业指导方案，获得职业介绍服务、职业培训和进修培训；

（五）在劳动力市场上促进残疾人的就业机会和职业提升机会，协助残疾人寻找、获得、保持和恢复工作；

（六）促进自营就业、创业经营、创建合作社和个体开业的机会；

（七）在公共部门雇用残疾人；

（八）以适当的政策和措施，其中可以包括平权行动方案、奖励和其他措施，促进私营部门雇用残疾人；

（九）确保在工作场所为残疾人提供合理便利；

（十）促进残疾人在开放劳动力市场上获得工作经验；

（十一）促进残疾人的职业和专业康复服务、保留工作和恢复工作方案。

二、缔约国应当确保残疾人不被奴役或驱役，并在与其他人平等的基础上受到保护，不被强迫或强制劳动。

第二十八条 适足的生活水平和社会保护

一、缔约国确认残疾人有权为自己及其家属获得适足的生活水平，包括适足的食物、衣物、住房，以及不断改善生活条件；缔约国应当采取适当步骤，保障和促进在不受基于残疾的歧视的情况下实现这项权利。

二、缔约国确认残疾人有权获得社会保护，并有权在不受基于残疾的歧视的情况下享有这项权利；缔约国应当采取适当步骤，保障和促进这项权利的实现，包括采取措施：

（一）确保残疾人平等地获得洁净供水，并且确保他们获得适当和价格低廉的服务、用具和其他协助，以满足与残疾有关的需要；

（二）确保残疾人，尤其是残疾妇女、女孩和老年人，可以利用社会保护方案和减贫方案；

（三）确保生活贫困的残疾人及其家属，在与残疾有关的费用支出，包括适足的培训、辅导、经济援助和临时护理方面，可以获得国家援助；

（四）确保残疾人可以参加公共住房方案；

（五）确保残疾人可以平等享受退休福利和参加退休方案。

第二十九条　参与政治和公共生活

缔约国应当保证残疾人享有政治权利，有机会在与其他人平等的基础上享受这些权利，并应当承诺：

一、确保残疾人能够在与其他人平等的基础上，直接或通过其自由选择的代表，有效和充分地参与政治和公共生活，包括确保残疾人享有选举和被选举的权利和机会，除其他外，采取措施：

（一）确保投票程序、设施和材料适当、无障碍、易懂易用；

（二）保护残疾人的权利，使其可以在选举或公投中不受威吓地采用无记名方式投票、参选、在各级政府实际担任公职和履行一切公共职务，并酌情提供使用辅助技术和新技术的便利；

（三）保证残疾人作为选民能够自由表达意愿，并在必要时根据残疾人的要求，为此目的允许残疾人自行选择的人协助投票；

二、积极创造环境，使残疾人能够不受歧视地在与其他人平等的基础上有效和充分地参与处理公共事务，并鼓励残疾人参与公共事务，包括：

（一）参与涉及本国公共和政治生活的非政府组织和社团，参加政党的活动和管理；

（二）建立和加入残疾人组织，在国际、全国、地区和地方各级代表残疾人。

第三十条　参与文化生活、娱乐、休闲和体育活动

一、缔约国确认残疾人有权在与其他人平等的基础上参与文化生活，并应当采取一切适当措施，确保残疾人：

（一）获得以无障碍模式提供的文化材料；

（二）获得以无障碍模式提供的电视节目、电影、戏剧和其他文化活动；

（三）进出文化表演或文化服务场所，例如剧院、博物馆、电影院、图书馆、旅游服务场所，并尽可能地可以进出在本国文化中具有重要意义的纪念物和纪念地。

二、缔约国应当采取适当措施，使残疾人能够有机会为自身利益并为充实社会，发展和利用自己的创造、艺术和智力潜力。

三、缔约国应当采取一切适当步骤，依照国际法的规定，确保保护知识产权的法律不构成不合理或歧视性障碍，阻碍残疾人获得文化材料。

四、残疾人特有的文化和语言特性，包括手语和聋文化，应当有权在与其他人平等的基础上获得承认和支持。

五、为了使残疾人能够在与其他人平等的基础上参加娱乐、休闲和体育活动，缔约国应当采取适当措施，以便：

（一）鼓励和促进残疾人尽可能充分地参加各级主流体育活动；

（二）确保残疾人有机会组织、发展和参加残疾人专项体育、娱乐活动，并为此鼓励在与其他人平等的基础上提供适当指导、训练和资源；

（三）确保残疾人可以使用体育、娱乐和旅游场所；

（四）确保残疾儿童享有与其他儿童一样的平等机会参加游戏、娱乐和休闲以及体育活动，包括在学校系统参加这类活动；

（五）确保残疾人可以获得娱乐、旅游、休闲和体育活动的组织人提供的服务。

第三十一条　统计和数据收集

一、缔约国承诺收集适当的信息，包括统计和研究数据，以便制定和实施政策，落实本公约。收集和维持这些信息的工作应当：

（一）遵行法定保障措施，包括保护数据的立法，实行保密和尊重残疾人的隐私；

（二）遵行保护人权和基本自由的国际公认规范以及收集和使用统计数据的道德原则。

二、依照本条规定收集的信息应当酌情分组，用于协助评估本公约规定的缔约国义务的履行情况，查明和清除残疾人在行使其权利时遇到的障碍。

三、缔约国应当负责传播这些统计数据，确保残疾人和其他人可以使用这些统计数据。

第三十二条　国际合作

一、缔约国确认必须开展和促进国际合作，支持国家为实现本公约的宗旨和目的而作出的努力，并将为此在双边和多边的范围内采取适当和有效的措施，并酌情与相关国际和区域组织及民间社会，特别是与残疾人组织，合作采取这些措施。除其他外，这些措施可包括：

（一）确保包容和便利残疾人参与国际合作，包括国际发展方案；

（二）促进和支持能力建设，如交流和分享信息、经验、培训方案和最佳做法；

（三）促进研究方面的合作，便利科学技术知识的获取；

（四）酌情提供技术和经济援助，包括便利获取和分享无障碍技术和辅助技术以及通过技术转让提供这些援助。

二、本条的规定不妨害各缔约国履行其在本公约下承担的义务。

第三十三条　国家实施和监测

一、缔约国应当按照本国建制，在政府内指定一个或多个协调中心，负责有关实施本公约的事项，并应当适当考虑在政府内设立或指定一个协调机制，以便利在不同部门和不同级别采取有关行动。

二、缔约国应当按照本国法律制度和行政制度，酌情在国内维持、加强、指定或设立一个框架，包括一个或多个独立机制，以促进、保护和监测本公约的实施。在指定或建立这一机制时，缔约国应当考虑与保护和促进人权的国家机构的地位和运作有关的原则。

三、民间社会，特别是残疾人及其代表组织，应当获邀参加并充分参与监测进程。

第三十四条　残疾人权利委员会

一、应当设立一个残疾人权利委员会（以下称"委员会"），履行下文规定的职能。

二、在本公约生效时，委员会应当由十二名专家组成。在公约获得另外六十份批准书或加入书后，委员会应当增加六名成员，以足十八名成员之数。

三、委员会成员应当以个人身份任职，品德高尚，在本公约所涉领域具有公认的能力和经验。缔约国在提名候选人时，务请适当考虑本公约第四条第三款的规定。

四、委员会成员由缔约国选举，选举须顾及公平地域分配原则，各大文化和各主要法系的代表性，男女成员人数的均衡性以及残疾人专家的参加。

五、应当在缔约国会议上，根据缔约国提名的本国国民名单，以无记名投票选举委员会成员。这些会议以三分之二的缔约国构成法定人数，得票最多和获得出席并参加表决的缔约国代表的绝对多数票者，当选为委员会成员。

六、首次选举至迟应当在本公约生效之日后六个月内举行。每次选举，联合国秘书长至迟应当在选举之日前四个月函请缔约国在两个月内递交提名人选。秘书长随后应当按英文字母次序编制全体被提名人名单，注明提名缔约国，分送本公约缔约国。

七、当选的委员会成员任期四年，可以连选连任一次。但是，在第一次选举当选的成员中，六名成员的任期应当在两年后届满；本条第五款所述会议的主席应当在第一次选举后，立即抽签决定这六名成员。

八、委员会另外六名成员的选举应当依照本条的相关规定，在正常选举时举行。

九、如果委员会成员死亡或辞职或因任何其他理由而宣称无法继续履行其职责，提名该成员的缔约国应当指定一名具备本条相关规定所列资格并符合有关要求的专家，完成所余任期。

十、委员会应当自行制定议事规则。

十一、联合国秘书长应当为委员会有效履行本公约规定的职能提供必要的工作人员和便利，并应当召开委员会的首次会议。

十二、考虑到委员会责任重大，经联合国大会核准，本公约设立的委员会的成员，应当按大会所定条件，从联合国资源领取薪酬。

十三、委员会成员应当有权享有联合国特派专家根据《联合国特权和豁免公约》相关章节规定享有的便利、特权和豁免。

第三十五条　缔约国提交的报告

一、各缔约国在本公约对其生效后两年内，应当通过联合国秘书长，向委员会提交一份全面报告，说明为履行本公约规定的义务而采取的措施和在这方面取得的进展。

二、其后，缔约国至少应当每四年提交一次报告，并在委员会提出要求时另外提交报告。

三、委员会应当决定适用于报告内容的导则。

四、已经向委员会提交全面的初次报告的缔约国，在其后提交的报告中，不必重复以前提交的资料。缔约国在编写给委员会的报告时，务请采用公开、透明的程序，并适当考虑本公约第四条第三款的规定。

五、报告可以指出影响本公约所定义务履行程度的因素和困难。

第三十六条　报告的审议

一、委员会应当审议每一份报告，并在委员会认为适当时，对报告提出提议和一般建议，将其送交有关缔约国。缔约国可以自行决定向委员会提供任何资料作为回复。委员会可以请缔约国提供与实施本公约相关的进一步资料。

二、对于严重逾期未交报告的缔约国，委员会可以通知有关缔约国，如果在发出通知后的三个月内仍未提交报告，委员会必须根据手头的可靠资料，审查该缔约国实施本公约的情况。委员会应当邀请有关缔约国参加这项审查工作。如果缔约国作出回复，提交相关报告，则适用本条第一款的规定。

三、联合国秘书长应当向所有缔约国提供上述报告。

四、缔约国应当向国内公众广泛提供本国报告，并便利获取有关这些报告的提议和一般建议。

五、委员会应当在其认为适当时，把缔约国的报告转交联合国专门机构、基金和方案以及其他主管机构，以便处理报告中就技术咨询或协助提出的请求或表示的需要，同时附上委员会可能对这些请求或需要提出的意见和建议。

第三十七条　缔约国与委员会的合作

一、各缔约国应当与委员会合作，协助委员会成员履行其任务。

二、在与缔约国的关系方面，委员会应当适当考虑提高各国实施本公约的能力的途径和手段，包括为此开展国际合作。

第三十八条　委员会与其他机构的关系

为了促进本公约的有效实施和鼓励在本公约所涉领域开展国际合作：

一、各专门机构和其他联合国机构应当有权派代表列席审议本公约中属于其职权范围的规定的实施情况。委员会可以在其认为适当时，邀请专门机构和其他主管机构就公约在各自职权范围所涉领域的实施情况提供专家咨询意见。委员会可以邀请专门机构和其他联合国机构提交报告，说明公约在其活动范围所涉领域的实施情况；

二、委员会在履行任务时，应当酌情咨询各国际人权条约设立的其他相关机构的意见，以便确保各自的报告编写导则、提议和一般建议的一致性，避免在履行职能时出现重复和重叠。

第三十九条　委员会报告

委员会应当每两年一次向大会和经济及社会理事会提出关于其活动的报告，并可以在审查缔约国提交的报告和资料的基础上，提出提议和一般建议。这些提议和一般建议应当连同缔约国可能作出的任何评论，一并列入委员会报告。

第四十条　缔约国会议

一、缔约国应当定期举行缔约国会议，以审议与实施本公约有关的任何事项。

二、联合国秘书长至迟应当在本公约生效后六个月内召开缔约国会议。其后，秘书长应当每两年一次，或根据缔约国会议的决定，召开会议。

第四十一条　保存人

联合国秘书长为本公约的保存人。

第四十二条　签　署

本公约自二〇〇七年三月三十日起在纽约联合国总部开放给所有国家和区域一体化组织签署。

第四十三条　同意接受约束

本公约应当经签署国批准和经签署区域一体化组织正式确认，并应当开放给任何没有签署公约的国家或区域一体化组织加入。

第四十四条　区域一体化组织

一、"区域一体化组织"是指由某一区域的主权国家组成的组织，其成员国已将本公约所涉事项方面的权限移交该组织。这些组织应当在其正式确认书或加入书中声明其有关本公约所涉事项的权限范围。此后，这些组织应当将其权限范围的任何重大变更通知保存人。

二、本公约提及"缔约国"之处，在上述组织的权限范围内，应当适用于这些组织。

三、为本公约第四十五条第一款和第四十七条第二款和第三款的目的，区域一体化组织交存的任何文书均不在计算之列。

四、区域经济一体化组织可以在缔约国会议上，对其权限范围内的事项行使表决权，其票数相当于已成为本公约缔约国的组织成员国的数目。如果区域一体化组织的任何成员国行使表决权，则该组织不得行使表决权，反之亦然。

第四十五条　生　效

一、本公约应当在第二十份批准书或加入书交存后的第三十天生效。

二、对于在第二十份批准书或加入书交存后批准、正式确认或加入的国家或区域一体化组织，本公约应当在该国或组织交存各自的批准书、正式确认书或加入书后的第三十天生效。

第四十六条　保　留

一、保留不得与本公约的目的和宗旨不符。

二、保留可随时撤回。

第四十七条　修　正

一、任何缔约国均可以对本公约提出修正案，提交联合国秘书长。秘书长应当将任何提议修正案通告缔约国，请缔约国通知是否赞成召开缔约国会议以审议提案并就提案作出决定。在上述通告发出之日后的四个月内，如果有至少三分之一的缔约国赞成召开缔约国会议，秘书长应当在联合国主持下召开会议。经出席并参加表决的缔约国三分之二多数通过的任何修正案应当由秘书长提交联合国大会核可，然后提交所有缔约国接受。

二、依照本条第一款的规定通过和核可的修正案，应当在交存的接受书数目达到修正案通过之日缔约国数目的三分之二后的第三十天生效。此后，修正案应当在任何缔约国交存其接受书后的第三十天对该国生效。修正案只对接受该项修正案的缔约国具有约束力。

三、经缔约国会议协商一致决定，依照本条第一款的规定通过和核可但仅涉及第三十四条、第三十八条、第三十九条和第四十条的修正案，应当在交存的接受书数目达到修正案通过之日缔约国数目的三分之二后的第三十天对所有缔约国生效。

第四十八条　退　约

缔约国可以书面通知联合国秘书长退出本公约。退约应当在秘书长收到通知之日起一年后生效。

第四十九条　无障碍模式

应当以无障碍模式提供本公约文本。

第五十条　作准文本

本公约的阿拉伯文、中文、英文、法文、俄文和西班牙文文本同等作准。

下列签署人经各自政府正式授权在本公约上签字，以昭信守。

上海合作组织成员国
关于举行联合军事演习的协定①②③

上海合作组织成员国——哈萨克斯坦共和国、中华人民共和国、吉尔吉斯共和国、俄罗斯联邦、塔吉克斯坦共和国和乌兹别克斯坦共和国（以下简称"各方"），

恪守《联合国宪章》的宗旨和原则，以及公认的国际法准则，

遵循2002年6月7日签署的《上海合作组织宪章》，2001年6月15日签署的《打击恐怖主义、分裂主义和极端主义上海公约》，

致力于共同保障上海合作组织有效应对上海合作组织范围内威胁和平、安全以及稳定的局势，包括通过各国国防部门的相互协调行动，

为此愿意举行联合军事演习（以下简称"演习"）并确定准备和举行演习的法律和组织基础，

达成协议如下：

第一条

在本协定中使用的概念，

参加演习人员：指各方进入演习指挥机关的人员、参加演习的部队人员和其他单位人员。

---

① 该协定自签署之日起即临时适用。

② 中国于2007年6月27日签署，2008年12月27日批准该协定。

③ 协定适用香港及澳门两特区。

演习指挥机关：指各方为准备和举行演习临时成立的指挥机关。

部队：指各方武装力量参加演习的部队和分队及其指挥机关。

其他单位：指各方参加演习或者协助演习的国家有关机关及其所属分队，其不属于国家武装力量的构成。

部队和其他单位人员：指部队和其他单位在编的军人和文职人员，以及其他被派往部队和其他单位的人员。

派遣方：指向接受方领土派出参加演习人员以及部队和其他单位的可移动资产的一方。

接受方：指在其领土上举行演习的一方，或者派遣方参加演习人员以及部队和其他单位的可移动资产通过其领土实施过境运输的一方。

第三方：指除派遣方、接受方之外的其他国家及其自然人或者法人，以及政府间国际组织。

部队和其他单位授权人员：指由各方授权机构任命的部队和其他单位指挥员（首长）以及部队和其他单位的其他人员。

部队和其他单位的可移动资产：指属于派遣方资产，包括武器、军事装备、飞行器、军用舰船和其他浮动工具、专门器材、弹药、模拟器材、给养、医疗设备，以及举行演习期间部队和其他单位必需的允许临时运入并在接受方领土使用的其他物资、器材和消耗品。

不动产：指属于接受方资产，接受方同意派遣方部队和其他单位临时使用的地段、铁路、公路、训练中心及靶场、机场、港口、海军基地和驻泊地及其附属建筑和设施、固定通讯设施、固定的雷达和导航设施及其他基础设施。

损失：指人员死亡、身体损害或者其他健康损害（致残），财产的毁损或者丢失。

部队和其他单位的驻地：指接受方划定的供派遣方部队和其他单位在演习期间临时驻扎的地域。

演习地域：指接受方划出用于举行演习的地域。

移动路线：指部队和其他单位及其可移动资产在接受方领土向其驻地和演习地域行进以及返回派遣方领土的空中、水上和陆地的运输路线。

主管部门：根据各自国内法，授权实施口岸出入境管理、侦查及审判以及实施检疫和其他措施的各方国家机关。

参加演习人员执行公务：指参加演习人员在演习准备和实施期间，在演习地域、部队和其他单位驻地，以及在沿移动路线机动时，根据命令执行任务的行为。下列情形除外：

——擅自离开驻地或者演习地域；

——自愿使自己处于中毒或者麻醉状态。

国界口岸：指用于对人员、交通工具、货物、商品和动物进行边防检查、必要时进行其他检查和边境放行的用于国际运输（国际飞行）的火车站、汽车站、航空港、机场、海运和水运港口内划出的专门区域以及其他专门设置的场所。

第二条

本协定的实施由各方授权机构负责。各方应将授权机构的清单以照会形式递交本协定的保存机构和各方。

第三条

一、各方通过协商，作出举行演习的决定。每一方都有权自主决定自己参加演习的程度。

二、一方如果不能参加演习，应当及时通知其他各方。

三、根据演习的课题，除部队外各方其他单位可以参加演习。

第四条

授权机构为直前准备和举行演习成立演习指挥机关。

第五条

一、决定举行演习后，通过各方授权机构磋商演习准备的有关事宜。

二、磋商过程中，各方授权机构协商以下事项：

（一）演习的目的、任务、企图立案和训练问题；

（二）举行演习的时间；

（三）参加演习部队和其他单位人员组成和人数，及其可移动资产清单；

（四）部队和其他单位的驻扎地域和演习地域；

（五）部队和其他单位驻扎地域的警戒方法；

（六）需共同完成的演习各项准备工作及完成时限；

（七）演习指挥机关设立地点和实施指挥工作的方法；

（八）部队和其他单位在演习地域集结的方式；

（九）派遣方部队和其他单位出入的国界口岸和时间；

（十）派遣方部队和其他单位在接受方领土上和演习地域移动（过境）的路线、方式和条件；

（十一）向派遣方部队和其他单位提供所需不动产、物资技术保障、医疗和生活公共服务的数量、方法和条件，以及向派遣方提供无偿和有偿服务的问题；

（十二）邀请其他国家的观察员观摩演习的问题；

（十三）演习的新闻报道问题；

（十四）在演习准备和举行过程中保密和指挥隐蔽性的问题；

（十五）有关准备和举行演习的其他问题。

三、磋商的结果载入纪要并由各方授权机构代表签署。

第六条

接受方在准备和举行演习过程中应当采取以下必要措施：

防止并制止针对派遣方参加演习人员和可移动资产的一切违法行为。

为派遣方部队和其他单位及其可移动资产按移动路线的顺利通行创造条件。

第七条

派遣方在准备和举行演习过程中应当采取以下必要措施：

保证派遣方参加演习人员尊重接受方国家的主权、法律和风俗习惯，不干涉接受方内部事务，不在其领土上参与政治活动。

制定在接受方领土上应当遵守的行为准则、规范和习俗，并通知到派遣方参加演习人员。

保证所使用的接受方不动产、自然资源、文化设施和历史古迹完好无损。

保证仅在与接受方商定的演习地域和移动路线上实施参加演习人员和可移动资产的移动。

保证部队和其他单位在接受方领土上的演习地域、驻地和移动路线内遵守接受方生态安全法规。

第八条

一、对参加演习人员的医疗保障的组织和实施，包括治疗、预防和卫生防疫措施等，各方应相互给予协助。

二、对位于接受方领土上的派遣方参加演习人员的治疗，按照以下方式实施：

（一）常规治疗由派遣方自费实施；

（二）包括专门和特殊治疗在内的紧急治疗由接受方无偿实施。

第九条

一、接受方将依据各方授权机构磋商纪要规定的条件，根据派遣方申请，向派遣方部队和其他单位提供铁路、公路、海路、水路和空中交通工具，以及不动产、物资技术保障和生活公共服务及其他必需服务。

二、如果没有商定其他方法，各方独自承担在履行本协定过程中发生的费用。

第十条

一、接受方承认派遣方的国内驾驶证件有效，并不再进行驾驶考试和收取费用。参加演习的公路交通运输工具的驾驶员应当携带其国内驾驶证件。

二、接受方免除派遣方部队和其他单位运输工具的强制保险义务。

三、危险、大型、重型物资在接受方领土内的公路、铁路运输，应当按照有关各方共同参加的国际条约和接受方的法律组织实施。

第十一条

一、空中军事运输的组织实施需与各方负责国际空运的主管部门协商。

二、航空器应当按照与接受方商定的国际航路（航线）和空域（飞行区）实施飞行。

三、参加演习或者为演习实施军事运输的派遣方航空器，在接受方军用或者民用机场的勤务保障及警戒，按照各方授权机构磋商纪要规定的条件实施。

四、航空器沿国际航路（航线）的飞行管制由各方空中交通管制部门按照各自负责的飞行情报区组织实施。

五、根据本协定执行国际运输任务的航空器的飞行安全，按照各方共同参加的国际条约和飞行时所在方的法律予以保障。

六、出现紧急情况（如自然灾害、不良飞行气象条件、航空器故障等）时，各方的空中交通管制部门应当向航空器提供帮助，包括提供迫降备用机场。各方无偿提供人力和物力保障航空器的搜寻救援。

第十二条

一、派遣方的军用舰船和辅助舰船进入接受方的领海、内水，应当按照各方共同参加的国际条约和接受方的法律组织实施。

二、接受方向派遣方军用舰船和辅助舰船提供引航保障、拖船保障和港口勤务保障，应由各方主管部门协商组织实施。

三、出现紧急情况（如自然灾害、不良气象条件、军用舰船和辅助舰船故障等），在有关方提出请求时，各方的海洋（河流）交通管制部门应当向有关方的军用舰船和辅助舰船提供帮助。各方无偿提供人力和物力保障搜寻救援。

第十三条

经与接受方协商，在无偿条件下，派遣方部队和其他单位可以使用自己的通讯系统，包括在必要时铺设通讯电缆、架设无线收发装置、使用必需的无线电频率。经与接受方协商，派遣方部队和其他单位可以无偿或者以优惠价格接入接受方电话、电报、传真等通讯网。

第十四条

派遣方参加演习人员因参加演习临时处于接受方领土期间，不受接受方有关外国公民护照、签证、移民及居留和行动规定的法律限制。但不得认为派遣方参加演习人员获得了在接受方领土常住的权利。

第十五条

一、派遣方部队和其他单位依据向接受方提供的人员名单和可移动资产清单在与接受方商定的国界口岸进出接受方国界。该人员名单和可移动资产清单用派遣方和接受方国家文字书写，经派遣方授权机构确认，并指明进入接受方领土的目的和停留期限。

二、派遣方至少于进入接受方国界45日之前向接受方授权机构提供派遣方部队和其他单位的人员名单和可移动资产清单，以便接受方授权机构提前与己方主管部门协商。

三、部队和其他单位的人员名单和可移动资产清单应按本协定附件1和附件2的格式制作。

四、参加演习人员在出入派遣方和接受方国界时，须出示在派遣方境内有效的证明其身份的证件。接受方承认派遣方参加演习人员的有效公民身份证件。

五、根据接受方的法律，派遣方参加演习人员中的个别人员可不被获准进入接受方领土。

六、参加演习人员携带个人自用物品及外汇入出接受方国界时应当符合接受方的法律。

七、根据部队和其他单位的可移动资产清单，接受方海关简化办理可移动资产入出接受方海关的通关手续和海关检查，并免予各类限制，免除关税和各类税费。

八、各方的海关有权按本国法律规定的程序和方法，对参加演习人员进行人身检查和物品检查，没收法律禁止或者限量出入境的物品，部队和其他单位的可移动资产清单内的物品（物资）除外。

九、部队和其他单位的有专门识别标志的公文袋不受海关检查。专门识别标志应当提前提交派遣方和接受方主管机关。携带上述公文的信使应当持有部队和其他单位授权人员签署的、证明其职责并准许其传送公文的命令。

第十六条

一、接受方主管部门根据本国法律有权对派遣方部队和其他单位人员（包括自用物品）和可移动资产进行检疫，并简化和优先办理检疫手续。

二、接受方授权机构应当事先通知派遣方授权机构关于在接受方领土内可能进行的检疫措施及其目的、方法和期限。

第十七条

一、接受方对派遣方部队和其他单位的可移动资产免予征税。

二、派遣方参加演习人员在演习期间处于接受方领土时，其自派遣方所得的奖金和其他收入的征税应当按照派遣方税收法规实施。

第十八条

一、各方部队和其他单位的军人在演习时通常应当着军装，并佩带所属国家武装力量的识别标志；文职人员应当佩带各方授权机构商定的识别标志。

二、经过各方授权机构协商，可为参加演习人员规定统一的识别标志。

三、各方部队和其他单位的交通工具、军事装备及其他装备在演习期间应当带有明显的登记编号及显示其国籍的识别标志。

第十九条

一、派遣方参加演习人员只有在演习地域执行受领任务以及在部队和其他单位驻地履行警卫职责时，才允许携带武器。派遣方应当考虑接受方有关携带和使用武器的规定。

二、根据派遣方武装力量的现行规定，派遣方部队和其他单位有权对驻地采取适当措施进行警戒。上述规定应当预先通知接受方授权机构。

三、派遣方部队和其他单位在演习地域外移动时，由接受方负责警戒。

四、派遣方部队和其他单位的武器、弹药丢失以及参加演习人员未在规定时间返回驻地的情况，应当及时通知接受方。

第二十条

一、参加演习人员执行公务时，对部队和其他单位造成的损失，各方均放弃提出赔偿要求。

二、参加演习人员非执行公务时，对部队和其他单位造成的损失，其赔偿办法由有关各方主管部门另行协商解决。如无法通过协商解决赔偿事宜时，接受方有权根据本国法律处理。

三、派遣方参加演习人员给接受方自然人或者法人造成的损失，其赔偿办法由有关各方主管部门另行协商解决。如无法通过协商解决赔偿事宜时，接受方有权根据本国法律处理。

四、相关各方对本条第二款或者第三款规定的损失都负有责任，且责任程度无法确定时，其赔偿由有关方均摊。

第二十一条

一、部队和其他单位或者其人员给第三方造成损失的赔偿，根据下列规定处理：

（一）适用接受方的法律。接受方相应司法机关作出的赔偿或者拒绝赔偿的已生效的裁决，具有最终法律效力。

（二）接受方可以组织有关方协商解决第三方的赔偿要求。

二、用接受方的货币支付赔偿金。

三、各方在收集证据和根据本条公正处理赔偿要求方面进行合作。根据各方的决定可成立委员会，调查对第三方造成损失的情况。

第二十二条

一、关于派遣方参加演习人员的司法管辖问题，各方遵循以下原则：

（一）当参加演习人员实施危害派遣方或者其公民的犯罪以及在执行公务时实施犯罪，由派遣方行使司法管辖权；

（二）当参加演习人员实施犯罪不属于本条第一款第一项时，由接受方行使司法管辖权。

二、在派遣方部队和其他单位驻地发生的针对派遣方或者其参加演习人员的、未查明犯罪嫌疑人的犯罪行为，派遣方可以进行初步调查。查明犯罪嫌疑人后，按本协定规定执行。

三、有关各方主管部门在调查、收集和提供与犯罪有关的证据，以及参加演习人员中的犯罪嫌疑人或者被指控犯罪的人所处地点的确定（通缉）、拘留和逮捕（羁押）时，彼此予以协助。

四、各方部队指挥员和其他单位领导在职权范围内也有权直接进行联系。

五、派遣方应当立即通知接受方，关于接受方参加演习人员或者其他人员被拘留的情况。

六、接受方应当立即通知派遣方，关于派遣方参加演习人员被拘留的情况。

七、在发生拘留、逮捕（羁押）和其他诉讼行为，以及移交参加演习人员和其他人员或者提供司法协助时，各方遵循本国法律和共同参加的国际条约。

八、接受方追究派遣方参加演习人员刑事犯罪责任时，派遣方有权派出代表旁听法庭审理。被追究人有权要求：

（一）及时、迅速的侦查和审判；

（二）自刑事追究开始起，获得其被控告的罪行的具体罪行的信息；

（三）与控方证人和其他诉讼参加者对质；

（四）吸收辩方证人参加（如果辩方证人处于接受方的司法管辖之下）；

（五）自己选择律师援助或者无偿律师援助；

（六）翻译服务（如被追究人认为有此必要）；

（七）与派遣方代表保持联系。

九、各方可以互相请求移交或者接收有关参加演习人员实施犯罪的案件，此类请求应当予以迅速友善地处理。

十、有关各方管辖权竞合的刑事案件的侦查和审理结果，各方主管部门应当依据本国法律和共同参加的国际条约互相通报。

第二十三条

一、各方不得对外传播演习指挥机关的工作方法、部队和其他单位的作战方法、武器和军事装备使用特点及其性能的信息，以及根据各方规定禁止传播的有关演习的其他信息。

二、每一方都不得利用演习中获得的信息损害另一方利益。

第二十四条

本协定的适用或者解释出现的争议和分歧，由各方通过磋商和谈判加以解决。

第二十五条

经各方同意，可通过单独议定书的形式对本协定加以修改和补充。

第二十六条

本协定不涉及各方参加的其他国际条约规定的权利和义务。

第二十七条

上海合作组织秘书处是本协定的保存机构。秘书处应于本协定签署之日起15日内，将正式副本送交各方。

第二十八条

一、本协定自签署之日起临时适用。各签约方在完成使本协定生效所必需的各自国内程序后书面通知保存机构，本协定自保存机构收到最后一份书面通知之日起生效。

二、本协定无限期有效。

三、每一方均可书面通知本协定的保存机构关于退出本协定的意向，在收到退出协定书面通知的12个月后，可以退出本协定。保存机构自收到退出协定的通知的30日内将此意向通知其他各方。

本协定于二〇〇七年六月二十七日在比什凯克签署，正本一式一份，分别用中文和俄文写成，两种文本同等作准。

哈萨克斯坦共和国代表	阿赫梅塔夫（签字）
中华人民共和国代表	曹刚川（签字）
吉尔吉斯共和国代表	伊萨科夫（签字）
俄罗斯联邦代表	谢尔久科夫（签字）
塔吉克斯坦共和国代表	海鲁洛耶夫（签字）
乌兹别克斯坦共和国代表	尼亚佐夫（签字）

上海合作组织成员国长期睦邻友好合作条约①②③

上海合作组织（以下简称"本组织"或"组织"）成员国哈萨克斯坦共和国、中华人民共和国、吉尔吉斯共和国、俄罗斯联邦、塔吉克斯坦共和国、乌兹别克斯坦共和国，以下简称"缔约各方"，

系于睦邻友好合作的历史纽带，

遵循《联合国宪章》的宗旨和原则，公认的国际法原则和规则，以及2002年6月7日签署的《上海合作组织宪章》，

坚信巩固和深化本组织成员国之间的睦邻、友好、合作关系符合成员国人民的根本利益，有利于本组织所在地区乃至全世界的和平与发展，

认为全球化进程加深了国家间的相互依赖，使各国的安全与繁荣紧密相连，

认为新的安全挑战与威胁具有全球性质，只有共同努力，遵循协商一致的合作原则与机制才能有效应对，

认识到必须尊重当今世界文化文明的多样性，

重申为促进建立公正合理的国际秩序，为本组织成员国持续发展创造良好条件，愿意扩大本组织内部及与所有相关国家和国际组织间的互利合作，

重申本条约不针对任何其他国家和组织，缔约各方奉行开放

---

① 条约于2012年10月31日生效。

② 中国于2008年6月26日批准该条约。

③ 条约适用于澳门及香港特区。

原则，

致力于使本组织所在地区成为和平、合作、繁荣、和谐的地区，

愿促进国际关系民主化，在平等、相互尊重、互信互利、不以集团和意识形态划线的基础上建立新的全球安全架构，

决心巩固本组织成员国的友好关系，使成员国人民的友谊世代相传，

兹达成协议如下：

第一条

缔约各方根据公认的国际法原则和规则，在其感兴趣的领域发展长期睦邻、友好和合作关系。

第二条

缔约各方遵循《联合国宪章》，公认的国际法原则和规则，以及2002年6月7日签署的《上海合作组织宪章》，以和平方式解决彼此间的分歧。

第三条

缔约各方相互尊重各自根据本国历史经验和国情选择政治、经济、社会和文化发展道路的权利。

第四条

一、缔约各方尊重国家主权和领土完整原则，采取措施禁止在本国境内从事任何违反该原则的活动。

二、缔约各方不参加任何针对其他缔约方的联盟或集团，不支

持任何敌视其他缔约方的行动。

第五条

缔约各方恪守国界不可侵犯的原则，积极致力于加强边境地区军事领域信任，决心使相互间的边界成为永久和平与友好的边界。

第六条

出现威胁某一缔约方安全的情况时，该缔约方可在本组织框架内与其他缔约方举行磋商，以妥善应对出现的局势。

第七条

缔约各方致力于在本组织框架内维护和巩固国际和平与安全，在维护和提高联合国作用、维护全球和地区稳定、推进国际军控进程、防止大规模杀伤性武器及其运载工具扩散等方面加强协调与合作，并就这些问题定期举行磋商。

第八条

一、缔约各方根据本国法律，在遵守公认的国际法原则和规则以及所参加的国际条约的基础上，在打击恐怖主义、分裂主义和极端主义，非法贩运麻醉药品、精神药物及其前体，非法贩运武器，非法移民，以及其他跨国犯罪活动方面积极开展合作。

二、缔约各方根据本国法律，在遵守所参加的国际条约的基础上，加强在通缉、羁押、引渡和移交从事恐怖主义、分裂主义和极端主义活动，以及其他犯罪活动的嫌疑人、被告人或罪犯方面的协作。

三、缔约各方在国界保护、海关监督、劳务移民管理及金融、信息安全保障方面开展合作。

第九条

缔约各方积极推进执法机关和司法机关之间的交往与合作。

第十条

缔约各方国防部门间开展各种形式的合作。

第十一条

一、缔约各方根据各自承担的国际义务及本国法律，在促进实现人权和基本自由方面开展合作。

二、缔约各方根据各自承担的国际义务及本国法律，保障生活在其境内的其他缔约方公民的合法权益，并相互提供必要的法律协助。

第十二条

缔约各方相互承认并保护缔约一方位于缔约另一方境内的财产的合法权益。

第十三条

一、缔约各方在平等互利的基础上加强经济合作，为在本组织框架内发展贸易、促进投资和技术交流创造便利条件。

二、缔约各方在本国境内为其他缔约方的自然人和法人进行合法经济活动提供协助，包括为其创造法律条件，保护这些自然人和法人在其境内的合法权益。

第十四条

缔约各方在其加入的国际金融机构、经济组织和论坛内开展合作，并根据这些机构、组织和论坛的章程规定，对其他缔约方加入予以协助。

第十五条

缔约各方在工业、农业、金融、能源、交通、科技、新技术、信息、电信、航空航天及其他共同感兴趣的领域开展合作，促进实施各类区域性项目。

第十六条

一、缔约各方全力推动在立法方面的合作，经常交换关于已经制定、即将通过和现行法律文件的信息，在制定国际法律文件方面开展合作。

二、缔约各方鼓励各自立法机关及其代表间的交流与合作。

第十七条

缔约各方在保护环境、维护生态安全、合理利用自然资源方面开展合作，采取必要措施制定和实施上述领域的专门计划和项目。

第十八条

缔约各方在预防自然灾害和人为造成的重大事故及消除其后果方面相互合作和提供援助。

第十九条

一、缔约各方促进彼此间在文化、艺术、教育、科学、技术、卫生、旅游、体育及其他社会和人文领域的交流与合作。

二、缔约各方相互鼓励和支持文化、教育、科研机构建立直接联系，开展共同科研计划与项目，合作培养人才，互换留学生、学者和专家。

三、缔约各方为学习和研究其他缔约方语言、文化积极提供便利条件。

第二十条

本条约不影响缔约各方作为其他国际条约参加国的权利和义务。

第二十一条

为执行本条约，缔约各方可在共同感兴趣的具体领域签订国际条约。

第二十二条

如对解释或适用本条约出现争议，缔约各方通过磋商和谈判解决。

第二十三条

一、本条约需经缔约各方批准。

二、本条约无限期有效，自保存机关收到最后一份批准书之日起生效。

三、任何缔约方只要为本组织成员国，本条约即对其有效。任何缔约方如退出本组织，本条约自其退出之日起自动对其失效。

四、本条约生效后对任何被吸收为本组织新成员的国家开放。对新加入的国家，本条约自保存机关收到有关加入书之日起第30天对其生效。

第二十四条

经所有缔约方协商一致，可通过缔结单独议定书的形式对本条约予以修改和补充。

第二十五条

一、本条约的正本交予保存机关。

二、本条约的保存机关为本组织秘书处，在本条约签署后15日内由保存机关将核正无误的条约副本送交给缔约各方。

第二十六条

本条约需根据《联合国宪章》第102条规定在联合国秘书处登记。

本条约于二〇〇七年八月十六日在比什凯克签订，正本一份，用中文和俄文写成，两种文本同等作准。

哈萨克斯坦共和国代表　　　中华人民共和国代表
纳扎尔巴耶夫　　　　　胡锦涛
（签字）　　　　　　　（签字）
吉尔吉斯共和国代表　　　　俄罗斯联邦代表
巴基耶夫　　　　　　普京
（签字）　　　　　　　（签字）
塔吉克斯坦共和国代表　　　乌兹别克斯坦共和国代表
拉赫蒙　　　　　　　卡里莫夫
（签字）　　　　　　　（签字）

《国际遗传工程和生物技术中心章程》
关于中心所在地的议定书[1][2][3]

国际遗传工程和生物技术中心成员国，本章程各当事国希望增加国际遗传工程和生物技术中心所在地数目，一致同意通过下面的协议：

1. 1983年9月13日在马德里通过的《国际遗传工程和生物技术中心章程》（以下称《章程》）第1条第2款所述的中心所在地是指的里雅斯特（意大利）、新德里（印度）和开普敦（南非）。

2. 本议定书通过后，联合国秘书长即应将其送交所有当事国。在秘书长发出议定书获得通过的通知后六个月内，议定书没有任何缔约国反对的，将被视为获得接受，并自动对《章程》所有当事国生效。

3. 在本议定书通过之后，如果一国在上文第2段规定的程序启动之后交存《章程》批准书、接受书或加入书，该国将不另有对议定书提出反对的时间。对该国而言，议定书在秘书长发出议定书通知六个月之后生效，但不早于《章程》对该国生效之日，在后一种情况下，议定书和《章程》于同日对该国生效。

4. 在本议定书生效之后，《章程》所有当事国均受其约束。对这些国家而言，本议定书和《章程》于同日生效。

5. 本议定书和《章程》的各项规定应作为单一文书解释和适用。

---

[1] 该议定书于2008年5月29日生效。

[2] 中国于2008年5月29日默认接受，同日对中国生效。

[3] 该协定适用于香港及澳门特区。

6. 国际遗传工程和生物技术中心理事会有增设中心所在地的酌处权，应以协商一致方式作出这种决定。

7. 2007年10月24日订于的里雅斯特，正本一份，以阿拉伯文、中文、英文、法文、俄文和西班牙文写成。

万国邮政联盟组织法第八附加议定书①②③

（中译本）

　　根据1964年7月10日在维也纳签订的《万国邮政联盟组织法》第三十条第二款规定，万国邮政联盟各成员国政府全权代表在日内瓦大会上通过了对本组织法的下列修改，待批准后生效。

第一条

　　（修改后的第一条）

　　定义

　　在万国邮政联盟法规中，下列词汇定义为：

　　（一）邮政业务：指所有的邮政服务，其范围由邮联各机构规定。这些服务的主要义务是通过对邮件的收寄、分拣、运输和投递来实现成员国某些社会和经济目标。

　　（二）成员国：满足组织法第二条所述条件的国家。

　　（三）一个邮政领域（单一和同一个邮政领域）：万国邮联法规的缔约国有义务根据互惠原则，保证函件互换遵循转运自由原则，并像对待本国邮件那样一视同仁地处理来自其他国土的并由本国经转的邮件。

---

① 附加议定书于2010年1月1日生效。

② 中国于2012年4月27日批准附加议定书。

③ 附加议定书适用于香港及澳门特区。

（四）转运自由：每个经转成员国遵循的原则，即应以处理国内邮件同样的方式保证将其经转的邮件运输到另一个成员国寄达地。

（五）函件：公约中所规定的函件。

（六）国际邮政业务：法规所规定的邮政作业或服务。这些邮政作业或服务的总体。

（七）指定经营者：由成员国正式指定的任何一个政府或非政府实体，必须保证在其领土上邮政业务的经营，并履行邮联法规义务。

（八）保留：保留是一项例外条款，一个成员国通过该条款可拒绝接受或者修改在本国实行的某项法规条款的法律结果，组织法和总规则不包括在某项法规条款之内。每项保留应与邮联组织法序言和第一条中确定的宗旨和目标相吻合，保留的理由应予明确陈述，并经相关法规规定的绝大多数成员国通过后，载入最后议定书。

第二条

（修改后的第四条）

例外关系

指定经营者与邮联领域以外的地区有通邮关系的各成员国，对其他成员国同该地区间的邮务往来应负责居间办理。公约及其细则各项规定，对于这种例外关系，均可适用。

第三条

（修改后的第八条）

区域性邮联和特别协定

一、邮联各成员国或它们的指定经营者，在这些成员国国内法律许可的情况下，可以组织区域性邮联并订立有关国际邮政业务的特别协定，但与和各成员国相关的邮联法规的条款相比，协定的条款不得更不利于公众。

二、区域性邮联可以派观察员列席邮联的大会和各种会议、行政理事会和邮政经营理事会的会议。

三、邮联可以派观察员列席区域性邮联的大会和各种会议。

第四条

（修改后的第十一条）

加入或准予参加邮联的条件和手续

一、联合国组织的所有成员国均可加入邮联。

二、非联合国成员的任何主权国家，可以申请成为邮联的成员国。

三、加入或申请准予参加邮联，应正式声明加入邮联组织法和具有约束力的各项法规。该项声明应通过有关国家政府向国际局总局长提出，并由国际局总局长根据情况通知邮联各成员国，或就申请问题与他们协商。

四、非联合国成员的国家，如果其申请得到至少三分之二邮联成员国的同意，即被认为取得成员国资格。成员国自被征询之日起4个月之内未作答复，当以弃权论。

五、加入或准予参加邮联成为成员国一事，由国际局总局长通知各成员国政府。成员国资格自通知之日起生效。

第五条

（修改后的第二十二条）

邮联的法规

一、邮联组织法是邮联的基本法规。它列有邮联的组织条例，并不得对其提出保留。

二、总规则列有确保实施组织法和进行邮联工作的各项规定。它对各成员国均有约束力，并不得对其提出保留。

三、万国邮政公约、函件细则和邮政包裹细则列有适用于国际邮政业务的共同规则以及关于函件业务和邮政包裹业务的各项规定。这些法规对各成员国均有约束力。各成员国保证其指定经营者履行公约及其各项细则的义务。

四、邮联的各项协定及其细则，对参加这些协定的各成员国之间办理的除函件和邮政包裹业务以外的其他各项业务作出了规定。这些规定仅对这些成员国有约束力。签署协定的各成员国保证其指定经营者履行协定及其各项细则的义务。

五、细则包括为执行公约和各项协定所采取的必要措施，由邮政经营理事会根据大会所作的决定来制订。

六、第三款至第五次所列各项邮联法规后附的最后议定书列有对这些法规的保留。

第六条

（修改后的第二十五条）
邮联法规的签字、认证、
批准和其他核准方式
一、大会产生的邮联法规由各成员国全权代表签署。
二、细则由邮政经营理事会主席和秘书长予以认证。
三、邮联组织法由签字国尽快予以批准。
四、邮联组织法以外的其他法规的核准方式，按各签字国的宪法规定办理。
五、如果某成员国未批准组织法或未核准它已签署的邮联其他法规，组织法和其他法规对已批准或核准的各成员国仍属有效。

第七条

（修改后的第二十九条）
提案的提出
一、在大会期间或在两届大会之间，任何一个成员国对它所参加的邮联法规，有权提出提案。
二、但有关邮联组织法或总规则的提案只能向大会提出。

三、此外，有关细则的提案应直接向邮政经营理事会提出，但必须首先由国际局转发所有成员国和所有指定经营者。

第八条

（修改后的第三十二条）

仲裁

两个或几个成员国，如对解释邮联法规发生争议，或对于某一个成员国认为执行法规中应承担的责任所作的解释有争议时，所争执的问题应以仲裁方式解决。

第九条

参加邮联附加议定书和其他法规

一、未签署本附加议定书的邮联成员国，可以随时参加本附加议定书。

二、原为邮联法规缔约国、但未签署经本届大会重订的这些法规的各成员国，应尽快参加这些法规。

三、在第一、二款所指情况下参加各项法规的证书，应送交国际局总局长，由其正式通知各成员国政府。

第十条

万国邮政联盟组织法附加议定书的生效日期和有效期限。

本附加议定书自二〇一〇年一月一日起生效，无限期有效。

各成员国政府全权代表制订了本附加议定书，其各项条款与列入组织法的正文具有同等效力和合法性，本附加议定书一份正本经各成员国政府全权代表签署，并交由国际局总局长存档，以资信守。副本由万国邮政联盟国际局送交各缔约国一份。

二〇〇八年八月十二日在日内瓦签订

第二十四届邮联大会修订总规则形成的
《万国邮政联盟总规则第一附加议定书》①②③

（中文译本）

　　万国邮政联盟各成员国政府全权代表在日内瓦召开大会，根据一九六四年七月十日在维也纳签订的万国邮政联盟组织法第二十二条第二款规定，一致同意对本总规则通过的修改，但组织法第二十五条第四款规定除外。

第一条

　　（新增第一〇一条）
　　大会的职能
　　一、根据各成员国、行政理事会和邮政经营理事会提出的提案，大会：
　　（一）确定实现邮联使命和目标的总政策，邮联的使命和目标在邮联组织法的序言和第一条中作了明确阐述；
　　（二）必要时，审议并通过各成员国和两个理事会根据组织法第二十九条和总规则第一二二条形成的修改组织法、总规则、公约和各项协定的提案；

---

① 附加议定书于 2010 年 1 月 1 日生效。
② 中国于 2012 年 7 月 8 日核准附加议定书。
③ 附加议定书适用于香港和澳门特区。

（三）确定法规的生效日期；

（四）通过议事规则和相应的修改；

（五）审议行政理事会、邮政经营理事会和咨询委员会根据总规则第一○三条、第一○五条和第一○七条，分别提交的自上届大会以来开展各项工作的全部工作报告；

（六）通过战略规划；

（七）根据组织法第二十一条，确定邮联开支最高限额；

（八）选举行政理事会和邮政经营理事会理事国；

（九）选举邮联国际局正、副总局长；

（十）在决议中确定用德文、中文、葡文和俄文印制文件资料时邮联承担的最高费用。

二、大会作为邮联的最高权力机构，处理主要与邮政业务有关的其他问题。

第二条

（修改后的第一○二条）

行政理事会的组成、工作和会议（组织法第十七条）

一、行政理事会由四十一个理事国组成，他们在前后衔接的两届大会之间行使职权。

二、大会东道国成员国为当然主席。如果这一成员国放弃担任主席职务，他即成为当然理事国，从而这个国家所在的地区组不受第三项规定的限制而拥有一个附加席位。在这种情况下，行政理事会从与东道国成员国同属的地区组的理事国中选出主席。

三、行政理事会的其他四十个理事国，由大会按地域合理分配的原则选出。每届大会至少更换理事国中的半数。任何理事国只能连任一届。

四、行政理事会各理事国应指派其邮政方面有资历的人为代表。

五、行政理事会理事国行使职务，不取酬金。理事会的活动经费由邮联负担。

六、行政理事会有如下职权：

（一）在两届大会之间，监督邮联的全部活动，确保大会决议的执行，研究政府的邮政政策，关注服务贸易和竞争等国际规章的制订；

（二）在其职权范围内审议并批准一切必要的活动，以维护和加强国际邮政业务的质量，并使之现代化；

（三）在国际技术合作范围内，促进、协调和监督各种形式的邮政技术援助；

（四）审查并批准邮联的项目和双年度预算和账务；

（五）如果情况需要，则根据第一二八条第三款至第五款的规定，批准超出经费限额的开支；

（六）制订万国邮政联盟的财务制度；

（七）制订储备基金的管理规章；

（八）制订特别基金的管理规章；

（九）制订特别活动基金的管理规章；

（十）制订自愿捐助基金的管理规章；

（十一）监督国际局的工作；

（十二）如遇选择低一级会费等级的申请，则根据第一三〇条第六款规定的条件，予以批准；

（十三）如果一个成员国要求变更地理组，根据相关地区组成员国的意见，批准该成员国变更地区组的申请；

（十四）制订人事条例和选任官员的服务条件；

（十五）根据经费限额的条件限制，设立或取消国际局的工作职位；

（十六）制订社会基金规章；

（十七）批准国际局撰写的邮联双年度工作报告和财务管理报告，必要时，提出意见；

（十八）决定与各成员国建立联系，以便履行职责；

（十九）在征询邮政经营理事会的意见后，决定与非法定观察员的组织取得联系，审查并批准国际局关于万国邮政联盟与其他国际组织关系的报告，对这些关系的管理和发展做出他认为适当的决定；在征询邮政经营理事会和秘书长的意见后，当对邮联或大会工作有益时，及时指定被邀请参加邮联大会和各委员会某些特别会议的国际组织、协会、企业和相关资深人士，并责成国际局总局长发出必要的邀请书；

（二十）当邮政经营理事会研究有重大财务影响的问题（资费、终端费、转运费、邮件航空运输基本费率、国外函件交寄）时，如认为有必要，制订该理事会应遵循的原则，密切注视这些问题的研究。为确保与上述原则的一致性，审查并批准邮政经营理事会提出的同样主题的提案；

（二十一）应大会、邮政经营理事会或各成员国的要求，研究邮联或国际邮政业务中有关行政、立法和法律的问题。在这些方面由行政理事会决定是否对各成员国在两届大会之间提出的专题进行研究；

（二十二）提出交由大会批准或根据第一二五条规定由各成员国批准的提案；

（二十三）在其职权范围内，批准邮政经营理事会在必要时提出的通过一项规定或一项新办法的建议，然后提交大会做出决定；

（二十四）审查邮政经营理事会编写的年度报告，必要时对理事会提出的提案予以审查；

（二十五）根据第一〇四条第（十六）项的规定，提出应由邮政经营理事会审议的研究课题；

（二十六）在第一〇一条第四款所规定的情况下，确定下届大会所在成员国；

（二十七）在征询邮政经营理事会意见后，及时确定为顺利完成大会工作必须设立的委员会数目，同时规定其职权范围；

（二十八）在征询邮政经营理事会意见后，指定承担以下任务的成员国，但有待大会批准：

一　尽可能按照地区合理分配的原则指定大会副主席以及各委员会的主席和副主席，

一 大会限制性委员会的成员；

（二十九）在商邮政经营理事会之后，审议并批准提交大会的战略草案；

（三十）审议由邮联国际局在商邮政经营理事会之后针对各成员国实施上届大会通过的邮联战略结果而起草的四年度工作报告，以便提交下届大会；

（三十一）根据第一〇六条的规定，确定咨询委员会的组织框架，批准咨询委员会的组织机构；

（三十二）制订加入咨询委员会的标准，据此批准或否决加入申请，并保证在两届行政理事会年会期间以快速程序处理上述事宜；

（三十三）指定其理事国，作为咨询委员会的成员；

（三十四）接收并讨论咨询委员会的报告和建议，对咨询委员会提交大会的建议进行审议。

七、行政理事会在由大会主席召集的第一次会议上，应从理事国中选出四名副主席，并制订议事规则。

八、行政理事会由主席召集，原则上每年在邮联所在地召开一次会议。

九、行政理事会的主席、副主席和各委员会主席组成管理委员会。该委员会负责筹备并领导行政理事会每次年会的工作。他代表行政理事会批准国际局提出的邮联双年度工作报告并承担行政理事会决定委托给他的或在战略规划期间必须完成的其他各项工作。

十、参加行政理事会年会的每一理事国代表的差旅费，由其本成员国负担，但是，根据联合国确定的发展中国家和最不发达国家名单，每个成员国的一位代表，有权要求报销一张经济舱往返飞机票。或一张头等舱火车票，或不超过一张经济舱往返飞机票价的其他任何交通工具的旅费，但大会期间召开的会议不在此列。对理事会各委员会、工作组或其他机构的每个成员国代表，当这些机构在大会和理事会会议以外时间召开会议时，也给予同样的权利。

十一、当行政理事会会议议程中列有邮政经营理事会主席领导的机构中的问题时，经营理事会主席代表经营理事会出席该会议。

十二、当行政理事会会议议程中有涉及咨询委员会的问题时，咨询委员会主席代表咨询委员会出席行政理事会会议。

十三、为保证两个机构工作的有效联系，邮政经营理事会可以指定一些代表以观察员身份参加行政理事会的会议。

十四、如果行政理事会会议所在地国家不是行政理事会的理事国，这个成员国应邀以观察员身份参加会议。

十五、行政理事会希望某国际组织、某协会或企业的代表或相关资深人士参加其会议时，可邀请与会，但无表决权。在同样条件下，行政理事会也可邀请与列入议程的问题有关的一个或几个相关的成员国与会。

十六、应要求，以下观察员可以参加行政理事会全体会议和委员会会议，但无表决权：

（一）邮政经营理事会各理事国；

（二）咨询委员会成员；

（三）对行政理事会工作感兴趣的政府间国际组织；

（四）邮联其他成员国。

十七、出于后勤原因，行政理事会可以限制观察员的与会人数，同时也可以限制他们在会议讨论时的发言权。

十八、行政理事会各理事国应切实参加理事会的活动。如观察员提出要求，可被准许参与所进行的专题研究，并遵守理事会为保证其工作效益和效率而制订的条件。如果他们的知识或经验证明能够胜任时，也可以请他们主持工作组和项目组的工作。观察员的参与不应给予邮联增加额外费用。

十九、在特殊情况下，观察员可能被拒绝参加某次会议或一部分会议。同样，如果会议和文件内容要求保密，他们获取某些文件的权利也可能受到限制。任何相关的机构或其主席可以根据具体情况逐个做出这种限制的决定；然后将这些情况向行政理事会报告，并在其涉及邮政经营理事会特殊利益的时候向邮政经营理事会通报。此后，如果行政理事会认为有必要，可重新审议这些限制；如认为合适也可与邮政经营理事会协商。

第三条

（修改后的第一○三条）

有关行政理事会工作情况的通报

一、行政理事会应在每次会议之后，向其指定经营者、区域性邮联和咨询委员会成员通报活动情况，并向他们寄送一份会议纪要及其决议和决定。

二、行政理事会应就其全部工作向大会提出报告，并最迟在大会开幕前两个月将报告分送邮联各成员国、各指定经营者和咨询委员会成员。

第四条

（修改后的第一○四条）

邮政经营理事会的组成、工作和会议（组织法第十八条）

一、邮政经营理事会由四十个理事国组成，他们在前后衔接的两届大会之间行使其职权。

二、邮政经营理事会理事国由大会根据明确规定的地域分配原则选出。发展中成员国占二十四个席位，发达成员国占十六个席位。每届大会至少更换理事国中的三分之一。

三、邮政经营理事会各理事国指定其代表承担邮联法规中提供业务的责任。

四、邮政经营理事会的活动经费由邮联负担。其理事国不领取任何酬金。参加邮政经营理事会的各成员国代表的旅费和食宿费由各成员国自行负担。然而，根据联合国组织制订的名单，每个最不发达成员国的代表，有权要求报销一张经济舱往返飞机票，或一张头等火车票，或不超过一张经济舱往返飞机票价的其他任何交通工具的旅费，但大会期间召开的会议不在此列。

五、邮政经营理事会在由大会主席召集并主持开幕的第一次会议上，应从理事国中选出一名主席、一名副主席和各委员会主席。

六、邮政经营理事会制订自己的议事规则。

七、邮政经营理事会原则上每年在邮联总部举行会议。会议地点和日期由其主席商得行政理事会主席和国际局总局长同意后确定。

八、邮政经营理事会的主席、副主席和各委员会主席组成管理委员会：该委员会负责筹备和领导邮政经营理事会每次会议的工作，并承担该理事会决定委托给他的或在战略规划期间必须完成的一切工作。

九、邮政经营理事会的职权如下：

（一）引导研究有利于邮联各成员国或其指定经营者在经营、商业化、技术、经济和技术合作方面最重要的问题，特别是有重大财务影响的问题（资费、终端费、转运费、邮件航空运输基本费率、邮政包裹应得部分和国外交寄的函件），就这些问题提供情况和发表意见，并对这方面应采取的措施提出建议；

（二）在大会闭幕六个月内，对邮联的各项细则进行修订，大会另作决定的除外。在特别紧急情况下，邮政经营理事会也可以在其他会议中修改上述细则。在这两种情况下，有关基本政策和原则问题。经营理事会应遵循行政理事会的指示；

（三）协调各项实际措施，以便进一步发展和改善国际邮政业务；

（四）开展一切认为必要的活动以保持和提高国际邮政业务质量并使之现代化；需经行政理事会批准的活动除外；

（五）提出提案交由大会批准或根据第一二五条规定提交各成员国批准；如果这些提案涉及行政理事会的权限，必须交由该理事会批准；

（六）应某一成员国的要求，对该成员国按第一二四条规定提交国际局的各项提案进行审查，提出意见，并责成国际局将这些意见作为上述提案的附件，一并送请各成员国批准；

（七）如有必要且有可能时，经行政理事会批准并向所有成员国进行征询后，建议通过一项规章或采用一项新办法，然后提交大会就此做出决定；

（八）以建议案的方式起草并向各成员国和其指定经营者提出有关技术和经营管理的标准，并对其职权范围内的其他必须统一的做法提出标准。必要时，可对这些已经制订的标准进行修改；

（九）将提交大会的战略规划草案中的必要内容送交行政理事会批准；

（十）批准国际局起草的邮联双年度工作报告中有关邮政经营理事会职责部分的内容：

（十一）决定与各成员国和其指定经营者进行联系以履行其职责；

（十二）对各成员国和其指定经营者以及新兴国家和发展中国家有关邮政专业教学和培训的问题进行研究；

（十三）对某些成员国和其指定经营者在邮政技术、经营、经济和专业培训方面的经验和发展，采取必要措施加以研究和推广；

（十四）研究新兴国家和发展中国家邮政业务的现状和需要，并提出关于改进这些国家邮政业务的途径和适当的措施；

（十五）商行政理事会同意，在同邮联各成员国和其指定经营者，特别是同新兴国家和发展中国家及其指定经营者的技术合作方面，采取适当的措施；

（十六）邮政经营理事会理事国、行政理事会或其他任何一个成员国或指定经营者对向他提出的所有其他问题进行研究；

（十七）接受并讨论咨询委员会的报告和建议，对于涉及邮政经营理事会的问题、对咨询委员会提交大会的建议进行审议并提出意见；

（十八）指定其作为咨询委员会成员的理事国。

十、根据大会通过的邮联战略，特别是与邮联常设机构战略相关的部分，邮政经营理事会应在大会之后召开的理事会第一次会议上，制订一个包括为实施战略所需策略的基本工作计划。该基本计划包括一定数量的、各方共同关心并有现实意义的项目，每年根据实行情况和新的优先问题进行修订。

十一、为保证两个机构之间工作的有效联系，行政理事会可以指定一些代表以观察员的身份参加邮政经营理事会的会议。

十二、应要求，以下观察员可以参加邮政经营理事会全体会议和委员会会议，但无表决权：

（一）行政理事会各理事国；

（二）咨询委员会成员；

（三）对邮政经营理事会工作感兴趣的政府间国际组织；

（四）邮联其他成员国。

十三、出于后勤原因，邮政经营理事会可以限制观察员与会人数，同时也可以限制其在会议讨论时的发言权。

十四、邮政经营理事会各理事国应切实参加理事会的活动。如观察员提出要求，可被准许参与所进行的专题研究，并遵守理事会为保证其工作的效益和效率而制订的条件。如果他们的知识或经验证明能够胜任时，也可以请他们主持工作组和项目组的工作；观察员的参与不应给邮联增加额外费用。

十五、在特殊情况下，观察员可能被拒绝参加某次会议或一部分会议。同样，如果会议和文件内容要求保密，他们获取某些文件的权利也可能受到限制。任何相关的机构或其主席可以根据具体情况逐个做出这种限制的决定；然后将这些情况向行政理事会通报，并在其涉及邮政经营理事会特殊利益的时候向邮政经营理事会通报。此后，如果行政理事会认为有必要，可重新审议这些限制；如认为合适也可与邮政经营理事会协商。

十六、当邮政经营理事会会议议程中有涉及咨询委员会的问题时，咨询委员会主席代表咨询委员会出席邮政经营理事会会议。

十七、邮政经营理事会可以邀请下列机构和人员参加其会议，但无表决权：

（一）希望参与理事会工作的任何国际组织或资深人士；

（二）某些不是邮政经营理事会理事国的成员国；

（三）希望咨询与本身活动有关问题的任何协会或企业。

第五条

（修改后的第一〇五条）

有关邮政经营理事会工作情况的通报

一、邮政经营理事会应在每次会议之后，向邮联各成员国和其指定经营者、区域性邮联和咨询委员会成员通报活动情况，并向他们寄送一份会议纪要及其决议和决定。

二、邮政经营理事会应编写年度工作报告，送交行政理事会。

三、邮政经营理事会应就其全部工作向大会提出报告，并至迟在大会开幕前两个月将报告分送邮联各成员国和其指定经营者以及咨询委员会的成员。

第六条

（修改后的第一〇六条）

咨询委员会的组成、工作和会议

一、咨询委员会的宗旨在于代表广义上的邮政领域的利益，并作为相关各方进行有效对话的框架。咨询委员会包括代表客户、投递服务提供商、工会组织、为邮政行业提供物品和服务的提供商、个体类似组织以及希望为实现邮联的使命和目标做出贡献的企业。如果这些组织登记注册，他们必须在邮联某个成员国注册过。行政理事会和邮政经营理事会分别指定其理事国作为咨询委员会的成员。除了行政理事会和邮政经营理事会指定的成员以外，加入咨询委员会应根据行政理事会制订的并按第一〇二条第六款第三十一项实施的递交和接受申请程序来决定。

二、咨询委员会每个成员指定其各自的代表。

三、咨询委员会工作费用由邮联和咨询委员会成员根据行政理事会制订的方法分摊。

四、咨询委员会成员没有任何薪金或报酬。

五、每届大会之后，咨询委员会根据行政理事会制订的框架重新组成。行政理事会主席主持咨询委员会的成立会议，会上选举咨询委员会主席。

六、咨询委员会决定其内部机构并根据邮联总体原则制订其议事规则，但须由行政理事会商邮政经营理事会后予以批准。

七、咨询委员会每年召开两次会议。原则上在行政理事会和邮政经营理事会年会期间在邮联总部召开。每次会议日期和地点由咨询委员会主席商行政理事会主席、邮政经营理事会主席和国际局总局长后确定。

八、咨询委员会在以下权限内制订其计划：

（一）研究行政理事会和邮政经营理事会的相关文件和报告。在特殊情况下，如果会议和文件内容要求保密，他们获取某些文件的权利可能受到限制。任何相关的机构或其主席可以根据具体情况逐个做出这种限制的决定；然后将这些情况向行政理事会通报，并在其涉及邮政经营理事会特殊利益的时候向邮政经营理事会通报。此后，如果行政理事会认为有必要，可重新审议这些限制；如认为合适，也可与邮政经营理事会协商；

（二）对咨询委员会成员的重要问题进行研究和讨论；

（三）研究与邮政行业有关的问题. 提交这些问题的报告；

（四）通过提交报告和建议的形式为行政理事会和邮政经营理事会的工作提供支持，并应两个理事会的要求提出意见；

（五）向大会提出建议，但须由行政理事会批准，当问题涉及邮政经营理事会时，由邮政经营理事会审议并提出意见。

九、当咨询委员会会议议程中有涉及行政理事会和邮政经营理事会的问题时，行政理事会主席和邮政经营理事会主席代表两机构参加咨询委员会会议。

十、为保证与邮联各机构进行有效联系，咨询委员会可指定其代表作为观察员参加大会、行政理事会、邮政经营理事会及其委员会的会议，但无表决权。

十一、根据第一〇二条第十六款和第一〇四条第十二款规定，咨询委员会成员如提出要求，可参加行政理事会和邮政经营理事会全会及委员会会议。根据第一〇二条第十八款和第一〇四条第十四款规定，咨询委员会成员也可参加项目组或工作组的工作。咨询委员会成员可作为观察员参加大会，但无表决权。

十二、应要求，以下观察员可以参加咨询委员会会议，但无表决权：

（一）行政理事会和邮政经营理事会各理事国；

（二）对咨询委员会工作感兴趣的政府间国际组织；

（三）区域性邮联；

（四）邮联其他成员国。

十三、出于后勤原因，咨询理事会可以限制观察员与会人数，同时也可以限制他们在会议讨论时的发言权。

十四、在特殊情况下，观察员可能被拒绝参加某次会议或一部分会议。同样，如果会议和文件内容要求保密，他们获取某些文件的权利也可能受到限制。任何相关的机构或其主席可以根据具体情况逐个做出这种限制的决定；然后将这些情况向行政理事会通报，并在其涉及邮政经营理事会特殊利益的时候向邮政经营理事会通报。此后，如果行政理事会认为有必要，可重新审议这些限制；如认为合适也可与邮政经营理事会协商。

十五、国际局作为咨询委员会的秘书处，由总局长负责。

第七条

（修改后的第一〇七条）

有关咨询委员会工作情况的通报

一、咨询委员会应在每次会议后向行政理事会和邮政经营理事会通报活动情况，并向两个理事会主席递交一份会议纪要及其建议和意见等。

二、咨询委员会向行政理事会递交年度工作报告，并向邮政经营理事会提交副本。根据第一〇三条，该年度报告被纳入行政理会向邮联各成员国和其指定经营者以及区域性邮联提供的文件中。

三、咨询委员会应就其全部工作向大会提出报告，并至迟在大会开幕前两个月将报告分送邮联各成员国和其指定经营者。

第八条

（修改后的第一一〇条）

文件资料、会议讨论和业务往来公函所用语文

一、邮联的文件资料使用法文、英文、阿拉伯文和西班牙文。同时也使用德文、中文、葡萄牙文和俄文，但只限于最重要的基本文件资料。其他语文也可使用，条件是提出要求的成员国承担所有的费用。

二、要求使用正式语文以外的一种语文的某个或某些成员国组成一个语文组。

三、国际局用正式语文和按已成立语文组所使用的语文，直接或通过这些语文组的地区办事处并根据与国际局商定的办法，出版文件资料，各种语文均以同一格式出版文件。

四、国际局直接出版的文件资料尽可能按照所要求的各种语文同时分发。

五、各成员国或其指定经营者与国际局之间的往来函件，以及国际局与第三方之间的往来函件，可以使用国际局翻译处备有的任何一种语文。

六、译成任何语文的翻译费，包括执行第五项规定后所产生的翻译费，由要求使用这种语文的语文组负担。使用正式语文的国家应承担一笔将非正式语文译成正式语文的费用，其单位数额应与使用国际局其他一种工作语文的国家承担的费用相等。其他一切用于提供这些文件的费用，由邮联承担。由邮联承担的用德文、中文、葡萄牙文和俄文印制文件费用的最高限额由大会决议做出规定。

七、一个语文组的成员国对其共同负担的费用，应根据他们分摊邮联经费的比例进行分摊。

这些费用也可在同一语文组的国家间采用另一种分摊办法，但应由组内各成员国协商同意，并由这个组的代言国把这一决定通知国际局。

八、对成员国提出改变语种选择的要求，国际局应在不超过两年的期限内予以处理。

九、在邮联各机构的会议上可使用法文、英文、西班牙文和俄文，通过一套翻译装置（有时装电子设备，有时不装）进行讨论，翻译装置的选择由会议的组织者征求国际局总局长和有关成员国的意见后决定。

十、在第九款所指的会议上，也准许使用其他语文进行讨论。

十一、使用其他语文的代表团，在可以进行必要的技术改装条件下，应通过第九款所指的设备，或者自备译员，以保证把他们的发言同时译成第九款所列各种语文中的一种。

十二、翻译费用，由使用同一语文的成员国，按照他们分摊邮联经费的比例进行分摊。但技术设备的安装和维修费用，则由邮联负担。

十三、各成员国和/或其指定经营者间往来公函所用的文字，可以互相协商确定；如无此项协议，则使用法文。

第九条

（修改后的第一一二条）

总局长的职能

一、总局长作为国际局的法定代表，组织、管理和领导该机构的工作。他有权安排G1到D2级的职位并任命和晋升这些等级的官员。他在任命P1至D2级官员时，应考虑各成员国推荐候选人具有该国国籍或在该国从事专业工作的专业资格，同时要考虑地域的合理分配和语言。在首先考虑国际局工作效率情况下，D2级官员的职位应尽可能由来自不同地区并与总局长和副总局长的地区不相同的人担任。当某些职位要求特殊资格时，总局长可从外部招聘。在任命新官员时，原则上还要考虑担任D2、D1和P5级职位的人员应来自邮联不同的成员国。在晋升国际局D2、D1和P5级官员时，可不必采用同样的原则。此外，在招聘过程中．地域合理分配和语言的要求应排在能力之后。总局长每年应将P4至D2级的任命和晋级情况通报行政理事会。

二、总局长有如下权限：

（一）承担保存邮联法规的职责并居间办理加入或准予参加邮联以及退出邮联的手续；

（二）将大会的决定通知各成员国政府；

（三）将邮政经营理事会制订或修改的各项细则通知各成员国和其指定经营者；

（四）按邮联所需经费的最低水平编制邮联的年度预算草案，及时提交行政理事会审议；在得到行政理事会批准后，将预算情况通知邮联各成员国并予以实施；

（五）办理邮联各机构要求和法规中确定给他的专项工作；

（六）在政策规定和可用资金范围内开展活动，以实现邮联各机构确定的目标；

（七）向行政理事会或邮政经营理事会提出建议和提案；

（八）大会结束后，根据邮政经营理事会议事规则，向邮政经营理事会提交根据大会决定对细则进行修改的提案；

（九）根据行政理事会的要求，在两个理事会给予指示的基础上起草提交大会的战略草案；

（十）根据各成员国实施上一届大会批准的邮联战略结果，起草由行政理事会通过的四年度工作报告，该报告将提交下届大会；

（十一）担任邮联的代表；

（十二）担任下述机构之间联系的中间人：

—万国邮联与区域性邮联之间；

—万国邮联与联合国之间；

—万国邮联与部分国际组织之间，这些国际组织的活动与邮联有关；

—万国邮；联与部分国际组织、协会或企业之间；邮联各机构有意对这些国际组织、协会或企业进行咨询或参与其活动；

（十三）担任邮联各机构秘书长的职务，并根据现行总规则的专门规定，重点负责：

—邮联各机构会议的筹备和组织；

—文件、报告和纪要的草拟、印制和分发；

—邮联各机构会议期间秘书处的工作；

（十四）参加邮联各机构的会议并参与讨论，但无表决权。他也可以派代表参加。

第十条

（修改后的第一一四条）

邮联各机构的秘书处（组织法第十四、十五、十七、十八条）

邮联各机构秘书处的工作由国际局承担并由总局长负责。秘书处将每次会议出版的文件寄送给各机构成员国和其指定经营者、协助进行研究的非成员国和其指定经营者、区域性邮联以及向他提出这方面要求的其他成员国和其指定经营者。

第十一条

（修改后的第一一六条）

提供资料、发表意见、处理有关解释和修改法规的要求、进行调查、参与账目的清算工作（组织法第二十条，总规则第一二四、一二五、一二六条）

一、国际局根据行政理事会、邮政经营理事会和各成员国和其指定经营者的要求，随时提供有关邮政业务问题的各种必要资料。

二、国际局主要承担以下工作：收集、整理、出版和分发有关国际邮政业务的资料；经当事各方的请求，对发生争执的问题发表意见；处理有关解释和修改邮联法规的要求；一般情况下，进行邮联法规所指定的或有利于邮联的各项研究工作以及编纂和整理文件的工作。

三、在某些成员国和其指定经营者要求了解其他成员国和其指定经营者对某一问题的意见时，国际局应进行调查。调查结果没有表决性质，并无正式约束力。

四、国际局可作为账务清算处参与各种邮政业务账目的清算工作。

第十二条

（修改后的第一一八条）

国际局供给的单式（组织法第二十条）

国际局负责印制国际回信券，并按成本供应给有需求的各成员国或其指定经营者。

第十三条

（修改后的第一一九条）

区域性邮联的法规和特别协定（组织法第八条）

一、区域性邮联根据邮联组织法第八条所制订的法规和各项特别协定应该由这些区域性邮联的常设办事处送交国际局一式两份，如未设办事处，则由缔约之一方送交。

二、国际局应该注意使区域性邮联的各项法规和特别协定条款在涉及到公众利益时不得低于邮联法规所规定的水平，并将已成立的区域性邮联和上述协定通知各成员国和其指定经营者。

国际局发现有不正常情况时，应根据本规定通知行政理事会。

第十四条

（修改后的第一二一条）

邮联各项工作的双年度报告（组织法第二十条、总规则第一〇二条第六款第十七项）

国际局应就邮联的各项工作编写双年度报告，经行政理事会批准后，分送各成员国和其指定经营者、区域性邮联和联合国组织。

第十五条

（修改后的第一二二条）

向大会提出提案的程序（组织法第二十九条）

一、各成员国向大会提出的任何性质的提案，除第二项和第五项指出的情况外，均按以下规定办理：

（一）最迟在大会召开前六个月以前送至国际局的提案，均可接受；

（二）在大会召开前六个月以内提出的任何文字性修改提案，不予接受；

（三）大会召开前四至六个月以内送至国际局的实质性提案，至少需有两个成员国附议，方可接受；

（四）大全召开前二至四个月以内到达国际局的实质性提案，至少需有八个成员国附议，方可接受。在此期限以后到达的提案，不再予以接受；

（五）附议的声明，应该和有关提案在同一期限内送至国际局。

二、涉及组织法或总规则的提案、最迟应在大会开幕六个月之前送到国际局；迟于规定日期但在大会开幕前到达的提案，只有在大会根据出席大会三分之二多数成员国同意做出决定和第一项规定的条件得到遵守时，方予考虑。

三、每一项提案原则上只能有一个目的，只能包含为达到该目的而有理由提出的修改。同样，对影响邮联财务支出的每个敏感性提案，应附上提案国在商邮联国际局之后，实施该提案目标将会对财务产生影响的说明，以便确定在实施中所需的必要资金。

四、文字性修改提案，应由提案成员国在提案前面注明"文字性修改提案"字样。国际局公布这些提案时，应在编号后加注字母"R"，对未注明上述字样而国际局认为只涉及文字修改的提案，应在公布时加上适当的注解。这类提案应由国际局开列清单并送交大会。

五、第一和第四项所规定的程序对大会议事规则提案和对已提出的提案进行修改，均不适用。

第十六条

（修改后的第一二三条）

向邮政经营理事会提出根据大会决定制订新细则提案的程序

一、邮政经营理事会根据大会所作的决定，制订万国邮政公约细则和邮政支付业务协定细则。

二、对公约或邮政支付业务协定进行修改形成的提案，应同与其相关的大会提案同时递交国际局。这些提案可由单个成员国递交，无须其他成员国附议。这些提案最迟应距大会开幕一个月之前分送所有成员国。

三、由邮政经营理事会在大会结束后六个月内审议的有关新细则的其他提案，最迟应在距大会开幕两个月之前递交国际局。

四、由成员国提交的根据大会决定修改细则的提案，最迟应在距邮政经营理事会开幕前两个月递交国际局。这些提案最迟应距邮政经营理事会开幕一个月之前寄送各成员国和其指定经营者。

第十七条

（修改后的第一二四条）

在两届大会之间提出提案的程序（组织法第二十九条、总规则第

一一六条）

一、某一成员国在两届大会之间提出的有关公约或各项协定的任何提案，至少需有另外两个成员国附议方予以考虑。国际局如未同时接到必要数目的附议声明书，对该提案仍不予受理。

二、上述提案由国际局转送其他各成员国。

三、有关各项细则的提案无需附议，但只有在邮政经营理事会认为急需时，方予考虑。

第十八条

（修改后的第一二五条）

两届大会之间提案的审议（组织法第二十九条，总规则第一一六、一二四条）

一、涉及公约和各项协定以及他们的最后议定书的各项提案应按下列程序处理：当某个成员国向国际局寄送一份提案，国际局将该提案向所有成员国寄发供其审议。各成员国可有两个月时间审议提案，并在必要时向国际局提出意见。但不能提出修正案。两个月期限过后，国际局向所有成员国转发其收到的每一条意见，并请每个成员国投票赞同或反对提案。凡在两个月期限内不作表示的成员国，当以弃权论。上述期限从国际局通函上注明的日期算起。

二、修改各项细则的提案由邮政经营理事会审议。

三、如果提案涉及某项协定或其最后议定书，只有参加这个协定的成员国方可参加第一款所规定的活动。

第十九条

（修改后的第一二六条）

通知两届大会之间通过的决定（组织法第二十九条，总规则第一二四、一二五条）

一、对公约、各项协定和这些法规最后议定书所作的修改，应由国际局总局长通知各成员国政府。

二、邮政经营理事会对各项细则及其最后议定书所作的修改，由国际局通知各成员国和其指定经营者。这项规定对于公约第三十六条第三款和各项协定有关规定的解释，同样适用。

第二十条

（修改后的第一二八条）

邮联经费的确定和结算（组织法第二十二条）

一、二〇〇九年及以后，邮联各机构活动的年度经费，除第（二）项至第（六）项所述情况外，不得超过下列数额：二〇〇九年和二〇一〇年：每年37 000 000瑞士法郎。二〇一一年和二〇一二年，每年37 235 000瑞士法郎。当预定在二〇一二年召开的大会延期时，二〇一二年度的基本限额也适用于以后的各年度。

二、下届大会的会议费用（秘书处的搬迁、差旅费和运费、同声传译技术设备安装费和大会期间的文件印制费等），不得超过2 900 000瑞士法郎。

三、根据联合国为其在日内瓦工作的人员增加的工资待遇、各种福利金或包括岗位津贴在内的各项津贴情况，行政理事会有权超过第一、第二款规定的限额。

四、行政理事会每年有权根据瑞士消费价格指数调整经费数额，人员费用除外。

五、作为第一款规定的例外，行政理事会或总局长在非常紧急时，可批准超过所确定的经费限额，以便对国际局大楼进行计划外的大规模修缮，但此项超支款额每年不得超过125 000瑞士法郎。

六、如果发现第一、二款规定的经费不足以保证邮联工作的顺利进行，只有经邮联成员国多数同意，才可超过限额。向成员国征求意见时，应附上证明此项开支必要的全部资料。

七、加入或准予参加邮联的国家以及退出邮联的国家，应该支付他们实际参加或退出邮联那一年全年所应分摊的经费。

八、各成员国根据行政理事会决定的预算预交会费，以分摊邮联的年度经费。会费最迟应于相关预算的财政年度开始第一天付清。如逾此期限，邮联对应收的欠款收取利息，自第四个月起每年收取6%。

九、若一个成员国拖欠邮联的会费（不包括利息）等于或超过该成员国在前两个财政年度应向邮联交纳的会费之和，则该成员国可根据行政理事会制订的规则将其他成员国对其欠款的全部或部分转让给邮联，一旦转让，不得更改。转让的条件由该成员国、该成员国的债务人和邮联之间的协议规定。

十、若一个成员国由于法律或其他的原因不能如此转让，需制订一个分期偿还欠款的计划。

十一、对邮联会费所欠款项的偿还期限不能超过十年，例外情况除外。

十二、在特殊情况下，行政理事会可以免除某个成员国的全部或部分欠款的利息，条件是该国已付清其全部欠款的本金。

十三、在行政理事会批准的欠款分期偿还计划范围内，也可以免除某个成员国的全部或部分累计利息或新产生的利息，但这项免除的条件是，必须在所商定的最长不超过十年期限内，全面及时地实施分期偿还计划。

十四、为弥补邮联资金的不足，特设立一项储备金，其数额由行政理事会规定，资金来源首先是预算结余。所设储备金也可以用来平衡预算或降低各成员国会费的数额。

十五、在资金暂时不足时，瑞士联邦政府按共同商定的条件提供必要的短期垫款，无偿监督财务账目的管理，并根据大会所确定的经费限额监督国际局的账务。

十六、第九至第十三款的条例，也比照适用于国际局为参加语言组各成员国开具发票的翻译费。

第二十一条

（修改后的第一三〇条）

会费等级（组织法第二十一条，总规则第一一五、一二八条）

一、各成员国根据其所属分摊等级分担邮联的经费，分摊等级如下：

50 个单位的等级

45 个单位的等级

40 个单位的等级

35 个单位的等级

30 个单位的等级

25 个单位的等级

20 个单位的等级

15 个单位的等级

10 个单位的等级

5 个单位的等级

3 个单位的等级

1 个单位的等级

0.5 个单位的等级。该等级只为联合国所列的最不发达国家和行政理事会指定的其他国家所设。

二、除第一项所列分摊等级外，任何成员国可以选择认担高于他所属的会费等级，认担最短期限相当于两届大会之间。这一变更需在大会上予以声明。两届大会期限末，该成员国自动恢复其原有的会费单位数。除非该国家决定继续认担高的会费单位数。随着会费额外增加，开支部分也相应增长。

三、成员国在加入或准予参加邮联时，均应根据组织法第二十一条第四款规定的程序，被分别列入上述分摊等级中的一个等级。

四、今后，各成员国可向低一级会费变更，但至少应在大会开幕前两个月向国际局提出变更要求。大会将这些变更会费等级的申请作为非强制性决定予以通知。申请国在大会通知期间可自由改变主张，但最终的决定应在大会结束之前告知国际局秘书处。这一变更申请自大会制订的财务规定实施之日起生效。没有在规定期限内通知变更的成员国仍维持原会费等级。

五、成员国要求降级时，每次不得超过一级。

六、然而，在特殊情况下，例如发生自然灾害后需接受一些国际援助计划，行政理事会可根据某一成员国的要求，在其证明不能维持原有认担的会费等级时，批准临时降低一级会费，两届大会之间只能降一次。在同样情况下，行政理事会可以批准非最不发达国家将认担的 1 个单位会费等级临时降低为 0.5 个单位。

七、在执行第六款规定时，行政理事会批准临时降低会费的最长持续时间为两年或至下届大会为止，二者取其最近值。规定期限届满，相关成员国应自动恢复其原来认担的会费等级。

八、作为第四、五款规定的例外，提高分摊等级不受任何限制。

第二十二条

（修改后的第一三一条）
国际局供应品的费用支付（总规则第一一八条）

一、各成员国和其指定经营者对国际局有偿提供的物品应尽快付费，最迟应从国际局寄发账单的下月第一天起六个月内付清。如逾此期限，邮联即自期满之日起，对应收的欠款收取利息，年息为 5%。

第二十三条

（修改后的第一三二条）
仲裁程序（组织法第三十二条）

一、需要通过仲裁解决争议时，当事成员国应各推举一个同争议事项没有直接关系的成员国作为仲裁人。如果几个成员国同为当事人之一方，在引用本项规定时，只算作一个成员国。

二、如当事成员国中的某一方对进行仲裁的建议自提出仲裁之日起六个月内不予答复，国际局接到请求后应催促未答复成员国指定仲裁人，或由国际局自行指定。

三、当事双方可以协商推举一个仲裁人，这个仲裁人可以由国际局担任。

四、仲裁人的裁决，须经多数票同意。

五、同意票和反对票票数相等时，由各仲裁人共同推选另一个同争议无关的成员国参加仲裁，以便解决争议。如对仲裁人的人选不能取得一致意见，由国际局在未经仲裁人提名的成员国中指定一个成员国担任。

六、如果争议事项涉及某项协定，没有参加该项协定的成员国，不得被推举为仲裁人。

七、指定经营者之间就某些问题需通过仲裁解决时，相关指定经营者需依附其成员国按照第一至第六款规定进行办理。

第二十四条

（修改后的第一三五条）

总规则的修改，生效日期和有效期限

由大会通过的各项修改载入附加议定书，这些修改与这届大会期间重新修改的各项法规同时生效。除非大会做出相反的决定。

本总规则自二〇〇六年一月一日起生效，无限期有效。

第二十五条

参加附加议定书

未签署本附加议定书的邮联成员国可以随时参加本附加议定书。参加相关各项法规的证书应送交国际局总局长，由其正式通知各成员国政府。

第二十六条

总规则附加议定书的生效日期和有效期限

本附加议定书自二〇一〇年一月一日起生效，无限期有效。

各成员国政府全权代表制订了本附加议定书，其各项条款与列入总规则中的正文具有同等效力和合法性，本附加议定书一份正本交由国际局总局长存档，以资信守。副本由万国邮政联盟国际局送交各缔约国一份。

二〇〇八年八月十二日在日内瓦签订

附件3

《万国邮政联盟总规则第一附加议定书》
缔约国核准情况

截至2012年3月底，万国邮联192个成员国中有23个国家核准了修订总规则后形成的《万国邮政联盟总规则第一附加议定书》，核准国家如下：

国家	核准时间	国家	核准时间
佛得角	2009.2.12	越南	2010.8.5
白俄罗斯	2009.8.18	圣马力诺	2010.8.5
塞尔维亚	2009.8.27	叙利亚	2010.8.29
法国	2009.10.27	爱沙尼亚	2010.12.20
日本	2009.12.14	也门	2011.2.9
斯洛伐克	2009.12.22	沙特	2011.3.25
加拿大	2010.1.6	克罗地亚	2011.3.25
韩国	2010.1.22	乌兹别克斯坦	2011.3.28
瑞士	2010.3.31	立陶宛	2011.4.13
意大利	2010.4.20	卡塔尔	2011.5.2
保加利亚	2010.5.27	芬兰	2011.5.5
美国	2010.7.30		

上海合作组织成员国组织和举行联合反恐演习的程序协定①②③

上海合作组织成员国，以下称"各方"，

遵循2002年6月7日《上海合作组织宪章》、2001年6月15日《打击恐怖主义、分裂主义和极端主义上海公约》、2002年6月7日《上海合作组织成员国关于地区反恐怖机构的协定》和2005年7月5日《上海合作组织成员国合作打击恐怖主义、分裂主义和极端主义构想》，

根据本国法律和公认的国际法准则，

为制定在各方境内举行联合反恐演习的法律基础，

达成协议如下：

第一条

一、本协定使用的术语含义如下：

（一）"演习"指各方主管机关在某一方或几方境内举行的联合反恐演习；

（二）"演习参加人员"指参加演习的特种反恐部队及其人员，演习指挥机关人员，以及参加演习的其他人员；

---

① 协定于2013年11月29日生效。

② 中国于2008年8月28日签署，2013年6月29日核准该协定，2013年11月29日对中国生效。

③ 该协定暂不适用香港特区。

（三）"特种反恐部队"指各方根据本国法律，为举行演习组建的、由特种专业人员组成的分队；

（四）"专用器材和保障物资"指联合反恐演习期间使用的武器和军事技术装备、枪支、弹药、设备、通信器材、反恐特种部队的装备、技术交通工具及其他专门设备和物资；

（五）"接受方"指演习期间在本国境内接受派遣方演习参加人员、专用器材和保障物资的一方；

（六）"派遣方"指为举行演习向接受方国境内派遣演习参加人员、专用器材和保障物资的一方；

（七）"过境方"指派遣方演习参加人员、专用器材和保障物资往返接受方境内途经的国家；

（八）"第三方"指除派遣方、接受方、过境方之外的国家，及其自然人和（或）法人，以及政府间国际组织；

（九）"演习参加人员执行公务"指在接受方和过境方境内移动、位于驻扎地以及与接受方商定的其他地点，前往上述地点的往返途中，以及在演习地域为完成演习任务而采取的行动，但不包括：

1. 擅自离开驻地或演习地域；

2. 自愿处于中毒、麻醉或醉酒兴奋状态；

3. "损失"指各方法律规定应承担责任的人身、精神、物质和其他伤害；

（十）"演习地域"指接受方在本国境内划定的举行演习的地域；

（十一）"驻地"指接受方划定供各方演习参加人员驻扎的地域；

（十二）"理事会"指上海合作组织地区反恐怖机构理事会；

（十三）"执委会"指上海合作组织地区反恐怖机构执行委员会；

（十四）"主管机关"是指根据国内法遂行反恐任务的某一方的国家机关。

第二条

举行联合反恐演习的目的是，训练特种反恐部队，以便有关方在其境内发生恐怖事件或发生恐怖事件威胁时采取联合行动。

第三条

举行联合反恐演习的主要任务是：

（一）提高特种反恐部队演习指挥部门的合作水平；

（二）完善参加人员的实战技能和在联合反恐行动过程中制定有效方案；

（三）研究特种反恐部队协调行动；

（四）研究反恐行动的新方法、交流反恐行动经验。

第四条

一、举行联合反恐演习的决定由理事会做出。演习举行时间由理事会在听取拟参加演习各方的意见后确定。

二、做出进行演习决定后，各方协商筹备演习的相关事项，协商结果形成会议纪要。

三、按照国名俄文字母表排列顺序轮流在各方境内组织和举行演习。

四、执委会应本组织有关成员国要求协助组织和举行联合反恐演习。

五、各方有权向理事会提出在本国境内举行非例行演习的请求。

六、某方如不能或拒绝参加演习，应在演习前最少提前2个月以书面形式通知执委会，并告知妨碍其参加演习的原因。

第五条

一、为筹备和举行演习，设演习指挥一名，演习副指挥若干名，并成立演习指挥机关。

二、演习指挥由接受方主管机关领导（或其委派的代表）担任，演习副指挥由派遣方主管机关代表担任。

三、演习指挥机关的人员、结构及演习程序由接受方和派遣方协商确定。

第六条

一、各方与演习指挥机关商定本方的参演程度、演习参加人员的构成及人数。

二、经各方协商一致，执委会可邀请第三方的代表观摩演习。

第七条

接受方确定演习地域并创造以下条件：

（一）准备演习想定，并通过执委会与派遣方协商确定；

（二）准备总结性文件和其他演习文件；

（三）依据本国国内法提供进入并使用本国领土的许可；

（四）为派遣方演习参加人员、专用器材和保障物资进入接受方国境、在接受方境内驻扎、移动以及从接受方离境（包括通过边检和海关检查程序）创造条件；

（五）采取必要措施，为演习参加人员、专用器材和保障物资提供保护，包括对演习地域的封锁；

（六）免除派遣方应交纳的各种税赋、海关清关费、保险费，以及其他需强制缴纳的费用。

第八条

派遣方：

（一）尊重接受方和（或）过境方的主权和习俗；

（二）遵守接受方和（或）过境方的法律；

（三）不干涉接受方和（或）过境方内部事务；

（四）不参加接受方和（或）过境方境内的政治活动；

（五）遵守接受方和（或）过境方的边检和海关检查程序；

（六）按照与接受方和（或）过境方商定的路线运送演习参加人员、运输专用器材和保障物资；

（七）配合接受方和（或）过境方对演习参加人员、专用器材和保障物资采取的警戒和保护措施；

（八）保障所使用的接受方和（或）过境方财产、自然资源、文化、历史和其他设施完好无损；

（九）在接受方和（或）过境方境内遵守生态安全规定。

第九条

过境方：

（一）允许并协助派遣方演习参加人员以及专用器材和保障物资出入境、在本方境内移动；

（二）免除派遣方各种应纳税、通关费用、保险费，以及其他需强制交纳的费用。

第十条

一、派遣方在演习开始前至少提前2个月向接受方通报关于在驻扎地演习参加人员住宿所需房屋，以及专用器材和保障物资的需求。

二、接受方向派遣方演习参加人员提供房屋、水、电，保障医疗服务，为其遂行任务创造生存生活条件，必要时根据商定提供专用器材和保障物资。

三、交通及其他方面的服务由各方主管机关另行商定。

第十一条

接受方和（或）过境方承认派遣方的驾驶证件有效。

第十二条

一、派遣方演习参加人员凭名单及有效身份证件，在商定的出入境口岸通过国境线，无需签证。

二、制订派遣方演习参加人员名单和专用器材、保障物资清单的方式和程序由各方协商决定。

三、演习参加人员名单应包括人员姓名、性别、出生日期、身份证件编号、入境目的及在接受方境内的驻留时间。

四、专用器材和保障物资清单应包括专用器材和保障物资的名称、数量、标识。

五、演习参加人员名单以及专用器材和保障物资清单用中、俄文书写，并于演习参加人员计划过境日30天前提交接受方和过境方。

第十三条

一、派遣方演习参加人员可根据接受方和（或）过境方的法律规定，携带个人用品和货币过境。

二、各方根据本协定，简化过境专用器材和保障物资的海关报关和检查手续。

三、各方海关有权按本国法律规定的程序和条件，对演习参加人员的身体和行李进行检查，并没收本国法律禁止或限制运进、运出的物品，已列入相应清单的各方专用器材和保障物资除外。

四、相应标识的密封的各方公务文件不可侵犯，不受海关检查，不得打开和扣留。

第十四条

接受方有权根据本国法律与派遣方协商后，在本国境内对派遣方演习参加人员及其个人物品、专用器材和保障物资实施检疫。

第十五条

一、使用空中交通工具组织运送演习参加人员、专用器材和保障物资，应同各方负责组织国际空中运输的主管机关协商。

二、航空飞行只能在接受方和（或）过境方规定的航空区（空域）内按其规定航线进行。在各军用、民用机场，对参加演习或运送演习参加人员航空器的导航、机场—技术保障和保卫，根据各方达成的协议实施。

三、沿国际航线飞行的航空器的飞行管理，由各方空中交通管理部门按照各自负责的飞行情报区组织实施。

四、为执行本协定实施国际运输的航空器飞行安全，应根据各方加入的国际条约，以及飞行空域所属方的法律予以保障。

五、各方通过联合小组（委员会）对遵守飞行安全要求情况进行监督，并对上海合作组织成员国飞行器在执行实施本条约相关任务时发生的、涉及多个国家飞行人员的恶性及轻度飞行事故进行调查。联合小组（委员会）的组建程序由演习指挥机关根据各方在演习准备阶段达成的协议确定。联合小组（委员会）组长由接受方代表担任。

六、出现紧急状况（自然灾害、不良飞行气象条件、航空器故障）时，各方空中交通管理部门应向执行运送演习参加人员任务的航空器提供帮助，包括提供迫降所需的备用机场。

七、航空飞行的搜索—救援保障由各方组织力量和设备无偿实施。

第十六条

一、派遣方的军舰（警用舰船）和辅助舰船应根据接受方本国法律及各方参加的国际条约进入接受方的领海和内水。

二、接受方为派遣方军舰（警用舰船）和辅助舰船提供领航、拖船和港口服务保障，应经过双方另行协商。

第十七条

一、演习参加人员在接受方境内临时驻留期间，对其不适用接受方针对外国公民设置的护照签证制度和移民管制、居留和迁移规定。

二、派遣方演习参加人员无权在接受方境内定居。

第十八条

一、各方演习参加人员在演习期间应当佩戴各方商定的识别标志。

二、演习期间，各方特种反恐部队使用的军事和其他技术装备应带有清晰可见的登记编号和识别标志。

第十九条

一、为遂行演习计划规定的任务和履行警戒职责，派遣方演习参加人员在演习地域及驻地和与接受方商定的其他地方驻留期间有权保存、携带、使用专用器材和保障物资。

二、联合反恐演习期间，使用专用器材和保障物资应符合接受方的法律规定。

第二十条

一、派遣方应及时向接受方和过境方通报专用器材和（或）保障物资丢失及演习参加人员未在驻地的事实。

二、必要时经接受方请求，每一方均应协助寻找专用器材和（或）保障物资以及演习参加人员。

三、在找到丢失的专用器材和（或）保障物资，确定走失人员的位置时，应采取必要措施将其移交相关方。

第二十一条

一、如无另行商定，各方各自承担与执行本协定有关的费用。

二、在相互协商的基础上，派遣方向接受方支付按要求提供的所有专用器材和保障物资的费用。

第二十二条

各方和本组织地区反恐怖机构执委会应按商定的形式和内容向公众通报演习进程情况。

第二十三条

一、禁止传播下列信息：

（一）有关演习参加人员的信息；

（二）有关演习特种技术手段、战术和方法的信息；

（三）有关演习中使用的专用器材和保障物资性能的信息；

（四）各方商定禁止传播的其他信息。

二、本条所列信息的保护措施及因非法传播上述信息应承担的责任，依据各方参加的国际条约和各方国内法确定。

第二十四条

接受方向各方和执委会发送演习总结材料。

第二十五条

一、每一方的专用器材和保障物资为该方财产，其他方不能扣留和（或）以任何方式占为己有。

二、派遣方应在演习后将本方剩余的特种反恐部队专用器材和保障物资从接受方境内运出。

三、如因特殊情况无法将专用器材和保障物资运出，接受方和派遣方应在相互协商的基础上，做出使用或者销毁这些器材和物资的决定。

第二十六条

一、关于派遣方演习参加人员的司法管辖问题，各方遵循以下原则：

（一）如果派遣方演习参加人员是该方公民，实施针对本方，或者针对本方演习参加人员中本国公民的犯罪，以及当他们执行公务时实施犯罪，则由该派遣方行使司法管辖权；

（二）当演习参加人员实施犯罪不属于本条上述情形时，由接受方或过境方行使司法管辖权。

二、在派遣方演习参加人员驻地发生的针对派遣方或者其演习参加人员的、未查明犯罪嫌疑人的犯罪行为，派遣方可以进行初步调查。查明犯罪嫌疑人后，按本协定规定执行。

三、有关各方主管机关在调查、证据收集与移交、确定涉嫌犯罪的演习参加人员的位置（通缉）、拘留和逮捕（羁押）等方面相互协助。

四、各方演习参加人员的指挥员在职权范围内也有权直接进行联系。

五、接受方演习参加人员以及其他人员被扣留时，派遣方应当立即通知接受方。

六、派遣方演习参加人员被扣留时，接受方应当立即通知派遣方。

七、在发生拘留、逮捕（羁押）和其他诉讼行为，以及移交演习参加人员或者提供司法协助时，各方遵循其参加的国际条约和本国法律。

八、接受方追究派遣方演习参加人员刑事责任时，派遣方有权派出代表旁听法庭审理。被追究人有权要求：

（一）及时、迅速的侦查和审判；

（二）自刑事追究开始起，获得其被控告罪行的具体信息；

（三）与控方证人和其他诉讼参加人对质；

（四）吸收辩方证人参加（如果辩方证人处于接受方的司法管辖之下）；

（五）自己选择律师或者无偿律师援助；

（六）翻译服务；

（七）与派遣方代表保持联系。

九、各方可以互相请求移交或者接收有关演习参加人员实施犯罪的案件，此类请求应当予以迅速处理。

十、有关各方管辖权竞合的刑事案件的侦查和审理结果，各方主管部门应当根据本国法律和共同参加的国际条约互相通报。

第二十七条

一、演习参加人员执行公务时，对其他演习参加人员造成的损失，各方均放弃提出赔偿要求。

二、演习参加人员非执行公务时，对其他演习参加人员造成的损失，其赔偿办法由有关各方主管部门另行协商解决。如无法通过协商解决赔偿事宜时，接受方有权根据本国法律处理。

三、派遣方演习参加人员给接受方或过境方自然人或者法人造成的损失，其赔偿办法由有关各方主管部门另行协商解决。如无法通过协商解决赔偿事宜时，接受方或过境方有权根据本国法律处理。

四、相关各方对本条第二款或者第三款规定的损失都负有责任，且责任程度无法确定时，其赔偿由有关方均摊。

五、特种反恐部队或者其人员给第三方造成损失的赔偿，根据下列规定处理：

（一）适用接受方的法律。接受方相应司法机关做出的赔偿或者拒绝赔偿的判决生效后，具有最终法律效力。

（二）接受方可以组织有关方协商解决第三方的赔偿要求。

（三）用接受方的货币支付赔偿金。

（四）各方在收集证据和根据本条公正处理赔偿要求方面进行合作。根据各方的决定可成立委员会，调查对第三方造成损失的情况。

第二十八条

派遣方演习参加人员在接受方以及过境方境内遭受损失时，派遣方演习参加人员及其家属有权享受本国法律规定的全部优待、保障和补偿。

第二十九条

一、各方根据本国法律确定负责执行本协定的主管机关，并将有关情况通知协定存约方。同时，各方也应将本协定生效所必需的国内程序完成情况、主管机关或其名称变更情况通知存约方。

二、存约方自收到一方关于确定本协定提及的主管机关通知后，应于15日内将有关情况通报其他各方。

第三十条

由解释或适用本协定条款而产生的争议问题，各方将通过协商和谈判加以解决。

第三十一条

本协定不涉及各方根据其所参加的其他国际条约所享受的权利和承担的义务。

第三十二条

在本协定框架内开展合作时，工作语言为为汉语和俄语。

第三十三条

经各方同意，可对本协定进行修改，并以议定书的形式加以确定。

第三十四条

一、本协定自存约方收到了第四份签署国关于完成本协定生效国内程序的书面通知之日起的第30天生效。对于此后完成国内生效程序的有关方，本协定自其向存约方提交书面通知书之日生效。

二、本协定有效期不确定。

三、本协定存约方为上海合作组织秘书处。秘书处应于本协定签署后15日内将核对无误的副本送交各方。

四、本协定开放供2001年6月15日签署《打击恐怖主义、分裂主义和极端主义上海公约》的缔约国签署。对于加入国，本协定自存约方收到其加入书之日起的第30天生效。

五、当某一方不再是上海合作组织成员时，该协定对其停止效力。

第三十五条

各方可以退出本协定，并于指定退出日期前12个月书面通知存约方。存约方在收到该通知30日内通告各方。

本协定于2008年8月28日在杜尚别签订，一式一份，用中文和俄文写成，两种文本同等作准。

哈萨克斯坦共和国代表　　　　沙布达尔巴耶夫（签字）
中华人民共和国代表　　　　　　杨洁篪（签字）
吉尔吉斯共和国代表　　　　　苏塔利诺夫（签字）
俄罗斯联邦代表　　　　　　　拉夫罗夫（签字）
塔吉克斯坦共和国代表　　　阿布杜拉希莫夫（签字）
乌兹别克斯坦共和国代表　　　　阿塔耶夫（签字）

上海合作组织成员国政府间合作打击
非法贩运武器、弹药和爆炸物品的协定①②

上海合作组织成员国政府（以下简称"各方"），

对非法贩运武器、弹药和爆炸物品规模的扩大表示关切，

认识到非法贩运武器、弹药和爆炸物品对各方国家安全构成严重威胁，

基于采取有效措施打击非法贩运武器、弹药和爆炸物品的相互关切，

遵循二〇〇二年六月七日签署的《上海合作组织宪章》、二〇〇一年六月十五日签署的《打击恐怖主义、分裂主义和极端主义上海公约》，

依据本国法律，公认的国际法准则，

达成下列协议：

第一条

本协定所用概念定义如下：

（一）"武器"系借助钢管内抛射药的燃烧所产生的气体推力进行定向运动的弹体对射程内目标进行机械性毁伤的装置及其主要零部件；

（二）"弹药"系用于毁伤目标，包含爆炸、抛射、发烟及击打装

---

① 中国于2008年8月28日签署，2012年5月24日核准协定。2013年5月3日协定生效。

② 在中国另行通知前，暂不适用香港特区。

药或其组合装药的物品及装具；

（三）"爆炸物品"系在特定条件下，经外力作用瞬间发生化学反应，释放大量热能和气体的化学物或化学混合物；

（四）"非法贩运武器、弹药和爆炸物品"（以下简称"非法贩运武器"）系指违反各方国家法律制造或维修、买卖、转让、获取、储存、携带和运输武器、弹药和爆炸物品。

第二条

一、各方依据本协定及其参加的国际条约，通过各自主管机关在预防、发现、制止和侦破与非法贩运武器有关的犯罪方面开展合作。

二、主管机关名单由各方各自指定，并在通知履行完本协定必要的国内生效程序时提交保存机构。

各方在变更主管机关名单后要在 30 天内书面告知协定保存机构。

第三条

各方在下列方向开展合作：

（一）完善各方打击非法贩运武器合作的法律基础及协调各方国内立法；

（二）分析非法贩运武器有关犯罪的现状和动态，以及打击结果；

（三）制定协同一致的打击非法贩运武器的战略和联合行动措施；

（四）协调和完善各方主管机关在打击非法贩运武器领域里的协作机制；

（五）参加打击非法贩运武器的国际组织和国际会议时协同立场。

第四条

一、各方主管机关以下列主要形式开展合作：

（一）交换下列情报：

1. 准备实施或已实施非法贩运武器的犯罪及其参与人员和组织；

2. 非法制造武器、弹药和爆炸物品的地点；

3. 已查明的为提高武器和弹药杀伤性而进行非法改造的新方法；

4. 已查明的有助于在贩运武器领域实施犯罪的违法行为；

5. 预防、查明、揭露、制止非法贩运武器犯罪的新方法；

6. 其他共同关心的情报。

（二）向上海合作组织地区反恐怖机构保密资料库提供有关实施恐怖犯罪中使用的武器、弹药和爆炸物品的信息；

（三）执行有关开展侦查行动的请求；

（四）规划实施协调一致的侦查行动和预防措施；

（五）交流工作经验、举行工作会晤、磋商、会议、经验交流会和研讨会；

（六）协助培训干部，提高其业务素质；

（七）就共同关心的问题开展联合科学研究；

（八）交流法律、法规、科研成果和业务建议。

二、本协定不涉及引渡和刑事案件司法协助的问题。

第五条

本协定不妨碍各方确定和发展其他的相互同意的合作方向和形式。

第六条

一、根据有关方主管机关要求协助的请求，或经提议方主管机关通报，各方主管机关开展合作。

二、请求或通报应以书面形式提出。紧急情况下，请求或通报可通过口头形式转达，但应在72小时内以书面形式确认，必要时，使用技术手段转交文本。

三、如对请求或通报的真实性及内容产生疑问，可要求对上述文件进行确认或说明。

四、请求内容应包括：

（一）请求和被请求的主管机关名称；

（二）请求的目的和理由；

（三）请求的内容；

（四）有利于及时妥善地执行请求的其他信息；

（五）如有必要，标明密级。

五、以书面形式转交的请求或通报，应由有关方发文的主管机关首长或其副职签署，并（或）盖有该主管机关的印章。

第七条

一、被请求方主管机关采取一切必要措施保障尽快和尽可能全面地执行请求，并从收讫日起不超过30天向请求方主管机关通知研究处理结果。

二、有关妨碍或延迟执行请求的情况，应立即通报请求方主管机关。

三、如执行请求不属于被请求方主管机关的职权范围，它应将请求转给本国其他有权执行此请求的机关，并立即将此通知请求方主管机关。

四、为执行请求，被请求方主管机关可要求提供其认为必要的补充信息。

五、执行请求应适用被请求方国家法律。

六、如不违背被请求方国家法律，被请求方主管机关在自己境内执行请求时可以允许请求方主管机关代表在场。

七、如被请求方主管机关认为，执行请求可能有损其国家主权、安全、公共秩序或其他重要国家利益，或违背其国内法或国际义务，则可推迟或全部或部分拒绝执行请求。

八、如请求所涉及行为按被请求方国家法律不构成犯罪，也可拒绝执行请求。

九、如根据本条第七款或第八款全部或部分拒绝执行请求或推迟其执行，应将此书面通知请求方主管机关，并告知有碍执行请求的原因。

第八条

一、各方应对其获得的非公开的或提供方不愿公开的情报信息和文件保密。这些情报信息和文件的密级由提供方确定。

二、根据本协定获得的执行请求的情报信息或者结果，应在提供方许可的范围内使用，未经提供方书面同意，不得用于其他目的。

三、未经提供方书面同意，一方根据本协定从另一方获得情报信息和文件不得转交第三方。

第九条

除非对个案另有其他商定程序，各方依据国内法各自承担在本国境内执行本协定的所需费用。

第十条

为分析和评估本协定框架内合作的成果，以及制定完善合作的途径，各方可举行磋商和会晤。

第十一条

如解释或适用本协定时出现争议，各方通过协商和谈判解决。

第十二条

本协定不涉及各方根据其所参加的其他国际条约所享有的权利和承担的义务。

第十三条

各方在本协定框架内进行合作的工作语言为汉语和俄语。

第十四条

经各方协商一致，可以议定书形式对本协定进行修改和补充。

第十五条

一、本协定无限期有效，自保存机构收到签署国第四份关于已完成为使本协定生效所需的国内程序的书面通知之日起生效。

对以后完成所需程序的各方，自其将相应文件交予保存机构保存之日起，本协定对其生效。

二、本协定的保存机构为上海合作组织秘书处。

自各方签署本协定15天内，保存机构将核对无误的副本送交各方。

三、本协定对上海合作组织成员国开放。对于加入国，本协定自保存机构收到其加入书之日起生效。

本协定于2008年8月28日在杜尚别签订，正本一式一份，用中文和俄文写成，两种文本同等作准。

哈萨克斯坦共和国政府代表　　　　沙布达尔巴耶夫（签字）
中华人民共和国政府代表　　　　　　杨洁篪（签字）
吉尔吉斯共和国政府代表　　　　　苏塔利诺夫（签字）
俄罗斯联邦政府代表　　　　　　　　　　（签字）
塔吉克斯坦共和国政府代表　　　阿布杜拉希莫夫（签字）
乌兹别克斯坦共和国政府代表　　　　阿塔耶夫（签字）

上海合作组织成员国保障国际信息安全
政府间合作协定^{①②③}

（中文本）

上海合作组织成员国政府（以下称"各方"）

注意到构成全球信息空间的信息通信新技术和新手段在发展和应用方面取得巨大进步；

对在民用和军事领域将这些技术和手段用于与维护国际稳定和安全相悖目的引起的威胁表示担忧；

认为国际信息安全作为国际安全体系中的一个关键因素具有重大意义；

深信各方在国际信息安全问题上进一步加深信任、加强协作是当务之急，符合各方利益；

注意到信息安全在保障个人和公民权利和基本自由方面发挥着重要作用；

考虑到联合国大会"从国际安全角度看信息和电信领域的发展"决议；

致力于遏制国际信息安全威胁，维护各方信息安全利益，构建和平、合作、和谐的国际信息环境；

希望建立各方开展国际信息安全合作的法律基础和组织基础；

---

① 协定于2011年6月2日生效。

② 中国于2009年6月16日签署。2011年3月5日核准该协定。

③ 协定适用于香港和澳门两特区。

商定如下：

第一条　术语和概念

为便于各方在本协定框架内开展合作，将使用商定的术语和概念，其清单见附件1《国际信息安全领域基本术语及概念清单》。该附件是本协定不可分割的一部分。

附件1在必要时，经各方商定后进行补充、明确和更新。

第二条　国际信息安全领域的主要威胁

根据本协定开展合作时，各方应以国际信息安全领域存在的下列主要威胁为出发点：

（一）信息武器的研制和使用，信息战的准备和实施。

（二）信息恐怖主义。

（三）信息犯罪。

（四）利用在信息空间的领先地位损害他国的利益和安全。

（五）传播破坏他国政治、经济和社会制度以及精神文化环境的信息。

（六）对全球和各国信息基础设施安全稳定运行的自然和（或）人为威胁。

各方对上述主要威胁的实质内容的共同理解见附件2《国际信息安全领域的威胁种类及其根源和特征清单》。该附件是本协定不可分割的一部分。

附件2可在必要时，经各方商定后进行补充、明确和更新。

第三条　主要合作方向

考虑到本协定第二条所述各种威胁，各方、其授权代表和根据本协定第五条确定的各方国家主管机构，在国际信息安全领域的下列主要方向开展合作：

（一）确定、协商并实施保障国际信息安全的必要的共同措施。

（二）建立对该领域出现的威胁的监测和共同应对体系。

（三）制定共同措施，完善国际法准则，限制威胁各方国防能力、国家和社会安全的信息武器的扩散和使用。

（四）打击以信息通信技术为手段的恐怖主义威胁。

（五）打击信息犯罪。

（六）为实现本协定目标，就保障信息安全开展必要的鉴定、调查和测评。

（七）推动保障全球互联网安全稳定运行和国际化管理。

（八）保障各方国家关键结构的信息安全。

（九）制定并实施有助于保障国际信息安全的共同信任措施。

（十）制定并实施统一政策和组织技术管理程序，实现在跨国信息交流中使用电子签名和信息保护。

（十一）就信息安全领域的各方国家立法交流信息。

（十二）完善国际法基础和实际合作机制，保障国际信息安全。

（十三）创造条件，以利各方国家主管机构为落实本协定相互配合。

（十四）在国际组织和国际论坛框架内就国际信息安全问题相互协作。

（十五）在信息安全领域交流经验，开展人员培训，举行工作会谈、会议、研讨会以及各方授权代表和专家论坛。

（十六）就本条所列主要方向开展合作问题交流信息。各方或各方国家主管机构可协商确定其他合作方向。

第四条　合作基本原则

一、各方在本协定框架内进行合作并在国际信息空间开展活动时应遵循：此活动应当有助于社会和经济发展，符合维护国际稳定和安全的目的，遵守公认的国际法原则和准则，包括和平解决争端和冲突、不使用武力、不干涉内政及尊重人权和基本自由，遵守地区合作原则和不侵犯各方国家信息资源的原则。

二、各方在本协定框架内的活动应符合各方享有的寻找、获得、传播信息的权利，与此同时应当考虑到此权利可能因国家和社会安全利益而受到法律限制。

三、各方平等享有保护本国国家信息资源和关键结构免受非法使用、非法干扰，包括免受信息攻击的权利。

一方不对其他方采取类似行动，对其他方实现上述权利给予支持。

第五条　合作主要方式和机制

一、在本协定生效后60天内，各方通过保存方相互交换负责落实本协定的各方国家主管机构信息，以及可就具体合作方向直接交流信息的联络渠道信息。

二、为研究本协定的执行情况，开展信息交流，分析和共同评估信息安全威胁，协商、确定和协调应对这些威胁的共同措施，各方将定期举行其授权代表及各方国家主管机构的磋商（以下简称"磋商"）。

例行磋商由各方协商举行，通常每半年在上海合作组织秘书处或提出邀请的某一方境内举行一次。

任何一方均可提议举办非例行磋商，就会期、地点和议题提出建议，并与各方和上海合作组织秘书处就此进行协商。

三、本协定具体合作方向的务实合作由各方负责落实本协定的国家主管机构实施。

四、各方国家主管机构之间可签订有关的部门间协议，为具体方向的合作奠定法律和组织基础。

第六条　信息保护

一、如果公开某些信息可能损害一方国家利益，那么本协定的任何条款都不可被解释为任何一方必须承担提供信息的义务，或该条款构成为了合作而传递信息的依据。

二、各方在根据本协定进行合作时，对任何一方国家法律规定属于国家秘密的信息不予交流。如在某些具体情况下此类信息为履行本协定所必需，其传递和使用程序则由各方签订的相关协议规定。

三、对在本协定框架内合作中传递或生成的、根据任何一方国家法律不属于国家秘密的信息，如任何一方国家法律和（或）相关规定对其接触和传播进行限制，各方应给予此类信息必要的保护。

保护这种信息应根据该信息获得方的国家法律和（或）相关规定办理。没有该信息原始提供方的书面许可，不得公开或转让这些信息。

这种信息应根据各方国家法律和（或）相关规定以适当形式进行标注。

第七条　费　用

一、各方自行承担本方代表和专家参加落实本协定的相关活动的费用。

二、对于与落实本协定有关的其他费用，各方可根据国家法律视情商定其他经费原则。

第八条　与其他国际条约的关系

本协定不妨碍各方根据其参加的其他国际条约所享有的权利和承担的义务。

第九条 争议的解决

因本协定条款的解释和适用产生的争议，各方应通过协商和谈判解决。

第十条 工作语言

本协定框架内进行合作的工作语言是俄文和中文。

第十一条 保存方

上海合作组织秘书处是本协定的保存方。

协定正本由保存方保存。保存方在本协定签订后15天内向各方发送核对无误的协定副本。

第十二条 最后条款

一、本协定无限期有效，并自保存方收到第4份完成本协定生效所必需的国内程序的书面通知后第30天生效。对于协定生效后完成国内程序的其他各方，本协定自保存方收到相应的书面通知后第30天对其生效。

二、各方经协商，可通过签订补充议定书的形式对本协定进行修订。

三、本协定不针对任何国家和组织，生效后向所有赞同本协定宗旨和原则的国家开放，任何国家都可通过向保存方递交加入书的方式加入。对于新加入国，本协定自保存方收到所有缔约国和加入国同意其加入的书面通知之日起第30天生效。

四、每一方均有权退出本协定。退出方应向保存方提交书面通知，退出通知应至少提前90天提交。保存方在收到退出通知之日起

30天内将该情况通报其他各方。

五、如本协定终止执行，各方应采取措施，充分保证信息安全以及协定终止前在本协定框架内业经商定但尚未完成的共同工作、项目和其他活动得以执行完毕。

本协定于二〇〇九年六月十六日在叶卡捷琳堡签订，正本一式一份，用中文和俄文写成，两种文本同等作准。

哈萨克斯坦共和国政府代表	塔仁
中华人民共和国政府代表	杨洁篪
吉尔吉斯共和国政府代表	萨尔巴耶夫
俄罗斯联邦政府代表	拉夫罗夫
塔吉克斯坦共和国政府代表	扎里菲
乌兹别克斯坦共和国政府代表	诺罗夫

附件1：

国际信息安全领域基本术语及概念清单

信息安全——个人、社会、国家及其利益在信息空间处于受保护状态，免受威胁、破坏和其他负面影响。

信息战——两个或两个以上国家之间在信息空间进行对抗，旨在破坏对方的信息系统、信息运转和信息资源、关键结构和其他结构，动摇对方的政治、经济和社会制度，对其民众进行心理操控，破坏其社会和国家稳定，迫使该国作出有利于敌对方的决定。

信息基础设施——生成、创建、改造、传输、使用和存储信息的技术手段和系统的总和。

信息武器——为实施信息战所使用的信息技术、手段和方法。

信息犯罪——为达到非法目的在信息空间使用和（或）影响信息资源。

信息空间——与生成、创建、改造、传输、使用和存储信息有关的，包括对个人意识和社会意识、信息基础设施及信息本身产生影响的活动范围。

信息资源——信息基础设施，以及信息本身和信息流。

信息恐怖主义——为达到恐怖主义目的，在信息空间使用和（或）影响信息资源。

关键结构——国家的设施、系统和机构，对其施加影响则可直接危害国家安全，包括个人、社会和整个国家的安全。

国际信息安全——系指这样的国际关系状态，其在信息空间可防止破坏国际稳定、威胁国家安全和国际社会安全的行为发生。

非法使用信息资源——在无相应授权或违反有关规定、各方国家法律或国际法准则的情况下使用信息资源。

未经许可干扰信息资源——非法影响信息的生成、创建、加工、改造、传输、使用和存储过程。

信息安全威胁——在信息空间中危及个人、社会、国家及其利益的各种因素。

附件2：

国际信息安全领域的威胁种类
及其根源和特征清单

一、信息武器的研制与使用，信息战的准备和实施

该威胁根源：研制和发展信息武器，可对他国关键结构构成直接威胁，可能引发新的军备竞赛，这是国际信息安全领域的主要威胁。

其威胁特征：为准备和实施信息战而使用信息武器，干扰通信传输系统和防空、反导及其他国防设施的指挥系统，使一国在入侵者面前丧失防卫能力，无法行使正当自卫权利；破坏信息基础设施的运行，使他国的管理和决策体系陷入瘫痪状态；对关键结构造成破坏性影响。

二、信息恐怖主义

该威胁根源：恐怖组织或参加恐怖活动的个人，利用或针对信息资源进行非法活动。

其威胁特征：恐怖组织利用信息网络实施恐怖活动，吸收新成员；破坏信息资源，导致社会秩序混乱；控制或封锁大众传媒渠道；利用互联网或其他信息网络散布恐怖主义言论，制造社会恐怖和恐慌，以及对信息资源造成其他负面影响。

三、信息犯罪

该威胁根源：个人或组织为犯罪目的非法使用信息资源或未经许可干扰信息资源。

其威胁特征：潜入信息系统，破坏信息的完整性、可用性和保密性；故意制作、传播计算机病毒和其他恶意程序；实施拒绝服务攻击等破坏行为；破坏信息资源；侵犯公民在信息领域的合法权利和自由，如知识产权和个人隐私；利用信息资源和手段从事诈骗、盗窃、敲诈勒索、走私、贩毒、传播儿童色情等犯罪活动。

四、利用在信息空间的领先地位损害他国利益和安全

该威胁根源：由于各国信息技术发展不平衡，发展中国家和发达国家间的"数字鸿沟"有进一步加大的趋势。一些具有信息技术优势的国家蓄意限制其他国家发展和掌握信息技术，使信息技术处于弱势的国家面临严重威胁。

其威胁特征：对信息基础设施的软硬件生产实行垄断，限制他国参与国际信息技术合作，阻碍其发展，增加其对信息技术发达国家的依赖；在出口到他国的软件和设备中设置隐藏功能，控制和影响他国信息资源和（或）关键结构；控制和垄断信息技术和产品市场，损害他国利益和安全。

五、传播破坏他国政治、经济和社会制度以及精神文化环境的信息

该威胁根源：国家、组织、团伙和个人使用信息基础设施传播破坏他国政治、经济和社会制度以及精神文化环境的信息。

其威胁特征：借助电子媒体（广播、电视）和其他大众传媒、互联网和其他信息交换网络散布：歪曲他国政治和社会制度、内外政策、重要的政治和社会进程及其民众精神和文化价值的信息；宣扬恐怖主义、分裂主义和极端主义的信息；煽动民族、种族和宗教敌意的信息。

六、对全球和国家信息基础设施安全稳定运行的自然和（或）人为威胁

该威胁根源：自然灾害和其他危险的自然现象以及突然爆发或长期积累造成的人为灾难，可对国家信息资源产生大规模的破坏性影响。

其威胁特征：破坏信息基础设施的运行，导致关键结构、国家管理和决策系统不稳定，其后果直接关系国家和社会安全。

上海合作组织成员国反恐专业人员培训协定 [1][2][3]

（中文本）

上海合作组织成员国（以下称"各方"），

遵循二〇〇二年六月七日签署的《上海合作组织宪章》、二〇〇一年六月十五日签署的《打击恐怖主义、分裂主义和极端主义上海公约》、二〇〇二年六月七日签署的《上海合作组织成员国关于地区反恐怖机构的协定》和二〇〇五年七月五日签署的《上海合作组织成员国合作打击恐怖主义、分裂主义和极端主义构想》，

考虑到，各方合作培训本组织成员国反恐专业人员对于提高反恐成效的重要性，

为有效保障培训本组织成员国反恐专业人员，

遵循各方法律和公认的国际法准则，

达成协议如下：

第一条

本协定使用术语含义：

"反恐部队"系指各方依据各自国内法，为采取反恐行动组建的专家组；

---

[1] 协定于2011年9月13日生效。

[2] 中国于2009年6月16日签署，2012年5月25日核准协定。

[3] 该协定暂不适用香港特区。

"专业人员"系指请求方反恐部队的专家和教官；

"受训者"系指接受培训的人员；

"教师"系指向受训者传授知识、技能和经验并具有相应专业资格的人员；

"培训"系指不提高受训者学历，按职业再培训专业教学大纲教学，提高技能或进行职业培训；

"被请求方"系指被请求协助培训他国专业人员的一方；

"请求方"系指请求协助培训本国专业人员的一方；

"施训方"系指在其境内培训专业人员的一方；

"派遣方"系指派遣本国专业人员到施训方境内接受培训的一方；

"过境方"系指受训者和（或）教师，以及保障物资经过其境往返培训地点的一方；

"教学部门"系指按规定程序培训专业人员的教学机构、教学中心及其下设部门；

"保障物资"系指教材、教学作业用具、实验设备、武器、装备、实用训练技术器材、耗材及其他按教学计划和大纲实施培训所必需的设备；

"《培训计划》"系指由上海合作组织地区反恐怖机构执行委员会制定的成员国反恐专业人员三年期培训计划。

第二条

在上海合作组织地区反恐怖机构执行委员会的协调和协助下，由各方主管机关培训反恐专业人员，旨在：

（一）丰富反恐实用知识，提高反恐技能和素养；

（二）掌握实施包括联合反恐在内的特种反恐行动的现代战术方法；

（三）提高反恐队员专业训练水平；

（四）交流反恐部队实践经验。

第三条

专业人员的培训在施训方教学部门，或被请求方派教师到请求方境内组织实施。

经商定，各方可派本方专业人员到施训方主管机关下设部门实习。

第四条

培训根据上海合作组织地区反恐怖机构理事会决议批准的《培训计划》实施，并（或）在各方双边协定框架内进行。培训经费根据派遣方和施训方的双边协定落实。

第五条

各方主管机关每年二月一日前向上海合作组织地区反恐怖机构执行委员会提出下一年专业人员培训请求，内容包括：各专业受训者数量，可能的培训期限和（或）教师数量，出差期限，科目及其他有关培训的信息。

请求函由主管机关领导人或代行其职责者签署，并（或）由该机关盖章确认。

第六条

各方主管机关每年二月一日前将下一年培训组织实施计划及培训大纲，培训科目及内容，对受训者的条件要求，培训名额，培训日期和期限，收费标准明细，受训者抵达培训基地并返回常驻国的方式、条件通报上海合作组织地区反恐怖机构执行委员会。

第七条

上海合作组织地区反恐怖机构执委会按规定程序在每年三月一日前，根据收到的专业人员培训请求和建议，汇总各方关于在下一年度开展培训的申请及相应的收费建议，并发各方研究。

第八条

上海合作组织地区反恐怖机构执行委员会协助并协调：

（一）将被请求方组织和实施培训条件信息周知各请求方主管机关，并将各请求方主管机关的申请函转送被请求方；

（二）就培训时间、地点、科目、内容、名额及经费等问题组织各方主管机关进行协商；

（三）协调被请求方与申请方主管机关在协商过程中所产生的分歧和争议。

第九条

派遣方主管机关，施训方主管机关所属教学部门在十二月一日前签订下一年专业人员培训合同（协议）。

合同（协议）中应规定：

（一）教学大纲和（或）教学计划名称；

（二）培训期限；

（三）受训者和（或）教师的数量；

（四）对受训者的要求；

（五）受训者和（或）教师的保障条件. 包括：

1. 师资（对受训者而言）；

2. 按教学计划和大纲实施专业人员培训所必需的保障资料；

3. 图书馆、阅览室和体育馆等培训所必需的场馆；

4. 翻译服务；

5. 医疗服务；

6. 教学用交通工具；

7. 住宿饮食；

（六）受训者和（或）教师往返培训地点的条件；

（七）为派遣方受训者和（或）教师办理在施训方出入境和逗留文件的程序；

（八）专业人员培训资金支付方式、日期和条件；

（九）提前开除受训者的依据；

（十）派遣方受训者和施训方教师的生命和健康保险；

（十一）解决争议的程序；

（十二）其他必要项目。

第十条

培训结束后，教学部门向结业合格的受训者颁发有关通过培训的证书。

第十一条

专业人员培训合同（协议）结束后，请求方和施训方主管机关将各自关于培训效果的结论和建议通告上海合作组织地区反恐怖机构执行委员会。

年终时，上海合作组织地区反恐怖机构执行委员会汇总收到的材料，并按规定程序通报各方主管机关。

第十二条

培训所需保障物资凭有关各方主管机关确认的物资清单通过各方国界，以及过境各方领土时，各方应免征关税等费用，并不对其检查、收缴和没收。

保障物资通过各方国界及过境各方领土时，各方应协助加快办理国内法规定的有关手续。

第十三条

各方相互协助，为派遣方受训者和教师办理相关出入境手续。

第十四条

派遣方受训者和（或）教师在培训和往返培训地点期间，应遵守施训方及过境方的法律，尊重其习俗。

第十五条

施训方和过境方应尊重派遣方受训者和教师的法律地位。

第十六条

派遣方受训者或教师如给自然人或法人或施训方本身造成损失，则损失由派遣方按施训方国内法进行赔偿。

在培训过程中，如派遣方受训者或教师的生命和健康遭受损失，施训方按其国内法规定的本方公民适用的程序予以赔偿。

在培训过程中，如派遣方受训者或教师因自身过错造成损失，则派遣方不向施训方提出任何索赔要求，包括在施训方境内的死亡、受伤赔偿，或其他任何派遣方受训者或教师生命、健康和财产所遭受损失的赔偿。

同时，受训者、教师及其家属保留按其国内法规定的全部优惠、保障和补偿。

第十七条

在本协定第十六条规定之外，如受训者和教师在施训方境内生命和健康遭受损失，由有关各方协商赔偿。

第十八条

施训方的开支，包括因教学物资和教学保障物资丢失、全部或部分损坏而给施训方造成的开支，由有关各方协商或在合同中确定补偿办法。

因运入的特别设备和保障物资丢失、全部或部分损坏而给派遣方造成的开支，由有关各方协商确定补偿办法。

第十九条

如解释或适用本协定时出现争议和分歧，各方通过协商和谈判解决。

第二十条

本协定不影响各方参加其他国际条约所享有的权利和承担的义务。

第二十一条

在本协定框架内合作时，各方工作语言为汉语和俄语。

第二十二条

经各方同意，可以议定书的形式对本协定进行修改。

第二十三条

各方在完成本协定生效所必需的国内程序后的三十天内，以书面形式将负责落实本协定的主管机关通知协定保存机构。

如变更主管机关和（或）其名称，各方应在十五天内将此通知协定保存机构。

上海合作组织地区反恐怖机构是负责落实本协定的本组织主管机关。

第二十四条

上海合作组织秘书处为本协定保存方，其将在本协定签署后十五天内将核对无误的副本分送其他各方。

保存方在收到一方有关其履行本协定的主管机关的通知后十五天内，将此周知其他各方。

第二十五条

本协定有效期与二〇〇一年六月十五日签署的《打击恐怖主义、分裂主义和极端主义上海公约》的有效期相同，自保存机构收到第四份签署国关于其已完成为使本协定生效所需的国内程序的书面通知后第三十天起生效。

本协定对二〇〇一年六月十五日签署《打击恐怖主义、极端主义和分裂主义上海公约》的缔约国开放。对于本协定生效后的加入国，本协定自保存方收到其关于加入本协定的书面通知之日起第三十天生效。

二〇〇一年六月十五日签署的《打击恐怖主义、极端主义和分裂主义上海公约》对某一方失效时，本协定即对之失效。

本协定二〇〇九年六月十六日在叶卡捷琳堡市签订，正本一式一份，用中文和俄文写成，两种文本同等作准。

哈萨克斯坦共和国政府代表　　阿曼·沙布达尔巴耶夫（签字）
中华人民共和国政府代表　　　　杨洁篪（签字）
吉尔吉斯共和国政府代表　　穆拉特·苏塔利诺夫（签字）
俄罗斯联邦政府代表　　　谢尔盖·拉夫罗夫（签字）
塔吉克斯坦共和国政府代表　海里金·阿布杜拉希莫夫（签字）
乌兹别克斯坦共和国政府代表　穆罗特·阿塔耶夫（签字）

南太平洋公海渔业资源养护和管理公约①②③

本公约缔约方，

承诺确保长期养护和可持续利用南太平洋渔业资源，以保护渔业资源所处的海洋生态系统；

忆及一九八二年十二月十日《联合国海洋法公约》、一九九五年十二月四日《关于执行一九八二年十二月十日〈联合国海洋法公约〉有关养护和管理跨界鱼类种群和高度洄游鱼类种群的规定的协定》以及一九九三年十一月二十四日《促进公海上渔船遵守国际养护和管理措施的协定》所体现的国际法，并虑及一九九五年十月三十一日联合国粮食及农业组织第28届大会通过的《负责任渔业行为守则》；

认识到各国根据上述协定相关规定所体现的国际法，有责任相互合作养护和管理公海区域的生物资源，并酌情合作建立次区域或区域渔业组织或安排，以采取必要措施养护这类资源；

考虑到根据一九八二年十二月十日《联合国海洋法公约》相关规定体现的国际法，沿海国拥有国家管辖水域，在该水域行使勘探、开发、养护和管理渔业资源以及养护受捕捞影响的海洋生物资源的主权权利；

认识到发展中国家，特别是最不发达国家、小岛屿发展中国家、领地和属地以及其沿海社区，在渔业资源的养护、管理和可持续开发以及源自这些资源公平收益方面的经济、地缘考虑以及特殊要求；

---

① 协定于2012年8月24日生效。

② 中国于2010年8月10日签署，2013年1月19日批准。

③ 该公约暂不适用于香港特区。

注意到区域渔业管理组织和安排为评估各自养护和管理目标实现程度而进行的执行审查；

决定进行有效合作消除非法、不报告和不受管制捕鱼，并消除其对世界渔业资源和渔业资源依赖的生态系统状况的负面影响；

意识到有必要避免对海洋环境造成不利影响，保护生物多样性，维持海洋生态系统的完整，尽可能降低捕鱼作业产生长期或不可逆转影响的危险；

铭记有效的养护和管理措施必须基于可获得的最佳科学信息，并应用渔业管理的预防性做法以及生态系统做法；

确信缔结国际公约最有利于实现南太平洋渔业资源的长期养护和可持续利用并保护这些资源所处的海洋生态系统；

兹协议如下：

第一条　定　义

一、为本公约目的：

（一）"1982年公约"是指一九八二年十二月十日《联合国海洋法公约》；

（二）"1995年协定"是指一九九五年十二月四日《关于执行一九八二年十二月十日〈联合国海洋法公约〉有关养护和管理跨界鱼类种群和高度洄游鱼类种群的规定的协定》；

（三）"委员会"是指根据第六条建立的南太平洋区域性渔业管理组织委员会；

（四）"公约区域"是指根据第五条规定适用的区域；

（五）"行为守则"是指一九九五年十月三十一日联合国粮食及农业组织（联合国粮农组织）第28届大会通过的《负责任渔业行为守则》；

（六）"渔业资源"是指在公约区域内的所有鱼类，包括软体动物、甲壳类和委员会可能确定的其他海洋生物资源，但不包括：

1. 依据1982年公约第七十七条第四款受沿海国管辖的定居

物种；

2. 列入1982年公约附录一的高度洄游物种；

3. 溯河和降河产卵物种；以及

4. 海洋哺乳动物、海洋爬行动物和海鸟。

（七）"捕鱼"是指：

1.实际或试图搜寻、捕捞、采捕或捕获鱼类资源；

2. 从事任何可被合理地认为导致对鱼类资源的定位、捕捞、采捕或捕获的活动，无论目的为何；

3. 在海上为本定义所指的任何活动提供支持或准备的转载和任何行为；以及

4. 为本定义所指的任何活动而使用任何船舶、运载工具、航行器或气垫船；但不包括在紧急情况下为船员健康或安全或船舶安全而进行的任何操作；

（八）"渔船"是指任何为捕鱼目的使用或准备使用的船舶，包括水产加工船、补给船、运载船和任何其他直接介入捕鱼作业的船舶；

（九）除非另有说明，"船旗国"是指：

1. 有权准许渔船悬挂其旗帜的国家；或

2. 有权准许渔船悬挂其组织成员旗帜或组织旗帜的区域经济一体化组织；

（十）"IUU捕鱼"是指联合国粮农组织《预防、制止和消除非法、不报告、不受管制捕鱼国际行动计划》第三款定义的活动以及委员会决定的其他任何活动；

（十一）"国民"包括自然人和法人；

（十二）"港口"包括用于上岸、转载、包装、加工、补给燃料或再补给的岸外码头和其他设施；

（十三）"区域经济一体化组织"是指其成员将本公约涵盖的事务的决定权，包括就这些事务做出对其成员有约束力决定的权力，转移给该组织的区域经济一体化组织；

（十四）"严重违反"是指在1995年协定第二十一条第十一款规定的行为，以及委员会可能确定的其他违反行为；

（十五）"转载"是指在海上或在港口将一艘渔船上捕自公约区域的全部或部分渔业资源或渔业资源产品卸到另一艘渔船上的行为。

二、（一）"缔约方"是指同意受本公约约束以及本公约对其生效的任何国家或区域经济一体化组织；

（二）本公约比照适用于 1982 年公约第三百零五条第一款第（三）项、第（四）项和第（五）项提及的、成为本公约缔约方的任何实体，为此，"缔约方"指任何此类实体。

第二条　目　标

本公约的目标是，通过实施渔业管理的预防性做法和生态系统做法，确保对渔业资源的长期养护和可持续利用，并保护渔业资源所处的海洋生态系统。

第三条　养护和管理原则和途径

一、为实现本公约目标和实施依据本公约的决定，缔约方、委员会和根据第六条第二款和第九条第一款成立的附属机构，应：

（一）特别应用如下原则：

1. 考虑到最佳国际实践，渔业资源的养护和管理应以透明、负责和包容的方式进行；

2. 捕捞应与渔业资源的可持续利用相称，并考虑对非主捕和相关或依附物种的影响以及保护和保全海洋环境的一般义务；

3. 应预防或消除过度捕捞和捕捞能力过剩；

4. 应以及时和适当方式收集、核实、报告和分享完整和准确的捕捞数据，包括有关对渔业资源出现于其中的海洋生态系统的影响信息；

5. 决策应基于可获得的最佳科学信息以及所有相关附属机构提出的建议；

6. 应促进缔约方之间的合作和协调，确保委员会通过的养护和管理措施与适用于国家管辖水域同一渔业资源的养护和管理措施互不抵触；

7. 应保护生态系统，尤其是在受到损害后需要长时间方可恢复的生态系统；

8. 应认识到发展中国家的利益，尤其是其中最不发达国家以及小岛屿发展中国家、领地和属地，以及发展中国家沿海社区的需求；

9. 应当保证有效遵守养护和管理措施，适用于违法行为的制裁应足够严厉，以阻止在任何地方发生违法行为，并应剥夺违法者从非法活动中得到的利益；以及

10. 应最大程度减少来自渔船的污染和废弃物、抛弃的产量、丢失或遗弃网具造成的捕获以及对其他物种和海洋生态系统的影响。

（二）根据第二款规定，实施预防性做法和生态系统做法。

二、（一）1995 年协定和行为守则规定的预防性做法，应广泛应用于对渔业资源的养护和管理，以保护这些资源及其所处的海洋生态环境，缔约方、委员会和附属机构尤其应：

1. 当信息不确定、不可靠或不完全时，更为谨慎；

2. 不得以缺乏足够的科学信息为由延迟采取或不采取养护和管理措施；

3. 在实施预防性做法方面，考虑最佳的国际实践，包括 1995 年协定的附件二和行为守则。

（二）应通过整体方式广泛使用生态系统做法对渔业资源进行养护和管理。在该方式下，有关渔业资源管理的决策应考虑该资源所处的广阔海洋生态系统的作用，确保对该渔业资源的长期养护和可持续利用，并以此保护上述海洋生态系统。

第四条　养护和管理措施的互不抵触

一、缔约方认识到，确保对沿海国缔约方国家管辖水域和相邻的公约区域内公海的跨界渔业资源养护和管理措施的相容性是必要的，并承认其为此合作的责任。

二、为公海制定的和为国家管辖水域制定的养护和管理措施应互不抵触，以确保整体养护和管理跨界渔业资源。当为跨界渔业资源制定互不抵触的养护和管理措施时，缔约方应：

（一）考虑渔业资源的生物统一性和其他生物特征，以及资源分布、该资源捕捞活动和相关区域的地理特征之间的关系，包括在国家管辖水域的渔业资源的分布和捕捞程度；

（二）考虑沿海国和在公海从事捕捞活动的国家各自对相关渔业资源的依赖性；以及

（三）确保该措施不对公约区域内的海洋生物资源整体造成负面影响。

三、委员会在制定养护和管理措施时，应充分考虑相关沿海国缔约方和悬挂本国旗帜渔船在相邻的公约区域内公海作业的缔约方制定的既有养护和管理措施，且不削弱这些养护和管理措施的效力。

第五条　适用范围

一、除另有规定外，本公约根据国际法适用于以下国家管辖范围以外的太平洋水域：

（一）西澳大利亚南岸之澳大利亚管辖水域最外界点，沿东经120°经线向南，直至与南纬55°纬线交界处；然后沿南纬55°纬线向东，直至与东经150°经线交汇处；然后沿东经150°经线向南，直至与南纬60°纬线交汇处。上述连线以东；

（二）从东经150°经线与南纬60°纬线交汇处向东，直至与西经67°16'经线交汇处。上述连线以北；

（三）从西经67°16'经线与南纬60°纬线交汇处向北，直至智利管辖水域的外限，然后沿智利、秘鲁、厄瓜多尔和哥伦比亚管辖水域外限，直至与北纬2°纬线相接处。上述连线以西；

（四）沿北纬2°纬线向西（但不包括厄瓜多尔[加拉帕戈斯群岛]管辖区），直至与西经150°经线交汇；然后沿西经150°经线向北，直至与北纬10°纬线交汇，然后沿北纬10°纬线向西，直至与马绍尔群岛管辖水域的外限交汇，然后围绕太平洋国家和领地、新西兰和澳大利亚管辖水域外限大致向南，直至与上述第（一）项描述的起始线相接。上述连线以南。

二、本公约也适用于北纬5°纬线和南纬20°纬线以及东经135°经线与西经150°经线围成的但在国家管辖范围以外的太平洋水域。

三、为本公约目的需要确定地表地点、线或区域的位置时，应参考国际地球自转服务局采用的国际陆地参考系统来确定，其最实际的目的等同于1984年世界大地坐标系统（WGS84）。

四、本公约任何规定不构成承认本公约任何缔约方对水域和区域的法律地位和范围所表达的主张或立场。

第六条 组 织

一、缔约方为此同意成立、维持并强化南太平洋区域渔业管理组织（以下称"组织"），其应按本公约的规定履行职能以实现本公约的目标。

二、组织应包含：

（一）委员会；

（二）科学分委会；

（三）执法和技术分委会；

（四）东部次区域管理分委会；

（五）西部次区域管理分委会；

（六）财务和行政分委会；

（七）秘书处；

以及委员会可能根据第九条第一款规定，为协助其工作而随时确立的任何其他附属机构。

三、组织应是国际法人，具有在与其他国际组织关系方面和在缔约国领土为行使职能和实现本公约目标所需的这类法律地位。组织和其官员在一缔约方领土具有的豁免和特权受组织和该缔约方之间的协定限制，特别包括组织与总部所在地的缔约方之间的协定。

四、组织的总部应位于新西兰或委员会决定的其他地点。

第七条　委员会

一、每一缔约方应为委员会成员，并应任命一名委员会代表，其可由副代表、专家和顾问陪同。

二、委员会应从缔约方中选举一名主席和一名副主席，任期两年，并应可连选连任，但相同身份连续任期不得超过四年。主席和副主席应为不同缔约方代表。

三、委员会第一次会议应于本公约生效后12个月内举行。

此后，委员会主席应按委员会决定的时间和地点召集年会，除非委员会另有决定。委员会应召开其他必要会议，以根据公约要求行使其职能。

四、成本效益原则应适用于委员会及其附属机构会议的召开频度、会期和安排。

第八条　委员会的职能

根据本公约的目标、原则和方式以及具体规定，委员会应行使以下职能：

（一）为实现本公约的目标，通过养护和管理措施，必要时包括对特定鱼种的养护和管理措施；

（二）确定参与渔业资源捕捞的特征和范围，必要时包括特定鱼种；

（三）确立数据收集、核实、报告、保存和分发的规则；

（四）促进对公约区域内渔业资源和海洋生态系统以及相邻国家管辖水域的相同渔业资源的科研工作的开展，并与科学分委会协作确立为科学目的进行渔业资源捕捞的程序；

（五）与委员会成员国以及相关组织、沿海国、领地和属地合作并交流数据；

（六）促进公约区域、相邻国家管辖水域和相邻公海水域内的养护和管理措施互不抵触；

（七）确立和实施有效的监测、控制、监视、履约和执法程序，包括非歧视性的市场措施和贸易措施；

（八）根据国际法确立评价船旗国在履行本公约义务方面表现的程序，并酌情通过建议以保证船旗国履行义务；

（九）通过预防、制止和消除IUU捕鱼的措施；

（十）根据本公约，为合作非缔约方地位制定规则；

（十一）审议公约条款和委员会通过的养护和管理措施在满足本公约目标方面的有效性；

（十二）监督组织的机构、行政管理、财务和其他内部事务，包括组成机构之间的关系；

（十三）指导委员会附属机构的工作；

（十四）以协商一致方式通过组织的预算、组织的财务规则及其修正案，以及组织的议事规则，该议事规则可包括会间决策并予以记录的程序；

（十五）通过为履行委员会及其附属机构职能所必需的任何其他规定，并在必要时修改；以及

（十六）行使为实现本公约目标所需的任何其他职能和做出任何其他决定。

第九条　附属机构

一、除科学分委会、执法和技术分委会、东部次区域管理分委会和西部次区域管理分委会、财务和行政分委会外，委员会可根据要求成立其他附属机构。考虑到成本因素，上述其他附属机构可为长期或临时机构。

二、在成立这类额外的附属机构时，委员会应规定具体的工作范围和工作方法，这类具体的工作范围须与本公约目标、养护和管理原则、方式以及1982年公约和1995年协定相一致。委员会可适时

对这类工作范围和工作方法进行审议和修改。

三、所有附属机构应向委员会提供报告、咨询意见和建议，并定期审议委员会通过的养护和管理措施的有效性。

四、在履行职能时，所有附属机构应考虑委员会成立的其他附属机构的相关工作，并酌情考虑其他渔业管理组织的工作以及其他相关科技机构的工作。

五、所有附属机构可成立工作组。附属机构可按需要根据委员会同意的任何总体或具体指南寻求外部咨询意见。

六、所有附属机构应根据委员会的议事规则运行，除非委员会另有决定。

第十条 科学分委会

一、委员会每一成员有权任命一名科学分委会代表，其可由副代表和顾问陪同。

二、科学分委会的职能应是：

（一）与相关沿海国缔约方或多个缔约方合作，就渔业资源（包括在公约区域和国家管辖水域跨界的渔业资源）状况进行规划、开展并审议科学评估；

（二）就上述评估向委员会及其附属机构提供意见和建议，必要时包括：

1. 参考点，包括1995年协定附件二规定的预防性参考点；

2. 基于上述参考点，对渔业资源的管理战略或计划；

3. 分析养护和管理措施的不同方法（诸如建立不同水平的总允许捕捞量或总允许捕捞强度），评估每种方法达到委员会已经通过或处于考虑中的管理战略或计划目标的程度；

（三）向委员会及其附属机构就捕捞对公约区域海洋生态系统的影响提供意见和建议，包括对脆弱海洋生态系统的识别和分布、捕捞对上述脆弱海洋生态系统可能造成的影响、以及防止对脆弱海洋生态系统造成严重负面影响的措施意见和建议；

（四）鼓励并促进科研合作以改善对区域内渔业资源和海洋生态系统的了解，包括有关在公约区域和国家管辖水域跨界的渔业资源的知识；以及

（五）向委员会及其附属机构提供科学分委会认为适合的，或委员会要求的其他科学建议。

三、委员会的议事规则应规定，在科学分委会无法协商一致提供意见时，应报告所有成员的观点。科学分委会的报告应向公众开放。

四、考虑到科学分委会提供的所有建议，委员会可聘请科学专家对公约区域内的渔业资源和海洋生态系统，以及任何可供委员会审议的与养护和管理措施有关的事项提供信息和建议。

五、委员会应就定期独立审查科学分委会的报告、意见和建议做出适当安排。

第十一条　执法和技术分委会

一、委员会每一成员有权任命一名执法和技术分委会代表，其可由副代表和顾问陪同。

二、执法和技术分委会的职能应是：

（一）监督、审议根据本公约通过的养护和管理措施的实施和遵守情况，并向委员会提供意见和建议；

（二）提供其认为适宜或委员会要求的有关本公约各项规定的实施和遵守情况以及委员会业已通过或审议中的养护和管理措施的信息、技术意见和建议；

（三）审议委员会通过的监督、控制和监视的实施和合作措施，并向委员会提供意见和建议。

第十二条　东部和西部次区域管理分委会

一、东部和西部次区域管理分委会，应自发或在委员会要求下，

根据第二十条制定附录一规定的有关公约区域，并向委员会提出养护和管理措施建议。根据第二十一条就参加渔业资源捕捞制定并向委员会提出建议。这类建议应符合委员会通过的任何措施的一般适用原则，并应就第二十条第四款和第二十一条第二款规定的同意事项，取得相关沿海国缔约方或多个缔约方的同意。适当时，东部和西部次区域管理分委会应努力协调其建议。

二、委员会可通过协商一致随时对附录一进行修改，调整其中的地理坐标。上述修改应在其通过之日或该修正案规定的其他日期生效。

三、委员会可指定某一次区域管理分委会，根据本条规定，主要负责对某种特定渔业资源制定并向委员会提出建议，即便该渔业资源的分布范围超出了该分委会根据附录一承担责任的有关公约区域。

四、每一分委会应在科学分委会意见和建议的基础上，制定其建议。

五、（一）委员会成员处于临近某一分委会根据本条规定承担责任的有关公约区域，或其渔船有下列情形的，应成为该分委会成员：

1. 目前在该水域捕捞；

2. 在过去两年内在该水域内捕捞；或

3. 捕捞根据第三款向该分委会指定的特定渔业资源，包括在毗邻公约区域的国家管辖水域内捕捞。

（二）根据上述第一款不是某一分委会成员的任一委员会成员，如通知秘书处其有意在两年内在该分委会根据本条规定对其承担责任的有关公约区域内进行捕捞，应成为该分委会的成员。如果提交通知的委员会成员在提交通知两年内没有在上述公约区域内捕捞，则不再是该分委会的成员。

（三）根据上述第一款和第二款不是某一分委会成员的任一委员会成员，可派一名代表参加该分委会的工作。

（四）为本款之目的，"捕捞"仅包括第一条第一款第（七）项第1目和第2目规定的活动。

六、东部和西部次区域管理分委会应尽一切努力以协商一致方式通过提交委员会的建议。如经一切努力无法就建议协商一致达成共识，建议应由相关次区域管理分委会成员的三分之二多数通过。向委员会的报告可包括多数方和少数方意见。

七、根据本条提供的建议应成为第二十条和第二十一条分别提及的委员会通过的养护和管理措施以及决策的基础。

八、在次区域管理分委会工作中发生的任何特别费用应由相关的分委会成员承担。

第十三条 财务和行政分委会

一、委员会每一成员有权任命一名财务和行政分委会代表，该代表可由副代表和顾问陪同。

二、财务和行政分委会的职能应为，向委员会就预算、委员会会议时间和地点、委员会出版物、有关执行秘书和秘书处工作人员的事项、以及委员会可能向其要求的其他财务和行政事项提出意见。

第十四条 秘书处

一、秘书处应履行委员会委派的职能。

二、秘书处的首席行政管理官员应为执行秘书。执行秘书由缔约方根据其确定的条件批准任命。

三、秘书处的任何雇员由执行秘书根据委员会决定的工作人员规定任命。

四、执行秘书应确保秘书处的有效运行。

五、在本公约下建立的秘书处应符合成本效益的要求。秘书处的成立和运作应酌情考虑现有区域机构履行特定技术秘书处职能的能力以及按合同安排更为具体的服务。

第十五条　预　算

一、委员会在其第一次会议上，应通过向委员会及其附属机构提供资金的预算，并应通过财务规则。关于预算和财务规则的决定，包括委员会成员会费以及该会费的计算公式，应协商一致做出。

二、每一委员会成员应缴纳会费。每一委员会成员的会费应包括由委员会根据其渔业资源产量确定的可变费用和基础会费，并应考虑其经济状况。对于公约区域内产量仅为相邻公约区域领地产量的委员会成员，该成员经济状况应为相关领地的经济状况。委员会应对会费计算制定公式，也可对公式进行修订。该公式应在委员会财务规则中予以规定。

三、为履行职能，委员会可要求获得和接受来自组织、个人以及其他来源的财政捐款和其他方式的援助。

四、执行秘书应至迟在财务和行政分委会将通过向委员会提出有关建议的会议召开前60天，向每一委员会成员提交连续两年的年度预算草案以及摊款计划。在编撰预算草案时，秘书处应充分考虑成本效益的需要以及委员会关于在该财政年度需要召开的附属机构会议的指导意见。委员会每次年会应通过下一财政年度的预算。

五、如果委员会无法通过预算，为满足委员会行政管理开支需要的目的，对委员会行政管理预算的摊款额应根据前一年度的预算做出决定，直至协商一致通过新的预算。

六、在委员会年会后，执行秘书应将委员会根据第二款确定的公式计算的每一委员会成员的会费数额通知该成员，随后每一委员会成员应尽快向本组织缴纳会费。

七、会费应按本组织秘书处所在国的货币支付，除非委员会另有决定。

八、在一个财政年度期间成为本公约缔约方的缔约方，应自本公约对其生效之日起，按该年剩余的完整月份的比例缴纳根据本条计算的该年的部分会费。

九、除非委员会另有决定，一委员会成员拖欠向本组织缴纳的会费数额超过其在连续两个完整年度应缴纳的会费数额，不应参加委员会的决策。

十、本组织的财务行为应根据委员会通过的财务规则进行，并由委员会指定的外部独立审计员进行年度审计。

第十六条　决　策

一、作为一般准则，委员会的决策应协商一致做出。为本条目的，"协商一致"是指在做出决定时没有任何正式反对意见。

二、除本公约明确规定需要协商一致的情况外，如主席认为经一切努力无法协商一致地做出决定时：

（一）委员会有关程序性问题的决定，应由出席和投票的多数委员会成员做出；

（二）委员会有关实质问题的决定，应由出席和投票的四分之三多数委员会成员做出；

三、一个问题是否是实质问题，该问题应被认为是实质问题。

第十七条　执行委员会决定

一、委员会关于实质问题的决定，应以如下方式对委员会成员产生约束力：

（一）执行秘书应及时将每一决定通知所有委员会成员；以及

（二）根据本条第二款规定，该决定应在本款第（一）项的通知日期90天后，对委员会所有成员生效。

二、（一）任何委员会成员可在通知日期60天内（即"反对期"）向执行秘书提出反对某一决定。在此情况下，该决定涉及反对事项的部分对该委员会成员不具有约束力，除非按第三款和附录二执行。

（二）提出反对的委员会成员，同时应：

1. 详细说明其反对理由；

2. 采取与其反对的决定具有同等效果的替代措施，并在同一日期实施；以及

3. 通知执行秘书上述替代措施。

（三）对某一反对意见唯一可接受的理由应为，该决定在形式上或事实上对该委员会成员造成不公正的歧视，或该决定与本公约规定或1982年公约或1995年协定所反映的其他相关国际法不符。

三、任何对某一决定提出反对的委员会成员，可随时撤回该反对意见。该决定根据第一款第（二）项，或自撤回反对之日起对该成员具有约束力，以迟者为准。

四、执行秘书应及时向所有委员会成员通报如下事项：

（一）收到或撤回每一反对的情况；以及

（二）上述反对的原因以及根据第二款所采取或拟采取的替代措施。

五、（一）当委员会成员根据第二款提出反对意见后，委员会应在反对期满后30天内成立专家审议组。该专家审议组应根据附录二的程序成立。

（二）专家审议组成立后，执行秘书应立即通知委员会所有成员。

（三）如果委员会两个或两个以上成员基于同样理由提出反对意见，上述反对意见应由同一专家审议组处理，该专家审议组应有附录二第二条规定的成员参加。

（四）如果两个或两个以上委员会成员以不同理由提出反对意见，经有关委员会成员同意后，这些反对意见可由同一专家审议组处理，该专家组应有附录二第二条规定的成员参加。如未获上述同意，因不同理由提出的反对意见应由不同的专家审议组处理。

（五）专家审议组成立45天内，应向执行秘书提交其调查结果及建议，表明委员会成员在所提交的反对意见中提出的理由是否合理，所采取的替代措施是否与所反对的决定具有同等效果。

（六）执行秘书应立即向所有委员会成员通报专家审议组的调查结果和建议。专家审议组的调查结果和建议应根据附录二的规定予以处理并生效。

六、本条任何规定任何时候不得限制委员会成员根据本公约关于争端解决的规定，要求以具有约束力的方式解决关于本公约解释或适用方面的争端的权利。

第十八条　透明度

一、委员会应促进决策过程以及依据本公约开展其他活动的透明度。

二、除非另有规定，委员会及其附属机构的所有会议应向所有参加方和根据第四款要求登记的观察员开放。委员会在通过报告及养护和管理措施时，应公开这些报告和措施，并应保留全部报告和在公约区域内生效的所有养护和管理措施的公开记录。

三、委员会应通过公开发布非商业敏感信息、酌情推进和参与同非政府组织、捕鱼行业的代表，特别是捕捞船队和其他有兴趣的团体和个人的协商，提高实施本公约的透明度。

四、非缔约方、相关政府间组织和非政府组织的代表，包括对委员会有关事项感兴趣的环境组织和捕捞行业组织，应有机会作为观察员或以其他适当方式参加委员会和其附属机构的会议。委员会议事规则应对这种参与作出规定，并不应进行不正当的限制。议事规则应能使这类代表及时得到所有相关信息。

第十九条　承认发展中国家的特殊要求

一、委员会应完全承认本地区发展中国家缔约方，特别是其中的最不发达国家和小岛屿发展中国家以及本地区的领地和属地，在公约区域内渔业资源的养护和管理以及可持续利用这种资源方面的特殊要求。

二、在履行职责合作确立本公约管辖的渔业资源的养护和管理措施时，委员会成员应考虑本地区发展中国家，尤其是其中最不发达国家和小岛屿发展中国家的特殊要求，特别是：

（一）依赖开发海洋生物资源，包括以此满足其人口或部分人口的营养需要的发展中国家、领地和属地的脆弱性；

（二）有必要避免给发展中国家、领地和属地的自给、小规模和手工渔民、妇女渔工和土著人民造成不利影响，并确保他们可从事渔业；

（三）有必要确保这些措施不会直接或间接地将养护行动的重担不合比例地转嫁给此类发展中国家缔约方、领地和属地。

三、委员会成员之间应直接或通过委员会以及其他区域或次区域组织开展合作：

（一）提高本地区发展中国家缔约方，特别是其中的最不发达国家和小岛屿发展中国家，以及本地区领地和属地，在养护和管理渔业资源以及发展自身相关渔业活动方面的能力；

（二）协助本地区发展中国家缔约方，特别是其中的最不发达国家和小岛屿发展中国家，以及本地区领地、属地，使其有能力参与捕捞渔业资源，包括根据本公约第三条和第二十一条方便其对渔业资源的利用；

（三）促进本地区发展中国家缔约方，特别是其中的最不发达国家和小岛屿发展中国家，以及本地区领地、属地，参与委员会及其附属机构的工作。

四、为本条所述的目的，合作可包括提供财政援助、协助开发人力资源、技术援助、技术转让，包括合资安排和咨询服务。

这类援助，除其他外，应集中在：

（一）通过收集、报告、核实、交流和分析渔业数据和相关信息改善区域内渔业资源的养护和管理；

（二）资源评估和科学研究；和

（三）监测、控制、监视、遵守和执法，包括当地培训和能力建设，制订和资助国家和区域观察员计划并得到技术和设备。

五、委员会应建立一个基金，以便利本地区发展中国家缔约方，特别是其中的最不发达国家和小岛屿发展中国家，并酌情便利本地区领地和属地，有效参加委员会及其附属机构的工作。委员会财务规则应包含关于资金管理和获取援助资格标准的指南。

第二十条　养护和管理措施

一、委员会通过的养护和管理措施应包括：

（一）确保渔业资源的长期可持续性，推进负责任利用；

（二）预防或消除过度捕捞和捕捞能力过剩，确保捕捞强度不超过与渔业资源可持续利用相称的水平；

（三）使非主捕以及相关或依附物种的种群的繁殖保持或恢复至受到严重威胁以上的水平；以及

（四）保护渔业资源以及非主捕、相关或依附物种分布的栖息地和海洋生态环境不受捕捞活动的影响，包括防止对脆弱海洋生态环境造成严重负面影响的措施，在不能充分确定是否具有脆弱海洋生态系统或捕捞是否将对脆弱海洋生态系统造成严重负面影响时的预防性做法。

二、委员会通过的具体养护和管理措施可包括，确定：

（一）参考点，包括 1995 年协定附件二规定的预防性参考点；

（二）在出现超越上述参考点时采取的行动；

（三）捕捞任何渔业资源的特征和范围．包括确立总允许捕捞量或总允许捕捞强度；

（四）进行或不进行捕捞的总体或具体位置；

（五）进行或不进行捕捞的期间；

（六）可保留的渔获最小捕捞规格；

（七）捕捞使用的渔具类型和技术或捕捞方式。

三、依据本条第二款第（三）项确定任何渔业资源的总允许捕捞量或总允许捕捞强度时，委员会应考虑以下因素：

（一）渔业资源发展的状况和阶段；

（二）渔业资源的捕捞方式；

（三）国家管辖水域内有关同一渔业资源的捕捞量；

（四）允许抛弃量和其他任何误捕死亡量；

（五）非主捕、相关或依附物种的捕捞量以及对渔业资源分布的海洋生态系统的影响；

（六）限制被捕捞的渔业资源特征的相关生态和生物学因素；

（七）相关环境因素，包括对渔业资源和非主捕、相关或依附物种有影响的营养关系；以及

（八）必要时，其他政府间组织通过的相关养护和管理措施。委员会应定期审议任何渔业资源的总允许捕捞量或总允许捕捞强度。

四、（一）当一种渔业资源在一个或多个沿海国缔约方管辖水域和公约区域跨界时：

1. 委员会应为公约区域制定总允许捕捞量或总允许捕捞强度以及其他适当的养护和管理措施。委员会与有关沿海国缔约方应根据本公约第四条的规定，就其各自养护和管理措施的协调方面进行合作；

2. 有关沿海国缔约方明示同意时，委员会可根据本公约附录三的规定，制定必要的适用于该渔业资源所有分布范围的总允许捕捞量或总允许捕捞强度；以及

3. 当一个或多个沿海国缔约方不同意制定适用于该渔业资源所有分布范围的总允许捕捞量或总允许捕捞强度时，委员会可适当制定适用于表示同意的沿海国缔约方或多个缔约方管辖水域和公约区域的总允许捕捞量或总允许捕捞强度。附录三应比照适用于委员会制定的此类总允许捕捞量或总允许捕捞强度。

（二）对于本款第（一）项第2目或第3目所述的情形，可制订其他补充性的养护和管理措施，以确保渔业资源在其所有分布范围内得以可持续养护和管理。为实施本款的目的，根据第四条规定的相容性原则，委员会可制订适用于公海和相关沿海国缔约方国家管辖水域的措施；在相关沿海国缔约方同意下，委员会可制订适用于该渔业资源所有分布区域的措施。

（三）根据本款第一项第2目、第3目和本款第二项由委员会通过的所有养护和管理措施，包括总允许捕捞量或总允许捕捞强度，不损害且不影响沿海国根据1982年公约和1995年协定相关规定所体现

的国际法，以探捕和捕捞、养护和管理其国家管辖水域内海洋生物资源为目的的主权权利，且不在其他任何方面影响第五条规定的本公约适用范围。

五、（一）根据第十六条，如果捕捞活动显示对渔业资源的可持续性或这类渔业资源分布的海洋生态系统造成严重威胁，或当自然现象或人为灾难已经或可能对渔业资源的状况造成严重负面影响时，委员会应通过，必要时包括以会间方式通过，适用于紧急情况的措施，以确保捕捞活动不使上述威胁或负面影响更趋恶化。

（二）基于紧急情况采取的措施，应基于可获得的最佳科学意见。此类措施应为临时性，且必须在其通过后的下一次委员会会议上重新审议并作出决定。此类措施应根据第十七条第一款对委员会成员生效，不适用第十七条第二款规定的反对程序，但可根据本公约所规定的争端解决程序进行处理。

六、委员会通过的养护和管理措施应以渐进方式确立，并纳入为每一渔业资源确立的管理战略或计划、衡量目标进展的参考点、采用参考点的指标以及回应特别指标水平采取的措施中。

第二十一条 参与渔业资源捕捞

一、在决定参与渔业资源捕捞，包括分配总允许捕捞量或总允许捕捞强度时，委员会应考虑渔业资源状况以及对该资源的现有捕捞强度，并按相关程度考虑如下标准：

（一）公约区域的历史产量、过去和当前捕捞方式及实践；

（二）遵守依据本公约制定的养护和管理措施情况；

（三）显示有能力和愿望对渔船行使有效的船旗国控制；

（四）对渔业资源的养护和管理做出的贡献，包括提供准确数据以及有效的监测、控制、监视和执法；

（五）本地区发展中国家，尤其是小岛屿发展中国家、领地和属地发展渔业的愿望和兴趣；

（六）沿海国，尤其是发展中沿海国、领地和属地对在其管辖水域和公约区域跨界的渔业资源的利益；

（七）其经济主要依赖开发和捕捞在其管辖水域和公约区域跨界的渔业资源的沿海国、领地和属地的需要；

（八）委员会成员利用渔获物作为本国消费的程度以及该渔获物对其食品安全的重要性；

（九）根据第二十二条规定，对负责任发展新渔业和探捕渔业的贡献；以及

（十）在对渔业资源开展的科学研究以及公布此类研究结果方面做出的贡献。

二、当委员会根据第二十条第四款第（一）项第2目或第3目对渔业资源设定总允许捕捞量或总允许捕捞强度时，在一个或多个相关沿海国缔约方明示同意下，也可就参与所有分布范围的渔业资源的捕捞做出决定。

三、在根据本条第二款作出决定时，委员会应考虑有关渔业资源在所有分布范围的历史产量、过去和当前的捕捞方式和实践，以及第一款第（二）项至第（十）项所列标准。

四、当一个或多个有关沿海国缔约方未根据第二款的规定表达同意意见时：

（一）委员会应根据本条第一款，就根据第二十条第四款第（一）项第1目设定的总允许捕捞量或总允许捕捞强度作出决定；

（二）委员会应根据第四条，与一个或多个沿海国缔约方进行合作。

五、在根据本条决策时，委员会也可在必要时考虑其他国际渔业管理机制的工作情况。

六、委员会应考虑本条规定以及新缔约方的利益，在必要时审议参与渔业资源捕捞的决定，包括总允许捕捞量或总允许捕捞强度的分配。

第二十二条 新渔业和探捕渔业

一、某一渔业资源未曾进行过捕捞，或有10年或10年以上时间未被特定渔具或技术进行过捕捞时，应仅当委员会对该渔业资源，包括在适当时对非主捕的相关或依附物种，通过了谨慎而初步的养护和管理措施，并通过了防止捕捞活动对该渔业资源存在的海洋生态系统造成负面影响的必要措施后，方可进行渔业活动，或使用上述特定渔具或技术进行捕捞。

二、这类初步养护和管理措施，应与本公约目标、养护和管理原则及方法相一致，可包括要求通知捕鱼意愿、确立开发计划、防止对海洋生态系统造成不良影响的措施、使用特定渔具、派驻观察员、收集数据、进行研究或探捕。这类措施应保证新的渔业资源以预防性和渐进方式开发，直至获得充分信息使委员会能够通过适当和详细的养护和管理措施。

三、委员会可在开发新的渔业资源前，随时通过适用于部分或全部渔业资源的最低标准的养护和管理措施。

第二十三条 数据收集、编撰和交换

一、为加强对渔业资源、非主捕和相关或依附物种的养护和管理，以及保护这些资源分布其中的海洋生态系统的信息基础，并为消除或减少IUU捕鱼对这些资源造成的消极影响作出贡献，委员会应充分考虑1995年协定附件一，确立包括但不限于以下内容的标准、规则和程序：

（一）委员会成员收集、核实并向委员会提交所有相关数据；

（二）委员会编撰和管理准确和完整的数据以便进行有效的种群评估，确保获得最佳科学建议；

（三）在适当考虑数据保密性的情况下，数据的安全、获取和传播；

（四）委员会成员、其他区域渔业管理组织和其他相关组织之间的数据交换，包括从事IUU捕鱼的船舶数据，必要时还应包括有关这类船舶的受益所有权人的数据，以便以统一格式酌情发布这类信息；

（五）促进区域渔业管理组织之间文件和数据的分享协调，包括交换船舶登记数据以及所适用的产品文件和贸易跟踪制度程序；

（六）定期审查委员会成员遵守数据收集和交换要求的情况，处理这类审查中确定的不遵守的问题。

二、委员会应确保公开在公约区域内作业的船舶数量、本公约管理的渔业资源状况、渔业资源评估情况、公约区域内研究计划以及与区域性和全球性组织合作的情况。

第二十四条　委员会成员的义务

一、委员会每一成员在公约区域的捕捞活动方面，应：

（一）执行本公约和委员会通过的任何养护和管理措施，并采取所有必要措施保证其有效性；

（二）合作推进实现本公约目标；

（三）采取所有必要措施，支持预防、制止和消除IUU捕鱼的努力；

（四）根据委员会确立的标准、规则和程序，收集、核实和报告与公约区域内渔业资源和海洋生态系统相关的科技和统计数据。

二、委员会每一成员应每年向委员会报告执行委员会通过的养护和管理措施、履约和执法程序的情况。对于沿海国缔约方，该报告还应根据第二十条第（四）款和第四条，包括其在临近公约区域的国家管辖水域内，就跨界渔业资源所采取的养护和管理措施的信息。这类报告应当公开。

三、在不损害船旗国首要责任的情况下，委员会每一成员应尽最大可能采取措施和合作，确保其国民，或其国民拥有、经营或控制的渔船，遵守本公约以及委员会通过的任何养护和管理措施，并立即对涉嫌违反本公约以及养护和管理措施的情况进行调查。委员会成员应在国内法允许的范围内，适度定期向委员会及其相关成员汇报调查的进展，并在调查完成时，就其结果提供最终报告。

四、在其国内法律法规允许的范围内，委员会每一成员应作出安排，向委员会其他成员的检控机关提供有关涉嫌违反本公约和委员会通过的任何养护和管理措施的证据，包括悬挂其旗帜的船舶受益船东的现有信息。

五、委员会每一成员应全心全意履行本公约义务，并应以不构成滥用权利的方式行使本公约承认的权利。

第二十五条　船旗国责任

一、委员会每一成员应采取所有必要措施，确保悬挂其旗帜的渔船：

（一）在公约区域生产时，遵守本公约以及委员会通过的所有养护和管理措施，其船舶不得从事破坏这类措施效力的任何活动；

（二）在临近公约区域的国家管辖水域内，不得从事未经授权的捕捞；

（三）携带并使用满足委员会通过的船舶监测系统标准和程序要求的设备；

（四）根据委员会通过的标准和程序，上岸卸载或在海上转载捕自公约区域的渔业资源。

二、委员会成员不得允许悬挂其旗帜的任何渔船在公约区域内捕鱼，除非该渔船得到该成员适当主管机构的授权从事捕捞生产。

三、委员会每一成员应：

（一）只有在其有能力根据本公约和国际法对悬挂其旗帜的渔船行使有效管辖责任的情况下，方授权这类船舶在公约区域从事捕捞生产；

（二）保留有权悬挂其旗帜并被授权捕捞渔业资源的船舶的注册文件，确保按委员会确定的信息对所有这类渔船注册；

（三）根据委员会通过的措施，立即对涉嫌违反本公约或委员会通过的任何养护和管理措施的悬挂其旗帜的渔船进行调查，并完整报告采取的行动。上述报告应包括适度定期向委员会报告调查进展情况，在国内法允许的范围内，在调查结束时提供调查结果最终报告；

（四）考虑到包括渔获物价值在内的相关因素，确保对违法行为的制裁足够严厉，以收守法之效和防阻进一步违法行为，并剥夺违法者从其非法活动所得利益；

（五）根据其法律，若确定一艘悬挂其旗帜的渔船严重违反本公约或委员会通过的任何养护和管理措施时，应确保该船停止捕捞生产并在公约区域内不再从事此类活动，直至该委员会成员对该船执行了所有制裁。

四、鼓励委员会每一成员确保悬挂其旗帜的渔船，根据适用于渔船及其船员的海上安全方面的国际义务以及相关建议和指南在公约区域作业。

五、委员会每一成员应确保从事或准备从事渔业资源研究的悬挂其旗帜的渔船遵守委员会确立的在公约区域内从事科学研究的任何程序。

第二十六条　港口国责任

一、港口国缔约方有权利和责任，根据国际法采取措施，促进区域、次区域和全球养护和管理措施的有效性。在采取这类措施时，港口国缔约方不得在形式上或事实上歧视任何国家的渔船。

二、委员会每一成员应：

（一）实施委员会通过的关于在公约区域从事捕捞作业的渔船进入并使用其港口的养护和管理措施，除其他外，包括渔业资源上岸和转载、对渔船、文件、船上渔获和渔具的检查、使用港口服务；以及

（二）在渔船自愿进入其港口，以及该船的船旗国请求提供协助

以确保遵守本公约和委员会通过的养护和管理措施时，按照合理方式并根据其国家法律和国际法，向该船旗国提供协助。

三、当委员会成员认为使用其港口的渔船违反了本公约或委员会通过的养护和管理措施时，应通知相关船旗国、委员会以及其他相关国家和适当的国际组织。该委员会成员应向船旗国，以及必要时向委员会，提供该事项的全部文件，包括检查的任何记录。

四、本条不影响缔约方根据国际法在其领土内的港口行使主权的权利。

第二十七条　监测、遵守和执法

一、委员会应为有效监测、控制和监视区域内的捕捞建立适当的合作程序以保证委员会通过的养护和管理措施的遵守，除其他外，这些合作程序包括：

（一）建立和保留在公约区域内授权捕鱼的船舶名录、船舶和渔具标识、捕捞活动记录以及通过卫星船舶位置监测系统的船舶移动和活动的报告。该卫星船舶位置监测系统的设计，应确保向委员会和船旗国接近实时传输（包括通过直接和同时传送的可能性）的整体性和安全性；

（二）缔约方海上和港口检查计划，包括缔约方在公约区域内对彼此渔船的登临和检查程序、以及缔约方参与该计划的登检船舶和飞机的通知程序；

（三）转载规定及监督；

（四）与国际法一致的非歧视性的市场相关措施，监督转载、上岸和贸易，以预防、制止和消除IUU捕鱼行为，必要时包括捕捞证明制度；

（五）报告发现的违法行为、调查的进展和结果以及采取的执法行动；和

（六）通过确认从事IUU捕鱼的渔船、采取建立IUU渔船名单等适当措施预防、制止和消除IUU捕鱼等方式，使从事此类活动的渔

船船东和经营者无法从中受益，以解决IUU捕鱼行为。

二、委员会可通过程序，促使委员会成员对有渔船从事削弱或不遵守委员会通过的养护和管理措施的任何国家、委员会成员或实体，实施包括与渔业资源有关的贸易相关措施在内的各项措施。这类措施应当包括考虑到不遵守情况的原因和程度的一系列可能的反应，并应当包括合作能力建设行动。委员会成员实施任何与贸易相关的措施应与该成员的国际义务相一致，包括其根据世界贸易组织协定的义务。

三、如果在本公约生效三年内，委员会没有通过本条第一款第（二）项所述的海上检查程序，或一项有效履行委员会成员在1995年协定和本公约下的义务以确保遵守委员会通过的养护和管理措施的替代机制，则1995年协定第二十一条和第二十二条应如同本协议的一部分适用于各缔约方，在公约区域登临检查渔船以及相应执法活动应根据1995年协定第二十一条和第二十二条进行，委员会为实施上述条款可制订必要的附加操作程序。

第二十八条　观察员计划

一、委员会应在本公约生效三年内或委员会同意的其他时间内制订观察员计划，收集经核实的产量和强度数据、其他科学数据、与公约区域捕捞活动有关的其他情况以及捕捞活动对海洋环境的影响等额外信息。观察员计划收集的数据也可酌情用于支持委员会以及包括执法和技术分委会在内的委员会附属机构的职能。该观察员计划应由委员会秘书处协调，并考虑渔业资源的特征以及其他相关因素灵活组织。为此，委员会可就提供观察员计划签订合同。

二、观察员计划应由独立和公正的观察员组成，他们应来自委员会认可的计划或服务提供者。该计划应尽最大可能，与其他区域性、次区域性和国家观察员计划协调。

三、在制订观察员计划时，委员会应考虑科学分委会及执法和技术分委会的意见。该计划应按委员会确立的标准、规则和程序进行。除其他外，这些标准、规则和程序应包括：

（一）经对方同意，由委员会一成员对悬挂委员会另一成员旗帜的船舶派驻观察员的安排；

（二）对不同渔业资源的适当的观察员覆盖率，以监视、核实渔获、努力量、渔获物构成以及其他捕捞活动的细节；

（三）收集、核实和报告科学数据以及与实施本公约和委员会通过的养护和管理措施有关的信息的要求；

（四）确保观察员安全和培训的要求、观察员在船上食宿的要求，以及确保观察员为有效实施其职责，充分获得并使用船上所有相关设备和设施的要求。

第二十九条　委员会年度报告

一、委员会应发表年度报告，其中应包括委员会为实现本公约目标做出的决定的详情。该报告还应提供委员会为回应联合国大会或联合国粮农组织的任何建议采取行动的信息。

二、报告的副本应公开，并应提供给联合国秘书长和联合国粮农组织总干事。

第三十条　审　查

一、委员会应对其通过的养护和管理措施的效力进行审查，以满足本公约的目标以及这些措施与第三条规定的原则和方法的一致性。审查可包括检查执行本公约的有效性，并应至少每五年进行一次。

二、委员会应为审查确定工作范围和方法，审查应根据委员会确定的标准进行。该标准应以最佳国际实践为指南并应包括委员会附属机构的适度参与和独立于委员会的有能力的人员参与。

三、委员会应考虑审查提出的建议，包括适当修改养护和管理措施和实施机制。审查提出的修改本公约条款的建议应根据第三十五条处理。

四、审查的结果应在提交委员会后公开。

第三十一条　与其他组织的合作

一、委员会应酌情与其他区域渔业管理组织、联合国粮农组织、联合国其他专门机构以及其他相关组织就共同感兴趣的事项进行合作。

二、委员会应考虑在临近本公约区域的海域或对特定海洋生物资源（包括非主捕、依附或相关物种）有权限的、具有与本公约相一致的目标或支持本公约目标的其他区域渔业管理组织和其他相关政府间组织通过的养护和管理措施或建议。委员会应努力保证其做出的决定与这类养护和管理措施或建议互不抵触并支持这类措施或建议。

三、委员会应寻求就与这类其他组织的协商、合作和协作做出适当安排。特别是为减少并最终消除IUU捕鱼，委员会应寻求与其他有关组织合作。

第三十二条　非缔约方

一、委员会成员应交流有关悬挂本公约非缔约方旗帜的渔船在公约区域内从事捕捞活动的信息。委员会成员应以符合本公约和国际法的方式，采取单独的或共同的措施，阻止这类船舶从事破坏适用于公约区域的养护和管理措施效力的活动，并应向委员会报告在应对非缔约方在公约区域内捕鱼方面所采取的行动。

二、考虑到1982年公约第一百一十六条至一百一十九条，委员会成员可单独或共同提请本公约非缔约方的任何国家或捕鱼实体注意委员会成员认为影响本公约目标实施的任何活动。

三、委员会成员应单独或共同要求有船舶在公约区域内捕鱼的本公约非缔约方成为本公约缔约方，或要求其同意充分合作以实施委员会通过的养护和管理措施。

四、委员会成员应单独或共同寻求与被确定为相关港口国或市场国的任何非缔约方合作，以保证达到本公约目标。

第三十三条　与其他协定的关系

一、本公约任何条款不损害缔约方根据1982年公约或1995年协定所体现的国际法之相关条款而享有的权利、管辖权和责任。

二、本公约不应损害缔约方根据与本公约相容的其他协定具有的权利和义务，不影响其他缔约方依据本公约享有权利或履行义务。

第三十四条　争端解决

一、缔约方应为避免争端进行合作，并应尽最大努力通过友好方式解决争端，包括当争端为技术性时，将该争端提交给特别专家小组。

二、在任何情况下，如果争端未能通过第一款规定的方式解决，1995年协定第八部分确定的争端解决规定应比照适用于缔约方之间的任何争端。

三、第二款不应影响任何缔约方关于1995年协定或1982年公约的地位。

第三十五条　修　正

一、建议修正案文应在委员会会议前至少90天提供给执行秘书。执行秘书应立即向所有委员会成员散发该案文副本。

二、对本公约的修正建议应由参加投票的缔约方以四分之三多数通过。获得通过的修正案应由保存方立即向所有缔约方散发。

三、修正案应在保存方通知已收到四分之三缔约方书面批准之日120天后对所有缔约方生效，除非任何其他缔约方在保存方发出上述通知之日后90天内通知保存方反对该修正案，在此情况下，修正案不应对任何缔约方生效。对修正案提出反对的缔约方可随时撤回该反对意见。如对一修正案的所有反对意见撤回，该修正案应在保存方收到最后一个撤回通知之日120天后对所有缔约方生效。

四、在根据第二款通过修正案后获得缔约方资格的任何国家、区域性经济一体化组织或第一条第二款第二项提及的实体，应在修正案根据第三款生效后受被修正的公约的约束。

五、保存方应立即将收到批准修正案的通知、收到反对或撤回反对的通知，以及修正案的生效事宜，通报所有缔约方。

第三十六条　签字、批准、接受和核准

一、本公约应对下列各方开放签字：

（一）参与建立南太平洋渔业管理组织国际磋商的各国、区域经济一体化组织和第一条第二款第二项提及的实体；以及

（二）管辖水域临近公约区域的任何其他国家和第一条第二款第二项提及的实体；并应从2010年2月1日起开放12个月供签字。

二、本公约须经各签字国批准、接受或核准。

三、批准、接受或核准文书应由保存方保存。

第三十七条　加　入

一、本公约在关闭签字后，应开放供第三十六条第一款提及的任何国家、区域经济一体化组织或其他实体，以及对区域内渔业资源有兴趣的任何其他国家或第一条第二款第二项提及的任何实体加入。

二、加入文书应由保存方保存。

第三十八条 生 效

一、本公约应在保存方收到第 8 份批准、加入、接受或核准的文书后 30 天生效。上述批准、加入、接受或核准应包括：

（一）至少 3 个临近公约区域的沿海国，其中必须包括公约区域西经 120° 以东和以西区域的代表；

（二）至少 3 个不是临近公约区域沿海国的国家，且其渔船正在公约区域捕捞或曾经在公约区域捕捞。

二、若本公约在通过后 3 年内未根据第一款的规定生效，则应在交存第 10 份批准、加入、接受或核准文书 6 个月后生效，或根据第一款规定生效，以较早者为准。

三、对于在本公约生效后批准、加入或核准本公约的每一签字方，本公约在其交存批准、加入或核准文书后 30 天对其生效。

四、对在本公约生效后加入的每一国家或区域经济一体化组织，本公约在其交存加入书后 30 天对该国或区域经济一体化组织生效。

五、为本条之目的，"捕捞"仅包括第一条第一款第（七）项第 1目和第 2 目规定的行为。

第三十九条 保存方

一、新西兰政府应是本公约以及修正案的保存方。保存方应向所有签字方发送本公约经核证无误的副本，并应根据《联合国宪章》第一百零二条向联合国秘书长登记本公约。

二、保存方应将依据第三十六条或三十七条的签字、批准、加入或核准以及本公约和任何修正案的生效日期通知本公约的所有签字方和缔约方。

第四十条 领地的参加

一、委员会及其附属机构应向获得负责其国际事务的缔约方适当授权的、在渔业资源方面有利益的本地区领地开放参加。

二、领地参加的性质和程度应由缔约方，考虑国际法、本公约管辖事务的权限分配以及这类领地行使公约权利和履行公约义务的能力的变化，在委员会议事规则中单独规定。该议事规则应给予领地充分参加委员会及其附属机构工作的权利，但不包括投票权或阻止就决策、意见和建议达成协商一致的权利。

三、尽管有第二款之规定，所有这类领地应有资格参加委员会及其附属机构的会议并发言。在履行其职能和做出决定时，委员会应考虑所有参加者的利益。

第四十一条 退 出

一、缔约方可向保存方书面通知其退出本公约并可说明原因。未能说明原因并不影响该退出的效力。该退出应在保存方收到通知后1年生效，除非该通知规定了更晚日期。

二、缔约方退出本公约，不影响在其退出生效前该缔约方承担的财务义务。

三、缔约方退出本公约，不应以任何方式影响根据本公约之外的国际法该缔约方需履行的本公约规定的任何义务。

第四十二条 终 止

当由于退出致使缔约方数量降至4个以下时，本公约应自动终止。

第四十三条　保　留

不得对本公约做出任何保留或例外。

第四十四条　声　明

第四十三条不阻止一个国家、区域性经济一体化组织或第一条第二款第（二）项提及的实体，在签署、批准或加入本公约时，除其他外，为其法律法规与本公约规定的协调而作出声明，不论其措辞或名义，但此类声明不得声称排除或修改该国家、区域性经济一体化组织或实体在实施本公约条款中的法律效果。

第四十五条　附　录

各附录构成本公约不可分割的部分，除非另有规定，提及本公约时包括本公约各附录。

下列全权代表，经各自政府正式授权，在本公约上签字，以资证明。

二〇〇九年十一月十四日在奥克兰签署单一正本。

附录一

东部和西部次区域管理分委会
具有责任的公约区域部分

一、东部次区域管理分委会应负责对西经120°经线以东的公约区域制定并向委员会建议养护和管理措施。

二、西部次区域管理分委会应负责对西经120°经线以西的公约区域制定并向委员会建议养护和管理措施。

附录二

专家审议组

成　立

一、根据第十七条第五款建立的专家审议组应按如下规定构成：

（一）其应包括从联合国粮农组织根据1982年公约附录八第二条建立并保存的渔业领域专家清单或执行秘书保存的类似清单中指定的3名成员。由执行秘书保存的清单应包括具有在法律、渔业科学或技术方面的能力并已获广泛确认的专家，且享有极高的公正和正直声誉。委员会每一成员有权提名至多5名专家，并应提供每一被提名者的相关资格和经验的信息；

（二）委员会主席和提出反对意见的委员会成员，应各自指定一名成员。由提出反对意见的委员会成员指定的成员姓名，应包括在根据第十七条第二款第（一）项向执行秘书提交的反对通知中。由委员会主席指定的成员姓名，应在反对期结束后10天内通知提出反对意见的委员会成员；

（三）第三名成员应在反对期后20天内由提出反对意见的委员会成员和委员会主席共同协议指定，且不应是提出反对意见的委员会成员的国民。如果在上述期间内未能就第三名成员的指定事宜达成一致意见，该指定应由常设仲裁法院秘书长进行，除非同意该指定由另一人或第三国进行；

（四）专家审议组应在第三名成员指定之日视为成立，该第三名成员应作为专家审议组的主席。

二、如果不止一个委员会成员就同样原因提出反对，或根据第十七条第五款第（四）项决定由不同原因对一决定提出反对，可由同一个专家审议组处理，该审议组应包含上述第一款第（一）项提及名单中的5名成员，以如下方式构成：

（一）应由第一个提出反对意见的委员会成员根据第一款第（二）项指定1名成员，由委员会主席在反对期后10天内指定2名成员，由后续提出反对意见的各委员会成员在反对期后15天内共同同意指定1名成员，最后一名成员由所有提出反对意见的成员与委员会主席在反对期后20天内共同协议指定。适当时，如在前述最后两个时间段内，未能就最后两名成员指定事宜达成一致，此未能达成协议的指定应由常设仲裁法院秘书长进行，除非同意该指定或几个指定由第三人或第三国进行；

（二）专家审议组应在最后一名成员指定之日视为成立。由所有提出反对意见的委员会成员和委员会主席根据本款第（一）项共同协议指定的成员，作为专家审议组主席。

三、专家审议组中的任何空缺，应按最初规定指定的方法予以填补。

职　能

四、专家审议组应制定其自身的议事规则。

五、专家审议组应在其成立的30天内，在其决定的地点和日期举行听证会。

六、委员会任何成员可就审议的反对意见向专家审议组提交备忘录，该专家审议组应允许任何这类委员会成员获得听证的机会。

七、除非专家审议组因案件的特殊情况另有决定，专家审议组的费用，包括其成员的报酬，应以如下方式支付：

（一）70%由提出反对意见的委员会成员负担，如提出反对意见的委员会成员不止1个，应在其当中均分；以及

（二）30%由委员会在其年度预算中支付。

八、专家审议组的调查结果和建议应由其成员以多数方式通过。专家审议组中任何成员可附上单独或不同意见。任何关于专家审议

组程序的决定，也应由其多数成员作出。

九、专家审议组应在其成立45天内，根据十七条第五款向执行秘书报送其调查结果和建议。

调查结果和建议

十、专家审议组的调查结果和建议应以如下方式作出：

歧视性结果

（一）如果专家审议组发现，被提出反对意见的决定在形式上或事实上对提出反对意见的委员会成员或多个成员构成歧视，且替代措施与被反对的决定具有同等效果，该替代措施应被认为在替代该决定方面等同于该决定，并对相关委员会成员或多个成员具有约束力；

（二）根据本款第（四）项和第（五）项规定，如专家审议组发现，被提出反对意见的决定在形式上或事实上对提出反对意见的委员会成员或多个成员构成歧视，且替代措施进行特定修改后与被反对的决定具有同等效果，专家审议组应就此类修改提出建议。在收到专家审议组的调查结果和建议后，提出反对意见的委员会成员或多个成员，应在60天内按专家审议组的建议修改其替代措施，或根据本公约解决争端。如替代措施按照专家审议组的建议予以修改，该替代措施应被认为等同于被提出反对意见的决定。这类经修改的替代措施应在替代该决定方面，对相关委员会成员或多个成员具有约束力。如提出反对意见的委员会成员或多个成员根据本公约解决争端，则该决定和经修改的替代措施对提出反对意见的委员会成员或多个成员均不具有约束力，直至对上述事项作出决定；

（三）根据本款第（四）项和第（五）项规定，如专家审议组发现，被提出反对的决定在形式上或事实上对提出反对意见的委员会成员或多个成员构成歧视，但替代措施不等同于被反对的决定，提出反对意见的委员会成员或多个成员应在60天内，通过由专家审议组建议的与被反对的决定等同的措施，或根据本公约解决争端。如提出反对的委员会成员或多个成员通过了专家审议组建议的措施，该措施应被认为在替代该决定方面对提出反对的委员会成员或多个成员具有约束力。如提出反对意见的委员会成员或多个成员根据本公约解决争端，则该决定和经修改的替代措施对提出反对意见的委员会成员或多个成员均不具有约束力，直至对上述事项作出决定；

（四）当专家审议组进行调查并提出本款第（二）项和第（三）项规定的建议时，提出反对意见的委员会成员或多个成员可在传送上述调查和建议的通知30天内，请求召开委员会特别会议。该特别会议应在收到上述请求45天内，由主席召集；

（五）如根据本款第（四）项召集的特别会议确认或修改专家审议组的建议，对于执行上述原有或经修改的调查和建议或争端解决，本款第（二）项或第（三）项规定的60天期限应从下达特别会议决定之日算起。如委员会特别会议决定，不确认或修改专家审议组的建议，而是撤销被提出反对意见的决定且以一个新的决定或原决定的修改版本取代该决定，此新决定或经修改的决定应根据第十七条对委员会各成员具有约束力；

不一致性结果

（六）如专家审议组发现，被反对的决定与本公约、1982年公约或1995年协定反映的相关国际法不一致，主席应在专家审议组通知调查结果和建议45天内召集委员会特别会议，根据上述调查结果和建议考虑该决定；

（七）如委员会特别会议撤销被提出反对的决定，并以一个新的决定或原决定的修改版本取代该决定，此新决定或经修改的决定应根据第十七条对委员会各成员具有约束力；

（八）如委员会特别会议确认其原有决定，提出反对意见的委员会成员或多个成员应在45天内实施该决定，或根据本公约解决争端如提出反对意见的委员会成员或多个成员根据本公约解决争端，则该决定对提出反对意见的委员会成员或多个成员不具有约束力，直至对上述事项作出决定；

无正当理由反对的调查结果

（九）如专家审议组发现，被提出反对的决定在形式上或事实上对提出反对意见的委员会成员或多个成员不构成歧视，且被反对的决定与本公约、1982年公约或1995年协定反映的相关国际法无不一致，提出反对意见的委员会成员或多个成员应根据本款第（十）项，在45天内实施该决定，或根据本公约解决争端。

如提出反对意见的委员会成员或多个成员根据本公约解决争端，则该决定对提出反对意见的委员会成员或多个成员不具有约束力，直至对上述事项作出决定；

（十）如专家审议组发现，被提出反对的决定在形式上或事实上对提出反对意见的委员会成员或多个成员不构成歧视，且被反对的决定与本公约、1982年公约或1995年协定反映的相关国际法无不一致，但替代措施与该决定具有同等效力且被委员会接受，该替代措施应在取代该决定方面对提出反对意见的委员会成员或多个成员具有约束力，直至委员会在其下次会议上对上述措施确认接受。

附录三

关于建立和实施适用于跨界渔业资源所有分布范围的总允许捕捞量或总允许捕捞强度的程序

一、根据第二十三条和第二十四条，沿海国缔约方以及其船舶在国家管辖水域或相邻的公约区域捕捞跨界渔业资源的委员会成员，应向委员会提供有关这类渔业资源的所有相关科学、技术和统计数据，供科学分委会以及酌情供执法和技术分委会考虑。

二、根据第十条，科学分委会应对跨界渔业资源在其所有分布范围内进行评估，并向委员会及相关次区域管理分委会就该资源在其所有分布范围内的适当总允许捕捞量或总允许捕捞强度提出建议。上述建议应包括就建立不同水平的总允许捕捞量或总允许捕捞强度以达到委员会通过的任何管理战略或计划目标的可能性评估。

三、根据第十二条，并基于科学分委会意见以及执法和技术分委会、相关次区域管理分委会的任何相关意见，应就对跨界渔业资源在其所有分布范围的总允许捕捞量或总允许捕捞强度以及适当的措施向委员会提出建议，以确保不超过总允许捕捞量或总允许捕捞强度。

四、根据第十六条和第二十条，委员会应基于科学分委会、相关次区域管理分委会以及执法和技术分委会的建议和意见，对跨界渔业资源在其全部分布范围内建立总允许捕捞量或总允许捕捞强度并通过适当措施，以确保不超过总允许捕捞量或总允许捕捞强度。

五、关于竹荚鱼的养护和管理，委员会应根据第二十条，并酌情初步考虑建立总允许捕捞量，但不损害委员会为确保该渔业资源的养护和可持续利用所通过的任何其他适宜的养护和管理措施。

附录四

捕鱼实体

一、在本公约生效后，任何有船捕捞或打算捕捞渔业资源的捕鱼实体，可向保存方提交书面文书，表达其遵守本公约条款和委员会通过的任何养护和管理措施的坚定承诺。这类承诺应在收到该文书之日起30天生效。任何这类实体可书面通知保存方撤回这类承诺。撤回应在收到通知之日起1年后生效，除非上述通知规定了更晚日期。

二、第一款提及的任何捕鱼实体可向保存方提供书面文件，表达其遵守可按第三十五条第三款规定予以修订的本公约条款的坚定承诺。该承诺应自第三十五条第三款规定的日期或收到本款所称的书面通知的日期起生效，以迟者为准。

三、根据第一款规定，坚定承诺遵守本公约规定且遵守根据本公约通过的任何养护和管理措施的捕鱼实体，必须遵守委员会成员的义务，可根据本公约的规定参加委员会工作，包括决策。为本公约目的，当提及委员会或委员会成员时，包括此类捕鱼实体。

四、如一争端涉及根据本附录承诺接受本公约条款约束的捕鱼实体，且该争端不能以友好方式解决，该争端应在争端任何一方的请求下，根据常设仲裁法院的有关规则，提交具有最终约束力的仲裁。

五、本附录有关捕鱼实体的参加规定，仅适用于本公约目的。

上海合作组织成员国政府间
合作打击犯罪协定[①][②]

上海合作组织成员国政府（以下简称"各方"），

对犯罪特别是有组织犯罪的发展规模和态势表示关注，

基于互利原则采取有效措施保护各国公民生命、健康、权利、自由、荣誉和尊严以及国家和社会利益免受侵害，

高度重视在保障公认的人权和自由方面开展国际合作，

根据2002年6月7日签署的《上海合作组织宪章》，2001年6月15日签署的《打击恐怖主义、分裂主义和极端主义上海公约》，2004年6月17日签署的《上海合作组织成员国关于合作打击非法贩运麻醉药品、精神药物及其前体的协议》，2009年6月16日签署的《上海合作组织反恐怖主义公约》和2008年8月28日签署的《上海合作组织成员国政府间合作打击非法贩运武器、弹药和爆炸物品的协定》的规定，按照各国法律及公认的国际法原则和准则，

达成协议如下：

第一条 合作范围

一、各方在预防、制止、发现、侦破下列犯罪，包括有组织犯罪方面开展合作：

（一）侵犯个人生命、健康、自由、荣誉和尊严的犯罪；

---

① 协定于2012年1月11日生效。

② 中国于2010年6月11日签署，2011年1月31日交存校准书。

（二）恐怖主义、分裂主义、极端主义活动；

（三）侵财犯罪；

（四）腐败犯罪；

（五）经济犯罪，包括洗钱和恐怖融资；

（六）制造和销售假币、文件、有价证券以及贷记卡、信用卡和其他支付凭证；

（七）侵犯知识产权犯罪；

（八）贩卖人口，特别是妇女和儿童；

（九）非法制造、贩运和销售武器、弹药、爆炸物、爆炸装置、毒害性和放射性物质以及核材料等危险物质；

（十）非法制造和贩运麻醉药品、精神药物及易制毒化学品；

（十一）走私；

（十二）交通工具上的犯罪；

（十三）信息技术领域犯罪；

（十四）非法移民犯罪；

（十五）其他领域犯罪。

二、本协定不涉及引渡和刑事司法协助问题，对涉及与引渡和刑事司法协助有关的事项，各方根据其参加的国际条约及各方国内法开展合作。

第二条　主管机关

一、为履行本协定，各方主管机关遵循各自国内法和国际义务，在打击犯罪特别是有组织犯罪方面开展合作。

二、各方应在通知完成本协定生效所需的国内法律程序时将本方主管机关清单一并提交保存机构。

如一方主管机关清单发生变化，该方需在30天内通过外交渠道书面通知保存机构，保存机构应在收到上述通知之日起7天内通知其他各方。

第三条　合作方式

一、为落实本协定，各方主管机关通过以下方式开展合作：

（一）交换有关本协定第一条所列举的犯罪活动及其参与人员的情报信息，包括交换各方国家公民在其他各方国家境内犯罪或受到非法侵害的情报信息；

（二）查找犯罪嫌疑人、逃犯及失踪人员；

（三）执行有关采取侦查措施的请求；

（四）确认无名尸体及因健康或年龄原因无法说清自己身份的人员的身份；

（五）交换法律、法规文本；

（六）交流工作经验，包括举行会议和研讨会；

（七）在执法官员培训和进修方面提供协助；

（八）交换科技书籍和信息。

二、为履行本协定，各方根据各自国内法律在协商一致基础上可开展控制下交付行动。

三、各方主管机关可在符合本协议宗旨的前提下开展其他形式的合作。

第四条　磋　商

为完善本协定框架内的合作，必要时并经各方协商一致，各方主管机关可进行磋商。

需要有关磋商的问题通过上海合作组织秘书处或地区反恐怖机构执委会协商确定。

第五条　发出请求或通知

一、各方开展合作可依据一方主管机关提出的协助请求或根据一方主管机关提出的倡议进行。

二、请求或通知以书面形式发出，在紧急情况下请求或通知可以口头转达，但须在72小时内以书面形式确认，必要时可通过技术手段传递文本。

三、如对请求或通知或其内容的真实性产生怀疑，可请对方补充确认或做出解释。

四、请求应包括以下内容：

（一）请求方和被请求方国家主管机关名称；

（二）请求目的和依据；

（三）请求协助的内容；

（四）案件详情及其他有助于及时和充分完成请求的信息；

（五）如有必要，标注密级。

五、请求或通知以书面形式转达，须由请求方主管机关负责人或其副职签发，并（或）盖有该主管机关的印章。

第六条　协助请求的执行

一、被请求方主管机关采取一切必要措施保证尽可能迅速、全部地执行请求，请求一般应在送达之日起30天内执行。

二、有关妨碍或延迟执行请求的情况，应立即书面通报请求方主管机关。

三、如执行请求不属于被请求方主管机关的职权范围，被请求方主管机关应将请求转给本国有权执行此请求的机关，并立即书面通知请求方主管机关。

四、为执行请求，被请求方主管机关可要求请求方提供其认为必要的补充信息。

五、执行请求应适用被请求方国家法律。

六、如不违背被请求方国家法律，被请求方主管机关在自己境内执行请求时可以允许请求方主管机关代表在场。

七、如被请求方主管机关认为，执行请求可能有损本国的主权、安全、社会秩序或其他根本利益，或违背其国内法或所承担的国际义务，则可推迟，或全部或部分拒绝执行请求。

八、如请求所涉及行为按被请求方国家法律不构成犯罪，被请求方可拒绝执行请求。

九、如根据本条第七款或第八款全部或部分拒绝执行请求或推迟其执行，被请求方应书面通知请求方主管机关，并说明妨碍执行请求的原因。

第七条　所获信息和文件的使用限制

一、各方应对其获得的非公开的或提供方不愿公开的情报信息和文件保密。上述情报信息和文件的密级由提供方确定。

二、根据本协定获得的执行请求的情报信息或者结果，应在提供方许可的范围内使用，未经提供方书面同意，不得用于其他目的。

三、一方根据本协定从另一方获得的情报信息和文件，在未事先征得提供方书面同意的情况下，不得转交第三方。

第八条　费　用

各方自行承担在本国境内执行本协定发生的费用，事先另有约定的除外。

第九条　争议解决

各方通过协商和谈判的方式解决本协定解释或适用时所产生的争议问题。

第十条　与其他国际条约的关系

本协定不妨碍各方根据其所参加的其他国际条约所享有的权利

和承担的义务。

第十一条　工作语言

各方在本协定框架内进行合作的工作语言为中文和俄文。

第十二条　协定生效、有效期和修改

一、本协定长期有效，自保存机构收到签署国第四份关于已完成为使本协定生效所需的国内程序的书面通知之日起生效。

二、对协定生效后完成国内程序的签署国，自保存机构收到其关于完成国内程序的书面通知之日起，本协定对其生效。

三、经各方协商，可以议定书形式对本协定进行修改。

第十三条　加入和退出

一、本协定生效后对所有上海合作组织成员国开放。对于加入国，本协定自保存机构收到其加入书之日起对其生效。

二、各方可退出本协定，本协定自保存机构收到退出方书面通知之日起六个月后，对其终止效力。保存机构自收到退出通知之日起30天内通知其他各方。

三、如各方无另行约定，本协定终止不影响根据本协定已经开始实施但在协定终止时尚未完成的活动。

第十四条　保存机构

本协定保存机构为上海合作组织秘书处。秘书处应在本协定签署7日内将核对无误的副本送交各方。

本协定于二〇一〇年六月十一日在塔什干签订，正本一式一份，用中文和俄文写成，两种文本同等作准。

哈萨克斯坦共和国政府代表　　卡·萨乌达巴耶夫（签字）

中华人民共和国政府代表　　　　　　杨洁篪（签字）

吉尔吉斯共和国政府代表　　鲁·卡扎克巴耶夫（签字）

俄罗斯联邦政府代表　　　　　谢·拉夫罗夫（签字）

塔吉克斯坦共和国政府代表　　　哈·扎里菲（签字）

乌兹别克斯坦共和国政府代表　　　弗·诺罗夫（签字）

上海合作组织成员国政府间农业合作协定①②

（中文本）

上海合作组织成员国政府（以下称"各方"），在平等与相互尊重的基础上，为发展和巩固上海合作组织成员国人民的友好关系，遵循《上海合作组织宪章》（2002年6月7日签署）和《上海合作组织成员国长期睦邻友好合作条约》（2007年8月16日签署），以及其他上海合作组织有关文件的原则，致力于上海合作组织成员国农业合作，达成协议如下：

第一条

各方根据上海合作组织成员国本国的法律，在以下领域开展合作：

（一）种植业；

（二）畜牧业；

（三）养蜂业；

（四）兽医；

（五）育种和良种繁育；

（六）土壤改良和农业灌溉；

（七）农产品加工与贸易；

---

① 中国于2010年6月11日签署，2012年9月29日核准该协定。

② 该协定暂不适用香港特区。

（八）农业机械制造；

（九）农业科研。

经各方协商同意，可以增加其他合作内容。

第二条

各方将根据上海合作组织成员国本国的法律，通过以下方式开展本协定第一条确定的合作内容：

（一）交换农业科研和创新成果；

（二）交换农业先进技术和现代工艺；

（三）制定和实施共同的农业投资项目；

（四）参加由各方举办的农业新技术展览和交易会；

（五）研究并推广农业创新工艺；

（六）交换成员国关于农产品、农业加工品生物质量和安全的法律、标准的信息；

（七）举办农业国际科学会议、研讨会和圆桌会议；

（八）开展农业研究、科学考察，交换专家、学者和技术人员；

（九）交换种子、苗木和动物育种材料；

（十）植物保护和检疫，研究和推广植物保护生化方法方面的科研成果；

（十一）调查和防治跨境动植物疫病及特别危险的检疫性有害生物；

（十二）支持农业企业与相应的农业经营机构建立直接的经济联系；

（十三）农业管理人员技能培训与提高。

经协商同意，各方还可以采取不违反上海合作组织成员国本国法律的其他合作方式。

第三条

各方应根据上海合作组织成员国本国的法律和其参与的国际条约，保护本协定落实过程中的知识产权。

第四条

各方应根据上海合作组织成员国本国的法律，独自承担与执行本协定义务有关的所有费用，除非各方以单独纪要形式另外达成协议。

第五条

为协调执行本协定的相关合作事宜，各方将成立上海合作组织成员国农业专业工作组。

专业工作组将根据相关条例开展工作。

第六条

为落实本协定的相关规定，各方可以签署单独纪要，该纪要是本协定不可分割的一部分。

第七条

经各方同意，可以对本协定内容进行修改和补充，并形成单独纪要，该纪要是本协定不可分割的一部分。

第八条

本协定不应影响各方参与的其他国际条约规定其应享有的权利和应承担的义务。

第九条

在解释或执行本协定过程中，各方若产生分歧和争议，应通过协商和谈判加以解决。

第十条

中文和俄文是开展本协定框架下合作活动的工作语言。

第十一条

本协定有效期5年。本协定自保存机关收到各方已完成各自国内必要生效程序的最后一份书面通知之日起生效。

如果各方未作出其他决定，本协定有效期将自动延长5年。

第十二条

本协定生效后，将适用于任何成为上海合作组织成员的国家。

对于新成员国，本协定自保存机关收到其关于加入的文件30天后生效。

保存机关通知各方关于本协定对新成员国的生效日期。

第十三条

任何一方在向保存机关递交关于退出本协定的书面通知 90 天后即可退出本协定。保存机关将在收到退出通知后 30 天内将该意向通知其他各方。

如果没有其他约定，本协定效力的终止，不影响根据本协定已经开始实施的但尚未结束的合作活动。

第十四条

本协定保存机关为上海合作组织秘书处，秘书处应在本协定签署之日后的 30 天内将核对无误的副本分发各方。

本协定于二〇一〇年六月十一日在塔什干签订，正本一式一份，用中文和俄文写成，两种文本同等作准。

哈萨克斯坦共和国政府代表　　　　卡·萨乌达巴耶夫（签字）
中华人民共和国政府代表　　　　　　杨洁篪（签字）
吉尔吉斯共和国政府代表　　　　　鲁·卡扎克巴耶夫（签字）
俄罗斯联邦政府代表　　　　　　　谢·拉夫罗夫（签字）
塔吉克斯坦共和国政府代表　　　　哈·扎里菲（签字）
乌兹别克斯坦共和国政府代表　　　弗·诺罗夫（签字）

东南亚友好合作条约第三修改议定书[①][②]

（中译本）

文莱达鲁萨兰国、柬埔寨王国、印度尼西亚共和国、老挝人民民主共和国、马来西亚、缅甸联邦、菲律宾共和国、新加坡共和国、泰王国、越南社会主义共和国、澳大利亚联邦、孟加拉人民共和国、加拿大、中华人民共和国、朝鲜民主主义人民共和国、法兰西共和国、印度共和国、日本国、蒙古国、新西兰、巴基斯坦伊斯兰共和国、巴布亚新几内亚独立国、大韩民国、俄罗斯联邦、斯里兰卡民主社会主义共和国、东帝汶民主共和国、土耳其共和国、美利坚合众国政府（以下称"缔约方"），

希望确保与东南亚内外一切热爱和平的国家，特别是东南亚地区的邻国，及其成员仅为主权国家的区域组织适当加强合作；

考虑到1976年2月24日于巴厘岛登巴萨签订的《东南亚友好合作条约》（以下简称《友好条约》）序言的第五款提出有必要与东南亚地区内外一切热爱和平的国家进行合作，以推动世界和平、稳定与和谐，

兹同意如下内容：

---

① 中国于2010年7月23日签署，2011年8月26日批准第三修改议定书。
② 第三次修改议定书暂不适用香港、澳门特区。

第一条

《友好条约》第十八条第三款修改为：

"经东南亚所有国家，即文莱达鲁萨兰国、柬埔寨王国、印度尼西亚共和国、老挝人民民主共和国、马来西亚、缅甸联邦、菲律宾共和国、新加坡共和国、泰王国和越南社会主义共和国的同意。条约将开放供东南亚以外国家和其成员仅为主权国家的区域组织加入。"

第二条

《友好条约》第十四条第二款修改为：

"但是，东南亚以外的任何缔约方，只有直接涉及需通过上述地区程序解决的争端时，才适用此条款。"

第三条

本议定书须经批准，并在最后一个缔约方交存批准书之日起生效。

二〇一〇年七月二十三日在越南河内签订唯一英文文本。

《关于持久性有机污染物的斯德哥尔摩公约》 新增列九种持久性有机污染物修正案①②③

《关于持久性有机污染物的斯德哥尔摩公约》 缔约方大会第四次会议的各项决定，以供保存

（中文本）

SC-4/10   α-六氯环己烷的列入问题

SC-4/11   β-六氯环己烷的列入问题

SC-4/12   十氯酮的列入问题

SC-4/13   六溴联苯的列入问题

SC-4/14   六溴二苯醚和七溴二苯醚的列入问题

SC-4/15   林丹的列入问题

SC-4/16   五氯苯的列入问题

SC-4/17   全氟辛基磺酸及其盐类和全氟辛基磺酰氟的列入问题

SC-4/18   四溴二苯醚和五溴二苯醚的列入问题

SC-4/10：α-六氯环己烷的列入问题
缔约方大会，

---

① 修正案于2011年4月29日在日内瓦举行的缔约方大会第四次会议上通过。

② 中国于2013年8月30日批准修正案。

③ 修正案适用于香港和澳门特区。

审议了由持久性有机污染物审查委员会转递的关于 α-六氯环己烷问题的风险简介和风险管理评价报告，①

注意到持久性有机污染物审查委员会建议将 α-六氯环己烷列入公约附件A的建议，②

决定修改公约附件A的第一部分，将下列横栏插入表中，以便将 α-六氯环己烷列入其中：

化学品	活动	特定豁免
a-六氯环己烷	生产	无
化学文摘社编号：319-84-6	使用	无

SC-4/11：β-六氯环己烷的列入问题

缔约方大会，

审议了由持久性有机污染物审查委员会转交的 β-六氯环己烷的风险简介和风险管理评价，③

注意到持久性有机污染物审查委员会建议将 β-六氯环己烷列入公约的附件A，④

决定修正公约附件A第一部分，插入下列横栏，将 β-六氯环己烷列入其中：

化学品	活动	特定豁免
β-六氯环己烷	生产	无
化学文摘社编号：319-85-7	使用	无

---

① UNEP/POPS POPRC.3/20 Add.8 和 UNEP/POPS/POPRC.4/15/Add.3.

② UNEP/POPS/COP.4/17.

③ UNEP/POPS/POPRC.3/20/Add.9 及 UNEP/POPS/POPRC.4/15/Add.4.

④ UNEP/POPS/COP.4/17.

SC-4/12：十氯酮的列入问题

缔约方大会，

审议了由持久性有机污染物审查委员会转递的关于十氯酮问题的风险简介和风险管理评价报告，[①]

注意到持久性有机污染物审查委员会建议将十氯酮列入公约附件A但不享有特定豁免的建议，[②]

决定修改公约附件A的第一部分，把下列横栏插入表中，以便将十氯酮列入其中，但不享有特定豁免：

化学品	活动	特定豁免
十氯酮	生产	无
化学文摘社编号：143-50-0	使用	无

SC-4/13：六溴联苯的列入问题

缔约方大会，

审议了由持久性有机污染物审查委员会转递的关于六溴联苯问题的风险简介和风险管理评价报告，[③]

注意到持久性有机污染物审查委员会建议将六溴联苯列入公约附件A但不享有特定豁免的建议，[④]

决定修改公约附件A的第一部分，把下列横栏插入表中，以便将六溴联苯列入其中，但不享有特定豁免：

化学品	活动	特定豁免
六溴联苯	生产	无
化学文摘社编号：36355-01-8	使用	无

---

① UNEP POPS/POPRC.3/20/Add.10 和 UNEP/POPS/POPRC.3/20/Add.2

② UNEP/POPS/COP.4/17.

③ UNEP/POPS/POPRC.2/17/Add.3 和 UNEP/POPS/POPRC.3/20/Add.3

④ UNEP/POPS/COP.4/17。

SC-4/14：六溴二苯醚和七溴二苯醚的列入问题

缔约方大会，

审议了由持久性有机污染物审查委员会转递的关于商用八溴二苯醚的风险简介和风险管理评价报告，[①]

注意到持久性有机污染物审查委员会有关将六溴二苯醚和七溴二苯醚列入公约附件A的建议，[②]

1. 决定修改公约附件A的第一部分，按照本决定第2段之规定，将六溴二苯醚和七溴二苯醚列入该部分，并根据该附件第四部分有关条款对含有六溴二苯醚和七溴二苯醚的物品享有特定豁免，内容如下：

化学品	活动	特定豁免
六溴二苯醚和七溴二苯醚	生产	无
化学文摘社编号：36355-01-8	使用	根据本附件第四部分的规定的物品

2. 还决定在附件A中新增一个第三部分，名称为"定义"，并将六溴二苯醚和七溴二苯醚的定义插入其中，内容如下：

就本附件而言：

"六溴二苯醚和七溴二苯醚"系指2,2', 4,4', 5,5'-六溴二苯醚（BDE-153，化学文摘社编号：68631-49-2）、2,2', 4,4', 5,6'-六溴二苯醚（BDE-154,化学文摘社编号：207122-15-4）、2,2', 3,3', 4,5', 6'-七溴二苯醚（BDE-175，化学文摘社编号：446255-22-7）、2,2', 3,4,4', 5', 6-七溴二苯醚（BDE-183，化学文摘社编号：207122-16-5）以及商用八溴二苯醚中存在的其他六溴二苯醚和七溴二苯醚。

[①] UNEP/POPS/POPRC.3/20/Add.6 和 UNEP/POPS/POPRC.4/15/Add.1

[②] UNEP/POPS/COP.4/17。

3. 决定在附件A中新增第四部分，内容如下：

第四部分   六溴二苯醚和七溴二苯醚

1. 缔约方可允许回收含有或可能含有六溴二苯醚和七溴二苯醚的物品，并且可允许使用和最终处理那些利用含有或可能含有六溴二苯醚和七溴二苯醚的回收材料所生产的物品，但条件是：

（a）回收和最终处理应采取无害环境的方式进行，不得导致为了再利用之目的而回收六溴二苯醚和七溴二苯醚；

（b）缔约方采取措施，防止出口六溴二苯醚和七溴二苯醚含量（浓度）超出在该缔约方境内出售、使用、进口或加工允许值的物品；

（c）缔约方已向秘书处通报其利用此种豁免的意图。

2. 缔约方大会应在其第六次常会及其后每隔一次常会上评价各缔约方在实现其消除物品中所含的六溴二苯醚和七溴二苯醚的最终目标方面所取得的进展情况，并审查是否仍然需要此种特定豁免。无论如何，此种特定豁免的有效期最长到2030年。

4. 决定修改公约附件A第一部分，在注（iv）中"根据本附件第二部分的规定而由在用物品使用的多氯联苯"之后插入一个逗号和"和根据本附件第四部分的规定使用的六溴二苯醚与七溴二苯醚"。

SC-4/15：林丹的列入问题

缔约方大会，

审议了由持久性有机污染物审查委员会转递的关于林丹问题的风险简介和风险管理评价报告，[①]

注意到持久性有机污染物审查委员会建议将林丹列入公约附件A

---

① UNEP/POPS/POPRC.2/17/Add.4 和 UNEP/POPS/POPRC.3/20/Add.4

的建议，①

1. 决定修改公约附件 A 的第一部分．将下列横栏插入表中，以便将林丹列入公约附件 A，且在将林丹作为控制头虱和治疗疥疮的人类健康辅助治疗药物时享有特定豁免：

化学品	活动	特定豁免
林丹	生产	无
化学文摘社编号：58-89-9	使用	控制头虱和治疗疥疮的人类健康辅助治疗药物

2. 要求秘书处与世界卫生组织合作，顾及持久性有机污染物审查委员会关于林丹问题的风险管理评价报告中的结论，确定有关将林丹用于控制头虱和治疗疥疮的人类健康辅助治疗药物的报告和审查要求，并向缔约方大会第五次会议汇报有关这方面的情况。

SC-4/16：五氯苯的列入问题
缔约方大会，
审议了由持久性有机污染物审查委员会转递的关于五氯苯问题的风险简介、风险简介增编和风险管理评价报告，②
注意到持久性有机污染物审查委员会有关将五氯苯列入公约附件 A 但不享有特定豁免以及将其列入公约附件 C 的建议，③
1. 决定修改公约附件 A 的第一部分，把下列横栏插入表中，以便将五氯苯列入其中，但不享有特定豁免：

---

① UNEP/POPS/COP.4/17.

② UNEP/POPS/POPRC.3/20/Add.7 和 UNEP/POPS/POPRC.4/15/Add.5 和 UNEP/POPS/POPRC.4/15/Add.2

③ UNEP/POPS/COP.4/17.

化学品	活动	特定豁免
五氯苯	生产	无
化学文摘社编号：608-93-5	使用	无

2. 还决定修改公约附件C第一部分，在化学品表中的"多氯二苯并对二噁英和多氯二苯并呋喃（PCDD/PCDF）"之后插入五氯苯（PeCB）（化学文摘社编号：608-93-5），并在附件C第二部分第1段和第三部分第1段"多氯二苯并对二噁英和多氯二苯并呋喃"之后，插入"五氯苯"，以便将五氯苯列入附件C。

SC-4/17：全氟辛基磺酸及其盐类和全氟辛基磺酰氟的列入问题

缔约方大会，

审议了由持久性有机污染物审查委员会转交的全氟辛基磺酸的风险简介、风险管理评估和风险管理评估增编，①

注意到持久性有机污染物审查委员会有关将全氟辛基磺酸及其盐类和全氟辛基磺酰氟列入公约附件A或附件B中的建议，②

1. 决定修正公约附件B第一部分，列入全氟辛基磺酸及其盐类和全氟辛基磺酰氟，做法是在这部分插入下表，表栏里列明可接受用途和特定豁免：

---

① UNEP/POPRC.2/17/Add.5，UNEP/POPRC.3/20/Add.5 和 UNEP/POPRC.4/15/Add.6.

② UNEP/POPS/COP.4/17.

化学品	活动	可接受用途或特定豁免
全氟辛基磺酸（化学文摘社编号：1763-23-1）及其盐类[a]和全氟辛基磺酰氟（化学文摘社编号：307-35-7） [a]例如：全氟辛基磺酸钾（化学文摘社编号：2795-39-3）；全氟辛基磺酸锂（化学文摘社编号：29457-72-5）；全氟辛基磺酸铵（化学文摘社编号：29081-56-9）；全氟辛基磺酸二乙醇铵（化学文摘社编号：70225-14-8）；全氟辛基磺酸四乙基铵	生产	可接受用途： 根据本附件第三部分，生产专用于以下用途的其他化学品。为下列用途而生产。 特定豁免： 限于登记簿所列缔约方被允许的豁免
	使用	可接受用途： 根据本附件第三部分用于下列可接受用途，或在生产下列可接受用途的化学品的过程中用作中间体： • 照片成像 • 半导体器件的光阻剂和防反射涂层 • 化合物半导体和陶瓷滤芯的刻蚀剂 • 航空液压油 • 只用于闭环系统的金属电镀（硬金属电镀） • 某些医疗设备（比如乙烯四氟乙烯共聚物（ETFE）层和无线电屏蔽ETFE的生产，体外诊断医疗设备和CCD滤色仪） • 灭火泡沫

续表

化学品	活动	可接受用途或特定豁免
（化学文摘社编号：56773-42-3）；全氟辛基磺酸二癸二甲基铵（化学文摘社编号：251099-16-8）		• 用于控制切叶蚁（美切叶蚁属和刺切蚁属）的昆虫毒饵 特定豁免： 用于下列特定用途，或在生产下列可接受用途的化学品过程中用作中间体： • 半导体和液晶显示器（LCD）行业所用的光掩膜 • 金属电镀（硬金属电镀） • 金属电镀（装饰电镀） • 某些彩色打印机和彩色复印机的电子和电器元件 • 用于控制红火蚁和白蚁的杀虫剂 • 化学采油 • 地毯 • 皮革和服装 • 纺织品和室内装饰 • 纸和包装 • 涂料和涂料添加剂 • 橡胶和塑料

2. 还决定在附件 B 中编写一个名为"全氟辛基磺酸（PFOS）及其盐类和全氟辛基磺酰氟（PFOSF）"的新的第三部分，内容如下：

第三部分 全氟辛基磺酸及其盐类和全氟辛基磺酰氟

1. 所有缔约方均应停止生产和使用全氟辛基磺酸（PFOS）及其盐类和全氟辛基磺酰氟（PFOSF），但本附件第一部分规定的那些通知秘书处打算生产和（或）使用它们并用于可接受用途的缔约方除外。因此，设立了可接受用途登记簿，向公众开放。

秘书处应保留可接受用途登记簿。如果尚未列入可接受用途登记簿的缔约方决定请求在列于本附件第一部分的可接受用途范围内使用全氟辛基磺酸（PFOS）及其盐类和全氟辛基磺酰氟（PFOSF），该缔约方应当尽快通知秘书处，以将其增列至该登记簿。

2. 生产和（或）使用这些化学品的缔约方应酌情考虑诸如公约附件C第五部分所载的有关最佳可行技术和最佳环境实践的一般性指导的相关部分等提供的指导。

3. 使用和（或）生产这些化学品的各缔约方应每四年一次就消除全氟辛基磺酸（PFOS）及其盐类和全氟辛基磺酰氟（PFOSF）方面的进展情况进行汇报，并依照公约第15条并在依照该条进行的汇报过程中将其有关上述进展情况提交缔约方大会。

4. 为减少和最终消除对这些化学品的生产和（或）使用，缔约方大会应鼓励：

（a）使用这些化学品的各缔约方在出现合适的替代物质或方法时，采取行动逐步淘汰它们的使用；

（b）生产和（或）使用这些化学品的各缔约方制定和实施一项行动计划，将此作为公约第7条规定的实施计划的一部分；

（c）各缔约方在其能力范围内，促进为使用这些化学品的缔约方研究和开发安全的化学和非化学替代品、工艺、方法和战略，此种研究和开发应符合那些缔约方的国情。在考虑替代品或不同替代品的结合时，应予重视的因素应当包括这些替代品对人类健康的危害及环境影响。

5. 缔约方大会应当在现有科学、技术、环境和经济信息的基础上，评估用于各种可接受用途和特定豁免的化学品继续使用的必要性，此类信息包括：

（a）第3段所述报告中提供的信息；

（b）这些化学品的生产和使用情况；

（c）这些化学品的替代品的可获得性、适宜性和应用情况；

（d）在加强各国能力以安全过渡到依赖此类替代品方面的进展情况。

6. 前一段所述评估应不迟于2015年进行，并在之后每四年在缔约方大会举行常会的同时进行一次评估。

7. 鉴于使用的复杂性和使用这些化学品所涉社会部门之多，可能存在这些化学品的其他使用情况，而各国尚不知晓。鼓励已认识到这些化学品其他使用情况的缔约方尽快向秘书处通报。

8. 缔约方可以随时以书面通知通报秘书处，将该缔约方从可接受用途登记簿中撤销。撤销在通知确定的日期生效。

9. 附件B第一部分注（iii）的规定内容不适用于这些化学品。

SC-4/18：四溴二苯醚和五溴二苯醚的列入问题
缔约方大会，
审议了由持久性有机污染物审查委员会转交的商用五溴二苯醚的风险简介和风险管理评价，[①]
注意到持久性有机污染物审查委员会建议将四溴二苯醚和五溴二苯醚列入公约的附件A，[②]
1. 决定修正公约附件A的第一部分，插入下列横栏，以便将本决定第2段所定义的四溴二苯醚和五溴二苯醚列入其中，并包括根据该附件第四部分的规定对含有四溴二苯醚和五溴二苯醚的物品的特定豁免；

化学品	活动	特定豁免
四溴二苯醚和五溴二苯醚	生产	无
	使用	根据本附件第四部分的规定的物品

---

① UNEP/POPS/POPRC 2/17/Add.1 及 UNEP/POPS/POPRC.3/20/Add.1.

② UNEP/POPS/COP.4/17.

2. 还决定在附件A中新增第三部分"定义"，插入四溴二苯醚和五溴二苯醚的定义如下：

在本附件中：

"四溴二苯醚和五溴二苯醚"系指2,2',4,4'-四溴二苯醚（BDE-47，化学文摘社编号：40088-47-9）和2,2',4,4',5-五溴二苯醚（BDE-99，化学文摘社编号：32534-81-9）及商用五溴二苯醚中所含的其他四溴二苯醚和五溴二苯醚。

3. 决定在附件A中新增第四部分如下：

第四部分　四溴二苯醚和五溴二苯醚

1. 在下列条件下，缔约方可允许回收含有或可能含有四溴二苯醚和五溴二苯醚的物品，及允许使用和最终处置由含有或可能含有四溴二苯醚和五溴二苯醚的再生材料制造的物品：

（a）此种回收和最终处置应采取无害环境的方式进行，不得导致为了再利用之目的而回收四溴二苯醚和五溴二苯醚；

（b）缔约方不允许此种豁免导致出口四溴二苯醚和五溴二苯醚的含量（浓度）超出该缔约方境内销售允许值的物品；

（c）该缔约方已将其利用这一豁免的意图通知秘书处。

2. 缔约方大会在其第六届常会以及此后每隔一届常会上，应评估缔约方在实现其消除物品中所含的四溴二苯醚和五溴二苯醚这一最终目标过程中所取得的进展，并审查是否有必要继续进行这一特定豁免。这一特定豁免的到期时间最晚不得迟于2030年。

4. 决定修正公约附件A第一部分的规定：在注（iv）中"根据本附件第二部分的规定而由在用物品使用的多氯联苯"之后插入一个逗号和"以及根据本附件第四部分规定使用的四溴二苯醚和五溴二苯醚"。

《关于持久性有机污染物的斯德哥尔摩公约》
新增列硫丹修正案 ①②③

（中文本）

SC-5/3：增列硫丹原药及其相关异构体

缔约方大会，

审议了持久性有机污染物审查委员会提交的硫丹（硫丹原药、其相关异构体以及硫丹硫酸盐）的风险简介文件及风险管理评价文件，④

注意到持久性有机污染物审查委员会建议将硫丹原药、其相关异构体以及硫丹硫酸盐列入《公约》附件A，同时给予特定豁免，⑤

1. 决定修正《关于持久性有机污染物的斯德哥尔摩公约》附件A第一部分：增列硫丹原药及其相关异构体，并插入下列横栏，对特定豁免登记簿中所列缔约方被允许的生产以及（或）为防治根据本附件新增第六部分条款而列出的作物虫害的使用给予特定豁免：

---

① 修正案于2011年4月29日在日内瓦举行的缔约方大会第四次会议上通过。
② 中国于2013年8月30日批准修正案。
③ 修正案适用于香港和澳门特区。
④ UNEP POPS/POPRC.5/10/Add.2.
⑤ UNEP/POPS/POPRC.6/13/Add.1.

化学品	活动	特定豁免
硫丹原药（化学文摘社编号：115-29-7）及其相关异构体（化学文摘社编号：959-98-8 及化学文摘社编号：33213-65-9）	生产	限于登记簿所列缔约方被允许的豁免
	使用	用于防治根据本附件第六部分条款而列出的作物虫害

2. 决定在附件 A 第一部分中新增注（v），内容如下：硫丹原药（化学文摘社编号：115-29-7），其相关异构体（化学文摘社编号：959-98-8 及化学文摘社编号：33213-65-9）以及硫丹硫酸盐（化学文摘社编号：1031-07-8）已评估并确认为持久性有机污染物。

3. 决定在附件 A 中新增第六部分如下：

第六部分　硫丹原药及其相关异构体（硫丹）

除已告知秘书处希望根据《公约》第 4 条生产和（或）使用硫丹的缔约方除外，缔约方应消除硫丹的生产和使用。可以针对以下作物—害虫对照表给予使用硫丹特定豁免：

作物	害虫
苹果	蚜虫
木豆、双花扁豆	蚜虫、毛虫、豆荚螟、豌豆莲纹夜蛾
豇豆、豆角	蚜虫、潜叶蝇、粉虱
辣椒、洋葱、土豆	蚜虫、小叶蝉
咖啡果	小蠹虫、白蛀虫
棉花	蚜虫、棉铃虫、小叶蝉、稻纵卷叶螟、粉红棉铃虫、蓟马、粉虱
茄子、黄秋葵	蚜虫、小菜蛾、小叶蝉、果芽虫
花生	蚜虫
黄麻	比哈尔毛虫、广明螨
玉米	蚜虫、粉螟、白蛀虫

作物	害虫
芒果	果蝇、跳仔
芥末	蚜虫、瘿蚊
水稻	瘿蚊、水稻铁甲虫、自蛀虫、白小叶蝉
茶叶	蚜虫、毛虫、卷心虫、粉蚧、介壳虫、小绿叶蝉、茶尺蠖、茶角盲蝽、蓟马
烟草	蚜虫、烟青虫
番茄	蚜虫、小菜蛾、小叶蝉、潜叶蝇、果芽虫、粉虱
小麦	蚜虫、粉螟、白蚁

欧亚反洗钱和反恐融资组织协议 ①

白俄罗斯共和国政府、中华人民共和国政府、吉尔吉斯共和国政府、俄罗斯联邦政府、塔吉克斯坦共和国政府、土库曼斯坦政府和乌兹别克斯坦共和国政府，以下统称为"缔约各方"或"各成员国"；

根据2004年10月6日签署的欧亚反洗钱和反恐融资组织成立宣言，以及2004年10月6日批准的欧亚反洗钱和反恐融资组织职责范围；

基于历史上形成的缔约各方之间的战略合作伙伴关系；

并充分认识到洗钱和恐怖融资活动的危害；

重申缔约各方维护本地区经济安全的约定和保护国家金融系统不被犯罪分子破坏的愿望；

认识到在反洗钱和反恐融资领域开展广泛国际合作的重要性；

为了表达在金融行动特别工作组建议的基础上，兼顾地区差异，建立起行之有效的反洗钱和反恐融资体系的愿望；

缔约各方达成共识如下：

第一条 建立国际组织

缔约各方同意建立名称为"欧亚反洗钱和反恐融资组织"的区域性政府间组织（以下称"本组织"）。

---

① 中国于2011年6月16日签署，2012年2月17日核准该协议。

第二条　目标和任务

本组织的基本目标是：根据金融行动特别工作组建议和本组织成员国参与的其他国际组织的反洗钱和反恐融资标准，确保本组织成员国在地区层面进行有效的交往与合作，并成功融入国际反洗钱和反恐融资体系。

本组织的主要任务是：

——帮助成员国执行金融行动特别工作组40项反洗钱建议和9项反恐融资特别建议；

——制定并实施反洗钱和反恐融资联合行动；

——根据金融行动特别工作组40+9项建议，对成员国进行互评估，包括对在反洗钱和反恐融资领域的立法及其他措施的效率进行评估；

——协调与有关国际组织、机构及其他国家开展的国际合作和技术援助；

——分析洗钱和恐怖融资活动的趋势（类型），并根据本地区的特点交流经验。

第三条　机　构

为实现本组织的目的和任务，设立以下机构：

——欧亚反洗钱和反恐融资组织全体会议（以下简称"全体会议"）；

——欧亚反洗钱和反恐融资组织秘书处（以下简称"秘书处"）。

第四条　全体会议

本组织的最高权力机构是全体会议，该会议每年通常召开两次，但不少于每年一次。成员国代表团参加全体会议工作。

全体会议考虑与成员国普遍利益相关的重要事项，以建议方式确定战略、方向及决议以达成本组织的目标和任务。

全体会议按照程序规则，决定本协议规定的组织运作事宜。

全体会议可创建不同的工作组负责本组织的各方面工作。工作组应根据各自的职责范围向全体会议提交工作报告。工作组的组成和职责由全体会议决定。

全体会议的决议需所有成员国一致同意。

第五条　主　席

主席由全体会议任命，任期两年。主席候选人由成员国代表团提名，可提名一名或数名候选人。

主席负责主持全体会议，代表本组织处理相关的对外关系。每届主席在任期开始时，应草拟一份行动计划供全体会议讨论通过，行动计划应概括其任期内本组织的工作目标与计划。

全体会议应任命副主席一名。在主席缺席期间，副主席代行主席职责及行使主席指派的其他职责。副主席按照成员国名称的俄文字母顺序由各成员国轮流担任。

同一成员国的代表不能同时担任主席和副主席。

第六条　秘书处

秘书处为本组织常设机构，履行执行全体会议决议所需的相关行政和技术职能，及完成主席指派的相关工作。

秘书处由按全体会议决议委任的执行秘书长领导工作。

秘书处及其工作人员的组成方式、目标、职能、权利和义务由全体会议通过的欧亚反洗钱和反恐融资组织秘书处条例决定。

秘书处工作人员由成员国公民担任。执行秘书长和其他工作人员在履行职务活动时不能要求或接受本协议任何一方的指示。秘书处工作人员的活动不应违反成员国的法律。

缔约各方应尊重执行秘书长及秘书处工作人员行使国际职责的特性，不应企图影响他们行使职责。秘书处设在俄罗斯联邦莫斯科市。秘书处驻俄罗斯联邦领土的条件另由有关条约规定。

第七条　成员资格

一国自协议保存人收到关于其完成办理加入本协议所需的国内手续的通知起成为本组织成员国。

本组织成员资格向具备以下条件的欧亚地区国家开放：

——按照金融行动特别工作组40+9建议采取积极行动，制定并实施相关反洗钱和反恐融资法律；

——愿意履行参与本组织互评估项目的义务；

——愿意履行本协议规定的义务；

欲加入本组织的国家应经秘书处向全体会议提出申请，由全体会议决定是否接收该国为成员。

取得成员资格的国家有权在全体会议投票，并承担每年根据本组织预算缴纳会费的义务。

如果缔约一方违反本协议的条款或本组织框架下生效的其他协议规定，全体会议有权通过决议暂停该缔约方参与本组织各机构的工作，在此情形下，该缔约方在讨论决定暂停其成员资格时没有投票权。若该缔约方继续违反其义务，全体会议有权决定将其从本组织开除，时间从全体会议决议做出当日起。

第八条　观察员

一国或组织欲成为本组织观察员（以下简称"观察员"），应通过秘书处向全体会议提交有关申请。

秘书处应将该申请提交各成员国进行审核。如必要，成员国有权要求该申请国或组织补充其他非机密资料。全体会议按规定的程序审核申请后做出授予（暂停、取消）观察员资格的决议。

全体会议在审核授予观察员资格的申请时可邀请提交有关申请的国家或组织代表参加审核过程。授予观察员资格的决议须由成员国全体一致同意通过。秘书处应在一周内将全体会议的决议通知有关国家或组织。

观察员无权在全体会议通过决议时投票，或签署本组织文件。

具有观察员资格的国家或组织可以：

——参加工作组会议和全体会议；

——通过秘书处分发使用本组织工作语言、与本组织管辖范围相关的书面声明；

——必要时接收本组织发放的公开文件和决议。

具有观察员资格的国家或组织应按照秘书处的要求提供与观察员活动有关的非机密文件。

具有观察员资格的国家或组织应向本组织提交年度反洗钱和反恐融资报告，说明其所做的有关工作和成果，包括与本组织成员国共同所做的工作。

具有观察员资格的国家或组织如有意参加工作组和全体会议，应提前10个工作日通知秘书处。

具有观察员资格的国家或组织在其行动和声明中应尽力避免损害本组织实现本协议第二条规定的目标和任务、或损害成员国实现本协议第七条规定的义务。

一旦具有观察员资格的国家或组织采取了与本组织及成员国实现本协议规定的目标和任务利益相反的行动或声明，成员国有权向下届全体会议提出暂停或取消其观察员资格的建议。如具有观察员资格的国家或组织连续两年不参与本组织的活动，成员国有权向下届全体会议提出暂停或取消其观察员资格的建议。

具有观察员资格的国家或组织有权向秘书处提交放弃观察员资格的声明，由下届全体会议审核决定。

观察员国的外交代表机构和观察员组织的代表机构有权就参与本组织活动与秘书处保持长期联系。

观察员国和组织在适当通知秘书处的前提下，可向本组织成员国提供包括人员培训和进修、经验和专家交流、物质技术保障、财政援助等支持以帮助达成本组织目标。

第九条　资金支持

本组织有独立的预算，预算的制定和使用由欧亚反洗钱和反恐融资组织预算制定及执行程序条例规定，该条例为本协议不可分割的附件。各成员国在分摊原则上按照本组织预算缴纳年费由该条例规定。

第十条　工作语言

本组织的工作语言为俄语、汉语和英语。

第十一条　争议解决程序

如果在解释或执行本协议条款时产生分歧，缔约各方应通过磋商谈判解决。

第十二条　有效期和生效

本协议无限期有效。本协议自第三个缔约方通知协议保存人其已经完成协议生效需要的国内法律程序30天后生效，协议保存人为秘书处。

签署了该协议的缔约方，如在协议生效前未能完成协议生效需要的国内法律程序，协议对其自保存人收到该缔约方已完成本协议生效所需的国内法律程序的通知后开始生效。

第十三条　修改和补充

本协议可由缔约各方另立协议进行修改和补充。另立的协议将作为本协议不可分割的组成部分。另立的协议的签署和生效程序与本协议第十二条规定相同。

第十四条　退出程序

缔约任何一方在履行了所有对本组织和成员国的义务后可退出本组织，退出必须提前12个月向秘书处提交正式退出申请。

本协议于2011年6月16日在莫斯科签订，俄文、中文和英文版本各一份，三种文本同等作准。

协议正本由秘书处保存，秘书处负责向缔约各方发送核正无误的副本。

白俄罗斯共和国政府代表	亚历山大·马克西缅科（签字）
中华人民共和国政府代表	杜金富（签字）
吉尔吉斯共和国政府代表	吉米拉·莎基洛娃（签字）
俄罗斯联邦政府代表	尤里·契哈琴（签字）
塔吉克斯坦共和国政府代表	詹姆士德·尤素费昂（签字）
土库曼斯坦政府代表	阿纳穆哈梅德·戈奇耶夫（签字）
乌兹别克斯坦共和国政府代表	巴哈吉尔·兹拉耶夫（签字）

哈萨克斯坦共和国政府代表于2011年7月4日在莫斯科签署

哈萨克斯坦共和国政府代表	穆斯拉里·乌特巴那（签字）

附件：

欧亚反洗钱和反恐融资组织
预算制定及执行程序条例

第一章 总 则

第一条 本条例主要术语定义如下：

（一）本组织——欧亚反洗钱和反恐融资组织；

（二）预算（经常预算）——用于在财政上确保本组织履行职能所需的资金的形成和使用方式；

（三）预算（财政）年度——自1月1日至12月31日（含12月31日）；

（四）会费——为支付本财政年度内与本组织活动有关的开支而确定的本组织成员国应缴纳的款项；

（五）内部审计——监督开支情况，查找违反计划指标和目的的现象并分析其原因，挖掘财政经济工作的潜力及向本组织秘书长（以下简称"秘书长"）提供必要信息；

（六）外部审计——由全体会议任命的人员（一名或者多名）或机构对本组织财政经济活动进行的核查；

（七）财政义务——订立的合同或其他引起本组织承担财政责任的各类交易，上述活动须得到相关许可；

（八）收入——上缴本组织预算的会费及其他进项，如自愿会费和赠款；

（九）财务监督——对预算的制定、审议和执行过程，以及预算资金的到位、分配及使用情况的内部和外部核查及监督；

（十）普通基金——为核算本组织经常预算收入和支出而设立的

账户；

（十一）储备基金——为核算支付本组织活动有关的不可预见及紧急开支所需款项而设立的账户。

第二章　本组织的预算

第二条　本组织的预算由成员国分摊的会费和其他进款形成，其他进款包括自愿会费和赠款。

第三条　本组织预算为期一个日历年，即一个财政年度，由全体会议批准。

第四条　本组织预算包括财政年度内的所有计划内收入和支出，以俄罗斯卢布为计算单位。年度会费以俄罗斯卢布计算和支付。本组织成员国也可以按照支付日期的莫斯科银行间货币汇率支付美元。

第三章　会　费

第五条　成员国根据作为本协议不可分割部分的附件向本组织预算缴纳会费。

第六条　会费金额可根据一个或几个国家的建议，并在其他成员国同意条件下由全体会议审议修改。

第七条　如成员国退出本组织或有其他国家作为新成员加入本组织，由全体会议确定变更的会费分摊比例。

第八条　用于缴纳会费的款项应划入秘书长经全体会议批准指定的银行。

第九条　会费须在接到秘书长关于缴纳会费的通知之日起30日内或在该会费所属的日历年度的第一个月中全额缴付。

第十条　如成员国不能按期全额缴纳会费，可分期缴纳，但需提前通知秘书长。

第十一条　如在财政年度开始前组织预算未获批准，成员国应每月按上一财政年度经常预算执行额的十二分之一缴纳会费，直至预算获得批准。

第四章　预算形成和执行

第十二条　秘书长在本组织成员国建议的基础上编制下一财政年度预算草案，并在不晚于下一财政年度8个月前将草案提交所有成员国，并提交全体会议审议批准。

第十三条　在全体会议批准或修改本组织预算后，秘书长应通知成员国其应缴纳的会费。

第十四条　秘书长定期向成员国报告会费到账情况。

第十五条　秘书长根据本条例就规范本组织活动拨款的具体问题制定的财务规章和细则，并在必要时予以修订。秘书长应将上述文件提交全体会议审议批准。

第十六条　秘书长编制预算执行情况的年度报告，经成员国同意后提交全体会议审议批准。

第十七条　秘书长在财政年度结束以后12个月内，完全履行该财政年度内因购买货物和服务所形成的债务，以及其他债务。

第十八条　如在财政年度开始前全体会议未批准预算，秘书长有权每月在不超过上一财政年度经常预算执行额十二分之一的范围内履行义务和进行付款，直到本财政年度预算获得批准。

第五章　基　金

第十九条　为核算经常预算的收入和支出设立普通基金，其资金来源为成员国当年缴纳的会费及其他进款。

第二十条　为支付本组织活动有关的不可预见和紧急开支，可设立储备基金。储备基金的建立、规模和使用办法由秘书长提交全体会议审核决定。

第二十一条　经全体会议同意，秘书长可接受不违背本组织宗旨和任务的自愿会费或其他形式的现金捐赠。

第二十二条 经全体会议同意，秘书长可设立专项基金和特别账户作为储备基金的一部分。

第二十三条 对上述专项基金和特别账户的管理应根据本条例第十五条规定的财务规章和细则进行。

第六章 监督和审计

第二十四条 秘书长作为本组织的主要行政官，对本组织的各项财务活动负责，并向全体会议报告根据本条例妥善和有效管理财务资源的情况。

第二十五条 本组织应建立必要的财务监督机制，包括内部和外部审计。外部审计由本组织成员国组织实施。

第七章 附 则

第二十六条 未缴纳的年度会费被视为成员国拖欠本组织、并必须予以清偿的债务。

第二十七条 自当年10月1日起，未缴清会费的成员国应按其拖欠会费额的百分之一每月缴纳月息，除非全体会议另有决定。

第二十八条 如成员国拖欠的会费额超过其上一财政年度应缴纳的会费额，可按照欧亚反洗钱和反恐融资组织协议第七条规定的程序，通过关于暂停其成员国资格的决定。

第二十九条 对于本组织成员国，无论其成员资格是否暂停或终止，其拖欠本组织的债务应予完全清偿。

第三十条 执行本条款涉及的具体问题应按照本条例第十五条规定的财务规章和细则决定。

第三十一条 本组织停止活动后，全体会议参照本条例条款的规定，确定与此相关的财务和资金问题，其中包括购买和出售组织资产的解决办法。

第三十二条 在清偿原有的财政义务后，出售动产和不动产所得款项依据该财政年度的会费分摊比例在成员国间分配。

第三十三条　本组织停止活动时如出现资不抵债，该债务将由成员国根据该财政年度的会费分摊比例予以清偿。

第三十四条　如成员国退出组织或被取消成员资格时尚有拖欠的会费，向该国偿付的资金应扣除其债务。拖欠的会费应由该国还清。

《欧亚反洗钱和反恐融资组织
预算制定及执行程序条例》附件：

欧亚反洗钱和反恐融资组织成员国年会费和
组织预算之间关系的公式

适用如下公式：

成员国会费＝（成员国国内生产总值 ÷ 所有成员国国内生产总值之和）× 本组织预算 ×0.275+（成员国人均国内生产总值 ÷ 所有成员国人均国内生产总值之和）× 本组织预算 ×0.725

术语解释如下：

成员国会费——成员国向欧亚反洗钱和反恐融资组织预算支付的会费金额。

成员国国内生产总值——根据联合国统计数据计算的过去 5 年成员国的平均国内生产总值。

所有成员国国内生产总值之和——所有欧亚反洗钱和反恐融资组织成员国国内生产总值的总和。

预算——用于为欧亚反洗钱和反恐融资组织的职能和目标提供财政支持的资金。

人均国内生产总值——根据联合国统计数据计算的过去 5 年成员国的人均国内生产总值的均值。

所有成员国人均国内生产总值之和——所有欧亚反洗钱和反恐融资组织成员国的人均国内生产总值的总和。

亚洲及太平洋地区承认高等教育资历公约 ①②

东京，2011年11月26日

序

本公约各缔约国，

出于增强其地理、文化、教育和经济联系的共同愿望；

忆及教科文组织《组织法》所载"本组织之宗旨在于通过教育、科学和文化，促进各国之间的合作，为和平与安全做出贡献"；

认识到亚洲及太平洋地区在教育传统、体制和价值观方面存在的丰富多样性；

深信亚洲及太平洋地区文化和高等教育体制的多样性构成一种独特的资源；

决心加强和扩大各缔约国之间的合作，以使其人力资源潜力得到最佳利用，从而促进亚洲及太平洋地区的知识进步，不断提高高等教育的质量；

切望亚洲及太平洋地区人民能够充分利用其文化资源，在尊重国内法规的前提下，向各缔约国的国民，特别是缔约国的学生和学者，提供使用各缔约国教育资源的便利；

深信在此类合作框架内承认高等教育资历将有助于学生和学者

---

① 中国于2011年11月26日签署，2014年3月18日核准该公约。

② 声明该公约适用香港及澳门特区。但澳门特区不受第4章7条、第5章1条、第3、6章和第8章4条约束。

的国际流动；

铭记需要加强文化交流，以推动亚洲及太平洋地区在经济、社会、文化和技术上的发展，促进该地区的和平；

忆及许多缔约国已就相互承认高等教育资历缔结双边或分地区性协定，但期望加强该等努力，通过本公约将合作扩大到整个亚洲及太平洋地区；

铭记在考虑本公约时，还应参照涉及全球其他地区的联合国教科文组织承认资历的公约以及一九九三年联合国教科文组织《关于承认高等教育学历与资格的建议书》；

意识到自上述公约获得通过以来，亚洲及太平洋地区的高等教育发生了巨大变化，国家教育系统内和各国教育系统间日益呈现多样化，需要对法律文书和实践做出调整，以反映上述发展；

愿意在全球层面与其他教科文组织地区公约的缔约国进行积极的国际合作；

意识到高等教育资历承认方面的实际挑战，需要找到有助于亚洲及太平洋地区学生和学者流动的共同解决方案；

意识到缔约国需要改进目前承认资历的做法，使其更加透明并能更好地适应亚洲及太平洋地区高等教育的现状；

考虑到各缔约国承认其他缔约国颁发的高等教育资历是促进缔约国之间学术流动的一个重要手段；

切望确保高等教育资历得到尽可能广泛的承认，从而以适应各缔约国文化背景的方式，促进终身教育和教育民主化；

尊重各缔约国设立和批准资历制度的权利及其机构的自主权；特约定如下：

第一章　术语定义

在本公约中，下列术语的定义为：

一九八三年公约指一九八三年十二月十六日于曼谷通过的《亚洲及太平洋地区承认高等教育学历、文凭和学位的地区公约》；

入学（高等教育）指符合条件的候选人申请并被考虑进入高校学习的权利；

认证指承认或认定高等教育课程或机构符合相关标准的评估和审查程序；

录取（高等教育机构或课程）指准许资历持有者在特定机构和（或）特定课程接受高等教育的行为或制度；

评估（机构或课程）指确定高等教育机构或课程之教育质量的程序；

评估（个人资历）指资历承认主管部门对个人国外资历出具的书面评价或评估；

流离失所者指被迫离开其居住地或环境以及放弃职业活动者。

资历承认主管部门指由官方授权对国外资历的承认做出决定的政府或非政府机构；

缔约国的组成实体指国家、省市、联邦或地区一级的政府实体；

入学基本要求（高等教育）指在任何情况下均应满足的高等教育入学条件；

高等教育指被缔约国相关部门承认属于其高等教育系统的中学后教育、培训和研究；

高等教育机构指得到缔约国有关部门承认的高等教育办学机构；

高等教育课程指被缔约国相关部门承认属于其高等教育系统的教育课程，完成该等课程的学生将获得某种高等教育的资历；

Mutatis Mutandis 系拉丁语，意为"考虑到各自的差异"；

非传统方式指通过其他教育机制取得资历；

部分学程指某个高等教育课程中的任何同质部分，尽管其本身并非一个完整的课程，但可等同于获得一定的知识或技能；

高等教育入学资格指由相关部门颁发的任何资历，证明持有者顺利完成某个教育课程并享有高等教育入学申请资格；

高等教育资历指由高等教育机构颁发的任何学位、文凭或其他证书，证明持有者顺利完成某项高等教育课程；

质量保证指评估和改进高等教育系统、机构或课程质量的一个持续过程，旨在向利益攸关者保证公认标准得到保持和提高；

对先前学习的承认指正式承认通过正规和（或）非正规学习所获得的知识和技能的一个程序；

资历承认指缔约国资历承认主管部门对国外教育资历的程度给予的由其定义的正式承认，以便利继续学业和（或）就业；

中等教育指小学、初等、预备、中间阶段或基础教育之后任何教育种类的一个阶段，其目的包括为学生进入高等教育做准备，为顺利完成者颁发中学毕业证书或使其得到高等院校的录取；

特殊要求（高等教育录取）指除基本要求外，为获得某个高等教育课程的录取或获得某个特定教育领域中的特定高等教育资历所需满足的条件；以及联合国教科文组织学历文凭附录系《欧洲地区承认高等教育资历公约》（即"里斯本资历承认公约"）的一份参考文件，实为对该附录附于的资历证书原件所述人员攻读并顺利完成之学业的性质、程度、背景、内容和地位作出说明的文件。

第二章　资历承认主管部门的权限

第一条

一、如果缔约国的中央政府有权对承认事项作出决定，则该缔约国应即刻受到本公约规定的约束，并应采取必要措施，保证本公约的规定在该缔约国境内得到实施。

二、如果承认事项的决定权属于缔约国的组成实体，则该缔约国应在签署或交存其批准书、接受书、核准书或加入书时，或在此后的任何时间，向保存人提供其宪政状况或结构的一份简要说明。在该等情况下，缔约国组成实体中被指定的资历承认主管部门应采取必要措施，保证本公约的规定在其境内得到实施。

三、如果承认事项的决定权属于各高等教育机构或其他实体，各缔约国根据其宪政状况或结构应将本公约全文转发给上述机构或实体，并应采取一切可能的措施，鼓励该等机构或实体积极考虑和适用本公约的规定。

四、本条第一、二和三款规定应适用于缔约国在本公约以下各条项下的义务，但应考虑到各自的差异。

第二条

在签署或交存其批准书、接受书、核准书或加入书时，或在此后的任何时间，各缔约国应向本公约的保存人通报有权对承认事项作出各类决定的主管部门。

第三条

本公约中的任何内容均不应减损对一缔约国具有约束力的现有或未来条约中所含或由于该等条约而产生的、对承认该缔约国的高等教育资历更为有利的任何规定。

第三章　与资历评估相关的基本原则

第一条

一、在向资历承认主管部门申请后，一缔约国所发资历的持有者有权得到对其资历的及时评估。

二、为保证资历持有者的这一权利，各缔约国承诺对资历承认申请的评估做出适当安排重点在于评估所获得的知识和技能。

第二条

各缔约国应确保资历的评估和承认所采用的程序和标准透明、一致、可靠、公平并且无歧视。

第三条

一、承认的决定应以与申请承认的资历相关的信息为依据。

二、提供充分信息的责任首先在于资历持有者，资历持有者应出于诚信提供信息。

三、缔约国应酌情指示或鼓励所有隶属于其教育系统的机构满足为评估在该等机构所获得的资历所提出的任何合理的提供信息请求。特别是，缔约国应鼓励隶属于其教育系统的机构根据请求在合理的时间内，向资历持有者、受理承认申请的机构或缔约国的资历承认主管部门提供相关信息。

四、只要提供了与资历评估相关的必要信息，则证明申请不符合相关要求的责任就在于资历承认主管部门。

第四条

为便于资历的承认，各缔约国应确保提供与其教育系统有关的充分和明确的信息。

第五条

承认资历的决定应在资历承认主管部门事先规定的合理时限内做出，从所有必要的相关信息提交之时起计。拒绝给予承认的，必须阐明拒绝承认的理由，并应就申请者可采取的措施提供信息，以便其下次获得承认。对拒绝给予承认或未作出决定的，申请者有权在合理的时限内通过各缔约国的有关程序提出申诉。

第四章　对高等教育入学资格的承认

第一条

除非能够表明获得资历所在缔约国与受理资历承认申请的缔约国在入学基本要求上存在实质性差异，否则各缔约国为便于其各高等教育课程的入学，应承认其他缔约国出具的符合上述高等教育课程入学基本要求的资历。

第二条

或者，一缔约国亦可根据另一缔约国资历持有者的申请，使其获得的资历能够得到评估，并且第四章第一条规定也应适用于该等情况，但应考虑到各自的差异。

第三条

如果特定高等教育课程的录取除基本入学要求外还需要满足特殊的要求，则相关缔约国资历承认主管部门可对其他缔约国高等教育资历获得者提出额外的要求，或者评估拥有其他缔约国高等教育资历的申请者是否满足相似的要求。

第四条

如果在获得学校结业证书的缔约国，作为入学的一个必要条件，该等证书的持有者还应参加额外的资格考试方可进入高等教育，则其他缔约国可将上述要求作为入学条件，或者在其本国教育系统内提供一种能够满足上述额外要求的选择。

第五条

在不影响第四章第一至第四章第四条规定的情况下，特定高等教育机构或该机构中的高等教育课程可采取限制性或选拔性录取。在高等教育机构和（或）高等教育课程采取选拔性录取的情况下，录取程序的设计应确保对国外高等教育资历的认证符合第三章所述之公平和无歧视的基本原则。

第六条

在不影响第四章第一条至第五条规定的情况下，为使申请者能够学有所获，特定高等教育机构的录取可要求申请者显示具备相关机构教学所用语言或其他特定语言的充分能力。

第七条

对于在一缔约国通过非传统方式接受高等教育所获得的资历，其他缔约国应加以公平评估。

第八条

就高等教育课程的录取而言，各缔约国对本国境内运行的外国教育机构出具的资历，可视本国法律的具体要求或与该等教育机构所属缔约国签订的具体协定，给予承认。

第五章　对部分学程的承认

第一条

各缔约国均应酌情承认或至少评估在另一缔约国高等教育课程框架内完成的部分学程。该等承认应包括以完成受理资历承认申请的缔约国的某项高等教育课程为目的将该部分学程考虑在内，除非所完成的部分学程与受理资历承认申请的缔约国的部分和（或）全部高等教育课程之间有实质性的差别。

第二条

第五章第一条的规定应适用于通过非传统方式完成的部分学程，但应考虑到其各自的差异。

第三条

特别是在以下情况下，各缔约国应对部分学程的承认提供便利：
（一）以下机构之间先前已有协定：
1. 负责有关部分学程的高等教育机构或资历承认主管部门；与
2. 负责受理该等承认的高等教育机构或资历承认主管部门。
（二）完成部分学程所在的高等教育机构已出具证书或学习成绩单，证明学生已全部符合该等部分学程的规定要求。

第六章　对高等教育资历的承认

第一条

如果承认决定主要取决于高等教育资历所证明的知识和技能，

则各缔约国应承认其他缔约国授予的高等教育资历，除非能够证明存在实质性的差别。

第二条

或者，缔约国亦可根据持有其他缔约国所发高等教育资历证书人的申请，使其资历获得评估，并且第六章第一条规定也应适用于该等情况，但应考虑到各自的差异。

第三条

第六章第一条和第六章第二条应适用于通过在教育系统范围内符合本国法规要求的非传统方式取得的高等教育资历，但应考虑到其各自的差异。

第四条

一缔约国对另一缔约国所颁发高等教育资历的承认可具有下列一种或多种用途：

（一）进一步的高等教育学习，包括相关考试或研究生预备课程，条件应与受理资历承认申请的缔约国的资历持有者所应适用的条件相同；

（二）使用学术头衔，但应符合受理资历承认申请的缔约国或其管辖地的法律法规；

或者

（三）获得就业机会，但应符合受理资历承认申请的缔约国或其管辖地的法律法规。

第五条

一缔约国资历承认主管部门对另一缔约国出具的高等教育资历进行评估可采用对下列一个或多个方面提出"建议"的形式：

（一）教育机构，用于其课程录取；

（二）任何其他资历承认主管部门；以及

（三）潜在雇主。

第六条

各缔约国对本国境内运行的外国高等教育机构出具的资历，可视本国法律的具体要求或与该等教育机构所属缔约国签订的具体协定，给予承认。

第七章　对难民、流离失所者或难民处境人员所持资历的承认

第一条

各缔约国应按照本国宪法、法律和法规的要求，在其教育系统范围内做出一切合理努力，制定旨在公平、迅速地评估（甚至在无法通过文件凭据证明从一缔约国所获资历的情况下）难民、流离失所者或难民处境人员是否符合进入高等教育课程或为就业获得资历承认之相关要求的程序，包括对先前学习的承认。

第八章　与评估（认证）和承认事项有关的信息

第一条

各缔约国应提供与隶属于其高等教育系统的机构和质量保证系统有关的充分信息，以帮助其他缔约国的资历承认主管部门确定上述机构所出具资历的质量能否证明受理资历承认申请的缔约国应予以承认。这包括：

（一）对其高等教育系统的描述；

（二）对隶属于其高等教育系统的各类高等教育机构的概述以及每类机构的典型特征的概述；

（三）隶属于其高等教育系统的得到承认和（或）经认证的高等教育机构（公立及私立）清单，说明其颁发不同资历的权限及其对进入各类机构和课程的要求；

（四）对质量保证机制的说明；以及

（五）缔约国视为隶属于其教育系统的境外教育机构清单。

第二条

各缔约国应提供便于高等教育资历承认的相关、准确和最新信息，包括：

（一）便利查阅有关其高等教育系统及颁发的资历的权威和准确的信息；

（二）便利查阅有关其他缔约国高等教育系统和颁发的资历的信息；并且

（三）根据国家法律法规就承认事项和资历的评估提供建议或信息。

第三条

各缔约国应采取充分措施，建立并保持一个提供高等教育信息的国家信息、中心。国家信息中心的形式可各不相同。

第四条

各缔约国应通过其国家信息、中心或其他途径宣传使用下列文件：

（一）《联合国教科文组织学历文凭附录》或任何其他类似的资历证明附录；以及

（二）教科文组织和经合组织《保障高等教育跨国办学质量指导方针》和（或）各缔约国高等教育机构根据各自国家法律法规编制的任何类似文件。

第九章　实　施

第一条

对本公约的实施进行监督、宣传和协助的机构是"亚洲及太平洋地区承认高等教育资历公约委员会"，以下简称为"委员会"。

第二条

一、根据本公约成立的委员会应由各缔约国的一名代表组成。

二、不属于本公约缔约国的国家可以作为观察员参加委员会的会议。活跃于本地区资历承认领域的政府及非政府组织亦可受邀作为观察员参加委员会的会议。

三、委员会可以缔约国的多数票表决通过建议书、宣言、议定书和最佳实践模式，用于指导缔约国资历承认主管部门实施本公约和考虑高等教育资历承认的申请。尽管不受上述文件的约束，各缔约国应尽最大努力应用上述文件，使其受到资历承认主管部门的关注并鼓励其应用。

四、委员会应与联合国教科文组织各地区实施承认高等教育学历、文凭和学位公约（由联合国教科文组织主持通过）委员会保持联系。

五、缔约国的简单多数应构成法定人数。

六、委员会应通过自己的《议事规则》。委员会应至少每三年举行一届常会。委员会的首届会议应在本公约生效后的第一年内举行，并在此后的前五年内每年召开一届会议，以落实对本公约的实施。

七、委员会的秘书处工作应交由联合国教科文组织总干事托管。

第三条

一、应建立国家学术流动和资历承认信息中心网络，负责支持和协助各国资历承认主管部门对本公约的实际实施。

二、各缔约国均应向国家信息中心网络指派本国信息中心的一名成员。如果建立或保持的国家信息中心不止一个，则所有该等中心均应成为网络的成员，但相关国家信息中心的投票权仅为一票。

三、国家信息中心网络应每年召开一届全体会议。网络应选举其主席和理事会。

四、国家信息中心网络的秘书处工作应交由联合国教科文组织总干事托管。

五、国家信息中心网络应收集各缔约国有关学术资历承认和流动的信息。

第十章　最后条款

第一条

一、联合国教科文组织的所有会员国和罗马教廷均可签署并批准、接受、核准或加入本公约。

二、上述国家可通过下述方式表示接受本公约的约束：

（一）无须保留批准、接受、核准或加入条件的签署；

（二）须经批准、接受、核准或加入的签署，随后批准、接受、核准或加入；或者

（三）交存批准书、接受书、核准书或加入书。

三、批准书、接受书、核准书或加入书应交存于联合国教科文组织总干事，以下简称"保存人"。

第二条

本公约在亚洲及太平洋地区的五个联合国教科文组织会员国表示同意接受本公约的约束满一个月后的翌月首日开始生效。本公约在其他缔约国表示同意接受本公约约束满一个月后的翌月首日开始对该等缔约国生效。

第三条

一、并非属于一九八三年公约缔约国的本公约缔约国承诺放弃成为一九八三年公约的缔约国。

二、同时也属于一九八三年公约缔约国的本公约缔约国：

（一）应在其双边关系中适用本公约的规定；并且

（二）对于不属于本公约缔约国的一九八三年公约缔约国，在与其关系中应继续适用一九八三年公约；

第四条

一、在签署本公约或在交存其批准书、接受书、核准书或加入书时，任何国家均可指定本公约适用的领土范围。

二、任何缔约国均可在以后的任何一个日期向保存人提交一份声明，将本公约的适用范围扩大到声明中指定的任何其他领土。在保存人收到上述声明之日起满一个月后的翌月首日，本公约应对上述领土生效。

第五条

一、任何缔约国均可随时通知保存人退出本公约。

二、退出应在保存人收到上述通知之日起满十二个月后的翌月首日生效。但是，退出不应影响此前根据本公约规定作出的承认决定。

三、因缔约国违反实现本公约目标或宗旨不可或缺的基本规定而导致本公约的实施终止或暂停，应根据国际法加以解决。

第六条

一、任何国家在签署本公约或交存其批准书、接受书、核准书或加入书时，均可宣布保留其不适用本公约下列一项或数项条款之全部或部分规定的权利：第四章第七条、第五章第一条、第五章第二条、第五章第三条、第六章第三条和第八章第四条。除此之外，不得做出任何其他保留。

二、根据前款规定做出保留的缔约国可通知保存人全部或部分撤销其保留。撤销应自保存人收到上述通知之日起生效。

三、对本公约某项规定做出保留的缔约国不得要求任何其他缔约国适用该规定；但如果所做保留属于部分或有条件的保留，则该缔约国可在其接受该等规定的范围内要求该等规定适用。

第七条

一、经三分之二多数缔约国同意，委员会可通过对本公约的修正。按上述方式通过的任何修正均应纳入本公约的一项议定书。议定书应明确其生效方式并在任何情况下均应要求缔约国表示同意接受其约束。

二、不得根据本条第一款程序规定对本公约第三章做出修正。

三、修正提案应提交保存人，由其在委员会召开会议的至少三个月之前转交给各缔约国。保存人还应通知联合国教科文组织执行局。

第八条

在下列任何事项得到完成之后，保存人应通报本公约的缔约国以及联合国教科文组织的其他会员国：

（一）依照第十章第一条第二款规定签署本公约；

（二）依照第十章第一条第二款规定交存批准书、接受书、核准书或加入书；

（三）本公约依照第十章第二条规定开始生效之日；

（四）依照第十章第六条规定做出任何保留和撤销任何保留：

（五）依照第十章第五条规定退出本公约；

（六）依照第十章第四条规定发布声明；

（七）依照第十章第七条规定提出提案：

（八）依照第二章第二条规定发出有关资历承认主管部门的通知；

（九）与本公约有关的任何其他行动、通知或交流。

下列经正式授权的代表在本公约上签字，以昭信守。

　　本公约于二〇一一年十一月二十六日在东京以中文、英文和俄文订立，三种文本同等作准，正本应交存于联合国教育、科学及文化组织档案处。经核证无误的副本应提交给第十章第一条所述各国和联合国秘书处。

附件2

《亚洲及太平洋地区承认高等教育资历公约》
缔约方情况

于2011年11月26日签署了《公约》的国家和实体为：

1. 亚美尼亚共和国
2. 孟加拉人民共和国
3. 柬埔寨王国
4. 中华人民共和国
5. 罗马教廷
6. 老挝人民民主共和国
7. 大韩民国
8. 东帝汶民主共和国
9. 土耳其共和国

注：截至目前，暂无国家向教科文组织交存了《公约》批准书、核准书、接受书或加入书。

第二十五届万国邮联大会修订后的 《万国邮政联盟总规则》①②③

（中译本）

万国邮政联盟总规则
（2012年多哈大会重新改编并通过）

后列签署本规则的邮联各成员国政府全权代表，根据一九六四年七月十日在维也纳签订的《万国邮政联盟组织法》第二十二条第二款，并参照《万国邮政联盟组织法》第二十五条第四款的规定，一致同意在本总规则内订立下列各条，以保证邮联组织法的实施和邮联工作的进行。

第一章 大会、行政理事会、邮政经营理事会、咨询委员会的组织、职能和工作

第一节 大 会

第一〇一条

大会和特别大会的组织和召开（组织法第十四、十五条）

---

① 中国于2012年10月11日签署，2015年8月2日核准总规则。
② 总规则适用香港及澳门特区。
③ 总规则于2014年1月1日生效。

1. 邮联各成员国代表至迟应在上届大会召开年度后四年内举行一次大会。

2. 每个成员国派出由本国政府授予必要权力的全权代表一名或数名出席大会。必要时，可由另一成员国的代表团代为出席，但每一代表团代表本国以外的成员国时，仅以一国为限。

3. 原则上，每届大会选定下届大会东道国。如这一选定无法实现，行政理事会在商得某一国家同意后，确定该国为大会东道国。

4. 邀请国政府在商得国际局同意后，决定大会召开的确切日期和地点。原则上东道国政府应在大会召开日期一年之前向邮联各成员国政府发出邀请。邀请书可以直接发出，也可以通过另一国政府或经由国际局总局长转发。

5. 在没有东道国而又必须召开大会时，则由国际局在取得行政理事会同意并与瑞士联邦政府商妥后，采取必要措施，以便在邮联总部所在国召开和组织大会。在这种情况下，国际局行使东道国政府的职能。

6. 特别大会举行的地点，由提议召开这次大会的成员国与国际局协商同意后确定。

7. 由于情况类似，第二款至第五款规定和第一〇二条也可以适用于特别大会。

第一〇二条

大会表决权

1. 除第一四九条规定的自动制裁情况外，每个成员国只有一票表决权

第一〇三条

大会的职能

1. 根据各成员国、行政理事会和邮政经营理事会提出的提案，

大会：

1.1 确定实现邮联使命和目标的总政策，邮联的使命和目标在邮联组织法的序言和第一条中作了明确阐述；

1.2 必要时，审议并通过各成员国和两个理事会根据组织法第二十九条和总规则第一三八条形成的修改组织法、总规则、公约和各项协定的提案；

1.3 确定法规的生效日期；

1.4 通过议事规则和相应的修改；

1.5 审议行政理事会、邮政经营理事会和咨询委员会根据总规则第一一一条、第一一七条和第一二五条分别提交的自上届大会以来开展各项工作的全部工作报告；

1.6 通过万国邮联战略；

1.7 根据组织法第二十一条，确定邮联开支最高限额；

1.8 选举行政理事会和邮政经营理事会理事国；

1.9 选举邮联国际局正、副总局长；

1.10 在决议中确定用德文、中文、葡文和俄文印制文件资料时邮联承担的最高费用；

2. 大会作为邮联的最高权力机构，处理主要与邮政业务有关的其他问题。

第一○四条

大会议事规则（组织法第十四条）

1. 大会按照其议事规则组织工作，引导会议的讨论。

2. 每届大会均可根据议事规则本身的规定，修改议事规则。

第一○五条

邮联各机构的观察员

1. 以下团体以观察员身份应邀参加大会、行政理事会与邮政经营理事会的全会和各委员会的会议：

    1.1　联合国组织的代表；

    1.2　区域性邮联；

    1.3　咨询委员会的成员；

    1.4　根据大会决议或决定允许以观察员身份出席邮联会议的团体；

    2.　以下团体在符合第一○七条第一款第十二项规定条件下．由行政理事会指定，可应邀以特别观察员身份参加大会的特别会议：

    2.1　联合国系统的专门机构及其他政府间组织；

    2.2　任何一个国际组织、协会或企业及符合条件的个人。

    3.　除第一款定义的观察员外，在符合邮联及其各机构利益的情况下，行政理事会和邮政经营理事会可按其议事规则指定其他特别观察员出席他们的会议。

第二节　行政理事会

第一○六条

行政理事会的组成、工作和会议（组织法第十七条）

    1.　行政理事会由四十一个理事国组成，他们在前后衔接的两届大会之间行使职权。

    2.　大会东道国为当然主席国。如果这一国家放弃担任主席职务，他即成为当然理事国，而该国家所在地区组则不受第三款规定限制拥有一个附加席位。在这种情况下，行政理事会从与东道国同一个地区组的理事国中选出主席。

    3.　行政理事会的其他四十个理事国，由大会按地域合理分配的原则选出。每届大会至少更换理事国中的半数。任何一个理事国只能连任一届。

    4.　行政理事会各理事国指定其邮政方面有资历的人作为代表。各理事国应积极参加理事会的工作。

5. 行政理事会理事国行使职能不取酬金。理事会的活动经费由邮联负担。

第一〇七条

行政理事会的职能

1. 行政理事会有如下职权：

1.1 在两届大会之间，监督邮联的全部活动，同时根据大会的决定并按照诸如有关服务贸易和竞争的国际规章，研究政府在邮政方面的各项管理政策问题；

1.2 在国际技术合作范围内，促进、协调和监督各种形式的邮政技术援助；

1.3 审查大会通过的邮联四年工作计划. 按照可利用的资源情况调整工作计划中列出的活动，形成最终方案。该项计划必须与大会确定的各项优先等级程序结果相符。经由行政理事会形成并通过的邮联四年工作计划最终版本将作为制定邮联年度项目与预算的基础，同时也作为行政理事会和邮政经营理事会制定年度工作计划的基础；

1.4 根据邮联工作计划的最终版本诸如第一〇七条第一款第三项的阐述. 审查并批准邮联的年度项目与预算以及各项账务；

1.5 如果情况需要，则根据第一四五条第三款至第五款的规定，批准超出经费限额的开支；

1.6 如遇选择低一级会费等级的申请，则根据第一五〇条第六款规定的条件，予以批准；

1.7 如果一个成员国要求变更地区组，根据相关地区组成员国的意见，批准该国变更地区组的申请；

1.8 根据确定的经费限额条件，设立或取消国际局的工作岗位；

1.9 决定与各成员国建立联系，以便履行其职责；

1.10 在商邮政经营理事会意见后，决定与第一〇五条第一款中的非观察员组织建立联系；

1.11　审查并批准国际局关于万国邮政联盟与其他国际组织关系的报告，对这些关系的处理和发展作出其认为适当的决定；

1.12　在征询邮政经营理事会和秘书长的意见后，当对邮联或大会工作有益时，及时指定被邀请作为特别观察员参加邮联大会和各委员会某些特别会议的联合国专门机构、国际组织、协会、企业和相关资深人士，并责成国际局总局长发出必要的邀请书；

1.13　在第一〇一条第三款所述情况下，指定下届大会东道国；

1.14　在征询邮政经营理事会的意见后，及时确定为顺利完成大会工作所需设立的委员会的数目并规定其职权范围；

1.15　在征询邮政经营理事会的意见后，指定承担以下任务的成员国，但有待大会批准：

1.15.1　担任大会副主席以及各委员会的主席和副主席，但应尽可能按成员国地域合理分配；

1.15.2　作为大会限制性委员会的成员；

1.16　指定作为咨询委员会成员的理事国；

1.17　在其职权范围内审议并批准一切必要的活动，以保证并加强国际邮政业务质量，使之现代化；

1.18　应大会、邮政经营理事会或各成员国的要求，研究邮联或国际邮政业务方面有关行政、立法和法律问题。在这些方面，行政理事会决定是否对各成员国在两届大会之间提出的专题进行研究；

1.19　提出交由大会批准或根据第一四〇条规定提交各成员国批准的提案；

1.20　根据第一一三条第一款第六项规定，提出由邮政经营理事会审议的研究课题；

1.21　在商邮政经营理事会的意见后，审议并批准提交大会的邮政战略规划草案；

1.22　接收并讨论咨询委员会的报告和建议，对咨询委员会提交大会的建议进行审议；

1.23　监督国际局的工作；

1.24　批准国际局撰写的邮联年度工作报告和财务管理报告，必要时，提出意见；

1.25　当邮政经营理事会研究有重大财务影响的问题（资费、终端费、转运费、邮件航空运输基本费率、国外交寄函件）时，如认为有必要，制定该理事会应遵循的原则，密切注视这些问题的研究，审查和批准邮政经营理事会提出的同样主题的提案，以确保与上述原则的一致性；

1.26　在其职权范围内，批准邮政经营理事会提出的必要时通过一项规定或一项新办法加以解决的建议，然后提交大会对此作出决定；

1.27　审查邮政经营理事会编写的年度报告，必要时，对理事会提出的提案予以审查；

1.28　批准国际局在商邮政经营理事会意见之后并根据各成员国实施上届大会批准的邮联战略结果而起草的四年度工作报告，提交下届大会审议；

1.29　根据第一二二条的规定，确定咨询委员会的组织框架，批准咨询委员会的组织机构；

1.30　制订加入咨询委员会的标准，据此批准或否决加入申请，并保证在两届行政理事会年会期间以快速程序处理上述事宜；

1.31　制定万国邮政联盟的财务制度；

1.32　制定储备基金的管理制度；

1.33　制定特别基金的管理制度；

1.34　制定特别活动基金的管理制度；

1.35　制定自愿捐助基金的管理制度；

1.36　制定人事条例和选任官员的服务条件；

1.37　制定社会基金规章；

1.38　根据第一五二条规定，对由用户自愿捐助附属合作机构的成立与其实施的各项活动进行监督。

第一〇八条

行政理事会会议的组织

1. 在由大会主席召集并召开的行政理事会成立会议上，行政理事会应从其理事国中选出四名副主席，并制定议事规则。

2. 行政理事会由其主席召集，原则上每年在邮联所在地召开一次会议。

3. 行政理事会的主席、副主席、各委员会主席和副主席组成管理委员会。该委员会负责筹备每次行政理事会的会议，并领导理事会的工作。该委员会以行政理事会的名义批准国际局撰写的邮联年度工作报告，承担行政理事会决定委托给他的或在战略规划实施期间必须完成的其他各项工作。

4. 当行政理事会的会议议程中列有与邮政经营理事会有关的问题时，邮政经营理事会主席代表邮政经营理事会出席行政理事会的会议。

5. 当行政理事会的会议议程中有涉及咨询委员会的问题时，咨询委员会主席代表咨询委员会出席行政理事会会议。

第一〇九条

观察员

1. 观察员

1.1 为保证两个机构工作之间的有效联系，邮政经营理事会可以指定一些代表以观察员身份参加行政理事会的会议。

1.2 非行政理事会理事国的邮联各成员国以及第一〇五条列出的观察员及特别观察员可以参加行政理事会全会和各委员会会议，但无表决权。

2. 原则

2.1 出于后勤原因，行政理事会可以限制观察员和特别观察员的与会人数，同时也可以限制他们在会议讨论时的发言权。

2.2 如观察员和特别观察员提出要求，可允许他们参加所进行的专题研究，但需遵守理事会为保证其工作效益和效率而制订的条件。如果他们的知识或经验证明能够胜任时，也可以请他们主持工作组和项目组的工作。观察员和特别观察员的参与不应给邮联增加额外费用。

2.3 在特殊情况下，咨询委员会的成员和特别观察员可能被拒绝参加某次会议或一部分会议。同样，如果会议和文件内容要求保密，他们获取某些文件的权利也可能受到限制。任何相关的机构或其主席可以根据具体情况逐个作出这种限制的决定；然后将这些情况向行政理事会报告，如有涉及邮政经营理事会特殊利益的问题时，则向邮政经营理事会通报。此后，如果行政理事会认为有必要，在商邮政经营理事会认为合适时，可重新审议这些限制。

第一一〇条

差旅费的报销

1. 参加行政理事会年会的每一理事国代表的差旅费，由其本成员国负担。但是，根据联合国确定的发展中国家或最不发达国家名单，每个成员国的一位代表，有权要求报销一张经济舱往返飞机票，或一张头等舱火车票，或不超过一张经济舱往返飞机票价的其他任何交通工具的旅费，但大会期间召开的会议不在此列。对理事会各委员会、工作组或其他机构的每个成员国的代表，当这些机构在大会和理事会会议以外时间召开会议时，也给予同样的权利。

第一一一条

行政理事会的工作情况通报

1. 行政理事会应在每次年会之后，向邮联各成员国、各指定经营者、区域性邮联和咨询委员会成员通报其活动情况，并向他们寄送一份会议纪要及其决议和决定。

2. 行政理事会应就其全部工作向大会提交报告，并至迟在大会开幕前两个月将报告分送邮联各成员国、各指定经营者和咨询委员会成员。

第三节　邮政经营理事会

第一一二条

邮政经营理事会的组成与工作

1. 邮政经营理事会由四十个理事国组成，他们在前后衔接的两届大会之间行使其职权。

2. 邮政经营理事会理事国由大会根据明确规定的地域分配原则选出。发展中成员国占二十四个席位，发达成员国占十六个席位。每届大会至少更换理事国中的三分之一。

3. 邮政经营理事会各理事国指定其代表，承担邮联法规中提供业务的责任。邮政经营理事会理事国应积极参加其各项活动。

4. 邮政经营理事会的活动经费由邮联负担。其理事国不领取任何酬金。

第一一三条

邮政经营理事会的职能

1. 邮政经营理事会的职权如下：

1.1　协调各项实际措施，以便发展和改善国际邮政业务；

1.2　开展一切认为必要的行动，以保证并提高国际邮政业务质量并使之现代化；但需经行政理事会批准的除外；

1.3　决定与各成员国及其指定经营者进行联系，以履行其职责；

1.4　对某些成员国及其指定经营者在邮政技术、经营、经济和邮政业务专业培训方面的经验和先进典型，采取必要措施加以研究和推广；

1.5 商得行政理事会同意，在同邮联各成员国及其指定经营者、特别是同新兴国家和发展中国家及其指定经营者的技术合作方面，采取适当的措施；

1.6 研究邮政经营理事会理事国、行政理事会或任何一个成员国或指定经营者向邮政经营理事会提出的其他问题；

1.7 接受并讨论咨询委员会的报告和建议，对于涉及邮政经营理事会的问题，对咨询委员会提交大会的建议进行审议并提出意见；

1.8 指定其作为咨询委员会成员的理事国；

1.9 引导研究有利于邮联各成员国或其指定经营者的经营、商业化、技术、经济和技术合作方面最重要的问题，特别是有重大财务影响的问题（资费、终端费、转运费、邮件航空运输基本费率、邮政包裹运费应得部分和国外交寄的函件），就这些问题提供情况和发表意见，并对这方面应采取的措施提出建议；

1.10 将提交大会的战略规划草案中的必要内容递交行政理事会批准；

1.11 研究各成员国及其指定经营者以及新兴国家和发展中国家有关邮政教学和专业培训方面的问题；

1.12 研究新兴国家和发展中国家邮政业务的现状和需要，并提出改进这些国家邮政业务的途径和适当措施的建议；

1.13 在大会闭幕后六个月内，对邮联法规的各项细则进行修订，大会另作决定的除外。在特别紧急的情况下，邮政经营理事会也可以在其他会议中修改上述细则。在这两种情况下，有关基本政策和原则问题，经营理事会应遵循行政理事会的指示；

1.14 提出提案交由大会批准或根据第一四〇条规定提交各成员国批准；如果这些提案涉及行政理事会的权限问题，必须交由该理事会批准；

1.15 应某一成员国的要求，对该成员国按第一三九条规定提交国际局的各项提案进行审议，提出意见，并责成国际局将这些意见作为上述提案的附件，一并递请各成员国批准；

1.16　如有必要且有可能时，经行政理事会批准并征询所有成员国意见后，建议通过一项规章或一项新办法，然后提交大会就此作出决定；

1.17　以建议案的方式起草并向各成员国及其指定经营者提出有关技术和经营管理的标准，并对其职权范围内的其他必须统一的做法提出标准。必要时，可对这些已经制定的标准进行修改；

1.18　根据第一五二条规定，确定由用户自愿捐款成立附属合作机构的组织框架，并批准这些组织机构；

1.19　接收并审议用户自愿捐助各机构每年提交的报告。

<h2 style="text-align:center">第一一四条</h2>

邮政经营理事会会议的组织

1. 邮政经营理事会在由大会主席召集并主持开幕的第一次会议上，应从其理事国中选出一名主席、一名副主席和各委员会主席，确定经营理事会的议事规则。

2. 邮政经营理事会原则上每年在邮联总部举行会议。会议地点和日期由其主席商得行政理事会主席和国际局总局长同意后确定。

3. 邮政经营理事会的主席、副主席、各委员会主席和副主席组成管理委员会。该委员会负责筹备和领导邮政经营理事会每次会议的工作，承担该理事会决定委托给他的或在战略规划实施期间必须完成的一切工作。

4. 根据大会通过的邮联战略，特别是与邮联常设机构战略相关的部分，邮政经营理事会应在大会之后召开的理事会第一次会议上，制订一个包括为实施战略所需策略的基本工作计划。该基本计划包括一定数量的、各方共同关心并有现实意义的项目，每年根据实行情况和新的优先问题进行修订。

5. 当邮政经营理事会会议议程中有涉及咨询委员会的问题时，咨询委员会主席代表咨询委员会出席邮政经营理事会会议。

第一一五条

观察员

1. 观察员

1.1 为了保证两个机构工作之间的有效联系，行政理事会可以指定一些代表以观察员的身份参加邮政经营理事会的会议。

1.2 非邮政经营理事会理事国的邮联各成员国以及第一〇五条列出的观察员及特别观察员可以参加邮政经营理事会全会和各委员会会议，但无表决权。

2. 原则

2.1 出于后勤原因，邮政经营理事会可以限制观察员和特别观察员的与会人数，同时也可以限制其在会议讨论时的发言权。

2.2 如观察员和特别观察员提出要求，可被准许参与所进行的专题研究，并遵守理事会为保证其工作的效益和效率而制订的条件。如果他们的知识或经验证明能够胜任时，也可以请他们主持工作组和项目组的工作。观察员和特别观察员的参与不应给邮联增加额外费用。

2.3 在特殊情况下，咨询委员会的成员和特别观察员可能被拒绝参加某次会议或一部分会议。同样，如果会议和文件内容要求保密，他们获取某些文件的权利也可能受到限制。任何相关的机构或其主席可以根据具体情况逐个作出这种限制的决定；然后将这些情况向行政理事会通报，并在其涉及邮政经营理事会特殊利益的时候向邮政经营理事会通报。此后，如果行政理事会认为有必要，在商得邮政经营理事会认为合适时，可重新审议这些限制。

第一一六条

差旅费报销

1. 参加邮政经营理事会的各成员国代表的旅费和食宿费由各成

员国自行负担。然而，根据联合国组织制定的名单，每个最不发达国家的代表，有权要求报销一张经济舱往返飞机票，或一张头等舱火车票，或不超过一张经济舱往返飞机票价的其他任何交通工具的旅费。但大会期间召开的会议不在此列。

第一一七条

邮政经营理事会工作情况的通报

1. 邮政经营理事会应在每次会议之后，向邮联各成员国及其指定经营者、区域性邮联和咨询委员会成员通报其工作情况，并向他们寄送一份会议纪要及其决议和决定。

2. 邮政经营理事会应编写年度工作报告，递交行政理事会。

3. 邮政经营理事会应就其全部工作向大会提交报告. 报告包括按照第一五二条由用户自愿捐助的各附属合作机构的报告，向大会提交的报告至迟应在大会开幕前两个月分送给邮联各成员国及其指定经营者和咨询委员会的成员。

第四节　咨询委员会

第一一八条

咨询委员会的作用

1. 咨询委员会的宗旨在于代表广义上的邮政领域的利益，并作为相关各方进行有效对话的框架。

第一一九条

咨询委员会的组成

1.咨询委员会包括：

1.1　代表客户、投递服务提供商、工会组织、为邮政行业提供物品和服务的提供商、个体类似组织以及希望为实现邮联的使命和目标作出贡献的非政府组织。如果这些组织登记注册。他们必须在邮联某个成员国进行过注册；

1.2　行政理事会指定其理事国作为咨询委员会的成员；

1.3　邮政经营理事会指定其理事国作为咨询委员会的成员。

2.　咨询委员会的运转费用由邮联和咨询委员会成员按照行政理事会确定的方法进行分摊。

3.　咨询委员会成员不享受任何的薪金或报酬。

第一二〇条

加入咨询委员会

1.　除了行政理事会和邮政经营理事会指定的成员以外，加入咨询委员会应根据行政理事会制订的并按第一〇七条第一款第三十项实施的递交和接受申请程序来决定。

2.　咨询委员会每个成员指定其各自的代表。

第一二一条

咨询委员会的职能

1.　咨询委员会有如下职能：

1.1　研究行政理事会和邮政经营理事会的相关文件和报告。在特殊情况下，如果会议和文件内容要求保密，他们获取某些文件的权利可能受到限制。任何相关的机构或其主席可以根据具体情况逐一作出对这种限制的决定；然后将这些情况向行政理事会通报，如有涉及邮政经营理事会特殊利益的问题，则向邮政经营理事会通报。此后，如果行政理事会认为有必要，在商得邮政经营理事会认为合适时，可重新审议这些限制；

1.2　对咨询委员会成员的各项重要问题进行研究，并为这些研究提供捐助；

1.3 研究与邮政服务行业有关的问题，并就这些问题提交报告；

1.4 为行政理事会和邮政经营理事会的工作提供支持，尤其是通过提交报告和建议以及应两个理事会的要求提出意见；

1.5 向大会提出建议，但必须经行政理事会批准。对涉及邮政经营理事会的问题，由邮政经营理事会审议并提出意见。

第一二二条

咨询委员会的组织

1. 每届大会后，咨询委员会根据行政理事会制订的框架重新组成。行政理事会主席主持咨询委员会的组成会议，会上选举咨询委员会主席。

2. 咨询委员会决定其内部组织机构，根据邮联的总体原则制订其议事规则，但必须由行政理事会商邮政经营理事会后予以批准。

3. 咨询委员会每年召开一次会议。原则上在邮联总部召开的邮政经营理事会年会期间举行。每次会议的日期和地点由咨询委员会主席商行政理事会主席、邮政经营理事会主席和国际局总局长后确定。

第一二三条

咨询委员会参加大会、行政理事会和邮政经营理事会的代表

1. 为保证与邮联各机构进行有效联系，咨询委员会可指定其代表作为观察员参加大会、行政理事会、邮政经营理事会及其他各委员会的会议，但无表决权。

2. 按照第一〇五条，咨询委员会的成员可应邀参加行政理事会、邮政经营理事会的全体会议和各委员会的会议。根据第一〇九条第二款第二项和第一一五条第二款第二项，咨询委员会成员还可参加项目组或工作组的工作。

3. 当咨询委员会的会议议程中有涉及行政理事会和邮政经营理

事会的问题时，行政理事会主席和邮政经营理事会主席分别代表两
个理事会参加咨询委员会的会议。

第一二四条

咨询委员会的观察员

1. 第一〇五条所列的邮联其他成员国以及观察员和特别观察员
可以参加咨询委员会的会议，但无表决权。

2. 出于后勤原因，咨询委员会可以限制观察员和特别观察员参
加会议的人数，同时也可以限制他们在会议讨论时的发言权。

3. 在特殊情况下，观察员和特别观察员可能被拒绝参加某次会
议或部分会议。同样，如果会议和文件内容要求保密，他们获取某
些文件的权利可能受到限制。任何相关的机构或其主席可以根据具
体情况逐个作出这种限制的决定；然后将这些情况向行政理事会通
报，如果问题涉及邮政经营理事会特殊利益时，则向邮政经营理事
会通报。此后，如果行政理事会认为有必要，在商邮政经营理事会
认为合适时，可重新审议这些限制。

第一二五条

咨询委员会工作情况的通报

1. 咨询委员会应在每次会议之后向行政理事会和邮政经营理事
会通报其活动情况，并向两个理事会主席递交一份会议纪要及其建
议和意见等。

2. 咨询委员会向行政理事会递交年度工作报告，并向邮政经营
理事会提交一份副本。根据第一一一条，该年度报告被纳入行政理
事会向邮联各成员国及其指定经营者以及区域性邮联提供的文件中。

3. 咨询委员会应就其全部工作向大会提交报告，并至迟在大会
开幕前两个月将报告分送邮联各成员国及其指定经营者。

第二章 国际局

第一节 总局长和副总局长的选举与职能

第一二六条

总局长和副总局长的选举

1. 在前后两届大会之间任职的国际局总局长和副总局长由大会选出，任期至少为四年，只能连任一届。

除大会作出不同的决定外，他们开始行使职权的日期定为大会次年的一月一日。

2. 国际局总局长至迟在大会开幕前七个月照会各成员国政府，敦请其提出竞选总局长和副总局长职位的候选人。同时，在照会中应指出现任总局长或副总局长是否有意连任其原职。提出的候选人名单连同其履历应至迟在大会开幕前两个月递交国际局。候选人应为提名国的公民。国际局为大会起草必要的文件。

总局长和副总局长的选举采用无记名投票方式，首先选举总局长。

3. 在总局长职位空缺时，副总局长担任总局长的职务，直至为总局长规定的任期期满为止。副总局长如未被上届大会推选连任并声明愿作总局长的候选人，他可以竞选此职并可成为当然候选人。

4. 总局长和副总局长同时空缺时，行政理事会根据收到的参加竞选的候选人名单选出副总局长一名，任期至下届大会。候选人的提出，由于情况类似，应按照第二款的规定进行。

5. 在副总局长职位空缺时，行政理事会可根据总局长的建议，责成国际局一位D2级官员担任副总局长职务，直至下届大会为止。

第一二七条

总局长的职能

1. 总局长作为国际局的法定代表，组织、管理和领导该机构的工作。

2. 关于职位级别的任命与晋升，总局长有如下权限：

2.1 总局长有权安排 G1 到 D2 级别的职位并任命和晋升这些等级的官员；

2.2 他在任命 P1 至 D2 级官员时，应考虑各成员国所推荐的候选人具有该国国籍或在该国从事专业工作的专业资格，同时要考虑地域的合理分配和语言。在首先考虑国际局工作效率的情况下，D2 级官员的职位应尽可能地由来自不同地区并与总局长和副总局长所来自地区也不相同的人担任。在遇到某些职位要求特别资格的情况下，总局长可面向外部招聘；

2.3 在任命新官员时，他还要考虑到原则上担任 D2、D1 和 P5 级职位的人员应来自不同的邮联成员国；

2.4 在晋升国际局 D2、D1 和 P5 级官员时，可不必采用与上述第三项相同的原则；

2.5 在招聘过程中，地域合理分配和语言的要求应排在能力之后；

2.6 总局长将 P4 至 D2 级的任命和晋级情况每年向行政理事会通报一次。

3. 此外，总局长有如下权限：

3.1 承担保存邮联法规的职责并居间办理加入或准予参加邮联以及退出邮联的手续；

3.2 将大会的决定通知各成员国政府；

3.3 将邮政经营理事会制定或修改的各项细则通知各成员国与其指定经营者；

3.4 按邮联所需经费的最低水平，编制邮联的年度预算草案，及时提交行政理事会审议；在得到行政理事会批准后，将预算通知邮联各成员国并予以实施；

3.5 办理邮联各机构要求的和法规规定给他的专门工作；

3.6 在所规定政策和可动用资金的范围内，采取行动，以实现邮联各机构确定的目标；

3.7 向行政理事会或邮政经营理事会提出建议和提案；

3.8 大会结束后，根据邮政经营理事会议事规则，向邮政经营理事会提交根据大会决定对细则进行修改的提案；

3.9 根据行政理事会的要求，在两个理事会给与指示的基础上起草提交大会的战略规划草案；

3.10 根据各成员国实施上一届大会批准的邮联战略结果，起草由行政理事会通过的四年度工作报告，该报告将提交下届大会；

3.11 担任邮联的代表；

3.12 充当下述机构之间联系的中间人；

3.12.1 万国邮联与区域性邮联之间；

3.12.2 万国邮联与联合国组织之间；

3.12.3 万国邮联与部分国际组织之间，这些国际组织的活动与邮联有关；

3.12.4 万国邮联与部分国际组织、协会或企业之间；邮联各机构希望对他们进行咨询或参与他们的工作；

3.13 担任邮联各机构秘书长职务，并根据现行总规则的专门规定，重点负责；

3.13.1 邮联各机构会议的筹备和组织；

3.13.2 文件、报告和纪要的草拟、印制和分发；

3.13.3 邮联各机构会议期间秘书处的工作；

3.14 参加邮联各机构的会议并参与讨论，但无表决权。他也可以派代表参加。

第一二八条

副总局长的职能

1. 副总局长协助总局长工作，并向他负责。

2. 当总局长不在或因故不能行使职权时，副总局长行使其职权。第一二六条第三款所指的在总局长职位空缺时，副总局长同样行使其职权。

第二节 邮联各机构与咨询委员会的秘书处

第一二九条

总则

1. 邮联各机构与咨询委员会的秘书处工作由国际局承担，并由总局长负责。

第一三〇条

邮联各机构的文件准备与分配

1. 国际局将每次年会出版的所有文件均放在邮联网站上。国际局还利用为此确定的有效系统，在网站上标出新出版的电子版文件。

第一三一条

成员国名册（组织法第二条）

1. 国际局负责编制邮联成员国名册并随时加以修订，名册内应注明各成员国会费分摊等级，他们所属的地区组以及他们参加万国邮联各项法规的情况。

第一三二条

提供资料、发表意见、处理有关法规解释和修改的要求、进行调查、参与账目的清算工作（组织法第二十条，总规则第一三九、一四〇、一四三条）

1. 国际局根据行政理事会、邮政经营理事会、各成员国及其指定经营者的要求，随时提供有关邮政业务问题的各种必要资料。

2. 国际局主要承担以下工作：收集、整理、出版和分发与国际邮政业务有关的各类资料；经当事各方的请求，对发生争执的问题发表意见；处理有关邮联法规解释和修改的要求；一般情况下，进行邮联法规所规定的或有利于邮联的各项研究工作以及编纂和整理文件的工作。

3. 在某些成员国及其指定经营者要求了解其他成员国及其指定经营者对某一问题的意见时，国际局应进行调查。调查结果没有表决性质，并无正式约束力。

4. 国际局可作为账务清算处，参与各种邮政业务账目的清算工作。

5. 国际局保证各成员国和/或其指定经营者为完成邮联法规或邮联决定赋予其任务而提供的商业数据的安全性和保密性。

第一三三条

技术合作（组织法第一条）
1. 国际局在国际技术合作范围内，负责开展各种形式的邮政技术援助。

第一三四条

国际局供给的单式（组织法第二十条）

1. 国际局负责印制国际回信券，并按成本价供应给有需求的各成员国或其指定邮政经营者。

第一三五条

区域性邮联法规和特别协定（组织法第八条）

1. 区域性邮联根据邮联组织法第八条所制订的法规和各项特别协定，应该由这些区域性邮联的常设局递交国际局一式两份，如无常设局，则由缔约之一方递交。

2. 国际局应该注意使区域性邮联的各项法规和特别协定内所订条款涉及公众利益时不低于邮联法规所规定的水平。国际局发现有不正常情况时，应根据本规定通知行政理事会。

3. 国际局将已成立的区域性邮联和上述特别协定通知各成员国及其指定经营者。

第一三六条

邮联期刊

1. 国际局利用其拥有的资料，编辑一种以德文、英文、阿拉伯文、中文、西班牙文、法文和俄文出版的季刊。

第一三七条

邮联各项工作的年度报告（组织法第二十条、总规则第一〇七条第一款第二十四项）

1. 国际局应就邮联的各项工作编写年度报告，经行政理事会管理委员会批准后，分送各成员国和其指定经营者、区域性邮联和联合国组织。

第三章　提案的提交与审议、通知大会通过的决定、各项细则与其他决定的生效日期

第一三八条

向大会提出提案的程序（组织法第二十九条）

1. 各成员国向大会提出的任何性质的提案，除第二款和第五款指出的情况外，均按以下规定办理；

1.1　最迟在大会召开六个月以前送至国际局的提案，均可接受；

1.2　在大会召开前六个月以内提出的任何文字性修改提案，不予接受；

1.3　大会召开前四至六个月以内送至国际局的实质性提案，至少需有两个成员国附议，方可接受；

1.4　大会召开前二至四个月以内到达国际局的实质性提案，至少需有八个成员国附议，方可接受。在此期限以后到达的提案，不再予以接受；

1.5　附议的声明，应该和有关提案在同一期限内送至国际局。

2. 涉及组织法或总规则的提案，最迟应在大会开幕前的六个月内送至国际局；迟于规定日期但在大会开幕之前到达的提案，只有在大会根据出席大会三分之二多数成员国同意作出决定并遵守第一款规定的条件时，方予考虑。

3. 每个提案原则上只能有一个目的，只能包含为达到该目的而有理由提出的修改。同样，对影响邮联财务支出的每个敏感性提案，应附上提案国在商邮联国际局之后，实施该提案目标将会对财务产生影响的说明，以便确定在实施中所需的必要资金。

4. 文字性修改提案，应由提案成员国在提案前面注明"文字性修改提案"字样。国际局公布这些提案时，应在编号后加注字母"R"。对未注明上述字样而国际局认为只涉及文字修改的提案，应在公布时加上适当的注解。这类提案应由国际局开列清单并递交大会。

5. 第一和第四款所规定的程序，对有关大会议事规则的提案和对已提出的提案进行修改的提案，均不适用。

第一三九条

在两届大会之间修改公约和各项协定提案的提交程序

1. 某一成员国在两届大会之间提出的有关公约或各项协定的任何提案，至少需有另外两个成员国附议，方予考虑。国际局如未同时接到必要数目的附议声明书，对该提案仍不予受理。

2. 上述提案由国际局转送其他各成员国。

第一四〇条

对两届大会之间修改的公约和各项协定提案的审议

1. 涉及公约和各项协定以及它们的最后议定书的各项提案应按下列程序处理：当某个成员国向国际局寄送一份提案，国际局将该提案向所有成员国寄发供其审议。各成员国可有两个月时间审议提案，并在必要时向国际局提出意见。但不能提出修正案。两个月期限过后，国际局向所有成员国转发其收到的每一条意见，并请有表决权的每个成员国投票赞同或反对提案。凡在两个月期限内不作表示的成员国，即以弃权论。上述期限从国际局通函上注明的日期算起。

2. 如果提案涉及某项协定或其最后议定书，只有参加这个协定的成员国方可参加第一款所规定的活动。

第一四一条

向邮政经营理事会提出根据大会决定制定新细则提案的提交程序

1. 邮政经营理事会根据大会所作的决定，制定万国邮政公约细则和邮政支付业务协定细则。

2. 对公约或邮政支付业务协定进行修改所产生的提案应同与其相关的大会提案同时递交国际局。这些提案可由单个成员国递交，无须其他成员国附议。这些提案至迟应在大会开幕之前一个月分送所有成员国。

3. 交由邮政经营理事会在大会结束后六个月以内审议的有关制定新细则的其他提案，至迟应在大会开幕之前两个月递交国际局。

4. 由成员国提交的有关根据大会决定修改细则的提案，至迟应在邮政经营理事会开幕之前两个月递交国际局。这些提案至迟应在邮政经营理事会开幕之前一个月寄送各成员国及其指定邮政经营者。

第一四二条

由邮政经营理事会修改的细则
1. 修改各项细则的提案均由邮政经营理事会审议。
2. 提交的修改各项细则提案，无须某个成员国附议。
3. 此种修改提案只有在邮政经营理事会认为急需时，方予考虑附议。

第一四三条

通知两届大会之间通过的决定（组织法第二十九条，总规则第一三九、一四〇、一四二条）

1. 对公约、各项协定和这些法规最后议定书所作的修改，应由国际局总局长通知各成员国政府。

2. 邮政经营理事会对各项细则及其最后议定书所作的修改，由国际局通知各成员国与其指定经营者。

这项规定，对于公约第三十六条第三款第二项和各类协定有关规定的解释，同样适用。

第一四四条

两届大会之间通过的细则和其他决定的生效日期

1. 各项细则与大会产生的法规同时生效，有效期相同。

2. 除第一款规定外，两届大会之间通过的修改邮联法规的决定，最早在通知之日起三个月后生效。

第四章 财 务

第一四五条

邮联经费的确定（组织法第二十一条）

1. 二○一三年至二○一六年，邮联各机构活动的年度经费，除第二款至第六款所述情况外，不得超过37235000瑞士法郎。

2. 下届大会的会议费用（秘书处的迁移、运费、同声传译技术设备安装费和大会期间的文件印制费等）不得超过2900000瑞士法郎。

3. 根据联合国为其在日内瓦工作的人员增加的工资待遇、各种福利金或包括岗位津贴在内的各项津贴情况，行政理事会有权超过第一和第二款规定的限额。

4. 行政理事会每年有权根据瑞士消费价格指数调整经费数额，人员费用除外。

5. 作为第一款规定的例外，行政理事会或总局长，在非常紧急时可批准超过所确定的经费限额，以便对国际局大楼进行计划外的大规模修缮，但此项超支款额每年不得超过125 000瑞士法郎。

6. 如果发现第一和第二款规定的经费不足以保证邮联工作的顺利进行，只有经邮联成员国多数同意，才可超过限额。向成员国征求意见时，应附有证明此项开支必要的全面资料。

第一四六条

成员国的会费规定

1. 加入或准予加入邮联的国家以及退出邮联的国家，应该支付他们实际参加或退出邮联那一年全年所应分摊的经费。

2. 各成员国根据行政理事会决定的预算预交会费以分摊邮联的年度经费。会费最迟应于相关预算的。

财政年度开始第一天付清。如逾此期限，邮联对应收的欠款收取利息，自第四个月起每年收取6%。

3. 若一成员国拖欠邮联的会费（不包括利息）等于或超过该成员国在前两个财政年度应向邮联交纳的会费之和，则该成员国可根据行政理事会制定的规则将其他成员国对其欠款的全部或部分转让给邮联，一旦转让，不得更改。转让的条件根据该成员国、该成员国的债务人和邮联之间的协议予以确定。

4. 若一成员国由于法律或其他的原因不能如此转让，需制定一个分期偿还欠款的计划。

5. 对邮联会费所欠款项的偿还期限不能超过十年，例外情况除外。

6. 在特殊情况下，行政理事会可以免除某个成员国的全部或部分欠款利息，条件是该国已付清其全部欠款的本金。

7. 在行政理事会批准的欠款分期偿还计划范围内，也可以免除某个成员国的全部或部分累计利息或新产生的利息，但这项免除的条件是，必须在所商定的最长不超过十年的期限内，全面及时地实施分期偿还计划。

8. 第三款至第七款规定，也比照适用于国际局为参加语言组各成员国开具发票的翻译费。

第一四七条

资金不足

1. 为弥补邮联资金的不足，特设立一项储备金，其数额由行政理事会规定，储备金来源首先是预算结余。该储备金也可以用来平衡预算或降低各成员国会费的数额。

2. 当邮联资金暂时不足时，瑞士联邦政府按共同商定的条件提供必要的短期垫款。

第一四八条

对账务账和会计账的监督管理

1. 瑞士联邦政府按照大会确定的经费限额对国际局的财务账和会计账实施无偿监督管理。

第一四九条

自动制裁

1. 任何拖欠会费的成员国，若不能根据第一四六条第三款进行转让，又不同意服从国际局按第一四六条第四款的规定提出的分期偿还计划或不遵守此计划，都应自动丧失在邮联大会及行政理事会和邮政经营理事会会议上的表决权，并且不再具有被选入这两个理事会的资格。

2. 一旦该成员国全部偿还了所欠邮联的本金和利息，或同意服从一项拖欠账户分期偿还计划，自动制裁立即取消。

第一五〇条

会费等级（组织法第二十一条，总规则第一三一、一四五、

一四六、一四七、一四八条）

1. 各成员国根据其所属分摊等级分担邮联的经费，分摊等级如下：

50个单位的等级

45个单位的等级

40个单位的等级

35个单位的等级

30个单位的等级

25个单位的等级

20个单位的等级

15个单位的等级

10个单位的等级

5个单位的等级

3个单位的等级

1个单位的等级

0.5个单位的等级。该等级只为联合国所列的最不发达国家和行政理事会指定的其他国家所设。

2. 除第一款所列分摊等级外，任何成员国可以选择认担高于他所属的会费等级，认担最短期限相当于两届大会之间。这一变更需在大会上予以声明。两届大会期限末，该成员国自动恢复其原有的会费单位数。除非该国决定继续认担高的会费单位数。额外会费的认担，也同样加大了费用支出。

3. 成员国在加入或准予加入邮联时，均应根据组织法第二十一条第四款规定的程序，被分别列入上述分摊等级中的一个等级。

4. 各成员国以后可以向低一级的会费变更，但应在大会开幕之前的两个月向国际局提出变更要求。大会将这些变更会费等级的申请作为非最终决定公布于众，申请国在大会通知期间可自由改变主张，但最终的决定应在大会结束之前告知国际局秘书处。这一变更申请自大会制定的财务规定实施之日起生效。没有在规定期限内通知变更的成员国仍维持原会费等级。

5. 成员国要求降级时，每次不得超过一级。

6. 然而，在特殊情况下，例如发生了自然灾害后需接受一些国际援助计划，行政理事会可以根据某一成员国的要求，在其提出证据不能维持原先认担的会费等级时，批准临时性降低一级会费，两届大会之间只能降一次。在同样情况下，行政理事会可以批准认担1个单位会费等级的非最不发达国家临时性地将其分摊等级降低到0.5个单位。

7. 在执行第六款规定时，行政理事会批准的临时降低会费的最长持续时间是两年或到下一届大会时止，二者取其最近值。规定期限届满，相关成员国应自动恢复其原来认担等级。

8. 作为第四和第五两款规定的例外，提高分摊等级不受任何限制。

第一五一条

国际局供应品的付费（总规则第一三四条）

1. 各成员国与其指定经营者对国际局有偿提供的物品. 应尽快付费，最迟应从国际局寄发账单的下一个月的第一天起六个月内付清。如逾此期限，邮联即自期满之日起. 对应收的欠款收取利息，年息为5%。

第一五二条

由用户捐款成立的附属合作机构的组织

1. 经行政理事会批准. 邮政经营理事会可以建立一定数量的由用户自愿捐款投资的附属合作机构，按照组织法第十八条规定，在其权限之内组织开展经营、商业、技术和经济方面的活动，但此机构不享有邮联常规预算的资助。

2. 建立的这类机构隶属邮政经营理事会，邮政经营理事会在妥善考虑万国邮联政府间国际组织管理中应遵循的基本规章和原则前提下，确定这类机构法律地位的基本框架。提交行政理事会批准。该框架包括以下几部分：

2.1 权责；

2.2 成员组成，包括机构成员组成类别；

2.3 决策规定，包括内部机构以及该机构与万国邮联其他机构的关系；

2.4 投票和表决原则；

2.5 财务（认担的捐助额、使用费等）；

2.6 秘书处和管理机构的构成。

3. 由用户自愿捐款投资的每个附属合作机构，在邮政经营理事会决定并经行政理事会批准的框架内自行开展各项活动，每年就其活动情况向邮政经营理事会提交年度工作报告。

4. 为用户自愿捐款投资附属机构提供支持费用的条例规定由行政理事会确定，支持费用列入邮联常规预算。支持费用的这些规定公布在邮联的财务规章制度中。

5. 国际局总局长根据行政理事会批准的且适用于此类附属机构招聘人员的人事条列和规定。对用户捐款投资的附属机构秘书处实施管理。附属机构秘书处是国际局不可分割的组成部分。

6. 按照本条规定，由用户自愿捐款投资的附属机构一旦成立，建立这些机构的相关信息应报知邮联大会。

第五章 仲 裁

第一五三条

仲裁程序（组织法第三十二条）

1. 成员国之间需要通过仲裁解决争议时，每个成员国应当以书面形式通知另一方争议的目的，并为此以通知书形式通知其开始仲裁程序的意愿。

2. 如果争议涉及经营或技术问题。成员国中的某一方可以要求其指定经营者按照下述程序参与调解，并授权于其经营者。当事成员国会被告知仲裁进展情况和结果。以下称当事成员国或指定经营者为"仲裁方"。

3. 仲裁方选择指定一个或三个仲裁人。

4. 如果仲裁方选择指定三个仲裁人，根据第二款规定，每方各推举一个同争议事项没有直接关系的成员国或指定经营者担任仲裁人。如果几个成员国和/或指定经营者同为当事人之一方，在引用本项规定时，只视为一个仲裁方。

5. 当仲裁方达成一致推举三个仲裁人时，第三个仲裁人应由仲裁双方协议共同指定．不得来自于某一成员国或指定经营者。

6. 如果争议事项涉及某一协定，没有参加该协定的成员国，不得被推举为仲裁人。

7. 仲裁各方可以协商只指定一个仲裁人，但不得来自某个成员国或指定经营者。

8. 如果仲裁方一方或双方未能于自通知启动仲裁程序之日起三个月内指定任何仲裁人，国际局在接到请求后为缺席成员国指定一个仲裁人，或者按规定由其自行指定。除非双方相互要求国际局介入，否则，国际局不参与仲裁审议。

9. 在一个或几个仲裁人未宣布决定之前，仲裁双方可随时共同协商解决争议。任何仲裁的撤销应在各方做出解决争议决定后10日内，以书面形式通知国际局。如果各方同意撤销仲裁程序，一个或几个仲裁人的裁决权也随之终止。

10. 一个或几个仲裁人根据事实情况及其掌握的信息材料，对争议做出裁定。所有与争议相关的信息均应通知双方当事国以及一个或几个仲裁人。

11. 一个或几个仲裁人的仲裁决定根据多数票同意做出。并在通知启动仲裁程序6个月内，将仲裁决定通知国际局与各当事方。

12. 仲裁程序是保密的，在仲裁决定通知各当事方后10日内，只需简要描述仲裁内容与决定结果，以书面形式通知国际局。

13. 一个或几个仲裁人的决定为最终决定，对各当事方均有强制性，无需上诉。

14. 仲裁方应立即执行仲裁决定。如果某成员国授权其指定经营者参加仲裁程序并符合程序. 该成员国应监督其指定经营者执行仲裁决定。

第六章 邮联使用的语言

第一五四条

国际局的工作语文

1. 法文和英文是国际局的工作语文。

第一五五条

文件资料、会议讨论和业务往来公函所用语文

1. 邮联的文件资料使用法文、英文、阿拉伯文和西班牙文。同时也使用德文、中文、葡萄牙文和俄文，但只限于最重要的基本文件资料。其他语文也可使用，条件是提出要求的成员国承担所有的费用。

2. 要求使用正式语文以外的一种语文的某个或某些成员国组成一个语文组。

3. 国际局用正式语文和按已成立语文组所使用的语文，直接或通过这些语文组的地区办事处并根据与国际局商定的办法，出版文件资料，各种语文均以同一格式出版文件。

4. 国际局直接出版的文件资料，尽可能按照所要求的各种语文同时分发。

5. 各成员国或其指定经营者与国际局之间的往来函件，以及国际局与第三方之间的往来函件，可以使用国际局翻译处拥有的任何一种语文。

6. 译成任何语文的翻译费，包括执行第五款规定后所产生的翻

译费，由要求使用这种语文的语文组负担。使用正式语文的国家应承担一笔将非正式语文译成正式语文的费用，其单位数额应与使用国际局其他一种工作语文的国家承担的费用相等。其他一切用于提供这些文件的费用，由邮联承担。由邮联承担的用德文、中文、葡萄牙文和俄文印制文件费用的最高金额由大会决议作出规定。

7. 一个语文组的成员国对其共同负担的费用，应根据他们分摊邮联经费的比例分摊。这些费用也可在同一语文组的国家间，采用另一种分摊办法，但应由组内各成员国协商同意，并由这个组的代言国把这一决定通知国际局。

8. 对成员国提出改变语种选择的要求，国际局应在不超过两年的期限内予以处理。

9. 在邮联各机构的会议上，可使用法文、英文、西班牙文、俄文和阿拉伯文，通过一套翻译装置（有时安装电子设备，有时不装）进行讨论，翻译装置的选择由会议的组织者征求国际局总局长和有关成员国的意见后决定。

10. 在第九款所指的会议上，也准许使用其他语文进行讨论。

11. 使用其他语文的代表团，在可以进行必要的技术改装条件下，应通过第九款所指的设备，或者自备译员，以保证把他们的发言同时译成第九款所列语文中的一种。

12. 翻译费用，由使用同一语文的成员国，按照他们分摊邮联经费的比例分摊。但技术设备的安装和维修费用，则由邮联负担。

13. 各成员国和/或其指定经营者间往来公函所用语文，可以互相协商确定；如无此项协议，则使用法文。

第七章　最后条款

第一五六条　通过总规则提案的条件

1. 提交大会的有关本总规则的提案，须经参加大会的有表决权的多数成员国同意，方为有效。在表决时至少必须有三分之二有表决权的成员国参加。

第一五七条　有关与联合国所订协定的提案（组织法第九条）

1. 如果万国邮政联盟与联合国所订协定中没有规定关于修改协定条款的条件，则第一五六条规定的通过条件，同样适用于修改这些协定的提案。

第一五八条　总规则的修改、生效日期和有效期限

1. 由大会通过的各项修改载入附加议定书，这些修改与这届大会期间重新修改的各项法规同时生效。除非大会作出相反的决定。

2. 本总规则自二○一四年一月一日起生效，长期有效。

本总规则正本经各成员国政府全权代表签署，并由国际局总局长存档，以资信守。副本由万国邮联国际局递交各缔约国一份。

二○一二年十月十一日于多哈

第二十五届万国邮联大会修订后的
《万国邮政公约》①②

中译本

后列签署本公约的万国邮政联盟各成员国政府全权代表，根据1964年7月10日在维也纳签订的《万国邮政联盟组织法》第二十二条第三款，并参照该组织法第二十五条第四款的规定，一致同意在本公约内制订适用于国际邮政业务的规则。

第一部分
适用于国际邮政业务的共同规则

独立章 总 则

第一条 定 义

1. 在万国邮政公约中所使用的术语定义如下：

---

① 中国于2012年10月11日签署，2015年8月2日核准公约，公约于2014年1月1日生效。

② 中国同时对公约第18条2款1项3目声明：a）国家根据法令和其对世界贸易组织的承诺，在严格遵守由服务贸易总协定产生的对世贸组织的权利和义务以及涉及贸易的知识产权各方面协定的情况下，执行本届大会通过的法规和其他规定。b）前款声明不适用香港特区。

1.1　包裹：按照公约和邮政包裹细则规定的条件运递的邮件；

1.2　封固总包：内装邮件、拴挂签牌并加铅志或封志的邮袋或者邮袋或其他容器的集合；

1.3　误发总包：非袋牌上指定的互换局收到的容器；

1.4　个人信息：用于鉴别一个邮政业务用户所必须的信息；

1.5　误发邮件：由互换局收到的本应寄往其他国家互换局的邮件；

1.6　邮件：表示通过邮政进行的每一次寄递的一般术语（函件、邮政包裹、邮政汇票等）；

1.7　转运费：由于提供总包的陆路、海路和/或航空转运服务而应付给所经过国家的运输机构（指定经营者、其他部门或者两者的结合）的报酬；

1.8　终端费：原寄国指定经营者为偿付寄达国对接收函件的处理费用而应付给寄达国指定经营者的报酬；

1.9　指定经营者：由成员国正式指定的负责在其领土内经营邮政业务和履行邮联法规所产生的相关义务的任何政府或非政府实体；

1.10　小包：按照公约和函件细则规定的条件运递的件；

1.11　进口陆路运费应得部分：原寄国指定经营者为偿付寄达国处理邮政包裹的费用而应付给寄达国指定经营者的报酬；

1.12　陆路转运费应得部分：由于提供经过其领土发运邮政包裹的陆路和/或航空转运服务而应付给所经过国家的运输机构（指定经营者、其他部门或者两者的结合）的报酬；

1.13　海路运费应得部分：应付给参与邮政包裹海路运输服务的运输机构（指定经营者、其他部门或者两者的结合）的报酬；

1.14　邮政普遍服务：以合理的价格在一个国家的每一个角落向用户常年提供优质的基本邮政服务；

1.15　散寄经转：当邮件的数量或重量不足以向寄达国封发封固总包时，由一个中转国经转。

第二条　负责履行参加公约所产生义务的一个或多个实体的指定

1. 各成员国应在大会闭幕以后6个月内将负责监督邮政事务的政府机构的名称和地址通知国际局。

另外，各成员国还应在大会闭幕以后6个月内将正式指定的负责在其领土内经营邮政业务和履行邮联法规所产生义务的一个或多个经营者的名称和地址通知国际局。在两届大会之间，任何有关政府机构和正式指定的经营者的变化情况都应及时通知国际局。

第三条　邮政普遍服务

1. 为了强化邮联统一的邮政领域这一理念，各成员国应注意使所有使用者/客户能享受邮政普遍服务的权利，即以合理的价格在其领土的每一个角落常年提供优质的基本邮政服务。

2. 为此，各成员国应在其国家邮政法规内或以其他惯用的形式，根据居民的需求和本国的具体情况，制订相关邮政业务的范围、质量标准和合理的价格。

3. 各成员国应对负责确保邮政普遍服务的经营者提供邮政服务的情况及质量标准进行检查。

4. 各成员国应关注确保以可靠的方式提供邮政普遍服务，从而保证其持久性。

第四条　转运自由

1. 转运自由的原则已在组织法第一条中予以阐明，它要求每一个成员国确保其指定经营者对其他指定经营者交给它们的封固总包和散寄经转函件，承担交由运输其本身邮件所利用的最快邮路和最可靠的运输工具予以发运的义务。这项原则同样适用于误发函件和误发总包。

2. 不参加互换装有传染性物质或放射性物品函件的成员国，有权不允许这类函件以散寄经转的方式通过本国领土。对于信函、明信片和盲人邮件以外的其他函件也可同样处理。这一规定同样适用于其内容不符合经转国有关出版或流通的法律规定的印刷品、期刊、杂志、小包和 M 袋（印刷品专袋）。

3. 由陆路或海路运递的邮政包裹，只在参加该项业务的成员国领土内享有转运自由。

4. 航空包裹的转运自由在整个万国邮联领域内应得到保证。但是，未办理邮政包裹业务的成员国没有义务参与航空包裹的水陆路发运。

5. 如果一个成员国不遵守有关转运自由的规定，其他成员国有权取消同这个成员国办理邮政业务。

第五条 邮件的归属、撤回、修改或更正名址、改寄、无法投递邮件退回寄件人

1. 任何邮件，除按照原寄国或寄达国法令，或者在执行第十八条第二款第一项第一目或第十八条第三款规定的情况下按照经转国法令被扣留外，在投交有权人之前，均归寄件人所有。

2. 邮件的寄件人可以撤回邮件或者修改或更正邮件的名址。资费和其他条件在各项细则中规定。

3. 各成员国确保其指定经营者在收件人地址发生变化时将邮件予以改寄，并将无法投递的邮件退回寄件人。资费和其他条件在各项细则中明确。

第六条 资 费

1. 各类国际邮政业务和特别业务的资费由各成员国或者其指定经营者根据国内法令和公约及其各项细则中规定的原则予以确定。这些资费原则上应与提供相关服务的成本相关联。

2. 原寄成员国或其指定经营者根据国内法令制订运输函件和邮政包裹的收寄资费。只要寄达国对相关的邮件办理投递业务，资费中就应该包括将邮件投交收件人住址的费用。

3. 所实行的资费，包括法规中以指导性费率的形式规定的资费，至少应与其国内业务中具有相同特性（种类、数量、处理时限等）的邮件所实行的资费相同。

4. 各成员国或其指定经营者有权根据国内法令实行超过法规中规定的各项指导性费率。

5. 各成员国或其指定经营者可以根据其国内法令，对在成员国领土上交寄的函件和邮政包裹提供不低于第三款规定的最低限额的减低资费。它们尤其有权对其大宗邮政用户提供优惠费率。

6. 除了法规中规定的资费以外，不得向客户收取任何其他种类的邮政资费。

7. 除了法规中规定的情况以外，各指定经营者所收的资费归其所有。

第七条　邮费的免付

1. 原则

1.1 免除收寄资费的免付邮费情况由公约予以明确规定。但是，各项细则可以做出一些关于由各成员国、指定经营者和区域性邮联寄发的邮政公事函件和邮政公事包裹免除收寄资费和转运费、终端费及进口陆路运费应得部分的规定。此外，由万国邮联国际局寄给各区域性邮联、各成员国和指定经营者的函件和邮政包裹亦被视为邮政公事邮件，并免付各种邮费。但是，对万国邮联国际局寄发的邮政公事邮件，原寄成员国或其指定经营者有权收取航空附加费。

2. 战俘和被拘禁平民邮件

2.1 寄给或寄自战俘的函件、邮政包裹和邮政支付业务邮件，不论是直接收发的还是经由公约各项细则和邮政支付业务协定细则中所指的战俘情报局代为收发的，均免付除航空附加费以外的一切邮费。由中立国收容和拘禁的双方交战人员在适用上述规定时，可作为战俘看待。

2.2 对于由其他国家寄给1949年8月12日关于战时保护平民的日内瓦公约所指的被拘禁平民的函件、邮政包裹和邮政支付业务邮件，或者由这些平民寄发的同类邮件，不论是直接收发的还是经由公约各项细则和邮政支付业务协定细则中所指战俘情报局代为收发的，第二款第一项的规定同样适用。

2.3 公约各项细则和邮政支付业务协定细则中所指的战俘情报局所交寄或接收的有关第二款第一项和第二款第二项所指人员的函件、邮政包裹和邮政支付业务邮件，不论是直接收发的还是居间经转的，都享受免付邮费的待遇。

2.4 免付邮政资费包裹的重量以不超过5千克为限。对内件不可分割的包裹或寄给战俘营或其委托的代收人以便分发给战俘的包裹，其重量可以放宽至10千克。

2.5 在各指定经营者之间的账务结算方面，邮政公事包裹和战俘及被拘禁平民包裹不进行任何运费应得部分的分配，但适用于航空包裹的航空运费除外。

3. 盲人邮件

3.1 寄给或寄自盲人机构，或者寄给或寄自盲人的盲人邮件，只要在原寄指定经营者的国内业务中是免除邮费的，免付除航空附加费以外的各种邮费。

3.2 在本条中：

3.2.1 "盲人"一词是指在本国被正式认定为丧失视力或视力低下的任何人，或者符合世界卫生组织关于丧失视力或视力低下定义的任何人；

3.2.2 盲人机构是指服务于盲人或正式代表盲人利益的任何组织或协会。

3.2.3 盲人邮件包括各种形式的（含录音的）函件和出版物，以及为了帮助盲人克服因丧失视力产生的困难而生产或改制的各种设备或器材，具体内容在函件细则中明确。

第八条　邮　票

1. "邮票"一词受本公约保护，并只能用于符合本条和各项细则规定条件的票品。

2. 邮票：

2.1　只能由成员国或地区根据万国邮联法规的规定授权发行和投入流通；

2.2　具有主权象征的属性，并且在按照万国邮联法规的规定贴在邮件上时，构成已经交付与其面值相等的邮费的凭证；

2.3　应该在发行成员国或地区内流通，根据国内法令用于交付邮资或集邮的目的；

2.4　发行成员国或地区的所有居民均应能够购买得到。

3. 邮票包含：

3.1　用拉丁字母表示的发行成员国或地区的名称[①]；

3.2　用下列形式表示的面值：

3.2.1　原则上，用发行国家或地区的官方货币表示或以一个字母或符号来代表；

3.2.2　用其他特别鉴别标志来表示。

4. 印在邮票上面的国徽、官方监管标志以及政府间国际组织的徽记受《关于保护工业产权的巴黎公约》的保护。

5. 邮票的题材和图案应该：

5.1　符合万国邮联组织法序言的精神和邮联各机构所作的决定；

5.2　与成员国或地区的文化特色密切相关或有助于促进文化的发展或维护和平；

5.3　在纪念成员国或地区以外的他国人物或事件时，与相关成员国或地区有密切联系；

5.4　对某个人物或国家没有政治性或冒犯性；

---

① 作为邮票的首发国，英国可以例外。

5.5　对成员国或地区本身具有重要意义。

6.　邮资已付标志、邮资机印志、印刷机所印付费印志或用符合万国邮联法规规定的其他印刷或盖戳办法获得的付费印志，只有经成员国或地区批准后才能使用。

7.　在发行利用新材料或者新技术的邮票以前，各成员国应将关于这些新材料或新技术与用于处理邮件机器的运行相匹配的必要信息通知国际局。国际局将把这些信息通知其他各成员国及其指定经营者。

第九条　邮政安全

1.　为保证所有相关各方的利益，各成员国及其指定经营者应遵守万国邮政联盟可靠性标准中所确定的可靠性方面的要求，并在各级邮政经营管理部门采用并执行安全行动战略，以便保持和提高公众对于邮政业务的信任。这项战略重点包括对于按照实施的规定认定的邮件提供电子预告信息的要求相符合的原则（特别是相关邮件的种类和这些邮件的认定标准），这些规定是行政理事会和邮政经营理事会根据万国邮联信息技术标准通过的。这项战略还要求在各成员国及其指定经营者之间互换有关确保总包在运输和转运过程中的可靠性和安全性的信息。

2.　在国际邮政运输链中所执行的一切安全措施都必须与其可能面对的风险和威胁相适应，并且考虑邮政网络的特殊性，在不干扰国际邮件传递或国际贸易的情况下推行。可能对邮政运营产生世界性影响的各项安全措施，应该与所有相关各方一起，在国际范围内以协调和平衡的方式开展。

第十条　可持续发展

1.　各成员国和/或其指定经营者应在各级邮政经营管理部门采用并执行积极的可持续发展战略，特别是在环境、社会和经济方面将要采取的行动，并在邮政业务的范围内促进人们提高对可持续发展问题的认识。

第十一条 关于违规行为的规定

1. 邮件

1.1 各成员国应确保采取各项必要措施，以预防下列行为的发生，并追查和处罚行为人；

1.1.1 在邮件中夹寄麻醉物品、精神药物或者公约中没有明确准寄的易爆物品、易燃物品或其他危险物品；

1.1.2 在邮件中夹寄有恋童癖性质的物品或针对儿童的色情物品。

2. 预付邮资和交付邮资手段

2.1 各成员国应确保采取各种必要措施，以预防、制止和处罚违反本公约规定的预付邮资手段的行为，预付邮资手段包括：

2.1.1 正在流通或已停止流通的邮票；

2.1.2 预付邮资标志；

2.1.3 邮资机印志或印刷机所印付费印志；

2.1.4 国际回信券。

2.2 按本公约规定，违反预付邮资的行为包括为使行为人本人或者第三者获得非法利益而从事的下列行为之一，并应予以处罚；

2.2.1 伪造、仿造或假冒预付邮资手段，或者与未经批准制造预付邮资手段有关的各种非法或犯罪行为；

2.2.2 使用伪造、仿造或假冒的预付邮资手段或者将其投入流通、商业化、投递、分发、运输、展示或展览，其中包括用于宣传的目的；

2.2.3 为了邮政的用途而使用已经用过的预付邮资手段或者将其投入流通；

2.2.4 旨在从事上述违规行为之一的各种尝试。

3. 对等性原则

3.1 在对第二款所指的行为进行处罚时，对于本国的预付邮资手段和外国的预付邮资手段不应有任何区别。这项规定不受任何法定或约定的对等性条件的限制。

第十二条　个人信息的处理

1. 用户的个人信息只能用于根据适用的国家法令收集这些信息的既定目的。

2. 用户的个人信息只能透露给根据国家法令授权获取此类信息的第三方。

3. 各成员国及其指定经营者应该遵守其国家法令，确保用户个人信息的保密和安全。

4. 各指定经营者应将使用其个人信息的情况和收集这些信息的目的通知用户。

第二部分
适用于函件和邮政包裹的规定

第一章　提供的业务

第十三条　基本业务

1. 各成员国应该确保其指定经营者收寄、处理、运输和投递函件。

2. 函件包括：

2.1 重量不超过2千克的优先函件和非优先函件；

2.2 重量不超过2千克的信函、明信片、印刷品和小包；

2.3 重量不超过7千克的盲人邮件；

2.4 装有寄往同一寄达地和同一收件人的报纸、期刊、书籍和

类似的印刷文件的专袋，称为"M 袋"（印刷品专袋），重量不超过 30
千克。

3. 根据函件细则的规定，函件按处理速度或内件性质分类。

4. 对某些种类的函件，可以按照函件细则中规定的条件，非强
制性地实行高于第二款规定的重量限制。

5. 除第八款所规定的情形以外，各成员国还应该确保其指定经
营者收寄、处理、运输和投递重量不超过 20 千克的邮政包裹。可以
按照本公约的规定办理，对于出口包裹，也可以根据双边协议采用
更加有利于用户的其他方式办理。

6. 对于某些种类的邮政包裹，可以按照邮政包裹细则中规定的
条件，非强制性地实行超过 20 千克的重量限制。

7. 如果本国的指定经营者不办理包裹运输业务，该成员国可以
准许运输企业实施公约的条款，同时可以规定此项业务仅以寄自或
寄往这些运输企业所通达地区的包裹为限。

8. 作为第五款规定的例外，在 2001 年 1 月 1 日以前没有参加邮
政包裹协定的成员国可以不办理邮政包裹业务。

第十四条　按照尺寸对函件进行分类

1. 在第十三条第三款所述的分类办法中. 函件还可以按照尺寸
进行分类，即小型函件（P）、大型函件（G）和超大型函件（E）。
其尺寸和重量限度在函件细则中明确。

第十五条　附加业务

1. 各成员国应确保办理下列强制性附加业务：
1.1　出口航空函件和优先函件的挂号业务；
1.2　各类进口挂号函件的挂号业务。

2. 在相关指定经营者商定提供下列业务的情况下，各成员国或
其指定经营者可以办理这些非强制性的附加业务：

2.1 保价函件和保价包裹业务；

2.2 代收货款函件和代收货款包裹业务；

2.3 快递函件和快递包裹业务；

2.4 挂号函件或保价函件的收件人亲收业务；

2.5 收件人免付资费和税款函件和包裹的投递业务；

2.6 脆弱包裹和过大包裹业务；

2.7 同一寄件人寄往国外的批量邮件的集散"托运"业务。

2.8 商品退回业务，也就是根据原寄件人的授权由收件人将商品退回原寄件人。

3. 下列3项附加业务同时具有强制性和非强制性：

3.1 国际商业回函业务（CCRI）：基本上是非强制性的，但是所有成员国或其指定经营者都应办理国际商业回函邮件的寄退业务；

3.2 国际回信券业务：所有成员国都应兑换这类回信券，但其出售是非强制性的；

3.3 挂号函件、包裹和保价邮件的回执业务：所有成员国或其指定经营者都应接收进口邮件的回执，但对出口邮件提供回执业务是非强制性的。

4. 上述业务及其相关资费均在各项细则内作了详细规定。

5. 如果在其国内业务中对下列业务项目收取特别资费，各指定经营者有权按照细则中规定的条件，对国际邮件收取相同的资费：

5.1 500克以上小包的投递；

5.2 最后封发时刻交寄函件；

5.3 窗口正常营业时间以外交寄邮件；

5.4 上门揽收邮件；

5.5 窗口正常营业时间以外提取函件；

5.6 存局候领；

5.7 500克以上函件和邮政包裹的保管；

5.8 应到达通知单的要求投递包裹；

5.9 对不可抗力事故承担责任。

第十六条　特快专递邮件业务和综合物流业务

1. 各成员国或指定经营者可以相互商定参加细则中规定的下列业务：

1.1　特快专递邮件业务：这是用于传递文件和物品的邮政速递业务，尽可能提供最迅速的实物传递邮政业务。此项业务可以根据特快专递邮件业务多边标准协议办理，也可以根据双边协议办理；

1.2　综合物流业务：这项业务充分满足客户在物流方面的需求，它包括在商品和文件传递之前和传递之后各个阶段的服务。

第十七条　电子邮政业务

1. 各成员国或指定经营者可以相互商定参加细则中规定的下列电子邮政业务：

1.1　邮政电子邮件：这是由指定经营者利用电子信息传递来提供的电子邮政业务；

1.2　挂号邮政电子邮件：这是有安全保证的电子邮政业务，在经过认证的使用者之间通过有保护的通信线路提供寄发证明和电子信息投交证明；

1.3　电子认证邮政签章业务：这项业务以令人信服的方式对以特定的方式、在特定的时间、由一方或多方参与的电子事件的真实性予以证实。

1.4　邮政电子信箱：这项业务使经过认证的寄件人可以寄发电子信息，并且为经过认证的收件人发送和保存电子信息。

第十八条　不准收寄的邮件与禁寄规定

1.　一般规定

1.1　不符合公约和各项细则规定条件的邮件不予收寄。以欺诈或故意不付全部邮费为目的而交寄的邮件也不予以收寄；

1.2 本条禁寄规定的例外在各项细则中予以规定；

1.3 各成员国或其指定经营者可以扩大本条中所述的禁寄规定，并在其被纳入相应的汇编以后立即执行。

2. 适用于各类邮件的禁寄规定

2.1 在各类邮件中禁止装寄下列物品；

2.1.1 麻醉品管制国际机构（OICS）所确定的麻醉物品和精神药物或者寄达国禁止的其他非法药品；

2.1.2 淫秽物品或有伤风化的物品；

2.1.3 假冒和盗版的物品；

2.1.4 寄达国禁止进口或流通的其他物品；

2.1.5 由于其性质或包装可能对工作人员或公众造成伤害、污染或者损毁其他邮件、邮政设备或属于第三者财产的物品；

2.1.6 在寄件人和收件人或他们的共同居住者之外的人员之间互寄的具有现时私人通信性质的文件。

3. 易燃、易爆物品或放射性物品和危险物品

3.1 在各类邮件中禁止装寄易燃、易爆物品或其他危险物品以及放射性物品。

3.2 在各类邮件中禁止装寄引爆装置和无自动力的军用物品，其中包括无自动力的榴弹、无自动力的炮弹和其他同类物品以及这类装置和物品的仿真制品。

3.3 可以例外地准寄在各项细则中特别指出允许寄递的危险物品；

4. 活的动物

4.1 在各类邮件中禁止装寄活的动物；

4.2 保价函件以外的函件中可以例外地准寄下列动物；

4.2.1 蜜蜂、水蛭和蚕；

4.2.2 在官方承认的机构之间互相交换的用于控制害虫的寄生虫和杀灭害虫的虫类；

4.2.3 在官方承认的机构之间互相交换的用于生物医学研究的

果蝇。

4.3 邮政包裹中可以例外地准寄下列动物；

4.3.1 相关国家的邮政规章和国内法令准许通过邮政运输的活的动物。

5. 在包裹中夹寄信函

5.1 在邮政包裹中禁止装寄下列物品：

5.1.1 在寄件人和收件人或者他们的共同居住者之外的人员之间互寄的信函，但存档的附件除外。

6. 硬币、钞票和其他贵重物品

6.1 禁止将硬币、钞票、纸币或各种无记名证券、旅行支票、宝石、珠宝首饰以及已加工或未加工的白金、黄金或白银及其他贵重物品装入下列邮件寄递：

6.1.1 非保价函件；

6.1.1 然而，如果原寄国和寄达国的国内法令允许，此类物品可装入密封的信封，作为挂号函件寄递；

6.1.2 保价包裹，但原寄国和寄达国的国内法令允许的除外；

6.1.3 在办理保价业务的两个国家之间互寄的非保价包裹；

6.1.3.1 另外，各成员国或指定经营者有权禁止寄自或寄往本国领土或经由其领土散寄经转的保价或非保价包裹内装寄金条，它们也可以限制此类包裹的实际价值。

7. 印刷品和盲人邮件

7.1 印刷品和盲人邮件既不可以附注任何说明，也不可以包含任何通信内容；

7.2 这些邮件既不得夹寄已盖销或未盖销的任何邮票或任何邮资凭证，也不得夹寄任何代表一定价值的单据，但邮件内装有一个已经预付邮资并在上面印好寄件人或其在原邮件交寄国或寄达国代理人地址的卡片、信封或纸带，以便退回的情况除外。

8. 误收寄邮件的处理

8.1 误收寄的邮件应按照各项细则的规定处理。但是，装有第二款第一项第一目、第二款第一项第二目、第三款第一项和第三款第二项所指物品的邮件在任何情况下都不得发往寄达地，也不得投交收件人或退回原寄地。如果在经转的邮件中发现第二款第一项第一目、第三款第一项和第三款第二项所指的物品，此类邮件将按照该经转国的国内法令处理。

第十九条 查 询

1. 各指定经营者均应受理在其业务范围内或在其他任何指定经营者业务范围内交寄的包裹、挂号函件、或保价邮件的查询，但这些查询必须自相关邮件交寄之次日起6个月内提出。查单应通过挂号优先函件、特快专递邮件（EMS）或电子方式传递。6个月的期限是针对查询人与指定经营者之间关系而言，不包括查单在各指定经营者之间传递的时间。

2. 查询按照各项细则中规定的条件受理。

3. 查单应免费处理。但是，因要求利用特快专递邮件（EMS）传递而产生的附加费用，原则上应由申请人承担。

第二十条 海关的监管、关税及其他税费

1. 原寄国指定经营者和寄达国指定经营者可按照所在国家的法令，将邮件递交海关监管。

2. 对于递交海关监管的邮件，邮政部门可以收取递交海关验关费，其指导性款额由各项细则确定。但该项资费只能对征收关税或其他同类税费的邮件以递交海关验关和通关的名义收取。

3. 已经获得以用户的名义或者寄达国指定经营者的名义代理用户办理通关事务授权的各指定经营者，可以根据业务操作的实际成本，向用户收取一项费用。对于根据国内法令应该向海关申报的所有邮件，其中包括免除关税的邮件，都可以收取此项费用。应将相关收费事宜事先正式告知用户。

4. 各指定经营者可以根据情况向寄件人或收件人收取关税和可

能产生的其他各种税费。

第二十一条　与军事单位互换的封固总包

1. 下列单位和个人之间可以通过其他国家的陆路、海路或航空业务部门居间互换封固函件总包：

1.1　成员国的邮局与联合国组织所属军事单位的指挥官之间；

1.2　这些军事单位的指挥官之间；

1.3　成员国的邮局与本国驻外海军部队、空军部队或陆军部队、军舰或军用飞机的指挥官之间；

1.4　同一个国家的海军部队、空军部队或陆军部队、军舰或军用飞机的指挥官之间。

2. 第一款所指总包中装寄的函件，应全部为寄至或寄自处于总包寄达地或寄发地的军事单位或参谋部的人员以及军舰或军用飞机上的官兵。对这些函件所实行的资费和收寄条件，由派出军事单位的成员国或军舰、军用飞机所属成员国的指定经营者按照其规章予以确定。

3. 除另有特别协议外，派出军事单位的成员国或军舰、军用飞机所属成员国的指定经营者应向相关的指定经营者支付总包的转运费、终端费和航空运费。

第二十二条　业务质量标准和目标

1. 各成员国或其指定经营者应该制订并公布进口函件和包裹的投递标准和目标。

2. 上述投递标准和目标加上正常情况下通关所需时间，不得低于其国内业务中相应邮件所实行的标准和目标。

3. 原寄成员国或其指定经营者还应制订和公布优先函件、航空函件、航空包裹以及经济类/水陆路包裹的全程标准。

4. 各成员国或其指定经营者应对业务质量标准的执行情况进行

评估。

第二章 责 任

第二十三条 各指定经营者应承担的责任和补偿

1. 总则

1.1 除第二十四条所指的情况外，各指定经营者对下述情况承担补偿责任：

1.1.1 挂号函件、普通包裹和保价邮件的丢失、被窃或损毁；

1.1.2 退回但未注明无法投递原因的挂号函件、保价邮件和普通包裹。

1.2 各指定经营者对未在第一款第一项第一目和第一款第一项第二目中提到的邮件不承担补偿责任。

1.3 对于未在本公约中规定的其他任何情况，各指定经营者均不承担补偿责任。

1.4 当挂号函件、普通包裹或保价邮件的丢失或完全损毁系由于不可抗力事故所致而不予以补偿时，寄件人有权要求退还为交寄邮件所交付的资费，但保价费除外。

1.5 所支付的补偿金款额不能超过函件细则和邮政包裹细则中规定的款额。

1.6 在责任方面，对于间接损失、未能实现的利润或者精神损失，在支付补偿金时不予以考虑。

1.7 所有关于各指定经营者应承担责任的规定均是严格的、强制性的和完全的。在任何情况下，即使有严重过错（严重错误），各指定经营者也不承担超出公约和各项细则规定限度的责任。

2. 挂号函件

2.1 在挂号函件丢失、全部被窃或完全损毁的情况下，寄件人有权得到一笔由函件细则规定的补偿金。如果寄件人要求的补偿金低于函件细则规定的限额，各指定经营者可以支付低额补偿金，并以此为基础向可能涉及的其他指定经营者追索补偿金。

2.2　在挂号函件部分被窃或部分损毁的情况下，寄件人有权得到一笔原则上相应于被窃或损毁造成的实际损失的补偿金。

3. 普通包裹

3.1　在普通包裹丢失、全部被窃或完全损毁的情况下，寄件人有权得到一笔由邮政包裹细则规定的补偿金。如果寄件人要求的补偿金低于邮政包裹细则规定的限额，各指定经营者可以支付低额补偿金，并以此为基础向可能涉及的其他指定经营者追索补偿金。

3.2　在普通包裹部分被窃或部分损毁的情况下，寄件人有权得到一笔原则上相应于被窃或损毁造成的实际损失的补偿金。

3.3　各指定经营者可以商定，在其双边关系中执行邮政包裹细则中规定的按每件包裹支付的补偿金额，而不考虑包裹的重量。

4. 保价邮件

4.1　在保价邮件发生丢失、全部被窃或完全损毁的情况下，寄件人有权得到补偿，补偿金额原则上应相应于以特别提款权申报的保价金额。

4.2　在保价邮件部分被窃或部分损毁的情况下，寄件人有权得到一笔原则上相应于被窃或损毁造成的实际损失的补偿金。然而，该项补偿金在任何情况下都不能超过以特别提款权申报的保价金额。

5.　在挂号函件或保价函件被退回而未注明无法投递理由时，寄件人仅有权要求退还为交寄邮件所支付的邮费。

6.　在包裹被退回而未注明无法投递理由时，寄件人有权要求退还在原寄国为交寄包裹所支付的邮费和包裹从寄达国退回所产生的费用。

7.　在第二、第三和第四款所述的情况下，补偿金款额应比照邮件内装同类物品或商品在交寄地的当时市价，折合成特别提款权予以计算。如无市价可参考，补偿金款额可比照按上述办法估计的物品或商品的通常价值予以计算。

8.　在挂号函件、普通包裹或保价邮件因丢失、全部被窃或完全损毁而应予以补偿时，根据情况寄件人或收件人还有权要求退还为交寄邮件所交付的资费和税款，但挂号费或保价费除外。对于因破损而被收件人拒收的挂号函件、普通包裹或保价邮件，如果破损系邮政部门造成并由其承担负责，应按同样办法办理。

9. 虽有第二、第三和第四项的规定，如果寄件人书面转让对被窃、损毁或丢失的挂号函件、普通包裹或保价邮件收取补偿金的权利，收件人有权要求这项补偿金。在寄件人和收件人是同一个人的情况下，不需要此项转让声明。

10. 原寄指定经营者有权按照其国内法令对挂号函件和非保价包裹规定的标准向其国内的寄件人支付补偿金，但所付补偿金不得低于第二款第一项和第三款第一项规定的标准。当向收件人支付补偿金时，寄达指定经营者亦可照此办理。然而，在下述情况下，仍应按第二款第一项和第三款第一项规定的款额办理：

10.1 在向责任指定经营者索还补偿金时；

10.2 在寄件人将其权利转让给收件人时。

11. 除有双边协议外，不得对超过查询期限和向指定经营者支付补偿金的规定提出任何保留，其中包括各项细则中规定的期限和条件。

第二十四条 各成员国和指定经营者不承担责任的情况

1. 各指定经营者对于挂号函件、包裹和保价邮件，在已按照其国内规章有关投递同类邮件的规定妥投后，结束对邮件承担责任。然而，在下述情况下，各指定经营者仍应承担责任：

1.1 在投交前或投交时发现邮件被窃或损毁；

1.2 如果国内规章许可，收件人或在退回原寄局时的寄件人，在领取被窃或损毁的邮件时已提出了保留意见；

1.3 如果国内规章许可，挂号函件已经投入邮政信箱而收件人声明未曾收到；

1.4 虽对包裹或保价邮件已正常签收，但收件人或在退回原寄局时的寄件人立刻向投递邮件的指定经营者声明，发现邮件已经损坏，并能证明抽窃或破损并非发生在投递之后。"立刻"一词的具体含义应根据国内法令给予解释。

2. 在下述情况下，各成员国和指定经营者不承担责任：

2.1 不可抗力事故，但第十五条第五款第九项规定的情况除外；

2.2 邮件业务档案因不可抗力事故而遭到损毁，以致不能追查邮件下落，而又无其他证据足以证明成员国或指定经营者应承担责任的；

2.3 因寄件人的过错或疏忽，或因邮件内件的性质而造成的损失；

2.4 邮件内装物品属于第十八条所指的禁寄物品；

2.5 根据寄达成员国或该国指定经营者的通知，相关邮件已经按照该国的法令被扣留；

2.6 寄件人虚报保价邮件价值，所报金额超过内件的实际价值；

2.7 寄件人在交寄邮件的次日起6个月之内未申请任何查询；

2.8 属于战俘和被拘禁平民的包裹；

2.9 寄件人的行为有骗取补偿金之嫌。

3. 对于无论以何种方式向海关进行的申报和海关在查验受其监管的邮件时所作的决定事项，各成员国和指定经营者不承担任何责任。

第二十五条 寄件人的责任

1. 由于邮寄不准寄递的物品或不遵守收寄条件而给邮政员工造成的人身伤害和给其他邮件以及邮政设施造成的各种损失，相关邮件的寄件人应该承担责任。

2. 在给其他邮件造成损失的情况下，寄件人对于每件受损邮件所承担责任的范围与各指定经营者的责任范围相同。

3. 即使收寄局收寄了这样的邮件，寄件人仍应承担责任。

4. 与此相反，在寄件人遵守了收寄条件的情况下，如果在邮件收寄后，指定经营者或运输部门在邮件处理过程中发生错误或疏忽，寄件人则不承担责任。

第二十六条　补偿金的支付

1. 根据不同情况，支付补偿金和退还邮费及税款的义务应由原寄指定经营者或寄达指定经营者承担，但有权向责任指定经营者索还。

2. 寄件人有权将领取补偿金的权利转让给收件人。在转让权利的情况下，如果国内法令准许，寄件人或收件人还可以授权第三方领取补偿金。

第二十七条　必要时向寄件人或收件人收回补偿金

1. 支付补偿金以后，如果原来认为丢失的挂号函件、包裹或保价邮件或者其一部分内件被重新找回，应根据情况通知寄件人或收件人，可以在3个月内退回已付的补偿金，领取该邮件。同时向其询问邮件应该投给谁。如果拒收或在规定期限内未作答复，应视情况与收件人或寄件人进行同样的交涉，允许其在相同期限内作出答复。

2. 如果寄件人和收件人放弃领取邮件，或未在第一款规定的期限内作出答复，该邮件则应视情况归已经承担损失的一个或多个指定经营者所有。

3. 如果事后发现保价邮件内件价值低于已经支付的补偿金额，根据不同情况，寄件人或收件人应该退回这项补偿金，并领回相关邮件，但这并不影响对虚报价值追究法律责任。

第三章　适用于函件的特殊规定

第二十八条　在国外交寄的函件

1. 任何指定经营者，对于居住在成员国境内的寄件人因贪图其他国家的低廉邮资而在国外交寄或委托他人在国外交寄的函件，均应不予发运，不予投交收件人。

2. 第一款的规定对于寄件人在其居住国国内封装好、然后运往国境外的函件以及在国外封装的函件，一律适用。

3. 寄达指定经营者有权要求寄件人和在无法找到寄件人时，要求收寄指定经营者交付国内邮资。如果寄件人或收寄指定经营者未在寄达指定经营者规定的期限内同意交付邮资，寄达指定经营者可以将这些函件退回收寄指定经营者，并有权收取退回费用，也可以按照其国内法规处理相关函件。

4. 任何指定经营者对于寄件人或其委托人在寄件人居住国以外的国家交寄的大宗函件，当所收取的终端费款额低于寄件人在其本国交寄函件应收取的终端费款额时，应不予发运和投交收件人。寄达指定经营者有权向收寄指定经营者收取与所付出的成本相对应的酬金，但不能超过用下述两种方式计算的最高限额：对同类函件所实行的国内资费的80%，或视不同情况根据公约第三十条第五款至第三十条第九款、第三十条第十款至第三十条第十一款或第三十一条第八款条所实行的费率。如果收寄指定经营者未在寄达指定经营者规定的期限内同意支付所要求的款额，寄达指定经营者可以将函件退回收寄指定经营者，并有权收取退回费用，也可以按照其国内法规处理相关函件。

第三部分 酬 金

第一章 适用于函件的特殊规定

第二十九条 终端费——一般规定

1. 除细则中规定的免除终端费的情况以外，接收其他指定经营者所寄发函件的各指定经营者，均有权向寄发指定经营者收取一项酬金，作为所接收国际函件的处理费用。

2. 为了便于其指定经营者执行有关终端费酬金的规定，各成员国和地区按照大会在其第C77/2012号决议中为此目的而制订的清单，划分为下列几类：

2.1 在2010年以前执行目标办法的国家和地区；

2.2 自2010年和2012年起执行目标办法的国家和地区；

2.3 自2014年起执行目标办法的国家和地区（目标办法的新增国家）；

2.4 执行过渡办法的国家和地区。

3. 本公约中有关支付终端费的各项规定均属过渡性措施，将导致在过渡期结束以后采用根据各国的自身条件付费的单一办法。

4. 直接进入国内业务（直接进入）

4.1 原则上，每个在2010年以前参加目标办法国家的指定经营者应将其国内业务中在同等条件下向本国用户所执行的资费、标准和条件允许其他指定经营者使用。由寄达指定经营者判断寄发指定经营者是否满足了直接进入的条件和方式。

4.2 在2010年以前参加目标办法国家的指定经营者应在向其本国用户提供的同等条件下，向在2010年以前参加目标办法国家的其他指定经营者开放在其国内业务中所实行的资费、标准和条件。

4.3 但是，从2010年起参加目标办法国家的指定经营者可以选择在对等的基础上向一定数量的指定经营者开放在其国内业务中所实行的条件，试行2年。此期限过后，它们应该在2个方案中进行选择：停止开放在其国内业务中所实行的条件，或者继续此做法，并且向所有指定经营者开放在其国内业务中所实行的条件。然而，如果从2010年起参加目标办法国家的指定经营者要求在2010年以前参加目标办法国家的指定经营者对其执行本国国内业务中所实行的条件，它们应该在向其本国用户实行的同等条件下，向所有指定经营者开放在其国内业务中所实行的资费、标准和条件。

4.4 过渡办法国家的指定经营者可以不选择在向其本国用户提供的同等条件下向其他指定经营者开放在其国内业务中所实行的条件。但是，这些指定经营者可以选择在对等的基础上向一定数量的指定经营者开放在其国内业务中所实行的条件，试行2年。此期限过后，它们应该在2个方案中进行选择：停止开放在其国内业务中所实行的条件，或者继续此做法，并且向所有指定经营者开放在其国内业务中所实行的条件。

5. 终端费酬金将以寄达国在业务质量方面的业绩为基础。因此，授权邮政经营理事会对第三十和三十一条所规定的酬金支付奖金，以鼓励参加监测系统和奖励达到质量目标的指定经营者。邮政经营理事会还可以确定在质量未达标的情况下处以罚金，但是指定经营者所收的酬金不能低于第三十和三十一条所规定的最低酬金。

6. 各指定经营者均可以全部或部分地放弃第一款所指的酬金。

7. 不足5千克的M袋（印刷品专袋）在计算终端费酬金时按5千克计算。对于M袋，所执行的终端费率如下：

7.1 2014年，每千克0.815特别提款权；

7.2 2015年，每千克0.838特别提款权；

7.3 2016年，每千克0.861特别提款权；

7.4 2017年，每千克0.885特别提款权。

8. 对于挂号函件，可以收取附加酬金，其费率为：2014年每件0.617特别提款权. 2015年每件0.634特别提款权，2016年每件0.652特别提款权。2017年每件0.670特别提款权。对于保价函件，也可以收取附加酬金，其费率为2014年每件1.234特别提款权，2015年每件1.269特别提款权，2016年每件1.305特别提款权，2017年每件1.342特别提款权。授权邮政经营理事会在所提供的服务包括在函件细则中明确规定的其他附加内容时，对上述业务和其他附加业务的酬金加付奖金。

9. 除有相反的双边协议以外，对于没有粘贴带条码的识别标志或者所粘贴的识别标志所带条码不符合万国邮联S10技术标准的挂号函件和保价函件，规定收取每件0.5特别提款权附加报酬。

10. 在收取终端费酬金时，根据函件细则中规定的条件由同一寄件人在同一总包或不同的总包中寄发的批量函件被称为"大宗函件"，将按照第三十和三十一条的规定收取酬金。

11. 各指定经营者可以通过双边或多边协议，采取其他支付酬金的方式来结算终端费账目。

12. 各指定经营者可以非强制性地互换非优先函件，对其减收适用于优先函件终端费率的10%。

13. 执行目标办法的指定经营者之间的各项规定也适用于所有声明愿意参加目标办法的执行过渡办法的指定经营者。邮政经营理事会可以在函件细则中制订一些过渡措施。声明愿意全面接受上述规定而不需要过渡措施的执行目标办法的新指定经营者，可以完整地执行目标办法的规定。

第三十条 终端费—适用于执行目标办法国家的指定经营者之间互寄函件的规定

1. 函件的酬金，其中包括大宗函件，但M袋和国际商业回函邮件除外，根据反映寄达国处理成本的每件费率和每千克费率来确定。对属于普遍服务范围的国内优先函件所实行的资费将作为计算终端费费率的参考。

2. 如果在国内业务中实行第十四条所规定的按照尺寸对函件进行分类的办法，在计算目标办法的终端费费率时应考虑这种分类。

3. 实行目标办法的指定经营者应根据函件细则中规定的条件互换单独的按尺寸分类的总包。

4. 国际商业回函邮件的酬金按照函件细则中的适当规定来计收。

5. 每件费率和每千克费率以一件20克小型函件（P）和一件175克大型函件（G）资费的70%为基础来计算，扣除增值税和其他税费。

6. 对于所互换的按照尺寸分类的单独总包，邮政经营理事会确定适用于计算费率的条件以及必要的操作、统计和账务程序。

7. 对于实行目标办法国家之间在某一特定年份所互换函件的流量所实行的费率，不能使一件重量为81.8克的函件所产生的终端费收入比上一年增加13%以上。

8. 对2010年以前实行目标办法国家之间的函件流量所执行的费率不能超过：

8.1 2014年：每件0.294特别提款权，每千克2.294特别提款权；

8.2 2015年：每件0.303特别提款权，每千克2.363特别提款权；

8.3 2016年：每件0.312特别提款权，每千克2.434特别提款权；

8.4 2017年：每件0.321特别提款权，每千克2.507特别提款权。

9. 对2010年以前实行目标办法国家之间的函件流量所执行的费率不能低于下列数值：

9.1 2014年：每件0.203特别提款权，每千克1.591特别提款权；

9.2 2015年：每件0.209特别提款权，每千克1.636特别提款权；

9.3 2016年：每件0.215特别提款权，每千克1.682特别提款权；

9.4 2017年：每件0.221特别提款权，每千克1.729特别提款权。

10. 对自2010年和2012年起参加目标办法的国家之间互换函件的流量以及这些国家与2010年以前参加目标办法的国家互换的函件流量所执行的费率不能超过：

10.1 2014年：每件0.209特别提款权。每千克1.641特别提款权；

10.2 2015年：每件0.222特别提款权，每千克1.739特别提款权；

10.3 2016年：每件0.235特别提款权，每千克1.843特别提款权；

10.4 2017年：每件0.249特别提款权，每千克1.954特别提款权。

11. 对自2010年和2012年起参加目标办法的国家之间互换函件的流量以及这些国家与2010年以前参加目标办法的国家互换的函件流量所执行的费率不能低于第九款第一至四项所规定的费率。

12. 对寄自、寄往目标办法新增国家和在这些国家之间互寄函件的流量所执行的费率与第九款第一至四项所规定的费率相同，但大宗函件除外。

13. 2010年或2010年以后参加目标办法的国家之间互寄函件

的流量以及这些国家与2010年以前参加目标办法的国家互寄的函件流量，如果年度总重量不足75吨，每千克费率和每件费率以每千克12.23件这一世界平均件数为基础折合为每千克总费率。

14. 2010年以前参加目标办法的国家对大宗函件所收取的酬金按照第五至九款所规定的每件费率和每千克费率来确定。

15. 自2010年和2012年起参加目标办法的国家对大宗函件所收取的酬金按照第五、十和十一款所规定的每件和每千克费率确定。

16. 除有双边协议外，不允许对本条提出保留。

第三十一条 终端费—适用于寄往、寄自执行过渡办法国家的指定经营者和在这些指定经营者之间互寄函件的规定

1. 对于执行终端费过渡办法（正在准备加入目标办法）国家的指定经营者，函件的酬金（包括大宗函件，但不包括M袋和国际商业回函邮件），按照每件费率和每千克费率来确定。

2. 国际商业回函邮件的酬金按照函件细则中的适当规定来计收。

3. 对于寄往、寄自执行过渡办法国家和在这些国家之间互寄的函件流量所执行的费率为：

3.1 2014年：每件0.203特别提款权，每千克1.591特别提款权；

3.2 2015年：每件0.209特别提款权：每千克1.636特别提款权；

3.3 2016年：每件0.215特别提款权；每千克1.682特别提款权；

3.4 2017年：每件0.221特别提款权；每千克1.729特别提款权。

4. 对于年业务量低于75吨的函件流量，每千克费率和每件费率以每千克12.23件这一世界平均件数为基础折合成每千克总费率，但2014年除外，这一年将执行2013年的每千克总费率。适用的费率如下：

4.1 2014年：每千克4.162特别提款权；

4.2 2015年：每千克4.192特别提款权；

4.3 2016年：每千克4.311特别提款权；

4.4　2017年：每千克4.432特别提款权。

5.　对于年业务量超过75吨的函件流量，如果原寄指定经营者和寄达指定经营者都没有在修改机制的框架内要求根据每千克实际件数对费率进行修改，而不执行世界平均件数，则采用上述的每千克固定费率。为实行修改机制所必需的抽样统计按照函件细则中规定的条件进行。

6.　除非执行过渡办法的国家要求实行相反方向的修改机制，否则执行目标办法的国家不得对执行过渡办法的国家使用对第四款所指的总费率向下调整的机制。

7.　执行过渡办法国家的指定经营者可以根据函件细则中所规定的条件，自愿寄发按尺寸分类的函件。对于此类互换，适用第三款所规定的费率。

8.　执行目标办法国家的指定经营者对大宗函件所收取的酬金按照第三十条所规定的每件费率和每千克费率确定。对于所接收的大宗函件，执行过渡办法国家的指定经营者可以按照第三款所述的规定收取酬金。

9.　除有双边协议外，不允许对本条提出保留。

第三十二条　改善服务质量基金

1.　所有成员国和地区应该付给被大会以终端费和改善服务质量基金为目的划分在第5组内的国家的终端费，除M袋、国际商业回函邮件和大宗函件外，按照第三十一条所规定的费率加付20%，以便注入改善服务质量基金，用于改进第5组国家的业务质量。第5组国家之间不进行任何此类支付。

2.　被大会划分在第1组内的国家和地区付给被大会划分在第4组内的国家的终端费，除M袋、国际商业回函邮件和大宗函件外，按照第三十一条所规定的费率加付10%，以便注入改善服务质量基金，用于改进这一组国家的业务质量。

3.　被大会划分在第2组内的国家和地区付给被大会划分在第4

组内的国家的终端费，除M袋、国际商业回函邮件和大宗函件外，按照第三十一条所规定的费率加付10%，以便注入改善服务质量基金，用于改进这一组国家的业务质量。

4. 被大会划分在第1组内的国家和地区付给被大会划分在第3组内的国家的终端费，除M袋、国际商业回函邮件和大宗函件外，在2014年和2015年按照第三十一条所规定的费率加付8%，在2016年和2017年按照第三十条第十二款所规定的费率加付6%，以便注入改善服务质量基金，用于改进这一组国家的业务质量。

5. 被大会划分在第2组内的国家和地区付给被大会划分在第3组内国家的终端费，除M袋、国际商业回函邮件和大宗函件外，在2014年和2015年将按照第三十一条所规定的费率加付2%，以便注入改善服务质量基金，用于改进这一组国家的业务质量。

6. 以注入改善第3组至第5组国家的服务质量基金的名义支付的终端费，对于每一个受益国每年累积款额不能低于20000特别提款权。为了达到这一底限所需的补充款额由2010年以前执行目标办法的国家根据互换业务量按比例分担。

7. 地区性项目应该着重用于落实万国邮联改善服务质量的项目和在发展中国家建立成本核算系统。邮政经营理事会最迟将在2014年通过向这些项目提供资助的适当程序。

第三十三条　转运费

1. 两个指定经营者之间或同一个成员国的两个邮局之间互换的封固总包和散寄经转函件，经由另一个或另外几个指定经营者的业务部门（第三方业务）居间转运，应支付转运费。此项费用作为陆路转运、海路转运和航空转运业务的报酬。此项原则同样适用于误发函件和误发总包。

第二章　其他规定

第三十四条　基本运费率和关于航空运费的规定

1. 各指定经营者之间结算航空运费账目所实施的基本运费率，由邮政经营理事会批准。该费率由国际局根据函件细则中明确规定的公式予以计算。但是，适用于在商品退回业务范围内寄递的包裹的航空运输费率将根据邮政包裹细则中的规定进行计算。

2. 有关封固总包、散寄经转优先函件、航空函件、航空包裹、误发邮件和误发总包航空运费的计算以及此类运费的结算方式，按照函件细则和邮政包裹细则中的规定办理。

3. 全航段航空运费：

3.1　对于封固总包，包括需经由一个或多个经转指定经营者经转的总包，应由原寄国的指定经营者负担；

3.2　对于散寄经转的优先函件和航空函件，包括误发的函件在内，应由将这些函件转交给另一个指定经营者的指定经营者负担。

4. 免付陆路和海路转运费的函件，如果用航空运输，上述规定同样适用。

5. 在其国内利用航空运输进口国际函件的各寄达指定经营者，只要所利用航段的加权平均里程超过300千米，均有权要求偿还这一运输所产生的额外费用。邮政经营理事会可以用其他适当的标准替代加权平均里程。除同意免费运输的以外，对于由国外发来的所有优先总包和航空总包，不论是否由航空续运，应一律采用划一的国内航空续运费。

6. 然而，在寄达指定经营者收取的终端费酬金是特定地以成本或国内资费为依据时，则不得以国内航空续运费的名义加收任何酬金。

7. 寄达指定经营者在计算加权平均里程时，对于寄达指定经营者特定地以成本或国内资费为依据计收终端费酬金的所有总包的重量应予以排除。

第三十五条　邮政包裹陆路和海路运费应得部分

1. 两个指定经营者之间互换的包裹应支付进口陆路运费应得部分，这项进口陆路运费应得部分款额应根据细则中确定的每件包裹基本费率和每千克基本费率综合计算得出。

1.1　在上述基本费率的基础上，各指定经营者还可以根据细则中规定的条款，按每件包裹和每千克额外费率收取费用；

1.2　第一款和第一款第一项所指的运费应得部分，除邮政包裹细则中另有规定者外，应由原寄国的指定经营者负担；

1.3　进口陆路运费应得部分，对每个国家的全部领土应该划一。

2. 两个指定经营者之间或同一个国家的两个邮局之间利用另外一个或多个指定经营者的陆路业务部门互换的包裹，应向其业务部门参加陆路运输的指定经营者支付陆路转运费应得部分，这项陆路转运费应得部分由细则根据里程级别确定。

2.1　对于散寄经转的包裹，经转指定经营者有权依照细则中的规定对每件包裹收取一项划一的运费应得部分；

2.2　除邮政包裹细则另有规定者外，陆路转运费应得部分应由原寄国的指定经营者负担。

3. 其业务部门参加包裹海路运输的每一个指定经营者有权收取海路转运费应得部分。除邮政包裹细则另有规定者外，这些运费应得部分由原寄国的指定经营者负担。

3.1　对于所使用的每项海路运输业务，海路转运费应得部分由邮政包裹细则根据里程级别确定；

3.2　各指定经营者可以将根据第三款第一项规定计算出的海路转运费应得部分至多增加50%。与此相反，它们可以任意降低此项海路运费应得部分。

第三十六条　邮政经营理事会制订费率和运费应得部分款额的权力

1. 邮政经营理事会有权制订应由各指定经营者根据细则中规定的条件支付的下列费率和运费应得部分：

1.1　至少通过一个第三国处理和运输的函件总包的转运费；

1.2　适用于航空邮件的基本运费率和航空运费；

1.3　处理进口包裹的进口陆路运费应得部分；

1.4　通过第三国处理和运输的包裹的陆路转运费应得部分；

1.5　包裹海路运输的海路转运费应得部分；

1.6　通过邮政包裹办理商品退回业务的出口陆路运费应得部分。

2. 调整工作应以经济和财政方面的可靠而又有代表性的数据为依据，通过一种能确保参与服务的各指定经营者得到公正报酬的方法进行。可能作出的任何修改将自邮政经营理事会确定的日期起生效。

第三十七条　关于国际邮政互换账务结算和付款的特别规定

1. 以根据本公约办理的各项业务的名义进行的账务结算（包括邮件运输、发运的结算，寄达国邮件处理的结算和因邮件丢失、被窃或损毁而支付的补偿金的结算），应以公约和邮联其他法规的规定为基础并按照公约和邮联其他法规进行，除了邮联法规规定的情况以外，无须指定经营者准备文件。

第四部分　最后条款

第三十八条　有关公约和各项细则的提案获得通过的条件

1. 提交大会的有关本公约的提案应由出席会议并参加表决的有表决权的多数成员国通过，方为有效。表决时，至少应有半数参加大会并有表决权的成员国出席。

2. 有关函件细则和邮政包裹细则的提案应由邮政经营理事会有表决权的多数理事国通过，方为有效。

3. 在两届大会之间提出的有关本公约及其最后议定书的提案应具备下列条件方为有效：

3.1 有关修改的提案，须经三分之二票通过，而且至少有半数有表决权的邮联成员国参加表决；

3.2 有关对各条款作出解释的提案，须经多数票通过。

4. 虽有第三款第一项的规定，但任何成员国当其国家法令与提案中的修改有矛盾时，均有权向国际局总局长书面声明其不能接受此项修改，但此项声明须自修改通知发出之日起90天内提出。

第三十九条 大会期间提出的保留

1. 不允许提出与邮联的宗旨和目标相矛盾的任何保留。

2. 在一般情况下，任何不能使其他成员国接受自己的观点的成员国均应尽可能尊重大多数成员国的意见。保留应只在绝对必要的情况下提出，并以适当方式说明理由。

3. 对本公约条文提出的保留都必须按照大会议事规则的相关规定，用国际局的一种工作语文以书面提案的形式提交大会。

4. 提交大会的保留需根据不同的情况，由修改保留涉及的条文所要求的多数成员国通过，方为有效。

5. 原则上，保留应在提出保留的成员国和其他成员国之间在对等的基础上实行。

6. 对本公约提出的保留，将在经大会通过的提案的基础上，列入本公约的最后议定书。

第四十条 公约生效日期和有效期限

1. 本公约自2014年1月1日起生效，直至下届大会法规生效。

本公约正本经各成员国政府全权代表签署，交由国际局总局长存档，以兹信守。副本由万国邮政联盟国际局交各缔约国一份。

2012 年 10 月 11 日于多哈

万国邮政公约最后议定书

在签署本日缔结的万国邮政公约时，后列署名的全权代表议定以下各项：

第一条　邮件的归属、撤回、修改或更正名址

1. 第五条第一款和第二款的规定不适用于安提瓜和巴布达、巴林（王国）、巴巴多斯、伯利兹、博茨瓦纳、文莱达鲁萨兰国、加拿大、中国香港、多米尼加、埃及、斐济、冈比亚、大不列颠及北爱尔兰联合王国、联合王国的海外领地、格林纳达、圭亚那、爱尔兰、牙买加、肯尼亚、基里巴斯、科威特、莱索托、马来西亚、马拉维、毛里求斯、瑙鲁、尼日利亚、新西兰、乌干达、巴布亚新几内亚、圣克里斯托弗和尼维斯、圣卢西亚、圣文森特和格林纳丁斯、所罗门群岛、萨摩亚、塞舌尔、塞拉利昂、新加坡、斯威士兰、坦桑尼亚（联合共和国）、特立尼达和多巴哥、图瓦卢、瓦努阿图和赞比亚。

2. 第五条第一款和第二款的规定也不适用于奥地利、丹麦和伊朗（伊斯兰共和国），其国内法令规定，从通知收件人寄给他的邮件已经到达之时起，不允许寄件人申请撤回邮件或修改、更正名址。

3. 第五条第一款不适用于澳大利亚、加纳和津巴布韦。

4. 第五条第二款不适用于巴哈马、比利时、伊拉克、缅甸和朝鲜民主主义人民共和国，其国内法令不允许寄件人申请撤回邮件或修改、更正名址。

5. 第五条第二款不适用于美利坚合众国。

6. 第五条第二款仅在与该国的国内法令相一致的情况下适用于澳大利亚。

7. 因与本国海关法律相抵触，作为第五条第二款的例外，萨尔

瓦多、巴拿马（共和国）、菲律宾、刚果民主共和国和委内瑞拉（玻利瓦尔共和国）有权在收件人已申请清关之后，不退回邮政包裹。

第二条　资　费

1. 作为第六条规定的例外，当其国内法令允许收取相关资费时，澳大利亚、加拿大和新西兰有权收取各项细则规定以外的其他邮政资费。

第三条　盲人邮件免付邮费的例外

1. 由于印度尼西亚、圣文森特和格林纳丁斯和土耳其在其国内业务中未对盲人邮件实行免付邮费待遇，它们可以不执行第七条的规定，对这类函件有权收取邮资和特别业务资费，但所收费用不得超过国内业务的收费标准。

2. 法国将在其国内法令允许的范围内执行第七条关于盲人邮件的规定。

3. 作为第七条第三款的例外并根据其国内法令，巴西保留仅将寄件人和收件人都是盲人或者盲人机构的邮件视为盲人邮件的权利。不符合上述条件的邮件都需要交付邮政资费。

4. 作为第七条的例外，新西兰只同意将在其国内业务中免除邮政资费的邮件在新西兰作为盲人邮件投递。

5. 作为第七条的倒外。由于芬兰的指定经营者在其国内业务中对按照大会通过的第七条定义的盲人邮件不给予免除邮费待遇，它们有权对寄往国外的盲人邮件收取国内业务的资费。

6. 作为第七条的例外，加拿大、丹麦和瑞典仅在其国内法令允许的范围内，对盲人邮件给予免除邮费待遇。

7. 作为第七条的例外，冰岛只在其国内法令规定的限度内给予盲人邮件免除邮费待遇。

8. 作为第七条的例外，澳大利亚只同意将在其国内业务中以盲人邮件的名义免除邮政资费的邮件在澳大利亚作为盲人邮件投递。

9.作为第七条的例外，德国、美利坚合众国、澳大利亚、奥地利、加拿大、大不列颠及北爱尔兰联合王国、日本和瑞士可以收取其国内业务中对盲人邮件所实行的特别业务资费。

第四条　邮　票

1. 作为第八条第七款规定的例外，澳大利亚、英国、马来西亚和新西兰的各个指定经营者只在与相关的原寄指定经营者预先达成协议以后，才处理带有利用与它们的邮件处理机器不相匹配的新材料或新技术制作的邮票的函件或邮政包裹。

第五条　基本业务

1.尽管有第十三条的规定，澳大利亚不同意将基本业务延伸到邮政包裹。

2.由于其国家法令规定的重量限制较低，第十三条第二款第四项的规定不适用于英国。该国健康和安全方面的法律规定邮袋最高限重20千克。

3.作为第十三条第二款第四项的例外，哈萨克斯坦和乌兹别克斯坦有权将进口和出口M袋的最高重量限定为20千克。

第六条　回　执

1. 由于其国内业务中不办理包裹附寄回执业务，加拿大有权在包裹业务方面不执行第十五条第三款第三项的规定。

第七条　禁寄规定（函件）

1. 作为例外，黎巴嫩和朝鲜民主主义人民共和国不接收装有硬币、纸币，各类不记名票据，旅行支票，已加工或未加工的白金、黄金、白银，宝石，珠宝首饰和其他贵重物品的挂号函件。这两个国家在对挂号函件被窃、破损以及装有玻璃制品或易碎物品函件应承担的责任方面，均不能严格地按照函件细则的规定办理。

2. 作为例外，沙特阿拉伯、玻利维亚、中华人民共和国（香港特别行政区除外）、伊拉克、尼泊尔、巴基斯坦、苏丹和越南不接收装有硬币、钞票、纸币或者各类不记名票据，旅行支票，已加工或未加工的白金、黄金、白银，宝石，珠宝首饰和其他贵重物品的挂号函件。

3. 由于其国内法令不允许收寄装有第十八条第六款所指贵重物品的保价函件，缅甸保留不接收装有这类物品的保价函件的权利。

4. 除在这方面已订有特别协议者外，尼泊尔不接收装有纸币或硬币的挂号函件或保价函件。

5. 乌兹别克斯坦不接收装有硬币、钞票、支票、邮票或外国货币的挂号函件或保价函件，并对这类函件的丢失或损毁不承担责任。

6. 伊朗（伊斯兰共和国）不接收装有违反伊斯兰教物品的函件，并且保留不接收装有硬币、钞票，旅行支票，加工或未加工的白金、黄金或白银，宝石，珠宝首饰或其他贵重物品的各类函件（平常、挂号、保价）的权利，并对这类函件的丢失或损毁不承担责任。

7. 菲律宾保留不接收装有硬币、纸币或各类不记名票据，旅行支票，已加工或未加工的白金、黄金、白银，宝石或其他贵重物品的各类函件（平常、挂号或保价）的权利。

8. 澳大利亚不接收装有金条或钞票的任何函件。此外，澳大利亚不接收寄往该国或经该国散寄经转的装有诸如珠宝首饰、贵重金属、贵重或比较贵重的宝石等高价值物品以及证券、硬币或其他可流通票据的挂号函件。对违反上述保留交寄的函件，该国不承担任何责任。

9. 根据其国内规定，中华人民共和国（香港特别行政区除外）不接收装有硬币、钞票、纸币、各类不记名有价证券或旅行支票的保价函件。

10. 由于其国内法令的限制，拉脱维亚和蒙古国保留不接收装有硬币、钞票、不记名票据和旅行支票的平常函件、挂号函件或保价函件的权利。

11. 巴西保留不接收装有硬币、正在流通的钞票和任何不记名票据的平常函件、挂号函件或保价函件的权利。

12. 越南保留不接收装有物品或商品的信函的权利。

13. 印度尼西亚不接收装有硬币、钞票、支票、邮票、外国货币或各种不记名有价证券的挂号函件或保价函件，并对这类函件的丢失或损毁不承担责任。

14. 吉尔吉斯斯坦保留不接收装有硬币、纸币或各类不记名票据，旅行支票，已加工或未加工的白金、黄金、白银，宝石，珠宝首饰和其他贵重物品的各类函件（平常、挂号或保价和小包）的权利。该国对这类函件的丢失或损毁不承担任何责任。

15. 阿塞拜疆和哈萨克斯坦不接收装有硬币、钞票、纸币或各类不记名有价证券、支票、已加工或未加工的贵重金属、宝石、珠宝首饰和其他贵重物品以及外国货币的挂号函件或保价函件，并对这类函件的丢失或损毁不承担任何责任。

16. 摩尔多瓦和俄罗斯联邦不接收装有正在流通的钞票、不记名票据（支票）或外国货币的挂号函件和保价函件，并对这类函件的丢失或损毁不承担任何责任。

17. 如果装有商品的邮件不符合国内规章或国际规章的规定，或者不符合关于航空运输的技术和包装规定，法国保留拒绝接收这类邮件的权力，但并不损害第十八条第三款的规定。

第八条 禁寄规定（邮政包裹）

1. 由于其国内规章的限制，缅甸和赞比亚有权不接收装有第十八条第六款第一项第三目第一栏所指贵重物品的保价包裹。

2. 作为例外，黎巴嫩和苏丹不接收装有硬币，钞票或各类不记名有价证券，旅行支票，已加工或未加工的白金、黄金、白银，宝石和其他贵重物品的包裹，或者装有液体和易液化的物品、玻璃及类似制成品或易碎物品的包裹。这些国家不受邮政包裹细则相关条款的约束。

3. 由于其国内规章的限制，巴西有权不接收装有正在流通的硬币和钞票以及各类不记名有价证券的保价包裹。

4. 由于其国内规章的限制，加纳有权不接收装有正在流通的硬币和钞票的保价包裹。

5. 除第十八条所列举的物品以外，沙特阿拉伯不接收装有硬币、纸币或各类不记名有价证券，旅行支票，已加工或未加工的白金、黄金、白银，宝石和其他贵重物品的包裹。该国也不接收装有各类药品（附有官方主管机构开具药方的除外）、灭火产品、化学液体或违反伊斯兰教教规物品的包裹。

6. 除第十八条所列举的物品以外，阿曼不接收装有下列物品的包裹：

6.1 各类药品（附有官方主管机构开具药方的除外）；

6.2 灭火产品和化学液体；

6.3 违反伊斯兰教教规的物品。

7. 除第十八条所列举的物品以外，伊朗（伊斯兰共和国）有权不接收装有违反伊斯兰教教规的物品的包裹，并且保留不接收装有硬币、钞票，旅行支票，已加工或未加工的白金、黄金、白银，宝石，珠宝首饰或其他贵重物品的普通包裹或保价包裹的权利，并对这类邮件的丢失或损毁不承担任何责任。

8. 菲律宾有权不接收装有硬币、纸币或各类不记名有价证券，旅行支票，已加工或未加工的白金、黄金、白银，宝石或其他贵重物品的包裹，或者装有液体和易液化物品、玻璃或类似制成品或易碎物品的包裹。

9. 澳大利亚不接收装有金条或钞票的任何邮件。

10. 中华人民共和国不接受装有硬币、纸币或各类不记名有价证券，旅行支票，已加工或未加工的白金、黄金、白银，宝石或其他贵重物品的普通包裹。另外。除香港特别行政区以外，中华人民共和国还不接收装有硬币、纸币、各类不记名有价证券或旅行支票的保价包裹。

11. 蒙古国保留依照其国内法令不接收装有硬币、钞票、不记名票据和旅行支票的包裹的权利。

12. 拉脱维亚不接收装有硬币、钞票、各种不记名有价证券（支票）或外国货币的普通包裹和保价包裹，对这类邮件的丢失或损毁该国不承担任何责任。

13. 摩尔多瓦、乌兹别克斯坦、俄罗斯联邦和乌克兰不接收装有正在流通的钞票、各种不记名票据（支票）或外国货币的普通包裹和保价包裹，对这类邮件的丢失或损毁这些国家不承担任何责任。

14. 阿塞拜疆和哈萨克斯坦不接收装有硬币、钞票、纸币或各类不记名有价证券、支票、已加工或未加工的贵重金属、宝石、珠宝首饰和其他贵重物品以及外国货币的普通包裹和保价包裹，对这类邮件的丢失或损毁该国不承担任何责任。

第九条　应付关税的物品

1. 参照第十八条的规定，下列成员国不接收装有应付关税物品的保价邮件：孟加拉国和萨尔瓦多。

2. 参照第十八条的规定，下列成员国不接收装有应付关税物品的平常信函和挂号信函：阿富汗、阿尔巴尼亚、阿塞拜疆、白俄罗斯、柬埔寨、智利、哥伦比亚、古巴、萨尔瓦多、爱沙尼亚、哈萨克斯坦、拉脱维亚、摩尔多瓦、尼泊尔、乌兹别克斯坦、秘鲁、朝鲜民主主义人民共和国、俄罗斯联邦、圣马力诺、土库曼斯坦、乌克兰和委内瑞拉（玻利瓦尔共和国）。

3. 参照第十八条的规定，下列成员国不接收装有应付关税物品的平常信函：贝宁、布基纳法索、科特迪瓦（共和国）、吉布提、马里和毛里塔尼亚。

4. 虽有第一至第三款的规定，装有血清、疫苗以及供应困难的急救药品的邮件在各种情况下都应准于收寄。

第十条　查　询

1. 作为第十九条第三款的例外，沙特阿拉伯、佛得角、埃及、加蓬、联合王国的海外领地、希腊、伊朗（伊斯兰共和国）、吉尔吉斯斯坦、蒙古国、缅甸、乌兹别克斯坦、菲律宾、朝鲜民主主义人民共和国、苏丹、阿拉伯、叙利亚共和国、乍得、土库曼斯坦、乌克兰和赞比亚保留向其用户收取函件查询费的权利。

2. 阿根廷、奥地利、阿塞拜疆、立陶宛、摩尔多瓦和斯洛伐克可以不按照第十九条第三款的规定办理，保留在查询结果证明邮局没有责任的情况下，收取一项特别资费的权利。

3. 阿富汗、沙特阿拉伯、佛得角、刚果（共和国）、埃及、加蓬、伊朗（伊斯兰共和国）、吉尔吉斯斯坦、蒙古国、缅甸、乌兹别克斯坦、苏丹、苏里南、阿拉伯叙利亚共和国、土库曼斯坦、乌克兰和赞比亚保留向其用户收取包裹查询费的权利。

4. 作为第十九条第三款的例外，美利坚合众国、巴西和巴拿马（共和国）对于在按照第一至第三款的规定收取查询费的国家交寄的函件和邮政包裹，保留向用户收取同类费用的权利。

第十一条　递交海关验关费

1. 加蓬保留向其用户收取递交海关验关费的权利。

2. 作为第二十条第二款的例外，巴西保留对应受海关监管的各类邮件向其用户收取递交海关验关费的权利。

3. 作为第二十条第二款的例外，希腊保留对递交海关当局的所有邮件向其用户收取递交海关验关费的权利。

4. 刚果（共和国）和赞比亚保留对包裹向其用户收取递交海关验关费的权利。

第十二条　在国外交寄的函件

1. 美利坚合众国、澳大利亚、奥地利、大不列颠及北爱尔兰联合王国、希腊和新西兰对于根据第二十八条第四款的规定退回给它们的不是其业务部门收寄和寄发的函件，保留向寄退指定经营者收取一项与所引起的处理工作的成本相关联的资费的权利。

2. 作为第二十八条第四款规定的例外，加拿大保留向原寄指定经营者收取一项至少可以补偿为处理这类函件而付出的成本的酬金的权利。

3. 第二十八条第四款授权寄达指定经营者向收寄指定经营者收取投递在国外交寄的大宗函件的适当酬金。澳大利亚和大不列颠及北爱尔兰联合王国保留只支付根据寄达国对同类函件所实行的国内资费计算出来的款额的权利。

4. 第二十八条第四款授权寄达指定经营者向收寄指定经营者收取投递在国外交寄的大宗函件的适当酬金。下述成员国保留只在函件细则为大宗函件所规定的限度内支付此项酬金的权利：美利坚合众国、巴哈马、巴巴多斯、文莱达鲁萨兰国、中华人民共和国、大不列颠及北爱尔兰联合王国、联合王国的海外领地、格林纳达、圭亚那、印度、马来西亚、尼泊尔、新西兰、荷兰、荷属安的列斯和阿鲁巴、圣卢西亚、圣文森特和格林纳丁斯、新加坡、斯里兰卡、苏里南和泰国。

5. 尽管有上述第四款的保留，下列成员国仍保留对从邮联成员国收到的函件完全实施公约第二十八条规定的权利：德国、沙特阿拉伯、阿根廷、奥地利、贝宁、巴西、布基纳法索、喀麦隆、加拿大、塞浦路斯、科特迪瓦（共和国）、丹麦、埃及、法国、希腊、几内亚、伊朗（伊斯兰共和国）、以色列、意大利、日本、约旦、黎巴嫩、卢森堡、马里、摩洛哥、毛里塔尼亚、摩纳哥、挪威、葡萄牙、塞内加尔、瑞士、阿拉伯叙利亚共和国和多哥。

6. 为执行第二十八条第四款的规定，德国保留向函件的原寄国收取一项与应该向寄件人居住国收取的款额相当的酬金的权利。

7. 尽管有第十二条中提出的保留，中华人民共和国仍保留只在万国邮联公约和函件细则为大宗函件规定的限度内支付投递在国外交寄的大宗函件酬金的权利。

第十三条　基本运费率和关于航空运费的规定

1. 作为第三十四条规定的例外，澳大利亚保留对于通过包裹办理的商品退回业务执行邮政包裹细则中规定的航空运输费率或者采取其他方式（如双边协议）的权利。

第十四条　进口陆路运费例外应得部分

1. 作为第三十五条规定的例外，阿富汗保留对每件包裹收取7.50特别提款权附加进口陆路运费例外应得部分的权利。

第十五条　特殊资费

1. 美利坚合众国、比利时和挪威有权对航空包裹收取高于水陆路包裹的进口陆路运费应得部分。

2. 黎巴嫩有权对1千克以内的包裹收取适用于1～3千克包裹的进口陆路运费应得部分。

3. 巴拿马（共和国）有权对经转的空运水陆路（S.A.L.）包裹收取每千克0.20特别提款权的费用。

第十六条　邮政经营理事会制定费率和运费应得部分款额的权利

1. 作为第三十六条第一款第六项规定的例外，澳大利亚保留对于通过包裹办理的商品退回业务执行邮政包裹细则中规定的出口陆路运费应得部分或者采取其他方式（如双边协议）的权利。

　　以下全权代表签署了本最后议定书，它具有与公约本文本身各条款相同的效力和价值。本议定书正本由国际局总局长存档，以兹信守。副本由万国邮政联盟国际局递交各缔约国一份。

2012年10月11日于多哈

第二十五届万国邮联大会修订后的
《邮政支付业务协定》①

（中译本）

邮政支付业务协定

后列签署的邮联各成员国政府全权代表，根据1964年7月10在维也纳所签订的万国邮政联盟组织法第二十二条第四款的规定，一致同意签订下列协定，并遵守该组织法第二十五条第四款的规定。本协定遵循上述组织法的原则，以便利用有助于各指定经营者网络联合运作的系统，开办一项安全、方便和适应大多数使用者需求的支付业务。

---

① 中国于2012年10月16日签署，2015年8月2日核准协定，协定于2014年1月1日生效。

② 协定适用于香港及澳门特区。

第一部分
适用于邮政支付业务的共同原则

第一章
总　则

第一条　协定涵盖的范围

1. 各成员国应尽一切努力在其领土上至少提供下列邮政支付业务中的一项业务：

1.1 现金汇票：汇款人在指定经营者的业务受理点交付一笔资金，并要求用现金全额支付给收款人，不扣任何费用。

1.2 付款汇票：汇款人发出指令从其由指定经营者管理的账户中借记一笔款，并要求用现金全额支付给收款人，不扣任何费用。

1.3 存款汇票：汇款人在指定经营者的业务受理点交付一笔资金，并要求记入收款人的账户，不扣任何费用。

1.4 邮政转账：汇款人发出指令从其由指定经营者管理的账户中借记一笔款，并要求将等值的款项记入由兑付指定经营者管理的收款人账户贷方。

1.5 代收货款汇票：代收货款邮件的收件人在指定经营者的业务受理点交付一笔款或发出借记其账户的指令，并要求向代收货款邮件的寄件人支付邮件的寄件人所确定的完整款额. 不扣任何费用。

1.6 加急汇票：汇款人向指定经营者的业务受理点提交邮政支付凭证，并要求在不超过30分钟的时间内进行传输，应收款人的第一次请求在寄达国的任何业务受理点（根据寄达国的业务受理点清单）全额支付给收款人，不扣任何费用。

2. 细则中规定执行本协定所必需的各项措施。

第二条 定 义

1. 主管机构：指根据法律或法规所授予的权力监管指定经营者或本条所指人员活动的成员国国家机构。主管机构可以责成相关的行政或司法机构负责反洗钱和反资助恐怖主义斗争，特别是国家金融情报单位和监督机构。

2. 预付款：由发汇指定经营者向兑付指定经营者提前支付的部分款项，以便缓解兑付指定经营者邮政支付业务的资金状况。

3. 洗钱：指明知相关外汇是从犯罪行为或参与这类行为的活动得来的，仍进行这些外汇的兑换或转移，以便掩盖或隐瞒这些外汇的非法来源或者帮助曾经参加这类活动的人员逃避其行为的法律后果；即使洗钱是在另一个邮联成员国或第三国的领土上进行的，也应该视为洗钱。

4. 严格区分：必须将使用者的资金与指定经营者的资金分开，以防止将使用者的资金用于执行邮政支付业务作业以外的其他用途。

5. 票据交换所：在多边交换的范围内，票据交换所处理由一个经营者向另一个经营者提供业务所产生的相互间应付款和应收款。它的功能是对经营者之间的交换进行账务处理，并在发生结算事故时采取必要的措施。上述结算通过结算银行进行。

6. 冲抵：一种能够通过编制相关合作伙伴之间应付款和应收款的定期差额使应该进行的付款次数降到最低的办法。冲抵包括两个阶段：确定双边差额，然后通过将双边差额相加，计算每个合作伙伴在整个大家庭中的总体定位，以便根据相关清单中的付款方或收款方的定位只进行一次结算。

7. 集中账户：将不同来源的资金汇集在单一的账户中。

8. 关联账户：在双边关系的范围内，各指定经营者分别在对方机构开立邮政活期账户，通过这些账户来清算相互间的应付款和应收款。

9. 犯罪行为：指参与根据国家法令属于重罪或轻罪的各类行为。

10. 担保存款：为保证指定经营者之间的支付而以现金或票据的形式存入的款项。

11. 收款人：汇款人指定的作为汇票或邮政转账受益人的自然人或法人。

12. 第三货币：指在两种货币不能直接兑换时或为了进行账目冲抵/结算而使用的中间货币。

13. 针对使用者的警惕义务：指定经营者的一般性义务，包括下列义务：

13.1 认定使用者身份的义务；

13.2 了解邮政支付凭证目的的义务；

13.3 保管邮政支付凭证的义务；

13.4 审核使用者信息真实性的义务；

13.5 向主管机关报告可疑交易的义务。

14. 有关邮政支付凭证的电子信息：由一个指定经营者通过电子途径向另一个指定经营者传输的关于凭证的执行、查询、修改或更正名址或者退款的信息；这些信息可以是指定经营者采集的，也可以是它们的信息系统自动生成的，这些信息能指出邮政支付凭证状况的变化或关于凭证申请状况的变化。

15. 个人信息：认定汇款人或收款人身份所必要的信息。

16. 邮政信息：发送和跟踪邮政支付凭证执行情况以及统计和集中冲抵系统所必需的信息。

17. 电子数据交换（EDI）：利用与邮联的系统相兼容的网络和标准化格式，在计算机与计算机之间进行的关于业务信息的交换。

18. 汇款人：将符合邮联法规的邮政支付凭证交给指定经营者的自然人或法人。

19. 资助恐怖主义：资助恐怖主义的概念涵盖资助恐怖活动、恐怖分子和恐怖组织。

20. 使用者的资金：由汇款人递交给发汇指定经营者的款项，以便根据本协定及其细则的规定支付给汇款人指定的收款人。此款项可以用现金支付，也可以直接借记在发汇指定经营者的账簿中开立的汇款人账户，或者利用由汇款人提供给发汇指定经营者或其他金融经营者使用的其他安全的货币方式支付。

21．代收货款汇票：用来表示在投递代收货款邮件时所签发的邮政支付凭证的业务术语。

22．发汇货币：寄达国货币或者寄达国准许使用的用来开发邮政支付凭证的第三货币。

23．发汇指定经营者：根据邮联法规的规定向兑付指定经营者寄发邮政支付凭证的指定经营者。

24．兑付指定经营者：负责按照邮联法规的规定在收款人所在国执行邮政支付凭证的指定经营者。

25．有效期：邮政支付凭证可以有效地执行或撤回的期限。

26．业务受理点：使用者可以交寄或接收邮政支付凭证的实际地点或虚拟地点。

27．酬金：由于向收款人办理兑付而应由发汇指定经营者付给兑付指定经营者的款项。

28．可撤回性：在兑付以前或者在无法办理兑付的情况下有效期届满以前，汇款人撤回其邮政支付凭证（汇票或转账）的可能性。

29．补偿风险：与合同的某一部分的缺失相关联的风险，表现为丢失风险或可流动性风险。

30．流动性风险：补偿方或结算系统的参加者处于暂时不可能按期偿付全部欠款所致的风险。

31．可疑交易的通报：根据国家法令和邮联的决议，指定经营者向本国主管机关通报关于可疑交易信息的义务。

32．跟踪和定位：能够跟踪邮政支付凭证的发运路线和随时确定其所处位置及其执行情况的系统。

33．资费：汇款人因一项邮政支付业务而应向发汇指定经营者支付的款项。

34．可疑交易：与洗钱或资助恐怖主义犯罪行为相关联的偶发或多发的邮政支付凭证或关于邮政支付凭证的退款申请。

35．使用者：按照本协定的规定使用邮政支付业务的自然人或法人，即汇款人或收款人。

第三条　经营者的指定

1. 各成员国应在大会闭幕以后6个月内将负责监督邮政支付业务的政府机构名称和地址通知国际局。另外，各成员国还应在大会闭幕以后6个月内将正式指定的负责在其领土内通过其网络经营邮政支付业务和履行邮联法规所产生的义务的一个或多个经营者的名称和地址通知国际局。在两届大会之间，任何有关政府机构和正式指定的经营者的变化情况都应及时通知国际局。

2. 指定经营者根据本协定提供邮政支付业务。

第四条　成员国的权限

1. 在指定经营者（一个或多个）缺少的情况下，各成员国应采取必要措施确保邮政支付业务的连续性，并且不影响这个或这些指定经营者根据邮联法规的规定对其他指定经营者应承担的责任。

2. 在指定经营者（一个或多个）缺少的情况下，各成员国应通过国际局将下列事项通知参加本协定的其他成员国：

2.1 从指定的日期起直到发出新的通知，暂停其国际邮政支付业务；

2.2 由可能的新的指定经营者负责为恢复这些业务所采取的措施。

第五条　经营职权

1. 指定经营者负责对其他经营者和使用者执行邮政支付业务。

2. 指定经营者按照国内法令承担风险，例如经营风险、流动性风险和补偿风险。

3. 为了开办相关成员国委托其办理的邮政支付业务，各指定经营者应与所选定的指定经营者签订双边或多边协议。

第六条　邮政支付业务资金的归属

1. 除了代收货款汇票的资金以外，为了执行邮政支付凭证而用现金交付的资金款额或记入账户借方的资金款额，在兑付给收款人或者记入收款人账户贷方以前，归汇款人所有。

2. 除了代收货款汇票的资金以外，在邮政支付凭证的有效期内，只要相关款额还没有兑付给收款人或者记入收款人账户贷方，汇款人可以将其撤回。

3. 为了执行代收货款汇票而用现金交付的资金款额或记入账户借方的资金款额，从汇票开发时刻起即归代收货款邮件的寄件人所有。因此，这类支付凭证是不可撤回的。

第七条　反洗钱、反资助恐怖主义和反金融犯罪斗争

1. 各指定经营者应采取各种必要的手段来履行国内和国际法令所规定的义务，其中包括关于反洗钱、反资助恐怖主义和反金融犯罪斗争的义务。

2. 各指定经营者应该按照国内法律和规章的规定，向本国的主管机关通报可疑交易。

3. 在使用者身份的认定、必要的警惕措施以及反洗钱、反资助恐怖主义和反金融犯罪斗争方面规章的执行程序方面，细则中规定了各指定经营者的详细义务。

第八条　保密和个人信息的使用

1. 各成员国及其指定经营者应遵照国内法令及必要时的国际义务和细则中规定的义务，确保个人信息的保密和安全。

2. 个人信息只能用于根据国内法令和适用的国际义务收集这些

信息的既定目的。

3. 个人信息只能通报给适用的国家法令准予获取这些信息的第三者。

4. 各指定经营者应将个人信息的使用和采集这些信息的目的通知其用户。

5. 执行邮政支付凭证所必需的信息是保密的。

6. 为了统计的目的，及必要时为了进行业务质量评估和集中冲抵，各指定经营者至少每年应向万国邮政联盟国际局通报一次邮政信息。国际局将保密地处理所有个体邮政信息。

第九条　技术中立

1. 办理本协定中规定的业务所必需的信息交换按照技术中立的原则来管理，这就意味着办理这些业务不是依靠应用特定的技术。

2. 执行邮政支付凭证的方式，例如受理、采集、寄发、兑付、退款、查询处理的条件或者收款人可以兑付资金的期限，可以视传递邮政支付凭证所利用的技术不同而有所不同。

3. 可以综合利用不同的技术来办理邮政支付业务。

第二章　一般原则和业务质量

第十条　一般原则

1. 通过网络办理业务

1.1 各指定经营者利用自己的网络或者其他任何合作网络提供邮政支付业务，以便确保尽可能多的使用者可以办理这些业务。

1.2 所有使用者都可以办理邮政支付业务，不论与指定经营者是否有合同或商务关系。

2. 资金分开

2.1 对使用者的资金要严格区分。这些资金及其所产生的资金流应与经营者的其他资金和资金流分开，特别是经营者本身的资金。

2.2 各指定经营者之间酬金的结算要与使用者资金的结算分别进行。

3. 邮政支付凭证的发汇货币和兑付货币

3.1 邮政支付凭证的款额用寄达国货币或者寄达国允许的其他货币表示和兑付。

4. 不可拒绝履行性

4.1 通过电子方式传输邮政支付凭证应遵守不可拒绝履行性原则，根据该原则，在报文符合适用的技术标准的情况下，发汇指定经营者不能质疑凭证的存在，兑付指定经营者不能否认确实收到凭证。

4.2 通过电子方式传输的邮政支付凭证的不可拒绝履行性应该通过技术手段来保证，而不论各指定经营者采用了何种系统。

5. 邮政支付凭证的执行

5.1 在各指定经营者之间传送的邮政支付凭证应该按照本协定和国内法令的规定来执行。

5.2 在各指定经营者的网络中，汇款人交付发汇指定经营者的款额与兑付指定经营者兑付给收款人的款额应该相同。

5.3 向收款人兑付汇款不应与兑付指定经营者是否收到汇款人的相应资金相联系。只要发汇指定经营者对兑付指定经营者遵守了预付款和向关联账户续存款的义务，就应该进行兑付。

6. 资费的制订

6.1 发汇指定经营者制订邮政支付业务的资费。

6.2 在资费之外，对于汇款人要求的选择性业务或附加业务可以加收费用。

7. 资费的免除

7.1 万国邮政公约中关于战俘邮件和被拘禁平民邮件免除邮费的规定也适用于为这类收款人提供的邮政支付业务。

8. 兑付指定经营者的酬金

8.1 兑付指定经营者可以为执行邮政支付凭证向发汇指定经营者

收取这项酬金。

9. 各指定经营者之间的结算周期

9.1 由汇款人付给收款人或记入收款人账户贷方的款额在各指定经营者之间的结算周期可以与为结算各指定经营者之间的酬金所确定的周期不同。兑付给收款人或记入收款人账户贷方的款额至少应每个月结算一次。

10. 向使用者通报信息的义务

10.1 使用者有权获知下列信息：办理邮政支付业务的条件、资费、费用、兑换率和兑换方式、承担责任的条件以及咨询和查询部门的地址。这些信息应公布并通知所有汇款人。

10.2 上述信息应免费提供。

第十一条 业务质量

1. 各指定经营者可以决定通过一个共同标志来识别邮政支付业务。

2. 邮政经营理事会确定通过电子方式传输的邮政支付凭证的业务质量目标、内容和标准。

3. 对于通过电子方式传输的邮政支付凭证，各指定经营者应该执行基本的业务质量内容和标准。

第三章
与电子数据交换有关的原则

第十二条 联合运作

1. 网络

1.1 为了确保在所有指定经营者之间交换执行邮政支付业务所必需的信息和对业务质量进行监督，各指定经营者应按照本协定的规定使用万国邮联的电子数据交换（EDI）系统或者能确保邮政支付业务联合运作的其他任何系统。

第十三条　电子交换的安全保证

1. 各指定经营者应对其设备的正常运行负责。
2. 应该加强电子信息传输的安全保证，以确保所传输信息的可靠性和完整性。
3. 各指定经营者应根据国际标准确保交易的安全。

第十四条　跟踪和定位

1. 各指定经营者所使用的系统应该能够保证在邮政支付凭证兑付给收款人或记入收款人账户贷方以前，或者在必要时退还给汇款人以前，能够对这些凭证的处理情况进行跟踪和由汇款人撤回相关凭证。

第二部分
适用于邮政支付业务的规则

第一章
邮政支付凭证的处理

第十五条　邮政支付凭证的收寄、采集和传输

1. 邮政支付凭证的收寄、采集和传输条件在细则中规定。
2. 邮政支付凭证的有效期不能延长。该有效期在细则中规定。

第十六条　资金的审核和兑付

1. 在根据国内法令确认收款人身份，并证实收款人所提供的信息相符以后，兑付指定经营者用现金进行兑付。对存款汇票或转账的款额，则记入收款人账户贷方。

2. 资金兑付的期限在各指定经营者之间的多边或双边协议中确定。

第十七条　最高款额

1. 各指定经营者应将其根据国内法令确定的汇出和接收的最高款额通知万国邮政联盟国际局。

第十八条　退　款

1. 退款的范围

1.1 在邮政支付业务的范围内，退款包括邮政支付凭证上用发汇国货币表示的全部款额。应该退回的款额与汇款人交付的款额或记入其账户借方的款额相等。在指定经营者发生差错时，邮政支付业务的资费也应加入退款款额。

1.2 代收货款汇票不能退款。

第二章
查询和责任

第十九条　查　询

1. 在受理邮政支付凭证的次日起6个月内接受查询。

2. 各指定经营者有权按照其国内法令向用户收取邮政支付凭证

的查询费。

第二十条　各指定经营者对使用者应承担的责任

1. 资金的处理

1.1 除了代收货款汇票以外，发汇指定经营者就汇款人在窗口交付的款额或记入其账户借方的款额，在下述时刻以前应对汇款人承担责任。

1.1.1 邮政支付凭证已经正常兑付；

1.1 2 已经记入收款人账户贷方；

1.1.3 相关款项已经用现金或者通过记入其账户贷方退还汇款人；

1.2 如果是代收货款汇票，发汇指定经营者对汇款人在窗口交付的款额或记入其账户借方的款额，在代收货款汇票已经正常兑付或记入受益人账户贷方以前，对受益人承担责任。

第二十一条　各指定经营者之间的义务和责任

1. 每个指定经营者对其本身的差错承担责任。

2. 承担责任的方式和范围在细则中规定。

第二十二条　各指定经营者责任的免除

1. 各指定经营者对下列情况不承担责任；

1.1 在执行业务时发生的延误；

1.2 有关邮政支付业务的资料因不可抗力事故而损毁，致使指定经营者不能报告邮政支付凭证的执行情况，但能用其他方式证明指定经营者应当承担责任的情况除外；

1.3 损失是由于汇款人的错误或疏忽造成的，特别是关于应该提供有关邮政支付凭证的准确信息的义务，其中包括关于所交付资金来源的合法性以及邮政支付凭证用途的信息；

1.4 所交付的资金被没收；

1.5 涉及战俘或被拘禁平民的资金；

1.6 使用者在本协定中规定的期限内没有提出任何查询；

1.7 发汇国规定的邮政支付业务时效期已过。

第二十三条　关于责任的保留

1. 除有双边协议以外．对第二十条至第二十二条中关于责任的规定不能提出保留。

第三章
财务关系

第二十四条　账务和财务规则

1. 账务规则

1.1 各指定经营者应遵守细则中规定的账务规则。

2. 月账单和总账单的编制

2.1 兑付指定经营者为每一个发汇指定经营者编制邮政支付业务兑付款额月账单。月账单按照相同的周期汇总到总账单中，总账单应包括预付款，并结出应付的差额。

3. 预付款

3.1 在各指定经营者之间的互换不平衡时，发汇指定经营者应在周期开始时每个月至少向兑付指定经营者进行一次预付款。当互换结算频次的增加使结算周期低于一个星期时，各经营者可以商定放弃此项预付款。

4. 集中账户

4.1 原则上，每个指定经营者都应拥有一个使用者资金专用的集中账户。这些资金只能用于向兑付指定经营者结算对付给收款人的邮政支付凭证，或者为未能执行的邮政支付凭证向汇款人进行退款。

4.2 如果指定经营者进行了预付款，这些预付款应记入兑付指定经营者专用集中账户的贷方。预付款只能用于向收款人进行兑付。

5. 担保存款

5.1 可以根据细则中规定的条件要求进行担保存款。

第二十五条 结算和冲抵

1. 集中结算

1.1 各指定经营者之间的结算可以根据细则中规定的方式通过一个集中票据交换所办理。结算利用各指定经营者的集中账户进行。

2. 双边结算

2.1 以总账单的差额为基础结算

2.1.1 原则上，不是集中冲抵系统成员的指定经营者以总账单的差额为基础进行结算。

2.2 关联账户

2.2.1 在指定经营者拥有邮政支票机构时，它们可以相互开立关联账户，通过这些关联账户来结算彼此间与邮政支付业务有关的应付款和应收款。

2.2.2 如果兑付指定经营者没有邮政支票机构，关联账户可以开立在其他金融机构。

2 3 结算货币

2.3.1 结算利用寄达国货币或者各指定经营者之间商定的第三货币进行。

第三部分
过渡条款和最后条款

第二十六条 大会期间提出的保留

1. 不允许提出与万国邮联的宗旨和目标相矛盾的任何保留。

2. 在一般情况下，任何不能使其他成员国接受自己观点的成员国均应该尽可能尊重大多数成员国的意见。保留只能在绝对必要的情况下提出，并以适当方式说明理由。

3. 对本协定条文提出的保留都必须按照大会议事规则的相关规定，用国际局的一种工作语文，以书面提案的形式提交大会。

4. 提交大会的保留需根据每次不同情况，由修改保留所涉及条文所要求的多数成员国通过，方为有效。

5. 原则上，保留应在提出保留的成员国和其他成员国之间在对等的基础上实行。

6. 对本协定提出的保留应在经大会通过的提案的基础上，列入本协定的最后议定书。

第二十七条　最后条款

1. 必要时，在本协定没有明确规定的各个方面，可以比照执行公约的规定。

2. 组织法第四条的规定不适用于本协定。

3. 有关本协定及其细则的提案获得通过的条件：

3.1 提交大会的有关本协定的提案应由参加本协定并有表决权的出席会议并参加表决的多数成国通过，方为有效。表决时，至少应有参加大会并有表决权的成员国半数出席。

3.2 有关本协定细则的提案应由签署本协定或参加本协定的邮政经营理事会出席会议并参加表决的有表决权的多数理事国通过，方为有效。

3.3 在两届大会之间提出的有关本协定的提案应具备下列条件方为有效：

3.3.1 有关增加新条款的提案，须经三分之二通过，而且至少有半数参加本协定并有表决权的成员国参加表决；

3.3.2 有关修改本协定规定的提案，须经多数通过，而且至少有半数参加本协定并有表决权的成员国参加表决；

3.3.3 有关对本协定各条款作出解释的提案，须经多数通过。

3.4 尽管有第三款第三项第一目的规定，任何成员国当其国内法令与提案中的增加内容相矛盾时，均有权向国际局总局长书面声明其不能接受此项增加内容，但此项声明必须自新增条文通知发出之日起90天内提出。

第二十八条 邮政支付业务协定的生效日期和有效期限

本协定自2014年1月1日起生效，在下届大会法规生效之前一直有效。

本协定正本经缔约国政府全权代表签署，交由国际局总局长存档，以兹信守。副本由万国邮政联盟国际局交各缔约国一份。

2012年10月11日于多哈

北太平洋公海渔业资源养护和管理公约①②

各缔约方，

承诺确保长期养护和可持续利用北太平洋渔业资源，保护渔业资源分布其中的海洋生态系统；

忆及一九八二年十二月十日《联合国海洋法公约》、一九九五年十二月四日《关于执行1982年12月10日〈联合国海洋法公约〉有关养护和管理跨界鱼类种群和高度洄游鱼类种群规定的协定》以及一九九三年十一月二十四日《促进公海上渔船遵守国际养护和管理措施的协定》，并考虑1995年10月31日联合国粮食及农业组织第28届大会通过的《负责任渔业行为守则》以及2008年8月29日联合国粮食及农业组织通过的《公海底层渔业管理国际指南》；

意识到联合国大会61/105和64/72决议的呼吁，逐步保护受破坏性渔业重大影响的脆弱海洋生态系统及相关物种，以及60/31决议鼓励各国，认识到一九九五年十二月四日《关于执行1982年12月10日〈联合国海洋法公约〉有关养护和管理跨界鱼类种群和高度洄游鱼类种群规定的协定》的基本原则也将应用于公海各鱼种；

认识到用以了解此区域海洋生物多样性和海洋生态而收集科学数据的必要性以及评估渔业对海洋生物和脆弱海洋生态系统的影响；

意识到有必要避免对海洋环境造成的不利影响，保护生物多样性，维持海洋生态系统的完整，并将捕鱼作业产生的长期或不可逆

---

① 中国于2013年3月8日签署，2014年11月28日核准公约。公约于2015年7月19日生效。

② 公约暂不适用香港及澳门特区。

转影响的危险降低到最小程度；

关注未受管理的底层渔业可能对北太平洋海域海洋生物和脆弱海洋生态系统造成的不利影响；

进一步承诺执行负责任渔业行为，有效合作消除非法、不报告和不受管制捕鱼（"IUU捕鱼"）及其对世界渔业资源和渔业资源依赖的生态系统状况的有害影响；

达成协议如下：

第一条　使用的术语

一、为本公约目的：

（一）"1982年公约"是指一九八二年十二月十日《联合国海洋法公约》；

（二）"1995年协定"是指一九九五年十二月四日《关于执行1982年12月10日〈联合国海洋法公约〉有关养护和管理跨界鱼类种群和高度洄游鱼类种群的规定的协定》；

（三）"底层渔业"是指在正常捕鱼操作中，渔具可能接触海床的捕鱼活动；

（四）"一致同意"是指在决策时，没有任何正式反对意见；

（五）"缔约方"是指同意受本公约约束以及本公约对其生效的任何国家；

（六）"公约区域"是指根据公约第四条，第一段规定适用的区域；

（七）"FAO国际指导准则"是指随时可能修正的2008年8月29日在罗马通过的《FAO关于公海中深海渔业管理国际指导准则》；

（八）"渔业资源"是指在公约区域内，由渔船捕获的所有鱼类、软体动物、甲壳纲动物和其他海洋生物，但不包括：

1. 依据1982年公约第七十七条第四款受沿海国管辖的定居物种和依照本公约第十三条第五款中定义的脆弱海洋生态系统标志性生物；

2. 降河产卵物种；

3. 海洋哺乳动物、海洋爬行动物和海鸟；以及

4. 现有国际渔业管理机制已管理的其他海洋物种；

（九）"捕鱼活动"是指：

1. 实际或试图搜寻、捕捞、采捕或捕获鱼类资源；

2. 从事任何可被合理地认为导致对鱼类资源的定位、捕捞、采捕或捕获的活动，无论目的为何；

3. 在海上对渔业资源的加工和在海上或港口进行渔业资源的转载；以及

4. 任何为以上1至3条描述的海上操作直接支持或进行准备的活动，但不包括任何为船员健康和安全或渔船安全而进行的应急操作；

（十）"渔船"是指任何为捕鱼目的使用或准备使用的船舶，包括水产加工船、补给船、运载船和任何其他直接介入捕鱼作业的船舶；

（十一）"IUU捕鱼"是指2001年联合国粮食及农业组织《预防、制止和消除非法、不报告、不受管制捕鱼国际行动计划》第三款定义的活动以及委员会决定的其他任何活动；

（十二）"预防性做法"是指1995年协定第六条规定的预防措施；

（十三）"区域经济一体化组织"是指其成员将本公约涵盖的事务的决定权，包括就这些事务做出对其成员有拘束力决定的权力，转移给该组织的区域经济一体化组织；

（十四）"转载"是指在海上或在港口将一艘渔船上捕自公约区域的全部或部分渔业资源或渔业资源产品卸到另一艘渔船上的行为。

第二条　目　标

本公约目标是，确保在公约区域内渔业资源的长期养护和可持续利用，并保护渔业资源所处的北太平洋海洋生态系统。

第三条　基本原则

为有效实现公约目标，将适时单独或联合采取下列行动：

（一）促进最佳的利用渔业资源，确保渔业资源的长期可持续性；

（二）在可获得的最佳科学信息基础上采取措施，保证渔业资源维持或恢复到最大可持续量的水平，重视渔业模式、相互依赖的种群和任何被广泛推荐的无论是次区域、区域性或全球性的国际最低标准；

（三）依据相关国际法律和规定，特别是1982年公约和1995年协定及其他相关国际协定，通过并实施与预防性做法和生态系统做法相一致的措施；

（四）评估渔业活动对其所处的生态系统相关或依附物种的影响。必要时，在其再生能力受到严重威胁前，为维持或恢复此类物种的数量而采取养护和管理措施；

（五）保护海洋环境生态多样性，包括防止对脆弱海洋生态系统造成重大不利影响，参考包括FAO国际指导准则在内的任何相关国际标准或准则；

（六）预防和消除过度捕捞和捕捞能力过剩，保证渔业能力或渔获水平是建立在可获得的最佳科学信息基础上，与渔业资源可持续利用相称；

（七）确保与渔业活动相关数据的全面且准确，包括由缔约方及时和用适当的方式收集和共享的公约区域内主捕和非主捕品种数据；

（八）确保任何扩大捕捞能力、发展新型或探索型渔业或改变现有渔业使用的渔具的行为，只有在预先评估此类渔业活动对长期可持续性渔业影响的前提下才能进行。在确保此类活动不会对脆弱海洋生态系统产生重大负面影响，或保证采取行动设法防止此类影响前，不做出有关决定；

（九）根据1995年协定第七条，确保公海跨界鱼种的养护和管理措施和适用于国家管辖水域同一渔业资源的养护和管理措施互不抵触，以确保对这一渔业资源养护和管理的完整性；

（十）保证有效遵守养护和管理措施，适用于违法行为的制裁应足够严厉，以阻止在任何地方发生违法行为，并应剥夺违法者从非法活动中得到的利益；

（十一）通过采取措施，包括开发和使用精心选择的、环保、成本效益高的渔具和技术，最大程度减少来自渔船的污染和废弃物、抛弃的渔获、丢失或遗弃网具的行为以及对其他物种和海洋生态系统的影响；以及

（十二）以公平、透明、非歧视的方式，在国际法框架下实施本公约。

第四条　适用区域

一、本公约适用北太平洋公海水域，但不包括白令海和单一国家的专属经济区包围的公海水域。适用区域南部界限为自环绕北马里亚纳群岛的美国管辖水域外限起，沿北纬20度线，向东连接下列坐标点的连续线：

- 北纬20度，东经/西经180度；
- 北纬10度，东经/西经180度；
- 北纬10度，西经140度；
- 北纬20度，西经140度；以及
- 向东至墨西哥管辖水域外限交汇处。

二、本公约，及实行本公约的任何行动和活动不构成承认本公约任何缔约方对水域和区域的法律地位和范围所表达的主张或立场。

第五条　委员会的建立

一、在此建立北太平洋渔业委员会，以下称"委员会"，将根据本公约履行其职能。每一缔约方将是委员会成员。

二、本公约提到的捕鱼实体可以按附件参与委员会的工作。捕

鱼实体参与委员会的工作将不构成违背国际法的实践，包括1982年公约。

三、委员会应至少每两年举行一次例会，会议时间和地点由委员会决定。在必要时，为履行公约框架内的职责，委员会可举行其他会议。

四、委员会任一成员可以要求委员会召开会议，但需经多数成员同意。主席将适时召开此类会议，并可在征询成员的意见后就会议召开的时间和地点做出决定。

五、委员会应从来自不同的缔约方代表中选举出一名主席和一名副主席，任期两年，并应可连选连任，但相同身份连续任期不得超过四年。主席和副主席应一直留任，直至选举产生新的主席和副主席。

六、委员会及其附属机构会议的召开频度、会期和安排应适用成本效益原则。

七、委员会应具有国际法人地位，并具有为行使其职能和实现本公约目标所需的法律地位。委员会和其官员在一个缔约方领土具有的豁免和特权受委员会和该缔约方之间的协议限制。

八、委员会及其附属机构的所有会议应对根据委员会议事规则认可的观察员开放。相关文件应按照此类议事规则对外公开。

九、委员会可根据需要建立包括执行秘书和其他工作人员在内的常设秘书处，并且/或者和现有的组织秘书处签订服务合同。任何执行秘书需在缔约方许可下任命。

第六条　附属机构

一、在此建立一个科学分委会和一个技术和执法分委会。经协商一致，委员会也可随时建立其他附属机构以达到委员会目标。

二、每一附属机构在每次会议后，应向委员会提交工作报告，其中包括向委员会提出的意见和建议。

三、附属机构可以建立工作组，并可按委员会指导寻求外部意见。

四、附属机构向委员会负责并按照委员会的议事规则运作，除非委员会另有决定。

第七条　委员会职能

一、根据本公约第三条的原则以及基于可获得的最佳科学信息和科学分委会的建议，委员会将：

（一）通过养护和管理措施，以保证公约区域内渔业资源的长期可持续性，包括委员会可能决定的此类渔业资源的总允许捕捞量或总允许捕捞强度的水平；

（二）保证总允许捕捞量或总允许捕捞强度符合科学分委会的意见和建议；

（三）必要时，通过同一生态系统中的物种或依赖于或附属于主捕品种的养护和管理措施；

（四）必要时，为实现公约目标，通过任何渔业资源和同一生态系统中的物种或依赖于或附属于主捕品种的管理机制；

（五）通过养护和管理措施，防止对公约区域内脆弱海洋生态系统造成重大负面影响，包括但不局限于：

1. 指导和审议评估渔业活动是否对特定水域的生态系统造成影响；

2. 评估正常的底层渔业活动对脆弱海洋生态系统造成的不可预料的影响；

3. 视情决定不能开展渔业活动的区域；

（六）决定参与现有渔业的属性和内容，包括通过分配捕捞机会；

（七）经协商一致，决定公约区域内任何新渔业的范围和条件，以及参与这类渔业的属性和内容，包括通过分配捕捞机会；

（八）决定新缔约方获得渔业利益的方式，应在一定程度上符合公约范围内渔业资源长期可持续养护的需要。

二、委员会应通过措施，保证有效的监测、控制、监视和执行公约及委员会通过的措施。为此目的，委员会将：

（一）建立规范和监督转载捕自公约区域的渔业资源和渔获产品的程序，包括向委员会报告任何转载的地点和数量；

（二）参考相关国际标准和准则，研究并实施北太平洋渔业观察员计划（以下称"观察员计划"）；

（三）建立对公约区域作业渔船的登临检查程序；

（四）建立适当的合作机制以有效监测、控制和监视，确保执行委员会通过的养护和管理措施，包括预防、制止和消除IUU捕鱼；

（五）制订供委员会成员通过公约区域作业渔船上安装的实时卫星定位传送器报告船舶移动和活动情况的标准、规范和程序，以及按照这类程序，协调成员的卫星船舶监测系统及时传播数据；

（六）建立捕捞渔船在捕捞或计划捕捞公约区域渔业资源时，及时向委员会报告进入和离开公约区域的程序；

（七）制订适当的与国际法一致的非歧视性的市场相关措施，以预防、制止和消除IUU捕鱼；以及

（八）建立审议本公约和按照本公约通过的措施执行情况的程序。

三、委员会应：

（一）协商一致通过或必要时修改召开会议和实施其职能的规则，包括议事规则，财务规则和其他规则；

（二）通过科学分委会、技术和执法分委会以及必要时其他附属机构的工作计划和职能；

（三）参考科学分委会在科学基础上提出的需委员会决定采取的任何对渔业资源和同一生态系统中的物种或依赖于或附属于主捕品种的养护和管理措施的问题，评估并处置渔业活动对脆弱海洋生态系统的影响；

（四）为公约区域内任何实验性、科学性或探索性的渔业活动建立定义和条件，决定任何有关渔业资源、脆弱海洋生态系统和同一生态系统中的物种或依赖于或附属于主捕品种的科学合作研究范围；

（五）随时通过并修正脆弱海洋生态系统中应禁止直接捕捞的指定物种名录；

（六）指导委员会外部关系；以及

（七）完成有助于实现公约目标的其他职能和活动。

第八条 决 策

一、作为一般准则，委员会的决策应协商一致做出。

二、除本公约明确规定需要协商一致的情况外，如主席认为经一切努力无法协商一致地做出决定时：

（一）委员会有关程序性问题的决定，应由参与赞成或反对投票的多数委员会成员做出；

（二）委员会有关实质问题的决定，应由参与赞成或反对投票的四分之三多数委员会成员做出。

三、一个问题是否是实质问题，该问题应被认为是实质问题。

四、一个决定只有在至少三分之二成员出席会议的情况下才能做出。

第九条 执行委员会决定

一、委员会通过的拘束性决定将按下列方式生效：

（一）在委员会通过一项决定后，委员会主席应及时书面通知所有委员会成员；

（二）该决定应在主席按照本款第（一）项通知所有委员会成员的日期90天后，对委员会所有成员生效，除非决定中另有规定；

（三）任何委员会成员可以对一项决定提出反对，但仅在其认为该决定与本公约规定或1982年公约或1995年协定不符，或该决定在形式上或事实上对该成员造成不公正的歧视的情况下才可提出；

（四）如一个委员会成员提出反对意见，该成员应在本款第（二）项规定的一项决定具有拘束力的日期至少两周前，以书面方式通知委员会主席。在此情况下，该决定涉及反对事项的部分对该委员会成员不具有拘束力，但对其他成员仍具有拘束力，除非委员会另有决定；

（五）根据本款第（四）项提出反对意见的任一委员会成员，应说明该决定与本公约规定或1982年公约或1995年协定不符，或该决定在形式上或事实上对该成员造成不公正的歧视，并以书面方式解释其立场。该成员必须同时采取并实施与其反对的决定具有同等效果的替代措施，并在同一日期实施；

（六）主席应及时将根据本款第（四）项和第（五）项收到的详细意见和解释向委员会所有成员散发；

（七）如委员会的一个成员按照本款第（四）项和第（五）项提出反对意见，在任何其他委员会成员请求下，委员会应召开会议，对被提出反对的决定进行审议。委员会将在其预算内，邀请两名或两名以上的来自非委员会成员，且具有充分的有关渔业和相关区域渔业管理组织知识的国际法专家参加会议，就相关问题向委员会提供建议。这些专家的选择和活动应按照委员会通过的程序进行；

（八）委员会会议将考虑提出反对意见的委员会成员其意见是否合理，其采取的替代措施与其反对的决定是否具有同等效果；

（九）如果委员会发现，有关决定没有在形式上或事实上对提出反对意见的委员会成员造成不公正的歧视，或没有与本公约规定或1982年公约或1995年协定不符，但替代措施与委员会通过的决定具有同等效果且可以被委员会接受，则该替代措施将对提出反对意见的委员会成员具有拘束力，以替代被反对的决定；

（十）如果委员会发现，有关决定没有在形式上或事实上对提出反对意见的委员会成员造成不公正的歧视，或没有与本公约规定或1982年公约或1995年协定不符，且替代措施与委员会通过的决定不具有同等效果，该成员可：

1. 提出另外一个替代措施供委员会考虑；

2. 在45日内执行原来的被提出反对意见的决定；或

3. 根据本公约第十九条或附件第四款争端解决程序处理。

二、任何按照第一款就一项决定提出反对意见的委员会成员可随时撤回其反对意见。如该决定已生效，则立即或在本款下其他生效时间对该成员具有拘束力。

第十条　科学分委会

一、科学分委会应按照委员会第一次例会时通过的职能提供科学意见和建议，并可随时修正。

二、除委员会另有决定外，科学分委会应至少每两年在委员会例会前举行一次会议。

三、科学分委会应尽可能协商一致通过报告。如未能达成协商一致，则报告中应指出多数和少数观点，并可包括委员会成员关于报告全部或部分内容的不同观点。

四、科学分委会的职能应是：

（一）向委员会提出研究计划，包括科学专家和其他组织或个人提出的特定事项或议题，并确定所需的数据和为满足这类需求的协调活动；

（二）规划、开展和审议公约区域鱼类种群状况的科学评估，确定需要采取的养护和管理行动，向委员会提出意见和建议；

（三）收集、分析并传播相关信息；

（四）评估渔业活动对渔业资源和同一生态系统中的物种或依赖于或附属于主捕品种的影响；

（五）制订确定脆弱海洋生态系统的程序，包括相关标准，和基于可获得的最佳科学信息确定此类生态系统出现或可能出现的区域或特征，以及在充分考虑保护机密信息需要的情况下，与此类区域或特征相关的底层渔业的位置；

（六）确定并向委员会建议应增加的脆弱海洋生态系统中应禁止直接捕捞的指定物种；

（七）建立基于科学的标准和准则，以决定底层渔业活动是否可能对脆弱海洋生态系统或对基于国际标准如FAO国际指导准则建立的特定水域内的海洋生物造成重大负面影响，并为避免此类影响提出措施建议；

（八）审议任何评估、决定和管理措施，提出任何必要的建议以达到本公约目标；

（九）制订供委员会通过关于收集、核实、报告有关渔业资源和同一生态系统中的物种或依赖于或附属于主捕品种以及公约区域内渔业活动的数据及此类数据的安全、交换、评估和传播的规定和标准；

（十）尽可能在可行的情况下，向委员会提供为实现任一管理目标可采取的替代养护和管理措施的分析，以便委员会通过或考虑；

（十一）向委员会提供科学分委会认为适合的，或委员会要求的其他科学建议。

五、科学分委会可根据委员会按照本条第四款第（九）项和本公约第二十一条通过的有关规定和标准，与其他相关科学组织或团体交换共同感兴趣的信息。

六、科学分委会不应与覆盖本公约区域的其他科学组织或安排的活动发生重叠。

第十一条 技术和执法分委会

一、技术和执法分委会的职能应是：

（一）监督、审议委员会通过的养护和管理措施的遵守情况，并在必要时向委员会提供这类建议；以及

（二）审议委员会通过的监督、控制、监视和执法的合作措施执行情况，并在必要时向委员会提供建议。

二、委员会应决定技术和执法分委会何时召开第一次会议。此后，除委员会另有决定外，技术和执法分委会应至少每两年在委员会例会前举行一次会议。

三、技术和执法分委会应尽可能协商一致通过报告。如未能达

成协商一致，则报告中应指出多数和少数观点，并可包括成员关于报告全部或部分内容的不同观点。

四、为履行其职能，技术和执法分委会应：

（一）提供论坛，以便委员会成员交流委员会通过的在公约区域内养护和管理措施执行情况以及在毗邻水域实施的补充措施情况；

（二）提供论坛，以交流执法信息，包括执法努力、策略及计划；

（三）接受委员会每一成员有关其采取的对违反本公约和据此通过的措施的调查和处罚情况报告；

（四）向委员会报告遵守养护和管理措施情况的调查结果和结论；

（五）向委员会提交有关监测、控制、监视和执法事项的建议；

（六）制订指导使用有关监测、控制、监视和执法的数据和其他信息的规定和程序；

（七）考虑和/或调查委员会可能交办的其他事项。

五、技术和执法分委会应根据委员会随时通过的规则和指南行使其职能。

第十二条　预　算

一、委员会每一成员应自行支付出席委员会及其附属机构会议的费用。

二、在每次委员会例会上，委员会应协商一致通过未来两年每一年度的预算。执行秘书应至迟在讨论预算的委员会例会召开前60天，向委员会成员提交未来两年每一年度的预算草案及缴费时间表。如委员会未能协商一致通过某一年的年度预算，则委员会上一年度的预算将顺延至该年度。

三、预算应在委员会成员之间按照委员会协商一致通过的一个公式分摊。在一个财政年度期间成为委员会成员的成员，应自成为成员之日起，按该年剩余的完整月份的比例缴纳会费。

四、执行秘书应通知委员会每一成员其应缴纳的会费。会费应在通知发出后4个月内，按委员会秘书处所在国的货币支付。未能在截止日期前缴纳会费的委员会成员应向委员会解释原因。

五、如一个委员会成员连续两年未能足额缴纳会费，应不能参加委员会的决策，也不可以对委员会通过的任何决定提出反对，直至完全履行了其在委员会的财务义务。

六、委员会的财务应每年由委员会指定的外聘审计员进行审计。

第十三条　船旗国责任

一、缔约方应采取必要措施，确保有权悬挂其旗帜的渔船：

（一）在公约区域生产时，遵守本公约以及根据本公约通过的措施，其船舶不得从事破坏这类措施效力的任何活动；以及

（二）不得在临近公约区域的国家管辖水域内从事未经授权的捕捞活动。

二、缔约方不得允许有权悬挂其旗帜的任何渔船在公约区域内从事捕捞活动，除非该渔船得到该缔约方适当主管机构的授权。每一缔约方只有在其有能力根据本公约、1982年公约和1995年协定，对有权悬挂其旗帜的渔船行使有效责任的情况下，方授权这类船舶在公约区域从事捕捞活动。

三、缔约方应确保在其法律框架下，对违反本公约和根据本公约通过的措施，以及未经上述第二款授权从事捕捞活动的渔船进行处罚。

四、缔约方应要求其在公约区域从事捕捞活动的渔船：

（一）根据第七条第二款第（五）项确立的程序，在公约区域内使用实时卫星定位传送器；

（二）根据第七条第二款第（六）项确立的程序，向委员会报告其渔船进入和离开公约区域的打算；以及

（三）按照委员会有待通过的根据第七条第二款第（一）项制订的规范和监督转载活动的程序，向委员会报告任何转载渔业资源和捕自公约区域渔获的位置情况。

五、缔约方应禁止授权悬挂其旗帜的渔船直接从事以下物种的

捕捞：软珊瑚、角珊瑚、珊瑚和石珊瑚，以及其他随时由科学分委会认定，并由委员会通过的脆弱海洋生态系统中的指定物种。

六、缔约方应根据委员会按照第七条第二款第（二）项建立的观察员计划，向其在公约区域作业的渔船上派遣观察员。在公约区域从事底层渔业的渔船应按观察员计划达到100%覆盖率。在公约区域从事其他渔业的渔船将由委员会决定一定比例的观察员覆盖率。

七、缔约方应确保有权悬挂其旗帜的渔船接受经正式授权的检查员按照第七条第二款第（三）项建立的登临检查程序进行的登临检查。经正式授权的检查员应遵守这类程序。

八、为有效实施本公约之目的，缔约方应：

（一）根据委员会通过的信息要求、规则、标准和程序，保留有权悬挂其旗帜并被授权在公约区域进行渔业活动的渔船名录；

（二）根据委员会将确立的程序，每年按委员会要求提供保留在名录中的每一艘渔船的信息，并应立即将此类信息的任何变更通知委员会；

（三）作为根据本公约第十六条要求的年度报告中的一部分，向委员会提交渔船名录中在上一年从事捕捞活动的渔船名录。

九、缔约方还应立即通知委员会：

（一）名录中任何增加的内容；以及

（二）名录中任何删除的内容，具体说明适用以下哪一条原因：

1. 渔船船主或经营者自愿放弃捕捞授权；

2. 撤销或未重新申请按本条第二款颁发的捕捞授权；

3. 有关渔船事实上不再悬挂其旗帜；

4. 有关渔船已经拆解、报废或失踪；或

5. 能提供特别说明的任何其他原因。

十、委员会应保留基于本条第八款和第九款所提供信息的渔船名录。在适当考虑根据缔约方内部实践个人信息保密的情况下，此类名录应按照同意的方式对外公开。经要求，委员会还应向任何缔约方提供名录中任何渔船没有公开的其他信息。

十一、缔约方未按第十六条第三款提交有权悬挂其旗帜的渔船在公约区域从事捕捞活动的任一年度的数据和信息，将不得参与相关渔业活动，直至提交此类数据和信息。委员会通过的议事规则将进一步指导本条款的实施。

第十四条　港口国责任

一、缔约方有权利和责任根据国际法采取措施，促进区域、次区域和全球养护和管理措施的有效性。

二、缔约方应：

（一）有效实施委员会通过的关于在公约区域从事捕捞活动的渔船进入并使用其港口的养护和管理措施，除其他外，包括渔业资源上岸和转载、对渔船文件、船上渔获和渔具的检查、使用港口服务；以及

（二）在渔船自愿进入其港口，以及该船的船旗国请求提供协助以确保遵守本公约和委员会通过的养护和管理措施时，按照合理可行的方式并根据其国家法律和国际法，向该船旗国提供协助。

三、当缔约方认为使用其港口的渔船违反了本公约或委员会通过的养护和管理措施时，应通知相关船旗国、委员会以及其他相关国家和适当的国际组织。该缔约方应向船旗国，以及必要时向委员会，提供该事项的全部文件，包括检查的任何记录。

四、本条款不影响缔约方根据国际法在其领土内的港口行使主权的权利，包括他们拒绝使用港口，且采取较本公约更为严厉的措施的权利。

第十五条　捕鱼实体责任

本公约第十三条和第十四条第二、三款比照适用于任一按本公约附件表达了其坚定承诺的捕鱼实体。

第十六条　数据收集、编纂和交换

一、委员会应充分考虑1995年协定附件1以及本公约第十条和第十一条，确立包括但不限于以下内容的标准、规则和程序：

（一）委员会成员收集、核实并按时向委员会报告所有相关数据；

（二）委员会编纂和管理准确和完整的数据以便进行有效的种群评估，确保获得最佳科学建议；

（三）委员会成员、其他区域渔业管理组织和其他相关组织之间的数据交换，包括从事IUU捕鱼的船舶数据，必要时还应包括有关这类船舶的受益所有权人的数据，以便以统一格式酌情发布这类信息；

（四）促进区域渔业管理组织之间文件和数据的分享协调，包括交换船舶注册，以及在可适用的情况下市场相关措施的数据；

（五）定期审查委员会成员遵守数据收集和交换要求的情况，处理在审查中确定的不遵守的问题。

二、委员会应确保公开在公约区域内作业的船舶数量、本公约管理的渔业资源状况、渔业资源评估情况、公约区域内研究计划以及与区域性和全球性组织合作的情况。

三、委员会应制订委员会成员年度报告格式。委员会每一成员应按此格式按时提交年度报告。年度报告应包括委员会成员如何实施养护和管理措施以及遵守委员会通过的监测、控制、监视及执法程序，包括委员会成员按照第十七条采取的任何行动的结果以及委员会可能要求的任何其他信息。

四、委员会应确立规则，确保数据的安全、获取和传播，包括在适当考虑数据保密性并充分考虑委员会成员内部实践的情况下，通过实时卫星定位传输的数据。

第十七条　遵守和执法

一、委员会每一成员应执行本公约以及委员会通过的任何决定。

二、委员会每一成员应自发的或在其他成员要求并提供有关信息的情况下，全力调查有权悬挂其旗帜的渔船涉嫌违反本公约或委员会通过的任何养护和管理措施的情况。

三、如认为已有足够信息证明有权悬挂其旗帜的渔船违反本公约或据此通过的措施时，

（一）应及时通知相关委员会成员有关违法行为；以及

（二）该委员会成员应依照其法律和法规采取适当措施，包括立即进入司法程序，并酌情扣押有关船舶。

四、委员会每一成员在确定了一艘有权挂其旗帜的渔船严重违反本公约或委员会通过的任何养护和管理措施时，应按照其法律，命令渔船停止作业，并视情命令该渔船立即离开公约区域。该委员会成员应确保该船不得在公约区域内从事捕捞渔业资源的活动，直至对该船的所有制裁得到执行时为止。

五、为本条的目的，严重违法应包括1995年协定第二十一条第十一款第（一）项到第（八）项规定的任何违法行为，以及委员会可能决定的其他违法行为。

六、如果在本公约生效三年内，委员会未能通过在公约区域登临检查渔船的程序，则1995年协定第二十一条和第二十二条应如同本公约的一部分适用。在公约区域登临检查渔船以及相应的执法活动应根据委员会决定的程序及附加操作程序进行。

七、在不妨害船旗国基本责任的情况下，委员会每一成员应根据其法律：

（一）最大程度地采取措施和合作，确保其公民和其公民所拥有、经营或控制的渔船遵守本公约和委员会通过的任何养护和管理措施；以及

（二）自发地或在其他成员要求和提供有关信息时，迅速调查其

公民或其公民所拥有、经营或控制的渔船涉嫌违反本公约或委员会通过的任何养护和管理措施的情况。

八、所有调查和司法程序应迅速进行。根据委员会成员的相关法律和规定制订的适用于违法行为的制裁应足够严厉，以收守法之效和防阻违法行为在任何地方发生，并应剥夺违法者从其非法活动所得到的利益。

九、依据上述第二、三、四或第七款实施的调查进展的报告，包括对涉嫌违法行为已经或可能要采取的任何行动，应尽快向提出要求的委员会成员和委员会报告，最迟应在要求提出后两个月内完成。调查结果的报告应在调查结束时提供给提出要求的委员会成员和委员会。

十、本条不妨害：

（一）任何委员会成员根据其法律和规定从事渔业的权利；以及

（二）任何缔约方有关双边或多边协定中没有与本公约或1995年协定或1982年公约条款不一致的涉及遵守和执法的权利。

第十八条　透明度

委员会应促进其决策过程和其他活动的透明度。与执行本公约事务有关的政府间组织和非政府间组织的代表应有机会作为观察员或委员会成员认为合适的方式参加委员会及其附属机构的会议。委员会议事规则应对这种参与作出规定，并不应进行不适当的限制。这类政府间组织和非政府间组织应能及时取得有关信息，但须顾及委员会可能通过的有关规则和程序。除非另有规定，应公开委员会及其附属机构通过的任何养护和管理措施和其他措施或事件。

第十九条　争端解决

1995年协定第八部分所载有关争端解决的条款比照适用于有关委员会缔约方之间的任何争端，无论其是否是1995年协定的缔约方。

第二十条　与非缔约方的合作

一、委员会成员应交流在公约区域内悬挂本公约非缔约方旗帜的渔船活动的信息。

二、委员会应提请任何本公约非缔约方注意，委员会认为有违本公约目标的其国民或悬挂其旗帜的渔船的活动。

三、委员会应要求第二款中所指的非缔约方与委员会充分合作，或成为缔约方，或同意执行委员会通过的养护和管理措施。根据委员会可能建立的条款和条件，本公约的这类合作非缔约方从参加捕捞所得的利益应与其遵守关于有关种群的养护和管理措施的情况和对委员会的财政支持相称。

四、委员会每一成员应采取与本公约、1982年公约、1995年协定和其他相关国际法相一致的措施，防止悬挂本公约非缔约方旗帜的渔船从事破坏委员会通过的养护和管理措施效力的活动。

五、委员会每一成员应按照其法律采取适当的措施，防止悬挂其旗帜的船舶转移注册到非缔约方名下，以逃避遵守本公约的条款。

第二十一条　与其他组织或安排的合作

一、委员会应在适当时与联合国粮食及农业组织以及其他联合国专门机构和相关区域组织或安排，特别是与负责本公约区域相邻海域渔业的区域渔业管理组织或安排就共同感兴趣的事项进行合作。

二、委员会应考虑对本公约区域相邻海域或对非本公约覆盖的渔业资源（包括属于同一生态系统、相关或依附物种）有权限的、具有与本公约相一致的目标或支持本公约目标的区域渔业管理组织或安排和其他相关政府间组织通过的养护和管理措施或建议。

三、委员会应寻求与能有助于其工作和有能力确保生物资源及其生态系统长期养护和可持续利用的政府间组织发展合作工作关系和为此目的的建立协定。委员会可以邀请这类组织派观察员参加委员会及其附属机构的会议，也可酌情争取参与这类组织的会议。

四、委员会应寻求就与其他区域渔业管理组织或安排的协商、合作和协作做出适当安排，以便最大限度地利用现存体系实现本公约目标。为此目的，委员会应寻求与在公约区域开展执法活动的组织和安排建立有关执法活动的合作。

第二十二条 审 查

一、委员会应对其通过的养护管理措施的效力进行定期审查，以满足本公约的目标。这类审查可包括检查本公约的效力。

二、委员会应为这类审查确定工作范围和方法，包括：

（一）考虑其他区域性渔业管理组织进行这类审查的实践；

（二）附属机构的适度参与；以及

（三）独立于委员会成员的有能力的人士参与。

三、委员会应考虑这类审查提出的建议并采取适度行动，包括适当修改养护和管理措施和实施机制。这类审查提出的修改本公约的建议应根据本公约第二十九条处理。

四、这类审查的结果应在提交委员会后尽快公开。

第二十三条 签字、批准、接受和核准

一、本公约应于××（时间）在××（地点）对参加北太平洋公海渔业管理多边会议的国家开放签字，并应在12个月内开放签字。

二、本公约须经各签字国批准、接受或核准。批准、接受或核准文书应由保存方韩国政府保存。保存方应向所有签字国和缔约方通报所有保存的批准、接受或核准情况，以及行使1969年《维也纳条约法公约》和其他国际法中所提出的其他职能。

第二十四条 加 入

一、本公约应对第二十三条第一款中提及的各国开放加入。

二、本公约生效后，经协商一致，缔约方可邀请以下各方加入本公约：

（一）其他有渔船希望在公约区域进行捕捞渔业资源活动的国家或区域经济一体化组织；以及

（二）其他公约区域沿岸国。

三、根据上述第二款未参与协商一致的任何缔约方，须书面向委员会说明原因。

四、加入文书应由保存方保存。保存方应通知所有签字方和所有加入的缔约方。

第二十五条 生 效

一、本公约应自保存方收到第4份批准、接受、核准或加入文书后180天生效。

二、在本公约生效要求之后但又早于生效日期前交存批准、接受、核准或加入文书的缔约方，其批准、接受、核准或加入应自本公约生效之日起生效，或交存文书后30天生效，以迟者为准。

三、在本公约生效日期后交存批准、接受、核准或加入文书的缔约方，应自其交存文书后30天生效。

第二十六条 保留和例外

不得对本公约做出任何保留或例外。

第二十七条　公告和声明

第二十六条不阻止一个国家或区域经济一体化组织在签署、批准、接受、核准或加入本公约时，为其法律法规与本公约规定的协调而做出公告或声明，不论其措辞或名义。但此类公告或声明不得声称排除或修改本公约在对该国家或区域经济一体化组织实施中的法律效果。

第二十八条　与其他协定的关系

一、本公约不应更改各缔约方根据与本公约相容的其他协定具有的权利和义务，不影响其他缔约方依据本公约享有权利或履行义务。

二、本公约任何条款不应损害各缔约方根据1982年公约或1995年协定而享有的权利、管辖权和责任。对本公约的解释和适用应在范围和方式上与1982年公约或1995年协定相一致。

第二十九条　修　正

一、对本公约的任何修正建议案文应以书面形式在委员会会议前至少90天提交给委员会主席，以便在会议中提议考虑。委员会主席应立即向所有委员会成员散发该建议案。对本公约的修正建议应在委员会例会中考虑，除非委员会大多数成员要求召开特别会议来讨论修正建议。特别会议可在至少提前90天通知的情况下召开。

二、委员会对本公约的修正须由缔约方协商一致通过。获得通过的修正案应由保存方向所有缔约方散发。

三、修正应在保存方收到所有缔约方同意的书面通知之日起120天后对所有缔约方生效。

四、在根据本条第二款通过修正后成为本公约缔约方的任何国家或区域性经济一体化组织，视为认可该修正。

第三十条　附　录

附录构成本公约不可分割的部分，除非另有规定，提及本公约时包括附录。

第三十一条　退　出

一、缔约方可在任一年的12月31日退出本公约，但需在前一年的6月30日或之前书面通知保存方。保存方应将该通知副本发送至其他各缔约方。

二、其他缔约方如在收到根据本条第一款的退出通知副本后一个月之内书面通知保存方，可在同年12月31日退出本公约。

下列全权代表，经各自政府正式授权，在本公约上签字，以资证明。

×××（日期）在×××（地点）签署英文和法文两份文本，每份文本具有同等效力。

附录

捕鱼实体

一、在本公约生效后，任何有船捕捞或打算捕捞渔业资源的捕鱼实体，可向保存方提交书面文书，表达其遵守本公约条款和委员会通过的任何养护和管理措施的坚定承诺。这类承诺应在收到该文书之日起30天生效。任何这类捕鱼实体可书面通知保存方撤回这类承诺。撤回应在收到通知之日起1年后生效，除非上述通知规定了更晚日期。

二、第一款提及的任何捕鱼实体可向保存方提供书面文件，表达其遵守按第二十九条第三款规定予以修订的本公约条款的坚定承诺。该承诺应自第二十九条第三款规定的日期或收到本款所称的书面通知的日期起生效，以迟者为准。

三、根据第一款规定，坚定承诺遵守本公约规定且遵守根据本公约通过的任何养护和管理措施的捕鱼实体，必须遵守委员会成员的义务，可根据本公约的规定参加委员会工作，包括决策。为本公约目的，当提及委员会或委员会成员时，包括此类捕鱼实体。

四、如一争端涉及根据本附录承诺接受本公约条款约束的捕鱼实体，且该争端不能以友好方式解决，该争端应在争端任何一方的请求下，根据常设仲裁法院的有关规则，提交具有最终约束力的仲裁。

五、本附录有关捕鱼实体的参加规定，仅适用于本公约目的。

上海合作组织成员国政府间科技合作协定 ①②

（中文本）

上海合作组织成员国政府（以下称"各方"），

致力于在平等和互相尊重的基础上扩大合作，发展和加强上海合作组织（以下简称"上合组织"）成员国之间的友好关系；

遵循二〇〇二年六月七日签署的《上海合作组织宪章》及上合组织其他文件相关规定；

认为发展上合组织成员国科技合作具有重要意义，

达成协议如下：

第一条

各方根据上合组织成员国各国法律在以下领域开展合作：

（一）环境保护和自然资源的合理利用；

（二）生命科学；

（三）农业科学；

（四）纳米和新材料；

（五）信息和通讯技术；

（六）能源和节能；

（七）地球科学，包括地震学和地理学；

（八）共同商定的其他合作领域。

---

① 中国于2013年9月13日签署，2015年6月1日核准协定。

第二条

各方根据上合组织成员国各国法律，围绕本协定第一条中提到的领域，在双边和多边的基础上，以如下形式开展合作：

（一）组织科学技术研究；

（二）制订和实施联合科技计划和项目；

（三）在上合组织框架下组织和参加科学会议、研讨会和其他活动；

（四）围绕各个科学领域开展创新技术的研究和应用；

（五）交流科技信息；

（六）交流专家和学者；

（七）共同商定的其他可能形式。

第三条

根据上合组织成员国各国法律及其参加的国际条约，各方对在执行本协定过程中所获得的知识产权予以保护。

第四条

本协定第二条中提到的联合科技计划和项目，以及多边合作框架下所开展的其他活动的实施条件及资助由各方有关部门在具体情况下协调确定。

第五条

根据上合组织成员国科技部长会议决定成立的上合组织成员国常设科技合作工作组，依据其工作条例，负责协调旨在实施本协定条款所开展的合作。

第六条

为落实本协定具体条款，各方可签署相关议定书。

第七条

经各方协商同意，可以议定书形式对本协定进行修改和补充，并作为本协定不可分割的部分。

第八条

本协定不影响各方参加的其他国际条约中涉及的权利和义务。

第九条

如在解释和适用本协定时出现争议和分歧，各方通过协商解决。

第十条

本协定框架下开展合作的工作语言为中文和俄文。

第十一条

本协定有效期5年，自保存机关收到各签署方关于完成使本协定生效所必须的国内程序的最后一份书面通知之日起生效。

如各方未作出其他决定，本协定有效期将自动延长5年，并依此法顺延。

第十二条

本协定生效后对成为上合组织成员国的所有国家开放以供加入。对于加入国，本协定自保存机关收到加入书之日起30天后生效。保存机关通知各方关于本协定对加入国的生效日期。

第十三条

任何一方在拟退出本协定之日前90天通过外交渠道书面通知保存机关，则可退出本协定。保存机关在收到要求退出的通知之日起30日之内将此情况通知其他各方。

如各方未作其他约定，本协定之终止不影响根据本协定开始且在本协定终止时尚未完成的活动的开展。

第十四条

本协定保存机关为上合组织秘书处。上合组织秘书处将在收到协定正本后7个工作日内将所确认的副本分发各方。

本协定于二〇一三年九月十三日在比什凯克签署，一式一份，用中文和俄文写成，两种文本同等作准。

哈萨克斯坦共和国政府代表　　　　　　阿·巴·萨林日波夫（签字）
中华人民共和国政府代表　　　　　　　万钢（签字）
吉尔吉斯共和国政府代表　　　　　　　埃·别·阿布德尔达耶夫（签字）
俄罗斯联邦政府代表　　　　　　　　　德·维·利瓦诺夫（签字）
塔吉克斯坦共和国政府代表　　　　　　玛·伊·伊洛洛夫（签字）
乌兹别克斯坦共和国政府代表　　　　　阿·哈·卡米洛夫（签字）

《中亚无核武器区条约》议定书①②

（中文本）

本议定书缔约国，

忆及1997年2月28日通过的中亚各国国家元首《阿拉木图宣言》；1997年9月15日在塔什干通过的中亚五个国家外交部长声明；联合国大会题为"建立中亚无核武器区"的决议和决定——1997年12月9日第52/38 S号决议、1998年12月4日第53/77 A号决议、2000年11月20日第55/33 W号决议、2002年11月22日第57/69号决议、2003年12月8日第58/518号决定、2004年12月3日第59/513号决定及2005年12月8日第60/516号决定；及1998年7月9日在比什凯克通过的中亚国家、核武器国家和联合国专家协商会议的公报，

深信需要采取一切措施实现建立一个完全无核武器世界的最终目标，而且各国都有义务为实现这一目标作出贡献，

因此努力支持在中亚建立无核武器区，

并达成协议如下：

---

① 中国于2014年5月6日签署，2015年4月24日批准议定书。

② 同时声明：任何安全协定或条约不得影响无核武器区的地位；《中亚无核武器区条约》议定书各项条款的解释和适用均应符合《议定书》支持建立中亚无核武器区的宗旨和目的。

第一条　消极安全保证

各缔约国承诺不对《中亚无核武器区条约》（以下简称《条约》）任何缔约国使用或威胁使用核武器或其他核爆炸装置。

第二条　不助长违约行为

各缔约国承诺不助长《条约》或本议定书的缔约国任何违反《条约》或本议定书的行为。

第三条　《条约》修正的效力

各缔约国承诺书面通知《条约》保存国，指明本国是否接受《条约》根据第17条所作修正的生效可能给本议定书为该国规定的义务带来的任何改变。

第四条　签　署

本议定书应开放供中华人民共和国、法兰西共和国、俄罗斯联邦、大不列颠及北爱尔兰联合王国和美利坚合众国签署。

第五条　批　准

本议定书须得到批准。

第六条　议定书的期限和退出议定书

一、本议定书属永久性质，应无限期有效。

二、任何缔约国如断定与本议定书主题相关的异常事件已危及其最高国家利益，可书面通知《条约》保存国，退出本议定书。此类通知须说明该缔约国认为已危及其最高国家利益的异常事件。

三、退出自《条约》保存国收到通知之日起12个月后生效，《条约》保存国应将此类通知分发给《条约》的所有缔约国和本议定书的签署国。

第七条　生　效

本议定书在其每个缔约国向《条约》保存国交存批准书之日起对该缔约国生效。

下列签署人，经各自政府正式授权，在本议定书上签字，以昭信守。

本议定书于二〇一四年五月六日在纽约签订，正本一份，用中文、英文、法文、俄文写成，四种文本同等作准。本议定书正本应交存吉尔吉斯共和国。

法兰西共和国代表　　　　　让-于格·西蒙-米歇尔（签字）
中华人民共和国代表　　　　　　　　刘结一（签字）
俄罗斯联邦代表　　　　丘尔金·维塔利·伊万诺维奇（签字）
大不列颠及北爱尔兰联合王国代表　　　马修·罗兰（签字）
美利坚合众国代表　　　　　　托马斯·康特里曼（签字）

关于建立金砖国家应急储备安排的条约[①][②]

（中译本）

金砖国家应急储备安排由巴西联邦共和国（以下简称"巴西"）、俄罗斯联邦（以下简称"俄罗斯"）、印度共和国（以下简称"印度"）、中华人民共和国（以下简称"中国"）和南非共和国（以下简称"南非"）共同成立（以下单称"一方"，统称"各方"）。

鉴于各方同意建立一个自我管理的应急储备安排以应对短期国际收支压力，提供相互支持，并进一步加强金融稳定；

鉴于各方同意应急储备安排将为补充现有的国际货币和金融安排、加强全球金融安全网作出贡献；

因此，本条约规定应急储备安排的具体条款如下：

第一条　目　标

应急储备安排是通过流动性工具和预防性工具提供支持的一个框架，以应对实际或潜在的短期国际收支压力。

第二条　规模与各方出资承诺

一、应急储备安排的初始承诺资金总规模为1000亿美元，各方

---

① 中国于2014年7月15日签署，2015年1月3日核准。
② 条约声明暂不适用香港、澳门特区。

承诺出资额如下：

（一）中国410亿美元；

（二）巴西180亿美元；

（三）俄罗斯180亿美元；

（四）印度180亿美元；

（五）南非50亿美元。

二、各方有权随时申请获得应急储备安排下的资金。在一方（申请方）提出借款申请且该申请经其他方（提供方）批准并以货币互换的方式生效前，各方对其在应急储备安排下所承诺的资金仍有全部所有权和掌控权。尽管承诺不涉及直接的资金转移，但一旦有符合条件的借款申请，各方应能提供已承诺的资金。

第三条　治理与决策

一、应急储备安排的治理结构由部长理事会（以下简称"理事会"）及常务委员会组成。

二、理事会应由各方任命的一名理事和一名副理事组成。理事必须由财政部部长、中央银行行长或拥有相当职权者担任。理事会应以共识方式作出有关应急储备安排的高级别决策和战略性决策。理事会有权：

（一）审议、修改应急储备安排的承诺资金规模并批准各方承诺资金额的变更；

（二）批准新成员加入应急储备安排；

（三）审议和修改应急储备安排的工具；

（四）审议和修改期限、展期次数、利率、利差和费用的框架；

（五）审议和修改提款和展期的条件；

（六）审议和修改有关违约和制裁的规定；

（七）审议和修改有关最大借款额和借款倍数的规定；

（八）审议和修改最大借款额中与国际货币基金组织贷款安排的脱钩比例；

（九）决定创立永久秘书处或专门的监督小组；

（十）批准其自身程序规则；

（十一）审议和修改有关理事会和常务委员会协调国的任命规则及其职责；

（十二）审议和修改常务委员会的投票权及决策规则；

（十三）审议和修改常务委员会的权限和职责；

（十四）批准有关常务委员会运作的程序规则；

（十五）决定其他未明确由常务委员会负责的事项。

三、常务委员会负责应急储备安排的行政性和操作性决策，应由各方指定一名董事和一名副董事组成；除非各方另有规定，常务委员会成员应从中央银行官员中选派。常务委员会有权：

（一）制订其自身程序规则并提交理事会审议；

（二）批准通过流动性工具或预防性工具获得支持的申请；

（三）批准通过展期流动性工具或预防性工具获得支持的申请；

（四）批准流动性工具和预防性工具的操作程序；

（五）在特殊情况下决定豁免本条约下规定的审批条件、安全保证以及必要的文件；

（六）批准一方提前赎回的申请；

（七）决定是否在违反本条约时实施制裁；

（八）执行理事会赋予的其他职能。

四、作为一条原则，常务委员会应努力争取在所有事项上达成共识。常务委员会就本条第三款第二项和第三项应以提供方的加权票简单多数作出决定，就第三款第五项至第七项应以提供方共识方式作出决定。其他事项应以常务委员会共识方式决定。

五、当以投票作出决策时，各方投票权应按以下规则确定：

（一）5%的总投票权将在各方平均分配；

（二）余下部分将按各方承诺出资额相对规模分配。

第四条　工　具

应急储备安排应包括以下工具：

（一）流动性工具，针对短期国际收支压力提供支持。

（二）预防性工具，针对潜在的短期国际收支压力承诺提供支持。

第五条　最大借款额与借款倍数

一、各方可以最大借款额为限获得资金，最大借款额等于一国承诺出资额的倍数，各方借款倍数如下：

（一）中国为0.5；

（二）巴西为1；

（三）俄罗斯为1；

（四）印度为1；

（五）南非为2。

二、各方在预防性工具和流动性工具下可获得的资金总和不得超过其最大借款额。

三、部分借款（脱钩部分），相当于各方最大借款额的30%，只要申请方满足本条约第十四条规定的条件，并经提供方同意即可获得。

四、部分借款（与国际货币基金组织贷款挂钩部分），相当于最大借款额的70%，申请方须满足以下两个条件方可获得：

（一）申请方须满足本条约第十四条规定的条件并经提供方同意；

（二）有证据表明申请方与国际货币基金组织之间有正常运行的贷款安排，即国际货币基金组织承诺根据贷款条件向申请方提供资金，且申请方严格遵守该贷款安排的各项条款。

五、本条约第四条规定的两类工具均包括与国际货币基金组织贷款挂钩部分和脱钩部分。

六、若申请方与国际货币基金组织之间有正常运行的贷款安排，根据本条第四款规定，应可具有100%的最大借款额。

第六条　中央银行间协议

为执行本条约第一条所提的流动性工具和预防性工具下交易，巴西中央银行、俄罗斯联邦中央银行、印度储备银行、中国人民银行和南非储备银行将签订一份中央银行间协议，规定必要的操作程序和指引。

第七条　货币互换

一方可按照常务委员会根据本条约第十三条确定的程序，申请本条约第四条中规定的某一类工具支持。向申请方提供美元资金应以货币互换方式在各方中央银行间进行。货币互换的操作程序由常务委员会根据本条约第三条第三款第四项以及依据本条约第六条签订的中央银行间协议确定。

第八条　定　义

本条约中出现的一些专有名词定义如下：

"申请方货币"是指请求通过货币互换提取资金的一方的法定货币。

"互换交易"是指申请方中央银行和提供方中央银行之间的交易。在交易中，申请方中央银行用申请方货币从提供方中央银行购买美元，并在未来某一日期用美元回购申请方货币。

"提款"是指申请方中央银行在起息日（定义见下文）购买美元。

"脱钩部分提款"是指一方的中央银行在没有国际货币基金组织贷款安排的情况下提款。

"国际货币基金组织贷款挂钩部分提款"是指一方的中央银行在有国际货币基金组织贷款安排的情况下提款。

"工作日"是指完成互换交易所需的所有金融中心金融市场对外营业的任何一天。

"提款或提款展期的交易日"是指提款或展期时确定即期市场汇率的当日。

"提款或提款展期的起息日"是指申请方中央银行和提供方中央银行相互贷记对方账户的日期。起息日应为交易日后的第二个工作日。

"提款或提款展期的到期日"是指申请方中央银行应当用美元回购申请方货币的日期。若当天不是工作日，则到期日应为下一个工作日。

第九条 协 调

一、金砖国家领导人会晤的主办国应担任理事会和常务委员会协调国。

二、协调国应负责：

（一）召集并主持理事会会议和常务委员会会议；

（二）视情协调成员投票表决；

（三）在任期内提供秘书处服务；

（四）通知各方流动性工具或预防性工具启动或展期。

三、任何正在申请或正从流动性工具或预防性工具下获得支持（本条约第四条）以及正免除作为提供方参与出资义务或要求提前赎回（本条约第十五条第五款）的一方不能担任协调国。此情形下，由下任金砖国家领导人会晤的主办国担任协调国。

第十条 互换交易中的购买与回购

一、互换交易中每笔购买和回购所使用的汇率（以下简称"互换汇率"）将根据交易日申请方即期市场上申请方货币兑美元的通行汇率为基础确定。

二、申请方的中央银行通过即期交易向提供方中央银行出售申请方货币以购买其美元，同时约定在到期日向提供方中央银行出售美元以回购申请方货币。互换交易的即期交易和远期交易环节均使用同一汇率（即即期交易汇率）。

三、在到期日，申请方中央银行应将美元连同利息一起转入提供方中央银行以回购申请方货币。申请方货币不计利息。

第十一条　利率的确定

一、申请方对从提供方购买的美元，应按与互换交易期限相应的国际通行基准利率加利差在到期日支付利息。利差将定期增加一定幅度，直至预先确定的上限。

二、对于预防性工具中已承诺但未提款的额度，须支付承诺费，承诺费在中央银行间协议中规定。

第十二条　期　限

一、流动性工具下脱钩部分的提款到期日为起息日后6个月，可以全部或部分展期，最多展期3次。

二、流动性工具下与国际货币基金组织贷款挂钩部分的提款到期日为起息日后1年，可以全部或部分展期，最多展期2次。

三、若申请方无国际货币基金组织贷款安排，则预防性工具的承诺额度期限为6个月，可以全部或部分展期，最多展期3次。

四、若申请方有国际货币基金组织贷款安排，则预防性工具的承诺额度期限为1年，可以全部或部分展期，最多展期2次。

五、预防性工具下脱钩部分的提款期限为6个月，与国际货币基金组织贷款挂钩部分的提款期限为1年。预防性工具一旦提款，则不可展期。

六、申请方可以在到期日前以互换汇率用美元回购申请方货币。此情形下，应计利息将按自起息日（含）起至提前还款日（不含）的实际借款天数计算。

第十三条　流动性工具或预防性工具的申请或展期程序

一、若一方希望通过流动性工具或预防性工具获得支持，或希望将上述工具展期，应通知常务委员会成员所申请工具的类型、金额及预计起始日期。

二、申请方应提供其遵守本条约第十四条安全保证规定的有关证明。

三、收到申请通知后，应急储备安排协调国应召集常务委员会会议就申请方的申请进行讨论和投票表决。常务委员会应在申请提交后7日内作出决定。

四、流动性工具的支持申请一经批准，申请方中央银行和提供方中央银行应启动互换交易，具体时限将在中央银行间协议中规定。

五、已批准的预防性工具下一旦提出提款申请，申请方中央银行和提供方中央银行应迅速启动互换交易，具体时限将在中央银行间协议中规定。

六、若申请方希望将流动性工具展期，应在到期日前至少14日通知常务委员会成员。

七、若申请方希望将预防性工具展期，应在预防性工具的承诺额度到期日前至少7日通知常务委员会成员。

第十四条　审批条件、安全保证与必要文件

一、当提交流动性工具或预防性工具的申请或展期申请时，申请方应签署并提交一份确认书，承诺遵守本条约下的全部义务和安全保证规定。

二、申请方还应遵守以下条件和安全保证：

（一）提交常务委员会规定的所有必要文件和经济金融数据，并对各方评论意见作出说明；

（二）保证其在本条约下的义务在任何时候均为直接、无保证和非从属的义务，在支付顺序上至少与申请方任何其他现在或将来直接、无保证和非从属义务的以外币计值的外债处于同等地位；

（三）对其他各方及其公共金融机构无拖欠款；

（四）对包括新开发银行在内的多边和区域金融机构无拖欠款；

（五）遵守国际货币基金组织《国际货币基金协定》第四条第一款和第三款关于监督的义务以及第八条第五款关于提供信息的义务。

第十五条 出资分摊、免除出资义务与提前赎回条件

一、提供方按其对应急储备安排的承诺出资比例分摊提款的支出，并应符合本条第二款和第三款的要求。但无论在何种情况下，任何一方都不能被要求提供超出其在本条约第二条第一款中承诺的金额。

二、本条约下流动性或预防性工具的申请一经批准，申请方将暂停以提供方身份参与后续的其他流动性或预防性工具下的支持，直至该工具期满为止。

三、当有流动性或预防性工具申请，或上述工具的展期申请时，若一方确实面临国际收支和储备问题，或出现战争、自然灾害等不可抗力事件时，可免除作为提供方参与出资的义务。免除出资义务的一方应提供必要信息说明理由。此情形下，其他提供方将根据本条第一款，按其对应急储备安排的承诺出资比例提供免除出资义务所需资金。

四、若一方确实面临国际收支和储备问题，或出现战争、自然灾害等不可抗力事件时，可申请提前赎回未结清的债权。申请提前赎回的一方应提供必要信息说明理由。若批准申请，其他提供方将根据本条第一款，按其对应急储备安排的承诺出资比例提供赎回所需资金。

五、对未结清的货币互换免除出资义务、提前赎回或对未结清的预防性工具免除出资义务的一方，在其免除出资义务或提前赎回

的交易期内，不可担任本条约第九条中所定义的协调国。

第十六条　违反义务与制裁

一、申请方在提款或提款展期到期时不履行支付义务，除非在7日内予以纠正，否则：

（一）申请方在应急储备安排下对提供方的所有未结清债务立即到期并要求偿付；

（二）暂停申请方在应急储备安排下未来提款资格和已有提款的展期资格；

（三）取消申请方预防性工具中未提取的额度；

（四）申请方就逾期债务向提供方进行的任何支付，须在同一天按应付款比例支付给各提供方。

二、如有不可抗力事件，可暂停实施以上措施。

三、若申请方持续或无正当理由地延误履行逾期支付义务，可暂停其参与应急储备安排下所有决策的权利。在申请方不履行支付义务30日后，提供方应考虑上述行动的合理性。

四、若本条第三款决定作出后的一段适当时间后，申请方继续不履行逾期支付义务，理事会可要求申请方退出本条约。

五、违反支付义务的申请方应采取措施保持其债务的净现值，如果提供方集体决定选择这一方式。

六、若提供方在理事会层面以共识作出决定，违反支付义务的申请方应同意对本条约下的债务进行债务转换，包括发行不受申请方管辖的可交易债券。若无正当理由，申请方不得不同意提供方要求的相关债务转换条款。

七、对于逾期支付，申请方将在现行互换利率以外承担逾期费用。逾期费用定期增加一定幅度，直至预先确定的上限。

八、申请方违反本条约下非支付性义务，可实施以下制裁：

（一）应急储备安排下的所有债务立即到期并要求偿付；

（二）暂停在应急储备安排下未来提款资格和已有提款的展期资格；

（三）取消预防性工具中未提取的额度；

（四）暂停参与应急储备安排下所有决策的权利；

（五）在本款第四项决定作出后的一段适当时间后，理事会可要求申请方退出本条约。

九、制裁应与违反义务的严重程度相称。

第十七条　语言和通信

一、应急储备安排的官方语言为英语。本条约以及本条约下所有文件的英文版本为官方版本。各方之间所有书面和口头通信均应使用英语，除非各方另有书面约定。

二、本条约下提交的所有通知、请求、文件及其他通信都必须是书面的，必须符合本条约规定，且必须按照各方提供的联系方式送达后才被视为完全送达。

第十八条　陈述与保证

各方保证并作以下陈述：

（一）其拥有完全的权力和授权签署本条约并履行本条约下的义务，若任何其他成员需要，应提供相关授权的证明。

（二）本条约及各方履行条约下各项义务的行为不与任何对其及其任何财产有约束力的法律或其他限制相悖。而且不存在可能影响本条约或条约下各项义务履行的合法性、有效性或可执行性的，或对各方履行此义务的能力有重大不利影响的法律或监管障碍。

（三）本条约下的所有交易的完成应不受任何法律和行政上的阻碍。

（四）当事人根据本条约进行的支付不应因现在或将来当事人所在国家或享有征税权的政府机构征收税款、关税、评估费或政府收费而被扣缴或抵扣。当法律要求扣缴或抵扣税款、关税、评估费或政府收费时，当事人应支付额外金额，使得另一方在发生此类扣缴或抵扣之后仍能获得在本条约下未发生扣缴或抵扣时所应获得的金额。

（五）不经事先书面征求其他成员同意，不应分配、转移、授权、委派本条约规定的义务或将其进行交易。

第十九条　应急储备安排的法律地位

应急储备安排不具有独立的国际法人地位，无权签订协议、提起诉讼或被起诉。

第二十条　争端解决

一、任何与本条约解释有关的纠纷将通过理事会磋商解决。

二、对于与本条约下任何条款的执行、解释、推定、违约、终止或无效有关的争议、分歧或主张，若在一段合理的时期内未通过理事会友好协商解决，应根据本条约生效期间有效的联合国国际贸易法委员会仲裁规则（不包括第二十六条）通过仲裁予以解决。若诉诸仲裁，仲裁程序应以英语进行，有三个仲裁员。

三、各方同意，在依据本条规定进行的仲裁中，以及为承认仲裁裁决而进行的任何法律程序中，包括为将仲裁裁决转换成判决而进行的任何程序中，各方不得仅出于他们是主权国家实体的事实而提起抗辩。

第二十一条　条约退出与终止

一、一方退出本条约，应提前6个月向其他各方通知退出意愿。但是，任何一方不得在本条约生效5年内提出退出通知。

二、在这6个月中，提出退出通知的一方应给其他各方阐述自身愿望和观点的机会，但不再有权利申请、也不再有义务提供资金支持。

三、在终止或退出时，若本条约下任何义务（包括偿还资金的义务）尚未结清，本条约的所有条款（除允许各方提款和提款展期的条款外）将继续有效，直至义务履行完毕。

第二十二条　接受、保管和修订

一、本条约须经各方按照各自国内程序接受、批准或核准。

二、接受书、批准书或核准书应交存于巴西，即本条约的保管国。

三、保管国应将下列情形立即通知各方：

（一）各方交存接受书、批准书或核准书的日期；

（二）本条约的生效和修订日期；

（三）退出通知的收到日期。

四、若担任保管国的一方决定退出本条约，除下列情形外，本条约第二十一条的所有条款将适用：

（一）保管国应向其他各方通知退出意愿；

（二）当收到保管国的退出意愿后，保管国职能由其他各方认可的其中一方承担。

五、本条约不接受单边作出的保留。

六、任何修订本条约的建议应告知理事会协调国，并在理事会前提交。若批准修订建议，协调国应询问各方是否接受修订。若一方按照国内程序接受修订，需通知保管国。修订应在收到最后一个通知的当日生效。理事会关于调整本条约第二条的任何决定均应视为修订。

第二十三条　生　效

本条约自收到第五个按各方法律要求交存的接受文书后的30日后生效。

本条约于二〇一四年七月十五日在福塔莱萨签订，英文正本五份，每方一份。

成立新开发银行的协议①②

（中译本）

巴西联邦共和国、俄罗斯联邦、印度共和国、中华人民共和国和南非共和国（以下统称"金砖国家"）政府，

根据在2012年新德里金砖国家领导人第四次会晤期间作出，

并随后在2013年德班金砖国家领导人第五次会晤期间宣布的关于建立开发银行的决定；

认可各国财政部业已开展的工作；

相信建立该开发银行将反映金砖国家之间的紧密关系，并为促进金砖国家经济合作提供有力手段；

注意到新兴市场国家和发展中国家在推动基础设施建设和可持续发展方面仍面临重大融资约束；

同意建立新开发银行（NDB，以下简称"银行"），并将按照所附协定条款经营业务。该协定构成本协议不可分割的一部分。

第一条
宗旨和职能

银行应为金砖国家及其他新兴经济体和发展中国家的基础设施建设和可持续发展项目动员资源，作为现有金边和区域金融机构的

---

① 中国于2014年7月15日签署，2015年7月1日批准协定。

② 声明，在中国政府另行通知前，暂不适用香港特区。

补充，促进全球增长与发展。

为履行其宗旨，银行应通过贷款、担保、股权投资和其他金融工具为公共或者私人项目提供支持。银行还应与国际组织和其他金融实体开展合作，并为银行支持的项目提供技术援助。

第二条
成员资格、投票、资本和股份

银行的创始成员为巴西联邦共和国、俄罗斯联邦、印度共和国、中华人民共和国和南非共和国。

根据《新开发银行的协定》条款的规定，银行的成员资格应向联合国成员开放，并对借款成员和非借款成员开放。

新开发银行的初始认缴资本为500亿美元，初始法定资本为1000亿美元。初始认缴资本应在创始成员间平均分配。各成员的投票权应等于其在银行股本中的认缴股份。

第三条
总部、组织结构与管理层

银行总部位于上海市。

银行应设一个理事会、一个董事会、一名行长和数名副行长。银行行长应从创始成员国中选举产生并轮流担任，应从其他创始成员国中分别产生至少一名副行长。

银行运营应遵循良好的银行业准则。

第四条
生　效

本协议及其附件将在全体金砖国家根据《新开发银行的协定》规定递交接受、批准或核准文书后生效。

2014年7月15日签订于巴西福塔雷萨，以英文文本为唯一正本。

巴西联邦共和国政府代表　　　　俄罗斯联邦政府代表
财政部长吉多·曼特加　　　　财政部长安东·西卢阿诺夫
（签字）　　　　　　　　　（签字）
印度共和国政府代表　　　　中华人民共和国政府代表
工商国务部长尼尔玛拉·希塔拉曼　　财政部长楼继伟
（签字）　　　　　　　　　（签字）
南非共和国政府代表
财政部长恩兰拉·内内
（签字）

新开发银行的协定

巴西联邦共和国、俄罗斯联邦、印度共和国、中华人民共和国和南非共和国（以下统称"金砖国家"）政府，

考虑到金砖国家开展加强经济合作的重要意义；

认识到为推动金砖国家及其他新兴经济体和发展中国家的基础设施建设和可持续发展项目提供资源的重要性；

相信有必要为实现上述宗旨而建立一个新的国际金融机构以协调资源；

愿在尊重全球环境的情况下为建设有利于经济和社会发展的国际金融体系作出贡献，

谨此达成协定如下：

第一章　成立、宗旨、职能和总部

第一条　成　立

按照本协定建立的新开发银行（以下简称"银行"）应根据下列条款经营业务。

第二条　宗　旨

银行的宗旨是为金砖国家及其他新兴经济体和发展中国家的基础设施建设和可持续发展项目动员资源，作为现有多边和区域金融机构的补充，促进全球增长与发展。

第三条　职　能

为履行其宗旨，银行有权行使下列职能：

（i）利用其支配的资源，通过提供贷款、担保、股权投资以及其他金融工具，支持金砖国家及其他新兴经济体和发展中国家的公共或私人部门的基础设施建设和可持续发展项目；

（ii）在银行认为合适的情况下，在其职能范围内与国际组织以及国内的公共或私人实体，特别是国际金融机构和国家开发银行，进行合作；

（iii）为银行支持的基础设施建设和可持续发展项目的准备和实施提供技术援助；

（iv）支持涉及一个以上国家参与的基础设施和可持续发展项目；

（v）设立或受委托管理符合银行宗旨的特别基金。

第四条　总　部

a）银行总部位于上海市。

b）银行可为履行其职能设立必要的办公机构。首个区域办公室设在约翰内斯堡。

第二章　成员、投票、资本和股份

第五条　成　员

a）银行的创始成员为巴西联邦共和国、俄罗斯联邦、印度共和国、中华人民共和国和南非共和国。

b）银行的成员资格应向联合国成员开放，其加入的时间和条件应由银行理事会以特别多数确定。

c）银行成员资格应向借款成员和非借款成员开放。

ｄ）银行可以根据理事会的决定，接受国际金融机构作为理事会会议观察员。有意成为银行成员的国家也可应邀以观察员身份出席上述会议。

第六条 投 票

ａ）各成员的投票权应等于其在银行股本中的认缴股份。如果任何成员未能履行本协定第7条规定的实缴股本缴付义务，则该成员在未缴付期间内，不得行使其在银行认缴的实缴股本总额中应付但未付部分金额所对应的投票权。

ｂ）除本协定另有规定外，银行的所有事务均应以简单多数同意方式投票决定。本协定中规定的"有效多数"为成员总投票权的三分之二赞成票。本协定中规定的"特别多数"为创始成员中的四个成员赞成且占成员总投票权的三分之二赞成票。

ｃ）理事会投票时，每名理事有权按照其所代表成员的全部票数投票。

ｄ）在董事会投票时，每名董事有权按照其当选时所代表的全部票数投票，每名董事可投的票数可不作为一个单位投票。

第七条 法定资本和认缴资本

ａ）银行的初始法定资本总额为1000亿美元。本协定所指美元均为美利坚合众国的官方支付货币。

ｂ）银行的初始法定资本分为100万股，每股面值为10万美元，并只能由成员根据本协定的规定进行认购。一国加入时认购的最小数量应为1股。

ｃ）银行的初始认缴资本应为500亿美元。认缴资本应分为实缴股本和待缴股本。实缴股本的总面值应为100亿美元，待缴股本的总面值应为400亿美元。

ｄ）扩大银行法定资本和认缴资本规模以及调整实缴股本和待缴

股本的比例，可由理事会在其认为适当的时间和条件下以特别多数的方式作出决定。在该情形下，根据第8条规定的条件以及理事会决定的其他条件，每个成员均应享有合理的认购机会。但是，任何成员均无必须认购新增股本的任何义务。

e）理事会应每隔不超过5年对银行股本进行审查。

第八条　股份的认购

a）每个成员应认购银行股本的股份。本协定附件1规定了创始成员首次认购的股份数量，明确了每个成员的实缴和认缴股本义务。其他成员首次认购的股份数量应由理事会在接受其加入时以特别多数方式确定。

b）创始成员首期认购的股份应按面值发行。除非理事会在特殊情况下另定发行条件，其余股份也应按面值发行。

c）如果任何成员认购新增股本将导致以下情形，则该成员的认购行为无效，且该成员应放弃认购新增股本的任何权利：

（i）使创始成员的投票权占总投票权的比例低于55%；

（ii）使非借款成员国的投票权占总投票权的比例超过20%；

（iii）使任何一个非创始成员国的投票权占总投票权的比例超过7%。

d）成员对股份的债务，仅限于以股份发行价格计算的未缴部分。

e）任何成员均不因其成员资格而对银行的债务负责。

f）股份不得以任何方式用作抵押品或抵债，只能转让给本银行。

第九条　认购股份的付款

a）本协定生效后，每个创始成员应按照附件2的规定分7次以美元支付其首期认购的实缴股本。第一笔在本协定生效后6个月内支付。第二笔在本协定生效后18个月内支付。其余5笔分别在上一笔款项支付到期日之后1年内支付。

b）理事会应决定不适用本条第（a）款规定的成员认购实缴股本的支付日期。

c）待缴股本只在银行需要偿付其因对外借款以增加其普通资本或为此类资本作担保而产生债务时，方予催缴。发生此类催缴时，成员可选择用可兑换货币或者银行偿债所需的货币支付。

d）待缴股本的催缴额在全部待缴股本中的比例应该一致。

第三章　组织与管理

第十条　机　构

银行应设一个理事会、一个董事会、一名行长和由理事会决定的数名副行长以及其他所需要的官员和职员。

第十一条　理事会：组成和职权

a）银行一切权力归理事会。理事会由每个成员按其自行决定的方式任命的一名理事和一名副理事组成。理事应为部长级，并可由任命国自行决定替换。除非理事缺席，否则副理事无权投票。理事会应每年选择一名理事担任理事会主席。

b）理事会可以将其任何权力授予董事会，但下列权力除外：

（i）接纳新成员以及确定接纳条件；

（ii）增加或者减少股本；

（iii）中止成员资格；

（iv）修订本协定；

（v）对董事会因解释本协定而引起的上诉事项作出裁决；

（vi）批准与其他国际组织缔结合作总协定；

（vii）确定银行净收入的分配；

（viii）决定终止银行经营并分配银行资产；

（ix）决定增加副行长的人数；

（x）选举银行行长；

（xi）批准董事会关于催缴股本的建议；

（xii）每5年批准一次银行的整体战略。

c）理事会应召开年会以及理事会规定的或董事会要求召开的其他会议。经银行成员要求并在董事会的召集下，理事会应举行会议。对召集会议的成员数量要求应由理事会不时确定。

d）理事会任何会议的法定人数应为过半数理事，并持有不少于三分之二的总投票权。

e）理事会可按规定建立一个程序，允许董事会在认为符合银行最高利益时无须召开理事会会议而取得理事对某一特定问题的投票。

f）理事会可制定银行开展业务所必需的或适当的规章制度，董事会在授权范围内亦可。

g）银行不向理事和副理事支付报酬。

h）理事会应决定行长的薪酬和服务合同的条款。

i）理事会对第12条第（a）款项下赋予董事会行使职权的任何事项均保留行使最高权力的全权。

第十二条　董事会

a）董事会负责银行的一般业务经营。为此，应行使理事会所授予的一切权力，特别是：

（i）根据理事会的总方针，就银行的业务战略、国家战略、贷款、担保、股权投资、借款、制定基本业务流程和收费、提供技术援助以及银行的其他业务作出决定；

（ii）将银行的财务年度账目在年会期间提交理事会批准；以及

（iii）批准银行的预算。

b）每个创始成员应任命1名董事和1名副董事。理事会应以特别多数的方式制定新增董事和副董事的选举方法，使董事总人数不超过10人。

c）董事每届任期2年，并可以连任。董事应继续任职直到选出合格的继任者时为止。董事缺席时由副董事代行其全部权力。

d）董事会应从董事中任命一名非执行主席，任期4年。如果该董事任职未满一届或未能连任董事，由其继任者在余下任期内担任主席。

e）董事会应审批行长关于银行基本组织结构的建议，包括主要行政职位和专业职位的人数和职责。

f）董事会应任命成立信贷和投资委员会，并在其认为必要时，酌情设立各种其他委员会。委员会的成员不必限于理事、董事或副理事、副董事。

g）除非理事会以有效多数方式另行决定，董事会应作为非常驻机构开展工作，每个季度召开一次会议。如果理事会决定将董事会作为常驻机构，则董事会主席由行长担任。

h）董事会任何会议的法定人数应为过半数董事，并持有不少于三分之二的总投票权。

i）当任何董事会会议的讨论事项对某个银行成员产生特别影响时，该成员可派代表出席董事会会议。此类代表权应由理事会予以规定。

第十三条　行长和职员

a）理事会应从创始成员国中轮流选举产生行长，且不得为理事、董事或副理事、副董事。行长应担任董事会成员，但除在董事会双方票数相等时投出决定票外，行长没有投票权。行长可参加理事会会议，但没有投票权。在不影响本条第（d）款规定职能的前提下，应根据理事会以特别多数方式作出的决定终止行长任职。

b）行长应为银行工作职员的主管，并在董事会的指导下开展银行的日常业务，特别是：

（i）对董事会负责，行长应负责官员和职员的组织、任命和辞退，并就副行长的任免向理事会提出建议；

（ii）行长应担任信贷和投资委员会的负责人，成员还应包括副行长。该委员会负责就董事会规定金额限制以下的贷款、担保、股权投资和技术援助项目作出决定，前提是此类项目提交董事会后三十日内没有任何董事会成员表示反对。

c）除产生行长以外的每个创始成员国至少应产生1名副行长。副行长应由理事会根据行长推荐进行任命。副行长所行使的权力和职能应由董事会决定。

d）行长和副行长的任期应为5年，不得连任。但第一任副行长的任期应为6年。

e）银行及其官员和雇员不得干预任何成员的政治事务，也不得在作决定时受一个或多个相关成员的政治性影响。有关决定只应考虑经济因素。这种考虑应不偏不倚，以实现第2条和第3条中规定的宗旨和职能。

f）银行行长、副行长、官员和职员在任职期间，完全对银行负责，而不对其他当局负责。银行的每个成员都应尊重这一职责的国际性质，在其履行职责时，不得企图对其施加影响。

第十四条　公布报告和提供信息

a）银行应公布包括经审计的财务报表在内的年度报告。银行还应每季度向其成员发送一份财务状况简要报告和一份表明日常业务经营情况的损益报告书。

b）银行还可根据实现其宗旨和职能的需要，发表其他报告。

第十五条　透明度和问责

银行应确保其程序透明，并且应在其程序规则文件中详细规定有关获取其文件的具体条款。

第四章 经 营

第十六条 资源的使用

银行的资源和设施应仅用于履行本协定第2条和第3条中规定的宗旨和职能。

第十七条 托 管

每个成员应指定其中央银行作为存款机构，以便存放本银行持有的该成员的货币和其他资产。如果某个成员没有中央银行，则他应经本银行同意，指定其他机构作为存款机构。

第十八条 业务类别

a）银行业务应包括普通业务与特别业务两种。普通业务指使用银行普通资本进行的业务活动。特别业务指使用特别基金进行的业务活动。

b）银行的普通资本应包括下列内容：

（i）认缴股本，包括实缴股本和待缴股本，但被用于一个或者多个特别基金的部分除外；

（ii）银行根据本协定第5章授权通过借款筹集的资金，此种资金适用本协定第9条第（c）款关于待缴股本的规定；

（iii）使用本款第（i）项和第（ii）项下资金开展贷款或担保取得的还款及开展股权投资获得的收益；

（iv）用上述资金开展贷款和股权投资或担保获得的收入，此种资金适用本协定第9条第（c）款关于待缴股本的规定；以及

（v）银行收到的不属于其特别基金的任何其他资金或收入。

c）银行的普通资本和特别基金在保存、使用、贷出、投资或作

其他处置时，应在任何时候和一切方面均完全分开。银行的财务报表应将普通业务和特别业务分别列出。

d）使用特别基金进行的特别业务或其他活动的支出及因此发生的亏损或负债，在任何情况下都不得以银行普通资本支付或清偿。

e）与普通业务活动直接相关的费用，应由普通资本支付。与特别业务活动直接相关的费用，应由特别基金支付。

第十九条　业务方式

a）银行可在任何借款成员国参与公共或私人项目，包括公共—私人部门伙伴项目，通过担保、贷款或其他金融工具提供支持，并可开展股权投资，承销证券发行，或为在借款成员国的领土上开展项目的任何商业、工业、农业或者服务业企业进入国际资本市场提供协助。

b）银行可在其职能范围内与国际金融机构、商业银行或者其他合适的实体为项目提供联合融资、担保或联合担保。

c）银行可为本银行支持的基础设施建设和可持续发展项目的准备和实施提供技术援助。

d）理事会可以特别多数方式批准一项总体政策，授权银行在非成员新兴经济体或发展中国家开展本条前述各款所列的公共或私人项目有关业务，前提是按照该总体政策的规定，该业务对某个成员具有重大利益。

e）董事会可以特别多数方式特别批准在非成员新兴经济体或发展中国家开展本条前述各款所列的特定公共或私人项目。对于在非成员国开展的主权担保项目，在采取降低风险措施及由董事会确定的任何其他条件的情况下，其定价还将充分考虑涉及的主权风险。

第二十条　业务经营限制

a）与银行普通业务的未偿付款项总金额在任何时候均不得超过

其普通资本中的未动用认缴股本、储备金和利润的总金额。

b）与任何特别基金有关的银行特别业务的未偿付款项总金额在任何时候均不得超过该特别基金规章中预先设定的总金额。

c）银行应努力保持股权投资的合理多样化。除需保护投资安全的情况外，银行对所投资的公司或实体不承担任何管理责任。

第二十一条　业务经营原则

银行的业务经营应遵守下列原则：

（i）银行所有业务均应遵循良好的银行业准则，确保薪酬处于合适水平并充分认识到其涉及的风险。

（ii）如果成员反对向在其领土上的项目提供融资，银行即不应提供这种融资。

（iii）银行编制任何国家规划或战略，为任何项目提供融资或在其文件中指定或者提及特定领土或地理区域的行为，均不得被视为有意对任何领土或区域的法律地位或其他状况作出任何判断。

（iv）银行不得将其资源不均衡地用于实现某一成员的利益。银行应努力保持其投资的合理多样化。

（v）对于银行使用其在普通业务或特别业务中通过贷款、投资或其他融资活动所获收益在任何成员国进行的商品或服务采购，银行不得施加任何限制，并应在所有适当的情形下，将面向所有成员国进行招标作为银行提供贷款和其他业务的前提条件。

（vi）银行通过普通业务或特别基金开展任何贷款、投资或其他融资的收益，应仅用于在成员国内采购由成员国生产的商品和服务。但在确有必要的特殊情况下，董事会可允许从非成员国采购在非成员国生产的商品和服务。

（vii）银行应采取必要的措施，确保其所提供、担保或者参与的任何贷款或任何股权投资的收益仅用于该贷款或股权投资的目的，并应注意节约和效率。

第二十二条　条款与条件

a）对于银行提供、参与或担保的贷款和股权投资，其合同应根据董事会制定的政策确定有关贷款、担保或者股权投资的条款和条件，其内容视具体情形并根据银行政策而定，包括支付贷款、担保或股权投资的本金、利息和其他费用、收费、佣金、期限、币种和付款日期。在制定此类政策时，董事会应充分考虑保护其收入的需要。

b）在承销证券时，银行应根据银行政策中确定的条款和条件收取费用。

第二十三条　特别基金

a）银行设立和管理特别基金应由理事会以有效多数方式批准，并应符合本协定第2条确定的宗旨。

b）除非理事会另有规定，特别基金应对董事会负责且其业务经营受董事会指导。

c）银行可根据需要为每个特别基金的设立、管理和使用制定特别规则和规章。

第二十四条　货币的提供

银行在开展业务过程中可使用业务所在国的本国货币提供融资，前提是应制定适当的政策避免出现严重的货币错配。

第二十五条　弥补银行亏损的方法

a）银行在普通业务中所发放、参与或者担保的贷款出现违约时，应首先采取其认为适当的所有必要措施，以收回发放的贷款；其次，银行可修改除还款币种之外的贷款条款。

b）银行普通业务中发生的损失应通过下列方式弥补：

（i）银行的拨备；

（ii）净收入；

（iii）特别公积；

（iv）一般公积和盈余；

（v）未动用的实缴股本；以及

（vi）适当数额的尚未催缴的待缴股本，应根据本协定条款第9条第（c）款和第（d）款的规定进行催缴。

c）如果发生违约，银行在努力收回信贷款项时，应寻求业务所在国当局的帮助。

第五章　借款权和其他权力

第二十六条　一般权力

除本协定其他条款授予的权力外，银行还应拥有下列权力：

（i）在成员国或者其他地方借入资金，并为此提供银行认为适当的担保品或其他保证，但是：

（1）银行在某个成员国境内发行债券前，应获得该国同意；

（2）银行的债券以某个成员国的货币计价时，应获得该国同意；

（3）银行应获得本项第（1）目和第（2）目所指国家的同意，允许其收益可不受限制地兑换成其他货币；以及

（4）银行决定在某个国家发行债券之前，应考虑到过去在该国借款的金额（如果有的话）和在其他国家借款的金额，以及在上述其他国家可能获得的资金，并应适当注意下述一般原则，即银行应尽可能分散地向贷款国借款。

（ii）买卖银行所发行、担保或投资的证券，但是，银行必须获得买卖证券行为所在国家的批准。

（iii）为其已经投资的证券提供担保，以便促进该证券的销售。

（iv）承销或参与承销任何实体或者企业发行的与银行宗旨一致的证券。

（v）将银行业务经营中不需要的资金投资于银行选定的债券，将银行持有的用于养老金或类似目的的资金投资于可流通证券。在从事此类投资时，银行应适当考虑对在其成员境内由其成员或国民发行的债券进行投资。

（vi）在符合本协定规定的情况下，行使为进一步实现其宗旨和职能所需要的适当的其他权力，并制定有关规则和规章。

第二十七条　证券上的说明

银行发行或担保的各种证券应在其票面上明显地注明该证券不是任何政府的债务。但如确属某一政府的债务时，票面须如实说明。

第六章　法律地位、豁免和特权

第二十八条　本章的目的

为了使银行有效地实现其宗旨，履行其所负职能，银行应在各成员境内享有本章所规定的法律地位、豁免权、免税权和特权。

第二十九条　法律地位

a）银行应具有完全的国际人格。

b）在各成员境内，银行均具有完全的法律人格，特别是具有从事下列行为的完整资格：

（i）签订合同；

（ii）取得和处置动产和不动产；以及

（iii）提起诉讼。

第三十条　银行在司法程序中的地位

a）银行对一切形式的法律程序享有豁免权，但由于其行使借款、为债务提供担保或买卖证券或承销证券的权力而引起的案件，或与行使这些权力有关的案件除外。凡属此类案件，可在银行设立总部或办公机构的国家境内，或在银行已经任命了代理人专门接受诉讼传票或通知的国家境内，或在银行已经发行证券或为证券提供担保的国家境内，向具有充分司法权力的主管法院对银行提起诉讼。

b）尽管有本条第（a）款的规定，任何成员、成员的任何代理机构或执行机构、任何直接或间接代表成员或其任何代理机构或执行机构、任何直接或间接从成员或其代理机构或执行机构取得债权的实体或个人，均不得对银行提起任何诉讼。成员可以诉诸本协定、银行的附则和规章，或其与银行签订的合同中规定特别程序，解决银行与成员间的争端。

c）银行的财产和资产，无论位于何地、由何人持有，在对银行作出最终判决之前均应免于各种形式的没收、查封或强制执行程序。

第三十一条　资产和档案享有的自由与豁免权

a）银行的财产和资产，无论位于何地、由何人持有，均应免于搜查、征用、充公、没收或者通过行政或立法措施采取的任何其他形式的接管或取消赎回抵押品的权力。

b）银行的档案及属于银行或由银行持有的所有文件，无论存放于何处，一律不受侵犯。

c）在实现银行宗旨和职能的范围内并在遵守本协定的情况下，银行的所有财产和其他资产均应免受任何性质的限制、管理、管制和延缓偿付的约束。

第三十二条　通讯特权

各成员给予银行的官方通讯的待遇，应不低于他给予其他成员官方通讯的待遇。

第三十三条　个人豁免和特权

银行的全体理事、董事、副理事或副董事、官员和雇员，应享有下列特权和豁免权：

（i）对于其以公务身份采取的行为应免除法律程序，但银行放弃该豁免权时不在此限。

（ii）如果其不是当地国民，则在移民限制、外国人登记和兵役义务方面，享有其他成员同等级别的代表、官员或雇员所享有的同样的豁免权，并在外汇管制方面享有同样的便利。

（iii）在旅行方面享受的便利应与成员给予其他成员同等级别的代表、官员及雇员的待遇相同。

第三十四条　税收豁免

a）银行及其财产、其他资产、收入，及其根据本协定进行的转让、业务与交易，应免除一切税收、限制和关税。银行还应免于有关支付、预扣或征收任何税收或关税的义务。

b）对银行付给董事、副董事、官员或雇员（包括为银行执行任务的专家）的薪金和津贴不得征税。除非成员在递交批准、接受或核准文书时，声明对银行向其本国公民或国民支付的薪金和津贴保留征税的权力。此声明不受第48条第（d）款约束。

c）对于银行发行的任何债券或证券，包括与此有关的红利或利息，无论为任何人所持有，均不得因下列原因征收任何种类的税收：

（i）仅仅由于此类债券或证券是由银行发行而给予歧视待遇；或

（ii）如果征税的唯一法律依据是该债券或证券发行、偿付或支付的地点或所使用的币种，或银行设立办公机构或开展业务的地点。

d）对于银行担保的任何债券或证券，包括与此有关的红利或利息，无论为任何人所持有，均不得因下列原因征收任何种类的税收：

（i）仅仅由于此类债券或证券是由银行担保而给予歧视待遇；或

（ii）如果征税的唯一法律依据是银行设立办公机构或开展业务的地点。

第三十五条　实　施

各成员应根据其司法制度，迅速采取必要的行动，使本章各项条文在其境内生效，并将已采取的行动通知银行。

第三十六条　豁免权、特权和免税权的放弃

本章为了银行的利益而授予其豁免权、特权和免税权。在董事会认为符合银行最大利益的情况下，董事会可根据其决定的范围和条件放弃本章授予银行的任何豁免权、特权和免税权。如果行长认为有关豁免权、特权或免税权会妨碍司法程序且放弃有关豁免权、特权或免税权不会影响银行的利益，则行长有权且有责任免除银行任何官员、雇员或专家的任何豁免权、特权或免税权，但行长和副行长除外。在类似的情形下并根据相同的条件，董事会有权且有责任免除行长和副行长的任何豁免权、特权和免税权。

第七章　成员的退出和资格中止，银行业务的暂停和终止

第三十七条　退　出

a）任何成员均可以书面方式通知银行总部退出银行。成员的退

出自通知上指明的日期起最终生效，其成员资格也从该日期起停止。但这一日期必须在通知交付银行之日起至少6个月之后。在退出最终生效前，成员可随时以书面方式通知银行，撤销原来打算退出的通知。

b）成员在退出后仍应继续对其在递交退出通知前对本银行负有的所有直接债务和或有债务负责，包括第39条中规定的责任。但如果退出最终生效，则该成员对本银行收到退出通知之后进行的经营活动所产生的债务不承担任何责任。

c）在收到退出通知后，理事会应在不迟于退出生效前启动与退出成员的账目清算程序。

第三十八条　成员资格的中止

a）成员如不履行其对银行的义务，则银行可由理事会以特别多数方式决定中止其成员资格。

b）自中止之日起，该成员将1年后自动停止银行成员资格，除非理事会同样以特别多数方式决定解除该中止。

c）在中止期间内，成员除有权退出外，无权行使本协定规定的任何权利，但应继续承担其全部义务。

d）理事会应为实施本条制定必要的规章制度。

第三十九条　账目清算

a）成员在停止成员资格后，不再分享银行的利润，不承担银行的损失，也不对银行在此之后办理的贷款或担保负责，但仍对在其停止成员资格前银行所签订贷款或担保合同中尚未偿清部分形成的或有负债及其对银行的全部欠款继续负责。

b）在成员停止成员资格时，银行应根据本条规定作出安排，回购该国持有的股本，作为与之清算账目的一部分；但该国除享有本条和第46条规定的权利外，不享有本协定项下的任何其他权利。

c）银行和停止成员资格的国家可就按照适合当时情形的条款回购股本达成协议，而不必考虑下一款的规定。该协议可就该国对银行全部债务的最终清算作出安排。

d）如果在成员停止成员资格后6个月内或在银行和该国另行约定的时间内，仍未达成前款中提及的协议，则该国所持股本的回购价格应为在该国家停止成员资格当天银行账簿上记载的账面价值。回购股份应遵循下列条件：

（i）付款应按照银行确定的分期付款安排、时间和可用币种进行支付，并应考虑银行的财务状况。

（ii）在银行因回购股本而应向该国支付的款项中，应扣除该国或其任何部门或代理机构因贷款或担保业务而仍然保有的对银行的债务。银行可选择将任何到期的债务从该款项中予以扣除。但是，对于该国根据第9条第（c）款认购股本而对未来催缴股本所承担的或有债务，不得进行任何扣除。

（iii）在某一国家停止成员资格之日，如果银行提供或参与的尚未收回的贷款或担保遭受净损失，且净损失金额超过当日银行为其拨付的准备金，则在银行账簿上的股份账面价值已经计入该损失的情况下，该国应按银行的要求退还其股份回购价格中相应的减记金额。此外，前银行成员仍应在银行已发生资本损失且在确定股份回购价格时已提出催缴要求的情况下，对第9条第（c）款所规定的催缴负责。

e）根据本章项下向一个国家支付的任何股份回购款项只能在该国停止成员资格之日起12个月后进行支付。如果银行在该期间内终止经营业务，则该国所有权利均应根据第41条至第43条的规定相应确定，且该国在这些条款下仍应被视为银行成员，但没有投票权。

第四十条 暂停业务

在紧急情形下，董事会在等待理事会作出进一步考虑和采取进一步行动前，可暂停新的贷款、担保、承销、技术援助和股权投资等业务。

第四十一条　终止经营

银行可由理事会以特别多数方式决定终止其经营。终止经营时，除与有秩序地变卖、保存和保管资产以及清偿债务等有关的活动外，银行应立即停止一切活动。

第四十二条　成员的责任和债权的清偿

a）所有成员由于认购银行股本以及因成员国货币贬值而产生的债务将继续有效，直到所有直接债务和或有债务全部清偿完毕。

b）持有直接债权的债权人应首先从银行资产中受偿，然后从银行应收而未收或待缴股本的所收款项中受偿。在向持有直接债权的债权人进行任何偿付之前，董事会应根据自己的判断作出必要的安排，以保证在各直接债权持有人和或有债权持有人之间按比例进行偿付。

第四十三条　资产分配

a）按照成员认缴的股本分配资产，须在对债权人的所有负债已经清偿或作出安排之后方可进行。且资产分配必须经理事会以特别多数方式批准。

b）银行向成员分配资产，应与各成员持有的股本成比例，并在银行认为公平合理的时间和条件下实施。所分配的各份资产，在资产类型上不必一致。任何成员在结清对银行的所有债务之前，无权接受资产分配。

c）成员对根据本条分配到的资产所享有的权利，应与分配前银行对这些资产享有的权利相同。

第八章　修订、解释及仲裁

第四十四条　修　订

a）本协定的修订必须由理事会以特别多数方式决定。

b）有关修订本协定的任何建议，无论由成员、理事还是董事会提出，均应提交理事会主席，并由理事会主席提交理事会讨论。如果该修改建议获得理事会的批准，则银行应向全体成员询问是否接受该修改建议。如果三分之二成员接受、批准或核准该修订，则银行应以公函通知所有成员。

c）对本协定的修订应在根据本条第（b）款发出银行公函之日起3个月后对全体成员生效。

第四十五条　解　释

a）凡成员和银行间或成员之间对于本协定条文的解释发生任何争议时，即应提交董事会裁决。

b）如审议中的问题对某个成员有特殊影响时，该成员有权根据第12条第（i）款的规定派代表直接参加董事会会议。

c）董事会作出本条第（a）款项下的决定后，任何成员仍可以要求将该问题提交理事会讨论，由理事会作出最终决定。在理事会作出裁决之前，银行如认为必要，可以根据董事会的决定行事。

第四十六条　仲　裁

a）如银行与已停止成员资格的国家之间或银行作出停止经营的决定之后在银行和成员之间出现争议，该争议应提交给由3名仲裁员组成的仲裁法庭仲裁。仲裁员之中，一名由银行任命；另一名由有关国家任命；除当事方之间另有协定外，第三名由理事会同意的权威机构任命。如果达成一致意见的所有努力均告失败，则 3 名仲裁员应通过投票以简单多数方式作出裁定。

b）当事方在程序问题上有争议时，第三名仲裁员应有权处理全部程序问题。

c）关于银行与借款国之间合同的任何争议，应根据有关合同予以解决。

第四十七条　默许同意

银行采取任何行动前，如需要得到任何成员同意，应将拟议的行动通知该成员。如该成员在银行通知中规定的合理时间内没有提出反对意见，即应视作银行已获得该成员的同意。

第九章　最后条款

第四十八条　接　受

a）各签字国应向巴西联邦共和国政府交存一份宣布其已根据本国法律接受、批准或核准本协定的文书。

b）巴西联邦共和国政府应将本协定经核实无误的副本发送给签字国，并及时将每次按照上一款要求交存的接受书、批准书或核准书及交存日期通知各成员。

c）银行开始经营后，对于根据第 5 条第（b）款被批准加入的任何国家，巴西联邦共和国政府可收存该国对本协定的加入书。

d）对本协定的接受、批准或核准以及加入不得包含任何异议或保留意见。

第四十九条　生　效

a）在全体金砖国家根据第 48 条的规定交存接受书、批准书或核准书后，本协定即开始生效。

ｂ）在本协定生效之前已经交存接受书、批准书或核准书的金砖国家，将在本协定生效之日成为银行的成员。其他国家将在其交存加入书之日成为银行的成员。

第五十条 开 业

金砖国家主席应在本协定根据本章第49条的规定生效后立即召集第一次理事会会议，以便为银行开展首笔业务作出必要决定。

附件 1

创始成员股本的认购份额

每个创始成员国首次将认购十万股，合计一百亿美元；其中实缴股本二万股，合计二十亿美元；待缴股本八万股，合计八十亿美元。

附件 2

创始成员初始认购实缴股本的付款

期数	每个国家支付的实缴股本 （单位：百万美元）
1	150
2	250
3	300
4	300
5	300
6	350
7	350

设立东盟与中日韩宏观经济研究办公室协议 ①②

（中译本）

协议各签订方，

基于《清迈倡议多边化协议》（CMIM），在10+3框架内建立多边的流动性支持安排，以应对10+3区域内的国际收支困难和短期流动性问题；

鉴于CMIM各参与方同意在协议框架下成立一个监测机构；

鉴于10+3宏观经济研究办公室有限公司（AMRO有限公司）在10+3财长会议倡导下，于2011年成立；

为了将AMRO建设成具有完全法人资格的国际性组织，取代原AMRO有限公司，成为区域内独立的监测机构，有效地行使职能；

确信AMRO的成立将成为推动区域金融合作的重要平台，作为常设机构，AMRO将与强化后的CMIM一道，共同加强区域金融稳定；

为此，本协议的各参与方同意下述内容：

---

① 中国于2014年10月10日签署；香港以"中国香港"签署。2015年8月29日人大批准该协议。

② 协议适用澳门特区。

第一章　设立目的及职能

第一条　设立及成员

一、根据本协议，各签订方将10+3宏观经济研究办公室（AMRO）设立为国际组织，并具有完全的法人资格及法律能力，能够实现其目的，并履行其职能。

二、依照本协议第二十五条及第二十六条，正式核准、接受或批准本协议的各签订方将成为AMRO成员。

第二条　目　的

设立AMRO的目的，是通过组织区域性经济监测和支持落实区域性金融安排，来保障区域内经济和金融稳定。其中，"区域性金融安排"是指10+3框架下的多边流动性支持安排中，关于应对区域内部潜在及实际的国际收支困难及短期流动性问题的内容。

第三条　职　能

为实现以上目的，AMRO将行使以下职能：

（一）监测、评估并向成员报告其宏观经济形势及金融系统的稳健性；

（二）发现成员存在的宏观经济和金融风险及区域内部的脆弱性，如有需要，应为其及时制订政策提供建议，以降低风险；

（三）支持成员履行区域性金融安排；

（四）组织由执行委员会确定的其他为实现AMRO设立目的而需采取的必要活动。

第二章　机构运作

第四条　成员的合作

一、各成员应在本国法律法规允许的范围内，向 AMRO 提供属于合理要求的协助和信息，以便于其开展监测及其他本协议第三条涉及的活动，各成员并无义务提供涉及泄露个人或公司事宜的具体信息；

二、各成员应就 AMRO 的监测及其他第三条所涉及的活动，与其展开真诚合作。

第五条　运　作

为实现本协议第二条及第三条所规定的目的及职能：

（一）AMRO 应恰当运用成员根据本协议第四条所提供的信息；

（二）AMRO 应每年与成员就与本协议规定的目的及职能相关的问题进行磋商（年度磋商访问）；

（三）AMRO 应在独立且不受成员过度影响的情况下，编制有助于实现其目的和发挥职能的报告，并以非正式和非公开的形式，与成员就本协议下可能对其产生影响的一切问题交换意见；

（四）AMRO 应依照本协议第八条中第二款第（六）项的规定，发表有利于实现其目的和发挥职能的报告；

（五）AMRO 应在本协议的框架内，与成员、国际组织及机构开展相关领域的合作，并签署合作协议。无论成员在 AMRO 中的地位及参与情况如何，均不应为 AMRO 在此协议之外产生的活动、疏忽或义务承担法律责任。

第三章 治 理

第六条　组织构架

AMRO将由执行委员会、咨询委员会、主任以及工作人员组成。

第七条　执行委员会：组成

一、每个成员在执行委员会中均应有代表，并可为此任命最多两名副手：一名来自政府机构的财政副手，主要负责财政事务，一名来自央行或等同机构的央行副手；任何作出该任命的成员可在任何时间撤销该任命；

二、每名副手均应指定一名替补副手以便在其不在时代其履行职责；

三、尽管有本条第一款、第二款规定，中华人民共和国香港特别行政区（以下简称"中国香港"）只能任命一名副手。

第八条　执行委员会：权力与程序

一、除授予咨询委员会或者主任的权力，AMRO在本协议下的所有权力归属于执行委员会；

二、执行委员会将对AMRO进行战略监督及政策指导，具体职责包括：

（一）审查根据本协议第三条和第五条编制的报告及其他由主任准备的评估意见和报告，包括咨询委员会提供的报告；

（二）审查、批准AMRO年度报告，主要包括AMRO履行其职责的绩效情况、AMRO经审计的会计财务报表以及人员编制等；

（三）审查和批准人员编制、年度预算和AMRO的工作总体规划；

（四）根据本协议第十一条负责主任的任命、停职以及解职，并监督主任的任命过程，审核主任工作绩效；

（五）负责咨询委员会成员的任命、停职以及解职；

（六）制定AMRO的对外发布政策；

三、执行委员会可在必要及适当时颁布AMRO的规章制度、政策和程序以便更好地指导其业务工作；

四、执行委员会可在必要及适当时成立促进AMRO整体运作的委员会；

五、执行委员会召开会议的次数及地点由其自身决定，会议由年度主席国代表共同主持，一名来自东盟成员，另一名自来中国、日本及韩国三方中的一方。

第九条　投　票

一、执行委员会出席会议的法定人数应占多数，且总数不少于协议附件所列总投票权的三分之二；

二、执行委员会的决策应努力寻求共识，如果不能达成共识，应按照协议附件所列，如不低于总投票权的三分之二表示同意，执行委员会的决策将有效；

三、当两名副手共同代表一个成员时，他们将统一行使投票权。为避免歧义特此说明，中国和中国香港将分别投票。

第十条　咨询委员会

一、咨询委员会将向AMRO的宏观经济评估提供战略性、技术性和专业性指导，并向主任提供相关政策建议；

二、咨询委员会独立于主任以及AMRO工作人员，向执行委员会负责；

三、咨询委员会将根据执行委员会设定的条件和要求，选定不超过六位德高望重的经济学家组成。咨询委员会成员由执行委员会任命。

第十一条　主任和工作人员

一、执行委员会应任命一名主任，主任任职条件由执行委员会决定；

二、主任的任命应遵循择优、公开和透明的原则；

三、除因执行委员会指派其他任务外，主任应参加执行委员会会议；

四、主任职责具体包括：

（一）向执行委员会定期提供区域内宏观经济状况、金融状况以及相关政策的评估报告；

（二）向执行委员会负责并接受其管理；

（三）作为AMRO工作人员负责人，除执行委员会另有决定外，负责AMRO机构的组织、人员任命和辞退以及AMRO的整体绩效；

（四）代表AMRO并开展日常业务；

（五）向执行委员会提交AMRO年度报告；

（六）向执行委员会提交人员编制计划、年度预算和年度工作计划，由其审批；

五、主任及AMRO工作人员在履行职责时，应完全对AMRO负责，没有任何其他上级部门。各成员应尊重这一国际特性，并且不应影响工作人员履行这些职责；

六、在任命AMRO工作人员时，主任应在遵循确保效率和技术能力最优的首要原则下，在尽可能大的区域范围内招聘人员。

第十二条　保　密

副手及替补者、咨询委员会成员、AMRO主任及全体雇员、为AMRO执行任务的专家及任何其他为AMRO工作或与AMRO有联系的人员，除非得到执行委员会的批准，应对其在履行职责时获取的信息保密。其保守 AMRO 信息秘密的责任将持续至其对 AMRO 的职责停止。本协议中的"为 AMRO 执行任务的专家"指与 AMRO 存在合同关系并为其履行目的和职能服务的专业人员。

第十三条　预算和财务

一、应当为 AMRO 提供必要的财务资源以使其有效履行职能；

二、AMRO 应按照国际标准制定财务规则和程序，遵循健全和审慎的财务管理政策及预算法则，与国际最佳实践相一致；

三、办公相关费用应当在合理的基础上由东道国新加坡承担并及时报销；

四、所有其他的费用（包括但不限于与人力资源相关的费用）应当由各成员根据附件所列出资份额承担，各成员批准年度预算后应及时认缴并汇款；

五、除执行委员会批准外，AMRO 不得拆借资金。

第十四条　联　络

一、每位成员可最多指定两个官方机构作为 AMRO 处理本协议规定事项的联系方，以及出现协议项下事项时进行联系。AMRO 应通过所有联系方式与该指定官方机构进行联系；

二、各成员在任何时候根据协议需对 AMRO 任何行动进行批准时，除非成员在执行委员会通知相关行动认定的合理期限内出具书面反对意见，否则该批准被视为已经给出；

三、AMRO 的官方工作语言为英语。

第十五条　选　址

AMRO 总部设于新加坡。

第四章　地位、特权与豁免

第十六条　地位、特权与豁免的目的

本协议中列示的法律地位、特权、豁免及免责权应在各成员领土范围内赋予 AMRO，以保证 AMRO 能够有效履行目的和职能。

第十七条　AMRO 的法律地位

AMRO 应具有完整的法人资格，尤其需要有完整的法律能力履行以下职能：

（一）订立契约；

（二）取得和处分不动产和动产；

（三）提起诉讼。

第十八条　AMRO 的特权与豁免

一、除因法律诉讼的目的或根据合同条款明示放弃其豁免，AMRO 对于各种方式的法律程序，应享有豁免；

二、AMRO 的财产和资产不论位于何处、亦不论由何人执管，应免受搜查、征用、没收、征收或者其他任何形式的剥夺，以及由行政执法或法律行动导致的没收、失去占有或丧失抵押品赎回权；

三、AMRO 所有档案及其所拥有和持有的文件，不论置于何处，均属不可侵犯；

四、为保证顺利履行职能，AMRO 的所有财产和资产均应免受任何性质的限制、监管、控制以及冻结；

五、AMRO 在每个成员的官方交流待遇应不低于各成员给予其他任何成员的待遇；

六、对于 AMRO 的公务信件和其他公务通讯不得实施检查，本条规定不得解释为禁止采取AMRO与成员协议决定的适当安全防范措施；

七、AMRO的资产、财产、收入以及其业务和交易，应当免除一切税负和任何形式的关税。AMRO也不承担任何付款、扣缴和收税的义务。尽管如此，但须了解，AMRO对于事实上纯为公共事业服务费用的税捐，不得要求免除。

第十九条　AMRO工作人员的特权与豁免

副手及替补者，咨询委员会成员，AMRO主任及全体雇员、为AMRO执行任务的专家（以下统称AMRO工作人员）：

（一）除非AMRO放弃其豁免，他们以公务资格发表的口头或书面的言论和所实施的行为豁免各种法律程序，其一切官方文书和文件均属不可侵犯；

（二）当他们不是本地公民或国民时，他们享有一成员给予另一成员相当级别代表或职员在移民限制、外侨登记和国民服务义务的豁免以及外汇限制方面的便利；

（三）他们在交通出行便利方面应享有一成员给予另一成员相当级别代表或职员同等待遇；

（四）当他们不是本地公民或国民时，得自AMRO的薪给和报酬免纳税捐。

第二十条　实　施

一、每个成员均需采取必要措施保证在其领土上，本协议第十七条、第十八条、第十九条所列出的AMRO的法律地位、特权、豁免、免除、便利及工作人员权利能够生效，并告知AMRO其就该问题已采取的行动；

二、对于非AMRO所在地，虽然本协议条款规定的法律地位、特权、豁免、免除及便利只能在成员的法律法规允许的范围内赋予

AMRO及其工作人员，但是，执行委员会所明确的符合AMRO基本需要的本协议第十八条、第十九条所列特权、豁免、免除及便利应得到各成员的尊重；

三、本协议规定不应对任何成员此后因AMRO位于其领土而给予AMRO的特权和豁免构成限制和影响。

第二十一条　放弃豁免

一、特权和豁免是专为AMRO的利益而给予AMRO工作人员，并非为关系个人本身的私人利益而给予的；

二、执行委员会可以决定在何种程度上，以何种条件，放弃任何根据本章赋予副手及其替补者、咨询委员会成员及主任的豁免权；

三、主任有权放弃除本人外，任何其他职员和为AMRO执行任务的专家的豁免；

四、AMRO应随时与成员主管当局合作，以便利司法的适当进行，确保遵守警章，尊重和遵守当地法律，并防止对本协议所称的特权、豁免和便利发生任何滥用情事。

第五章　最后条款

第二十二条　修　订

一、任何成员可以在任何时候向执行委员会提出修订协议的请求；

二、执行委员会在副手达成共识的情况下，可以采纳对本协议提出的任何修订建议，为避免歧义，本协议第九条第二款有关执行委员会投票权不适用于本款；

三、对本协议的任何修订应当在所有成员均核准、接受或者批准修订之后第90天生效。有关核准、接受或者批准协议的法律文书应根据本协议第二十五条有关程序进行办理。

第二十三条　释义和争端解决

一、成员应该在争端发生后6个月内努力通过协商解决有关本协议释义或适用方面的争端；

二、任何根据本条第一款不能解决的争端应提交至执行委员会，并由其作出最终裁定；

三、如果争端起于AMRO与一个已不再是成员的政府之间，或者AMRO在其业务终结后与任何成员之间出现争端，此类争端应当提交至拥有三方仲裁员的仲裁庭进行仲裁，一方由AMRO委派，另一方由相关政府方或者之前的成员委派，第三方仲裁员，除非当事方不同意，应该由国际法院院长或者由执行委员会接受的有关规定中要求的其他当局进行委派。以仲裁者投票多数达成最终对当事方具有效力的决议。当事方对有关问题存在异议时，应授权第三方仲裁员在任何情况下解决所有问题的权利。

第二十四条　签署和保管

一、本协议英文原版一份，由合同各方签署（以下称"签约方"），签署的协议文本由东盟秘书长保管（以下称"保存人"）；

二、保存人应该将签署的协议副本交与所有签约方。

第二十五条　核准、接受和批准

一、本协议应由签约方核准、接受或批准，相关核准、接受或批准协议的法律文书应当交存于保存人，保存人应将存档情况和日期告知其他签约方；

二、当签约方核准、接受或批准协议的法律文书的存档日期在本协议生效之前，其成员资格应当在本协议生效日起生效。任何其他签约方，遵照本条第一款规定，应当将其核准、接受或批准协议的法律文书交由保存人保管，保存人应通知其他相关各成员。

第二十六条 生 效

本协议应当在本协议的参与方中国、日本、韩国以及其他不少于5个东盟成员（其中应当包括新加坡）交存其核准、接受或批准协议的法律文书后第60天生效。

第二十七条 成员资格与退出

一、AMRO的成员资格对所有政府开放，这些政府的有关部门应该是区域金融安排的参与方，能够并且愿意履行本协议约定的各项义务；

二、AMRO成员资格申请经执行委员会批准后，相关加入的法律文件交存于保存人并经保存人告知各成员后才能成为成员；

三、任何成员当局在退出区域金融安排后，可在任何时间书面通知AMRO总部退出AMRO，退出的成员应当继续承担所有对AMRO的直接和或有义务，直至其成员资格终止；

四、成员退出生效以及资格终止的日期应在退出通知中明确说明，但该日期不能早于自AMRO总部收到退出通知之日起的6个月。

第二十八条 过渡期安排

执行委员会应当对AMRO从有限公司转制成国际组织的渡期安排进行监督。

各相关政府授权如下合法代表签署本协议，以昭信守。

各方于2014年10月10日在美国华盛顿签署。本协议仅英文签署，之后应当根据第二十四条交由保存人保存。

文莱达鲁萨兰国政府代表　　阿卜杜尔·拉赫曼（签字）

柬埔寨王国政府代表　　吴塔义（签字）

印度尼西亚共和国政府代表　　查迪夫·巴士利（签字）

老挝人民民主共和国政府代表　　提巴贡（签字）

马来西亚联邦政府代表　　蔡智勇（签字）

缅甸联邦共和国政府代表　　吴温欣（签字）

菲律宾共和国政府代表　　泰谭柯（签字）

新加坡共和国政府代表　　尚达曼（签字）

泰王国政府代表　　颂迈·帕实（签字）

越南社会主义共和国政府代表　　张志忠（签字）

中华人民共和国政府代表　　楼继伟（签字）

日本国政府代表　　佐佐江贤一郎（签字）

大韩民国政府代表　　崔炅焕（签字）

中华人民共和国香港特别行政区政府代表　　曾俊华（签字）

AMRO 出资和投票权分配

国别		出资份额（%）	基础投票权（投票数）	出资额投票权（投票数）	总投票权（投票数）	（%）
中国	中国（不含香港）	32.0 （28.50）	3.20	68.40	71.60	25.43
	中国香港	（3.50）	0.00	8.40	8.40	2.98
日本		32.00	3.20	76.80	80.00	28.41
韩国		16.00	3.20	38.40	41.60	14.77
中日韩合计		80.00	9.60	192.00	201.60	71.59
印度尼西亚		3.793	3.20	9.104	12.304	4.369
泰国		3.793	3.20	9.104	12.304	4.369
马来西亚		3.793	3.20	9.104	12.304	4.369
新加坡		3.793	3.20	9.104	12.304	4.369
菲律宾		3.793	3.20	9.104	12.304	4.369
越南		0.833	3.20	2.00	5.20	1.847
柬埔寨		0.100	3.20	0.24	3.44	1.222
缅甸		0.050	3.20	0.12	3.32	1.179
文莱		0.025	3.20	0.06	3.26	1.158
老挝		0.025	3.20	0.06	3.26	1.158
东盟合计		20.00	32.00	48.000	80.00	28.41
总计		100.00	41.60	240.00	281.60	100.00

修正《马拉喀什建立世界贸易组织协定》议定书^{①②}

（中译本）

2014年11月27日决定

总理事会：

注意到《马拉喀什建立世界贸易组织协定》（《WTO协定》）第10条第1款；

根据《WTO协定》第4条第2款，在部长级会议休会期间行使部长级会议职能；

忆及2004年8月1日通过的关于根据附件D所列谈判模式启动谈判的总理事会决定及2013年12月7日通过的关于起草将《贸易便利化协定》纳入《WTO协定》附件1A的修正议定书（下称《议定书》）的部长决定；

忆及2001年11月20日多哈部长宣言第47段；

忆及多哈部长宣言第2段和第3段、2004年8月总理事会决定附件D以及《贸易便利化协定》第13.2款关于提供能力建设和支持以帮助发展中和最不发达国家实施《贸易便利化协定》条款的重要性；

欢迎总干事关于在现有WTO机构内设立《贸易便利化协定》基金的声明，以用于管理各成员为增加在实施《贸易便利化协定》条款方面的补充援助而自愿向WTO提供的支持以及在援助方面与附件D

---

① 中国于2015年7月16日接受该议定书。

② 议定书适用于中国香港及澳门单独关税区。

所列机构保持一致；

　　虑及贸易便利化筹备委员会提交的《贸易便利化协定》（WT/L/931）；

　　注意到各方一致同意将拟议修正提交各成员供接受；

　　决定如下：

　　1. 特此通过本决定所附《修正〈WTO协定〉议定书》并提交各成员供接受。

　　2.《议定书》特此开放供各成员接受。

　　3.《议定书》应根据《WTO协定》第10条第3款生效。

修正《马拉喀什建立世界贸易组织协定》议定书

世界贸易组织各成员：

虑及《贸易便利化协定》；

注意到WT/L/940号文件所载总理事会决定已根据《马拉喀什建立世界贸易组织协定》(《WTO协定》) 第10条第1款获得通过；

特此协议如下：

1. 自本议定书根据第4款生效时起，《WTO协定》附件1A应予以修正，其中纳入本议定书附件所列《贸易便利化协定》，位列《保障措施协定》之后。

2. 未经其他成员同意，不得对本议定书任何条款提出保留。

3. 本议定书特此开放供各成员接受。

4. 本议定书应依照《WTO协定》第10条第3款生效。①

5. 本议定书应交存世界贸易组织总干事，总干事应及时向每一成员提供一份经核正无误的副本。

6. 本议定书应依照《联合国宪章》第102条予以登记。

2014年11月27日订于日内瓦，正本一份用英文、法文和西班牙文写成，三种文本具有同等效力。

---

① 为计算《WTO协定》第10条第3款项下的接受情况，欧洲联盟代表其自身及其成员国提交的接受书应计为与欧洲联盟中属WTO成员的成员国数量相同的成员接受协定。

修正《马拉喀什建立世界贸易组织协定》议定书的附件

贸易便利化协定

序 言

各成员：

虑及根据《多哈部长宣言》启动的谈判；

忆及并重申《多哈部长宣言》（WT/MIN（01）/DEC/1）第27段、总理事会于2004年8月1日通过的《关于多哈工作计划的决定》（WT/L/579）附件D以及《香港部长宣言》（WT/MIN（05）/DEC）第33段和附件E所含授权和原则；

期望澄清和改善GATT 1994第5、8和10条的相关方面，以期进一步加快货物、包括过境货物的流动、放行和结关；

认识到发展中特别是最不发达国家成员的特殊需要及期望增强在此领域能力建设方面的援助和支持；

认识到成员间需要在贸易便利和海关守法问题上的有效合作；

特此协议如下：

第一部分

第1条 信息的公布与可获性

1. 公布

1.1 每一成员应以非歧视和易获取的方式迅速公布下列信息，以便政府、贸易商和其他利益相关方能够知晓：

（a）进口、出口和过境程序（包括港口、机场和其他入境点的程序）及需要的表格和单证；

（b）对进口或出口征收的或与进口或出口相关的任何种类的关税和国内税适用税率；

（c）政府部门或代表政府部门对进口、出口或过境征收的或与之相关的规费和费用；

（d）用于海关目的的商品归类或估价规定；

（e）与原产地规则相关的普遍适用的法律、法规及行政裁决；

（f）进口、出口或过境的限制或禁止；

（g）针对违反进口、出口或过境程序行为的惩罚规定；

（h）申诉程序；

（i）与任何一国或多国缔结的与进口、出口或过境有关的协定或协定部分内容；及

（j）与关税配额管理有关的程序。

1.2　上述条款均不得解释为要求成员以本国语文之外的语文公布或提供信息，但第2.2款中的规定除外。

2．通过互联网提供的信息

2.1　每一成员应通过互联网提供并在可行的限度内酌情更新下列信息：

（a）关于其进口、出口和过境程序的说明 [①]，包括申诉或审查程序，从而使政府、贸易商和其他利益相关方获悉进口、出口和过境所需的实际步骤；

（b）对该成员进口、自该成员出口和经该成员过境所需的表格和单证；

（c）咨询点的联络信息。

2.2　在可行的情况下，第2.1（a）项所指的说明还应以WTO正式语文之一提供。

2.3　鼓励各成员通过互联网提供更多与贸易有关的信息，包括

_____

① 每一成员可决定在其网站上发布关于这一说明的法律限制。

与贸易有关的立法以及第1.1款所指的其他项目。

3. 咨询点

3.1每一成员应在其可获资源内，建立或设立一个或多个咨询点，以回答政府、贸易商和其他利益相关方就第1.1款所涵盖事项提出的合理咨询，并提供第1.1（a）项中所指需要的表格和单证。

3.2　一关税同盟的成员或参与区域一体化的成员可在区域一级建立或设立共同咨询点，以针对共同程序满足第3.1款的要求。

3.3　鼓励各成员不对答复咨询和提供所需表格和单证收取费用。如收费，成员应将其规费和费用限制在所提供服务的近似成本以内。

3.4　咨询点应在每一成员设定的合理时间范围内答复咨询和提供表格和单证，该时限可因请求的性质或复杂程度而不同。

4. 通知

每一成员应向根据第23条第1.1款设立的贸易便利化委员会（本协定中称"委员会"）通知下列事项：

（a）公布第1.1（a）至（j）项中各项目的官方地点；

（b）第2.1款所指的网站链接地址；及

（c）第3.1款所指的咨询点联络信息。

第2条　评论机会、生效前信息及磋商

1. 评论机会和生效前信息

1.1　每一成员应在可行的范围内并以与其国内法律和法律体系相一致的方式，向贸易商及其他利益相关方提供机会和适当时限，就与货物、包括过境货物的流动、放行和结关相关的拟议或修正的普遍适用的法律法规进行评论。

1.2　每一成员应在可行的范围内并以与其国内法律和法律体系相一致的方式，保证与货物，包括过境货物的流动、放行和结关相关的新立或修正的普遍适用的法律法规在生效前尽早公布或使相关信息可公开获得，以便贸易商和其他利益相关方能够知晓。

1.3　关税税率的变更、具有免除效力的措施、如遵守第1.1和

1.2款则会影响其效力的措施、在紧急情况下适用的措施或国内法律和法律体系的微小变更均不在第1.1和1.2款适用范围内。

2. 磋商

每一成员应酌情规定边境机构与其领土内的贸易商或其他利害关系方之间进行定期磋商。

第3条 预裁定

1. 每一成员应以合理的方式并在规定时限内向已提交包括所有必要信息的书面请求的申请人作出预裁定。如一成员拒绝作出预裁定，则应立即书面通知申请人，列出相关事实和做出决定的依据。

2. 如申请中所提出的问题出现下列情形，则一成员可拒绝对一申请人做出预裁定：

（a）所提问题已包含在申请人提请任何政府部门、上诉法庭或法院审理的案件中；或

（b）所提问题已由任何上诉法庭或法院作出裁决。

3. 预裁定在做出后应在一合理时间内有效，除非支持该预裁定的法律、事实或情形已变化。

4. 如一成员撤销、修改或废止该预裁定，应书面通知申请人，列出相关事实和做出决定的依据。对于具有追溯效力的预裁定，该成员仅可在该预裁定依据不完整、不正确、错误或误导性信息做出的情况下撤销、修改或废止该预裁定。

5. 对于寻求做出该裁定的申请人而言，一成员所做预裁定对该成员具有约束力。该成员可规定预裁定对申请人具有约束力。

6. 每一成员应至少公布：

（a）申请预裁定的要求，包括应提供的信息和格式；

（b）作出预裁定的时限；及

（c）预裁定的有效期。

7. 应申请人书面请求，每一成员应提供对预裁定或对撤销、修

改或废止预裁定的复审。①

8. 每一成员应努力公布其认为对其他利益相关方具有实质利益的预裁定的任何信息，同时考虑保护商业机密信息的需要。

9. 定义和范围：

（a）预裁定指一成员在申请所涵盖的货物进口之前向申请人提供的书面决定，其中规定该成员在货物进口时有关下列事项的待遇：

（i）货物的税则归类；及

（ii）货物的原产地；②

（b）除第（a）项中所定义的预裁定外，鼓励各成员提供关于下列事项的预裁定：

（i）根据特定事实用于确定完税价格的适当方法或标准及其适用；

（ii）成员对申请海关关税减免要求的适用性；

（iii）成员关于配额要求的适用情况，包括关税配额；及

（iv）成员认为适合作出预裁定的任何其他事项。

（c）申请人指出口商、进口商或任何具有合理理由的人员或其代表。

（d）一成员可要求申请人在其领土内拥有法人代表或进行注册。在可行的限度内，此类要求不得限制有权申请预裁定的人员类别，并应特别考虑中小企业具体需要。这些要求应明确、透明且不构成任意的或不合理的歧视。

---

① 此款项下：（a）复审可在裁定执行前或执行后由作出裁定的官员、机构或主管机关进行或由上一级或独立的行政机关进行或由司法机关进行；及（b）一成员无需向申请人提供对本协定第4条第1款的追索权。

② 各方理解，如对货物原产地的预裁定符合本协定和《原产地规则协定》的要求，则该预裁定可作为《原产地规则协定》意义内的对原产地的判定。同样，如预裁定满足两协定的要求，根据《原产地规则协定》作出的原产地的判定可作为本协定意义内的对原产地的预裁定。在满足本条要求的情况下，各成员无需针对原产地判定在已根据《原产地规则协定》所做安排之外根据本条规定另行作出安排。

第4条 上诉或审查程序

1. 每一成员应规定海关作出的行政决定[①]所针对的任何人在该成员领土内有权：

（a）向级别高于或独立于作出行政决定的官员或机构提出行政申诉或复查或由此类官员或机构进行行政申诉或复查；及/或

（b）对该决定进行司法上诉或审查。

2. 一成员的立法可要求在司法上诉或审查前开始进行行政申诉或复查。

3. 每一成员应保证其上诉或审查程序以非歧视的方式进行。

4. 每一成员应保证，如根据第1（a）项作出的上诉或审查决定：

（a）未在其法律或法规所规定的期限内作出；或

（b）未能避免不适当拖延，

则申诉人有权向行政机关或司法机关进一步上诉或由此类机关进一步审查或向司法机关寻求任何其他救济。[②]

5. 每一成员应保证向第1款所指人员提供作出行政决定的理由，以便使其能够在必要时提出上诉或审查。

6. 应鼓励每一成员将本条规定适用于海关以外的相关边境机构所作出的行政决定。

---

① 本条中的行政决定指影响一案件中特定人员权利和义务的具有法律效力的决定。各方理解，本条中的行政决定涵盖GATT 1994第10条范围内的行政行为或一成员国内法律和法律制度中所规定的行政行为或决定未予履行的情形。为处理此类未予履行的情形，各成员可设立替代性行政机制或司法权，指示海关迅速作出行政决定以代替第1（a）项下的上诉权或审查权。

② 本款中任何内容不得妨碍一成员依照其法律法规认为对上诉或审查保持行政沉默属赞同申请人的决定。

第5条 增强公正性、非歧视性及透明度的其他措施

1. 增强监管或检查的通知

如一成员采用或设立对其有关主管机关发布通知或指南的系统，旨在增强对通知或指南所涵盖食品、饮料或饲料的边境监管或检查水平以保护其领土内的人类、动物或植物的生命或健康，则通知或指南的发布、终止或中止的方式应适用以下纪律：

（a）该成员可酌情根据风险评估发布通知或指南；

（b）该成员可发布通知或指南，从而使通知或指南仅统一适用于据以作出通知或指南的卫生和植物卫生条件适用的入境地点；

（c）如据以作出通知或指南的情形不复存在或变化后的情形可以具有较低贸易限制作用的方式处理，则该成员应迅速终止或中止该通知或指南；

（d）如该成员决定终止或中止通知或指南，则应酌情以非歧视和易获取的方式迅速公布终止或中止声明，或通知出口成员或进口商。

2. 扣留

如申报进口货物因海关或任何其他主管机关检查而予以扣留，则该成员应迅速通知承运商或进口商。

3. 检验程序

3.1 在对取自申报进口货物的样品的首次检验为不利结果的情况下，一成员应请求可给予第二次检验的机会。

3.2 一成员应以非歧视和易获取的方式公布可以进行检验的实验室的名称和地址，或在其提供第3.1款所规定机会的情况下，向进口商提供这一信息。

3.3 一成员在货物放行和结关时应考虑根据第3.1款进行的第二次检验的结果（如有），如可行，可接受此次检验的结果。

第6条　关于对进出口征收或与进出口和处罚相关的规费和费用的纪律

1. 对进出口征收或与进出口相关的规费和费用的一般纪律

1.1 第1款的规定应适用于除进出口关税和GATT 1994第3条范围内的国内税外的、各成员对进出口征收或与进出口相关的所有规费和费用。

1.2 有关规费和费用的信息应依照第1条予以公布。该信息应包括将适用的规费和费用、征收此类规费和费用的原因、主管机关以及支付时间和方式。

1.3 新增或修订的规费和费用的公布与生效之间应给予足够的时间，但紧急情况除外。此类规费和费用在有关信息公布前不得适用。

1.4 每一成员应定期审查其规费和费用，以期在可行的范围内减少数量和种类。

2. 对进出口征收或与进出口相关的海关业务办理规费和费用的特定纪律

海关业务办理规费和费用：

（i）应限定在对所涉特定进口或出口操作提供服务或与之相关服务的近似成本内；且

（ii）如规费和费用针对与办理货物海关业务密切相关的服务而收取，则无需与特定进口或出口作业相关联。

3. 处罚纪律

3.1 就第3款而言，"处罚"应指一成员的海关针对违反其海关法律、法规或程序性要求而作出的处罚。

3.2 每一成员应保证对违反海关法律、法规或程序性要求行为的处罚仅针对其法律所规定的违法行为责任人实施。

3.3 处罚应根据案件的事实和情节实施，并应与违反程度和严重性相符。

3.4　每一成员应保证采取措施以避免：

（a）在处罚和关税的认定和收取方面发生利益冲突；及

（b）形成对认定或收取与第3.3款不符的处罚的一种激励。

3.5　每一成员应保证对违反海关法律、法规或程序性要求进行处罚时，应向被处罚人提供书面说明，列明违法性质和据以规定处罚金额或幅度所适用的法律、法规或程序。

3.6　如一当事人在一成员海关发现其违法行为前自愿向海关披露其违反海关法律、法规或程序性要求的行为，则鼓励该成员在确定对其的处罚时，适当考虑将此事实作为可能的减轻因素。

3.7　本款规定应适用于对第3.1款所指的对过境运输的处罚。

第7条　货物放行与结关

1. 抵达前业务办理

1.1　每一成员都应采用或设立程序，允许提交包括舱单在内的进口单证和其他必要信息，以便在货物抵达前开始办理业务，以期在货物抵达后加快放行。

1.2　每一成员应酌情规定以电子格式提交单证，以便在货物抵达前处理此类单证。

2. 电子支付

每一成员应在可行的限度内，采用或设立程序，允许选择以电子方式支付海关对进口和出口收取的关税、国内税、规费及费用。

3. 将货物放行与关税、国内税、规费及费用的最终确定相分离

3.1　每一成员应采用或设立程序，规定如关税、国内税、规费及费用的最终确定不在货物抵达前或抵达时作出或不能在货物抵达后尽可能快地作出，则可在最终确定作出前放行货物，条件是所有其他管理要求均符合。

3.2　作为此种放行的条件，一成员可要求：

（a）支付在货物抵达前或抵达时确定的关税、国内税、规费及费用，对尚未确定的任何数额以保证金、押金等形式或其法律法规规

定的另一适当形式提供担保；或

（b）以保证金、押金等形式或其法律法规规定的另一种形式提供担保。

3.3 此类担保不得高于该成员所要求的担保所涵盖货物最终应支付的关税、国内税、规费及费用的金额。

3.4 如已发现应予以货币处罚或处以罚金的违法行为，则可要求对可能实施处罚和罚金提供担保。

3.5 第3.2和3.4款所列担保应在不再需要时予以退还。

3.6 本条规定不得影响一成员对货物进行检查、扣留、扣押或没收或以任何与其WTO权利和义务不相冲突的方式处理货物的权利。

4. 风险管理

4.1 每一成员应尽可能采用或设立为海关监管目的的风险管理制度。

4.2 每一成员设计和运用风险管理时应以避免任意或不合理的歧视或形成对国际贸易变相限制的方式进行。

4.3 每一成员应将海关监管及在可能的限度内将其他相关边境监管集中在高风险货物上，对低风险货物加快放行。作为其风险管理的一部分，一成员还可随机选择货物进行此类监管。

4.4 每一成员应将通过选择性标准进行的风险评估作为风险管理的依据。此类选择性标准可特别包括协调制度编码、货物性质与描述、原产国、货物装运国、货值、贸易商守法记录以及运输工具类型。

5. 后续稽查

5.1 为加快货物放行，每一成员应采用或设立后续稽查以保证海关及其他相关法律法规得以遵守。

5.2 每一成员应以风险为基础选择一当事人或货物进行后续稽查，可包括适当的选择标准。每一成员应以透明的方式进行后续稽查。如该当事人参与稽查且已得出结果，则该成员应立即将稽查结论、当事人的权利和义务以及作出结论的理由告知被稽查人。

5.3　在后续稽查中获得的信息可用于进一步的行政或司法程序。

5.4　各成员在可行的情况下，应在实施风险管理时使用后续稽查结论。

6.　确定和公布平均放行时间

6.1　鼓励各成员定期并以一致的方式测算和公布其货物平均放行时间，使用特别包括世界海关组织（本协定中称WCO）《世界海关组织放行时间研究》等工具。①

6.2　鼓励各成员与委员会分享其在测算平均放行时间方面的经验，包括所使用的方法、发现的瓶颈问题及对效率产生的任何影响。

7.　对经认证的经营者的贸易便利化措施

7.1　每一成员应根据第7.3款给予满足特定标准的经营者，下称经认证的经营者，提供与进口、出口或过境手续相关的额外的贸易便利化措施。或者，一成员可通过所有经营者均可获得的海关程序提供此类贸易便利化措施，而无需制定单独计划。

7.2　成为经认证的经营者的特定标准应与遵守一成员的法律、法规或程序所列要求或未遵守的风险相关。

（a）此类标准应予以公布，可包括：

（i）遵守海关和其他相关法律、法规的适当记录；

（ii）允许进行必要内部控制的记录管理系统；

（iii）财务偿付能力，在适当时，包括提供足够的担保/保证；及

（iv）供应链安全。

（b）此类标准不得：

（i）设计或实施从而在适用相同条件的经营者之间给予或造成任意或不合理的歧视；且

（ii）在可能的限度内，限制中小企业的参与。

7.3根据第7.1款提供的贸易便利化措施应至少包括以下措施中的

---

① 每一成员可依照其需要和能力确定此种平均放行时间测算的范围和方法。

3 条措施：^①

（a）酌情降低单证和数据要求；

（b）酌情降低实际检查和审查比例；

（c）酌情加快放行时间；

（d）延迟支付关税、国内税、规费和费用；

（e）使用总担保或减少担保；

（f）在特定时间内对所有进口或出口进行一次性海关申报；及

（g）在经认证的经营者的场所或经海关批准的另外地点办理货物结关。

7.4　鼓励各成员根据国际标准制定经认证的经营者计划，如存在此类标准，除非此类标准对实现所追求的合法目标不适当或无效果。

7.5　为加强向经营者提供的贸易便利化措施，各成员应向其他成员提供通过谈判互认经认证的经营者计划的可能性。

7.6　各成员应在委员会范围内就有效的经认证的经营者计划交流相关信息。

8.　快运货物

8.1　每一成员应采用或设立程序，在维持海关监管的同时，应申请人申请，至少允许快速放行通过航空货运设施入境的货物。^②如一成员采用限制申请人的标准，^③则该成员可在公布的标准中要求申请人作为其快运货物申请获得第8.2款所述待遇的条件，应：

（a）提供与处理快运货物相关的充足基础设施并支付海关费用，如申请人满足该成员关于此类处理在一特定设施中进行的要求；

---

①　第7.3（a）至（g）项所列措施如可使所有经营者普遍获得，则将被视为已向经认证的经营者提供。

②　如一成员已设立提供第8.2款中待遇的程序，则本规定不再要求成员再采用单独的快速放行程序。

③　此类申请标准，如存在，应增至该成员关于所有通过航空运输设施入境货物的要求中。

（b）在快运货物抵达前，提交放行所需的信息；

（c）所确定的费用限于为提供第8.2款所述待遇所提供服务的近似成本内；

（d）通过使用内部安保、物流和自提取到送达的追踪技术，对快运货物保持高度控制；

（e）提供自提取到送达的快速运输；

（f）承担向海关支付货物全部关税、国内税、规费及费用的责任；

（g）在遵守海关和其他有关法律法规方面拥有良好记录；

（h）遵守与有效执行成员法律法规和程序性要求直接相关的，特别与第8.2款中所述待遇相关的其他条件。

8.2　在符合第8.1和8.3款的前提下，各成员应：

（a）最大限度减少依照第10条第1款放行快运货物所需的单证，并在可能的情况下，规定对某些货物根据一次性提交的信息予以放行；

（b）规定在正常情况下当快运货物抵达后尽快放行，但条件是放行所需信息已提交；

（c）努力将（a）和（b）项中所述的待遇适用于任何重量或价值的货物，同时认可允许一成员要求额外入境程序，包括申报、证明单证及支付关税和国内税，并根据货物种类限制此种待遇，但条件是此种待遇不仅限于如文件等低值货物；及

（d）在可能的情况下，除某些特定货物外，规定免于征收关税和国内税的微量货值或应纳税额。与以GATT 1994第3条一致的方式适用于进口的国内税，如增值税和消费税等，不受本条约束。

8.3　第8.1和8.2款不得影响一成员对货物进行查验、扣留、扣押、没收或拒绝入境或实施后续稽查的权利，包括使用风险管理系统相关的权利。此外，第8.1和8.2款不得妨碍一成员作为放行的条件，要求提交额外信息和满足非自动进口许可程序要求的权利。

9. 易腐货物[①]。

9.1 为防止易腐货物可避免的损失或变质，在满足所有法规要求的前提下，每一成员应规定易腐货物：

（a）在通常情况下在可能的最短时间内予以放行；及

（b）在适当的例外情况下，在海关和其他相关主管机关工作时间之外予以放行。

9.2 每一成员在安排任何可能要求的查验时，应适当优先考虑易腐货物。

9.3 每一成员安排或允许一进口商安排在易腐货物放行前予以正确储藏。该成员可要求进口商安排的任何储存设施均已经相关主管机关批准或指定。货物运至该储藏设施，包括经认证的经营者运输该货物，可能需获得相关主管机关的批准。应进口商请求，在可行并符合国内法律的情况下，该成员应规定在此类储藏设施中予以放行的任何必要程序。

9.4 如易腐货物的放行受到严重延迟，应书面请求，进口成员应尽可能提供关于延迟原因的信函。

第8条 边境机构合作

1. 每一成员应保证其负责边境管制和货物进口、出口及过境程序的主管机关和机构相互合作并协调行动，以便利贸易。

2. 每一成员应在可能和可行的范围内，与拥有共同边界的其他成员根据共同议定的条款进行合作，以期协调跨境程序，从而便利跨境贸易。此类合作和协调可包括：

（a）工作日和工作时间的协调；

（b）程序和手续的协调；

（c）共用设施的建设与共享；

---

① 就本款而言，易腐货物指由于其自然特点，特别是在缺乏适当的储藏条件下迅速变质的货物。

（d）联合监管；

（e）一站式边境监管站的设立。

第9条　受海关监管的进口货物的移动

每一成员应在可行的范围内，并在所有管理要求得到满足的前提下，允许进口货物在其领土内在海关的监管下进行移动，从入境地海关移至予以放行或结关的其领土内另一海关。

第10条　与进口、出口和过境相关的手续

1．手续和单证要求

1.1　为使进口、出口和过境手续的发生率和复杂度降到最低，并减少和简化进口、出口和过境的单证要求，同时考虑到合法政策目标及情形变化、相关新信息和商业惯例、方法和技术的可获性、国际最佳实践及利益相关方的意见，每一成员应审议此类手续和单证要求，并根据审议结果，酌情保证此类手续和单证要求：

（a）以货物，特别是易腐货物的快速放行和结关为目的而通过和/或适用；

（b）以旨在减少贸易商和经营者的守法时间和成本的方式而通过和/或适用；

（c）如存在两种或两种以上为实现政策目标或有关目标的可合理获得的措施，则选择对贸易限制最小的措施；且

（d）如不再要求，则不再维持，包括不再维持其中部分要求。

1.2　委员会应酌情制定各成员分享相关信息和最佳实践的程序。

2．副本的接受

2.1　每一成员应酌情努力接受进口、出口或过境手续所要求的证明单证的纸质或电子副本。

2.2　如一成员的政府机构已持有此单证的正本，则该成员的任何其他机构应接受来自持有单证正本部门的纸质或电子副本以替代

正本。

2.3　一成员不得要求将提交出口成员海关的出口报关单正本或副本作为进口的一项要求。[①]

3. 国际标准的使用

3.1　鼓励各成员使用或部分使用相关国际标准作为其进口、出口或过境手续和程序的依据，除非本协定另有规定。

3.2　鼓励各成员在其资源限度内，参加适当国际组织对相关国际标准的制定和定期审议。

3.3　委员会应酌情制定供各成员分享实施国际标准的相关信息和最佳实践的程序。委员会还可邀请相关国际组织讨论其关于国际标准的工作。委员会可酌情确定对成员具有特殊价值的特定标准。

4. 单一窗口

4.1　各成员应努力建立或设立单一窗口，使贸易商能够通过一单一接入点向参与的主管机关或机构提交货物进口、出口或过境的单证和/或数据要求。待主管机关或机构审查单证和/或数据后，审查结果应通过该单一窗口及时通知申请人。

4.2　如单证和/或数据要求已通过单一窗口接收，参与的主管机关或机构不得提出提交相同单证和/或数据的要求，除非在紧急情况或其他已公开的有限例外情况下。

4.3　各成员应将单一窗口的运行细节通知委员会。

4.4　各成员应在可能和可行的限度内，使用信息技术支持单一窗口。

5. 装运前检验

5.1　成员不得要求使用与税则归类和海关估价有关的装运前检验。

5.2　在不损害各成员使用第5.1款所涵盖范围外的其他形式的装运前检验权利的前提下，鼓励各成员对装运前检验不再采用或适用

---

①　本款不妨碍一成员要求针对监管或管制货物的进口提供证书、许可或执照等文件。

新的要求。^①

6. 报关代理的使用

6.1　在不影响一些成员目前对报关代理维持特殊作用的重要政策关注的前提下，自本协定生效时起，各成员不得要求强制使用报关代理。

6.2　每一成员应将其关于使用报关代理的措施向委员会作出通知并予以公布。任何后续修改均应迅速作出通知并予以公布。

6.3　对于报关代理的许可程序，各成员应适用透明和客观的规定。

7. 共同边境程序和统一单证要求

7.1　每一成员应，在符合第7.2款的前提下，在其全部领土内对货物放行和结关适用共同海关程序和统一单证要求。

7.2　本条不得妨碍一成员：

（a）根据货物的性质和类型或其运输方式区分程序和单证要求；

（b）根据风险管理区分货物的程序和单证要求；

（c）区分提供进口关税和国内税的全部或部分免除的程序和单证要求；

（d）使用电子方式提交或办理业务；或

（e）以与《实施卫生与植物卫生措施协定》相一致的方式区分其程序和单证要求。

8. 拒绝入境货物

8.1　如拟进境货物因未能满足规定的卫生或植物卫生法规或技术法规而被一成员主管机关拒绝，则该成员应在遵守和符合其法律法规的前提下，允许进口商将退运货物重新托运或退运至出口商或出口商指定的另一人。

8.2　如根据第8.1款给出此种选择权而进口商未能在合理时间内行使该权利，则主管机关可采取另一种方法处理此种违规货物。

---

① 本款指《装运前检验协定》所涵盖的装运前检验，且不排除为卫生与植物卫生目的所进行的装运前检验。

9. 货物暂准进口及进境和出境加工

9.1 货物暂准进口

如货物为特定目的运入关税区，并计划在特定期限内复出口，且除因该货物的用途所造成的正常折旧和磨损外未发生任何变化，则每一成员应按其法律法规规定，允许该货物运入其关税区，并有条件全部或部分免于支付进口关税和国内税。

9.2 进境和出境加工

（a）每一成员应，按其法律法规规定，允许货物进境和出境加工。允许出境加工的货物可依照该成员有效法律法规全部或部分免除进口关税和国内税后复进口。

（b）就本条而言，"进境加工"一词指用于制造、加工或修理并随后出口的货物据以有条件运入一关境并有条件全部或部分免于支付进口关税和国内税或有资格获得退税的海关程序。

（c）就本条而言，"出境加工"一词指在一关税区内自由流通的货物据以暂时出口至国外用于制造、加工或修理并随后复进口的海关程序。

第11条 过境自由

1. 一成员实施的与过境运输有关的任何法规或程序：

（a）如导致其采用的情形或目标已不复存在或如情形或目标发生变化可使用贸易限制程度更低的其他可合理获得的方式处理，则不得维持；

（b）不得以对过境运输构成变相限制的方式适用。

2. 过境运输不得以收取对过境征收的规费或费用为条件，但运输费用或过境所产生的行政费用或与所提供服务的成本相当的费用除外。

3. 各成员不得寻求、采取或设立对过境运输的任何自愿限制或任何其他类似措施。此规定不妨碍与管理过境相关的且与WTO规则相一致的现行或未来国内法规、双边或多边安排。

4. 每一成员应给予自任何其他成员领土过境的产品不低于给予此类产品在不经其他成员领土而自原产地运输至目的地所应享受的待遇。

5. 鼓励各成员在可行的情况下为过境运输提供实际分开的基础设施（如通道、泊位及类似设施）。

6. 为实现以下目的的与过境运输相关的手续和单证要求及海关监管的复杂程度不得超过必要限度：

（a）确定货物；及

（b）保证符合过境要求。

7. 一旦货物进入过境程序并获准自一成员领土内始发地启运，即不必支付任何海关费用或受到不必要的延迟或限制，直至其在该成员领土内的目的地结束过境过程。

8. 各成员不得对过境货物适用《技术性贸易壁垒协定》范围内的技术法规和合格评定程序。

9. 各成员应允许并规定货物抵达前提前提交和处理过境单证和数据。

10. 一旦过境运输抵达该成员领土内出境地点海关，如符合过境要求，则该海关应立即结束过境操作。

11. 如一成员对过境运输要求以保证金、押金或其他适当货币或非货币①手段提供担保，则此种担保应仅以保证过境运输所产生的要求得以满足为限。

12. 一旦该成员确定其过境要求已得到满足，应立即解除担保。

13. 每一成员应以符合其法律法规的形式允许为同一经营者的多笔交易提供总担保或将担保展期转为对后续货物的担保而不予解除。

14. 每一成员应使公众获得其用以设定担保的相关信息，包括单笔交易担保，以及在可行的情况下，包括多笔交易担保。

15. 在存在高风险的情况下或在使用担保不能保证海关法律法

---

① 本规定不阻止一成员维持以运输方式作为过境运输担保的现行程序。

规得以遵守的情况下，成员可要求对过境运输使用海关押运或海关护送。适用于海关押运或海关护送的一般规定应依照第1条予以公布。

16. 各成员应努力相互合作和协调以增强过境自由。此类合作和协调可包括但不仅限于关于下列内容的谅解：

（a）费用；

（b）手续和法律要求；及

（c）过境体制的实际运行。

17. 每一成员应努力指定一国家级过境协调机构，其他成员提出的有关过境操作良好运行的所有咨询和建议均可向该机构提出。

第12条　海关合作

1. 促进守法和合作的措施

1.1　各成员同意保证下列事项具有重要意义，即贸易商知晓守法义务、鼓励自愿守法以允许进口商在适当情况下自我纠错而免予处罚以及对违法贸易商适用守法措施以实施更为严厉的措施。[①]

1.2　鼓励各成员通过委员会等方式分享保证海关规定得以遵守方面最佳做法的信息。鼓励各成员在能力建设的技术指导或援助和支持方面开展合作，以管理守法措施并提高此类措施的有效性。

2. 信息交换

2.1　应请求，并在符合本条规定的前提下，各成员应交换第6.1（b）项和/或（c）项所列信息，以便在有合理理由怀疑一进口或出口申报的真实性或准确性时，对该项申报进行核实。

2.2　每一成员应将其用于信息交换的联络点的详细信息通知委员会。

---

① 此种行为的总体目的在于降低违法行为的频率，从而减少为执法而交换信息的需要。

3. 核实

一成员应仅在其已对一进口或出口申报采取适当核实程序后且已检查可获得的相关单证后，方可提出提供信息的请求。

4. 请求

4.1 提出请求的成员应向被请求成员以纸质或电子形式以共同议定的WTO工作语文或其他语文提出书面请求，内容包括：

（a）所涉事项，在适当和可获得的情况下，包括与所涉进口申报相对应的出口申报的序列号；

（b）提出请求成员寻求信息或单证的目的，并附与该请求相关人员的姓名和联系方式，如可知；

（c）如被请求成员要求，在适当时，提供对核实的确认[1]；

（d）请求提供的具体信息或单证；

（e）提出请求机构的身份认证；

（f）提出请求成员所援引的管辖保密信息和个人数据收集、保护、使用、披露、保留及处置的国内法律和法律制度相关条款。

4.2 如提出请求成员无法满足第4.1款的任何规定，则其应在请求中说明。

5. 保护和机密性

5.1 在符合第5.2款的前提下，提出请求成员应：

（a）对被请求成员提供的所有信息或单证严格保密，并至少给予与被请求成员按第6.1（b）和（c）项所描述的其国内法律和法律制度规定的同等水平的保护和机密性；

（b）仅向处理所涉事项的海关提供信息或单证，并仅为请求中所列明的目的而使用该信息或单证，除非被请求成员书面同意用于其他目的；

（c）未经被请求成员明确书面许可，不得披露信息或单证；

（d）不得将未经被请求成员验证的信息或单证用作在任何指定情

---

[1] 可包括根据第3款进行核实的相关信息。此类信息应适用进行核实成员确定的保护和机密性水平。

况下减轻疑问的决定性因素；

（e）尊重被请求成员就特定案件提出的关于保留和处置保密信息或单证及个人数据的任何条件；以及

（f）应请求，将根据所提供的信息或单证就相关事项作出的任何决定或行动通知被请求成员。

5.2　如提出请求成员根据其国内法律和法律制度可能无法遵守第5.1款项下任何规定，则提出请求成员应在请求中对此予以说明。

5.3　被请求成员对于根据第4款收到的任何请求及核实信息，应给予至少与自身类似信息相同的保护和机密性等级。

6.　信息的提供

6.1　在遵守本条的前提下，被请求成员应迅速：

（a）通过纸质或电子形式予以书面答复；

（b）提供进口或出口申报中所列具体信息，或在可获得的情况下提供申报本身，并附要求提出请求成员给予的保护和保密性等级的描述；

（c）如提出请求，提供下列用于证明进口或出口申报的单证中所列具体信息，或在可获得的情况下提供单证本身：商业发票、装箱单、原产地证书以及提单，以单证提交的形式提供，无论纸质或电子形式，并附要求提出请求成员给予的保护和保密性等级的描述；

（d）确认所提供单证为真实副本；

（e）在可能的情况下，在提出请求之日起90天内提供信息或对请求作出答复。

6.2　被请求成员可根据其国内法律和法律制度，在提供信息之前要求得到以下保证，即未经被请求成员明确书面许可，特定信息不被用作刑事调查或司法诉讼以及非海关诉讼的证据。如提出请求成员无法满足这一要求，则应向被请求成员予以说明。

7.　对请求的迟复或拒绝

7.1　在下列情况下，被请求成员可对提供信息的请求予以迟复或全部或部分拒绝，并应通知提出请求成员迟复或拒绝的原因：

（a）与被请求成员国内法律和法律制度所体现的公共利益相

抵触；

（b）其国内法律和法律制度禁止发布该信息。在此种情况下，应向提出请求成员提供相关具体引文的副本；

（c）提供信息将妨碍执法或者干扰正在进行的行政或司法调查、起诉或诉讼；

（d）管辖保密信息或个人数据的收集、保护、使用、披露、保留和处理的国内法律和法律制度要求必须获得进口商或出口商同意，而未获同意；

（e）提供信息请求在被请求成员关于保留单证的法律规定失效后收到。

7.2　在第4.2、5.2或6.2款规定的情形下，是否执行此请求应由被请求成员自行决定。

8. 对等

如提出请求成员认为，如被请求成员提出类似请求，其本身无法满足，或其尚未实施本条，则应在请求中说明该事实。是否执行此请求应由被请求成员自行决定。

9. 行政负担

9.1　提出请求成员应考虑答复信息请求对被请求成员资源和成本的影响。提出请求成员应考虑寻求请求获得答复的财政利益与被请求成员为提供信息所付出努力之间的均衡性。

9.2　如一被请求成员自一个或多个提出请求成员处收到数量庞大的提供信息请求，或信息请求范围过大，无法在合理时间内满足此类请求，则该成员可要求一个或多个提出请求成员列出优先顺序，以期在其资源限度内议定一可行的限额。如未能达成双方同意的方式，则此类请求的执行应由被请求成员根据其自身优先排序结果自行决定。

10. 限制

不得要求被请求成员：

（a）修改其进口或出口申报的格式或程序；

（b）要求提供第6.1（c）项所列随进口或出口申请提交单证以外

的单证；

（c）为获得信息而发起咨询；

（d）修改保留此类信息的期限；

（e）要求对已采用电子格式的单证提供纸质单证；

（f）翻译信息；

（g）核实信息的准确性；

（h）提供可能损害特定公私企业合法商业利益的信息。

11. 未经授权的使用或披露

11.1 如发生任何违反本条项下关于交换信息的使用或披露条件的情形，则收到信息的提出请求成员应迅速将此类未经授权的使用或披露的详细情况通知提供信息的被请求成员，同时：

（a）采取必要措施弥补违反行为；

（b）采取必要措施防止未来的任何违反行为；以及

（c）将根据（a）和（b）项采取的措施通知被请求成员。

11.2 被请求成员可暂停履行本条项下对提出请求成员的义务，直至第11.1款中所列措施已采取。

12. 双边和区域协定

12.1 本条任何规定不得阻止一成员达成或维持关于海关信息和数据共享或交换，包括自动或在货物抵达前等以安全快速为基础的共享或交换的双边、诸边或区域协定。

12.2 本条任何规定不得解释为改变或影响各成员在此类双边、诸边或区域协定项下的权利或义务，也不管辖根据其他此类协定项下的海关信息和数据交换。

第二部分
给予发展中国家成员和最不发达国家成员的特殊和差别待遇条款

第13条 总 则

1. 发展中和最不发达国家成员应依照本部分实施本协定第1至12条，本部分根据2004年7月框架协议（WT/L/579）附件D及《香港部长宣言》（WT/MIN（05）/DEC）第33段和附件E中议定的模式制定。

2. 应向发展中和最不发达国家成员提供能力建设援助和支持[①]以帮助其依照本协定条款的性质和范围实施这些条款。实施本协定条款的程度和时限应与发展中和最不发达国家成员的实施能力相关联。如一发展中或最不发达国家成员仍然缺乏必要能力，则在获得实施能力前，不要求实施相关条款。

3. 仅要求最不发达国家成员作出与其各自发展、财政和贸易需求或其管理和机构能力相一致的承诺。

4. 这些原则应适用于第二部分所列全部条款。

第14条 条款类别

1. 条款共分3类：

（a）A类包含一发展中或最不发达国家成员指定的自本协定生效时起立即实施的条款，或对于最不发达国家成员在生效后1年内实施的条款，如第15条所规定。

（b）B类包含一发展中或最不发达国家成员指定的在本协定生效

---

① 就本协定而言，"能力建设援助和支持"可采取技术、资金或其他双方议定的任何其他援助形式。

后的一过渡期结束后的日期起实施的条款，如第16条所规定。

（c）C类包含—发展中或最不发达国家成员指定的在本协定生效后的一过渡期结束后的日期起实施的、同时要求通过提供能力建设援助和支持以获得实施能力的条款，如第16条所规定。

2．每一发展中国家和最不发达国家成员应各自自行指定A、B、C类分别包含的条款。

第15条　关于A类条款的通知和实施

1．自本协定生效时起，每一发展中国家成员应实施其A类条款。A类项下所指定的承诺将因此成为本协定组成部分。

2．一最不发达国家成员可在本协定生效后1年内向委员会通知其所指定的A类条款。每一最不发达国家成员在A类项下所指定的承诺将成为本协定组成部分。

第16条　关于B类和C类条款最终实施日期的通知

1．对于一发展中国家成员未指定为A类条款的条款，该成员可依照本条所列程序推迟实施。

发展中国家成员B类条款

（a）自本协定生效时，每一发展中国家成员应将指定的B类条款及相应的指示性实施日期通知委员会。①

（b）不迟于本协定生效后1年，每一发展中国家成员应将其实施B类条款的最终日期通知委员会。如一发展中国家成员在截止日期前，认为需要额外时间通知其最终日期，则该成员可请求委员会将期限延长至足以作出通知的长度。

发展中国家成员C类条款

---

① 提交的通知还可包括作出通知成员认为适当的进一步信息。鼓励各成员提供关于负责实施的国内机构/实体的信息。

（c）自本协定生效时起，每一发展中国家成员应将指定的C类条款及相应的指示性实施日期通知委员会。为透明度目的，提交的通知应包括该成员为实施目的而要求的能力建设援助和支持的信息。[①]

（d）自本协定生效后1年内，发展中国家成员及相关捐助成员，应在考虑任何已达成的现行安排、根据第22条第1款作出的通知以及根据上述（c）项提供的信息的情况下，向委员会提供关于为使其能够实施C类条款而提供能力建设援助和支持所必需的现行或已达成安排的信息。[②]参与的发展中国家成员应将此类安排迅速通知委员会。委员会还应邀请非成员捐助方提供关于现行或已完成安排的信息。

（e）在（d）项规定的提交信息日期起18个月内，捐助成员和相应发展中国家成员应将提供能力建设援助和支持方面的进展通知委员会。每一发展中国家成员应同时通知其最终实施日期清单。

2. 对于最不发达国家成员未指定为A类条款的条款，最不发达国家成员可依照本条所列程序推迟实施。

最不发达国家成员B类条款

（a）不迟于本协定生效后1年，一最不发达国家成员应将其B类条款通知委员会，还可通知这些条款相应的指示性实施日期，同时考虑给予最不发达国家成员的最大灵活性。

（b）在不迟于（a）项规定的通知日期后2年，每一最不发达国家成员应向委员会作出通知，确认条款的指定情况，并通知其实施日期。如一最不发达国家成员在截止日期前，认为需要额外时间通知其最终日期，则该成员可请求委员会将期限延长至足以作出通知的长度。

最不发达国家成员C类条款

（c）为透明度目的并为便利与援助方订立安排，本协定生效1年

[①] 各成员还可包括关于国家贸易便利化实施计划或方案的信息；负责实施的国内机构/实体；以及已与该成员达成提供援助安排的援助方。

[②] 此类安排将依据双方议定的条件，通过双边或适当国际组织达成，并符合第21条第3款的规定。

后，每一最不发达国家成员应将其指定的C类条款通知委员会，同时考虑给予最不发达国家成员的最大灵活性。

（d）在（c）项规定的日期后1年，最不发达国家成员应通知其为实施目的所要求的能力建设援助和支持的信息。[①]

（e）在根据以上（d）项作出通知后2年内，最不发达国家成员及相关援助成员应在考虑根据上述（d）项提供的信息的情况下，向委员会提供关于使其能够执行C类条款而提供能力建设援助和支持所必需的现行或已达成安排的信息[②]。参与的最不发达国家成员应将此类安排迅速通知委员会。委员会还应邀请非成员捐助方提供关于现行或已完成安排的信息。

（f）在（e）项规定的提交信息日期起18个月内，相关捐助成员和相应发展中国家成员应将提供能力建设援助和支持方面的进展通知委员会。每一最不发达国家成员应同时将其最终实施日期清单通知委员会。

3. 发展中国家成员和最不发达国家成员如因缺乏捐助支持或在提供援助和支持方面缺乏进展，致使其在第1和2款规定的截止日期内提交最终实施日期方面遇到困难，则应在截止日期期满前尽早通知委员会。各成员同意开展合作以在处理此类困难方面提供协助，同时考虑有关成员所面临的具体情况和特殊问题。委员会应酌情采取行动处理此类困难，包括如必要，延长有关成员通知其最终实施日期的截止日期。

4. 在第1（b）或（e）项或对于最不发达国家成员而言在第2（b）或（f）项所规定的截止日期前3个月，秘书处应提醒尚未通知B类或C类条款最终实施日期的成员。如该成员未援引第3款或对于发展中国家而言第1（b）项或对于最不发达成员而言第2（b）项以延长其

---

① 各成员还可包括关于国家贸易便利化实施计划或方案的信息；负责实施的国内机构/实体；以及已与该成员达成提供援助安排的援助方。

② 此类安排将依据双方议定的条件，通过双边或适当国际组织达成，并符合第21条第3款的规定。

截止日期，且尚未通知最终实施日期，则该成员应在第1（b）或（e）项或对于最不发达国家成员而言第2（b）或（f）项所规定的截止日期后1年内实施该条款，或根据第3款予以延长。

5. 不迟于依照第1、2或3款作出关于履行B类和C类条款的最终实施日期通知后60天，委员会应注意到包含每一成员B类和C类条款最终实施日期的附件，包括根据第4款设定的任何日期，并因此使这些附件成为本协定组成部分。

第17条 预警机制：B类和C类条款实施日期的延长

1.（a）一发展中国家成员或最不发达国家成员认为根据第16条第1（b）或（e）项或对于最不发达国家成员而言根据第16条2（b）或（f）项确定的截止日期前，在实施其指定的B类和C类条款中一条款方面遇到困难，则应通知委员会。发展中国家成员应不迟于实施日期期满前120天通知委员会。最不发达国家成员应不迟于90天通知委员会。

（b）向委员会作出的通知应列明发展中国家成员或最不发达国家成员预计能够实施有关规定的新日期。通知还应详细说明推迟实施的原因。此类原因可包含有助于增加和支持能力建设的事先未预计到的或额外的援助和支持需求。

2. 如一发展中国家成员请求的额外实施时间不超过18个月或一最不发达国家成员请求的额外实施时间不超过3年，则提出请求成员有权获得此额外时间而无需委员会采取任何进一步行动。

3. 如一发展中国家或最不发达国家成员认为其所需第1次延期长于第2款所规定期限或需要第2次或后续延期，则该成员应向委员会提交包含1（b）项所述信息的延期请求，发展中国家成员应不迟于原定最终实施日期或后续延长日期期满前120天提交，最不发达国家成员应不迟于90天提交。

4. 委员会应对延期请求给予同情考虑，同时考虑提交请求成员的具体情况。这些情况可包括获得能力建设支持的援助和支持方面的困难和延迟。

第18条 B类和C类条款的实施

1. 依照第13条第2款，如一发展中国家成员或最不发达国家成员，在履行第16条第1款或第2款和第17条所列程序后，且如延期请求未获批准或如该发展中国家或最不发达国家成员遇到未预见的情况导致无法根据第17条获得延期，且自我评估认为自身仍然缺乏实施一C类条款的能力，则该成员应向委员会通知其无能力执行相关条款的情况。

2. 委员会应立即设立一专家小组，无论如何不迟于委员会自相关发展中国家成员或最不发达国家成员处收到通知后60天。专家小组将在组成后120天内，审查该事项并向委员会提出建议。

3. 专家小组应由5位在贸易便利化及能力建设援助和支持领域的资深独立人员组成。专家小组的组成应保证来自发展中和发达国家成员国民的平衡性。如涉及最不发达国家成员，则专家小组应至少包含一位来自最不发达国家成员的国民。如在专家小组设立后20天内无法就其组成达成一致，则总干事在与委员会主席磋商后，应依照本款所列条款决定专家小组的组成。

4. 专家小组应考虑该成员关于缺乏能力的自我评估，并应向委员会提出建议。在审议专家小组有关一最不发达国家成员的建议时，委员会应酌情采取行动，以便利可持续的实施能力的获得。

5. 自该发展中国家成员向委员会通知其无能力实施相关条款时起至委员会收到专家小组建议后的第一次会议时止，该成员在此事项上不受《争端解决谅解》诉讼的管辖。在第一次会议上，委员会应审议专家小组的建议。对于最不发达国家成员而言，自其向委员会通知其无能力实施相关条款时起至委员会就此事项作出决定或在委员会上述会议后24个月内，以较早者为准，《争端解决谅解》诉讼不适用于相关条款。

6. 如一最不发达国家失去实施C类条款的能力，则应通知委员会，并遵循本条所列程序。

第19条　B类和C类条款之间的转换

1. 已对B类和C类条款作出通知的发展中国家成员和最不发达国家成员，可通过向委员会提交通知在两类别之间对条款进行转换。如一成员提出将一条款自B类转换至C类，则该成员应提供关于能力建设所需的技术援助和支持的信息。

2. 如一条款自B类转换至C类而需要额外时间实施，则该成员可：

（a）使用第17条的规定，包括自动延期的机会；或

（b）请求委员会审查该成员关于为实施该条款的额外时间请求，如必要，审查能力建设援助和支持请求，包括由第18条项下的专家小组进行审议并提出建议；或

（c）对于最不发达国家成员而言，在B类条款项下作出通知的原定日期后超过4年的新实施日期应获得委员会批准。此外，最不发达国家应可继续引用第17条。各方理解对于作出此类转换的最不发达国家成员需要能力建设援助和支持。

第20条　适用《关于争端解决规则与程序的谅解》的宽限期

1. 本协定生效后2年内，经《关于争端解决规则与程序的谅解》详述和适用的GATT 1994第22条和第23条的规定不得适用于针对发展中国家成员的、涉及该成员指定列入A类条款的任何条款的争端解决。

2. 本协定生效后6年内，经《关于争端解决规则与程序的谅解》详述和适用的GATT 1994第22条和第23条的规定不得适用于针对最不发达国家成员的、涉及该成员指定列入A类条款的任何条款的争端解决。

3. 最不发达国家成员实施B类或C类条款后8年内，经《关于

争端解决规则与程序的谅解》详述和适用的GATT 1994第22条和第23条的规定不得适用于针对最不发达国家成员的、涉及此类条款的争端解决。

4. 尽管存在适用《关于争端解决规则与程序的谅解》的宽限期，但是针对最不发达国家成员的一措施，在按照GATT 1994第22条或第23条提出磋商请求前及在争端解决程序各阶段，一成员应对最不发达国家成员的特殊情况给予特别考虑。在此方面，各成员应在《关于争端解决的规则与程序的谅解》项下提出涉及最不发达国家成员的事项方面保持适当的克制。

5. 每一成员应请求，在本条允许的宽限期内，应向其他成员提供充分机会，以讨论与实施本协定相关的任何问题。

第21条　能力建设援助的提供

1. 捐助成员同意依据共同议定的条款，通过双边或适当国际组织，便利向发展中国家和最不发达国家成员提供能力建设援助和支持。目标旨在援助发展中国家和最不发达国家成员实施本协定第一部分条款。

2. 考虑到最不发达国家成员的特殊需要，应向最不发达国家成员提供定向援助和支持，以帮助其增强实施承诺的可持续能力。通过相关发展合作机制，并在与第3款所指的能力建设的技术援助和支持原则相一致的前提下，发展伙伴应努力以不妥协现有发展优先事项的方式对此领域提供能力建设援助和支持。

3. 各成员应努力在提供实施本协定的能力建设援助和支持方面适用下列原则：

（a）考虑接受国和地区的整体发展框架及在相关和适当时，考虑正在开展的改革和技术援助项目；

（b）在相关和适当时，包括用以处理区域和次区域挑战并促进区域和次区域一体化的活动；

（c）保证将正在开展的私营部门贸易便利化改革活动纳入援助

活动；

（d）促进各成员间及与包括区域经济共同体在内的其他相关机构之间的合作，以保证自援助中获得最大效益和结果。为此：

（i）主要在提供援助的对象国家和地区中开展的、在合作伙伴成员和援助方之间及在双边和多边援助方之间的协调，应旨在通过技术援助与能力建设干预的紧密协调，避免援助项目的重叠和重复及改革中的不一致性；

（ii）对于最不发达国家成员，给予最不发达国家贸易相关援助的增强一体化框架应成为该协调过程的一部分；以及

（iii）各成员在实施本协定和技术援助时，还应促进其在首都和日内瓦的贸易和发展官员之间的内部协调。

（e）鼓励使用现有的如圆桌会议和协商小组等国内和区域协调构架，以协调和监督实施活动；及

（f）在可能的情况下，鼓励发展中国家成员向其他发展中和最不发达国家成员提供能力建设，并考虑支持此类活动。

4. 委员会应至少每年举行一次专门会议：

（a）讨论关于实施本协定条款或条款某部分的任何问题；

（b）审议在为支持本协定实施所提供能力建设援助和支持方面的进展，包括任何未得到充足能力建设援助和支持的发展中或最不发达国家成员；

（c）分享关于正在开展的能力建设援助和支持及实施项目的经验和信息，包括挑战和成就；

（d）审议第22条所列捐助通知；以及

（e）审议第2款的运用情况。

第22条　向委员会提交的援助信息

1. 为向发展中国家成员和最不发达国家成员提供关于实施第一部分的能力建设援助和支持的透明度，援助发展中国家成员和最不发达国家成员实施本协定的每一捐助成员应在本协定生效时及随后

每年，向委员会提交其此前12个月中支付的能力建设援助和支持的信息，及在可获得的情况下，提交未来12个月中承诺提供的能力建设援助和支持的信息 [①]：

（a）能力建设援助和支持的描述；

（b）承诺/支付状态和金额；

（c）援助和支持支付的程序；

（d）受惠国，或在必要的情况下，受惠地区；及

（e）提供援助和支持成员的实施机构。

信息应按附件1规定的格式提供。对于经济合作与发展组织（本协定中称OECD）成员，提交的信息可根据《OECD债权人报告系统》中的相关信息。鼓励宣布有能力提供能力建设援助和支持的发展中国家成员提供上述信息。

2. 援助发展中国家成员和最不发达国家成员的捐助成员应向委员会提交：

（a）负责提供与实施本协定第一部分相关的能力建设援助和支持的机构的联络点，如可行，其国内或区域内提供此类援助和支持的联络点的信息；及

（b）关于请求获得能力建设援助和支持的程序和机制的信息。

鼓励宣布有能力提供援助和支持的发展中国家成员提供上述信息。

3. 旨在获得与贸易便利化相关的援助和支持的发展中国家成员和最不发达国家成员，应向委员会提交关于负责协调和确定能力建设援助和支持优先次序机构的联络点信息。

4. 各成员可通过互联网提交第2款和第3款中所指的信息，并应在必要时更新信息。秘书处应使所有此类信息可公开获得。

5. 委员会应邀请相关国际和区域组织（如国际货币基金组织、OECD、联合国贸易与发展会议、WCO、联合国各区域委员会、世界银行及其附属机构以及各区域开发银行）及其他合作机构提供第1、

---

① 提供的信息将反映提供能力建设援助和支持方面的需求驱动性质。

2和4款中提及的信息。

第三部分 机构安排和最终条款

第23条 机构安排

1. 贸易便利化委员会

1.1 特此设立贸易便利化委员会。

1.2 委员会应向所有成员开放参加，并选举自己的主席。委员会应根据本协定有关条款的需要或设想举行会议，但每年不能少于一次，以给予成员机会就有关本协定的运用或促进其目标实现的任何事项进行磋商。委员会应承担由本协定或成员赋予其的各项职责。委员会应制定自己的议事规则。

1.3 委员会可按要求设立附属机构。所有此类机构应向委员会报告。

1.4 委员会应制定供成员酌情分享相关信息和最佳做法的程序。

1.5 委员会应与贸易便利化领域中的其他国际组织，如WCO，保持密切联系，旨在获得关于实施和管理本协定的最佳建议，并保证避免不必要的重复工作。为此，委员会可邀请此类组织或其附属机构的代表：

（a）出席委员会会议；并

（b）讨论与本协定实施相关的具体事项。

1.6 委员会应自本协定生效起4年内并在此后定期审议本协定的运用和实施情况。

1.7 鼓励各成员向委员会提出与本协定实施和适用相关的问题。

1.8 委员会应鼓励和协助成员之间就本协定项下的特定问题进行专门讨论，以期尽快达成双方满意的解决方案。

2. 国家贸易便利化委员会

每一成员应建立并/或设立一国家贸易便利化委员会或指定一现有机制以促进国内协调和本协定条款的实施。

第24条　最后条款

1. 就本协定而言，"成员"一词应理解为包含该成员有关主管机关。

2. 本协定全部条款对所有成员具有约束力。

3. 各成员应自本协定生效之日起实施本协定。选择使用第二部分规定的发展中国家成员和最不发达国家成员应依照第二部分实施本协定。

4. 在本协定生效后接受本协定的成员应在实施其B类和C类承诺时计入自本协定生效之日起的时间。

5. 关税同盟或区域经济安排的成员可采用区域方式支持其实施本协定项下义务，包括通过建立和使用区域机构。

6. 尽管有《马拉喀什建立世界贸易组织协定》附件1A的总体解释性说明，但是本协定任何条款不得解释为减损各成员在GATT 1994项下的义务。此外，本协定任何条款不得解释为减损各成员在《技术性贸易壁垒协定》和《实施卫生与植物卫生措施协定》项下的权利和义务。

7. GATT 1994项下所有例外和免除①应适用于本协定。根据《马拉喀什建立世界贸易组织协定》第9.3款和第9.4款及截止本协定生效之日的任何修正给予的、适用于GATT 1994或其一部分的豁免，应适用于本协定的规定。

8. 经《关于争端解决规则与程序的谅解》详述和适用的GATT 1994第22条和第23条的规定应适用于本协定项下的磋商和争端解决，除非本协定另有具体规定。

9. 未经其他成员同意不可对本协定的任何条款提出保留。

10. 依照第二部分第15条第1款和第2款附在本协定之后的发展

---

① 包括GATT 1994第5条第7款和第10条第1款及对GATT 1994年第8条的补充注释。

中和最不发达国家成员的A类承诺应构成本协定组成部分。

11. 经委员会记录在案的、依照第二部分第16条第5款附在本协定之后的发展中国家成员和最不发达国家成员的B类和C类承诺应构成本协定组成部分。

附件1

第22条项下的通知样式

捐助成员：

通知涵盖期限：

技术和财政援助及能力建设资源描述	承诺/支付状态和金额	受惠国/地区（如必要）	提供援助成员的实施机构	援助支付程序

《中华人民共和国多边条约集》
第一集至第九集目录索引

第 一 集

第　二　集

第 三 集

第 四 集

第　五　集

第 七 集

第 八 集

关于国际民用航空公约（1944年，芝加哥）六种语言正式文本

第 九 集

Index of the Multilateral Treaty Series of the People's Republic of China

Volume 1
Table of Contents

Volume 2

Volume 3

Volume 4

Volume 5

Volume 6

Volume 7

Volume 8

Volume 9